Go 성능 최적화 가이드

| 표지 설명 |

표지 동물은 '붉은왜가리 Purple heron (학명은 *Ardea purpurea*)'다. 황새목 왜가리과에 속하며, 매우 다양한 아종이 있다. 종종 몸집이 더 큰 왜가리 Gray heron 와 혼동되기도 한다. 붉은왜가리는 몸집이 가늘고, 긴 목과 부리를 가졌다. 몸과 날개는 옅은 잿빛이며, 갈색을 띠는 목에는 옆구리까지 이어지는 검은 줄이 있다. 머리와 배, 꼬리 끝은 검은 깃털이 나 있다. 붉은왜가리는 보통 유럽, 아시아, 아프리카 등지의 민물과 갈대밭, 늪, 논, 강, 호숫가, 해안 갯벌에 서식한다. 긴 다리로 물속을 걸어다니며 중소형 물고기를 주식으로 먹고 그 밖에 곤충류, 양서류, 작은 포유동물 따위를 잡아먹는다. 초목이 무성한 지역을 선호하며 서식지에 둥지를 틀기보다 날고 있는 모습을 더 흔하게 볼 수 있다. 오라일리 표지에 실린 많은 동물은 멸종 위기에 처해 있으며 우리 생태계에 매우 중요하다. 표지 그림은 『Histoire Naturelle』의 흑백 판화를 기반으로 캐런 몽고메리 Karen Montgomery 가 작업한 것이다.

Go 성능 최적화 가이드

초판 1쇄 발행 2023년 9월 8일

지은이 바르트워미에 플로트카 / **옮긴이** Golang Korea / **감수·베타리더** Golang Korea

펴낸이 김태헌 / **펴낸곳** 한빛미디어(주) / **임프린트** 디코딩
주소 서울시 서대문구 연희로2길 76 5층 / **전화** 02-325-0300 / **팩스** 02-325-9898
등록 2022년 12월 12일 제2022-000114호 / **ISBN** 979-11-981408-3-8 93000

총괄 고지연 / **기획** 장혜림 / **편집** 이예슬
디자인 표지·내지 박정화 / **전산편집** 이소연
영업 김형진, 장경환, 조유미 / **마케팅** 박상용, 한종진, 이행은, 고광일, 성화정, 김선아, 김한솔 / **제작** 박성우, 김정우

디코딩은 한빛미디어(주)의 임프린트로 IT 전문 출판 브랜드입니다.
이 책에 대한 의견이나 오탈자 및 잘못된 내용에 대한 수정 정보는 홈페이지나 이메일로 알려주세요.
잘못된 책은 구입하신 서점에서 교환해드립니다. 책값은 뒤표지에 표시되어 있습니다.

홈페이지 www.decoding.co.kr / **이메일** ask@decoding.co.kr / **기획·원고 모집** writer@decoding.co.kr

Go
성능 최적화 가이드

Efficient Go

바르틀로미에 플로트카 지음
Golang Korea 옮김

Data-Driven Performance
Optimization

디코딩

Go 언어를 깊이 있게 다루는 책을 찾기 어려웠는데 마침 『Go 성능 최적화 가이드』가 출간되어 다행스럽게 생각한다. 성능 최적화를 위해 어떤 관점이 필요하고 어떤 개념을 알아야 하고 어떤 도구를 사용해야 하는지 상세한 절차를 알 수 있어서 좋았다. 자세하고 다양한 주석을 통해서 추가적인 아티클이나 책을 알아볼 수 있는 점도 좋았다. 시간을 들여 주석을 하나씩 찾아보며 어떤 내용이 있었는지, 어떤 영감을 얻을 수 있는지 알아보려 한다. 책 자체의 내용과 주석에 담긴 여러 정보를 통해서 기존에 생각하지 못했던 내용들에 관심을 가질 수 있어 좋았다.

김용욱(쿠팡 페이, 모바일 개발자)

이 책은 단순한 최적화 기법들을 소개하는 수준을 넘어, 시스템의 관찰 가능성에 대해서 다양한 지표와 메트릭스, 로그, 트레이싱에 대한 상세하고 폭넓은 내용을 다루고 있어 이 부분이 매우 인상 깊었다. 또한 다양한 최적화 기법과 실용적인 도구들의 사용법을 다루고 있어 한 번 읽고 끝낼 책이 아니라는 생각이 들었다. 이 책은 개발자가 지속적으로 고민하고 연습해야 할 만한 핵심적인 지식을 알려준다. 만약 이 책을 읽게 된다면, 당분간 책상 위 키보드 옆에 이 책을 두고 활용하길 추천드린다.

박준용(일루미나리안 개발팀장)

성능 최적화는 주어진 시스템, 소프트웨어, 하드웨어 또는 프로세스의 실행 시간, 처리량, 자원 활용 등의 성능을 향상시키는 노력을 의미한다. 이 책은 '성능 최적화'를 통해 시스템이나 소프트웨어의 사용자 경험을 개선하고, 자원(메모리, CPU, 스토리지, 네트워크 대역폭 등) 효율성을 높이며, 더 빠른 실행 및 처리를 가능하게 함으로써 효과적인 작업을 이루는 것을 목표로 한다. 성능 최적화는 소프트웨어 개발, 시스템 관리, 네트워크 관리 등 다양한 분야에서 중요한 역할을 한다. 이 책을 통해 그 목표를 달성할 수 있을 것이다.

박상길(Annotation AI, 소프트웨어 엔지니어)

66

Go 언어가 배우기 쉽고 성능도 좋다는 것은 이미 널리 알려져 있다. 이를 방증하듯, 국내에서도 Go 언어 관련 행사에 몰려드는 사람들의 수가 점점 증가하고 있다. 하지만 '쉽다'는 부분엔 동감해도 '좋다'는 부분에 여전히 의구심을 품는 이들이 있다. 이 책에서는 Go 언어 런타임 뒤에 숨겨진 컴퓨터의 물리적 특징과 프로젝트에서 Go를 사용할 때 고려할 사항들을 살펴본다. 또한 Go로 작성된 프로그램의 성능을 측정하는 방법과 현대적인 배포 환경에서 이를 더욱 최적화하는 방법까지 안내하며 '효율적으로 더 좋은' 프로그램을 만들 수 있도록 돕는다. Go 언어를 진지한 목적으로 사용하려는 사람들에게 이 책을 적극 추천한다.

이호민(42dot 백엔드 엔지니어, 20년 차 개발자)

99

66

회사에서 Go를 통해 백엔드 로직을 짜다 보면 항상 최적화에 대해 고민하게 된다. 기본적으로 Golang 자체가 빠르기도 하고 고루틴을 지원해 주기도 하지만, 더 최적화된 백엔드를 구축하는 작업은 모든 서버 개발자의 고민일 것이다. 이 책은 Golang을 접하는 개발자들에게도 좋은 길라잡이가 되지만, 성능 최적화라는 큰 범주에 대해서도 좋은 가이드라인을 제시해 준다. 더 나은 소프트웨어를 만들기 위해, 성능 최적화라는 주제에 천착한 고민들을 엿볼 수 있었고, 특히나 Golang이라는 간결한 언어를 통해 실습에 옮길 수 있었다는 점이 흥미로웠다. 회사에서도 Golang을 통해 개발을 하는 데 많은 도움을 받을 수 있을 것 같다.

남상대(VESSL AI/백엔드 엔지니어)

99

66

이 책을 읽으면서 Go 언어의 효율성에 대한 깊이 있는 관점을 얻을 수 있었다. Go 커뮤니티에서 활동하며 많은 자료를 접해 왔지만, 이 책은 다른 책들과 차별화된 내용을 제공한다. 특히, 초보자도 이해하기 쉽게 구성되어 있어 Go 성능 최적화 방법을 습득하는 데 큰 도움이 될 것이다.

한성민(Golang Korea 오거나이저, ML GDE)

99

지은이 **바르틀로미에 플로트카**^{Bartłomiej Płotka}

바르틀로미에 (바르텍) 플로트카^{Bartłomiej (Bartek) Płotka}는 구글 시니어 소프트웨어 엔지니어(구 레드햇 수석 소프트웨어 엔지니어)이며, 현 CNCF^{Cloud Native Computing Foundation}(*https://cncf.io*) TAG^{Technical Advisory Group} 관찰 가능성 그룹의 기술 리드다. Go로 작성한 인기 있고 안정적인, 성능과 효율성 중심의 분산 시스템을 만드는 작업과 관련된 관찰 가능성 구현에 기여해 왔다. 프로메테우스, gRPC 에코시스템의 라이브러리를 포함한 다양한 오픈소스 프로젝트의 핵심 메인테이너^{maintainer}다. 2017년에는 파비안 라인아르츠^{Fabian Reinartz}와 함께 타노스^{Thanos}(*https://thanos.io*)라는 인기 있는 오픈소스 분산 타임시리즈 데이터베이스를 만들었다. 이 프로젝트는 저렴하면서도 효율적인 메트릭 모니터링을 지향함으로써 수백 개의 성능 및 효율성 개선을 이뤘다. 바르텍은 Go의 가독성, 신뢰성, 효율성에 깊은 관심을 기울여 왔고, 수많은 도구를 만드는 데 기여했다. 또한 블로그 포스팅과 가이드를 통해, 개발자들이 실용적이면서도 효율적인 Go 애플리케이션을 작성할 수 있도록 돕고 있다.

앞으로 하게 될 작업, 필자와 함께하는 그룹이나 책에서 다루는 주제에 대해 더 알고 싶다면 아래 트위터에서 필자를 팔로우하거나 블로그를 확인하면 된다. 필자의 작업이나 콘텐츠에 대한 피드백은 언제나 환영한다. 항상 배울 준비가 되어 있다!

- **트위터** https://twitter.com/bwplotka
- **블로그** https://www.bwplotka.dev

야심 찬 성능 목표를 세워 둔 엔지니어들로 가득한 실용 소프트웨어 개발의 세계로 온 것을 환영한다. 이곳에서는 요구사항의 변경이나 예상치 못한 효율성 이슈가 문제없이 처리된다. 코드는 데이터를 기반으로 전략적이면서도 효율적으로 최적화되면서도 간결하고 읽기 쉬우며 유지보수와 확장이 수월하다. 잠깐, 이게 정말 가능하다고?

물론이다. 그리고 그 방법을 보여 줄 것이다! 이 책을 구매했다면 이미 절반은 왔다. 문제를 알아차렸다는 것이고 해법을 배우려는 것이니 말이다. 나쁜 소식은 꼭 필요한 핵심 지식만 추려내었는데도 11장이나 된다는 것이다. 하지만 『Go 성능 최적화 가이드(원제: Efficient Go)』가 가벼운 튜토리얼이 아니라는 바로 그 점이 각별하다. 필자가 커리어를 시작할 무렵 알았더라면 좋았겠다고 생각하는 모든 부분을 효율적이면서도 실용적으로 다룬 소프트웨어 작성 안내서다.

이 책에서 필자가 가장 좋아하는 프로그래밍 언어인 Go와 그 최적화에 대해 많은 것을 배울 것이다. 그러나 이 책이 Go에 한정된 것은 아니다. 최적화에 대한 마음가짐^{mindset}과 관찰 가능성 패턴을 보여 주는 데 Go를 예제 언어로 사용하기는 하지만, 8장부터 11장까지는 특정 언어와 무관한 내용을 담고 있다. 자바, C#, 스칼라, 파이썬, C++, 러스트^{Rust}, 하스켈^{Haskell} 같은 언어를 사용해도 동일한 기법으로 소프트웨어를 개선할 수 있다.

이 책에서는 저수준$^{low-level}$ 최적화 기법과 관련한 모든 방법을 다루진 않는다. 그 이유는 첫째, 최적화는 일반화가 어렵기 때문이다. 누군가가 루프를 풀어서 작성하거나 구조체 필드에 포인터를 사용하여 더욱 효율적인 코드를 작성하였다 해도 다른 코드에서 같은 효과를 기대할 수는 없다. 몇몇 최적화 기법을 알아보기는 하겠지만 그보다는 실용적인 소프트웨어 개발의 효율성에 대한 완전한 지식을 전달하는 데 중점을 둘 것이다.

둘째, '저수준'의 위험한 기법은 쓸 일이 별로 없기 때문이다. 대개 단순히 프로그램이 어디에서 시간을 많이 쓰는지, 효율성과 확장성 목표를 이루는 데 충분한 자원인지만 확인해도 적은 비용으로 큰 효과를 얻을 수 있다. 더불어 대부분의 경우에 효율성을 개선한다고 코드를 C++나 러스트 또는 어셈블리어로 다시 짤 필요가 없다.

시작하기 전에, 이 책의 핵심 목표와 효율성이라는 주제에 집중하게 된 이유를 살펴보자. 이 책의 내용을 잘 학습하는 법과 실제 개발 업무에서 이 책을 효율적으로 사용하는 법도 배울 것이다.

이 책을 쓰게 된 이유

『Go 성능 최적화 가이드』를 쓰는 데 1,200시간이 걸렸다. 이런 책을 쓰겠다고 결정을 내리는 과정은 결코 쉽지 않았다. 유튜브YouTube나 틱톡TikTok과 같은 소셜 미디어가 범람하는 시대에 책을 읽고 쓴다는 것은 구시대적으로 느껴질 수 있다. 하지만 현대의 소셜 미디어는 주제를 단순화하는 경향이 있다. 주제를 최소한으로 응축해야만 시청자와 수익을 유지할 수 있기 때문이다. 이러한 경향은 사람들을 잘못된 방향[1]으로 몰고 가기 십상이다.

필자가 이 책을 쓰게 된 이유는 명확하다. 사용하는 소프트웨어가 조금 더 나았으면 하는 바람이 있기 때문이다. 하나의 소프트웨어 프로젝트에 기여하고 유지보수하는 이들이 코드의 효율성과 평가 방법을 잘 이해했으면 한다. 그들이 효율성 개선에 관한 풀 리퀘스트pull request에 신뢰할수 있는 리뷰를 했으면 한다. 사람들이 성능 문제로 스트레스 받지 않고 전문가처럼 처리했으면 한다. 사용자와 이해관계자들이 업계의 벤치마크를 유의하면서 저급한 마케팅을 꿰뚫어 볼 수 있기를 바란다. 마지막으로 리더, 디렉터, 프로덕트 매니저가 소프트웨어의 효율성이라는 주제에 좀더 성숙하게 접근하여 실용적인 효율성 요구사항을 어떤 형태로 전달해야 엔지니어가 훌륭한 제품을 만드는 데 도움이 될지 고민하기 바란다.

또한 이 책이 지속 가능한 소프트웨어를 만드는 데 조금이나마 기여했으면 한다. 모든 CPU 시간과 메모리의 낭비는 비즈니스에서 상당한 비용 부담일 뿐 아니라, 에너지와 하드웨어를 낭비하여 환경에도 나쁜 영향을 미친다. 이 책에서 배우는 기술을 사용해 비용을 아끼고 지구를 살리는 동시에, 사업에 더 나은 가치를 만들어 낼 수 있다. 이와 같은 목표를 이루기 위해 이 책을 집어 들었다면 최고의 선택을 했다고 말해 주고 싶다.

----

1 「잘못된 인센티브가 인터넷을 망쳤다」, *https://oreil.ly/A8dCv*

지식을 수집한 방법

효율성이라는 주제와 고품질 소프트웨어 개발이라는 목표 아래 수많은 연습, 실수, 실험, 암묵적 멘토implicit mentors[2], 연구를 통해 경험을 쌓아 왔다.

29세때부터 책을 쓰기 시작했다. 아직 충분한 경험이 없어 보일 수도 있는 나이지만 19세 때부터 정규직 소프트웨어 개발자로서 경력을 시작했다. 인텔에서 일하면서, 소프트웨어 정의 인프라SDI, software-defined infrastructure와 관련한 컴퓨터 과학을 전공했다. 초기에는 오픈스택OpenStack 프로젝트 (https://www.openstack.org)와 관련하여 파이썬으로 코딩을 하였고, 이후 메소스피어Mesosphere[3]와 트위터에 몸담은 훌륭한 엔지니어들의 지도를 받아 당시 인기 있었던 메소스Mesos (https://mesos.apache.org) 프로젝트에 기여하였다. 이때 C++를 사용했다. 그리고 마침내 쿠버네티스Kubernetes (https://kubernetes.io)와 관련한 개발에 Go를 사용하고 이 언어를 사랑하게 되었다.

인텔에서는 상당 기간 노드의 과구독oversubscription 기능[4]에서 시끄러운 이웃noisy neighbor 문제를 완화했다. 일반적으로, 과구독은 원래 하나의 머신에서는 불가능했을 프로그램들을 실행하게 해주는데, 모든 프로그램이 할당받은 모든 자원을 동시에 사용하지는 않을 것이라는 통계적인 예측을 기반으로 한다. 이제 와서 돌아보건대, 이러한 복잡한 알고리즘을 사용하기보다 소프트웨어 최적화부터 하는 것이 훨씬 쉽고 효과적이었을 것이다.

2016년에는 런던의 게임 스타트업에서 전직 구글·아마존·마이크로소프트·페이스북 직원들과 함께 글로벌 게임 플랫폼을 개발하고 운영했다. 마이크로서비스를 개발했는데, 전 세계에 산재한 수십 개의 쿠버네티스 클러스터에서 실행하였으며, 대부분 Go로 구현하였다. 이 무렵, 분산 시스템, 사이트 신뢰성 엔지니어링SRE, software reliability engineering, 모니터링에 대해 많은 것을 배웠다.

---

2 「암묵적 멘토링: 인정받지 못하는 개발자의 오픈소스에 기반한 노력(Implicit Mentoring: The Unacknowledged Developer Efforts in Open Source)」, https://oreil.ly/7IFBd
3 「메소스피어, 이제는 D2iQ다(Mesosphere is now D2iQ)」, https://oreil.ly/yUHzn
4 「아파치 메소스 공식 문서」, https://oreil.ly/uPnb7

6장에서 다루는 관찰 가능성^{observability} 관련 도구의 사용에 빠져든 시기도 이때였을 것이다. 이 도구는 실용적인 효율성을 성취하는 데 반드시 필요하다.

실행 중인 소프트웨어의 가시성을 높이려는 열정이 필자를 모니터링으로 인기 있는 오픈소스 시계열 데이터베이스인 프로메테우스^{Prometheus}(*https://prometheus.io*)를 사용하고 개발하는 전문가로 만들었고, 이 작업에서 필자는 공식 메인테이너^{maintainer}가 되었다. 또한 여러 Go 오픈소스 프로젝트와 라이브러리도 시작하였다. 그리고 마침내 파비안 라인아르츠와 함께 타노스 오픈소스의 대규모 분산 타임시리즈 데이터베이스를 만들 기회를 얻었다. 여러분이 일하는 회사의 인프라스트럭처에도 필자의 코드가 실행되고 있을지 모른다!

2019년에는 레드햇^{Red Hat}으로 옮겨, 오픈소스의 관찰 가능성 시스템 분야에서 일했다. 이 책에서 배우게 될 지속적인 프로파일링 솔루션에 대해서 파고들던 시절이다.

CNCF에서도 홍보대사와 관찰 가능성 TAG ^{observability Technical Advisory Group}[5] 기술 리드로 활발히 활동하였다. 콘퍼런스와 밋업도 많이 조직하였다. 한편 CNCF[6] 멘토링 이니셔티브[7]를 통해, 프로메테우스와 타노스에 대해 팀 단위에서 매년 여러 엔지니어들의 멘토링을 하고 있다.

필자는 프로덕션에서 실행하여, 신뢰하고 확장할 수 있는 다양한 소프트웨어의 코드 수천 라인을 작성하고 리뷰했으며, 수십 명의 엔지니어를 가르치고 멘토링하였다. 하지만 가장 깊은 통찰을 얻었던 작업은 오픈소스 작업이었다. 오픈소스를 개발하며 전 세계의 수많은 회사와 지역 그리고 목표가 있는 다양한 사람들과 소통을 하게 되었기 때문이다.

---

5 「깃허브, cncf/tag-observability」, *https://oreil.ly/f9UYG*

6 「깃허브, cncf/mentoring」, *https://oreil.ly/rU0bg*

7 소프트웨어나 오픈소스 개발이 처음이라면 이니셔티브에 문의하기 바란다. 그후 기여를 하고, 두 달의 유료 멘토십을 지원하면 된다. 다른 이들을 멘토링해 보고 싶은 분들도 연락하기 바란다! 좋은 멘토 역시 필요하다. 다음 세대의 오픈소스 관리자를 가르치는 일은 중요하다.

이렇게 멋진 사람들과 함께 일하며 놀라운 성취를 이루었다고 생각한다. 고품질 코드를 중요하게 생각하는 환경에서 일하게 된 것은 행운이었다. 좋은 시스템 설계, 코드의 유지보수, 가독성에 중점을 두었고, 이러한 가치를 오픈소스에 심으려 하였으며, 실제로 해냈다. 하지만 타노스와 같은 프로젝트를 다시 진행할 기회가 있다면 좀 더 개선하고 싶은 것이 있다. 프로젝트를 시작하면서부터 선택했던 알고리즘이나 코드의 실용적인 효율성에 좀 더 집중하고 벤치마킹과 프로파일링에 더 많이 투자하고 싶다.

오해하지 마시라. 현재의 타노스 시스템은 경쟁 제품에 비해서 상대적으로 빠르고 적은 자원을 사용한다. 그렇다 해도 여기까지 오는 데 많은 시간이 들었고, 아직도 줄일 수 있는 하드웨어 자원이 많다. 커뮤니티의 관심이 필요한 병목 지점도 많이 남아 있다. 필자가 이 책에서 다루는 지식과 기법, 제안을 적용할 수 있었다면, 현 시점의 타노스 수준까지 만드는 개발 비용을 절반으로 줄일 수 있었을 것이다(이 작업에 많은 비용을 들인 전 상사가 이 글을 읽지 않기를!).

필자의 여정은 이 책과 같은 개발서가 얼마나 절실했는지 보여 준다. 점점 더 많은 이들이 프로그래밍을 하고, 그중 컴퓨터 과학을 공부한 적이 없는 이들도 적지 않은 상황에서 많은 실수와 오해가 생긴다. 소프트웨어 효율성에 있어서는 더욱 그렇다. 효율성이나 확장에 대한 질문에 실용적인 답을 주는 글은 많지 않으며, 있다 해도 Go로 되어 있는 경우는 매우 드물다. 이 책이 그러한 아쉬움을 달랠 수 있기를 바란다.

이 책의 대상 독자

『Go 성능 최적화 가이드』는 직면한 상황과 조직의 목표에 따라 효율성 최적화를 언제, 어떻게 적용할지에 대한 답을 주기 위해 필요한 도구와 지식을 전달하는 것이 목표다. 그래서 이 책의 주 독자는 Go 또는 다른 최신 프로그래밍 언어들로 프로그램을 설계·생성·변경하려는 소프트웨어 개발자들이다. 소프트웨어 엔지니어는 요구사항의 기능과 효율성을 모두 만족시켜 주어야 한다. 이 책으로 학습하려면 기본적인 프로그래밍 능력은 있어야 한다.

이 책은 데브옵스[DevOps], 사이트 신뢰성 엔지니어, 시스템 관리자[sysadmins], 플랫폼 팀 등 소프트웨어를 운영하는 이들에게도 유용하다. 최적화 설계에는 다양한 수준(3.5절 참고)이 있다. 소프트웨어 최적화에 투자해야 할 때가 있는가 하면, 다른 수준에서 최적화를 따져 보아야 할 때가 있다! 게다가 신뢰할 수 있는 효율성을 달성하려면 소프트웨어 엔지니어는 (6장에서 설명할) 프로덕션과 비슷한 환경에서 벤치마크와 실험을 많이 해야 하며, 이를 위해 플랫폼 팀과 밀접하게 협업하는 경우가 많다. 한편, 6장에서 설명할 관찰 가능성 연습에 사용하는 도구는 최신 플랫폼 엔지니어링에서 추천하는 최신 도구다. 필자는 애플리케이션 성능 모니터링[APM]과 사이트 신뢰성 엔지니어링을 위한 관찰 가능성을 구분하면 안 된다고 생각하는데, 누군가 이를 구분하려 한다면 공급 업체가 비용을 더 청구하거나 기능이 많은 것처럼 보이려는 경우일 가능성이 높다. 본문에서 설명하겠지만, 모든 소프트웨어를 관찰할 때 같은 도구·메트릭·신호를 재사용할 수 있다.[8] 하나의 팀으로서 더 나은 제품을 만들려는 것이다!

마지막으로, 여전히 기술적인 부분에 신경 쓰면서 팀 내에서 쉽게 고칠 수 있는 효율성 이슈에 엄청난 비용을 지불하지 않으려면 어떻게 해야할지 고민하는 매니저, 프로덕트 매니저, 리더들에게도 이 책을 권한다!

---

8 경험이 많아도, 메트릭을 이용하여 효율성 및 성능 개선 작업이 가능하다는 것을 몰랐다는 분들의 피드백을 받고 있다. 이 책에서 그 방법을 배울 것이다.

이 책의 구성

이 책은 11장으로 구성되어 있다.

1장에서는 효율성의 개념과 효율성이 중요한 이유를 다룬다.

2장에서는 효율성 측면에서 Go 언어를 소개한다.

3장에서는 최적화를 어떻게 생각하고 접근해야 할지 설명한다. 효율성을 개선하려면 오랜 시간이 필요하지만 체계적으로 접근하면 많은 시간과 노력을 아낄 수 있다.

4장과 **5장**에서는 레이턴시, CPU, 메모리 자원을 다룬다. 그리고 운영체제와 Go가 이것들을 어떻게 추상화하는지 설명한다.

6장부터는 소프트웨어 최적화와 관련해 데이터 기반 의사결정의 의미를 다룬다.

7장에서는 실험의 신뢰성과 복잡도 분석을 논의한다.

8장과 **9장**에서 벤치마킹과 프로파일링 기법을 설명한다.

다양한 최적화 예제를 **10장**에서 보여 주고, 마지막 **11장**에서는 Go 커뮤니티에서 경험한 다양한 효율성 패턴과 기법에 대해 공부하고 요약한다.

실습 환경 및 코드 예제 사용법

이 책에서는 도구와 기법, 좋은 실습을 이해할 수 있도록 코드 예제를 제공한다. 모든 예제는 Go 언어로 작성했으며, Go 1.18 이상의 버전에서 동작한다.

이 책의 모든 예제는 다음 GitHub 저장소에 올려 두었으며, 테스트까지 마쳤다.

https://github.com/efficientgo/examples

여기서 자유롭게 포크fork하고, 사용하고, 가지고 놀 수 있다. 모든 사람은 각자의 방식으로 배운다. 어떤 사람들은 몇몇 예제를 즐겨 쓰는 IDE로 가져와서 변경·실행·테스트 또는 디버깅할 수 있겠다. 자신에게 맞는 방법을 찾으면 된다. 질문과 개선 제안은 언제든 깃허브 이슈나 풀 리퀘스트 (*https://github.com/efficientgo/examples/issues*)로 해주기 바란다!

이 책의 예제들은 쉽게 읽을 수 있도록 길지 않은 코드를 사용해 단순화했다. 특히, 다음과 같은 규칙을 적용하였다.

- Go 패키지를 명시하지 않았다면 package main이다.
- 파일명이나 확장자를 명시하지 않았다면 .go 확장자다. 기능 테스트나 미시 벤치마크라면 파일명은 _test.go로 끝난다.
- import를 항상 포함하지는 않는다. 이 경우에는 표준 라이브러리 또는 앞에 소개한 패키지를 import 한 것으로 생각한다.
- 때로 import를 추가하지는 않지만 (// import <URL>)라고 코멘트하는 경우가 있다. 코드 예제에 필요한 여러 패키지 중에서 중요한 import를 설명하기 위함이다.
- 점 세 개로 표시한 코멘트(// …)는 관련이 없는 내용을 지웠다는 뜻이다. 원래는 함수가 동작하기 위한 로직들이 거기 있다는 의미다.
- handle error라고 명시한 코멘트(// handle error)는 가독성을 위해 에러 처리를 지웠다는 뜻이다. 실제 코드에서는 항상 에러 처리를 잊지 말자!

옮긴이 **Golang Korea**

고랭코리아Golang Korea는 한국 Go 언어 개발자 소통과 생태계 개선을 위해 2011년에 개설된 커뮤니티로, 현재 약 7,300명의 구성원이 함께하고 있다. 고랭코리아는 디코딩과 함께 깊이 있는 Go 언어 서적을 만들기 위해 힘쓰고 있으며, Go 언어 거대 연례행사인 고퍼콘 코리아GopherCon Korea를 기획·운영하고 있다. 또한 커뮤니티의 핵심 가치에 해당하는 볼륨Volume, 다양성Diversity, 연결Connection을 구현하기 위해 전국을 돌아다니며 Go 언어를 알리는 'Go To Everywhere(전국 방방고고)' 행사를 하며 국내 Go 언어 생태계를 개선하는 데 힘을 보태고 있다.

『Go 성능 최적화 가이드』는 고랭코리아 구성원이 함께 번역하여 출판한 첫 번째 책이다. 책 출판을 통해 커뮤니티의 가치를 더욱 공고하게 만들어 나갈 수 있기에, 디코딩을 비롯한 커뮤니티 구성원 모두에게 감사드리며, 독자 여러분에게도 감사의 말씀을 전한다. 고랭코리아는 앞으로도 Go 언어 개발진을 위한 지식 전파와 숭고한 커뮤니티 가치를 만들어 나가기 위해 더욱 노력할 것이다.

생생한 커뮤니티 소식은 페이스북에서 확인해보자!

https://www.facebook.com/groups/golangko/

이 책이 만들어지기까지 함께 힘써 주신 11명의 역자분

1장
나상우

Toss Bank에서 서버 엔지니어로 근무하고 있으며, 프로덕트를 통해 세상을 바꾸기 위해 개발자가 되었다. 개발 커뮤니티의 활성화에도 다방면으로 기여하고 있다.

2장
김용재

KAIST 전산학과를 졸업하고 미국에서 의사 및 개발자로 활동 중이다. 2016년부터 크고 작은 프로젝트에서 Go 언어를 즐겨 사용하고 있다.

3장
박소정

대학에서 영어를 전공했고, 현재 영어를 가르치고 있다. 개발도 언어라는 교수님의 충고에 인연이 닿아 이 책의 3장을 번역하게 되었다. 좋은 책의 좋은 역자가 되고 싶은 꿈이 있다.

4장
조석규

게임을 만들고 싶어서 시작한 일이었다. 정신을 차리고 보니 고객님의 요구를 들어주는 일로 먹고사는 중이다.

5장
이석곤

코드로 마음을 표현하는 마법사, 풀스택 개발자다. 버그는 내 친구, 리팩터링은 내 열정.

6장
정민하

소프트웨어 개발의 매력에 빠져서 헤어나지 못하고 있는 개발자. 개발 생태계 속에서 얻어 간 것들을 되돌려 주고자 노력하고 있다.

7장
이진석

대표 역자, 캐나다에서 풀스택 개발자로 UNITY에 재직 중이며 GDG Montreal 오거나이저 겸 Flutter Mon-treal 리드 오거나이저로 활동하고 있다. 애자일과 제품 주도 개발을 중요하게 생각한다.

8장
정현석

다만 어제의 나보다 나아지기 위해 하루를 살아가는 개발자. Go 언어를 아끼는 Gopher.

9장
박재유

LG 전자에서 사이버 보안 업무를 하고 있다. 그동안 주로 파이썬 관련 책을 집필하고 번역했다. 최근 Go 언어를 사용하여 보안 취약점 분석 도구를 개발하면서 Go 언어의 매력을 느끼게 되었다.

10장
이영빈

모두의연구소에서 딥러닝 교육을 진행하고 있으며 현재 GDG 송도 오거나이저로 활동하고 있다. Go 언어의 간결함과 Gopher 마스코트가 귀여워서 Go 언어를 공부하고 있다.

11장
최재훈

삼성전자에서 XR 소프트웨어를 개발하고 있고, 최근에는 LLM 등 생성형 AI 솔루션에 심취하였다. 그룹 스터디를 통해 접하게 된 Go가 지금은 무척 애정하는 프로그래밍 언어가 되었다.

옮긴이 머리말

Go 언어는 이미 국내외에서 많은 분야에 사용되고 있는 주류 언어다. Go 언어는 다양하고 실용적인 기본 도구와 탁월한 표준 라이브러리, 간결한 문법을 통해 생산성을 향상시키고, 고루틴을 통해 쉽게 구현 가능한 병렬 처리와 네이티브 언어라는 특성으로 소프트웨어의 효율적인 실행을 보장한다. 많은 개발자가 소프트웨어 개발 프로젝트를 진행할 때 빠른 성능과 생산성을 이유로 Go 언어를 선택하지만, 정작 성능을 어떻게 측정하고 최적화해야 하는지는 모르는 경우가 많다. 각종 복잡도와 이론적인 소프트웨어 효율 및 성능 개선에 대한 지식이 있더라도 실제 개발 프로세스에 어떻게 효율적으로 적용해야 할지에 대해서는 많은 고민을 하고 있다.

이러한 상황에서 이 책은 Go 언어를 단순히 효과적 Effective 으로 작성하는 것을 넘어 효율적 Efficient 으로 소프트웨어를 개발하는 방법을 알려 준다. 저자는 효율성의 의미를 정의하는 것에서부터 이야기를 시작하여, 컴퓨터 성능의 발전과 하드웨어 비용의 감소로 인해 간과하기 쉬운 최적화의 필요성과 실용적인 수행 방법에 대해 설명한다. 이 책은 개발자 기술 면접에서 자주 언급되는 시간 복잡도와 공간 복잡도 분석 수준을 넘어서, 소프트웨어의 효율성을 측정해 개선이 필요한 부분을 찾고 어떻게 유의미한 개선을 할 수 있는지와 개발 프로세스 전반에 적용할 수 있는 모범 사례들을 소개한다. 이는 Go 언어뿐만 아니라 다른 언어에도 충분히 적용 가능한 내용으로 다른 언어를 주로 사용하는 개발자에게도 유익한 내용이 될 것이다.

번역 작업은 개발 커뮤니티에서 활동 중인 열한 명의 개발자가 각 장별로 분량을 나누어 빠르게 진행하는 신선한 방식을 사용했다. 역자들의 관점 차이와 대상 독자에 대한 의견 차이를 조율하고 합의하기 위해 많은 노력을 기울였으며, 이로 인해 더 좋은 결과물이 만들어졌다. 열한 명의 역자들도 Go 언어의 사용자이기에 이 책의 첫 번째 독자가 되는 셈이다. 독자 입장에서, 단순히 원문을 직역하기보다는 실제 개발자들이 실무에서 사용하는 용어를 사용하여 이해하기 쉬운 문장으로 만들기 위해 노력했다. 또한 공동 번역이지만 한 사람이 번역한 것처럼 통일된 문체와 용어를 사용하기 위해 교차 검수를 수행했다. 문체를 통합하고 더 읽기 좋은 문장으로 만들기 위해 편집자님들의 노고도 컸다.

열한 명의 역자들뿐 아니라 한국 Go 언어 커뮤니티 멤버들의 관심과 노력이 이러한 결과물에 좋은 영향을 끼쳤다. 옮긴이 머리말을 작성 중인 지금도 베타리더에 자원한 커뮤니티 멤버들이 리뷰를 진행하고 있다는 것을 알고 있다. 이번 번역 작업은 한국 Go 언어 커뮤니티의 모든 맴버가 함께 참여한 결과물이라고 할 수 있다.

마지막으로, 좋은 기술 서적을 집필해 준 저자와 이번 공동 번역 프로젝트를 기획하고 지원해 준 Golang Korea 운영진 및 디코딩에 감사의 말씀을 전한다.

감사의 글

"위대함은 많은 이들이 함께 만들어 내는 것"[9]이라고 한다. 이 책도 예외가 아니다. 많은 분들이 나의 커리어와 이 책을 집필하는 데 직·간접적인 도움을 주셨다.

누구보다도 아내인 카시아Kasia에게 감사하다. 그녀의 지지가 없었다면 이 모든 일이 불가능했다.

테크 리뷰어인 마이클 뱅Michael Bang과 사스와타 무케르지Saswata Mukherjee의 꼼꼼한 검토에 감사한다. 초기 콘텐츠에 대해 검토하고 놀라운 피드백을 해준 마테즈 게라Matej Gera, 펠릭스 가이센 되르퍼Felix Geisendörfer, 기드리우스 스타케비치우스Giedrius Statkevičius, 본 라벤스타인Björn Rabenstein, 릴리 코식Lili Cosic, 요한 브란트호르스트−자츠코른Johan Brandhorst−Satzkorn, 마이클 하우센블라스Michael Hausenblas, 유라즈 미찰락Juraj Michalek, 케말 아코윤Kemal Akkoyun, 릭 라코우Rick Rackow, 고우담 비라마차네니Goutham Veeramachaneni를 비롯해 이 책이 나오기까지 수고해 주신 모든 이에게 감사의 마음을 전한다.

또한 엄청난 지식을 공유하는 오픈소스 커뮤니티의 수많은 재능 있는 이들에게도 감사의 메시지를 보낸다. 여러분은 알아차리지 못하더라도 필자의 책을 포함한 많은 작업에 도움을 주고 있기 때문이다. 이 책에서 이분들 중 몇 분의 인용을 볼 수 있다. 챈들러 카루스Chandler Carruth, 브렌든 그레그Brendan Gregg, 다미안 그리스키Damian Gryski, 프레드릭 브란치크Frederic Branczyk, 펠릭스 가이센 되르퍼, 데이브 체니Dave Cheney, 바르토즈 아담체우스키Bartosz Adamczewski, 도미닉 호네프Dominik Honnef, 윌리엄(빌) 케네디William (Bill) Kennedy, 브라이언 보어햄Bryan Boreham, 할바르 플레이크Halvar Flake, 신디 스리드하란Cindy Sridharan, 톰 윌키Tom Wilkie, 마틴 클레프만Martin Kleppmann, 롭 파이크Rob Pike, 러스 콕스Russ Cox, 스콧 마이어스Scott Mayers와 이외에도 많은 분들에게 고맙다고 말하고 싶다.

마지막으로, 오라일리 팀에 감사한다. 특히 멜리사 포터Melissa Potter, 잔 맥콰드Zan McQuade, 클레어 젠슨Clare Jensen에게 큰 도움을 주어 고맙다는 말과 함께, 원고가 늦어져도 양해해 주고 마감을 늦춰 주어서, 그리고 처음 계획보다 더 많은 내용을 추가해 주어서 고맙다고 전하고 싶다.

---

9 「파워(Power)」, *https://oreil.ly/owETM*

CONTENTS

CHAPTER 1 **소프트웨어 효율성이 중요한 이유**

CHAPTER 2 **효율적인 Go 언어**

CONTENTS

CHAPTER 3 **효율성 완전 정복**

CHAPTER 4 **Go의 CPU 자원 사용법**

CHAPTER 5 **Go의 메모리 자원 사용법**

CONTENTS

CHAPTER 6 **효율성 관찰 가능성**

CONTENTS

CHAPTER **9** **데이터 기반 병목 현상 분석**

CHAPTER **10** **최적화 예제**

CONTENTS

CHAPTER 1

소프트웨어 효율성이
중요한 이유

소프트웨어 엔지니어의 주요 업무는 비용 효율적인 방식으로 유지보수 가능하고 유용한 소프트웨어를 개발하는 것이다.

– 존 루이스 벤틀리Jon Louis Bentley,
『Writing Efficient Programs』(Prentice Hall, 1982)

40년이 지난 지금도 존 루이스 벤틀리가 내린 소프트웨어 개발의 정의는 꽤 정확하다. 모든 엔지니어의 궁극적인 목표는 프로덕트의 수명 주기lifetime 동안 사용자의 요구를 만족시킬 수 있는 유용한 제품을 만들어내는 것이다. 하지만 아쉽게도 요즘에는 많은 개발자가 소프트웨어 비용의 중요성을 인식하지 않는 것 같다. 이로 인한 결과는 생각보다 심각할 수 있다. 단순히 소프트웨어 개발 비용이 많이 들겠다고 쉽게 말하는 것 자체가 소프트웨어 비용의 중요성을 과소평가했다는 뜻이다. 예를 들어 록스타Rockstar가 개발한 인기 게임 'GTA 5Grand Theft Auto 5'의 생산 비용은 1억 3,750만 달러[1]로 추정되고, 개발 완료까지 250명의 엔지니어를 투입했으며 5년의 시간이 걸렸다. 애플은 상용화된 운영체제를 만들기 위해 2001년 macOS[2]의 첫 번째 배포에 5억 달러 이상의 비용을 들였다.

이렇듯 소프트웨어를 생산하는 비용이 매우 많이 들기 때문에 엔지니어들은 가장 중요한 요소에 집중하려고 노력해야 한다. 예를 들어 코드의 복잡성을 줄이지 않는 리팩터링 작업을 몇 주 동안 붙들고 있거나, 정말 가끔 실행되는 함수를 세밀하게 최적화하는 등의 엉뚱한 작업에 시간과 에너지를 쏟지 말아야 한다. 때문에 업계에서는 개발 과정을 효율화하기 위한 새로운 패턴들을 지속해서 만들어낸다. 예를 들어 변경되는 요구사항들을 쉽게 적용할 수 있게 해주는 애자일 칸반Agile Kanban 접근법, 코틀린Kotlin과 같이 크로스 플랫폼 범용 프로그래밍 언어, 리액트React와 같은 웹사이트 구축을 위한 프레임워크 등이 포함된다. 모든 비효율성이 비용을 증가시키기 때문에 해당 분야를 혁신하려는 것이다.

게다가 요즘에는 미래의 비용까지 고려해야 하기 때문에 소프트웨어 개발 비용을 산정하기가

---

1 「GTA 5 개발 비용 1억 3,700만 달러 이상으로 추정(GTA V dev costs over $137 million, says analyst)」, *https://oreil.ly/0CRW2*
2 「위키피디아, NeXT」, *https://oreil.ly/hQhiv*

더욱 어렵다. 일부 자료에서는 소프트웨어의 초기 개발 비용보다 실행 및 유지보수 비용이 더 클 수도 있다고 예측한다.[3] 소프트웨어의 경쟁력을 유지하기 위한 코드 수정, 버그 처리, 사건 대응, 소프트웨어 설치 그리고 컴퓨팅 비용(소모 전력 포함)은 우리가 고려해야 하는 총소유비용TCO, Total Cost of Ownership의 일부에 지나지 않는다. 이때 애자일 Agile 방법론은 소프트웨어를 효율적으로 배포하고 더욱 빠르게 피드백을 받음으로써 이러한 비용을 빠르게 예측하도록 해준다.

만약 소프트웨어 개발 과정에서 효율성과 속도를 최적화하지 않으면 총소유비용은 더 높아지게 될까? 대부분 애플리케이션이 실행되기까지 몇 초의 추가적인 대기 시간이 발생하는 것은 생각보다 큰 문제가 되지 않는다. 그 뿐만 아니라 하드웨어의 속도 역시 매달 더 빨라지고, 값도 더 저렴해지고 있다. GB 단위의 RAM을 탑재한 스마트폰을 쉽게 구매할 수 있고 손가락만한 크기의 2TB의 SSD와 읽기 처리량이 7GBps인 디스크[4]도 출시됐다. 심지어 가정용 PC에도 초당 수십억 번의 연산을 할 수 있는 CPU 8개와 2TB의 RAM이 탑재되는 등 갈수록 성능이 좋아지고 있다. 이런 시대에 최적화는 나중에 언제든 하면 된다고 생각하게 된다. 그렇지 않은가?

> 하드웨어 장치들은 인간의 노동력 대비 점점 더 저렴해지고 있다. 컴퓨터 효율성에 관한 논의를 하면서도 이를 고려하지 못하면 시야가 좁다고 볼 수 있다. 효율성이란 프로그램의 수명 주기에서 하드웨어 장치가 돌아가는 시간뿐만 아니라 개발자가 개발에 투입한 시간 그리고 프로그램을 사용하는 사용자의 시간 등 모든 비용을 줄일 수 있음을 의미한다.
>
> — 브라이언 W. 커니핸Brian W. Kernighan, P. J. 플레저P. J. Plauger,
> 『The Elements of Programming Style』(McGraw-Hill, 1978)

어쨌든 소프트웨어의 런타임이나 공간 복잡도를 개선하는 일은 복잡한 주제다. 특히 신입 엔지니어들은 최적화에 많은 시간을 투자하더라도 프로그램의 효율성이 기대만큼 높아지지 않는 경우가 많다. 게다가 엔지니어들이 코드 단에서 호출 시간을 신경 쓰더라도, 자바 가상 머신JVM 과 Go 컴파일러Go compiler와 같은 구성 요소는 자체적인 최적화를 적용한다. 또한 최신 하드웨어의 효율성을 개선하는 작업과 같은 까다로운 일에 시간을 투자하면 코드의 안정성을 확보하고 유지보수하는 데 드는 수고를 줄일 수 있다. 이 모든 것은 엔지니어들이 개발 우선순위에서

---

3 「애플리케이션 유지 관리 비용이 개발 비용보다 3배 더 높을 수 있다(App Maintenance Cost Can Be Three Times Higher than Development Cost)」, *https://oreil.ly/59Zqe*

4 「980 PRO PCIe® 4.0 NVMe™ SSD 2TB 구매 링크」, *https://bit.ly/30mkd1e*

성능 최적화를 가장 하위에 두는 몇 가지 예시에 불과하다.

여타 극단적인 단순화 사례들과 마찬가지로, 이렇게 성능을 최하위로 고려할 때 일부 위험 요소가 따른다. 하지만 걱정할 필요는 없다. 이 책은 여러분에게 앞으로 코드 한 줄 한 줄마다 몇 나노초가 소요되는지 계산하라거나, 메모리에 할당하는 모든 비트를 고려하라고 설득하진 않을 것이다. 또한 성능 최적화를 개발 우선순위의 최상위에 놓기를 바라지도 않는다.

다만 최적화를 의식적으로 미루는 것과, 소프트웨어의 속도 저하를 야기하고 효율성을 떨어뜨리는 아둔한 실수를 하는 것에는 차이가 있다. 다시 말해 '완벽은 최선의 적이다Perfect is the enemy of good'[5]라는 격언처럼 먼저 적절히 좋은 것을 찾아야 한다. 이를 위해 이 책은 소프트웨어 엔지니어들에게 효과적인 개발 습관이 무엇인지 데이터를 기반으로 알려준다. 미묘하지만 애플리케이션의 성능을 개선하는 데 필수적인 방법이 될 것이다. 이렇게 데이터를 기반으로 한 효과적인 개발 습관을 익히게 되면, 초기 개발 과정에서 프로그램의 비효율성이 보이더라도 안전하게 넘어가거나 효율화를 미루는 판단을 할 수 있게 된다. 그럼에도 성능 최적화를 무시할 수 없는 경우, 최적화를 효율적으로 적용해야 할 시기와 방법, 멈춰야 할 시기를 판단하는 방법을 설명한다.

1.1절에서는 '**성능**'이라는 단어를 자세히 다루며, 이 책의 제목에 있는 '**효율성**'과 어떻게 연관되는지 살펴본다. 1.2절에서는 개발자의 시선에서 벗어나 효율성과 성능에 관한 다섯 가지 오해를 풀어본다. 여기서 고성능 소프트웨어 개발을 할 때만 효율성을 다루는 것이 아니라는 사실을 알게 될 것이다.

> **NOTE_** 1장, 3장 그리고 다른 장들의 내용은 모두 특정 언어에 대한 지식 없이도 이해할 수 있다. 따라서 Go 개발자가 아닌 이들도 쉽게 이해할 수 있을 것으로 기대한다.

마지막으로 1.3절에서는 효율성에 집중하면서도 시간을 버리거나 소프트웨어 품질을 희생하지 않고, 성능 최적화를 효과적으로 달성하는 방법을 설명한다. 따라서 1장은 다소 이론적으로 느껴질 수 있다. 하지만 여기서 얻는 통찰을 기반으로 필수적인 프로그래밍 판단력을 기를 수 있을 것이다. 특히 이 책의 다른 장 또는 절에 나오는 특정 효율성 최적화, 알고리즘, 코드 개선

---

5 「위키피디아, '완벽은 최선의 적이다(Perfect is the enemy of good)'」, https://bit.ly/45m0Wnv

점 등을 어떻게 개발 과정에 적용해야 할지 통찰력을 발휘해서 판단할 수 있을 것이다. 이를 바탕으로 프로덕트 매니저 또는 이해관계자들에게 프로젝트의 효율성에 대해 아는 것이 얼마나 유익한지 설명할 수도 있을 것이다.

우선 효율성의 정의를 분석하는 일부터 시작해보자.

1.1 성능의 뒷면

소프트웨어의 효율성 또는 최적화가 왜 중요한지 알아보기 전, 먼저 '**성능**^{Performaance}'이라는 단어의 의미를 명확히 알아봐야 한다. 엔지니어링 분야에서 이 단어는 매우 다양한 맥락에서 사용되고, 상황에 따라 여러 뜻을 가질 수 있으므로, 제대로 파악하여 혼동을 피해보자.

사람들이 "이 애플리케이션이 형편없이 수행^{Performing}된다."고 할 때는 일반적으로 특정 프로그램이 느리게 실행되고 있음을 의미한다.[6] 하지만 만약 같은 사람들이 "바르텍^{Bartek}이 업무를 잘 수행^{Performing}하지 못한다."라고 말한다면, 바르텍이 자신의 자리에서 회의 장소까지 너무 느리게 걷는다는 의미로 말한 것은 아닐 테다. 소프트웨어 개발 분야에 있는 많은 사람이 '**성능**'이라는 단어를 '**속도**'의 동의어로 간주한다. 반면 소프트웨어 개발 분야에 있지 않은 사람들에게 성능은 전반적인 실행 품질, 즉 본래 의미로 다가간다.[7] 이는 특정 단어가 본뜻이 아닌 다른 의미로 더 많이 사용되는 '**시맨틱 확산**^{Semantic Diffusion}'[8] 현상이다.

> '**컴퓨터 성능**'에서 '**성능**'이라는 단어는 다른 맥락에서 의미하는 바와 동일하다.
>
> 즉, "컴퓨터가 해야 할 일을 얼마나 잘하고 있는가?"를 의미한다.
>
> – 아널드 O. 앨런^{Arnold O. Allen}, 『Introduction to Computer Performance Analysis with Mathematica』(Morgan Kaufmann, 1944)

아널드는 성능이라는 단어를 가장 명료하고 정확하게 설명했다. 이는 이 책에서 첫 번째로 얻을 수 있는 유의미한 내용이 될 것이다.

---

6 필자는 이를 증명하기 위해 트위터에서 작은 실험을 진행했다(*https://oreil.ly/997J5*).

7 영국 케임브리지 사전(UK Cambridge Dictionary)은 '성능'을 '사람, 장치 등이 작업의 일부 혹은 활동을 잘 수행하는 정도'라고 정의한다(*https://oreil.ly/AXq4Q*).

8 「시맨틱 확산」, *https://oreil.ly/Qx9Ft*

전반적인 실행 품질을 의미하는 성능이라는 단어는 우리가 생각하는 것보다 더 많은 의미를 내포하고 있다. 까다롭게 느껴질 수 있지만 소프트웨어 개발의 비용 효율성을 향상하기 위해서 우리는 명확하고 효율적으로 그리고 효과적으로 소통해야만 한다!

결론적으로 성능이라는 단어의 뜻을 정확히 명시할 수 없다면 아예 사용하지 않는 것을 추천한다. 깃허브 이슈^{Github Issues}와 같은 이슈 트래커에 새로운 버그를 알린다고 해보자. 이런 경우에 단지 '나쁜 성능'이라고만 말하지 말고, 애플리케이션이 의도대로 동작하지 않는 부분이 무엇인지 명확하게 짚어주어야 한다. 또 소프트웨어의 릴리스에 대한 개선점을 변경사항의 체인지로그[9]에 설명할 때, 단순히 '성능 개선'이라고만 쓰지 말고, 정확히 어떤 부분이 개선되었는지를 나타내야 한다. 예를 들어 사용자의 입력에 의해 나타나는 시스템 에러가 덜 발생하게 됐다든지, (어떤 상황에서 얼마나) RAM을 덜 사용하게 됐다든지, (어떤 종류의 작업에서 몇 초나 더) 무언가를 빠르게 수행할 수 있게 됐다든지 등을 명시해야 한다.

이 책은 성능이라는 단어를 명확하게 사용할 것이다. 앞으로도 소프트웨어를 다룰 때 성능이라는 단어를 마주하면 아래 [그림 1-1]을 떠올려보자.

원칙적으로, 소프트웨어 성능은 (속도만이 아니라) '소프트웨어가 얼마나 잘 실행되는지'를 의미하며, 우리가 향상시키거나 희생할 수 있는 다음 3개의 핵심 요소로 구성된다.

정확도

작업을 완료하기 위해 일을 수행하는 과정에서 발생하는 에러의 수. 이 수치는 애플리케이션이 만들어내는 잘못된 결과의 수로 알아낼 수 있다. 예를 들어 웹 시스템에서 2XX HTTP 상태 코드를 응답받지 못한 요청의 개수 등이 있다.

---

9 필자는 체인지 로그에 일반적이고 표준화된 규격(https://oreil.ly/rADTI)을 지킬 것을 추천한다. 이 문서는 깔끔한 릴리스 노트를 유지하는 유용한 팁도 포함한다.

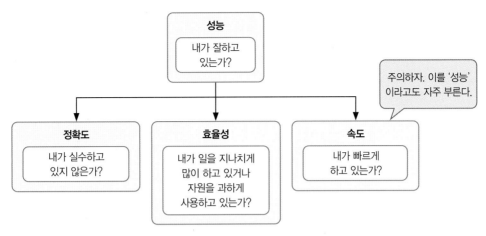

그림 1-1 성능을 정의한 도표

속도

작업을 완료하기 위해 일이 얼마나 빠르게 수행되는지, 즉 실행이 적시에 완료되는 정도. 이 수치는 작업 수행 시간 또는 처리량이 될 수 있다. 예를 들어 메모리에서 1GB의 데이터를 압축할 때 일반적으로 10초(작업 수행 시간)가 소모된다고 했을 때, 약 100MBps의 처리량[10]을 예측할 수 있다.

효율성

동적 시스템에 공급된 전체 에너지 중 유용한 에너지의 비율. 간단히 말해, 특정 작업을 완료하기 위해 소모된 추가적인 자원량, 에너지양 또는 일의 양의 척도다. 다시 말해, 낭비한 노력을 나타내기도 한다. 예를 들어 디스크에서 64바이트의 데이터를 가져오는 작업이 RAM에 420바이트를 할당한다면, 메모리 효율성은 15.23%가 된다.

이는 작업이 절대적인 척도에서 15.23% 효율적이라는 것을 의미하지 않는다. 왜냐하면 에너지, CPU 시간, 발열량 그리고 그 외의 요소를 고려하지 않았기 때문이다. 대부분의 경우 실용적인 목적을 위해 어떠한 요소의 효율성을 따질지 정한다. 이 예시에서 고려한 요소는 메모리 공간이다.

---

10 「Brotli, Deflate, Zopfli, LZMA, LZHAM, Bzip2 압축 알고리즘 비교」, *https://bit.ly/45kHGak*

정리하자면, 성능은 최소한 아래 세 가지 요소의 조합이다.

$$성능 = (정확도 \times 효율성 \times 속도)$$

따라서 이 중 하나라도 개선하면 실행 중인 애플리케이션 또는 시스템의 성능이 향상되며, 안정성, 가용성, 회복력, 전반적인 응답 시간 및 기타 요소들도 개선된다. 비슷한 논리로 이 요소 중 하나라도 무시된다면 소프트웨어의 유용성이 줄어든다.[11] 그렇다면 과연 어느 시점에 우리가 개선을 중단하고, 충분하다고 판단해야 할까? 앞서 언급한 세 가지 요소는 서로 일관성이 없어 보일 수 있지만, 실제로 이들은 서로 연결되어 있다. 예를 들어 정확도를 변경하지 않고도 (버그 수를 줄이지 않고도) 더 나은 안정성과 가용성을 달성할 수 있다. 또 다른 예시로 효율성을 개선해 메모리 사용량을 줄인다면 애플리케이션의 메모리 부족 현상으로 인해 애플리케이션 또는 호스트 운영체제가 중단되는 현상의 발생 빈도를 줄일 수 있다. 즉 이 책은 정확도를 낮추지 않으면서도 코드의 효율성과 속도를 높이는 지식, 기술 그리고 방법들에 집중한다.

> **NOTE_** 원서의 도서명을 『Efficient GO(효율적인 Go)』라고 지은 것은 분명한 이유가 있다.
>
> 이 책의 최종 목적은 여러분에게 정확하고, 효율적이고, 빠른 고품질의 코드를 최소한의 노력으로 작성할 수 있도록 하는 프로그래밍 능력을 알려주는 것이다. 만약 이를 위해 (특정 자원에 대한 언급 없이) 코드의 전반적인 효율성을 말한다면, [그림 1-1]에 있는 것처럼 속도와 효율성 모두를 의미하는 것이다. 이는 주제를 효과적으로 다루는 데 큰 도움이 될 것이다. 1.3절에서 그 이유를 더 자세히 다룰 것이다.

효율성을 다룰 때 성능이라는 단어를 잘못 사용하는 것은 오해를 일으킬 수 있는 작지만 큰 요인이 될 수 있다. 1.2절에서는 소프트웨어 개발 과정의 효율성을 악화시키는 고정관념들을 더 많이 살펴볼 것이다. 이러한 고정관념들은 프로그램의 실행 비용을 높이거나 가치를 축소한다. 더 나쁜 경우 사회적, 재정적으로 심각한 문제를 일으킨다.

---

11 이 문장을 '성능 기준에 뒤처진다(less performant)'고 표현하기는 어렵다. 그 이유는 성능 기준(performant)이 영단어가 아니기 때문이다. 다만 소프트웨어가 '최고의 성능을 가진다'는 말 자체가 잘못됐을 수 있는데, 개선할 부분은 언제나 존재하기 때문이다. 실질적으로 소프트웨어가 빨라지는 데에는 한계가 있다. H. J. 브레머만(H. J. Bremermann)은 1962년 시스템의 크기에 맞게 컴퓨팅 능력이 물리적인 한계를 가진다는 점을 제안했다(https://oreil.ly/1sl3f). 예를 들어 1kg의 최고급 노트북은 대략 초당 10^{50}비트를 처리할 수 있는 반면, 지구 크기의 컴퓨터는 초당 최대 10^{75}비트를 처리할 수 있다. 이 수치가 거대해보일 수 있어도, 이렇게 큰 컴퓨터를 갖고도 10^{120}의 복잡성을 가질 것으로 추정되는 체스 게임의 모든 경우의 수를 예측하는 데에는 수십 년이 걸릴 것이다(https://oreil.ly/6qS1T). 이 수치들은 실질적으로 암호학에서 특정 암호화 알고리즘을 해독할 어려움을 측정하는 데 사용된다.

1.2 효율성에 관한 일반적인 오해

가끔 코드 리뷰, 스프린트 계획 등의 상황에서 '지금으로서는' 일단 효율성을 무시하자는 말을 듣곤 한다. 그럴 때마다 필자는 충격을 받는다. 이 책을 읽는 독자 중에도 같은 경험을 한 사람이 있을 것이다. 그런데 필자 또한 동일한 이유로 다른 사람의 코드 변경 사항을 거절한 적이 수없이 많다. 당시에는 이러한 변경 사항들이 다른 타당한 이유들 때문에 수용되지 않았을 수 있다. 특히 해당 변경 사항들이 복잡성을 불필요하게 증가시키는, 매우 세밀한 최적화 작업이라면 더더욱 그랬을 것이다.

하지만 일반적인 오해 때문에 변경 사항들이 수용되지 못한 경우도 있다. 이때 흔한 오해나 관용적으로 사용하는 표현 때문에 필수적인 변경 사항들을 적용하지 못했다면 위험할 수 있다. 대신 이러한 표현을 확실하게 이해하면 장기적으로 개발 비용을 어마어마하게 절약할 수 있을 것이다.

1.2.1 최적화된 코드는 가독성이 떨어진다?

의심할 여지 없이 소프트웨어 코드의 품질을 결정하는 가장 중요한 요소는 가독성이다.

> 코드에 기교를 부리는 것보다 오해가 생기지 않도록 명쾌하게 작성하는 것이 더 중요하다. 이해하기 어려운 코드는 디버깅과 수정을 더욱 어렵게 하며, 이해하기 쉬운 코드를 작성하는 것은 컴퓨터 프로그래밍에서 가장 어려운 부분 중 하나다. 또한 프로그램이 너무 복잡해지면 의도한 대로 동작하지 않을 수 있다는 위험이 있다.
>
>   – 브라이언 W. 커니핸[Brian W. Kernighan], P. J. 플라우거[P. J. Plauger]
>   『The Elements of Programming Style』(McGraw-Hill, 1978)

속도가 매우 빠른 코드를 떠올려 보면 수많은 바이트 단위 연산, 특수한 바이트 패딩 그리고 루프 풀기[unrolled loop] 등 저수준에서 교묘한 수법들을 적용한 코드가 연상된다. 심지어 애플리케이션에 연결된 어셈블리 코드의 최적화를 떠올릴 수도 있을 것이다.

이러한 저수준의 최적화 방법들은 당연히 코드의 가독성을 현저히 떨어뜨리지만, 이 책을 읽다 보면 실제로 이런 경우는 극히 드물다는 것을 알게 될 것이다. 물론 코드 최적화는 추가적인 복잡성을 야기하고, 사람이 이해하기 어렵게 만들고, 유지보수를 어렵게 만들 가능성이 있다. 문제는 엔지니어들이 최적화와 복잡성은 아주 적극적으로 연관 짓는 반면 효율성 최적화는 완전히 무시해버린다는 점이다. 이러한 엔지니어들은 최적화가 곧 가독성을 떨어뜨린다고 생각한다. 그러나 효율성을 최적화한 코드는 명쾌할 수 있고, 효율성과 가독성은 공존할 수도 있다.

이와 비슷하게 엔지니어들은 기능을 추가하거나 다양한 이유로 코드를 수정할 때도 불안해 한다. 가령 가독성을 해칠까 두려워 더욱 효율적인 코드를 작성하지 않거나 복잡성이 늘어날까 두려워 필수적인 기능 추가를 피하는 것과 비슷하다. 후자의 경우 이런 의문을 가지고서 기능을 더 작은 단위로 쪼개어 생각할 수 있지만, 근본적으로는 결과를 먼저 측정해야 한다. 효율성을 위한 코드 변경 작업도 마찬가지다.

예를 들어 입력에 대해 추가적인 유효성 검증 작업을 수행하고 싶다고 하자. 누군가는 게으르게도 관련 함수에 50줄의 복잡한 if 문들로 구성된 코드를 붙여넣을 것이다. 이렇게 작업하면 이후에 해당 코드를 읽는 사람이 꽤나 고생할 것이며, 심지어 몇 달 뒤 자기 자신이 이렇게 만든 코드를 볼 때도 이해하기가 어려울 것이다. 이렇게 하는 대신 func validate(input string) error 함수에 모든 내용을 캡슐화하고 약간의 복잡도만 더할 수 있다. 나아가 처리하는 부분의 코드 수정을 피하기 위해 호출자 부분이나 미들웨어에서 입력을 검증할 수도 있다. 아니면 시스템 설계를 다시 해서 검증할 부분을 다른 시스템 또는 컴포넌트에서 수행하도록 만들고 직접 구현하지 않을 수도 있다. 같은 목적을 달성하는 데에도 이렇게 수많은 방법이 존재한다.

그렇다면 코드의 성능을 개선하는 일과 기능을 추가하는 일은 어떻게 다를까? 사실 이 둘에는 큰 차이가 없다. 기능을 추가하는 일과 마찬가지로 코드의 성능을 개선할 때도 가독성을 높일 수 있다. 예를 들어 추상화를 해서 감춘다면 코드를 읽는 사람에게 명료하게 보일 수 있다.[12]

그러나 많은 엔지니어는 최적화가 가독성을 해치는 주요 원인이라고 생각한다. 안타깝게도 해당 오해를 비롯해 1장에서 살펴볼 다른 오해들은 성능을 개선하는 작업을 완전히 무시하는 결과를 낳는다. 그리고 이는 종종 최적화와 반대로 프로그램을 덜 효율적으로 만들게 되는 '섣부른 비관'으로 이어진다.

자신에게도 그리고 코드에도 너그럽게 대해야 한다. 다른 모든 것이 동일하다는 가정하에 코드 복잡도와 가독성 그리고 효과적인 설계 패턴들과 관용구들은 자연스럽게 지켜져야 한다. 비관적인

---

12 기능 또는 최적화 작업을 숨기는 것이 가독성을 낮출 수도 있다는 점은 충분히 짚고 넘어갈 만하다. 가끔은 명료함이 더 나을 때가 있다.

대안들에 비교해 이를 지키는 것은 어렵지 않다. 이는 섣부른 최적화가 아니라 쓸데없는 비판을 피하는 것이다.

- H. 서터[H.Sutter], A. 알렉산드레스쿠[A. Alexandrescu], 『C++ Coding Standards: 101 Rules,
Guidelines, and Best Practices』(Addison-Wesley, 2004)

양질의 가독성은 필수다. 장기적으로 가독성이 떨어지는 코드는 심지어 효율적이지도 않다. 소프트웨어가 발달하면서 오해가 생겨서, 과거에 교묘하게 적용했던 최적화 기법이 무너질 수 있다는 이야기다. 복잡한 코드에서는 버그나 실수와 비슷하게 성능 문제도 쉽게 발생할 수 있다. 이와 관련해 10장에서 유지보수와 가독성을 고려한 효율성 변화 사례들을 다룰 것이다.

> **TIP** **가독성은 중요하다!**
> 가독성 좋은 코드를 최적화하는 것이 최적화에만 집중한 코드의 가독성을 높이는 것보다 쉽다. 이는 인간은 물론, 코드에 최적화 작업을 수행하려는 컴파일러에도 마찬가지다!

처음부터 소프트웨어의 효율성을 고려해 설계하지 않을 경우 최적화 작업은 종종 코드의 가독성을 해치는 결과를 초래한다. 지금 당장 효율성을 고려하지 않는다면 이후 코드의 효율성을 높일 때 가독성을 해칠 가능성이 높다. 그래서 이제 막 API 및 추상화를 설계하기 시작한 새로운 모듈일 경우, 단순하고 효과적으로 효율성을 고려할 수 있는 방법이 쉽게 떠오른다. 3장에서 살펴보겠지만 사소하게 변화를 주거나 코드를 튜닝하는 작업 말고도, 다른 많은 단계에서 성능을 최적화할 수 있다. 예를 들어 더 효율적인 알고리즘, 더 빠른 데이터 또는 다른 시스템 절충안을 선택할 수 있다. 이렇게 처음부터 효율성을 고려하면 소프트웨어를 배포한 후 효율성을 향상시키는 것보다 더 깔끔하고, 유지보수하기 편하고, 좋은 성능을 자랑하는 코드를 작성할 수 있을 것이다. 배포 후에는 하위 호환성, 통합 환경, 고정된 인터페이스 등 제약이 발생하기에 이 상태에서 성능을 개선하려면 엄청나게 복잡한 코드를 시스템에 추가해야만 한다.

최적화한 코드의 가독성이 더 좋을 수 있다

놀랍게도 최적화 이후의 코드가 가독성이 더 좋을 수 있다! 몇 가지 Go 예제를 살펴보자. [예제 1-1]은 필자가 학생 또는 주니어 개발자의 Go 코드에서 수백 번 접한, 게터[getter] 패턴을 게으르게 사용한 모습이다.

```go
type ReportGetter interface {
   Get() []Report
}

func FailureRatio(reports ReportGetter) float64 {        ❶
   if len(reports.Get()) == 0 {                          ❷
      return 0
   }

   var sum float64
   for _, report := range reports.Get() {               ❷
      if report.Error() != nil {
         sum++
      }
   }
   return sum / float64(len(reports.Get()))              ❷
}
```

❶ 해당 예제는 매우 단순하지만 연산에 필요한 값을 직접 전달하는 대신, 함수 또는 인터페이스를 전
달하는 잘 알려진 패턴을 사용했다. 이러한 패턴은 값들이 동적으로 추가되거나, 캐시되거나, 값들을
원격 데이터베이스에서 가져오는 등의 작업에서 유용하다.

❷ 이 예제에서 Get을 실행하여 보고서를 3번 검색했음을 유의하자.

많은 사람이 [예제 1-1]의 코드가 대부분 상황에서 올바르게 동작하리라고 볼 것이다. 단순
하고, 가독성도 나쁘지 않다. 하지만 잠재적인 효율성 및 정확도과 관련한 문제를 고려했을 때
[예제 1-1]은 좋지 않다. 이제 [예제 1-2]의 코드를 보자.

```go
func FailureRatio(reports ReportGetter) float64 {
   got := reports.Get()                                 ❶
   if len(got) == 0 {
```

---

13 옮긴이 주_[예제 1-1], [예제 1-2]의 코드는 Report 구조체가 존재하지 않아 실행이 불가능하다. 대신 코드 내용만 참고하자. 전체 코
드는 *bit.ly/efficient-go-chapter1* 에서 확인할 수 있다.

```
        return 0
    }

    var sum float64
    for _, report := range got {
        if report.Error() != nil {
            sum++
        }
    }
    return sum / float64(len(got))
}
```

❶ Get을 세 곳에서 호출한 [예제 1-1]과 달리, [예제 1-2]는 Get을 한 번만 호출했고 got 변수를 통해 결과를 재사용했다.

일부 개발자들은 FailureRatio 함수가 매우 드물게 사용될 것이라 주장할 수도 있다. 그들은 이 함수가 그렇게 중요한 작업을 수행하지도 않으며, 현재 ReportGetter의 구현이 이미 매우 단순하고 빠르다고 말한다. 또한 정확한 측정, 벤치마킹 없이 이것이 효율적인지 판단할 수 없다고도 주장할 수 있다(사실 대부분의 상황에서 맞는 말이다). 그래서 [예제 1-2]의 코드를 '섣부른 최적화'라고 할 수도 있을 것이다.

하지만 오히려 이는 '섣부른 비관'의 가장 대표적인 예다. 당장은 실행 속도가 눈에 띄게 향상되지 않는다고 하지만 그렇다고 없던 악효과를 만들어내는 코드도 아니기 때문이다. 반대로 [예제 1-2]가 [예제 1-1]보다 뛰어난 이유는 많다. 다음을 참고해보자.

비교 분석하지 않아도 [예제 1-2]의 코드가 더욱 효율적이다

인터페이스는 개발자에게 구현체를 대체하도록 해준다. 즉 인터페이스는 사용자와 구현체 사이의 약속이다. FailureRatio 함수의 관점에서 봤을 때 해당 함수는 인터페이스 외의 아무런 정보도 알지 못한다. 또 항상 ReportGetter.Get 함수가 빠르고 연산 비용이 적을 것이라고 장담할 수 없다.[14] 예를 들어 이후에 누군가가 연산 비용이 많이 드는 파일 시스템에 대한 I/O 작

---

14 인터페이스의 '계약' 부분에 의해, 구현체가 결과를 캐시해야 한다는 주석이 있을 수도 있다. 이런 경우에는 여러 번 호출해도 안전할 것이다. 하지만 타입 시스템에 의해 강제되지 않는 무언가에 기대는 것은 피하는 것이 좋다.

업, 뮤텍스[mutex]를 사용해 Get을 구현하거나 원격 데이터베이스 호출 등으로 바꿀 수도 있다.[15]

물론 3.6절에 설명할 내용에 따라 올바르고 효과적인 방법으로 나중에 최적화를 할 수도 있다. 하지만 이 예시처럼 이유가 있고 다른 부분도 개선하는 변경 사항이라면 지금 당장 수정하는 편이 좋다.

[예제 1-2] 코드가 더 안전하다

한눈에 파악하기 어렵지만, [예제 1-1]의 코드는 잠재적으로 경합 조건[race condition]의 위험성을 내포한다. 예를 들어 ReportGetter의 구현이 다른 스레드들과 동기화되어 시간에 따라 Get() 의 결과가 바뀔 수 있다면 문제가 발생할 가능성이 높다. 그래서 최대한 경합 조건 발생 가능성을 최소화하고 함수를 일관되게 만드는 편이 좋다. 경합과 관련된 에러는 발견하기도, 디버깅하기도 어렵기 때문에 처음부터 발생하지 않도록 하는 것이 훨씬 좋다.

[예제 1-2] 코드의 가독성이 더 좋다

[예제 1-2]는 [예제 1-1]에 비해 하나의 변수를 추가해 코드가 한 줄 더 길어지지만, 최종적으로 봤을 때 [예제 1-2]의 코드는 동일한 값을 3번 사용할 것임을 명확하게 나타낸다. Get()을 3번 호출하는 대신 하나의 단순한 변수로 대체해서 잠재적인 부작용[side effect]을 최소화한다. 그리고 FailureRatio 함수를 순수 함수가 되게 한다(첫 줄 제외). 따라서 [예제 1-2]의 코드는 [예제 1-1]의 코드보다 가독성이 좋다.

> **CAUTION** '섣부른 최적화'는 옳은 표현일 수 있으나 '섣부르다'는 표현에는 악의가 숨어 있다. 모든 성능 최적화 작업이 섣부르지는 않다. 그리고 이러한 규칙은 비슷한 복잡도의, 더 효율적인 솔루션을 거부해도 좋다는 면피용 표현이 아니다.

[예제 1-3], [예제 1-4]도 코드를 최적화함으로써 명확도를 높일 수 있음을 보여준다.

---

15 세 가지 Get의 구현 모두 호출 시의 비용이 높다고 판단되어야 한다. 파일 시스템에 대한 입출력(I/O) 작업은 메모리로부터 무언가를 읽거나 쓰는 것보다 훨씬 더 느리다. 뮤텍스를 사용하는 구현은 잠재적으로 데이터에 접근하기 위해 다른 스레드를 기다릴 수 있음을 의미한다. 데이터베이스 호출은 파일 시스템에 대한 입출력 작업과 뮤텍스가 가진 단점을 모두 포함하며, 추가적으로 네트워크상의 상호 작용이 발생할 수도 있다.

```go
func createSlice(n int) (slice []string) {                        ❶
    for i := 0; i < n; i++ {
        slice = append(slice, "I", "am", "going", "to", "take", "some", "space") ❷
    }
    return slice
}
```

❶ 매개변수명 slice를 반환하는 것은 함수를 호출할 때 빈 string 슬라이스를 가지는 변수를 생성한다.

❷ 7개의 string 값을 슬라이스에 추가하는 작업을 n 번 반복한다.

[예제 1-3]은 일반적으로 Go에서 슬라이스^{slice}를 채우는 방법을 보여주며, 전혀 문제가 없다고 생각할 수도 있다. 제대로 동작하기 때문이다. 하지만 슬라이스에 추가할 값들의 정확한 개수를 미리 알고 있다면 위의 방법은 좋지 않다. 대신 [예제 1-4]처럼 작성해야 한다.

```go
func createSlice(n int) []string {
    slice := make([]string, 0, n*7)                               ❶
    for i := 0; i < n; i++ {
        slice = append(slice, "I", "am", "going", "to", "take", "some", "space") ❷
    }
    return slice
}
```

❶ 이 부분은 string 타입을 담을 수 있는 slice라는 변수를 선언한다. 그와 동시에 이 슬라이스에 n * 7개의 string 타입 값을 담을 수 있는 공간(수용력)을 할당하고 있다.

❷ 7개의 string 값을 이 슬라이스에 추가하는 작업을 n 번 반복한다.

이후에 [예제 1-2], [예제 1-4]와 유사한 효율성 최적화 방법을 11.4절에서 Go 런타임 관련 심화 내용과 함께 살펴볼 것이다. 대체로 [예제 1-3], [예제 1-4]는 모두 적은 일을 하는 코드다. 하지만 [예제 1-4]에서는 변수에 사전 할당을 했기에 append의 내부 구현에서 슬라이스의 크기를 메모리 내에서 계속 증가시키지 않아도 된다. 슬라이스 변수의 선언 시점에 딱 한 번만

하면 된다. 그렇다면 [예제 1-3], [예제 1-4] 중 어떤 코드의 가독성이 더 좋은지 생각해보자.

가독성은 주관적일 수 있지만 더 효율적인 코드인 [예제 1-4]의 가독성이 더 뛰어나다고 할 수 있다. [예제 1-3]에 비해 코드가 한 줄 더 추가되기에 조금 더 복잡해졌다고 할 수도 있지만, 동시에 코드의 의도가 분명하고 명확하게 드러난다. 또 [예제 1-4]는 Go 런타임이 더 적은 일을 하도록 하고 코드를 읽는 사람에게 루프의 목적과 횟수를 정확하게 알려준다.

Go에서 기본적으로 제공하는 make 함수를 사용하는 모습을 본 적이 없는 사람들은 오히려 [예제 1-4]의 가독성이 나쁘다고 할 수 있다. 하지만 이러한 작성법의 이점을 깨닫고 이를 코드 전체에 일관되게 적용하는 습관을 들이면 좋다. 더불어 사전 할당이 되지 않은 슬라이스에 새로운 할당이 생기면 유의할 수 있게 된다. 예를 들어 반복^{iteration}의 개수를 예상할 수 없을 때 더 조심하게 되는 것이다. 즉 루프에서 어떤 일이 진행되는지 모르는 상황에서는 조심해야 한다는 사실을 하나 더 알게 된다. 해당 패턴을 프로메테우스^{Prometheus}와 타노스^{Thanos}의 코드 베이스에 일관되게 적용하기 위해 고유한 Go 코딩 스타일 가이드[16]를 만들어뒀다.

> **TIP** **가독성은 정해진 것이 아니라 동적으로 변한다.**
>
> 코드가 전혀 변경되지 않더라도 특정 소프트웨어의 코드를 이해하는 데 드는 시간은 시간이 지나면서 변할 수 있다. 커뮤니티가 새로운 것을 시도하면서 프로그래밍 언어마다의 관례는 계속 바뀌어간다. 코드 전반에 걸쳐 일관성을 준수하면 사용자는 복잡한 부분도 비교적 쉽게 이해할 수 있을 것이다.

가독성의 과거와 현재

일반적으로 개발자들은 도널드 커누스^{Donald Knuth}의 "섣부른 최적화는 모든 악의 근원이다."라는 말[17]을 인용해 최적화 관련 가독성 문제를 줄이려 한다. 하지만 이는 너무 오래된 말이다. 물론 기존 프로그래밍에서 배울 점은 많지만, 1974년 이후로 지금까지 많은 부분이 개선됐다. 예를 들어 과거에는 [예제 1-5]와 같이 변수명에 해당 변수의 타입에 대한 내용을 추가하는 방식[18]이 대세였다.

---

16 「슬라이스와 맵 미리 할당하기」, *https://oreil.ly/Nq6tY*

17 이 말은 보통 최적화에 시간을 쏟지 않도록 막을 때 쓰는 인용구다. 도널드 커누스의 「Structured Programming with goto statements」(*https://oreil.ly/m3P50*)에서 인용하는데, 보통 남용되는 표현이기도 하다.

18 일반적으로 헝가리안 표기법이라고 하며, 마이크로소프트에서 널리 사용했다. Apps 표기법과 Systems 표기법 이렇게 두 종류가 있다. 「Making Wrong Code Look Wrong」에 따르면 이는 지금도 많은 이점을 제공할 수 있다고 한다(*https://oreil.ly/rYLX4*).

```go
type structSystem struct {
    sliceU32Numbers []uint32
    bCharacter      byte
    f64Ratio        float64
}
```

과거에는 컴파일러와 통합 개발 환경^{IDE}의 성숙도가 낮았기에 헝가리안 표기법이 유용하게 사용되었다. 하지만 요즘에는 통합 개발 환경은 물론 깃허브^{GitHub}와 같은 리포지토리 웹사이트에서도 변수 위에 마우스를 가져다 대면 즉시 해당 변수의 타입을 알아낼 수 있다. 또한 순식간에 해당 변수의 정의부, 주석 그리고 호출되거나 사용되는 모든 곳을 알아낼 수 있다. 뿐만 아니라 스마트 코드 제안, 고급 하이라이팅 그리고 1990년대 중반에 유행하던 객체 지향 프로그래밍 덕분에 우리는 지금 가독성을 현저히 떨어뜨리지 않으면서 기능과 효율성 최적화를 손쉽게 진행할 수 있게 되었다.[19] 더불어 6장에서 살펴보겠지만 접근성, 관찰 가능성^{Observability} 그리고 디버깅 도구들도 엄청난 속도로 발전했다. 물론 아직까진 똑똑한 코드를 생성하지 못하지만 대규모의 코드베이스를 더욱 빠르게 이해할 수 있도록 도와준다.

정리하면 성능 최적화는 소프트웨어의 기능처럼 취급해야 한다. 이는 복잡성을 늘릴 수도 있지만, 코드를 이해하기 위한 인지 부하량을 최소화할 수 있는 방법들이 존재한다.[20]

> **TIP   효율적인 코드의 가독성을 높이는 방법**
> - 불필요한 최적화를 제거하자.
> - 인터페이스 등을 활용해 복잡한 코드를 명확한 추상화 수단 뒤에 캡슐화하자.
> - '뜨거운 코드(효율성을 요구하는 중요한 부분)'와 '차가운 코드(가끔 실행되는 부분)'를 분리해 놓자.

---

19 요즘에는 코드를 IDE의 기능들에 잘 호환되도록 작성해야 한다는 점은 짚고 넘어갈 만하다. 예를 들어 코드 구조가 '연결된' 그래프 형태여야 한다(https://oreil.ly/mFzH9). 이는 IDE의 도움을 받을 수 있는 방식으로 함수들을 연결해야 한다는 뜻이다. 동적 배정, 코드 주입 그리고 지연 로딩 등은 이러한 기능들을 사용할 수 없게 하므로 정말로 필요하지 않다면 사용을 피해야 한다.

20 여기서 말하는 인지 부하량은 사람이 코드 조각 또는 함수를 이해하기 위해 필요한 '뇌의 처리량과 기억'을 의미한다(https://oreil.ly/5CJ9X).

1.2.1절에서 살펴보았듯이, 단순하고 명시적이며 이해하기 쉬운 코드의 부작용이 더 효율적인 프로그램인 경우도 있다.

1.2.2 결국 최적화는 필요 없다?

소프트웨어를 만들거나 코드를 리뷰할 때 자주 사용되는 원칙 중 하나로 YAGNI[You Aren't Going to Need It]가 있다. '그 기능이 필요할 때 만들라'라는 뜻이다.

> 익스트림 프로그래밍[XP, Extreme Programming]의 가장 널리 알려진 원칙들 중 하나는 YAGNI 원칙이다. YAGNI 원칙은 불확실한 상황에 대해 무언가를 투자하는 행위를 늦추는 것의 가치를 강조한다. 익스트림 프로그래밍에서 이는 가치가 뚜렷하지 않은 기능을 미리 구현하지 않는다는 것을 의미한다.
>
> – 하칸 어도그무[Hakan Erdogmu], 존 파바로[John Favaro], 『Keep Your Options Open: Extreme Programming and the Economics of Flexibility』

일반적으로 YAGNI 원칙은 지금 당장 필요하지 않다면 추가적인 작업을 하지 말라는 것을 의미한다. 이 원칙은 요구사항이 지속적으로 변경되고 엔지니어는 소프트웨어에 이를 계속 반영해야 한다는 사실에 기반한다.

한 가지 상황을 가정해보자. 시니어 소프트웨어 엔지니어인 케이티는 간단한 웹 서버를 만들어야 한다. 복잡한 것이 전혀 없는, 단지 REST 엔드포인트 몇 개만 노출시키는 간단한 HTTP 서버다. 케이티는 과거에 이와 비슷한 REST 엔드포인트들을 수백 개는 만들었던 경험이 있는 노련한 개발자다. 그리고 그녀는 기능 구현과 테스트를 재빠르게 끝냈다. 시간이 조금 남아, 그녀는 무기명[bearer] 토큰을 활용한 간단한 인증 계층[21]을 구현하기로 했다. 케이티는 이 기능이 요구사항에 정의되어 있지 않다는 것을 알지만, 이미 수백 개의 REST 엔드포인트와 비슷한 인증 과정을 추가했기에 경험상 이 기능의 요구사항에 등장할 것이라고 생각했던 것이다. 이렇게 추가적인 작업을 하는 것이 의미 또는 가치가 있을까?

물론 케이티는 경험을 토대로 좋은 의도의 추가적인 작업을 했지만, 이러한 변경 사항은 웹 서버의 코드 품질을 유지하고 전반적인 개발 과정의 효율성을 좋게 유지하기 위해 수용하지 말아

---

21 「OAuth 2.0 인증 프레임워크: 무기명 토큰 사용」, *https://oreil.ly/EuKD0*

야 한다. 다시 말해, 앞서 이야기한 YAGNI 원칙을 적용해야 한다는 뜻이다. 왜일까? 그 누구도 앞으로 생길 기능을 예측할 수 없다. 따라서 주어진 요구사항에만 집중하는 것이 시간과 복잡성 모두를 아껴준다. 만약 이 상황에서는 이 웹 서버가 인증 전용 프록시 뒤에서 동작하고 있다면 웹 서버 자체에는 인증 과정을 추가할 일이 전혀 발생하지 않을 것이다. 그러면 케이티가 작성한 코드는 사용되지도 않으면서 쓸모없는 비용을 발생시키게 된다. 그러면 읽어야 할 코드양이 늘어나고 이후 변경 또는 리팩터링을 더욱 어렵게 만든다.

이번에는 조금 더 애매한 예시를 다뤄보자. 케이티의 동료들은 그녀에게 인증 관련 코드를 거부한다고 말했고, 그녀도 그 이유에 동의했다. 하지만 이번에 케이티는 일부 필수 지표들에 대한 모니터링을 수행하는 코드를 추가하기로 결정했다. 이로 인한 변경도 YAGNI 원칙을 위반하는 것일까?

만약 모니터링이 요구사항에 포함되어 있다면 이는 YAGNI 원칙을 위반하는 것이 아니고, 매우 합당한 작업이다. 하지만 그렇지 않다면, 전체 맥락을 알기 전에는 판단하기 어렵다. 치명적인 지표에 대한 모니터링은 요구사항에 명시되어 있어야 하는 것이 맞다. 명시되어 있지 않더라도 웹 서버의 관찰 가능성을 보장하는 것은 엔지니어가 챙겨야 하는 가장 중요한 부분이다. 이 경우에 케이티는 곧바로 중요하고 유용한 작업을 했다고 볼 수 있다. 상식에 기반한 판단을 통해 이 작업을 수행해야 하고, 코드가 병합되기 전에 소프트웨어 요구사항에서 모니터링과 관련된 내용을 명시적으로 추가 혹은 삭제해야 한다.

시간이 지나 케이티가 여유 시간을 틈타 조회를 수행하는 엔드포인트들의 로직에 단순한 캐시를 도입해 성능을 향상시켰다고 하자. 심지어 이번에는 캐시를 도입함으로써 개선된 엔드포인트의 지연 시간 그리고 자원 소모량에 대한 벤치마크까지 수행했다. 그렇다면 이는 YAGNI 원칙을 위반할까?

소프트웨어 개발의 슬픈 진실 중 하나는 성능 최적화와 응답 시간이 종종 이해 당사자의 요구사항에 포함되어 있지 않다는 것이다. 이들이 원하는 것은 단지 잘 동작하고, 적당히 빠른 애플리케이션이다. 이후 3.3.2절에서 실질적인 소프트웨어 효율성과 관련한 요구사항을 어떻게 정의할지 살펴볼 것이다. 이 예시 상황을 최악의 경우, 즉 성능과 관련된 그 어떤 말도 요구사항에 없었다고 가정해보자. 그렇다면 우리는 YAGNI 원칙을 적용해 케이티의 작업을 거부해야 할까?

이전 예시와 비슷하지만, 전체 맥락을 알기 전에는 판단하기 어렵다. 견고하고 유용한 캐시를 구현하는 것은 결코 쉬운 작업이 아니다. 그렇다면 새로운 코드가 얼마나 복잡한지 파악해야 한다. 그리고 이 애플리케이션이 다루는 데이터가 캐싱하기 좋은지,[22] 캐시가 적용된 엔드포인트가 얼마나 자주 호출될지 충분한 근거를 토대로 예측할 수 있는지 등을 생각해 봐야 한다. 한편 매우 자주 호출되는 엔드포인트가 동일한 결과를 내지만 매번 연산을 해야 한다면 이는 굉장히 비효율적인 것이 맞으므로, 캐시를 활용하는 것은 좋은 습관이다.

이러한 경우 모니터링 코드 예시와 비슷하게 접근하는 것이 좋다. 팀원들과 함께 해당 웹 서비스가 보장해야 할 성능에 대해 더 명확히 의논해봐야 한다. 이 논의의 결과로 케이티의 작업이 YAGNI 규칙을 위반하는지, 아니면 지금 당장 필요한 것인지 판단할 수 있을 것이다.

마지막으로 케이티가 [예제 1-4]와 같이 슬라이스 사전 할당을 반영해 충분히 의미 있는 효율성 최적화 작업을 진행했다고 해보자. 이 변경 사항은 어떻게 해야 할까?

이는 무조건 수용해야 한다. [예제 1-4]에서 봤듯이, 슬라이스에 추가될 값들의 정확한 개수를 알고 있다면 항상 사전 할당하는 것이 좋다. 그런데 이것이 YAGNI 규칙을 위반하지는 않을까? 당연히 받아들여야 한다 해도 '정말로' 필요하기 전까지는 하지 말아야 하는 것 아닌가?

요구사항에 명시되어 있지 않더라도, 코드의 가독성을 해치지 않고 (심지어 더 개선해서) 효율성을 향상시키는 사소한 습관을 지니는 것은 개발자의 필수 덕목이다. 3.1.1절에서 이를 더 자세히 다룰 것이다. 비슷한 논리로 코드 형상 관리, 인터페이스를 작게 가져가야 한다는 규칙 또는 의존성이 방대해지는 것을 피해야 한다는 내용은 어떠한 프로젝트 요구사항에도 명시되어 있지 않다.

여기서 강조하고 싶은 점은 YAGNI 원칙을 지키는 것은 큰 도움이 되지만, 이 원칙을 지킨다는 일념 하나로 개발자들이 성능 최적화를 완전히 무시해서는 안 된다는 것이다. 대부분 자원 소모량이 과하고, 응답 시간이 느린 원인은 어느 한 곳에서 발생하지 않는다. 대신 수십 개의 작은 코드 부분 때문에 생긴다. 따라서 쉽게 수정하기 어렵다. 잘 정의된 요구사항은 이상적으로 해당 소프트웨어가 요구하는 효율성을 명확히 판단할 수 있게 해주지만, 개발자가 실천해야 할 필수 습관과 모든 세부 사항을 다루지는 않는다.

---

22 캐싱하기 좋은지의 여부(cachability)는 종종 캐싱될 수 있는지 여부로 정의된다(`https://oreil.ly/WNaRz`). 모든 정보는 이후에 빠르게 접근하기 위해 캐시(저장)해둘 수 있다. 하지만 데이터가 짧은 시간 내에서만 유효하거나 매우 작은 요청에 대해서만 유효할 수 있을 것이다. 만약 데이터가 외부 요소들(사용자 또는 입력 등)에 의존적이고 빈번하게 바뀐다면, 캐싱하기 좋지 않다.

1.2.3 더 빨라지고 저렴해지는 하드웨어

> 내가 처음 소프트웨어를 개발할 때는 프로세서가 느렸을 뿐만 아니라 메모리도 매우 한정적이었
> 다. 심지어 KB 단위일 때도 있었다. 따라서 메모리 소비를 최적화하기 위해 신중히 생각해야 했다.
>
> – 발렌틴 시모노프 ^{Valentin Simonov}, 『Optimize for Readability First』[23]

의심할 여지 없이 하드웨어는 그 어느 때보다 강력하고 저렴해졌다. 거의 매달 또는 매년 그 사실을 확인할 수 있다. 1995년대에 200MHz의 클럭 속도 ^{Clock speed}를 가진 단일 코어 펜티엄 ^{Pentium} CPU가 요즘엔 에너지를 더 적게 소비하고 3~4GHz의 속도를 낸다. RAM 크기도 2000년대에 수십 MB였는데 현재는 64GB까지 커졌고, 접근 속도도 더 빨라졌다. 과거에 작은 용량을 가진 하드 디스크는 SSD로 대체되었고, 최근에는 수 TB 단위의 공간을 제공하고 7GBps의 속도를 제공하는 NVMe SSD 디스크가 사용된다. 네트워크 인터페이스는 100기가비트 ^{gigabits}의 처리량을 낼 수 있다. 원격 저장소의 경우, 1.44MB 공간을 가지던 플로피 디스크가 553MB까지 제공하는 읽기 전용 CD-ROM으로, 그다음엔 읽기와 쓰기 모두 가능한 DVD, 다음은 블루레이 ^{Blu-Ray}, 최근에는 TB 단위의 SD 카드까지 쉽게 구할 수 있게 됐다.

더불어 시간당 가치를 따져봤을 때, 하드웨어 장치가 개발자보다 저렴하다는 의견도 나온다. 이 모든 내용을 토대로, 누군가는 하나의 함수가 1MB를 더 소모하거나 지나치게 디스크에 접근해도 문제 될 것이 없다고 말할 것이다. 솔직히 더 큰 서버를 사는 것이 비용이 덜 들 텐데, 왜 엔지니어에게 성능에 대해 교육하고, 투자하도록 해야 할까?

이 문제는 그렇게 간단하지만은 않다. 개발 과정에서 효율성을 중시하지 않게 만드는, 좋지 않은 논쟁에 관해 자세히 살펴보자.

첫째, 개발자가 효율성과 관련된 일을 하는 것보다 하드웨어에 더 투자하는 것이 비용 측면에서 더 효율적이라고 하는 것은 매우 식견이 얕은 주장이다. 이는 마치 자동차가 고장 났을 때 하는 수리 작업이 복잡하고 비싸서 차라리 새로운 차를 사는 것이 낫다고 주장하는 것과 같다. 가끔 하드웨어에 투자하는 것이 나을 수도 있지만, 대부분의 경우 비효율적이고, 계속해서 하드웨어를 교체할 수도 없는 노릇이다.

---

23 「가독성 우선 최적화」, *https://oreil.ly/I2NPk*

소프트웨어 개발자의 연봉이 10만 달러 내외라고 가정해보자. 추가적인 고용 비용[24]까지 고려해 회사가 매년 12만 달러, 즉 매달 1만 달러를 지출해야 한다고 해보자. 2021년 당시 기준으로, 1만 달러로는 1TB의 DDR 메모리, 2개의 고급 CPU, 1기가비트 네트워크 카드 그리고 10GB의 공간을 가진 하드 디스크를 탑재한 서버를 구매할 수 있다. 일단 당장의 에너지 소비 비용은 무시해보자. 이러한 서버를 사용하면 소프트웨어에 할당할 수 있는 메모리가 수 TB가 되니 최적화를 잘하는 엔지니어를 고용하는 것보다 낫다고 생각할 수 있다. 하지만 불행히도, 현실은 그렇지 않다.

실제로 TB 단위의 할당은 생각보다 일반적으로 일어나는 일이다. [그림 1-2]는 6개의 복제본으로 구성된 단일 클러스터에서 5일 동안 실행된 타노스[25] 서비스 중 하나의 힙 메모리 프로파일의 스크린 숏이다. 9장에서 프로파일을 어떻게 읽고 사용할지 다룰 것이지만, 우선 [그림 1-2]를 통해 간단히 살펴보자. [그림 1-2]는 5일 전 프로세스가 재시작된 이후부터 Series 함수에 의해 할당된 총 메모리 공간을 나타낸다.

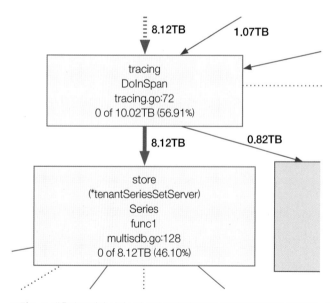

그림 1-2 대용량 트래픽 서비스가 5일 동안 만들어낸 메모리 할당량을 보여주는 메모리 프로파일의 모습

---

24 「직원 한 명당 비용이 얼마나 들까?」, *https://oreil.ly/AxI0Y*
25 *https://thanos.io*

[그림 1-2]의 메모리는 대부분 해제되었지만, 5일밖에 되지 않는 시간 동안 이 소프트웨어가 17.61TB의 메모리를 사용했음에 주목하자.[26] 데스크톱 애플리케이션이나 다른 도구들을 만들더라도 이와 비슷한 확장 문제에 언젠가는 부딪히게 될 것이다. 이전 예시대로 하나의 함수가 불필요하게 1MB를 추가로 할당받는다고 했을 때 100명의 데스크톱 사용자가 이 함수를 100번씩만 호출하더라도 총 10TB의 공간을 낭비하게 된다. 한 달도 아니고, 하루에만 100명의 사용자만으로도 이렇게 큰 공간을 낭비하게 된다. 결과적으로 자그마한 비효율성이 막대한 하드웨어 자원을 소모해버린 것이다.

문제는 이뿐만이 아니다. 10TB의 과도한 할당은 이만큼의 메모리를 탑재한 서버를 구매하고 에너지 소비량에 대해서만 지출하는 것으로는 충분하지 않다. 다른 많은 요소 중 분할 상환 비용만 따지더라도 펌웨어를 만들거나, 구매하거나, 최소한의 유지보수 비용도 있으며, 드라이버, 운영체제, 서버의 모니터링, 업데이트 그리고 운영을 위한 소프트웨어 유지 비용이 발생한다. 성능 최적화를 무시함으로써 엔지니어링 비용을 줄였을 수도 있다. 그리고 이 모든 비용은 엔지니어에게 돌아가게 된다. 결국 문제가 원점으로 돌아온 것이다. 효율성을 무시한 대신 불필요하게 사용한 소프트웨어를 유지하기 위해 다른 엔지니어들을 고용하거나, 이러한 비용을 이미 예측한 클라우드 제공업체에 추가 비용을 지불하게 될 것이다.

한편 오늘날 10TB 크기의 메모리는 비싸지만, 기술이 발전해 언제든지 가격이 낮아질 수 있다. 그렇다면 서버에 소모되는 하드웨어의 가격이 내려가고 소비자들이 더 좋은 기기를 구매할 때까지 기다리면 되지 않을까? 어려운 성능 문제를 디버깅하는 것보다 기다리는 게 훨씬 더 쉽지 않은가?

불행히도 소프트웨어의 효율성을 무시한 채 하드웨어가 발전해 성능 문제들을 완화시켜주리라 기대하기는 어렵다. 하드웨어는 물론 점점 더 빨라지고, 강력해지고 있다. 하지만 위협이 될 정도는 아니다. 이렇게 비직관적인 효과를 일으키는 세 가지 주요 원인을 살펴보자.

소프트웨어는 사용 가능한 메모리를 차지하기 위해 확장한다

이 효과는 파킨슨의 법칙 Parkinson's Law 라고도 알려져 있다.[27] 아무리 많은 자원을 보유하고 있더

---

26 물론 이는 단순화한 수치다. 프로세스는 더 많은 메모리를 사용했을 것이다. 프로파일은 현대 애플리케이션이 동작하기 위해 사용하는 메모리 맵, 스택 그리고 수많은 다른 캐시가 사용한 메모리는 보여주지 않는다. 이 부분에 관해서 4장에서 더 다룰 것이다.

27 시릴 노스코트 파킨슨(Cyril Northcote Parkinson)은 현재 파킨슨의 법칙으로 알려진 관리 현상을 설명한 영국의 사학자다. "업무는 완료까지의 시간을 채우기 위해 확장한다"라는 말로, 처음에는 의사 결정하는 사람의 수와 높은 상관관계를 가지는 정부의 효율성을 설명하는 문장이었다.

라도, 결국 수요가 공급에 맞춰진다는 법칙이다. 파킨슨의 법칙은 대학교에서 쉽게 확인할 수 있다. 교수가 과제 마감 기한을 몇 일 더 연장하더라도, 학생들 대부분은 결과물을 마감 직전에 제출한다.[28] 소프트웨어 개발 시에도 비슷한 현상이 나타난다.

소프트웨어는 하드웨어가 빨라지는 것보다 더 급격히 느려진다

니클라우스 비르트 Niklaus Wirth 는 어떤 경우에도 하드웨어 수요가 더 발생한다는 현상을, '팻 소프트웨어 fat software'라는 개념으로 설명한다.

> 하드웨어 기술의 발전은 복잡한 문제들을 다루는 회사들에 의심의 여지 없이 큰 이점이 되었다. 하지만 우리가 신경 써야 할 것은 내재하는 복잡성이 아닌, 우리가 자초한 복잡성이어야 한다. 한참 과거에 해결된 많은 문제가 있지만, 같은 문제들에 대해 지금은 훨씬 더 큰 소프트웨어로 포장된 해결책들이 제공된다.
>
>   - 니클라우스 비르트, 『린 소프트웨어를 향한 탄원』[29]

프로덕트는 더 나은 사용자 경험을 제공하여 수익을 올려야 하므로, 소프트웨어가 느려지는 속도가 하드웨어가 빨라지는 속도보다 더 빠르게 진행된다. 이 예시로는 더 뛰어난 운영체제, 반짝이는 아이콘, 복잡한 애니메이션, 웹사이트에서의 고화질 영상 제공, 얼굴 인식 기술을 활용해 사람의 표정을 흉내 내는 아이콘 등이 있다. 클라이언트들에게 이는 끝없는 전쟁이며, 시간이 지날수록 더 복잡해지고 결국 컴퓨팅 파워 요구량이 늘어난다.

거기에 더해, 소프트웨어의 급격한 대중화로 인해 컴퓨터, 서버, 모바일 휴대폰, 사물인터넷 IoT. Internet of Thing 장치 그리고 그 외의 모든 전자 기기에 대한 접근성이 높아졌다. 마크 앤드리슨 Marc Andreessen 이 말했듯이, "소프트웨어가 세상을 먹어 치우고 있다 Software is eating the world."[30] 2019년 말에 시작된 코로나19 팬데믹으로 인해 현대 사회에 원격, 인터넷 기반의 서비스가 필수불가결한 요소가 됐고, 디지털화는 가속됐다. 날마다 컴퓨팅 능력이 향상되지만, 새롭게 나오는 많은 디지털 기능과 사용자 상호 작용은 이를 전부 소비하고, 오히려 더 많이 요구하고 있다. 이런 상황에서 이전에 봤던 1MB의 불필요한 메모리를 하나의 함수에서 추가로 사용하는 것은 치명적인 병목 지점이 될 수 있다.

---

28 이 현상은 '학생 증후군(student syndrome)'으로도 알려져 있다(*https://oreil.ly/4Vpqb*).

29 「A Plea for Lean Software」, *https://oreil.ly/bctyb*

30 「소프트웨어가 세상을 먹어 치우고 있다(Software is eating the world)」, *https://oreil.ly/QUND4*

아직도 이 모든 게 가설처럼 느껴진다면, 주변의 소프트웨어를 살펴보면 된다. 사람들은 소셜 미디어를 많이 사용하는데, 페이스북만 해도 하루에 4PB[31]의 데이터를 생성해낸다.[32] 검색 엔진인 구글은 하루에 20PB의 데이터를 처리한다. 누군가는 이렇게 전 세계적인 서비스가 극소수이기에 대다수의 개발자는 문제 될 것이 없다고 할 수도 있다. 하지만 다수 소프트웨어는 많은 데이터를 사용하면서, 어쨌든 성능 문제를 마주치게 된다. 예를 들면 다음과 같은 상황들이다.

- 리액트[React]로 만들어진 프로메테우스의 UI 페이지는 수백만 개의 메트릭 이름을 대상으로 검색하거나 수백 MB 단위의 압축된 추적 예시들을 불러오다가, 브라우저의 레이턴시와 폭발적인 메모리 사용을 초래했다.
- 하나의 쿠버네티스[Kubernetes] 클러스터는 수행하는 일이 적어도, 하루에 0.5TB의 로그를 생성해낸다(그런데 대부분 사용되지 않는다).
- 이 책을 집필할 때 사용한 문법 에러 검사기는 글자 수가 2만 개가 넘어갈 때 네트워크 요청을 너무 많이 보내서 브라우저를 심각하게 느리게 만들었다.
- 문서를 마크다운[Markdown]으로 포매팅하고 링크를 검사하는 간단한 스크립트가 모든 요소를 처리하기까지 수 분을 소요했다.
- Go 코드를 대상으로 수행하는 정적 분석과 린트[lint] 작업을, 4GB의 메모리를 초과해 사용하려다 CI 작업에 실패했다.
- 최신 컴퓨터를 사용하고 있는데도, IDE가 모노 리포지토리의 모든 코드를 인덱스하는 데에 20분가량을 소요했다.
- 소프트웨어가 너무 느려 아직도 4K 울트라와이드 비디오 편집을 진행하지 못했다.

이런 상황은 무수히 많지만, 짚고 넘어가야 할 사실은 우리가 '빅데이터' 세상에서 살아가고 있다는 것이다. 결과적으로 우리는 메모리와 기타 자원을 신중하게 최적화해야 한다.

미래에는 상황이 더 나빠질 것이다. 소프트웨어와 하드웨어는 그 어떠한 하드웨어의 개발 속도보다 훨씬 더 빠르게 늘어나는 데이터를 처리해야 할 것이다. 곧 초당 20기가비트의 전송 속도를 가진 5G 네트워크[33]도 등장할 것이다. 그리고 텔레비전, 자전거, 세탁기, 냉장고, 심지어는

---

31 「구글, 페이스북, 인스타그램과 같은 대형 MNC가 관리하는 데이터의 양이 수천 TB에 달한다」, *https://oreil.ly/oowCN*

32 PB는 페타바이트를 의미한다. 1PB는 1,000TB다. 두 시간 길이의 4K 영화가 일반적으로 100GB 정도면, 1PB의 공간으로 1만 개의 영화를 저장할 수 있고, 2년 혹은 3년 동안 꾸준히 시청할 수 있다.

33 「5G에 관해 알아야 할 모든 것(Everything you need to know about 5G)」, *https://oreil.ly/CWvFG*

향수를 비롯한 우리가 구매하는 거의 모든 것에 미니컴퓨터가 탑재될 것[34]이다. 이를 '사물 인터넷'이라고 한다. 이러한 기기들이 만들어내는 데이터는 2019년 18.3ZB에 달했고, 2025년에는 73.1ZB에 달할 것으로 예상[35]한다.[36] 업계에서는 7,680×4,320의 해상도, 즉 대략 3천 3만 개의 화소를 가진 8K TV도 쉽게 생산해낼 수 있다. 컴퓨터 게임을 만들어보면 알겠지만, 몰입감 넘치고 극도로 현실적인 게임을 이러한 화소로 초당 60프레임 이상 렌더링하기는 결코 쉽지 않다. 현대 암호 화폐와 블록체인 알고리즘 또한 컴퓨팅 에너지 효율성을 요구하는데, 예를 들어 가장 가치가 높았던 시기에 비트코인이 소비한 에너지양은 시간당 약 130테라와트(전 세계 전기 소모량의 0.6%)에 달했다.[37]

기술의 근본적인 한계

하드웨어가 그렇게 빠른 속도로 발전하지 못할 것이라는 마지막 중요한 이유는, 하드웨어 개선 작업이 CPU 속도(클럭 속도) 또는 메모리 접근 속도와 같은 문제점에 부딪히고 있기 때문이다. 4장에서 이로 인해 발생하는 문제점들을 더 다루겠지만, 지금 부딪히는 근본적인 기술적 한계들은 모든 개발자가 알아야만 한다.

효율성을 다루는 현대 서적에서 무어의 법칙^{Moore's Law}을 언급하지 않을 수 없다. 이 법칙은 1965년 인텔의 전 최고 경영자이자 공동 창업자인 고든 무어^{Gordon Moore}가 정의했다.

> 최소 구성 요소들(최소 비용으로 생산한 트랜지스터의 개수)의 복잡성은 매년 약 두 배씩 증가하고 있다. 장기적으로 봤을 때 비율을 정확히 예측할 수 없지만, 복잡성이 증가하는 추세는 최소 10년간 지속될 것이다. 그래서 1975년에는 최소 비용으로 구성한 집적회로당 부품 수가 약 65,000개에 달할 것이라고 본다.
>
> - 고든 E. 무어^{Gordon E. Moore},
> 『Cramming More Components onto Integrated Circuits』[38], Electronics 38(1965)

---

34 「세계 최초 스마트 데오도란트, 클릭스틱(ClickStick Is The World's First Smart Deodorant)」, *https://oreil.ly/DvZil*
35 「데이터스피어의 성장에 기여하는 법과 이것이 엔터프라이즈에 미치는 영향」, *https://oreil.ly/J1o6D*
36 1ZB는 100만PB이며, 10억TB이다.
37 「암호화폐와 에너지 소비에 관한 논쟁」, *https://oreil.ly/NfnJ9*
38 『집적회로에 더 많은 부품 채워넣기』, *https://oreil.ly/WhuWd*

무어의 이러한 관찰은 반도체 산업에 큰 영향을 미쳤다. 하지만 트랜지스터의 크기를 줄여서 만든 가치는 로버트 H. 데나드 Robert H. Dennard와 그의 팀이 아니었다면 미처 알지 못했을 것이다. 이들은 1974년 실험을 통해 전력 소모량이 트랜지스터의 크기와 비례한다(전력 밀도는 일정함)는 사실을 밝혔다.[39] 즉, 작은 트랜지스터일수록 전력 효율성이 더 좋다는 이야기다. 결과적으로 트랜지스터의 와트당 성능이 기하급수적으로 증가할 것이라는 예측이 제기됐고, 이로 인해 투자자들은 MOSFET[40] 트랜지스터의 크기를 줄이는 방법을 끊임없이 연구하고 개발하는 데 돈을 쏟아부었다. 이젠 더 작은 마이크로칩들을 더욱 밀도 있게, 더 적은 생산 비용으로 만들 수 있다. 산업의 발전은 같은 양의 전력을 소모하는 공간을 꾸준히 줄였고, CPU부터 RAM, 플래시 메모리, GPS 수신기, 고화질 카메라 센서 등 칩을 사용하는 모든 것의 발전에 기여했다.

실제로 무어의 예측은 10년에서 그치지 않고 60년이 넘는 지금까지도 들어맞고 있다. 업계에서는 계속해서 더 작고, 70나노미터를 웃도는 매우 미세한 트랜지스터를 만들고 있다. 이후에는 더 작은 트랜지스터가 나올 수도 있다. 하지만 [그림 1-3]에서 볼 수 있듯이 무어의 예측은 2006년 즈음 데나드의 규칙에 따른 물리적 한계에 부딪혔다.[41]

기술적인 관점에서 작은 트랜지스터들을 밀도 있게 모은 것이 전력 소모량이 적다는 사실은 변함없지만, 이렇게 밀집되어 있으면 트랜지스터가 금방 뜨거워진다. 3~4GHz 이상의 클럭 속도를 유지하기 위해서는 상당한 양의 전력과 추가 비용을 들여 트랜지스터의 온도를 낮춰야 한다. 결과적으로, 심해에서[42] 소프트웨어를 실행시키지 않는 이상 빠른 시일 내에 명령 처리 속도가 더 빠른 CPU가 출시되긴 어려울 것이다. 단지 코어의 개수만 추가적으로 늘려갈 수 있을 뿐이다.

---

39 로버트 H. 데나드 및 다른 이들이 작성한 「Design of Ion-Implanted MOSFET's with Very Small Physical Dimension」, (IEEE Jornal of Solid-State Circuits 9, no. 5, 1974년 10월: 256–258), *https://oreil.ly/OAGPC*

40 MOSFET(*https://oreil.ly/mhc5k*)는 '전계 효과를 활용하는 트랜지스터(metal-oxide-semiconductor field-effect transistor)'를 의미하며, 단순히 말하면 전기 신호를 전환할 수 있는 절연 게이트다. 이 기술은 1960년 이후 생산한 대부분의 메모리 칩과 마이크로프로세서에 적용됐다. 또한 고도로 확장성이 있으며 소형화가 가능하다. 역사상 가장 자주 생산된 기기이며, 1960년부터 2018년까지 생산된 개수만 130억 개다.

41 우습게도, 기업들은 마케팅을 이유로 CPU 세대의 명명 규칙을 트랜지스터 게이트 길이에서 프로세서의 크기로 전환함으로써 트랜지스터의 크기를 줄이지 못했다는 사실을 교묘히 감췄다. 10, 7, 5nm 프로세서들과 유사하게, 14nm 세대의 CPU들은 여전히 70nm의 트랜지스터를 가지고 있다.

42 농담이 아니다. 마이크로소프트는 40m 심해에서 서버를 실행하는 것이 굉장한 아이디어이며, 에너지 효율성을 개선함을 증명했다 (*https://oreil.ly/nJzkN*).

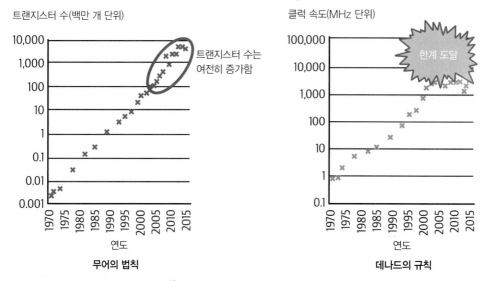

그림 1-3 에머리 버거(Emery Berger)[43]가 '성능은 중요하다'는 말에 영감을 받아 만든 이미지로 무어의 법칙과 데나드의 규칙을 비교한 그래프

빠른 실행 속도는 에너지 효율성을 증가시킨다

지금까지 본 내용을 다시 떠올려보자. 하드웨어 속도는 한계에 도달해가고, 소프트웨어는 점점 더 방대해지며, 거기에 더해 계속 늘어나는 데이터와 사용자들을 감당해야 한다. 하지만 불행히도 이게 다가 아니다. 소프트웨어를 개발할 때 항상 잊곤 하는 굉장히 중요한 요소가 있는데, 바로 전력이다. 생성된 모든 프로세스의 수행 과정은 전력을 소모하며, 특히 전력은 휴대전화, 스마트워치, IoT 장치, 노트북 등의 플랫폼에서 매우 제한되어 있다. 그리고 에너지 효율성과 소프트웨어의 속도, 효율성과 큰 관련이 있다. 챈들러 카루스^{Chandler Carruth}의 발표 중 그가 한 말은 이 관계를 굉장히 잘 설명한다.

'전력 효율 사용법' 또는 '전력 사용량 감소를 위한 최적화'와 같은 내용을 봤을 때는 항상 의심해야 한다. 이런 글들은 대부분 과학적이지 못하다. 배터리 수명을 아끼는 방법 중 가장 널리 알려진 이론이 있는데, 바로 실행 중인 프로그램을 종료하라는 것이다. 실제로는 소프트웨어가 더 빠르게 실

---

43 「총회: 성능의 중요성(Plenary: Performance Matters – Emery Berger – CppCon 2020)」, *https://oreil.ly/Tyfog*

행될수록 더 적은 전력을 소모한다. 요즘 일반적으로 구할 수 있는 마이크로프로세서들은 스스로 전원을 꺼서 전력을 비축한다. 그리고 이를 최대한 빠르게, 자주 수행한다.

- 챈들러 카루스,

Efficiency with Algorithms, Performance with Data Structures[44], CppCon 2014

정리하자면, 하드웨어가 꾸준히 빨라지고 저렴해질 자원이기에 코드를 최적화할 필요가 없다는 생각을 버려야 한다. 이는 함정이다. 개발 과정을 이렇게 반복하면 엔지니어들이 작성하는 코드의 효율성을 저하시키고 결국 더 많은 하드웨어를 구매해야만 한다. 물론 애플의 M1 실리콘[45] 칩, RISC-V 표준[46] 그리고 양자 컴퓨팅 적용 분야의 하드웨어들은 혁신을 일으켰다. 하지만 2022년 기준으로 하드웨어는 소프트웨어의 요구를 충족할 만큼 빠른 속도로 발전하고 있지 않다.

> NOTE_ 효율성은 접근성과 포괄성을 개선한다.
>
> 소프트웨어 개발자들은 일반 사용자가 쓰는 기기들이 어떤지 잊어버리고는 한다. 보통 엔지니어들은 소프트웨어를 최고급 컴퓨터 또는 모바일 기기에서 만들고, 테스트하기 때문이다. 그러나 많은 사용자가 오래된 하드웨어와 최악의 인터넷 환경에 놓여있다는 사실을 인지해야 한다.[47] 느린 컴퓨터에서 프로그램을 실행하는 사용자의 모습을 생각해보면, 개발 과정에서 효율성을 고려하는 것이 소프트웨어의 전반적인 접근성과 포괄성을 증진시키기에 충분한 가치가 있을 것이다.

1.2.4 수평적 확장을 하면 된다?

이전에 살펴보았듯이, 소프트웨어가 처리해야 할 데이터의 양은 언젠가는 결국 늘어날 것이다. 하지만 새로운 프로젝트가 배포 첫날부터 수억 명을 감당해야 할 규모로 커지는 경우는 매우 드물다. 개발 초기 단계에는 사용자 수, 운영 비용, 데이터 크기 등을 낮추어 목표를 설정하

---

44 「알고리즘의 효율성, 자료 구조의 성능」, *https://oreil.ly/9OftP*

45 M1 칩(*https://oreil.ly/emBke*)은 이 상충 관계의 재미있는 예시다. 하드웨어 확장성의 탄력성을 확보하는 대신, 속도와 에너지 그리고 성능의 효율성을 선택했다.

46 RISC-V는 명령어 집합 구조를 위한 공개된 표준이며, 호환되는 '더 적은 명령어 집합을 가진 컴퓨터' 칩을 보다 쉽게 생산할 수 있게 한다. 이런 칩들은 일반적인 용도를 위한 CPU보다 특정 목적을 위한 하드웨어를 위해 최적화되어 있고, 더 단순화되어 있다.

47 사용자들이 느린 네트워크를 사용한다는 사실을 개발자들에게 인지시키기 위해, 페이스북은 소셜 미디어 애플리케이션에서 2G 네트워크를 사용할 때의 모습을 재현하는 '2G Tuesdays(*https://oreil.ly/fZSoQ*)'를 만들었다.

면 소프트웨어의 복잡성과 개발 비용을 획기적으로 줄일 수 있다. 예를 들어 모바일 노트 앱을 개발하는 경우, 각 사용자가 작성할 노트의 개수가 적다거나, 프록시가 초당 처리할 요청의 수가 적다거나, 데이터 변환 도구가 처리할 데이터의 크기가 작을 것이라고 가정해 초기의 개발 사이클(또는 주기)을 단순화할 수 있다. 이런 단순화는 해도 된다. 그리고 초기 설계 단계에서 성능 요구사항을 대략적으로라도 예측하는 것도 중요하다.

비슷하게, 개발 과정의 중기 또는 장기 시점에서 소프트웨어의 부하량과 사용량을 예측하는 것이 매우 중요하다. 트래픽 양이 증가하더라도 성능을 꾸준히 유지하도록 설계된 소프트웨어를 '확장성이 있다'고 한다. 다만 실전에서 확장성을 갖추기는 매우 어렵고 비용도 많이 든다.

> 현재 시스템이 안정적으로 실행되고 있다 하더라도, 미래에도 그럴 것이라는 보장은 없다. 성능 저하의 일반적인 원인 중 하나는 부하의 증가인데, 예를 들어 1만 명의 동시 접속자가 10만 명으로 증가했거나, 100만 명에서 1000만 명으로 증가했을 수 있다. 아니면 이전보다 훨씬 더 큰 대량의 데이터를 처리해서 느려진 것일 수도 있다. 확장성이라는 용어는 부하량이 증가해도 시스템이 이전과 같은 성능을 낼 수 있음을 의미한다.
>
> - 마틴 클레프만Martin Kleppmann, 『데이터 중심 애플리케이션 설계』(위키북스, 2018)

이 책에서 효율성에 대해 이야기할 때 확장성과 관련된 주제들을 이야기하기도 한다. 하지만 1장의 목적에 부합하기 위해, [그림 1-4]와 같이 확장성을 두 가지 종류로 분류해보자.

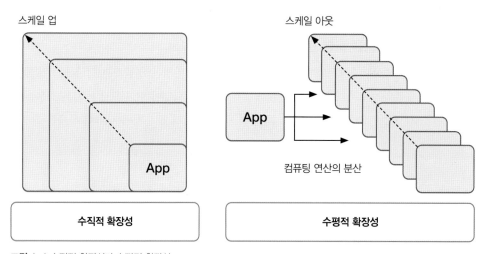

그림 1-4 수직적 확장성과 수평적 확장성

수직적 확장성

애플리케이션을 확장하는 가장 간단한 방법은 하드웨어 자원을 더 많이 제공하는 환경에서 소프트웨어를 실행시키는, 즉 '수직적 확장'을 하는 것이다. 예를 들어 소프트웨어가 하나가 아닌 3개의 CPU 코어를 사용하도록 병렬성을 도입할 수 있을 것이다. 비슷하게 만약 프로세스가 메모리를 많이 소모한다면, 실행 조건에 대한 요구사항에 RAM 공간을 더 많이 요구하도록 할 수 있을 것이다. 디스크, 네트워크, 전원과 같은 다른 자원들도 모두 마찬가지다. 그러나 이런 방식은 문제를 야기할 수 있다. 최선의 경우, 장치에 충분한 여유 공간이 남아 있을 수 있다. 이 공간은 잠재적으로 다른 프로세스들을 다른 장치(클라우드 활용 등)로 옮기거나 일시적으로 멈추면서(노트북, 스마트폰 등에 유용) 만들어낼 수 있다. 반대로 최악의 경우 더 좋은 컴퓨터, 노트북 또는 스마트폰을 구매해야 할 수도 있다. 후자의 경우 일반적으로 제약이 매우 많은데 특히 고객이 소프트웨어를 클라우드 환경이 아닌 온프레미스에 직접 실행해야 하는 경우에 더 그렇다. 결국 자원을 많이 소모하는 애플리케이션 또는 웹사이트를 수직적으로 확장하는 것은 사용성이 매우 제한적이다.

고객이 클라우드에서 소프트웨어를 실행할 수 있다면 상황은 조금 나아진다. 더 큰 서버를 구매하면 되기 때문이다. 2022년 기준, AWS에서는 128개의 CPU 코어, 4TB의 RAM 그리고 14GBps의 대역폭을 갖는 서버를 구매할 수 있다.[48] 극단적인 경우 별도의 프로그래밍 패러다임을 요구하는 190개의 코어와 40TB[49]의 메모리를 탑재한 IBM 컴퓨터를 구매할 수도 있다.

하지만 불행하게도 수직적 확장성은 많은 측면에서 한계를 보인다. 심지어 클라우드나 데이터 센터에서도 무한대로 하드웨어를 늘릴 수 없다. 그 이유는 첫째, 거대한 장비들은 희귀하고 비싸다. 둘째, 4장에서도 알아보겠지만 큰 장비를 사용하면 여기저기서 발생하는 수많은 단일 실패 지점 때문에 복잡한 문제를 자주 마주하게 된다. 메모리 버스, 네트워크 인터페이스, NUMA Non-Uniform Memory Access 노드 그리고 운영체제와 같은 구성 요소들이 과부하에 걸리거나 너무 느려질 수 있기 때문이다.[50]

---

48 이 선택지는 생각보다 그렇게 비싸지 않다. x1e.32xlarge 타입의 인스턴스는 시간당 26.6달러의 요금(*https://oreil.ly/9fw5G*)이 발생하며, 한 달에 19,418달러 '밖에' 안 한다.

49 「IBM의 최신 메인프레임, 지방 줄이고 근육 늘려 개방성 확보」, *https://oreil.ly/P0auH*

50 초거대 하드웨어를 위해서는 하드웨어 관리 방법도 별도로 도입해야 한다. 이것이 리눅스 커널에 x86 시스템에서 4배 이상의 메모리와 8배 이상의 논리적 코어를 관리할 수 있는 hugemem(*https://oreil.ly/tlWh3*)이라는 특수한 커널이 존재하는 이유다.

수평적 확장성

더 큰 장치를 사용하는 대신, 더 작고 더 저렴하고 덜 복잡한 원격 장치 여러 개로 부하를 분산시킬 수도 있다. 다음 예시들을 살펴보자.

- 모바일 메시지 앱에서 '집'이라는 단어가 포함된 모든 메시지를 검색하기 위해, 수백만 개의 과거 메시지를 모두 불러와 정규 표현식 패턴 검사기를 돌릴 수 있다. 하지만 API를 설계해 데이터를 각각 100분의 1씩 가져가 100개의 작업을 동시에 수행하는 원격 시스템을 호출하도록 할 수 있다.

- 모놀리스monolith 소프트웨어를 만드는 대신, 서로 다른 기능을 개별적인 컴포넌트들로 분산시켜 마이크로서비스microservice를 설계할 수 있다.

- 고성능의 CPU와 GPU를 요구하는 게임을 PC 또는 게임 콘솔에서 실행하는 대신, 클라우드 환경에서 실행시키고 입력과 출력을 고해상도로 스트리밍할 수 있다.[51]

일반적으로 수평적 확장성이 수직적 확장성보다 제한이 적어서 사용하기 쉽고, 매우 동적으로 작동시킬 수 있다. 예를 들어 소프트웨어가 특정 회사에서만 사용된다면 밤에는 사용자가 거의 한 명도 없는 반면, 낮에는 매우 많을 수 있다. 이런 상황에 수평적 확장을 적용하면 요구량을 기반으로 수초 내로 확장, 축소하는 오토스케일링autoscaling(자동 크기 조정)을 구현하기 쉽다.

반면 소프트웨어 단에서의 수평적 확장성은 하드웨어에 비해 구현하기가 상당히 어렵다. 특히 분산 시스템, 네트워크로 인한 영향 또는 분할할 수 없을 정도로 복잡한 문제를 가진 소프트웨어는 더더욱 어렵다. 따라서 항상 수평적 확장성만이 좋은 것은 아니고, 상황에 따라 수직적 확장성이 더 적합할 수도 있다.

수평적 확장성과 수직적 확장성을 기반으로, 과거의 예시 하나를 살펴보자. 현대 데이터베이스들은 데이터를 효율적으로 저장하고 검색하기 위해 간결화compaction 기술에 의존한다. 이 과정에서 인덱스를 재사용하고, 중복 데이터를 제거하고, 흩어져 있는 데이터 조각들을 순차적인 데이터의 흐름으로 만들어 조회 성능을 향상시킨다. 타노스 프로젝트 초반에 개발자들은 단순함을 위해 이미 구현되어 있는 매우 간단한 데이터 간결화 알고리즘을 재사용하기로 했다. 그리고 당시에 수행한 계산에 의하면, 이론적으로 데이터 블록 하나에 대해 병렬 간결화 프로세스를 구현할 필요성이 없어 보였다. 예를 들어 100GB(혹은 그 이상)의 안정적인 데이터 흐름을 한 곳에서 받는다면, 하나의 CPU, 매우 적은 메모리 및 디스크만 사용해 처리할 수 있다.

---

51 「스타디아(Stadia) 페이지」, *https://oreil.ly/FKmTE*

이러한 초기 구현은 기본적인 방식이며 최적화되어 있지 않았고, 구현 단계에서 YAGNI 규칙을 준수해 섣부른 최적화를 실시하지 않았다. 왜냐하면 프로젝트의 안정성과 기능을 최적화하면서 생기는 복잡성을 피하고 싶었기 때문이다. 결과적으로 타노스 사용자들은 곧바로 데이터 간결화와 연관된 문제에 직면하게 되었는데, 들어오는 데이터를 처리하기 버거웠고, 연산마다 수백 GB의 메모리가 필요했다. 이러한 비용 문제가 첫 번째 문제였지만, 더 큰 문제는 대부분의 타노스 사용자가 메모리를 수직적으로 확장할 수 있는 더 큰 장치가 데이터 센터에 없었다는 점이다.

처음에는 데이터 간결화로 인해 발생한 문제가 확장성과 관련된 문제처럼 여겨졌다. 하지만 간결화 프로세스는 무한대로 추가할 수 없는 자원에 의존하고 있었다. 사용자들은 더 빠른 해결책을 원했고, 타노스 커뮤니티는 수평적 확장성을 도입할 수 있는 기술에 대해 열띤 논의를 시작했다. 예를 들어 간결화 작업을 다른 기기에 배정하는 간결화 스케줄러 서비스 그리고 가십 프로토콜을 사용하는 동등 계층 간의 네트워크 등이 언급되었다. 하지만 구현을 자세히 들여다보지 않고도 이러한 기술을 적용하면 어마어마하게 복잡해질 것이고, 전체 시스템의 개발 및 실행 과정을 몇 배로 어렵게 할 것이었다. 그러나 다행히 숙련되고 경험 많은 개발자들 덕분에 성능을 개선하고 효율성을 높이는 작업을 수일 내로 완료했다. 그렇게 탄생한 새로운 버전의 타노스는 기존보다 데이터 간결화를 2배 빠르게 수행했고, 데이터를 디스크에서 바로 읽어와서 메모리 소모량을 획기적으로 줄였다. 이로부터 수년이 지난 지금까지도 타노스는 수십억 단위의 데이터를 처리하더라도 간결화 작업을 위한 복잡한 수평적 확장성 기능이 필요 없다.

이 일화는 재미있게 느껴질 수 있지만, 사실 꽤 섬뜩하다. 당시에 타노스의 개발자들은 사용자들의 압박에 의해 굉장히 거대한 분산 시스템을 추가하기 일보 직전이었다. 이러한 시스템 개발 과정은 재미있을 수 있지만, 사용자들이 타노스를 채택할 가능성을 낮출 수도 있다. 그리고 타노스의 개발자들은 시스템에 복잡성을 더하기 전, 코드 레벨의 알고리즘 최적화 등 효율성 개선 작업을 선행하기로 약속했다.

> **CAUTION** 섣부른 확장성 적용은 섣부른 효율성 최적화보다 더 나쁘다!
> 복잡한 확장성 기능을 도입하기 전, 코드 수준의 알고리즘 최적화를 먼저 고려해야 한다.

'운이 좋았던' 타노스의 데이터 간결화 일화처럼, 소프트웨어의 효율성에 먼저 집중하지 않으면 조기에 섣불리 수평적 확장을 도입해야 할 수도 있다. 이는 엄청난 함정인데, 약간의 최적화 노력만 들이면 확장성을 도모하고, 복잡성을 방지할 수 있기 때문이다. 즉, 복잡성을 회피하려다 더 큰 복잡성을 야기할 수도 있다. 이는 소프트웨어 업계에 알려지지 않았지만, 상당히 심각한 문제이고 이 책을 집필한 주요한 이유 중 하나다.

그러나 복잡성은 어쨌든 어딘가에는 존재한다는 사실에서 문제가 발생한다. 코드를 복잡하게 만들기 싫다면 시스템을 복잡하게 해야 하고, 이렇게 되었을 때 구성 요소들이 비효율적이라면 자원을 낭비하게 되고 상당한 시간의 개발 또는 운영 시간을 소모하게 된다. 특히 수평적 확장성은 매우 복잡하다. 왜냐하면 설계적인 이유로 네트워크 작업을 해야만 하기 때문이다. CAP 이론[52]에서 알 수 있듯이, 프로세스를 분산하기 시작하는 순간 가용성 또는 일관성에 대한 문제들을 맞이할 수밖에 없게 된다. 이런 근본적인 제약 사항들을 무시하고 경합 조건을 해결하려 하는 것, 네트워크 지연 시간의 예측 불가능성에 대해 이해하려고 하는 것들이 작은 효율성 최적화 작업을 수행하는 것보다 수백 배는 더 어렵다. io.Reader 인터페이스의 구현이 이러한 예시다.

이 책의 1장이 인프라스트럭처 시스템만 다룬다고 생각할 수 있지만, 그렇지 않다. 사실 모든 소프트웨어에 적용된다. 예를 들어 프론트엔드 소프트웨어 또는 동적 웹사이트를 만든다면, 클라이언트 단에서 수행할 연산들을 백엔드 쪽으로 옮기고 싶은 마음이 생길 것이다. 이러한 작업은 연산량이 부하량에 의해 결정되고, 부하량이 사용자의 하드웨어 처리 능력 이상으로 많아졌을 때만 진행해야 한다. 아무 생각 없이 진행하면 추가적인 네트워크 호출로 인해 생기는 복잡성, 처리해야 할 더 많은 에러 상황 또는 서비스 거부 공격DoS, Denial of Service[53]에 의한 서버 노출과 같은 문제들이 발생해서 추가 비용이 들 수 있다.

필자도 석사 학위 논문을 쓰며 비슷한 경험을 했다. 논문 주제는 '컴퓨팅 클러스터를 사용한 파티클 엔진Particle Engine Using Computing Cluster'이었다. 내용은 유니티 엔진[54]으로 만들어진 3D 게임에 파티클 엔진을 도입해 비용이 많이 드는 연산 작업을 클라이언트 단에서 처리하는 대

---

52 CAP(*https://oreil.ly/EYqPI*)은 시스템 설계의 핵심 원칙이다. CAP은 일관성(consistency), 가용성(availability) 그리고 파티션 허용성(partition tolerance)의 첫 글자를 딴 단어다. 이 세 가지 중 오직 2개만 보장할 수 있다는 단순한 규칙을 말한다.

53 서비스 거부 공격은 일반적으로 악의적인 공격으로 시스템을 응답 불능 상태로 만든다. 추가적으로 예상하지 못한 큰 부하를 주어 '실수로' 발생하기도 한다.

54 *https://unity.com*

신, 대학교에 있는 슈퍼컴퓨터 'Tryton'[55]으로 옮겨 처리하는 과정이었다. 결과가 어땠을까? 'InfiniBand'[56]라는 매우 빠른 네트워크를 사용했음에도 불구하고, 필자가 표현하고자 했던 모든 파티클(현실적인 빗방울 모양, 관중의 모습 등)을 위한 연산 작업을 슈퍼컴퓨터로 처리했을 때 훨씬 느려졌고 덜 안정적이었다. 반면 클라이언트 장치에서 처리했을 때는 덜 복잡했고 훨씬 빨랐다.

결론적으로 누군가가 "최적화하지 말고, 수평적으로 확장해서 처리하자."라고 한다면 반드시 의심해야 한다. 일반적으로 확장성을 다루기 전, 효율성을 개선하는 것이 훨씬 더 단순하고 시작하기에 부담도 적다. 만약 최적화 작업이 지나치게 복잡해질 것 같다면 확장성을 통해 해결하는 것이 더 좋은 선택지가 될 수 있다. 이에 관해서는 3장에서 더 자세히 다룰 것이다.

1.2.5 효율성보다는 출시 시기가 더 중요하다?

시간은 비싸다. 이렇게 생각하는 첫 번째 이유는 소프트웨어 개발자의 시간과 전문성에 지불하는 비용이 꽤 크기 때문이다. 애플리케이션 또는 시스템이 더 많은 기능을 원할수록 설계, 구현, 테스트, 보안 그리고 솔루션의 성능을 최적화하는 데 드는 시간이 더 늘어난다. 두 번째 이유는 회사 또는 개인이 프로덕트나 서비스를 만들기까지 시간이 더 오래 걸릴수록, 출시 시기도 늦어지며, 이는 재정 상황에도 영향을 끼치게 되기 때문이다.

> 한때 시간은 돈이었다. 지금은 그 가치가 돈보다 높다. 맥킨지[McKinsey]의 연구에 의하면 기업들은 프로덕트 개발비를 50% 초과로 지출하면 세후 이익을 3.5%를 손실하는 반면, 6개월 늦게 출시하면 33%를 잃는다고 한다.
>
> – 찰스 H. 하우스, 레이먼드 L. 프라이스[Charles H. House and Raymond L. Price],
>
> 「The Return Map: Tracking Product Teams」[57]

이런 영향력을 측정하기란 쉽지 않지만, 만약 시장에 출시할 시기가 늦어진다면, 프로덕트가 성장할 가능성도 줄어든다. 즉 소중한 기회들을 놓치거나, 경쟁사의 새로운 프로덕트에 대처하

---

55 2015년경, Try-Ton은 1.41 PFlop/s 그리고 1600개 이상의 노드를 제공하는 전용 GPU를 제공하는, 폴란드에서 가장 빠른 슈퍼컴퓨터였다.

56 InfiniBand는 고성능 네트워크를 위한 표준이며, 특히 광섬유가 발명되기 전 유명했다.

57 「반품 지도: 제품 팀의 추적」, *https://oreil.ly/SmLFQ*

는 시기를 넘길 수도 있다. 회사들이 이러한 위험성을 줄이기 위해 애자일 방법론이나 개념 증명 PoC, Proof of Concept 과 최소 기능 제품 MVP, Minimum Viable Product 의 개념을 도입하는 이유다.

애자일과 짧은 개발 주기는 도움이 될 수 있지만, 결과적으로 더 빠른 개발 속도를 내기 위해 회사들에는 팀의 규모를 더 키우는(구성원 채용) 등 다른 방법도 요구된다. 심지어 가끔은 프로덕트 품질을 낮추기도 한다. 페이스북의 초기 좌우명이 '빠르게 움직이고, 틀을 깨라'[58] 였던 것처럼, 회사들이 시장을 점유하기 위해 코드의 유지보수 가능성, 안정성, 효율성을 무시하고 코드 품질을 무시하는 일은 비일비재하다.

이는 마지막 오해다. 시장에 더 빠르게 진출하기 위해 소프트웨어의 효율성을 무시하는 것이 늘 좋은 생각은 아니다. 이런 결정이 초래할 결과를 예측하는 것이 좋다. 항상 위험성을 먼저 생각하자.

> 최적화는 어렵고, 비용이 많이 드는 과정이다. 많은 엔지니어가 최적화가 출시일을 늦추고, 이익을 감소시킨다고 한다. 물론 사실일 수도 있지만, 이는 프로덕트의 성능이 형편없을 때 발생하는 비용 (특히 시장에 경쟁사가 있는 경우)을 완전히 무시하는 말이다.
>
> – 랜들 하이드 Randall Hyde, 「The Fallacy of Premature Optimization」[59]

버그, 보안 문제, 낮은 성능 등의 문제들은 언제든지 발생할 수 있지만, 때로는 회사에 위협을 가할 수도 있다. 2020년 하반기, 폴란드의 가장 큰 게임사인 CD 프로젝트(CD Projekt)가 내놓은 게임 '사이버펑크 2077 Cyberpunk 2077'[60] 이 그 예시였다. 현실 세계를 담은 매우 거대한 콘셉트에, 야심 차게 제작한 고사양의 게임이라고 마케팅도 잘 됐다. 그래서 출시가 몇 번 지연됐어도 전 세계 사용자들은 800만 건 이상의 선주문을 했다. 하지만 2020년 12월 게임을 배포한 후, 아주 큰 성능 문제가 있음을 알게 됐다. 거의 대부분의 콘솔 및 컴퓨터에서 버그, 충돌 그리고 낮은 프레임 레이트와 같은 문제들이 발생했다. 플레이스테이션 4 PlayStation 4 또는 엑스박스원 Xbox One 등 오래된 콘솔에서는 게임을 실행할 수도 없었다. 물론 게임사는 출시 이후 성능 개선 및 수정 작업을 포함한 업데이트를 지속적으로 배포했다.

---

58 재밌게도 2014년 F8 콘퍼런스에서 마크 저커버그(Mark Zuckerberg) 메타 CEO는 이 좌우명을 '안정적인 인프라와 함께 빠르게 움직여라'로 바꾼다고 선언했다(https://oreil.ly/Yt2VI).

59 「성급한 최적화의 에러」, https://oreil.ly/mMjHb

60 「사이버펑크 2077 페이지」, https://oreil.ly/ohJft

하지만 불행히도 너무 늦은 뒤였다. 이러한 문제들이 이미 CD 프로젝트의 재정적 부분에도 큰 악영향을 끼쳤기 때문이다. 게임 배포 후 5일 만에, 회사 주가는 3분의 1이 됐고, 설립자들은 10억 달러 이상의 손해[61]를 입게 됐다. 수백만 명의 사용자가 게임을 환불해달라고 요구했다. 투자자들은 게임의 문제들을 이유로 CD 프로젝트에 소송을 걸었고, 유명한 리드급 개발자들은 회사를 떠났다.[62] 아마도 게임사는 살아남고 회복할 것이다. 하지만 이 문제로 인해 추락한 명성은 이후 게임들에도 악영향을 미치게 될 것이다.

경험이 많고 숙련된 조직은 소프트웨어의 성능, 특히 클라이언트에 직접적인 영향을 주는 소프트웨어가 얼마나 중요한 가치를 갖는지 파악하고 있다. 아마존은 웹사이트가 1초 더 느리면, 매년 16억 달러[63]의 손실이 발생할 것이라고 파악했다. 또한 아마존은 웹 검색의 속도를 400ms에서 900ms로 늦췄을 때 트래픽이 20%가량 감소[64]한다는 것도 알아냈다. 특정 사업 분야에서 그 영향력은 더 크게 나타난다. 예를 들어 전자 제품 거래 플랫폼이 경쟁사보다 5ms 정도만 느리더라도, 현금 유동량이 최소 1% 이상 줄고, 10ms가 느려지면 10% 이상 줄어들 것[65]이라는 연구 결과가 있다.

현실적으로, 밀리초(ms) 단위로 사이트가 느려진다고 해서 모든 소프트웨어가 악영향을 받지는 않는다. 예를 들어 PDF 파일을 DOCX 파일로 변환해주는 파일 변환기를 구현하고 싶다고 하자. 이 변환 과정이 4초가 걸리는 것과 100ms가 걸리는 것이 사용자 경험에 큰 차이를 줄까? 대부분 그렇지 않다. 하지만 누군가 이를 시장 가치로 판단하고 이 과정을 경쟁사의 제품이 200ms로 처리하게 된다면, 코드의 효율성과 속도가 고객 이탈 여부를 결정하게 되는 핵심 지표가 된다. 또한 변환 과정을 물리적으로 더 빠르게 할 방법이 존재한다면, 경쟁사들도 이를 언젠가는 도입할 것이다. 이것이 바로 그렇게 많은 프로젝트, 심지어 오픈 소스 프로젝트마저 성능 지표에 관해 이야기하는 이유다. 성능 지표가 단순한 홍보 수단처럼 느껴질 수도 있지만, 만약 비슷한 기능을 가진 제품이 2개라면, 누구나 더 빠른 것을 선택할 것이다. 하지만 여기서 속도만큼 자원 소모량도 중요하다.

61 「CD 프로젝트 설립자, 사이버펑크 2077의 문제로 10억 달러 이상 손실」, *https://oreil.ly/x5Qd8*
62 「사이버펑크 2077 리드 게임플레이 디자이너 퇴사」, *https://oreil.ly/XwcX9*
63 「단 1초가 아마존에 16억 달러의 손실을 초래한다」, *https://oreil.ly/cHT2j*
64 「마리사 메이어가 말하는 웹 2.0」, *https://oreil.ly/hHmYJ*
65 「밀리초의 가치: 거래 인프라의 최적 속도 찾기」, *https://oreil.ly/fK7mE*

여기서 알아야 할 것은 꽤 단순하다. 시장을 점유하고 싶다면, 소프트웨어의 효율성을 무시하는 것은 좋은 선택지가 아닐 것이다. 최후의 순간까지 최적화를 미루지 말자. 하지만 시장 진출 시점도 매우 중요하므로 소프트웨어 개발 과정에 적절한 정도의 효율성 개선 작업을 포함시키는 것이 중요하다. 이를 달성하는 한 가지 방법은 비기능적인 목표들을 먼저 확립하는 것이다 (이 책의 3.3.2절에서 다룬다). 이 책은 소프트웨어의 효율성을 적절히 달성하기 위해 건강한 균형과 노력(시간)을 어떻게 개선할 것인지 자세히 다룰 것이다. 이제 소프트웨어의 성능을 프로그래밍의 관점에서 바라보는 데에는 어떤 방법이 있는지 살펴보자.

1.3 코드의 성능을 끌어올리는 열쇠

1.1절에서 성능은 정확도, 속도 그리고 효율성으로 나뉜다는 것을 배웠다. 그리고 이 책에서 '효율성'이라는 단어를 사용할 때는, 기본적으로 자원 소모량을 뜻하지만, 코드의 속도(지연 시간)를 나타낸다는 사실도 알 수 있었다. 그 이유는 개발 환경에서 코드의 수행을 고려하는 방법에 관한 실용적인 제안이 숨겨져 있기 때문이다.

그 비밀은 바로 코드의 속도와 지연 시간에만 한정해서 생각하지 말아야 한다는 것이다. 일반적으로 특수한 목적이 아닌 소프트웨어에서 속도는 아주 미미하게 작용하는데, 대체로 불필요한 자원의 사용은 성능을 떨어뜨린다. 그리고 효율성이 나쁜 상태에서 속도만 올리는 일은 늘 이익보다 문제를 더 많이 만든다. 결과적으로, 효율성에 집중해야 한다는 말이다. 하지만 슬프게도 이런 주장은 쉽게 무시당한다.

예를 들어 도시 A에서 도시 B로 강을 건너 이동해야 한다고 하자. 자동차를 하나 구해 근처에

---

[66] 클라우드 네이티브 환경에서 필자가 본 한 가지 예시는 로깅 기술을 엘라스틱서치(Elasticsearch)에서 더 간단한 로키(Loki)와 같은 기술로 변경하는 것이다. 설정 가능한 인덱스가 없음에도 불구하고, 로키 프로젝트는 더 적은 자원을 소모하면서 로그 조회를 더 빠르게 처리할 수 있다.

있는 다리를 건너 도시 B에 빠르게 갈 수 있을 것이다. 하지만 물에 뛰어들어 강을 헤엄쳐 건너면, 훨씬 더 일찍 도착할 수도 있다. 이렇게 더 짧은 길을 선택함으로써 느린 행동도 효율적으로 수행하면 결과적으로 더 빠른 속도를 낼 수 있다. 물론 더 빠른 차를 구하거나 도로 표면을 개선해 속도를 단축하거나, 심지어는 차에 로켓 엔진을 달아 속도를 높이는 방법도 있다. 해당 방법들은 잠재적으로 헤엄치는 사람보다 더 빠르겠지만, 이렇게 극단적으로 방법을 변경하면, 배를 빌려 타는 방법보다도 일을 더 하고 비용도 훨씬 높아질 수 있다.

소프트웨어에서도 비슷한 패턴들이 존재한다. 예를 들어 특정 단어들을 입력으로 받아 디스크에 있는 데이터를 검색하는 매우 느린 알고리즘이 있다고 해보자. 영속성을 가진 데이터에 대한 연산을 하기 때문에, 가장 느린 작업은 보통 데이터 접근일 것이다. 여기서 효율성을 무시하고, 사용자들이 HDD 스토리지 대신 SSD를 사용하도록 권장하는 것은 매우 매력적일 수 있다. 이렇게 하면 잠재적으로 지연 시간을 10배 이상 단축시킬 수 있고, 성능을 높일 수 있기 때문이다. 반면, 이렇게 하는 대신 알고리즘을 개선해 수백만 번 이하로, 훨씬 더 적게 데이터에 접근하도록 하면 지연 시간을 줄일 수 있다. 즉, 비용을 적게 투입하면서 더 좋은 효과를 얻을 수 있다.

이 책의 이름이 '엄청나게 빠른 성능의 Go' 혹은 'Go로 빠르게 구현하기'처럼 더 일반적이고, 기억하기 쉬운 제목이[67] 아니라 'Go 성능 최적화 가이드(원제: Efficient Go)'인 이유는 단순히 실행 속도가 아닌, 효율성에 집중하기 위함이다.

속도가 덜 중요하다는 것은 아니다. 3절에서 보겠지만, 코드는 효율적인데 더 느리거나, 그 반대일 수도 있다. 다시 말해, 가끔은 이 둘 사이에서 저울질을 해야 한다. 속도와 효율성은 모두 핵심적인 요소이며 서로에게 영향을 끼칠 수 있다. 실제로 프로그램이 핵심 기능에서 작업을 덜 수행한다면, 일반적으로 지연 시간도 줄어들 것이다. HDD와 SSD를 비교한 예시에서, 더 빠른 디스크를 사용하는 것은 캐시 로직을 제거하고 CPU 시간과 메모리 소비를 줄여서 효율을 더 높일 것이다. 그 반대 상황도 종종 나타나는데, 1.2.3절에서 봤듯이 작업 속도가 빠를수록 더 적은 에너지를 소모하게 되고, 결과적으로 배터리 효율성도 향상된다.

따라서 성능을 개선할 때, 일반적으로 속도를 먼저 개선하는 것이 아니라 효율성을 먼저 개선해야 한다. 10.2절에서 살펴볼 텐데, 단 하나의 CPU 코어를 사용하면서도 효율성 개선으로 지

---

67 또 다른 이유가 있다. 「Go 성능 최적화 가이드(원제: Efficient Go)」라는 제목은 Go 프로그래밍 언어 책 중 가장 좋은 책인 「이펙티브 고(Effective Go)」와 유사하기 때문이다. 좋은 책이니 한번 읽어보기를 권한다(https://oreil.ly/OHbMt).

연 시간을 1/7로 단축할 수 있다. 이렇게 효율성 개선만으로도 원하는 지연 시간을 달성할 수 있다. 왜 속도보다 효율성을 먼저 생각해야 하는지 몇 가지 이유를 더 살펴보자.

효율적인 소프트웨어를 느리게 만드는 것이 훨씬 더 어렵다

가독성이 좋은 코드가 더 최적화하기 쉽다는 사실과 비슷하다. 하지만 이전에 언급했듯이, 효율적인 코드는 수행할 작업 자체가 적기에 일반적으로 수행 속도가 더 빠르다. 실전에서 이는 곧 느린 소프트웨어가 종종 효율성이 나쁘다는 오해를 받게 된다.

속도가 더 다루기 어렵다

7.3절에서 보겠지만, 소프트웨어 프로세스의 지연 시간은 외부 요소들에 매우 의존적이다. 때로는 격리된 전용 환경에서 빠르게 실행시키기 위해 코드를 최적화할 수 있지만, 이렇게 하면 긴 시간 동안 실행될 경우 속도가 급격히 느려진다. 심지어 어느 시점에선, 서버의 열과 관련된 문제들로 CPU에 스로틀링^{throttling}이 걸릴 수 있다. 별도의 프로세스들(**예** 주기적인 백업)이 메인 소프트웨어를 급격히 느리게 할 수도 있다. 또 네트워크도 병목 지점이 될 수 있다. 이렇게 프로그램의 실행 속도를 늦출 수 있는 숨은 요인은 너무나도 많다. 앞서 나온 모든 내용이 바로 개발자가 효율성을 가장 중시해야 하는 이유다.

속도는 이식성이 떨어진다

속도만을 최적화한다면, 애플리케이션이 서버 또는 클라이언트들의 다양한 기기에서도 동일하게 빨리 작동하리라고 보장하기 어렵다. 서로 다른 하드웨어, 환경 및 운영체제는 애플리케이션의 지연 시간을 전혀 다르게 만들 수 있다. 소프트웨어 효율성을 염두에 두고 설계해야 하는 이유다. 이렇게 하면 첫째, 환경의 영향을 받을 요소들이 적어진다. 둘째, 개발 환경에서 데이터베이스를 두 번만 호출한다면, 해당 소프트웨어를 IoT 장치에 설치하든, 우주 정거장에 설치하든, ARM 기반의 메인프레임 장치에 설치하든 동일한 횟수만큼 호출할 것이다.

일반적으로 효율성은 가독성과 함께 혹은 바로 그 다음으로 챙겨야 한다. 소프트웨어 설계의 첫 단계부터 효율성을 함께 생각해야 한다. 적절한 효율성에 대한 고민은 개발 환경을 탄탄하게 해줄 것이다. 이렇게 하면 이후 개발 과정에서 수정하기 까다로운 성능 관련 실수를 방지할 수 있다. 그리고 적은 작업을 수행하는 것은 종종 코드의 전반적인 복잡성을 줄이면서, 유지보수성 및 확장성을 향상시킨다.

1.4 마치며

흔히 개발자들은 마음속으로 일종의 타협을 한 채 개발 프로세스를 시작하곤 한다. 즉, 처음부터 특정 소프트웨어 품질들은 포기한 채 시작한다는 것이다. 특히 목표를 달성하기 위해 효율성, 가독성, 테스트 가능성 등 소프트웨어의 여러 품질 요소를 희생하기도 한다.

그럼에도 불구하고 소프트웨어의 품질을 향상시키는 데 조금 더 욕심을 내보기를 바란다. 목표를 달성하기 위해 품질을 희생해야 한다는 이유가 충분히 생기기 전까지, 소프트웨어 품질을 포기하지 말자. 물론 단순화와 타협 없이 해결하기 어려운 문제들도 존재하지만, 대부분 적당한 노력과 적절한 도구를 사용하면 품질을 타협하지 않고도 목표를 달성할 수 있다.

지금까지 개발 초기 단계부터 효율성을 고려해야 하는 이유를 살펴봤다. 먼저 성능이 어떤 요소들로 구성됐는지 알아봤다. 더불어 흔히 알려진 잘못된 주장들을 들여다보며 하나하나 수정했다. 그리고 섣부른 최적화를 피해야 하는 만큼, 섣부른 낙관과 섣부른 확장성 역시 위험할 수 있음을 살펴봤다.

마지막으로, 성능 방정식에서 효율성이 이점을 가져다줄 수 있다는 사실도 보았다. 앞서 언급했듯이 성능을 쉽게 향상시키고 싶다면, 효율성을 먼저 개선하는 것이 좋다.

2장에서는 Go 언어를 짧게 소개한다. 지식은 효율성을 도모하는 데 꼭 필요한 핵심 요소다. 그래서 사용하는 프로그래밍 언어의 기본 내용에 익숙하지 않으면 효율성을 개선하기 더 어려워질 수 있다. 따라서 2장을 자세히 읽어보기를 바란다.

CHAPTER **2**

효율적인 Go 언어

Go는 효율적이고 확장 가능하며 생산적인 언어다. 누군가는 Go로 작업하는 것을 재밌어 하는 반면, 어떤 개발자들은 Go가 지루하다고 한다. 이러한 의견들이 모순된 것은 아니다. Go는 소프트웨어 개발을 하면서 직면한 문제들을 해결하기 위해 구글이 설계했다. 그래서 획기적인 연구용 언어는 아니지만, 대규모 소프트웨어 프로젝트 엔지니어링을 위한 훌륭한 도구가 되었다.

- 롭 파이크 Rob Pike

『Go at Google: Language Design in the Service of Software Engineering』[1]

필자는 Go 언어의 열렬한 팬이다. 전 세계 개발자들이 Go로 많은 일을 이뤄냈다. 그뿐만 아니라 Go 언어는 개발자들이 사랑하고, 배우고 싶어 하는 언어로 상위 5위[2] 안에 연속적으로 수년간 포함되었다. 애플, 아메리칸 익스프레스American Express, 클라우드플레어Cloudflare, 델Dell, 구글, 넷플릭스Netflix, 레드햇Red Hat, 트위치Twitch 등과 같은 IT 대기업을 포함해 많은 기업이 Go를 사용[3]하고 있다. 물론 Go도 완벽한 언어는 아니다. 그러나 갑작스러운 요청으로 지금 당장 신뢰할 수 있는 백엔드 코드르 작성해야 한다면 몇 가지를 변경, 제거, 추가하더라도 Go로 작성할 것이다. 명령줄 인터페이스CLI, Command-line interface를 작성할 때도 Go가 편하다. 빠르고 안정적인 스크립트를 구현할 수 있는 언어도, 주니어 개발자로서 가장 먼저 배우는 언어도 Go다. 사물 인터넷, 로봇, 마이크로프로세서와 같은 분야에서도 유용하게 활용될 수 있다.[4] 2022년 기준 인프라 구성을 할 때도 더 견고한 템플릿 작성을 하는 데 Go보다 더 나은 도구는 없다고 생각한다.[5]

---

1 「구글의 Go: 소프트웨어 엔지니어링 서비스를 위한 언어 설계」, *https://oreil.ly/3EItq*

2 「스택오버플로우(Stackoverflow), 개발자에게 가장 사랑받은 언어 순위」, *https://oreil.ly/la9bx*

3 「깃허브, Go 사용 기업 목록」, *https://oreil.ly/DSM73*

4 작은 디바이스들에서 Go를 작성할 수 있는 도구로 쓸 만한 프레임워크들이 새로 등장하고 있다(⑩ GoBot(*https://gobot.io/*) 및 TinyGo(*https://tinygo.org/*)).

5 논란의 여지가 있는 주제다. 인프라를 코드로 구성하는 데 가장 우수한 언어가 무엇인지를 두고 업계에서 논쟁이 벌어지고 있다. 예를 들어 HCL, Terraform, Go 템플릿(Helm), Jsonnet, Starlark 및 Cue 중에서 무엇을 선택하는 것이 가장 좋을지를 두고 왈가왈부하는 것이다. 나아가 2018년에는 Go로 인프라 구성을 작성할 수 있는 도구인 'mimic(*https://oreil.ly/FNjYD*)'이 오픈 소스로 공개됐다. 이때 Go로 인프라를 구성하는 것에 반대하는 이유는 너무 '프로그래밍'처럼 느껴지고 시스템 관리자가 프로그래밍을 할 줄 알아야 한다는 사실 때문이다.

그래도 오해하지 말자. Go가 세상에서 제일 뛰어나다는 말은 아니다. Go보다 훨씬 특별한 기능과 생태계를 갖춘 언어들도 있다. 예를 들어 그래픽 사용자 인터페이스^{GUIs, Graphical User Interfaces}나 게임 업계의 고급 렌더링 분야, 브라우저에서 실행되는 코드들을 생각해보자.[6] 이러한 언어들도 있지만, 일단 Go 언어의 수많은 장점을 알게 되면 다른 언어로 다시 돌아가기는 어려울 것이다.

1장에서 소프트웨어 효율성 인식^{efficiency awareness}에 대해 확실히 알아보았다. 다시 말해 최소한의 개발 노력 및 비용으로 효율적인 코드를 작성하는 것이 최종 목표임을 배웠다. 2장에서는 2.1절부터 2.2절까지 Go 프로그래밍 언어가 성능과 기타 소프트웨어 품질 사이의 균형을 이루는 데 확실한 옵션이 될 수 있는 이유를 설명한다.

2개 절 모두 Go에 대해 알아야 할, 짧지만 필수적인 사실들을 소개한다. 필자가 2014년부터 커리어를 시작할 때 알았더라면 좋았을 내용이다. 전반적으로 2장은 효율성에 관한 기본 내용과 함께 더 풍부한 내용을 다루며, Go에 관한 소개로 채웠다. 하지만 Go를 완전히 처음 접하는 독자들에게는 2.4절에 언급된 다른 리소스들을 확인하고 Go로 첫 번째 프로그램을 작성해본 다음 다시 이 책을 읽을 것을 권한다. 반면에 자신이 고급 사용자나 전문가라고 생각한다면 2장을 바로 읽어보기를 권한다. 2장에서는 Go에 관해 몇 가지 흥미롭거나 논란이 될 수 있는 사실들을 설명한다.

2.3절에서는 다른 언어와 Go 언어의 효율성을 비교하는 까다로운 질문에 대한 답을 제시하며 2장을 마무리한다.

2.1 Go에 대해 알아야 할 기본 사항들

Go는 'Go 팀'이라는 분산된 팀 내에서 구글이 유지 관리하는 오픈 소스 프로젝트다. 이 프로젝트는 프로그래밍 언어 사양, 컴파일러, 도구, 문서 및 표준 라이브러리로 구성된다.

Go의 기본 사항과 특징을 이해하기 위한 몇 가지 사실과 모범 사례를 빠르게 살펴보자. 여기에 나오는 일부 조언은 독단적으로 느껴질 수도 있겠지만, 모두 필자가 2014년부터 Go를 사

6　웹어셈블리(WebAssembly)가 판도를 바꿀 수도 있지만 당장은 아니다.

용하면서 겪은 사건, 과거의 실수, 힘들게 배운 교훈을 기반으로 한다. 독자들은 비슷한 경험을 하지 않기를 바라며 공유한다.

2.1.1 명령형, 컴파일형 및 정적 타입 언어

Go 프로젝트의 핵심은 Go가 '시스템 프로그래밍을 위해 설계된, 프로젝트 이름과 동일한 이름의 범용 언어'라는 점이다. [예제 2-1]에서 알 수 있듯이 Go는 명령형 언어이므로 실행 방법을 (일부) 제어할 수 있다. 또한 정적으로 타입이 지정되고 컴파일되므로 컴파일러는 프로그램이 실행되기 전에 많은 최적화 및 검사를 수행할 수 있다. 이러한 특성은 Go를 안정적이고 효율적인 프로그램에 적합하게 만드는 훌륭한 시작점이 된다.

예제 2-1 'Hello World' 프로그램 출력 및 종료

```
package main

import "fmt"

func main() {
    fmt.Println("Hello World!")
}
```

프로젝트와 언어를 모두 'Go'라고 부르지만, 때로는 'Golang'으로 칭하기도 한다.

> **TIP** Go vs Golang
>
> 경험상 모든 곳에서 항상 'Go'라는 이름을 사용하는 것이 좋다. 영어 단어 go 또는 'Go'라는 바둑 게임[7]과 충돌하지 않는 한 말이다. 'Golang'은 'go'라는 이름을 사용할 수 없었기 때문에 선택했던 도메인 이름[8]에서 가져왔다. 따라서 웹에서 이 프로그래밍 언어에 대한 리소스를 검색할 때는 'Golang'을 사용하자.

---

7 옮긴이 주_Go는 일본 유래로 가장 보편적으로 쓰이는 표현이며, 북미 및 유럽에서도 동일하게 쓰인다.
8 *https://golang.org*

Go에는 'Go 고퍼Go gopher'[9]라는 마스코트도 있는데, 이를 콘퍼런스, 블로그 게시물, 프로젝트 로고와 같은 다양한 상황에서, 여러 형태의 다채로운 조합으로 볼 수 있다. 때때로 Go 개발자들 역시 '고퍼gophers'로 불린다!

2.1.2 코드베이스 개선을 위한 설계

모든 것은 2007년, 구글의 숙련된 개발자 3명이 Go 언어에 관한 아이디어를 스케치하면서 시작됐다.

롭 파이크

UTF-8 및 Plan 9 운영체제의 공동 제작자다. 분산 시스템 작성을 위한 림보Limbo 및 그래픽 사용자 인터페이스에서 동시성 애플리케이션 작성을 위한 Newsqueak과 같이 Go 외의 많은 프로그래밍 언어의 공동 작성자이기도 하다. 둘 다 호어Hoare의 CSPCommunicating Sequential Processes 에서 영감을 받았다.[10]

로버트 그리즈머

로버트 그리즈머Robert Griesemer의 많은 업적 중 하나를 소개하자면, 그는 Sawzall 언어[11]를 개발했고, 니클라우스 비르트 교수의 지도로 박사학위를 받았다. 니클라우스는 『린 소프트웨어를 향한 탄원』 중 20페이지에 쓴 '소프트웨어는 하드웨어가 빨라지는 것보다 더 급격히 느려진다' 라는 구절로 유명하다.

켄 톰슨

켄 톰슨Ken Tompson은 최초의 유닉스 시스템 작성자 중 한 사람이다. 명령줄 유틸리티인 grep을 혼자 개발했다. 켄은 롭 파이크와 함께 UTF-8 및 Plan 9를 공동으로 만들었다. 또한 Bon 및 B 프로그래밍 언어와 같은 몇 가지 언어도 만들었다.

---

9 「Go 문서, 고퍼(The Go Gopher)」, *https://oreil.ly/SbxVX*

10 CSP는 동시성 시스템(Concurrent Systems)에서 상호 작용을 설명할 수 있는 형식 언어(Formal Language)다. 호어(C.A.R. Hoare)가 「Communications of the ACM」(1978)에서 소개했으며, Go 언어의 동시성 시스템에 영감을 주었다.

11 「위키피디아, Sawzall」, *https://oreil.ly/gYKMj*

이 세 명은 당시 주류 프로그래밍 언어였던 C++, 자바^{Java}, 파이썬^{Python}을 개선하기 위해 새로운 프로그래밍 언어를 만들기로 했다. 1년 후에는 이것이 정규 프로젝트가 되었고, 이안 테일러^{Ian Taylor}와 러스 콕스^{Russ Cox}가 합류했다. 이들 모두를 'Go 팀'[12]이라 부른다. 마침내 Go 팀은 2009년 Go를 공개하였고, 2012년 3월 버전 1.0을 출시했다.

Go의 설계 과정에서 언급된 C++의 주요 어려움[13]은 다음과 같다.

- 복잡성, 동일한 작업을 수행하는 다양한 방법, 너무 많은 기능
- 특히 더 큰 코드베이스의 경우 매우 긴 컴파일 시간
- 대규모 프로젝트의 업데이트 및 리팩터링 비용
- 사용하기 쉽지 않고 에러가 발생하기 쉬운 메모리 모델

이렇게 기존 솔루션들의 어려움을 해결하기 위해 적은 노력으로 더 많은 것을 가능하게 하려는 야망에서 Go가 탄생했다. 기본 원칙은 반복을 덜 하게 만들면서 보안을 포기하지 않고 더 간단한 코드를 허용하는 언어를 만드는 것이었다. 더 빠른 컴파일 또는 인터프리팅을 위해 실행 효율성을 희생하지 않으면서도 빠른 빌드 시간을 보장하는 언어 말이다. 예를 들어 Go는 명시적 가져오기^{explicit imports}[14] 덕분에 가능한 한 빨리 컴파일하려고 한다. 특히 기본적으로 캐싱이 활성화된 상태에서는 변경된 코드만 컴파일되므로, 빌드 시간이 1분을 넘기는 경우는 거의 없다.

> **TIP** **Go 코드를 스크립트처럼 사용할 수도 있다!**
> 기술적으로 Go는 컴파일 언어이지만 자바스크립트, 셸^{Shell} 또는 파이썬을 실행하는 것처럼 실행할 수도 있다. `go run <executable package> <flags>`를 간단히 호출하면 된다. 컴파일이 매우 빠르기 때문에 훌륭하게 작동한다. 컴파일의 이점을 유지하면서 스크립팅 언어처럼 사용할 수 있다.

구문 측면에서 Go는 단순하고 키워드가 적으며 친숙하다. 구문은 타입 파생(C++의 auto와 같은 자동 타입 감지)이 있는 C를 기반으로 하며, 전방 선언^{forward declaration} 및 헤더 파일이 없

---

12 「Go 프로젝트의 역사」, *https://oreil.ly/Nnj6N*

13 비슷한 이유로 구글의 다른 조직이 2022년 Carbon(*https://oreil.ly/ijFPA*)이라는 또 다른 언어를 만들었다. Carbon은 매우 유망해보이지만 Go와는 목표가 다르다. 설계적으로 효율성을 더 잘 인식하고 C++ 개념들과의 상호 운용성에 대한 친숙성에 중점을 두고 있다. 다양한 선택지를 고려하여 어떻게 Carbon을 따라잡을 수 있을지 알아보자!

14 「구글의 Go: 소프트웨어 엔지니어링 서비스를 위한 언어 설계」, *https://oreil.ly/qxuUS*

다. 이 개념들은 서로 겹치지 않고 직교성orthogonality[15]을 유지하므로 더 쉽게 조합하고 추론할 수 있다. 요소의 직교성이란 예를 들어 모든 타입 또는 데이터 정의에 메서드를 추가할 수 있음을 의미한다(메서드 추가는 타입 생성과는 별개). 인터페이스 또한 타입과 직교한다.

2.1.3 구글이 관리하는 오픈 소스

Go를 발표한 이후 모든 개발은 공개 메일링 리스트와 이슈 트래커를 통해 오픈 소스[16]로 관리되고 있다. 변경 사항은 BSD 스타일 라이선스[17]에 따라 공개하고 신뢰할 수 있는 소스 코드로 이동한다. Go 팀은 모든 기여를 검토한다. 변경 사항이나 아이디어가 구글에서 오는지 여부와 관계없이 프로세스는 동일하다. 프로젝트 로드맵과 제안도 공개적으로 개발된다.

안타까운 사실은 많은 오픈 소스 프로젝트가 있지만, 일부 프로젝트는 다른 프로젝트보다 덜 개방적이라는 것이다. 구글은 여전히 Go를 관리하는 유일한 회사이며 결정적인 통제권을 가지고 있다. 즉 누구나 수정, 사용 및 기여할 수 있더라도 단일 벤더가 조정하는 프로젝트는 특정 기능을 다시 라이선싱하거나 차단하는 등의 이기적이고 해로운 결정을 내릴 위험이 있다. 실제로 Go 팀의 결정이 커뮤니티를 당황하게 한 논란도 있었지만,[18] 전반적으로 프로젝트는 합리적으로 잘 관리되고 있다. 구글 외부에서 수많은 변화가 일어났으며, Go 2.0 초안 제안 프로세스는 잘 존중됐고, 커뮤니티 중심으로 운영됐다. 결국 Go 팀의 일관된 의사 결정과 관리가 많은 이점을 만들었다. 갈등과 이견은 불가피하며, 완벽하지는 않더라도 하나의 일관된 개요를 갖는 것이, 결정을 내리지 않거나 동일한 작업을 수행하는 여러 방법보다 나을 수 있다.

지금까지 이러한 프로젝트 설정은 채택 및 언어 안정성 측면에서 잘 작동하는 것으로 입증되었다. 소프트웨어 효율성 목표를 위한 조정도 이보다 더 좋을 수 없다. 각 릴리스가 성능 저하를 가져오지 않도록 하기 위해 투자한 대기업이 있다. 예를 들면 구글 클라우드 플랫폼Google Cloud Platform[19]과 같은 일부 내부 구글 소프트웨어는 Go에 의존한다. 그리고 많은 사람이 안정성을 위해 구글 클라우드 플랫폼에 의존한다. 한편, 피드백을 제공하고 버그를 찾고 아이디어와 최

---

15 옮긴이 주_두 개념 중 하나가 바뀌어도 나머지 하나의 개념에 어떤 영향도 주지 않는다면 두 개념은 서로 직교성을 유지하고 있다고 말할 수 있다.

16 「Go, 오픈 소스, 커뮤니티」, *https://oreil.ly/ZeKm6*

17 「텍스트 파일 라이선스(Text file LICENSE)」, *https://oreil.ly/XBDEK*

18 한 가지 주목할 만한 예시는 종속성 관리 작업에 관한 논쟁(*https://oreil.ly/3gB9m*)이다.

19 「구글 클라우드 플랫폼 페이지」, *https://oreil.ly/vjy0c*

적화에 기여하는 방대한 Go 커뮤니티가 있다. 이와 함께 개인 개발자로서 오픈 소스 코드로 특정 코드의 성능 특성을 이해하기 위해 실제 Go 라이브러리, 런타임(2.2.3절 참고) 등을 자세히 들여다볼 수 있다.

2.1.4 단순성, 안전성, 가독성

로버트 그리즈머는 2015년 고퍼콘^{GopherCon}[20]에서 Go를 구축하기 시작했을 때 무엇을 하면 안 되는지 각별히 신경 썼다고 말했다. 주요 원칙은 단순성, 안전성, 가독성이었다. 즉, Go는 '적을수록 좋다 ^{less is more}'는 패턴을 따른다. 이는 많은 영역에서 쓰는 관용구다. Go에는 단 하나의 '관용적'인 코딩 스타일이 있으며[21] gofmt라는 도구가 이를 대부분 보장한다. 특히 코드 포매팅은 프로그래머들 사이에서 좀처럼 정착되지 않는 요소다. 그래서 관련 논쟁을 거쳐 구체적인 수요와 의견을 조율하는 데 많은 시간이 들어간다. 하지만 단일 스타일 자동화 도구를 사용하면 많은 시간을 절약할 수 있다. Go 관용구^{Go Proverbs}[22] 중 하나로 'gofmt의 스타일은 어느 누구도 좋아하지 않지만 gofmt는 모든 사람이 좋아한다.'라는 말이 있을 정도다. 그리고 Go는 창시자가 한 가지 방법만으로 특정 구조를 작성해서 최소한으로 언어를 계획했다. 덕분에 개발자가 프로그램을 작성할 때 해야 할 의사 결정을 줄여준다. 에러를 처리하는 방법도 하나, 개체를 작성하는 방법도 하나, 동시에 실행하는 방법도 하나이기 때문이다.

Go에서 수많은 기능이 '누락'되었을 수 있지만 C 또는 C++보다 표현력은 더 뛰어나다고 본다.[23] 이러한 미니멀리즘은 Go 코드의 단순성과 가독성을 유지하여 소프트웨어 신뢰성, 안전성 및 애플리케이션 목표를 향한 전반적인 속도를 향상시킨다.

> **CAUTION** **내 코드는 관용적인가?**
>
> 관용적이라는 단어는 Go 커뮤니티에서 아주 많이 사용하는데, 일반적으로 '자주' 사용되는 Go 패턴을 의미한다. 그런데 요즘은 Go를 채택하는 곳이 점차 늘어나면서 사람들이 GO의 초기 '관용적' 스타일을 여러 가

---

20 〈고퍼콘 2015: 로버트 그리즈머 – Go의 진화〉, *https://oreil.ly/s3ZZ5*

21 물론 여기저기서 약간의 불일치가 존재할 수 있다. 이런 이유로 커뮤니티는 보다 엄격한 포매터(*https://oreil.ly/RKUme*), 린터(*https://oreil.ly/VnQSC*) 또는 스타일 가이드(*https://oreil.ly/ETWSq*)를 만들었다. 그러나 표준 도구들로도 모든 Go 코드 베이스에서 충분히 편안하게 코드를 작성할 수 있다.

22 「Go 관용구 모음집(Go Proverbs)」, *https://oreil.ly/ua2G8*

23 *https://commandcenter.blogspot.com/2012/06/less-is-exponentially-more.html*

지 창의적인 방식으로 개선하고 있다. 그래서 관용적^{idiomatic}인 것과 그렇지 않은 것이 항상 명확하지는 않다.

'스타워즈 만달로리안^{Mandalorian}' 시리즈에서 만달로리안 부족이 관례적으로 주고받는 인사인 "This is the way(이것이 길이다)."와 같이, "이 코드는 관용적이다."라고 말할 때 왠지 더 자신감이 생긴다. 결론은, 해당 표현을 주의해서 사용해야 한다는 이야기다. 어떤 패턴이 더 나은지 이유를 자세히 설명할 수 없는 한, 사용하지 않는 것이 좋다.

흥미롭게도 '적을수록 좋다'라는 관용구는 이 책의 목적인 소프트웨어 효율성을 확보하는 데 도움이 될 수 있다. 1장에서 배운 것처럼 런타임 작업을 덜 수행한다는 것은 일반적으로 더 빠르고 간결하게 실행되며 코드가 덜 복잡하다는 것을 의미한다. 이 책에서는 코드 성능을 개선하면서 이 측면을 유지하려고 노력할 것이다.

2.1.5 패키징 및 모듈

Go 소스 코드는 패키지 또는 모듈을 나타내는 디렉터리로 구성된다. 패키지는 동일한 디렉터리에 있는 소스 파일(.go 접미사 포함)의 모음이다. 패키지 이름은 [예제 2-1]과 같이 각 소스 파일의 맨 위에 있는 package문으로 지정된다. 동일한 디렉터리에 있는 모든 파일은 동일한 패키지 이름[24]이어야 한다(패키지 이름은 디렉터리 이름과 다를 수 있음). 그리고 여러 패키지가 단일 Go 모듈의 일부가 될 수 있다. 한편 모듈은 Go 애플리케이션을 빌드하는 데 필요한 버전과 함께 모든 종속 모듈을 나타내는 go.mod 파일이 있는 디렉터리다. 이 파일은 종속성 관리 도구인 Go 모듈[25]에서 사용된다. 모듈의 각 소스 파일은 동일한 모듈 또는 외부 모듈에서 패키지를 가져올 수 있다. 일부 패키지는 '실행 가능' 할 수도 있다. 예를 들어 main 패키지가 호출되고 어떤 파일에든 func main()이 있다면 실행할 수 있다. 이러한 패키지는 가끔씩 쉽게 찾을 수 있도록 cmd 디렉터리에 배치된다. 실행 가능한 패키지는 가져올 수는 없고, 빌드하거나 실행만 할 수 있다.

패키지에서 어떤 것은 패키지 사용자들에게 내보내고, 어떤 것은 패키지 범위에서만 접근할 수

---

24 한 가지 예외가 있다. 단위 테스트 파일은 _test.go로 끝나야 한다. 이러한 파일들은 동일한 패키지 이름이나 패키지 〈package_name〉_test 이름을 가질 수 있기 때문에 패키지의 외부 사용자들처럼 테스트해볼 수 있다.

25 「Go 모듈 레퍼런스」, *https://oreil.ly/z5GqG*

있는 함수, 타입, 인터페이스 및 메서드일지를 결정할 수 있다. 이는 가독성, 재사용성 및 안정성을 위해 가능한 최소한의 API를 내보내는 것이 더 좋기 때문에 중요하다. Go에는 이에 대한 키워드인 private과 public이 없다. 대신 약간 새로운 접근 방식을 취했다. [예제 2-2]에서 볼 수 있듯이 구문 이름이 대문자로 시작하면 패키지 외부의 모든 코드에서 사용할 수 있다. 요소 이름이 소문자로 시작하면 private을 의미한다. 예를 들어 이 패턴은 함수, 타입, 인터페이스, 변수 등과 같은 모든 구조에 동일하게 적용된다는 점에서 주목할 가치가 있다(직교성이 있음).

예제 2-2 네이밍 케이스를 사용하여 접근성 제어 구성

```go
package main

const privateConst = 1
const PublicConst = 2

var privateVar int
var PublicVar int

func privateFunc() {}
func PublicFunc()  {}

type privateStruct struct {
    privateField int
    PublicField  int                                    ❶
}

func (privateStruct) privateMethod() {}
func (privateStruct) PublicMethod()  {}                 ❶

type PublicStruct struct {
    privateField int
    PublicField  int
}

func (PublicStruct) privateMethod() {}
func (PublicStruct) PublicMethod()  {}

type privateInterface interface {
    privateMethod()
    PublicMethod()                                      ❶
}
```

```
}

type PublicInterface interface {
    privateMethod()
    PublicMethod()
}
```

---

❶ 눈치 빠른 독자들은 private 타입 또는 interface에서 내보낸 필드나 메서드가 아리송하다는 것을 알아차렸을 것이다. struct 또는 interface가 private인 경우 패키지 외부에서 사용할 수 있을까? (거의 사용하지 않겠지만) 대답은 '그렇다'이다. 비공개인 interface를 반환하거나 다음과 같은 공개 함수를 사용할 수 있다(⑪ func New() privateStruct { return privateStruct{}}). privateStruct가 비공개임에도 불구하고 모든 공개 필드와 메서드를 패키지 사용자가 액세스할 수 있다.

> **NOTE_ 내부 패키지**
>
> 패키지를 구성하려는 대로 코드 디렉터리의 이름을 지정하고 구성할 수 있지만, 하나의 디렉터리 이름은 특별한 의미를 위해 남겨져 있다. 지정된 패키지만 다른 패키지를 가져올 수 있도록 하려면 internal이라는 패키지 하위 디렉터리를 만들 수 있다. internal 디렉터리 아래에 있는 모든 패키지는 조상ancestor(및 내부의 다른 패키지) 이외의 패키지로 가져올 수 없다.

2.1.6 자연스러운 종속성

필자의 경험에 따르면 C++, C#, Java와 같이 미리 컴파일된 라이브러리를 가져오고 (일부 헤더 파일에 정의된) 내보낸 함수 및 클래스를 사용하는 것이 일반적이다. 컴파일된 코드를 가져오면 다음과 같은 이점이 있다.

- 엔지니어가 특정 코드를 컴파일하려는 노력, 즉 올바른 버전의 종속성, 특수 컴파일 도구 또는 추가 리소스를 찾고 다운로드하는 수고를 덜어준다.

- 소스 코드가 유출되거나 고객이 비즈니스 가치가 있는 코드를 복사할까 봐 염려할 필요 없이 미리 빌드된 라이브러리를 판매하는 것이 더 쉬울 수 있다.[26]

---

26 실제로는 컴파일된 바이너리에서 C++ 또는 Go 코드를 (심지어 난독화된 경우더라도) 손쉽게 얻을 수 있다. 특히 바이너리에서 디버깅 심벌(debugging symbols)을 제거하지 않는 경우, 더욱 간편하다.

원칙적으로 이러한 방식을 취하면 코드가 잘 작동하게 돼 있다. 라이브러리 개발자는 API를 유지하며, 라이브러리 사용자는 작동할 때의 복잡성을 걱정할 필요가 없다.

하지만 아쉽게도 실제로는 이 방법도 완벽하지는 않다. 구현이 중단되거나 비효율적일 수 있고 인터페이스가 헷갈릴 수 있으며 문서가 누락될 수 있다. 이런 경우 소스 코드에 대한 액세스가 매우 중요하다. 구현을 더 깊이 이해하는 방법 중 하나이기 때문이다. 그리고 추측이 아닌 특정 소스 코드를 기반으로 문제를 찾을 수 있기 때문이다. 또한 라이브러리에 수정을 제안하거나 패키지를 포크fork하여 즉시 사용할 수도 있고 필요한 부분을 추출하여 다른 것을 만드는 데 쓸 수도 있다.

Go는 '가져오기 경로import path'라는 패키지 URI를 사용하여 각 라이브러리의 부분(Go: 모듈 패키지에 있음)을 명시적으로 가져오도록 요구함으로써 이러한 불완전성을 가정한다. 또한 해당 가져오기도 엄격하게 제어된다. 즉 사용하지 않는 가져오기 또는 순환 종속성으로 인해 컴파일 에러가 발생한다. 다음 [예제 2-3]에서는 이러한 가져오기를 선언하는 다양한 방법을 살펴본다.

예제 2-3 github.com/prometheus/prometheus 모듈 내부의 main.go 파일의 import문 부분

```
import (
    "context"                                               ❶
    "net/http"
    _ "net/http/pprof"                                      ❷

    "github.com/oklog/run"                                  ❸
    "github.com/prometheus/common/version"
    "go.uber.org/atomic"

    "github.com/prometheus/prometheus/config"               ❹
    promruntime "github.com/prometheus/prometheus/pkg/runtime"
    "github.com/prometheus/prometheus/scrape"
    "github.com/prometheus/prometheus/storage"
    "github.com/prometheus/prometheus/storage/remote"
    "github.com/prometheus/prometheus/tsdb"
    "github.com/prometheus/prometheus/util/strutil"
    "github.com/prometheus/prometheus/web"
)
```

❶ import 선언에 경로 구조가 있는 도메인이 없으면 표준 라이브러리[27]의 패키지를 가져온다는 것을 의미한다. 이 특정 가져오기를 통해 $(go env GOROOT)/src/context/ 디렉터리의 코드를 context 참조와 함께 사용할 수 있다(◑ context.Background()).

❷ 패키지는 식별자 없이 명시적으로 가져올 수 있다. 이때 이 패키지에서 어떤 구조도 참조하고 싶지 않지만 일부 전역 변수를 초기화하기를 원한다. 이 경우 pprof 패키지는 전역 HTTP 서버 라우터에 디버깅 엔드포인트를 추가한다. 허용되는 동안 실제로 수정 가능한 전역 변수를 재사용하지 않아야 한다.

❸ 표준 패키지 외에는 인터넷 도메인 이름 형식의 가져오기 경로와 특정 모듈의 패키지에 대한 선택적 경로를 사용하여 가져올 수 있다. 예를 들어 Go 도구는 깃허브와 잘 통합되므로 Git 리포지토리에서 Go 코드를 호스팅하면 지정된 패키지를 찾는다. 예제는 *https://github.com/oklog/run* 모듈에 run 패키지가 있는 *https://github.com/oklog/run* Git 리포지토리다.

❹ 현재 모듈에서 패키지를 가져온 경우(이 경우 모듈은 *github.com/prometheus/prometheus*이다), 패키지는 로컬 디렉터리에서 확인된다. 이 예제는 <module root>/config에서 확인할 수 있다.

이 모델은 개방적이고 명확하게 정의된 종속성에 중점을 둔다. 특히 오픈 소스 배포 모델과 잘 맞는데, 커뮤니티는 공개 Git 리포지토리의 강력한 패키지에 관한 협업을 할 수 있다. 물론 표준 버전 제어 인증 프로토콜을 사용하여 모듈이나 패키지를 숨길 수도 있다. 또한 공식 도구는 바이너리 형식[28]의 패키지 배포를 지원하지 않으므로, 종속성 소스는 컴파일 목적으로 존재하는 것이 좋다.

소프트웨어 종속성 문제는 해결하기 쉽지 않다. Go는 C++ 등 언어에서의 시행착오를 통해 발전했고, 긴 컴파일 시간과 소위 말하는 '의존성 지옥'을 피하기 위해 신중한 접근 방식을 취한다.

표준 라이브러리 설계를 통해 종속성을 제어하는 데 많은 노력을 기울였다. 하나의 기능을 위해 큰 라이브러리를 가져오는 것보다 약간의 코드를 복사하는 것이 더 나을 수 있다(시스템 빌드의 테스트는 새로운 핵심 종속성이 발생하면 불편하다). 종속성 위생은 코드 재사용보다 우선한다. 실제로 이에 대한 한 가지 예는 (낮은 수준의) net 패키지에 정수에서 10진수로 변환하는 자체 루틴이 있어 더 크고 종속성이 많은 형식의 I/O 패키지에 의존하지 않도록 하는 것이다. 다른 하나는 문자

---

27 표준 라이브러리는 Go 언어 도구 및 런타임 코드와 함께 제공되는 패키지들을 의미한다. 일반적으로 Go는 강력한 호환성을 보장하므로 성숙하고 핵심적인 기능들만 제공된다. 또한 Go는 표준 라이브러리로 전환되기 전에 테스트가 필요한 유용한 코드들을 *golang.org/ x/exp* 모듈(*https://oreil.ly/KBTwn*)에서 실험적으로 유지 관리하고 있다.

28 「Go 문서, Binary-Only Packages」, *https://oreil.ly/EnkBT*

열 변환 패키지인 strconv가 큰 유니코드 문자 클래스 테이블을 가져오는 대신 '인쇄 가능한' 문자 정의의 전용 구현을 가지고 있다는 것이다. strconv가 유니코드 표준을 존중한다는 것은 패키지의 테스트를 통해 확인된다.

- 롭 파이크, 『Go at Google: Language Design in the Service of Software Engineering』[29]

효율성과 투명성을 염두에 둔 종속성의 장점 중 하나인 미니멀리즘은 엄청난 가치가 있다. 알려지지 않은 요소가 적으면 병목 현상을 빠르게 감지할 수 있고 가치 최적화에 우선 집중할 수 있기 때문이다. 종속성 측면에서 최적화를 위한 잠재적인 여지가 있다는 사실을 미리 알고 있으면, 관련 문제를 해결하기 위해 괜한 일을 더 할 필요가 없다. 대신 업스트림을 직접 수정해서 양쪽 모두에게 도움을 주면 된다.

2.1.7 일관성 있는 개발 도구들

먼저 Go는 CLI 도구로서 go라고 불리는 강력하고 일관적인 개발 도구들을 가지고 있다. 다음은 해당 도구의 기능을 나열한 목록이다.

- go bug는 공식적인 버그 리포트를 제출할 수 있는 올바른 위치가 있는 새 브라우저 탭을 열어준다.(Github의 Go 리포지토리)
- go build -o <output path> <packages>는 Go 패키지를 빌드한다.
- go env는 현재 터미널 세션에 설정된 모든 Go 관련 환경 변수를 보여준다.
- go fmt <file, packages or directories>는 원하는 스타일에 지정된 아티팩트 형식, 공백 정리, 잘못된 들여쓰기 수정 등을 한다. 반드시 소스 코드가 유효하고 컴파일 가능한 Go 코드일 필요는 없다. 공식 포매터의 확장판을 설치할 수도 있다.
- goimports도 import문을 정리하고 형식을 포맷한다.

> **TIP** **Go 코드를 스크립트처럼 사용할 수도 있다!**
> 최상의 경험을 위해, goimports -w $FILE을 모든 파일에 대해서 실행되도록 프로그래밍 IDE를 설정한다면 더이상 수동으로 들여쓰기하는 것을 걱정하지 않아도 된다!

---

29 「구글의 Go: 소프트웨어 엔지니어링 서비스를 위한 언어 설계」, https://oreil.ly/wqKGT

- go get <package@version>은 원하는 버전과 디펜던시를 설치할 수 있다. @latest 접미사를 사용하면 최신 버전을 가져올 수 있다. @none을 사용하면 디펜던시를 제거할 수 있다.

- go help <command/topic>은 명령이나 주어진 주제에 관한 문서를 출력한다. 예를 들어 go help environment는 Go에서 사용할 수 있는 환경 변수에 대한 모든 정보를 알려준다.

- go install <package>는 go get과 비슷하게 주어진 패키지가 '실행 가능'한 경우 바이너리를 설치한다.

- go list는 Go 패키지 및 모듈들을 나열한다. 그리고 Go 템플릿을 사용하여 유연한 출력 형식을 허용한다. 예를 들어 go list -mod=readonly -m -f '{{ if and (not .Indirect) (not .Main)}} {{.Path}}{{end}}'는 실행 불가능한 모든 직접 종속 모듈을 나열할 수 있다.

- go mod로는 종속 모듈들을 관리할 수 있다.

- go test는 단위 테스트, 퍼즈^{fuzz} 테스트 및 벤치마크를 실행할 수 있다. 자세한 내용은 8장에서 다룬다.

- go tool은 12개 이상의 고급 CLI 도구를 호스팅한다. 특히 성능 최적화를 위한 pprof Format은 9장에서 자세히 살펴볼 것이다.

- go vet은 기본 정적 분석 검사를 실행한다.

대부분의 경우 Go CLI만 있으면 효과적인 Go 프로그래밍이 가능하다.[30]

2.1.8 에러를 다루는 방법

실행 중인 소프트웨어에서 에러를 완전히 없애는 것은 불가능하다. 이 때문에 분산 시스템에서는 설계 시점에서부터 다양한 타입의 에러를 처리하기 위한 고급 리서치와 알고리즘을 고려한다.[31] 에러가 일어날 수밖에 없음을 알지만, 대부분의 프로그래밍 언어는 특정 에러 처리 방법을 권장하거나 시행하지 않는다. 예를 들어 C++의 경우 개발자가 함수에서 에러를 반환하기 위해서는 다음과 같은 가능한 모든 수단을 고려해야 한다.

- 예외
- 정수 반환 코드(반환된 값이 0이 아닌 경우, 에러를 의미)

---

30 Go가 매일 개선되고 있기는 하지만, 때로는 개발 환경을 더욱 개선하기 위해서 goimports(*https://oreil.ly/pS9MI*) 또는 bingo(*https://oreil.ly/mkj02*) 같은 고급 도구들을 추가할 수 있다. 일부 영역에서 Go는 독단적일 수 없으며 안전성 보장에 의해 제한된다.

31 CAP 정리(CAP Theorem, *https://oreil.ly/HyBdB*)는 에러를 다루는 훌륭한 예시를 언급한다. 일관성, 가용성 및 분할 (partition)의 세 가지 시스템 특성 중 두 가지만 선택할 수 있다고 명시되어 있다. 시스템을 배포하는 즉시 네트워크 분할(통신 장애)을 처리해야 한다. 에러 처리 메커니즘으로 시스템을 기다리거나(가용성 손실), 부분 데이터에서 작동하도록(일관성 손실) 설계할 수 있다.

- 암시적 상태 코드[32]

- 기타 센티넬 값(반환된 값이 null이면 에러)

- 인수로 잠재적 에러 반환

- 사용자 지정 에러 클래스

- 모나드[33]

각 옵션에는 장단점이 있지만 에러를 처리하는 방법이 너무 많으면 그것대로 심각한 문제가 발생할 수 있다. 어떤 명령문들은 에러를 반환할 수 있지만 이로 인해 복잡성이 생기면서, 결과적으로 소프트웨어 신뢰성 문제가 생긴다.

물론 많은 옵션이 있는 것은 좋다. 개발자에게 여러 선택권을 주기 때문이다. 예를 들어 제작 중인 소프트웨어가 그렇게 중요하지 않거나 첫 번째 반복일 수 있으므로 '해피 패스happy path'를 명확히 보여주고 싶을 수도 있다. 하지만 그렇다고 일부 '배드 패스bad paths'를 가리는 것이 과연 단기적으로 좋은 아이디어일까? 그렇지 않다. 여기에도 문제 해결을 다른 많은 지름길처럼 여러 위험이 도사리고 있다. 소프트웨어 복잡성과 기능에 대한 요구로 인해 코드는 '첫 번째 반복'에서 절대 벗어나지 못하게 되며, 중요한 것이 중요하지 않은 코드에 종속성을 갖게 된다. 이는 불안정하거나, 디버그하기 어려운 소프트웨어가 생기는 가장 중요한 원인 중 하나다.

반면 Go는 에러를 일급 객체first-citizen로 처리하는 고유한 특징을 가진다. 따라서 Go는 개발자들이 신뢰할 수 있는 소프트웨어를 만들어 에러 처리를 쉽고, 명확하게 또 라이브러리와 인터페이스 전체에서 일정하게 만들고 싶어 한다고 가정한다. [예제 2-4]에서 몇 가지 예를 살펴보자.

---

32 bash는 에러 처리를 위한 많은 방법(*https://oreil.ly/Tij9n*)을 가지고 있지만 암시적인(implicit) 방법이 가장 일반적이다. 개발자는 선택적으로 특정 라인 이전에 마지막 명령의 종료 코드를 가지고 있는 값을 출력하거나 ${?}로 체크할 수 있다. 종료 코드 0은 명령이 문제 없이 실행되었음을 의미한다.

33 원칙적으로 모나드(monad)는 어떤 값을 선택적으로 보유하는 객체다. 예를 들어 Option<Type> 객체는 Get() 및 IsEmpty() 메서드를 가지고 있다. 또한 '에러 모나드'는 값이 설정되지 않은 경우 에러를 보유하는 Option 객체다(때로는 Result<Type>이라고도 한다).

```
func noErrCanHappen() int {                                        ❶
    // ...
    return 204
}

func doOrErr() error {                                             ❷
    // ...
    if shouldFail() {
        return errors.New("ups, XYZ failed")
    }
    return nil
}

func intOrErr() (int, error) {                                    ❸
    // ...
    if shouldFail() {
        return 0, errors.New("ups, XYZ2 failed")
    }
    return noErrCanHappen(), nil
}
```

❶ 여기서 중요한 점은 함수와 메서드가 시그니처의 일부로 에러 흐름을 정의한다는 것이다. 이 예제에 서 noErrCanHappen 함수는 호출 중에 에러가 발생할 수 있는 방법이 없다고 명시한다.

❷ doOrErr 함수 시그니처를 보면 몇 가지 에러가 발생할 수 있음을 알 수 있다. 아직 어떤 종류의 에러 인지 모른다. 내장 error 인터페이스를 구현하고 있다는 것만 알 수 있다. 에러가 nil이면 에러가 없 다는 것도 알 수 있다.

❸ Go 함수가 여러 인수를 반환할 수 있다는 사실은 '해피 패스'에서 일부 결과를 계산할 때 활용된다. 에러가 발생할 수 있는 경우, 이는 항상 마지막 반환 인수여야 한다. 호출자 쪽에서는 에러가 nil인 경 우에만 결과를 건드려야 한다.

Go에는 내장 함수인 recover()를 사용하여 복구할 수 있는 panics라는 메커니즘이 있다는 점에 서 주목할 가치가 있다. 초기화와 같은 특정한 경우에 유용하거나 필요하지만, 실제 프로덕 션 코드에서 일반적인 에러 처리를 위해 panics를 사용해서는 안 된다. panics를 사용하면 효 율이 떨어지고, 에러를 찾기 힘들게 하는 등 전반적으로 개발자들을 당혹스럽게 할 수 있다. 호 출의 일부로 에러가 있으면 컴파일러와 개발자가 일반 실행 경로의 에러 사례에 대비할 수 있다. [예제 2-5]는 함수 실행 경로에서 발생하는 에러 처리 방법을 보여준다.

예제 2-5 에러 확인 및 처리

```
import "github.com/efficientgo/core/errors"                        ❶

func main() {
   ret := noErrCanHappen()
   if err := nestedDoOrErr(); err != nil {                         ❷
      // handle error
   }
   ret2, err := intOrErr()
   if err != nil {
      // handle error
   }
   // ...
}

func nestedDoOrErr() error {
   // ...
   if err := doOrErr(); err != nil {
      return errors.Wrap(err, "do")                                ❸
   }
   return nil
}
```

❶ 내장 errors 패키지를 가져오지 않는 대신 오픈 소스 *github.com/efficientgo/core/errors* 의 코어 모듈에서 가져왔다. 이때 errors 패키지와 아카이브된 *github.com/pkg/errors*를 대신 해 해당 방법을 사용하기를 추천한다. 이렇게 하면 에러를 감싸는 등 3단계에서 볼 수 있는 좀 더 고급 로직을 활용할 수 있다.

❷ 에러가 발생했는지 확인하려면 err 변수가 nil인지 확인해야 한다. 그런 다음 에러가 발생하면 에러 처리를 할 수 있다. 에러를 처리하는 일반적인 방법에는 로깅, 프로그램 종료, 메트릭 증가 또는 명시적 무시explicitly ignore가 포함된다.

❸ 경우에 따라 호출자에 에러 처리를 위임하는 것이 적절하다. 예를 들어 함수가 많은 에러로 인해 실패할 수 있는 경우, errors.Wrap으로 잘못된 내용에 대한 짧은 컨텍스트를 추가하여 감싸는 방법을 고려해야 한다. 예를 들어 *github.com/efficientgo/core/errors*의 경우, 컨텍스트나 나중에 %+v로 사용될 스택 트레이스가 있다.

Go의 가장 좋은 기능 중 하나는 에러를 정의하고 처리하는 방법이 유일하다는 것이다. 하지만 흥미롭게도 이 특정 보일러플레이트^{boilerplate}[34]로 인해 코드가 장황해진다는 점은 Go 언어의 단점 중 하나이기도 하다. 때로는 이 기능을 활용하는 것이 반복적으로 느껴질 수 있지만 도구를 사용하면 보일러플레이트를 어느 정도 줄일 수 있다.

Go 언어 코딩 시, 개발자들이 느끼는 또 다른 불만은 발생할 가능성이 거의 없는 오류가 눈에 잘 띄는 탓에 코딩 작업을 매우 '비관적'으로 느끼게 된다는 점이다. 개발자는 정신적인 에너지와 시간을 들여 모든 단계에서 무엇을 할지 결정해야 한다. 그러나 필자의 경험상 이는 충분히 작업할 가치가 있으며 프로그램을 훨씬 더 예측할 수 있고 디버깅하기 쉽게 만들어준다.

---

34 옮긴이 주_상용구 코드를 말한다.

일반적인 Go 코드 런타임 효율성과 관련해 에러 처리가 의미가 있을까? 불행히도 개발자가 생각하는 것보다 훨씬 중요하고 의미 있다. 필자의 경험상, 에러 경로는 종종 해피 패스보다 훨씬 더 느리고 실행 비용도 더 많이 든다. 그 이유 중 하나는 모니터링 또는 벤치마킹 단계(3.6절)에서 에러 흐름을 무시하지 않는 경향이 있기 때문이다. 또 다른 일반적인 이유는 에러 구성에 사람이 읽을 수 있는 메시지를 생성하기 위한 과도한 문자열 조작이 포함되는 경우가 많기 때문이다.

이렇게 되면 비용이 많이 들 수 있는데, 특히 책의 뒷부분에서 다룰 긴 디버깅 태그의 경우 더 더욱 그렇다. 이러한 의미를 이해하고, 일관되고 효율적인 에러 처리를 보장하는 것은 모든 소프트웨어에서 필수적이며 앞으로 관련 내용을 차근차근 살펴볼 것이다.

2.1.9 강력한 생태계

Go의 장점 중 하나로 자주 언급되는 것은 Go가 생긴 지 얼마 되지 않은 언어임에도 매우 성숙한 생태계를 구축하고 있다는 점이다. 이 절에서 안내할 내용은 견고한 프로그래밍 방언^{dialects}에 필수는 아니지만 전체 개발 경험을 향상시킬 수 있다. 이는 Go 커뮤니티가 거대해지고 여전히 성장하고 있는 이유이기도 하다.

우선, Go를 사용하면 개발자가 YAML 디코딩 또는 암호화 해싱 알고리즘과 같은 기본 기능을 위해 타사 라이브러리를 다시 구현하거나 가져올 필요 없이 비즈니스 로직에 집중할 수 있다. 고품질의 강력한 Go 표준 라이브러리는 이전 버전들과 잘 호환되고, 기능도 풍부하다. 또한 벤치마킹이 잘 되어 있고, 견고한 API와 좋은 문서를 가지고 있다. 결과적으로 외부 패키지를 가져오지 않고도 대부분의 작업을 수행할 수 있다. 다음 [예제 2-6]에서 볼 수 있듯이 HTTP 서버를 아주 간단하게 실행할 수 있다.

예제 2-6 **HTTP 요청을 처리하기 위한 최소한의 코드**[35]

```
package main

import "net/http"
```

---

35 이러한 코드는 실제로 권장되지 않지만, 이 코드에서 개선이 필요한 부분은, 전역 변수 사용을 피하고 모든 에러를 확인하는 것뿐이다.

```
func handle(w http.ResponseWriter, _ *http.Request) {
    w.Write([]byte("It kind of works!"))
}

func main() {
    http.ListenAndServe(":8080", http.HandlerFunc(handle))
}
```

대부분의 경우 표준 라이브러리의 효율성은 서드파티 대안들만큼 좋거나 그보다 더 나을 때도 있다. 예를 들어 특히 HTTP 클라이언트 및 서버 코드를 위한 net/http 그리고 crypto, math, sort 같이 저수준의 패키지 요소들은 충분한 사용 사례를 제공할 수 있을 만큼 상당히 최적화된 상태다. 이를 통해 개발자는 sorting 성능과 같은 기본 사항들을 걱정하지 않고 더 복잡한 코드를 작성할 수 있다. 물론 항상 그렇지만은 않다. 일부 라이브러리는 특정 용도로만 사용되며, 이를 잘못 사용하면 상당한 리소스를 낭비할 수 있다. 해당 내용은 11장에서 더 자세히 살펴볼 것이다.

공식 브라우저 Go Playground[36]라 불리는 Go 편집기는 Go의 성숙한 생태계를 보여주는 또 하나의 예시다. Go Playground는 무언가를 빠르게 테스트하거나 대화형 코드 예제를 공유할 때 아주 유용한 도구이기 때문이다. 또한 간단하게 확장할 수 있어 커뮤니티는 종종 제네릭 [37](현재 기본 언어의 일부이며 2.2.5절에서 설명한다)과 같은 실험적인 언어 기능을 시도하고 공유하기 위해 Go Playground를 사용한다.

마지막으로 Go 프로젝트는 Go 템플릿[38]이라는 템플릿 언어를 정의한다. 이는 파이썬의 Jinja2[39] 언어와도 유사하다. Go의 부가 기능인 것처럼 보이지만 동적 텍스트 또는 HTML 생성에 유용하다. Helm[40] 또는 Hugo[41]와 같은 인기 있는 도구에서도 자주 사용된다.

---

36 「Go 문서,The Go Playground」, *https://oreil.ly/90s3y*
37 「Go 문서,The Gotip Playground」, *https://oreil.ly/f0qpm*
38 「Go 문서, template」, *https://oreil.ly/FdEZ8*
39 「Golang html/템플릿 vs. 파이썬 Jinja2」, *https://oreil.ly/U6Em1*
40 *https://helm.sh*
41 *https://gohugo.io*

2.1.10 사용하지 않는 import 또는 변수로 인한 빌드 에러 발생

Go에서 변수를 정의했지만 변수에서 값을 읽지 않거나 다른 함수에 전달하지 않으면 컴파일에 실패한다. 마찬가지로 import 명령문에 패키지를 추가했지만 파일에서 해당 패키지를 사용하지 않아도 컴파일에 실패한다.

이제는 Go 개발자들이 이 기능에 익숙해졌고 잘 활용한다는 사실을 알고 있지만, 초심자들에게는 꽤 당황스러울 것이다. 예를 들어 디버깅 목적으로 사용하지 않고 일부 변수를 생성하는 것과 같이 언어를 빠르게 사용하려는 경우, 사용하지 않는 구성에서 실패하는 경험이 익숙지는 않을 것이다.

하지만 다행히 이를 명시적으로 처리하는 방법이 있다. 다음 [예제 2-7]에서 이러한 사용법 체크^{usage check}에 관한 몇 가지 예를 볼 수 있다.

예제 2-7 미사용 및 사용 변수의 다양한 예

```
package main

func use(_ int) {}

func main() {
    var a int // error: a declared but not used     ❶

    b := 1 // error: b declared but not used         ❶

    var c int
    d := c // error: d declared but not used         ❶

    e := 1
    use(e)                                           ❷

    f := 1
    _ = f                                            ❸
}
```

❶ 변수 a, b, d를 사용하지 않으므로 컴파일 에러가 발생한다.

❷ 변수 e가 사용된다.

❸ 변수 f는 기술적으로 명시적인 식별자 없음(_)에 사용된다. 이러한 접근 방식은 독자(및 컴파일러) 에게 값을 무시하고 싶다고 분명히 알리는 경우에 유용하다.

마찬가지로 사용하지 않는 가져오기는 컴파일 프로세스에서 실패하므로, goimports와 같은 도 구는 (2.1.7절에서 언급한 대로) 사용하지 않는 항목을 자동으로 제거한다. 사용하지 않는 변 수 및 가져오기에 실패하면 코드가 명확하고 적절하게 유지된다. 내부 함수 변수만 체크되는 것을 주의하자. 사용하지 않는 struct 필드, 메서드, 타입은 체크되지 않는다.

2.1.11 단위 테스트 및 테이블 테스트

테스트는 작든 크든 모든 애플리케이션 개발자의 필수 과정이다. Go에서도 테스트는 단순성 과 가독성에 중점을 둔 개발 프로세스의 자연스러운 일부분이다. 효율적인 코드에 대해 이야 기하려면 회귀regression에 대한 걱정 없이 프로그램을 반복할 수 있도록 견고한 테스트가 있어야 한다. _test.go 접미사가 있는 파일을 추가하여 패키지 내의 코드에 단위 테스트를 도입하자. 그러면 프로덕션 코드에서 연결할 수 없는 해당 파일 내에 모든 Go 코드를 작성할 수 있다. 그 러나 다른 테스트 부분에 대해 호출될 네 가지 타입의 함수를 추가할 수도 있다. 특정한 시그니 처는 이러한 타입, 특히 함수 이름 접두사 Test, Fuzz, Example, Benchmark와 특정 인자를 구별 한다.

이제 [예제 2-8]의 단위 테스트 타입들을 살펴보자. 해당 예제는 테이블 테스트table test로 만들 어진 흥미로운 예제다. 예제와 벤치마크는 2.2.1절과 7.4.3절에 설명돼 있다.

예제 2-8 **단위 테이블 테스트 예제**

```go
package max

import (
    "math"
    "testing"

    "github.com/efficientgo/core/testutil"
)

func TestMax(t *testing.T) {                              ❶
    for _, tcase := range []struct {                      ❷
```

```
        a, b    int
        expected int
    }{
        {a: 0, b: 0, expected: 0},
        {a: -1, b: 0, expected: 0},
        {a: 1, b: 0, expected: 1},
        {a: 0, b: -1, expected: 0},
        {a: 0, b: 1, expected: 1},
        {a: math.MinInt64, b: math.MaxInt64, expected: math.MaxInt64},
    } {
        t.Run("", func(t *testing.T) {                              ❸
            testutil.Equals(t, tcase.expected, max(tcase.a, tcase.b))  ❹
        })
    }
}
```

❶ _test.go 파일 내의 함수 이름이 Test라는 단어로 지정되고 정확히 t *testing.T를 사용한다면 단위 테스트라고 볼 수 있다. go test 명령을 통해 실행하면 된다.

❷ 일반적으로 다양한 입력과 예상 출력을 정의하는 여러 테스트 케이스(종종 엣지 케이스)를 사용해서 특정 기능을 테스트하려고 한다. 여기에서 테이블 테스트를 사용하면 좋다. 먼저 입력과 출력을 정의한 다음 읽기 쉬운 루프에서 동일한 함수를 실행하는 것이다.

❸ 선택적으로 t.Run을 호출하여 하위 테스트를 지정할 수도 있다. 테이블 테스트와 같은 동적 테스트 사례에서 정의하는 것이 좋다. 그러면 실패한 케이스로 빠르게 이동할 수 있다.

❹ testing.T 타입은 단위 테스트를 중단하고 실패하거나(Fail 또는 Fatal) 실행을 계속하고 다른 잠재적 에러(Error)를 확인하는 등의 유용한 방법을 제공한다. 이 예제에서는 오픈 소스 코어 라이브러리[42]에서 가져온 testutil.Equals라고 불리는 간단한 헬퍼를 사용하여, 차이점을 잘 보여준다.[43]

테스트를 자주 작성하자. 중요한 부분에 대한 단위 테스트를 미리 작성하면 원하는 기능을 훨씬 빠르게 구현하는 데 도움이 된다. 이를 위해 3.6절에서 다루는 합리적인 형태의 테스트 주도 개발TDD, Test-Driven Development을 따르는 것이 좋다.

---

42 「깃허브, efficientgo/core」, *https://oreil.ly/yAit9*

43 해당 단언(assertion) 패턴은 널리 사용되는 testify 패키지(*https://oreil.ly/I47fD*)뿐만 아니라 많은 서드파티 라이브러리에서도 일반적이다. 하지만 필자는 같은 작업을 하는 방법이 너무 다양해지기 때문에 testify 패키지를 좋아하지 않는다.

더불어 언급한 내용들은 고급 기능을 활용하기 전, 언어의 목표와 강점 그리고 기능을 개괄적으로 습득할 수 있어 유용하다.

2.2 고급 언어 요소

이제 Go의 고급 기능에 대해 논의해보자. 2.1절에서 Go에 대해 알아야 할 기본사항을 언급했듯이 효율성 향상을 논의하기 전에 핵심 언어 기능을 살펴보는 것이 중요하다.

2.2.1 일급 객체인 코드 문서화

모든 프로젝트는 특정 시점에서 잘 만들어진 API 문서가 필요하다. 라이브러리 타입의 프로젝트는 프로그래밍 방식 API가 주요 진입점이다. 설명이 잘 되어 있는 강력한 인터페이스를 통해 개발자는 복잡성을 숨길 수 있고, 적절한 가치를 제공하며, 예측 불가능한 점을 줄일 수 있다. 코드 인터페이스 개요는 누구나 코드베이스를 빠르게 이해할 수 있게 만들어준다는 점에서 애플리케이션에도 필수적이다. 다른 프로젝트에서 애플리케이션의 Go 패키지를 재사용하는 경우도 흔히 있다.

잠재적으로 파편화되고 호환되지 않는 솔루션이 생성되지 않도록, Go 프로젝트에서는 커뮤니티에 의존하는 대신 godoc[44]이라는 툴을 개발했다. godoc 툴은 파이썬의 Docsstring[45], 자바의 Javadoc[46]과 유사하게 작동한다. godoc 코드와 주석에서 곧바로, 일관된 HTML 도큐먼트 웹사이트를 생성할 수 있다.

놀라운 부분은 소스 코드에서 코드 주석을 읽기 어렵게 만드는 특별한 규칙이 많지 않다는 것이다. 이 도구를 효과적으로 사용하려면 다섯 가지를 기억해야 한다. [예제 2-9]와 [예제 2-10]을 통해 살펴보자. godoc을 호출한 결과 출력된 HTML 페이지[47]는 [그림 2-1]에서 볼 수 있다.

---

44 「Go 문서, Go 코드 문서화」, *https://oreil.ly/TQXxv*
45 「파이썬 문서, PEP 257 - Docsstring Conventions」, *https://oreil.ly/UdkzS*
46 「오라클 문서, Javadoc Tool」, *https://oreil.ly/wlWGT*
47 「Go 문서, godoc」, *https://oreil.ly/EYJlx*

```
// Package block contains common functionality for interacting with TSDB blocks
// in the context of Thanos.
package block                                                                    ❶

import ...

const (
    // MetaFilename is the known JSON filename for meta information.            ❷
    MetaFilename = "meta.json"
)

// Download the downloads directory...                                          ❷
// BUG(bwplotka): No known bugs, but if there was one, it would be outlined here. ❸
func Download(ctx context.Context, id ulid.ULID, dst string) error {
// ...

// cleanUp cleans the partially uploaded files.                                 ❹
func cleanUp(ctx context.Context, id ulid.ULID) error {
// ...
```

❶ **규칙 1**: 선택적 패키지 수준의 설명은 중간에 빈 줄 없이 항목 맨 위에 배치하고 Package <name> 접두사로 시작해야 한다. 소스 파일에 이러한 항목들이 있으면 godoc에서 모두 수집한다. 파일이 많은 경우, 패키지 수준 문서와 패키지문만 있고 다른 코드는 없는 doc.go 파일을 작성하는 것이 관례다.

❷ **규칙 2**: 모든 공용 구문은 구문의 이름으로 시작해서, 정의 바로 앞에 완전한 문장의 해설이 있어야 한다.

❸ **규칙 3**: 알려진 버그는 // BUG(who) 구문으로 표시한다.

❹ 비공개 생성자는 주석을 가질 수 있지만 비공개이기 때문에 문서에는 노출이 되지 않는다. 일관성을 유지하고 가독성을 위해서는 생성자의 이름으로 시작하는 것이 좋다.

예제 2-10 godoc과 호환되는 문서가 포함된 block_test.go 파일의 예제 스니펫

```
package block_test

import ...

func ExampleDownload() {                                                        ❶
```

```
    // ...

    // Output: ...
}
```

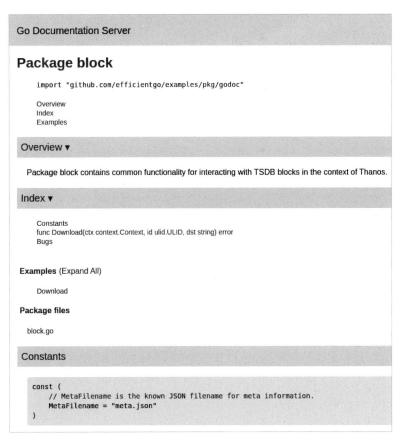

❶ **규칙 4**: 예를 들어 `block_test.go`와 같은 테스트 파일에 `Example<ConstructName>`이라는 함수를 작성하면, godoc은 원하는 예제가 포함된 대화형 코드 블록을 생성한다. 패키지 이름에는 _test 접미사가 있어야 한다. private fields에 액세스하지 않고 패키지를 테스트하는 로컬 테스트 패키지라는 의미를 보여준다. 예제는 단위 테스트의 일부이므로 자동으로 실행되고 컴파일된다.

❷ **규칙 5**: 예제에 `// Output:`으로 시작하는 마지막 주석이 있으면 문자열이 표준 출력으로 단언[assert]되어 예제를 안정적으로 유지할 수 있다.

Go Documentation Server

Package block

```
import "github.com/efficientgo/examples/pkg/godoc"
```

Overview
Index
Examples

Overview ▼

Package block contains common functionality for interacting with TSDB blocks in the context of Thanos.

Index ▼

Constants
func Download(ctx context.Context, id ulid.ULID, dst string) error
Bugs

Examples (Expand All)

Download

Package files

block.go

Constants

```
const (
    // MetaFilename is the known JSON filename for meta information.
    MetaFilename = "meta.json"
)
```

그림 2-1 [예제 2-9]와 [예제 2-10]의 godoc 자동 생성 결과물

앞서 언급한 간단한 다섯 가지 규칙을 지키는 편이 좋다. godoc을 직접 실행시켜서 문서 웹 페이지를 생성할 수 있을 뿐만 아니라, 이러한 규칙들을 통해 Go 코드 주석을 체계적이고 일관되게 만들 수 있다는 추가적인 이점이 있다. 즉, 누구든지 코드를 읽거나 찾기 쉽게 만드는 것이다.

> **TIP** godoc에 표시되지 않더라도 모든 주석에 완전한 영어 문장을 쓰기를 권한다. 그러면 코드 주석을 명확하게 유지할 수 있다. 결국 주석은 사람이 읽는 것이기 때문이다.

또한 Go 팀은 요청된 모든 공개 리포지토리를 무료로 스크랩하는 공개 문서 웹사이트[48]를 유지 관리한다. 따라서 공개 리포지토리가 godoc과 호환되는 경우에 올바르게 렌더링되면 사용자는 모든 모듈 또는 패키지 버전에 대해 자동 생성된 문서를 읽을 수 있다.

2.2.2 하위 호환성 및 이식성

Go는 이전 버전과의 호환성을 보장한다. 이 말은 코어 API, 라이브러리 및 언어 사양들이 Go 1.0[49]에서 생성된 이전 코드들을 망치지 않는다는 의미다. 그리고 실제로 이전 버전과 잘 호환돼서 Go를 최신 마이너 또는 패치 버전으로 업그레이드하는 데 어려움이 없다. 즉 대부분의 경우 업그레이드가 순조롭게 진행되며 심각한 버그나 문제가 생기지 않는다.

다만 효율성 호환과 관련해서는 어떠한 보장도 할 수 없다. 현재 버전에서 두 개의 메모리 할당을 수행하는 함수가 다음 버전의 Go 프로젝트 및 모든 라이브러리에서 메모리 수백 개를 사용하지 않는다는 보장은 (보통) 없다. 다시 말해 버전이 바뀔 때 효율성과 속도 측면에서 일관성이 없을 수 있다. 그래서 커뮤니티는 컴파일 및 언어 런타임을 개선하기 위해 노력하고 있다 (4.5.2절 참고). 하드웨어와 운영체제도 개발되고 있기 때문에 Go 팀은 이 부분이 보다 효율적으로 실행될 수 있도록 다양한 최적화와 기능을 실험하고 있다. 물론 여기서는 주요 성능 저하에 대해 언급하지는 않을 것이다. 일반적으로 릴리스 후보 기간에서 확인 및 수정되기 때문이다. 그러나 의도적으로 소프트웨어를 더 빠르고 효율적으로 만들기를 원한다면, Go가 도입

---

48 *https://pkg.go.dev/*
49 「Go 문서, Go 1.0과 Go 프로그램의 미래」, *https://oreil.ly/YOKfu*

하는 변경 사항을 더 주의 깊게 살펴봐야 한다.

소스 코드는 각 플랫폼을 대상으로 하는 바이너리 코드로 컴파일된다. 그러나 Go 도구는 플랫폼 간 컴파일을 제공하므로 거의 모든 아키텍처 및 운영체제에 대한 바이너리를 빌드할 수 있다.

> **TIP** 다른 운영체제 또는 아키텍처용으로 컴파일된 Go 바이너리를 실행하면 알 수 없는 에러cryptic error 메시지를 보게 된다. 예를 들어 리눅스에서 다윈Darwin, 즉 macOS용 바이너리를 실행하려고 할 때 Exec format 에러를 볼 수 있다. 이 메시지가 표시되면 올바른 아키텍처 및 운영체제로 소스 코드를 다시 컴파일해야 한다.

또한 이식성portability에 관해서는 먼저 Go 런타임과 그 특성을 반드시 언급하고 넘어가야 한다.

2.2.3 Go 런타임

많은 언어가 가상 머신을 사용하여 서로 다른 하드웨어 및 운영체제 간의 이식성을 해결하고 있다. 일반적인 예로는 자바 바이트코드 호환 언어(⑩ 자바 또는 스칼라)용 JVMJava Virtual Machine[50]과 닷넷.NET 코드(⑩ C#)용 CLRCommon Language Runtime[51]이 있다. 이러한 가상 머신을 사용하면 복잡한 메모리 관련 로직(할당 및 해제), 하드웨어와 운영체제 간의 차이 등에 대한 걱정 없이 언어를 구동할 수 있다. JVM 또는 CLR은 중간 바이트 코드를 해석하고 프로그램 명령을 호스트로 전송한다. 프로그래밍 언어를 더 쉽게 만들 수 있게 해주지만, 불행하게도 약간의 오버헤드와 많은 알려지지 않은 부분들unknowns이 생기게 된다.[52] 가상 머신은 오버헤드를 완화하기 위해 JITJust-In-Time 컴파일[53]과 같은 복잡한 최적화를 사용하여 특정 가상 머신 바이트코드 청크chunk를 기계어로 처리한다.

반면 Go에는 '가상 머신'이 필요하지 않다. Go 코드와 사용된 라이브러리는 컴파일 시간 동안

---

50 「위키피디아, JVM」, *https://oreil.ly/fhOmL*

51 「마이크로소프트 문서, CLR 개요」, *https://oreil.ly/StGbU*

52 예를 들어 자바의 프로그램은 자바 바이트코드로 컴파일되기 때문에 코드가 실제 기계가 이해할 수 있는 코드로 변환되기 전에 많은 일들이 발생한다. 이 프로세스는 사람이 이해하기에 너무 복잡해서 JVM을 자동 조정(auto-tune)하기 위해 AI/ML 도구(*https://oreil.ly/baNvh*)가 만들어졌다.

53 「위키피디아, JIT 컴파일」, *https://oreil.ly/XXARz*

기계어로 완전히 컴파일된다. 다시 말해 대규모 운영체제 및 하드웨어의 표준 라이브러리 지원 덕분에 특정 아키텍처에 대해 컴파일된 경우 코드가 문제 없이 실행된다.

그런데 프로그램이 시작될 때 백그라운드에서 무언가가 (동시에) 실행되는데, 이는 Go의 사소한 기능 중 메모리 및 동시성 관리를 담당하는 Go 런타임[54] 로직 때문이다.

2.2.4 객체 지향 프로그래밍

지난 수십 년 동안 객체 지향 프로그래밍Object-Oriented Programming이 굉장한 지지를 받았다는 사실은 의심할 여지가 없다. 앨런 케이Alan Kay가 1967년경 발명한 객체 지향 프로그래밍은 여전히 프로그래밍에서 가장 인기 있는 패러다임이다.[55] 객체 지향 프로그래밍을 사용하면 캡슐화, 추상화, 다형성, 상속과 같은 고급 개념[56]을 활용할 수 있다. 원칙적으로 코드를, 속성(Go fields)과 동작(메서드)이 서로에게 무엇을 해야 하는지 알려주는 객체로 생각할 수 있다. 대부분의 객체 지향 프로그래밍 예제들은 동물이 Walk() 메서드를 갖거나 자동차가 Ride()라는 메서드를 갖는 고차원적인 추상화에 대해 이야기한다. 하지만 실제로 객체는 그렇게 추상적이지 않고 캡슐화되며 클래스에 의해 설명된다. Go에는 클래스가 없지만 이에 상응하는 struct 타입이 있다. [예제 2-11]은 Go에서 객체 지향 프로그래밍 코드를 작성하여 여러 블록 객체를 하나로 압축하는 방법을 보여준다.

예제 2-11 Block과 같이 동작할 수 있는 Group을 사용하는 Go 객체 지향 프로그래밍 예제

```
type Block struct {                              ❶
    id        uuid.UUID
    start, end time.Time
    // ...
}

func (b Block) Duration() time.Duration {        ❶
    return b.end.Sub(b.start)
```

---

54 「Go 문서, Go 런타임」, *https://oreil.ly/mywcZ*

55 2020년 설문조사(*https://oreil.ly/WrtCH*)에서 상위 10개 프로그래밍 언어 중 2개(자바, C#)는 객체 지향 프로그래밍을 요구하고, 6개는 권장하며, 2개만이 요구하지 않는다. 필자도 대부분의 경우 자료 구조나 함수들 사이에 3개의 변수보다 더 큰 컨텍스트를 유지해야 하는 알고리즘을 위한 객체 지향 프로그래밍을 선호한다.

56 「객체 지향 프로그래밍의 네 가지 원칙」, *https://oreil.ly/8hA0u*

```
}

type Group struct {
    Block                                               ❷

    children []uuid.UUID
}

func (g *Group) Merge(b Block) {                        ❸
    if g.end.IsZero() || g.end.Before(b.end) {
        g.end = b.end
    }
    if g.start.IsZero() || g.start.After(b.start) {
        g.start = b.start
    }
    g.children = append(g.children, b.id)
}

func Compact(blocks ...Block) Block {
    sort.Sort(sortable(blocks))                         ❹

    g := &Group{}
    g.id = uuid.New()
    for _, b := range blocks {
        g.Merge(b)
    }
    return g.Block                                      ❺
}
```

❶ Go에서는 C++에서와 같이 구조체와 클래스가 구분되지 않는다. Go에서는 integer, string 등의 기본 타입들 위에 struct 타입이 있으며, 이는 메서드(행동)와 필드(속성)를 가질 수 있다. 구조체를 class와 동등하게 더 복잡한 로직을 보다 직관적인 인터페이스로 캡슐화하는 데 사용할 수 있다. 예를 들어 Block의 Duration( ) 메서드는 블록에 포함된 시간 범위가 얼마나 지속되는지 알려준다.

❷ 어떤 구조체(❹ Block)를 다른 구조체(❹ Group)에 아무런 이름 없이 추가하면 해당 Block struct는 필드가 아니라 포함된 것^{embedded}으로 간주한다. 임베딩을 통해 Go 개발자는 포함된 struct 필드 및 메서드를 차용하여 상속의 가장 중요한 부분을 얻을 수 있다. 이 경우에는 Group에 Block 필드와 Duration 메서드가 있다. 이렇게 하면 프로덕션 코드베이스에서 상당한 양의 코드를 재사용할 수 있다.

❸ Go에서 정의할 수 있는 메서드에는 밸류 리시버 value receiver (예 Duration() 메서드)를 사용하거나 포인터 리시버 pointer receiver (*와 함께)라는 두 가지 타입이 있다. 여기서 리시버란 func 메서드 뒤에 추가하는 타입을 나타내는 변수다. 이번 예제에서는 Group을 가리킨다. 5.5.1절에서 이에 대해 언급하겠지만 사용 규칙은 간단하다.

- 메서드가 상태를 수정하지 않는 경우 밸류 리시버(예 func (g Group) SomeMethod())를 사용한다. 밸류 리시버의 경우 호출할 때마다 g가 Group 객체의 로컬 복사본을 생성한다. 이는 func SomeMethod(g Group)과 동일하다.

- 어떠한 메서드가 포인터 리시버의 상태를 수정하는 경우 포인터 리시버(예 func (g *Group) SomeMethod())를 사용하자. 이는 func SomeMethod(g *Group)과 동일하다. 이 예제에서 Group.Merge() 메서드는 밸류 리시버일 수 있다. 이 경우, g.children의 변경 사항을 저장하거나 g.start 및 g.end 값을 주입하지 않을 것이다. 또한 적어도 하나의 포인터가 필요한 경우, 일관성을 위해 항상 모든 포인터 리시버 메서드가 포함된 형식을 사용하길 권장한다.

❹ 여러 블록을 함께 압축하려면 알고리즘에 정렬된 블록의 리스트가 필요하다. 이때 sort.Interface 인터페이스를 가지고 있는 sort.Sort[57] 표준 라이브러리를 이용할 수 있다. []Block 슬라이스는 인터페이스를 구현하지 않으므로 [예제 2-13]에 설명된 대로 임시 sortable 타입으로 변환한다.

❺ 이는 진정한 상속을 위해 유일하게 누락된 요소다. Go는 별칭 또는 엄격한 단일 구조체 임베딩이 아닌 한 특정 타입을 다른 타입으로 캐스팅하는 것을 허용하지 않는다(예제 2-13 참고). 그 후에는 인터페이스를 일부 형식으로만 캐스팅할 수 있다. 그렇기 때문에 내장 struct, Block을 명시적으로 지정해야 한다. 결과적으로 Go는 완전한 상속을 지원하지 않는 언어로 간주된다.

그러면 [예제 2-11]은 무엇을 시사할까? 첫째로 **Group** 타입은 **Block**의 함수들을 재사용할 수 있다. 또한 올바르게 수행되는 경우 **Group**을 다른 **Block**으로도 사용할 수 있다.

TIP **여러 타입을 임베딩**

하나의 **struct**에 원하는 만큼의 고유한 구조들을 포함시킬 수 있다. 여기에는 우선순위가 없다. 임베디드된 타입에 SameMethod() 메서드를 동일하게 가지고 있는 2개의 타입이 있기 때문에, 컴파일러가 어떤 메서드를 사용할지 알 수 없는 경우, 컴파일이 실패한다. 이럴 때는 타입 이름을 사용하여 컴파일러에 무엇을 사용해야 하는지 명시적으로 알려준다.

---

57 「Go 문서, Go sort」, *https://oreil.ly/N6ZWS*

[예제 2-11]에서 언급한 것처럼 Go는 어떤 메서드들을 struct에서 일치하도록 구현해야 하는지에 대한 인터페이스 정의를 허용한다. 따라서 자바 등 언어와 달리, Go는 특정 인터페이스를 구현하는 특정 struct를 명시적으로 표시할 필요가 없다. 필요한 메서드를 구현하는 것만으로도 충분하다. [예제 2-12]에서 표준 라이브러리에 의해 노출된 정렬 인터페이스의 예제를 살펴보자.

예제 2-12 ° Go 표준 sort 라이브러리의 정렬 인터페이스

```
// A type, typically a collection, that satisfies sort.Interface can be
// sorted by the routines in this package. The methods require that the
// elements of the collection be enumerated by an integer index.
type Interface interface {
    // Len is the number of elements in the collection.
    Len() int
    // Less reports whether the element with
    // index i should sort before the element with index j.
    Less(i, j int) bool
    // Swap swaps the elements with indexes i and j.
    Swap(i, j int)
}
```

sort.Sort 함수에서 우리의 타입을 사용하려면 모든 sort.Interface 메서드를 구현해야 한다. [예제 2-13]은 sortable 타입이 어떻게 수행되는지 보여준다.

예제 2-13 ° sort.Slice를 사용하여 정렬할 수 있는 타입의 예

```
type sortable []Block                                              ❶

func (s sortable) Len() int          { return len(s) }
func (s sortable) Less(i, j int) bool { return s[i].start.Before(s[j].start) } ❷
func (s sortable) Swap(i, j int)     { s[i], s[j] = s[j], s[i] }

var _ sort.Interface = sortable{}                                  ❸
```

❶ 다른 타입(**예** Block 요소의 슬라이스)을 sortable 구조체에 유일하게 포함시킬 수 있다. 이렇게 하면 [예제 2-11]의 Compact 메서드에서 사용한 것처럼 [ ]Block과 sortable을 쉽게 (하지만 명시적으로) 캐스팅할 수 있다.

❷ time.Time.Before(...)[58] 메서드를 이용해서 start 시간에 대해 오름차순으로 정렬할 수 있다.

❸ sortable 타입 요소가 sort.Interface를 구현하고 있음을 한 줄로 단언할 수 있다. 그렇지 않으면 컴파일에 실패한다. 당신의 타입이 미래에 특정 인터페이스와 호환되도록 하고 싶을 때마다 이 문장을 사용할 것을 권한다.

요약하면 struct 메서드, 필드, 인터페이스들은 절차적 구성 가능 코드와 객체 지향 코드를 모두 작성할 수 있는 훌륭하면서도 간단한 방법이다. 결국 소프트웨어 개발에서 저수준 및 고수준의 프로그래밍 요구사항들을 모두 충족하기 때문이다. 그런데 Go는 모든 상속 측면(타입 대 타입 캐스팅)을 지원하지는 않지만, 거의 모든 객체 지향 프로그래밍 사례를 충분히 만족시킬 수 있다.

2.2.5 제네릭

Go는 버전 1.18부터 Go 커뮤니티가 가장 원하던 기능 중 하나인 **제네릭**^{Generics}을 지원[59]하기 시작했다. 매개변수 다형성^{parametric polymorphism}이라고도 불리는 제네릭[60]을 사용하면 타입에 관계없이 다양한 타입에서 재사용하려는 기능을 안전하게 구현할 수 있다.

Go 팀과 커뮤니티는 다음 두 가지 주요 문제 때문에 Go의 제네릭을 진지하게 요구해왔다.

같은 일을 하는 두 가지 방법

처음부터 Go는 인터페이스를 통해 안전한 타입의 재사용 가능한 코드를 이미 지원했다. 이는 앞서 언급된 객체 지향 프로그래밍 예제에서 볼 수 있다. [예제 2-12]에서 제시된 sort.Interface를 구현하기 위한 모든 타입에서 sort.Sort[61]를 재사용할 수 있었다. [예제 2-13]에

---

58 「Go 문서, Go time」, *https://oreil.ly/GQ2Ru*
59 「Go 문서, 튜토리얼: 제네릭 시작하기」, *https://oreil.ly/qYyuQ*
60 「위키피디아, 매개변수 다형성」, *https://oreil.ly/UIUAg*
61 「Go 문서, Go sort」, *https://oreil.ly/X2NxR*

서는 이러한 메서드들을 구현하여 커스텀한 Block을 정렬할 수 있었다. 제네릭을 추가한다는 것은 많은 경우에 작업을 수행하는 두 가지 방법[62]이 있음을 의미한다. 그러나 일부 런타임 오버헤드[63]로 인해 코드 사용자에게는 더 번거롭고 때론 더 느릴 수도 있다.

오버헤드

제네릭을 구현하면 언어에 많은 부정적인 영향을 줄 수 있다. 구현에 따라 다른 부분에도 영향을 줄 수도 있다. 예를 들어 다음과 같은 부작용이 있을 수 있다.

- C 언어처럼 (제네릭) 구현을 하지 않아 개발자의 작업 속도를 더디게 한다.
- 기본적으로 사용될 각 타입에 대한 코드를 복사하는 단형성화 monomorphization를 사용할 수 있다.[64] 이는 컴파일 시간과 바이너리 크기에 영향을 미치게 된다.
- Go 인터페이스 구현과 매우 유사한 자바에서와 같이, 박싱 boxing을 사용할 수 있다. 다만 실행 시간이나 메모리 사용량에 영향을 미치게 된다.

> 제네릭 딜레마의 핵심은 이것이다. 느린 개발자, 느린 컴파일러 및 부풀려진 바이너리 또는 느린 실행 시간을 원하는가?
>
>   - 러스 콕스, 「The Generic Dilemma」[65]

이러한 여러 의견과 논의 끝에 매우 구체적인 최종 설계[66]가 합의되었다. 처음에는 이에 대해 회의적인 반응이 컸지만, 지금은 합의된 제네릭의 사용법이 명확하고 합리적인 것으로 여겨진다. 커뮤니티가 이러한 메커니즘을 남용하지 않은 덕분이다. 제네릭은 코드 유지가 더 복잡해지기 때문에 꼭 필요한 경우에만, 아주 드물게 사용된다.

예를 들어 [예제 2-14]에서 제시된 것처럼 int, float64 또는 심지어 string과 같은 모든 기본 타입에 대한 제네릭 정렬을 작성할 수 있다.

---

62 「위키피디아, 파이썬의 선」, *https://oreil.ly/dL8uE*
63 「Go 인터페이스를 사용하며 치러야 할 대가」, *https://oreil.ly/8tSVf*
64 「위키피디아, 단형성화」, *https://oreil.ly/B062N*
65 「제네릭 딜레마」, *https://oreil.ly/WjjV4*
66 「타입 매개변수 제안서」, *https://oreil.ly/k9cCR*

```go
// import "golang.org/x/exp/constraints"                              ❶

type genericSortableBasic[T constraints.Ordered] []T                  ❶

func (s genericSortableBasic[T]) Len() int            { return len(s) }
func (s genericSortableBasic[T]) Less(i, j int) bool { return s[i] < s[j] } ❷
func (s genericSortableBasic[T]) Swap(i, j int)       { s[i], s[j] = s[j], s[i] }

func genericSortBasic[T constraints.Ordered](slice []T) {             ❸
    sort.Sort(genericSortableBasic[T](slice))
}

func Example() {
    toSort := []int{-20, 1, 10, 20}
    sort.Ints(toSort)                                                 ❹

    toSort2 := []int{-20, 1, 10, 20}
    genericSortBasic[int](toSort2)                                    ❹
    // ...
}
```

❶ 제네릭(타입 매개변수라고도 부른다) 덕분에 sort.Interface(예제 2-13 참고)의 모든 기본 타입에 대해 단일 타입을 구현할 수 있다. 타입 매개변수로 사용할 수 있는 타입을 제한하기 위해 대부분 인터페이스처럼 보이는 사용자 지정 제약조건을 제공할 수 있다. 여기서는 Integer | Float | ~string 제약 조건을 나타내는 타입을 사용하므로 비교 연산자를 지원하는 모든 타입이 사용된다. 모든 타입과 일치시키기 위해서 any와 같은, 다른 인터페이스를 넣을 수도 있다. 또한 comparable 키워드를 넣어서 T comparable의 객체를 map의 키로 사용할 수도 있다.

❷ s 슬라이스의 모든 요소는 이제 Ordered라는 제약 조건이 있는 T 타입일 것으로 예상되므로, 컴파일러에서 기능을 위해 요소들을 Less 함수를 통해 비교할 수 있다.

❸ 이제 sort.Sort 구현을 활용할 기본 타입에 대한 정렬 기능을 구현할 수 있다.

❹ sort.Ints와 같은 특정 타입에 대한 함수를 구현할 필요는 없다. 타입의 슬라이스가 정렬 가능하다면 genericSortBasic[<type>]([]<type>)과 같이 할 수 있다.

위 방법은 훌륭하지만 기본 타입에서만 작동한다. 아쉽지만 Go에서 < 같은 연산자를 (아직) 재정의할 수 없으므로, 더 복잡한 타입에 대한 제네릭 정렬을 구현하려면 해야 할 일이 남아 있

다. 예를 들어 각 타입이 func <type A> Compare(<type A>) int 메서드를 구현하도록 정렬을 설계하는 것이다.[67] 이 메서드를 [예제 2-11]의 Block에 추가하면 [예제 2-15]처럼 쉽게 정렬할 수 있다.

예제 2-15 특정 타입의 객체에 대한 제네릭 정렬 구현의 예

```go
type Comparable[T any] interface {                                          ❶
    Compare(T) int
}

type genericSortable[T Comparable[T]] []T                                   ❷

func (s genericSortable[T]) Len() int        { return len(s) }
func (s genericSortable[T]) Less(i, j int) bool { return s[i].Compare(s[j]) > 0 }❷
func (s genericSortable[T]) Swap(i, j int)    { s[i], s[j] = s[j], s[i] }

func genericSort[T Comparable[T]](slice []T) {
    sort.Sort(genericSortable[T](slice))
}

func (b Block) Compare(other Block) int {                                    ❸
    // ...
}

func Example() {
    toSort := []Block{ /* ... */ }
    sort.Sort(sortable(toSort))                                             ❹

    toSort2 := []Block{ /* ... */ }
    genericSort[Block](toSort2)                                            ❹
}
```

❶ 제약 조건을 설계해보자. 우리는 모두 동일한 타입을 허용하는 Compare 메서드를 가질 것을 기대한다. 제약 조건과 인터페이스에도 타입 매개변수가 있을 수 있으므로 이러한 요구사항을 구현할 수 있다.

❷ 다음 이러한 종류의 객체에 대한 sort.Interface 인터페이스를 구현하는 타입을 제공할 수 있다. Comparable[T]의 nested T를 보면 인터페이스 또한 제네릭임을 알 수 있다.

---

67 사용하기 편하다는 이유로, 대부분 메서드보다 함수를 선호한다(*https://oreil.ly/Et9CE*).

❸ 이제 Block 타입의 Compare를 구현할 수 있다.

❹ 덕분에 정렬하려는 모든 사용자 지정 타입에 대한 sortable 타입을 구현할 필요가 없어졌다. Compare 메서드가 있는 한 genericSort를 사용할 수 있기 때문이다.

사용자 인터페이스만으로는 번거로운 경우, 이렇게 합의된 사항이 있어서 유용하게 사용할 만하다. 그러나 제네릭 딜레마 문제가 남았다. 디자인은 모든 구현[68]을 허용하므로 결국 절충안을 선택해야 하기 때문이다. 이 책에서는 자세히 다루지 않겠지만 Go는 단형성화와 박싱의 중간에서 딕셔너리^{dictionaries}와 스텐실링^{stenciling} 알고리즘[69]을 사용한다.[70]

CAUTION 제네릭 코드가 더 빠른가?

이론적으로는 제네릭이 인터페이스보다 빠르지만, Go에서 제네릭을 특정하게 구현(시간이 지나면서 바뀔 수 있지만)할 경우, 특정 타입에 대한 특정 기능을 직접 구현하는 것보다는 느리다. 하지만 대부분의 경우, 잠재적인 차이를 무시하고 넘어가도 괜찮을 정도이기 때문에 가독성이 좋고 유지관리하기 쉬운 방법을 사용하면 된다.

경험상 효율성이 중요한 코드에서는 잠재적인 차이가 중요할 수 있지만, 이론과 실제가 항상 같은 것은 아니다. 예를 들어 때로는 일반 구현[71]이 더 빠른 반면, 어떤 경우에는 인터페이스를 사용하는 방법[72]이 더 효율적일 수 있다. 결론적으로 항상 벤치마크(8장 참고)를 수행하자.

요약하면 이러한 사실은 필자가 언어에 대한 경험을 바탕으로 다른 사람에게 Go 프로그래밍을 가르칠 때 중요하다고 생각한 것들이다. 또한 이 내용들은 책의 뒷부분에서 Go의 런타임 성능에 대해 더 깊이 파고들 때 도움이 될 것이다.

그러나 이전에 Go로 프로그래밍을 해본 적이 없다면 2.3절로 이동하기 전에 Go 둘러보기[73] 등의 자료를 살펴보기를 권한다. 스스로 Go 프로그램을 작성하고, 단위 테스트를 수행하고, 루프, 스위치, 채널 및 고루틴과 같은 동시성 메커니즘을 꼭 사용해보자. 일반적인 타입과 표준 라이브러리 추상화도 배워야 한다. 새로운 언어를 접하는 사람들은 프로그램을 빠르고 효율적

---

68 「타입 매개변수 제안서 요약 부분」, *https://oreil.ly/rZBtz*

69 「깃허브, golang/proposal」, *https://oreil.ly/poLls*

70 요약은 PlanetScale의 블로그 포스트(*https://oreil.ly/ksq00*)에 잘 설명되어 있다.

71 「Go 제네릭으로 더 빠른 정렬하기」, *https://oreil.ly/9cEIb*

72 「제네릭은 Go 코드를 더 느리게 만들 수 있다」, *https://oreil.ly/tiOhS*

73 「Go 문서, Go 둘러보기」, *https://oreil.ly/J3HE3*

으로 실행시키는 것을 고민하기 전에, 유효한 결과를 리턴하는 프로그램을 만들어 보아야 한다.

Go의 기본 및 고급 특성에 대해 배웠으므로 이제는 언어의 효율성 측면을 살펴볼 시간이다. Go로 고성능 코드를 작성하는 작업은 과연 얼마나 쉬울까?

2.3 Go는 정말 빠를까?

최근 많은 회사가 루비^{Ruby}, 파이썬, 자바로 만든 제품들을 Go 언어로 다시 작성했다.[74] 이들이 Go로 마이그레이션하거나 Go에서 새 프로젝트를 시작한 두 가지 이유는 가독성과 탁월한 성능때문이었다. 가독성은 단순성과 일관성(2.1.8절 참고)에서 비롯된다. 그런데 성능은 어떨까? Go가 파이썬, 자바, C++과 같은 다른 언어들에 비해 빠를까?

필자는 이 질문이 잘못되었다고 생각한다. 시간과 여유만 있으면 모든 언어는 기계와 운영체제가 허용하는 만큼 빨라질 수 있다. 결국 우리가 작성하는 코드는 정확한 CPU 명령을 사용하는 기계어로 컴파일되기 때문이다. 또한 대부분 언어는 최적화된 어셈블리로 작성된 다른 프로세스에 실행을 위임할 수 있다. 그러나 어떤 언어가 빠른지 결정할 때, 언어들 사이에 실행 시간과 메모리 사용량을 비교하는 원시적이고 반최적화된, 짧은 프로그램 벤치마크를 사용할 수 있을 뿐이다. 이는 효율성을 위한 프로그래밍의 복잡성 등 실질적인 측면을 효과적으로 보여주지는 못한다.[75]

또 효율적인 코드를 작성하는 것이 얼마나 어렵고 실용적인지(빠르기만 한 것이 아니라) 그리고 해당 프로세스가 가독성과 신뢰성을 얼마나 희생하는지도 살펴봐야 한다. Go는 기본적이고, 기능적인 코드를 빠르고 쉽게 작성하도록 유지하면서도 다양한 요소 사이에서 탁월한 균형을 이루고 있다.

Go로 효율적인 코드를 보다 쉽게 작성할 수 있는 이유는 밀폐된 컴파일 단계, Go 런타임

---

[74] 세일즈포스(Salesforce, *https://oreil.ly/H3WsC*), 앱스플라이어(Appsflyer, *https://oreil.ly/iazde*) 및 스트림(Stream, *https://oreil.ly/NSJLD*) 등은 마이그레이션을 공개해 두었다.

[75] 예를 들어 일부 벤치마크(*https://oreil.ly/s7qTj*)를 보면 Go가 자바보다 빠를 때도 있고 느릴 때도 있다. 그러나 CPU 로드를 살펴보면 Go 또는 자바가 언제나 빠르다는 결과가 나온다. 구현 시 메모리 액세스에 낭비되는 CPU 주기(또는 사이클)가 더 적기 때문이다. 사실상 모든 프로그래밍 언어에서 이를 달성할 수 있다. 문제는 이를 달성하는 것이 얼마나 어려웠는가이다. 일반적으로 각각의 특정 언어로 코드를 최적화하는 데 소요되는 시간, 최적화 후 해당 코드를 읽거나 확장하는 것이 얼마나 쉬운지 등은 측정하지 않는다. 이러한 지표가 있어야만 어떤 프로그래밍 언어가 더 빠른지 알 수 있을 것이다.

(2.2.3절 참고)에서 상대적으로 알려지지 않은 부분들[unknowns]이 적고, 사용하기 쉬운 동시성 프레임워크 및 디버깅, 벤치마킹 및 프로파일링 도구들이 잘 마련된 덕분이다(8장 및 9장 참고). 이러한 Go의 특성은 어느 날 갑자기 나타난 것이 아니다. 많은 사람이 모르고 있겠지만 Go는 C, 파스칼[Pascal] 및 CSP와 같은 저명한 언어들을 참고해서 개발된 언어다.

> 1960년에 미국과 유럽의 프로그래밍 언어 전문가들이 협력하여 Algol 60을 만들었다. 1970년에 Algol 트리는 C와 파스칼로 분리되었다. 40년 후, 이렇게 분리된 트리는 Go에서 다시 합쳐진다.
>
> – 로버트 그리즈머, 『The Evolution of Go』[76]

[그림 2-2]에서 볼 수 있듯이 1장에서 언급한 프로그래밍 언어들이 모두 Go의 조상이다. 토니 호어[Tony Hoare]가 만든, 뛰어난 동시성 언어인 CSP, 니클라우스 비르트가 만든 파스칼 선언과 패키지, C의 기본 구문이 모두 오늘날 Go의 모습을 만드는 데 기여했다.

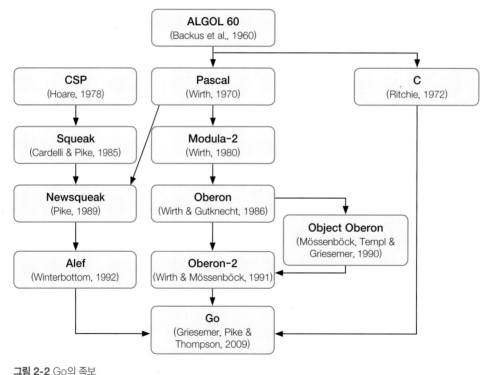

그림 2-2 Go의 족보

---

76 『Go의 진화(The Evolution of Go)』. *https://oreil.ly/a4V1e*

그러나 모든 것이 완벽할 수는 없다. 효율성 측면에서 Go에도 아킬레스건이 있다. 5장에서 보겠지만 메모리 사용량을 제어하기 어려울 수 있다(특히 신규 사용자의 경우). 프로그램의 할당은 당황스러울 수 있으며, 가비지 컬렉션garbage collections의 자동 메모리 해제 프로세스에는 약간의 오버헤드와 알아채기 어려운 특정 동작을 포함하고 있다. 특히 데이터 집약적인 애플리케이션에서 Go를 사용할 경우 메모리 또는 CPU 효율성을 보장하기 위한 노력이 필요하다. RAM 용량이 엄격하게 제한된 기기(**예** 사물 인터넷 장치)에 Go를 사용할 때도 마찬가지다.

그러나 이 과정을 자동화하는 결정은 매우 유익하다. 이를 통해 개발자는 메모리 정리를 걱정하지 않아도 되며, 메모리 정리가 더 힘들어지는 문제나 치명적인 문제(**예** 메모리를 두 번 할당 해제하는 경우 등)를 방지할 수 있다. 대체 메커니즘을 훌륭하게 사용할 수 있는 다른 언어로는 러스트Rust가 있다. 러스트는 가비지 컬렉터 자동화를 대체하는 고유한 메모리 소유권 모델을 가지고 있다. 하지만 러스트로 더 효율적인 코드를 작성할 수 있다 하더라도 Go보다 훨씬 복잡하다. 이것이 바로 많은 개발자가 Go를 선호하는 이유다. 그리고 바로 이 지점에서 사용 편의성을 절충하기 위한 Go 팀의 철학이 반영되어 있음을 알 수 있다.

그리고 다행히 Go를 사용할 때 가비지 컬렉터 수집 메커니즘의 부정적인 성능 결과를 완화하면서도, 소프트웨어를 간결하고 효율적으로 개발하는 방법이 있다. 3장에서 살펴보자.

2.4 마치며

Go는 놀라울 정도로 우아하고 일관된 언어다. 보다 효과적이고 안정적으로 프로그래밍할 수 있는, 세련되고 혁신적인 기능들도 함께 제공한다. 또한 Go 코드는 설계상 읽기 쉽게 유지 관리를 할 수 있다.

이 책의 뒷부분에서 논의할 효율성 향상에 있어 2장은 중요한 토대가 된다. 최적화는 다른 기능과 마찬가지로 복잡성을 더하게 되므로, 이미 복잡한 코드를 더 복잡하게 만드는 것보다는 간단한 코드를 수정하는 작업이 훨씬 쉽기 때문이다. 따라서 단순성, 안전성 및 가독성은 효율적인 코드에도 가장 중요하다. 효율성을 먼저 생각하지 않더라도, 이를 달성하는 방법을 알고 있는지 확인해보자!

다음 나열한 자료는 하위 절에서 언급만 하고 지나갔던 요소에 관해 더 자세히 설명한다. 최적화를 시작하기 전에 Go에 관해 더 많이 알고 싶다면 다음 자료들을 보고 연습해보자.

- 「Effective Go」[77]
- 「How to Write Go Code」[78]
- 「A Tour of Go」[79]
- 『Practical Go Lessons』(막시밀리안 안딜Maximilien Andile)[80]
- CNCF mentoring initiatives[81]

Go 성능 최적화, 벤치마킹 및 효율성 사례의 진정한 힘은 일상적인 프로그래밍에서 실제로 사용될 때 나타난다. 따라서 실용화를 위해서 신뢰성 또는 추상화와 같은 다른 좋은 기술과 효율성을 결합할 수 있기를 바란다. 때로는 중요한 경로에 대한 전용 로직을 철저히 구축해야 하지만(10장 참고), 기본적으로 간단한 규칙과 언어 기능을 이해하는 것으로부터 충분한 효율성을 얻을 수 있다. 그래서 이번 장에서는 Go 언어와 그 기능에 대해 더 나은 개요를 제공하는 데 중점을 두었다. 이제 이 지식을 바탕으로 3장으로 이동하여 프로그램 실행의 효율성과 전반적인 성능을 개선하는 여정을 시작하는 방법을 알아보자.

---

77 「Go 문서, Effective Go」, *https://oreil.ly/9auky*
78 「Go 문서, Go 코드 작성법」, *https://oreil.ly/uS51g*
79 「Go 문서, Go 둘러보기」, *https://oreil.ly/LpGBN*
80 『실용적인 Go 학습』, *https://oreil.ly/VnFms*
81 매년 네 번 이상 제공하는 CNCF 멘토링 프로그램을 통해 Go 언어로 개방형 소스 프로젝트에 기여할 수 있다.
   https://github.com/cncf/mentoring

CHAPTER 3

효율성 완전 정복

이제 실습을 해보자. 1장에서는 소프트웨어 효율성이 중요하다는 것을 배웠고, 2장에서는 가장 먼저 Go 프로그래밍 언어의 기본 및 고급 기능에 대해 알아보았다. 더불어 읽고 쓰기 쉬운 Go의 기능에 대해 논의하였으며, 마지막으로 Go가 효율적인 코드 작성에 효과적인 언어가 될 수 있음을 언급했다.

프로그램을 더 효율적으로 만들기 위해서는 분명 노력이 필요하다. 어떤 경우에는 개선하려는 기능이 이미 잘 최적화되어 있어서 시스템을 다시 설계하지 않는 한 추가로 최적화를 진행하는 것은 작업 시간만 지나치게 소모하고 확실한 개선 효과를 나타내지 못할 수 있다. 반면 기능을 비효율적으로 실행하고 있는 경우도 있다. 이럴 때는 수고를 크게 들이지 않고 낭비가 되는 작업만 제거해서 불과 몇 시간 만에 프로그램의 효율성을 향상시킬 수도 있다. 그래서 역량 있는 엔지니어는 프로그램을 신속하게 검토해서 어떤 상황에 있는지 빠르게 판단한다. 이때 검토할 내용은 다음과 같다.

- 성능 측면에서 향상시킬 것이 있는가?
- 만약 그렇다면, 쓸모없이 돌아가는 주기를 멈출 수 있는가?
- 기능 X의 레이턴시를 줄이기 위해 얼마나 많은 작업이 필요한가?
- 줄일 수 있는 초과 할당이 있는가?
- 과도한 네트워크 대역폭 사용을 멈추는 대신 메모리 공간을 희생해야 하는가?

3장에서는 이러한 질문에 답하는 데 도움이 되는 도구 및 방법론에 관해 다뤄볼 것이다.

아직 이런 기술을 사용하기 어려워서 고민하고 있다면, 지극히 정상이니 걱정하지 말자. 효율성 논쟁은 사소하지 않다. 효율성 기술에 관한 수요가 있음에도 불구하고, 이 영역을 정복한 사람은 많지 않다. 심지어 대형 소프트웨어 회사들도 효율성 문제와 관련하여 변변찮은 결정을 내리곤 한다. 고품질로 보이는 소프트웨어가 비효율성을 내포한 채로 공공연히 배포되는 일도 비일비재하게 발생한다. 예를 들어 2021년 초반에는 한 소프트웨어 개발자가 소스 코드에 접근하지도 않고, 'GTA 온라인Grand Theft Auto Online'이라는 유명한 게임의 로딩 시간을 6분에서 2분으로 줄였다.[1] 1장에서 언급했듯이 이 게임을 제작하는 데 1억 4,000만 달러라는 막대한 비용이 들었고, 만드는 데에는 수년이 걸렸다. 하지만 단순한 JSON 파싱 알고리즘naive JSON parsing algorithm과 중복 제거 로직을 사용하였기 때문에 효율성 측면에서 명백한 병목 현상이 생겼다.

---

1 「GTA 온라인 로딩 시간을 70%로 줄인 방법」, *https://oreil.ly/ast0m*

그리고 이 부분이 로딩 시간의 대부분을 잡아먹으며 게임 경험을 악화시키고 있었다. 따라서 로딩 시간을 줄인 개발자는 훌륭한 작업을 해냈고, 이제 이 책에서 독자들도 그 방법을 배울 참이다. 차이점은 이 책에 설명할 작업 방식이 조금 더 쉽다는 것이다. 책에서 소개할 방식의 경우 C++ 코드로 작성된 바이너리를 도중에 리버스 엔지니어링할 필요가 없을 가능성이 높기 때문이다.

앞서 언급한 예시에서 게임 개발 회사는 로딩에 영향을 미치는 낭비를 간과했다. 당시 이 게임 회사가 성능 최적화 전문가를 구할 여력이 없었던 것 같진 않다. 다만 최적화보다 더 높은 우선순위의 개발 과제가 있었기 때문에 서로 대립하는 요소 사이의 균형을 찾는 트레이드오프를 해서, 최적화에 투자하지 못했을 것이라고 본다. 결론적으로 누군가는 이러한 비효율성이 게임의 성공을 막은 것은 아니었다고 말할지도 모른다. 하지만 어떤 면에서는 비효율성이 게임의 성공을 막은 것도 맞다. 일례로 필자 역시 이 게임의 로딩 시간이 너무 길어서 팬이 되기는 어려웠다. 어처구니없는 '낭비'가 아니었다면 이 게임은 훨씬 더 큰 성공을 거뒀을 것이다.

> **NOTE_ 게으름일까 아니면 고의적인 효율성 측면 무시일까?**
> 특정 상황에서 소프트웨어 효율성 측면을 무시할 수 있는 경우도 있다. 예를 들어 미사일 소프트웨어 개발자들은 미사일이 발사 후 파괴될 것이기 때문에 발사 종료 시점에서 메모리 누수를 일부 감수하기로 결정하는 흥미로운 이야기가 있다.[2] 또한 아주 짧은 시간 동안 작동할 것으로 예상되는 낮은 레이턴시의 트레이딩 소프트웨어[3]의 경우에도 비슷하게 '고의로' 메모리 누수를 감수한다.

물론 효율성 작업을 하지 않았음에도 나쁜 결과가 발생하지 않은 예시들이 있을 수 있다. 그리고 이러한 예시들은 실용적인 접근을 했다고 볼 수 있다. 왜냐하면 누수나 감속을 고치는 데 노력(지식, 작업 등)을 덜 들였기 때문이다. 물론 많은 노력이 필요 없을 수 있다. 하지만 이러한 결정들도 데이터를 기반으로 내려야 한다. 실제로 어떠한 명확한 데이터도 없이, 그저 너무 많은 작업을 해야 하고 시간이 오래 걸린다는 정확하지 않은 이유로, 게으름과 무지에 기반한 결정을 했을 수도 있다. 개발자들이 각각의 예시에서 요구되는 노력을 충분히 이해하지 못한다면 어떨까? 문제가 있는 소프트웨어를 최적화하는 방법조차 모른다면 어떨까? 혹시 알고 있다면 그들은 더 나은 결정을 내릴까, 아니면 보수적인 결정을 내리게 될까?

---

2 「null인 경우에서 가비지 컬렉터의 실제적인 사용에 관한 흥미로운 일화」 *https://oreil.ly/mJ8Mi*
3 「HFT 소프트웨어 설계: 메모리 관리」 *https://oreil.ly/PgzHQ*

3장에서는 최적화에 관한 다양한 주제를 소개한다. 3.1절에서는 최적화의 정의와 초기 접근법을 설명한다. 3.2절에서는 극복해야 할 어려움을 열거하고 소프트웨어의 효율성을 실질적으로 개선하려는 시도를 조명한다.

3.3절에서는 명확한 효율성 목표를 설정함으로써, 최적화 작업의 효과를 극대화하려는 소프트웨어 개발 경향과, 유혹을 억제하는 방법을 설명한다. 처음부터 정확한 성능 요구사항을 설정하여 '충분히' 빠르고 효율적인 것이 무엇인지 결정하는 것이 필요하다. 이를 위해 3.3.2절에서는 누구나 따라 할 수 있는 자원 효율성 요구사항 템플릿과 실용적인 가이드라인을 제시한다. 마지막으로 3.4절에서 앞서 언급한 효율성 요구사항들을 유용하게 쓰는 방법과 함께 사용자가 보고한 성능 이슈를 다루는 전문적인 워크플로를 제시한다. 여기서는 최적화 과정을 마지막 수단으로 활용하는 방식도 제안한다.

3.5절은 효율성을 더 쉽게 정복하기 위해서 최적화 종류를 나누고 구별하는 방법을 제시한다. 마지막으로 3.6절에서는 최적화 절차를 통합하여 소개한다. 필자가 추천하고 싶은 방법을 한데 모은 내용이다. 따라서 신뢰할 수 있는 절차이며, 어떠한 소프트웨어 및 설계 수준에서도 적용할 수 있다. 그러면 이제 최적화의 의미가 무엇인지부터 살펴보자.

3.1 낭비 제거 이상의 최적화는 제로섬 게임

효율성 문제를 극복하기 위한 무기 중 하나를 일컬어 **최적화**라고 부른다. 그런데 최적화의 의미는 정확히 무엇일까? 최적화를 검토하고 완전히 정복하는 데 가장 좋은 방법은 무엇일까?

최적화는 소프트웨어 효율성 영역에만 국한되지 않는다. 일상생활도 대부분 무의식적으로 최적화된다. 예를 들어 요리를 자주 하는 사람의 주방에서는 소금이 조리대 가까운 곳에 있을 것이다. 체중을 늘려야 한다면 평소보다 더 많이 먹을 것이며, 아침 일찍 떠나는 여행 일정이라면 하루 먼저 짐을 싸놓고 준비할 것이다. 통근하는 상황에서는 오디오북을 들으며 시간을 보낼 것이다. 그리고 그 통근 시간이 힘겹다면 더 나은 교통수단이 있는 곳으로 이사 가는 방법을 고려하기도 한다. 이 모든 일이 바로 특정한 목표를 향해 우리 삶을 향상시키는 최적화 기술이다. 어떤 경우 제법 큰 변화를 주어야 할 때도 있다. 하지만 때로는 사소한 개선만으로도 충분하다. 조그마한 개선을 반복하면 상당한 효과를 볼 수 있기 때문이다.

공학 분야에서의 최적화라는 단어는 수학에 기원을 두고 있다[4]. 이는 제약 조건이 있는 문제에 대한 모든 가능한 해결책 중에서 가장 좋은 해결책을 찾는 것을 의미한다. 그러나 컴퓨터 과학 분야에서는 시스템이나 프로그램 실행을 특정한 측면에서 향상시키는 작업을 표현하기 위해 최적화라는 단어가 사용된다. 예를 들어 웹서버에서 요청을 처리하는 동안 파일을 더 빠르게 불러오거나 최대 메모리 사용률을 감소시키는 방향으로 프로그램을 최적화할 수 있다.

> **NOTE_ 무엇이든 최적화할 수 있다.**
> 일반적으로 최적화 작업에서 프로그램의 효율성을 개선하는 것은 필수적인 목표는 아니다. 예를 들어 보안 강화, 유지보수 용이성, 코드의 가독성 향상 등을 목표로 최적화를 수행할 수도 있다. 그러나 이 책에서의 최적화는 자원 사용 또는 속도 향상을 통해 달성할 수 있는 프로그램 효율성 개선을 주된 목표로 잡을 것이다.

효율성 최적화는 일반적으로 기능 변경 없이 코드를 수정하는 것이 목표[5]다. 이를 통해 코드 실행이 전반적으로 더 효율화되거나 (비록 다른 부분에서는 나빠지더라도) 적어도 고려했던 부분을 더 효율적으로 만드는 것을 목표로 잡는다.

고수준의 관점에서 다음 두 가지 중 하나 또는 모두를 수행해서 최적화를 달성할 수 있다.

- '낭비된' 자원 소비를 제거할 수 있다.
- 특정 자원 소비를 다른 것으로 대체하거나 고의로 다른 소프트웨어 품질을 희생시킬 수 있다(소위 트레이드오프라 불린다).

이 중에서 소위 낭비라고 불리는 것을 제거하는 첫째 타입부터 살펴보며 이 둘의 차이를 알아보자.

3.1.1 합리적 최적화

프로그램은 데이터를 기반으로 운영되고, CPU, 메모리, 디스크 등의 기계에서 다양한 자원을 사용하도록 만드는 명령 집합 코드로 구성된다. 이 코드를 잘 작성하면 프로그램은 요청된 기

---

4 「위키피디아, 수학적 최적화(Mathematical optimization)」, *https://oreil.ly/a11ou*
5 예외가 있을 수 있다. 결과를 예측하는 것이 가능한 영역이 있을 수 있다. 필수적이고 중요한 효율성 특성을 막는 기능이라면, 배제될 수 있고, 그렇게 되어야만 한다.

능을 수행할 수 있다. 그러나 프로세스에 포함된 코드, 컴파일러, 운영체제, 하드웨어까지 모든 요소가 완벽하지는 않다(다시 말해 완벽히 통합되지 않았다). 그 결과 가끔씩 '낭비'가 발생한다. 자원을 낭비하면 상대적으로 불필요한 작업을 하게 되고, 프로그램은 소중한 시간과 메모리 또는 CPU 시간 등을 지나치게 소모하게 된다. 이러한 낭비는 고의적인 단순화, 우연히 발생한 에러, 기술 부채, 간과 또는 더 나은 접근법을 고려하지 못하는 등의 이유로 발생할 수 있다. 다음과 같은 사례들이 그러하다.

- 매우 많이 사용된 기능에 막대한 레이턴시를 유도하는 디버깅 코드가 우연히 남겨졌다(예 'fmt. Println' 구문).
- 이미 검증된 입력에 대해, 불필요하고 비용이 많이 드는 검사를 추가로 수행했다.
- 더 이상 필요 없지만 여전히 운영 중인 특정한 고루틴^{goroutines}(동시성 패러다임은 4.5.2절 참고)을 멈춰야 한다는 사실을 잊어버려서 메모리와 CPU 시간을 낭비했다.[6]
- 같은 것을 더 빠르게 처리하는 잘 관리된 라이브러리에 최적화된 개체가 존재함에도, 서드파티 라이브러리에서 최적화되지 않은 기능을 사용했다.
- 디스크에서 데이터가 한 번 저장하고 재사용할 수 있었음에도, 같은 데이터가 두 번 이상 저장됐다.
- 검사 횟수를 적게, 무료로 할 수 있는 상황임에도, 알고리즘이 너무 많은 검사를 수행해버렸다(예 정렬된 데이터에 대한 단순 탐색 vs 이진 검색).

일반적으로, 특정 자원을 사용하여 수행되는 연산을 제거하고 그로 인해 아무런 희생도 발생하지 않는다면, 해당 연산을 낭비로 간주한다. 그리고 여기서 희생되지 않는 요소는 추가적인 CPU 시간, 다른 자원의 소비, 또는 가독성, 탄력성, 이식성과 같은 비효율성과 관련된 특성을 의미한다. 연산을 제거함으로써 소프트웨어를 전반적으로 더 효율적으로 만들 수 있게 된다. 실제로 프로그램들이 얼마나 많은 낭비가 발생하는지 알게 된다면 깜짝 놀랄 것이다. 이러한 낭비는 제거되어야 할 대상이다.

낭비를 줄여서 프로그램 최적화를 하는 작업은 단순하지만 효과적인 기술이다. 그래서 이 책에서는 낭비를 줄이는 최적화를 합리적인 최적화로 간주할 것이다. 그리고 이후에 벤치마킹을 할 시간이 없더라도 낭비를 발견할 때마다 최적화 작업을 수행하기를 권하며, 이러한 최적화가 코드 위생의 일환이어야 한다는 사실을 강조하고 싶다. 즉 '합리적인' 최적화로서, 이는 명명백백해야 한다. 개발자들은 다음 내용들을 반드시 숙지해야 한다.

---

6 동시 실행 루틴이 남아 있어 주기적으로 기능을 수행한 후 리소스가 정리되지 않는 상황을 메모리 누수라고 한다.

- 이러한 최적화는 프로그램의 추가적인 작업을 제거한다.

- 의미 있는 소프트웨어 품질이나 기능, 특히 가독성을 희생시키지 않는다.

우선 확실히 불필요하다고 판단되는 부분들을 찾아보자. 불필요한 부분을 제거하는 작업은 쉬울 뿐더러 손해를 일으키지도 않는다(그렇지 않다면 낭비가 아니다).

> **CAUTION** **가독성에 주의하자.**
>
> 코드 수정에서 가장 먼저 영향을 받는 요소는 가독성이다. 명백한 낭비를 줄이는 작업이 가독성을 희생시키거나 읽기 쉽도록 추상화하는 데 몇 시간이나 소요된다면, 그것은 합리적인 최적화가 아니다.
>
> 이 문제는 3.1.2절에서 다룰 것이므로 미리 걱정할 필요는 없다. 만약 가독성에 영향을 미친다면, 최적화할 가치가 있는지 증명할 데이터가 있으면 된다.

또한 낭비를 줄이는 것은 효과적인 멘털 모델mental model[7]이 된다. 똑똑하고 게으른 사람들이 보상을 받는 것처럼[8], 런타임 시간을 최소화함으로써 프로그램의 가치를 최대화하는 것이 필요하다.

합리적인 최적화는 '섣부른 최적화Premature Optimization'라고 불리는 안티 패턴anti-pattern[9]의 전형적인 예시로 평가되기도 한다.[10] 이는 많은 사람이 경계하는 개념이다. 그러나 명백한 낭비를 줄이는 일은 섣부른 최적화라 볼 수 없다. 그에 따르는 영향을 평가하거나 측정하지 않기 때문이다. 하지만 섣부른 최적화가 약간의 추가 작업 외에 아무런 피해도 일으키지 않는다는 사실이 확인되면, 이를 합리적인 작업으로 인정하고 계속해서 수행하기를 권한다.

앞서 언급했던 통근하는 예시에서 만약 신발에 돌 몇 개가 박혀 있다면 돌을 꺼내 고통을 없애고 다시 걸을 것이다. 이때 돌을 없애는 일이 통근 시간을 줄일지 평가하고, 측정하고, 비교할 필요는 없다. 왜냐하면 그 작업은 어쨌거나 도움이 될 것이고 다른 데 피해를 주지도 않기 때문이다(걸을 때마다 신발 속 돌을 밟으면서 고통을 받을 필요는 없다).

---

7   옮긴이 주_사물이 실제로 특정 방식으로 작동할 것이라고 생각하는 인간의 사고 과정을 구조화한 모델을 말한다.

8   「최고의 엔지니어는 게으른 엔지니어다」, *https://oreil.ly/u8IDm*

9   옮긴이 주_코드 작성에 많이 사용되는 설계 패턴이지만, 비효율적이거나 생산적이지 않은 패턴을 말한다.

10   「섣부른 최적화」, *https://oreil.ly/drziD*

중요하지 않은 일을 할 때는 곧바로 처리하지 않는 편이 좋다. 들인 시간과 노력에 비해 결과가 신통치 않을 수 있기 때문이다. 하지만 코드베이스를 통해서 주목할 만한 개선점(10% 혹은 12%라고 가정하자)을 발견했다면 즉시 해결하도록 하자.

- 스콧 마이어스 Scott Meyers, 「중요한 것들에 대하여 Things That Matter」[11]

특정 프로그래밍 언어를 처음 접할 때, 어떤 연산이 불필요한 낭비인지, 잠재적인 낭비를 제거하면 프로그램에 어떤 피해를 줄지 예측하기 어렵다. 그래도 괜찮다. **명백함**은 노력에서 나온다. 그래서 만약 추측을 해야 한다면 이미 그 최적화가 명백하지 않다는 것을 의미한다. 그랬을 때 이 책에서는 실습을 통해 무엇이 합리적인지 학습하게 될 것이다. 10장과 11장에서 이에 대해 함께 연습해 볼 것이다.

합리적 최적화는 이렇게 일정한 성능 향상을 도모하며, 코드를 단순화하거나 가독성을 향상시킨다. 그러나 효율성에 더 큰 영향을 미치더라도 결과가 덜 명확할 수 있으므로, 조금 더 신중한 접근이 필요하다. 다음 3.1.2절에서 관련 내용을 더 자세히 설명하겠다.

3.1.2 의도적 최적화

낭비 이상으로 기능에 매우 중요한 작업들이 있을 수 있다. 이런 경우에 제로섬 게임[12]에 빠졌다고 한다. 어떤 자원(**예** 메모리)을 사용하는 특정한 작업을 제거하기 위해서는 다른 자원(**예** CPU 시간)이나 다른 특성(**예** 가독성, 이식성, 정확도)을 더 소모해야만 하는 상황을 말한다.

명백하지 않거나 기회비용을 요구하는 최적화의 경우 시간을 더 써야 하기 때문에 신중하게[13] 진행해야 한다. 따라서 최적화를 통해 기회비용을 이해하고 측정하고 평가하여, 이를 유지할지, 버릴지 결정할 수 있다.

의도적 최적화 Deliberate optimization는 어떤 면에서도 나쁘지 않다. 오히려 레이턴시나 자원 사용을 줄이는 데 긍정적인 영향을 준다. 예를 들어 웹서버에서 요청이 너무 느리다면 캐시를 도입하여 레이턴시를 최적화하는 방법을 고려해보면 된다. 캐시를 도입하면 같은 데이터를 요청하는

---

11 「유튜브, 2017 DConf 2일 차 기조연설: 중요한 것들에 관하여」, *https://oreil.ly/T9VFz*

12 제로섬 게임은 경제학 이론에서 나왔다. 한 명의 플레이어가 X를 성취하는 경우 다른 플레이어가 바로 그 똑같은 X를 완전히 잃어버리는 상황을 나타낸다.

값비싼 계산의 결괏값을 저장할 수 있기 때문이다. 덕분에 CPU 시간을 절약할 수 있고 복잡한 병렬 로직을 도입하지 않아도 된다. 그러나 이 경우 서버의 수명 시간 동안 메모리나 디스크 사용을 희생해야 하고, 코드가 복잡해질 가능성도 생긴다. 결론적으로 의도적 최적화는 프로그램의 전반적인 효율성을 향상시키지 못할 수도 있지만, 다루고 있는 특정 자원의 사용 효율성을 향상시킬 수 있다. 즉 의미 있는 희생을 치를 만한 상황이라는 이야기다.

하지만 특정한 희생을 치른다는 것은 3.6절에서 설명하겠지만 기능적인 면과는 구별된, 개발 측면에서 최적화를 수행해야 한다는 의미를 내포한다. 그 이유는 간단하다. 희생의 영향이 지나치게 크지 않다는 사실을 확실히 알아야 하기 때문이다. 그러나 아쉽게도 인간은 그 영향력을 예측할 만한 능력을 갖추고 있지 않다.

예를 들어 네트워크 대역폭과 디스크 사용량을 줄이는 일반적인 방법 중 하나는 데이터를 보내거나 저장하기 전에 압축하는 것이다. 하지만 이는 데이터를 읽거나 받을 때 압축을 푸는 작업(디코딩 decoding)을 요구한다. 압축을 도입하기 전과 후, 소프트웨어에서 사용된 자원을 잠재적으로 비교한 결과는 [그림 3-1]에서 볼 수 있다.

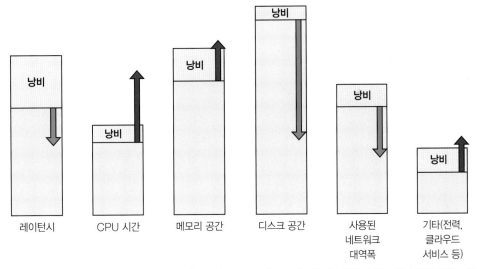

그림 3-1 데이터를 압축하여 네트워크를 통해 전송하고 디스크에 저장하는 작업이 레이턴시와 자원 사용에 미치는 잠재적인 영향

---

13 필자는 커뮤니티에서 데이미안 그리스키(Damian Gryski)가 이끄는 go-perfbook에서 최적화를 합리적인 것, 의도적인 것으로 나눈 데서 영감을 받았다(*https://oreil.ly/RuxfU*). 그는 자신의 저서에서 '위험한' 최적화도 언급했다. 그러나 필자는 상황과 취향을 고려하는 신중함과 위험한 최적화 사이의 애매모호한 경계선 때문에 이 둘의 추가적인 구별은 가치가 없다고 판단하고 있다.

정확한 수치는 (상황에 따라) 다르겠지만, 압축을 하고 나서 더 많은 CPU 자원이 사용될 수도 있다. 단순한 데이터 작성 작업이 아니라 모든 바이트를 다 읽고 압축해야 하기 때문이다. 심지어 가장 손실이 없는 압축 알고리즘(예 snappy, gzip)으로도 수 시간이 소요될 수 있다. 그럼에도 더 적은 양의 메시지가 네트워크로 송신되고 디스크 작성에 사용되면, 어쨌든 전체 연산의 레이턴시를 줄일 수 있다. 다만 모든 압축 알고리즘은 추가적인 버퍼가 요구된다. 따라서 추가적인 메모리 사용 또한 예상된다.

요약하면 최적화를 합리적인 것과 의도적인 것으로 구분하는 데에는 아주 큰 의미가 있다. 즉 효율성 개선을 기대한다면, 의도하지 않은 결과가 생길 수 있다는 사실을 인식하고 있어야 한다. 최적화를 달성할 수 있는 합리적이고 쉬운 상황이 있을지 모른다. 예를 들어 프로그램에서 비용을 치르지 않고 불필요한 작업을 걷어냈을지도 모른다. 하지만 보통, 소프트웨어를 모든 측면에서 효율적으로 만드는 일은 불가능하거나 다른 소프트웨어 특성에 영향을 준다. 이때가 바로 제로섬 게임에 빠지는 시기다. 따라서 이 문제에는 신중하게 접근해야 한다. 이 책과 예제를 통해 결과를 어떻게 예측할 수 있을지 학습하게 될 것이다.

먼저 개발 과정에서 두 가지 종류의 최적화를 적용하기 전에, 반드시 알고 있어야 할 효율성 최적화 작업의 어려움을 다뤄보자. 3.2절에서, 가장 중요한 내용들을 연습해볼 것이다.

3.2 최적화 작업의 어려움

소프트웨어 최적화가 쉬웠다면 애초에 이 책을 쓰지 않았을 것이다. 최적화 작업은 시간이 소요되는 일이고 실수도 하기 마련이다. 그래서 많은 개발자가 이 주제를 무시하거나, 시간이 지나서야 학습하게 된다. 하지만 기죽지 말자. 이 책에서 여러 상황을 연습한 후에는 효과적이고 실용적으로 효율성을 달성하는 방법을 이해하는 개발자가 될 수 있을 것이다. 즉 최적화의 장애물들을 이해하는 것은, 개선해야 할 부분이 무엇인지 집중적으로 알 수 있는 좋은 지침이 될 것이다. 다음은 이 작업을 위해 검토해 볼 만한 근본적인 문제들이다.

개발자들은 성능 문제를 일으키는 부분을 잘 예측하지 못한다

프로그램의 어느 부분이 자원을 가장 많이 사용하는지 그리고 얼마나 사용하는지, 개발자들은 잘 예측하지 못한다. 하지만 방법은 있다. 일반적으로 파레토 법칙$^{Pareto\ Principle}$[14]이 적용되기 때문이다. 이는 프로그램에서 사용한 시간이나 자원의 80%는, 프로그램이 수행한 작업의 20%에서 나온다는 내용의 법칙이다. 최적화 작업은 시간이 많이 소요되기 때문에, 노이즈가 아닌 중요한 작업 20%에 집중해야 한다. 다행히 이를 추정하는 도구와 방법들이 있다. 관련 내용은 9장에서 더 자세히 다룬다.

개발자들은 정확한 자원 사용을 추정하는 데 소질이 없다

앞서 언급한 내용과 비슷하게, 특정한 최적화가 도움이 되는지에 관해서도 개발자들은 추측을 잘하지 못한다. 그러나 경험을 통해 나아진다(그리고 이 책을 읽고 나서도 나아지길 바란다). 하지만 본인의 판단을 온전히 신뢰하지 않는 것이 최선이다. 따라서 7장에서 더 깊이 다룰 의도적 최적화 후에 모든 수치를 측정하고 확인하는 작업이 중요하다. 소프트웨어 실행에 여러 레이어와 알 수 없는 변수가 존재하기 때문이다.

시간이 흐를수록 효율성을 유지하는 일은 어렵다

이전에 언급한 복잡한 소프트웨어 실행 레이어(**예** 새로운 운영체제, 하드웨어, 펌웨어 등)들은 지속적으로 바뀌고, 프로그램 자체도 발전하며, 심지어 코드를 수정하는 사람도 바뀌기 마련이다. 특정 부분을 최적화하는 데 몇 주를 소요했다 하더라도, 회귀에 대해 대비하지 않는다면 해당 작업은 무의미할 수 있다. 주변 환경은 매일 변화하기 때문에 프로그램의 효율성을 위해 자동화하거나 적어도 벤치마킹과 검증 절차를 구성하는 방법들을 사용하기를 권한다. 관련 내용은 6장에서 더 자세히 다룬다.

성능에 대한 신뢰할 만한 검증을 수행하기는 매우 어렵다

3.6절에서 언급하겠지만, 효율성을 벤치마킹하고, 측정하고, 검증하는 것이 이 문제의 해결책이다. 그러나 이는 수행하기 어렵고 에러를 발생시키기 쉽다. 여기에는 다양한 이유가 있는데, 그 중 하나가 실행 환경을 비슷하게 구현하기 어렵기 때문이다. 서로 다른 프로세스가 동시에 같은 자원을 두고 경쟁하는 시끄러운 이웃$^{noisy\ neighbor}$, 프로그램 실행 준비 단계$^{warm-up\ phase}$의

---

14 「파레토 법칙과 80 대 20 법칙」(2021년 업데이트), *https://oreil.ly/eZIl5*

부족, 잘못된 데이터 세트, 마이크로벤치마크의 우연한 컴파일러 최적화 등이 이유가 될 수 있다. 관련 내용은 7.3절에서 더 자세히 다룬다.

최적화는 다른 소프트웨어 품질에 쉽게 영향을 끼칠 수 있다

견고한 소프트웨어는 기능성, 호환성, 사용성, 안정성, 보안성, 유지보수성, 이식성, 효율성이 뛰어나다. 해당 특성을 하나하나 제대로 살펴보기는 쉽지 않기에, 개발 과정에서 약간의 비용이 발생한다. 각각의 중요도는 사용 사례에 따라 다를 수 있다. 그러나 프로그램을 유용한 상태로 유지하기 위해서는 최소한의 소프트웨어 품질 기준을 충족시켜야 한다. 더 많은 기능과 최적화를 추가하면 이를 충족시키기가 더 어려워진다.

특히 Go에서는 메모리 관리에 대한 엄격한 통제를 지원하지 않는다

2.2.3절에서 학습했듯이, Go는 가비지 컬렉션을 지원하는 언어다. 이는 코드의 단순함, 메모리 안정성 및 개발 속도를 향상시키지만, 메모리를 효율적으로 사용하고 싶을 때는 단점이 될 수 있다. Go 코드가 메모리를 더 적게 사용하기 위해서 사용할 수 있는 방법은 다양하지만, 메모리 할당 해제가 즉시 이뤄지지는 않기 때문에 어려울 수도 있다. 메모리 관리 연습은 5.2절에서 해보겠다.

프로그램이 '충분히' 효율적인 시점은 언제일까?

어떠한 노력 없이 최적화를 달성할 수는 없다. 개발자들은 최적화를 위해 크고 작은 노력을 하게 된다. 합리적이고 의도적인 최적화 두 가지 모두, 선행 지식과 시스템 구현, 실험, 테스팅 그리고 벤치마킹하는 시간이 필요하다. 그리고 노력에 상응하는 정당성을 부여해야 한다. 그렇지 않으면 이 소중한 시간이 다른 곳에 쓰일 수 있기 때문이다. 특정 낭비를 최적화시켜야 할까? X 자원 사용을 Y 자원 사용과 맞교환해야 할까? 그렇다면 이 교환은 유용할까? 답은 "아니오"일 가능성이 높다. 그러나 "예"라는 답변이 나올 경우 효율성을 얼마만큼 개선해야 충분할까?

바로 이 지점에서 목표를 확실히 정해야 한다. 개발하는 동안 어떤 자원, 품질 등에 신경을 쓰고 있는지는 설계하기에 따라 다를 수 있다. 이제 하나의 소프트웨어를 위해 성능 요구사항을 설정하는 실용적인 방법을 알아본다.

3.3 목표에 대한 확실한 이해

중대한 목표인 '프로그램 효율성 최적화program efficiency optimization'를 달성하기 전에, 이를 진행하는 이유를 생각해보자. 최적화는 소프트웨어 엔지니어링의 많은 바람직한 목표 중 하나이지만, 안정성, 유지보수성, 이식성과 같은 다른 중요한 목표들과 대립할 수 있다. 효율적인 구현 및 필수 인터페이스 정리와 같은 가장 피상적인 수준의 최적화는 항상 적용되어야 한다. 그러나 어셈블리어 명령을 코드에 직접 삽입하거나, 실행 전에 코드를 변경하거나, 루프 언롤링, 비트 필드 사용, 슈퍼스칼라와 벡터 연산 등의 경우 최적화가 거슬리는 작업이 될 수 있다. 자칫 개발 시간이 기약 없이 흐를 수 있고, 버그 해결에 시간을 낭비하는 원인이 될 수 있다는 말이다. 코드를 최적화하는 비용을 신중하게 계산하자.

– 폴 시에Paul Hsieh, 「프로그래밍 최적화Programming Optimization」[15]

효율성 최적화는 프로그램의 자원 사용량과 레이턴시를 개선한다. 프로그램이 얼마나 빠르게 될 수 있는지 탐구하며 스스로 도전하는 것은 매우 고무적인 일이다.[16] 하지만 우선 최적화가 프로그램을 완벽하게 효율적이거나 '최적optimal'으로 만드는 것을 목표로 하는 작업이 아니라는 점을 이해해야 한다. 왜냐하면 그런 목표는 현실적으로 실현 불가능할 수 있기 때문이다. 오히려 충분한 차선으로 최적화하는 것이 목표라고 볼 수 있다. 하지만 그 '충분한'이 어느 정도인가? 최적화를 언제 멈추어야 하는가? 최적화를 시작할 필요조차 없다면 어떻게 해야 하는가?

앞선 질문들에 대한 해답 중 하나는 이해관계자 또는 사용자들이 개발 중인 소프트웨어에 대해 더 나은 효율성을 요구할 때, 이들이 만족할 때까지 최적화하는 것이다. 하지만 아쉽게도 이는 다음 몇 가지 이유 때문에 매우 어렵다.

XY 문제[17]

이해관계자들은 가끔씩 더 나은 해결책을 찾기 위해 효율성을 요구하지만, 사실 그 해결책이 다른 곳에 있는 경우가 있다. 예를 들어 고유한 이벤트들을 모니터링하려고 시도할 때 메트릭

---

15 「프로그래밍 최적화」, *https://oreil.ly/PQ4pk*

16 특정 상황에서 도전하는 자를 말릴 사람은 없다. 시간만 있다면, 'Advent of Code(*https://oreil.ly/zT0Bl*)' 같은 새로운 작업을 진행하면 학습도 되고 다른 이들보다 경쟁력을 높일 수도 있으니 좋다. 하지만 이것은 기능적인 소프트웨어를 효과적으로 개발하는 상황과는 전혀 다른 이야기다.

17 「위키피디아, XY 문제(XY problem)」, *https://oreil.ly/AolRQ*

시스템의 과도한 메모리 사용에 대해 불평하는 사람이 많다. 여기서 시도해 볼 만한 해결책은 메트릭 시스템을 빠르게 만드는 한편 로깅과 시스템 추적을 하는 것이다.[18] 결과적으로 효율성과 관련한 초기의 사용자 요청을 항상 신뢰할 수 없게 된다.

최적화와 달리, 효율성은 제로섬 게임이 아니다

가능하면 모든 효율성 목표의 큰 그림을 보아야 한다. 3.1.2절에서 다뤘듯이 레이턴시를 최적화하는 과정에서 더 많은 메모리를 사용하는 등 오히려 최적화 작업이 다른 자원에 영향을 끼칠 수 있다. 따라서 모든 사용자의 효율성 관련 불만을 검토 없이 받아들이는 것은 불가능하다. 물론 소프트웨어가 대체로 가볍고 효율적이라면 도움이 되겠지만, 대부분 그렇듯이 레이턴시에 민감한 실시간 이벤트를 포착해서 이에 대한 해결책을 원하는 사용자와, 작업 시 무조건 메모리 사용을 줄여달라고 요구하는 사용자 모두를 만족시키는 하나의 소프트웨어를 개발할 수는 없다.

이해관계자들이 최적화 비용을 이해하지 못할 수 있다

어떤 것이든 비용이 든다. 특히 최적화를 위한 노력과 고도로 최적화된 코드를 유지보수하는 데에는 비용이 아주 많이 든다. 기술적인 관점에서, 소프트웨어 최적화의 한계는 물리 법칙만이 규정한다.[19] 그러나 어떤 지점에서 살펴보면, 최적화를 해서 얻는 이익과 비교했을 때 해당 최적화 방법을 모색하고 개발하는 비용은 터무니없이 높아진다. 마지막 부분을 조금 더 자세히 설명해 보겠다.

[그림 3-2]는 소프트웨어의 효율성과 다른 비용들 사이의 전형적인 상관관계를 보여준다.

---

18 필자는 프로메테우스(Prometheus) 프로젝트(*https://prometheus.io*)를 유지보수하면서 이러한 상황을 자주 겪었다. 이 프로젝트에서 사용자가 지속적으로 고유한 이벤트들을 프로메테우스에 대입하려고 시도하는 상황을 마주했다. 문제는 프로메테우스가 효율적인 메트릭 모니터링 해결책으로서 설계됐고, 따라서 시간 경과에 따라 집계된 샘플을 저장하는 맞춤 시계열 데이터베이스가 사용됐다는 점이다. 만약 수집된 데이터가 고윳값으로 라벨링됐으면, 프로메테우스는 천천히, 그러나 확실히 많은 자원을 사용하기 시작했을 것이다 (카디널리티의 수가 많은 상황이라 부른다).

19 세상의 모든 자원을 사용해서 물리학의 한계까지 밀어붙여 가며 소프트웨어 실행을 최적화한다고 상상해보자. 그리고 그 한계에 다다랐을 때, 현재 알고 있는 물리학을 넘어서는 것들 때문에 또 다른 한계를 늘려 가는 연구에 수십 년을 쓸지 모른다. 그렇다 해도 평생 동안 '진짜' 한계를 찾아내는 일은 일어나지 않을 것이다.

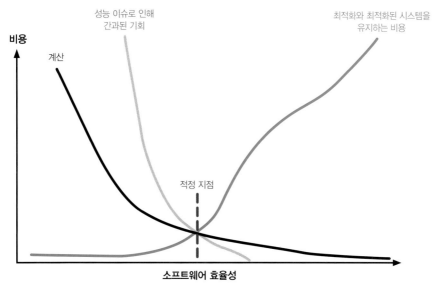

그림 3-2 '적정 지점'을 넘어 더 높은 효율성을 얻는 비용은 매우 높을 수 있다.

[그림 3-2]는 특정 '적정 지점'에서, 소프트웨어를 효율적으로 만들기 위해 더 많은 시간과 자원을 투자하는 것이 왜 실행되기 어려운지 설명한다. 특정 지점을 넘어서면 최적화된 코드를 개발하는 비용은 늘고, 최적화된 소프트웨어에서 얻는 계산 비용computational cost이나 기회 등 이점은 줄어든다. 그렇게 되면 개발자의 소중한 시간과 노동력을 기하급수적으로 많이 쓰게 될 가능성이 높다. 또 지나치게 독창적이면서도 특정 운영체제, 전문적으로 사용하는 하드웨어 등에서만 작동하는 코드가 필요해질 수도 있다.

그래서 대부분의 경우 적정 지점을 넘어서는 최적화는 수행할 가치가 없다. 이 작업을 피하기 위해 다른 시스템을 설계하거나 다른 절차를 따르는 방향이 더 나을지도 모른다. 하지만 적정 지점이 어디 존재하는지에 대한 명확한 답은 존재하지 않는다. 일반적으로 소프트웨어의 수명이 길면 길수록 배포 범위도 커지므로, 적정 지점까지 최적화하는 데 투자할 만한 가치가 커진다. 반면 프로그램을 단기간 사용하는 경우에는 적정 지점이 그래프의 시작점에 위치한다고 봐도 좋으므로 효율성이 형편없을 것이다.

문제는 사용자와 이해관계자들이 이를 인식하지 못한다는 것이다. 운이 좋으면 프로덕트 오너가 이를 발견할 수 있도록 도와주겠지만, 다양한 비용 수준을 제시하고 조언하는 일은 개발자의 몫이다. 6장과 7장에서는 이런 상황에서 사용하기 좋은 도구들을 소개하겠다.

하지만 어떠한 특정한 비용에 동의하더라도, '충분한' 최적화가 과연 언제인지 설정하고, 명확한 효율성 요구조건을 확보하기 위해서는 이를 직접 작성해보아야 한다. 3.3.1절에서 그 이유를 설명할 것이다. 그리고 3.3.2절에서는 이와 관련하여 간단한 공식도 제공한다. 마지막으로 3.3.3절에서 어떻게 효율성 요구조건을 확보하고 평가하는지 살펴본다.

3.3.1 효율성 요구사항 공식화

모든 소프트웨어 개발은 기능 요구사항을 수집하는 단계인 FR^{Functional Requirements}에서 시작한다. 아키텍트, 프로덕트 매니저, 개발자들은 잠재적인 이해관계자들이 누군지 살펴보고, 그들을 인터뷰한 뒤 사용 사례를 모아, 기능 요구사항 문서에 가능한 포함시켜야 한다. 다음으로 개발팀과 이해관계자는 이 문서로 기능 설명서를 검토하고 협의해야 한다. FR 문서에는 프로그램이 어떤 입력을 받아들이는지 그리고 사용자가 어떠한 출력을 기대하는지 명시된다. 그리고 애플리케이션이 어떤 운영체제에서 작동될지와 같은 필요 조건도 기술한다. 원칙적으로는 FR 문서를 통해 공식적인 승인을 얻게 되는데, 이는 양자 간 계약이 된다. 특히 이는 소프트웨어를 만들어 보수를 받을 때 매우 중요해진다.

- FR은 개발자들이 무엇에 집중해야 하는지 명확하게 보여준다. 즉 어떠한 입력이 유효하게 되어야 하고 사용자가 무엇을 설정할 수 있는지 나타낸다. 따라서 FR은 집중해야 할 부분을 지시한다. 개발자들이 정말 이해관계자들이 요구한 내용에 시간을 쏟고 있는가?

- 명확한 FR이 있는 소프트웨어와 통합하는 것이 더 쉽다. 일례로 이해관계자가 소프트웨어와 호환할 수 있는 새로운 소프트웨어를 설계해 달라고 추가로 요청할 수도 있다. 심지어 이해관계자는 소프트웨어 개발이 완료되기도 전에 이러한 요구를 할 수 있다. 따라서 FR 문서는 필수다.

- FR은 명확한 커뮤니케이션을 강제한다. 원칙적으로 FR은 형식을 갖춰 작성된 문서다. 그래서 소프트웨어 개발 시 사람들이 어떤 사건 등을 잊어버리거나, 의사소통에서 에러를 겪을 때 FR 문서를 보고 도움을 받을 수 있다. 모든 것을 FR에 작성하여 이해관계자에게 검토를 요청하는 이유다. 모두 무언가를 잘못 알아들을 때가 있지 않은가?

더 큰 시스템 및 기능을 만들 때는 공식적인 기능 요구사항을 작성한다. 반면 작은 소프트웨어의 경우에는 깃허브나 깃랩 이슈의 백로그에 문제들을 적어놓고 나중에 이들을 문서화할 때가 많다. 소형 스크립트 혹은 소형 프로그램의 경우에도 목표와 구체적인 환경(**예** 파이썬의 버전)과 의존성(**예** 기계의 GPU) 등 필요 조건을 설정한다. 즉 다른 사람들이 소프트웨어를 효과적으로 사용하기를 원한다면, 소프트웨어의 기능 요구사항과 목표를 언급할 수 있어야 한다.

기능 요구사항을 정의하고 합의하는 일은 소프트웨어 산업에 잘 안착했다. 개발자들은 조금 관료적이지만 이러한 명세서를 좋아한다. 요구사항이 더욱 안정적이고 구체적이어서 개발자들의 작업이 더 쉬워지기 때문이다.

이는 곧 효율성 요구사항으로 연결된다. 이렇게 기능에 관한 요구사항은 자세히 기술하면서도, 구축하는 소프트웨어의 비기능적인 측면에 초점을 맞춘 유사한 요구사항을 정의하는 작업에는 소홀[20]한 경우가 많다. 예를 들어 원하는 기능의 필요한 효율성과 속도를 설명하는 것과 같은 요구사항이다.

그러한 효율성 요구사항들은 일반적으로 비기능적 요구사항NFR, Nonfunctional Requirement[21]의 문서나 사양의 일부분이다. 효율성 요구사항 수집 과정은 FR 프로세스와 가능한 유사해야 하지만 이식성, 유지보수성, 확장성, 접근성, 운용 가능성, 결함 허용성[22] 및 신뢰성, 관련 법규 준수, 문서화, 실행 효율성 등 긴 목록의 소프트웨어 품질 특성을 반드시 포함해야 한다.

> NOTE_ 비기능적 요구사항이라는 이름은 어떤 면에서는 잘못된 것일 수 있다. 효율성을 포함한 많은 특성이 이미 광범위하게 소프트웨어 기능에 영향을 미치기 때문이다. 1장에서 보았듯이 효율성과 속도는 사용자 경험에 중요하다.

필자의 경험과 연구에 따르면 NFR은 현실적으로 소프트웨어 개발에 그렇게 많이 사용되지 않는다. 그 이유는 다음과 같다.

- NFR 설명서는 관료적이고 판에 박힌 것으로 간주된다. 특히 언급된 특성이 정량화될 수 없고 구체적이지 않다면 모든 소프트웨어의 NFR은 뻔하고 다소 비슷해 보이기 때문이다. 예컨대 소프트웨어는 가독성이 높고 유지보수가 가능해야 하며 최소한의 자원을 사용해 가능한 빠르고 사용성이 좋아야 한다는 일반적인 내용이 들어가 있으면 별로 쓸모가 없다.

---

20 필자는 한번도 명시적으로 비기능에 관한 요구사항을 작성하도록 요청받은 적이 없고, 주위에서도 그런 사례를 들어본 적이 없다 (https://oreil.ly/Ui2tu).

21 「위키피디아, 비기능적 요구사항(Non-functional Requirement)」, https://oreil.ly/AQWLm

22 옮긴이 주_정전이나 하드웨어의 장애 등이 발생하여 정상적으로 작동할 수 없는 상황이 발생하였을 때, 데이터가 분실되거나 진행 중인 작업이 훼손되는 사태가 일어나지 않도록 컴퓨터나 경우에 따라서는 운영체제가 대응하는 능력을 말한다.

- NFR을 정의하는 공개적이고 접근성 좋은 표준 규범이 없다. ISO/IEC 25010:2011 표준[23]이 그나마 자주 쓰이는데, 표준을 읽는 데에만 약 200달러가 든다. 분량도 34페이지로 매우 길고, 2017년 마지막 개정 이래로 내용이 한 번도 바뀌지 않았다.

- NFR은 실전에서 적용하기 복잡할 때가 많다. 예를 들어 이전에 언급되었던 ISO/IEC 25010 표준은 13개의 프로덕트 특성을 총 42개의 세부 특성으로 구체화해 두었다. 이는 이해하기도 어렵거니와 검토하는 데 시간이 너무 많이 든다.

- 3.5절에서 자세히 설명하겠지만 소프트웨어의 속도와 실행 효율성은 코드 외에도 다른 많은 요소에 의해 좌우된다. 일반적으로 알고리즘, 코드와 컴파일러를 최적화함으로써 효율성에 영향을 미칠 수 있다. 그 후 소프트웨어를 설치하고, 더 큰 시스템에 맞추고, 설정하고, 부하를 위해 운영체제와 하드웨어를 제공하는 것은 운영자나 관리자에게 달렸다. 개발자들은 실제 프로덕션 환경에서 운영하는 영역에 있지 않기에, 개발자들이 런타임 효율성을 말하기는 어렵다.

TIP **SRE의 영역**

구글이 도입한 사이트 신뢰성 엔지니어링SRE, Site Reliability Engineering[24]은 소프트웨어 개발과 운영자/관리자를 연결하는 데 집중하는 역할을 한다. SRE는 대규모 소프트웨어를 개발하고 운영한 경험을 가지고 있다. 실제 경험이 풍부할수록 효율성 요구사항에 대해 더 쉽게 이야기할 수 있다.

- 마지막으로 개발자는 감정이 있는 사람이다. 개발자가 사전에 소프트웨어의 효율성을 측정하기 어렵기 때문에 효율성이나 속도 목표를 설정할 때 누구나 자괴감을 느낄 수 있다. 이는 때때로 계량화할 수 있는 성능 목표에 동의하는 것을 무의식적으로 피하는 이유가 된다. 불편한 감정일 수 있지만, 그게 정상이라고 생각한다.

확실히 이보다는 조금 더 실용적이고 작업하기 쉬운 무언가가 필요하다. 소프트웨어에 필요한 효율성과 속도를 위한 대략적인 목표를 명시한 문서가 있으면 사용자와 개발자 팀 사이의 계약 시작점이 될 수 있기 때문이다. 사실 기능적인 부분보다 효율성 요구사항을 우선에 두는 것은 큰 도움이 된다. 그 이유는 다음과 같다.

---

23 「ISO/IEC 20510:2011 시스템 및 소프트웨어 엔지니어링 – 시스템 및 소프트웨어 품질 요구사항과 평가 (SQuaRE) – 시스템 및 소프트웨어 품질 모델」, *https://oreil.ly/IzqJo*

24 「SRE 역할의 정의」, *https://sre.google*

소프트웨어가 얼마나 빨라야 하는지, 자원 효율성은 얼마나 좋아야 하는지 정확해진다

예를 들어 특정 작업이 최대 1GB의 메모리를 사용하고, 2초의 CPU 시간을 필요로 하며, 총 2분이 소요된다고 가정해보자. 만약 테스트를 했는데 1분 동안 2GB의 메모리를 사용하고 CPU 시간은 1초를 쓴다면, 레이턴시 개선에는 큰 의미가 없다.

기회비용의 여지가 있는지 알 수 있게 된다

앞선 예제에서 메모리 효율성을 개선하기 위해 미리 계산하거나 압축할 수 있다. 여전히 CPU 시간에는 1초의 여유가 있고, 총 1분의 여유가 있다.

공식적인 요구사항이 없다면, 사용자들은 몇 가지 효율성 기대사항을 암묵적으로만 추측하게 된다

예를 들어 프로그램이 특정한 입력값들에 대해서만 매우 빠르게 처리되었다고 해보자. 사용자들은 이를 의도적이라고 추정할 것이고, 미래에도 이 사실에 의존하거나 시스템의 다른 부분에서도 이렇기를 기대할 것이다. 이렇게 되면 사용자 경험을 매우 떨어뜨리게 된다.[25]

더 큰 시스템에서 소프트웨어를 사용하는 것이 더 쉽다

개발된 소프트웨어가 다른 소프트웨어에 종속되어 더 큰 시스템이 되는 경우가 많다. 심지어 기본적인 효율성 요구사항 문서조차 시스템 아키텍트가 해당 컴포넌트에서 무엇을 기대해야 하는지 알 수 있게 한다. 이는 시스템 성능 평가와 용량을 계획하는 데 큰 도움을 준다.

운영 지원을 제공하는 것이 더 쉽다

사용자가 소프트웨어에 어떤 성능을 기대해야 하는지 모르면, 시간이 지날수록 지원하기가 더 어려워질 것이다. 무엇이 수용 가능한 효율성이고 아닌지에 대해 사용자는 많은 혼란을 느낄 것이다. 반면 명확한 효율성 요구사항이 있다면 소프트웨어가 충분히 이용됐는지 파악하기 쉽고, 그렇게 되면 해당 문제는 사용자 측에 원인이 있을 것이다.

---

25 심지어 공식적인 성능 및 신뢰성 관련 계약이 있고 충분한 정도의 프로그램 사용자가 있음에도 불구하고, 모든 시스템의 식별 가능한 수행은 누군가에게 달려 있게 된다. 이를 하이럼의 법칙(Hyrum's Law)이라 부른다(https://oreil.ly/UcrQo).

요약해보자. 지루하고 판에 박힌 내용일 수 있지만 여러분들은 효율성 요구사항이 정말 유용하다는 것을 알게 되었다. 물론 이는 지루하고 판에 박힌 내용일 수 있다. 이제 요구사항을 만드는 몇 가지 방안을 살펴보고, 요구사항을 수집하는 노력과 이러한 노력이 가져오는 가치에서 어떤 균형을 찾을 수 있는지 알아보자.

3.3.2 자원 효율성 요구사항

아무도 효율성 요구사항을 만들기 위한 좋은 표준 프로세스를 정의하지 않았기에, 지금 정의해보겠다.[26] 물론 가능하다면 가벼운 프로세스가 좋겠지만, 이상적인 상황을 가정해보자. 자원 효율성 요구사항RAER, Resource-Aware Efficiency Requirements 문서에 추가할 수 있는 완벽한 정보는 무엇일까? '이 프로그램이 알아서 잘 실행되길 바란다'보다는 더 구체적이고 실행 가능한 정보여야 할 것이다.

[예제 3–1]은 어떤 소프트웨어 내 단일 작업에서 데이터 주도적인, 최소한의 RAER 예시를 보여준다.

예제 3–1 RAER 엔트리 예시

```
Program: "The Ruler"
Operation: "Fetching alerting rules for one tenant from the storage using HTTP."
Dataset: "100 tenants having 1000 alerting rules each."

Maximum Latency: "2s  for 90th percentile"
CPU Cores Limit: "2"
Memory Limit: "500 MB"
Disk Space Limit: "1 GB"
...
```

이론상 RAER는 특정 작업에 대한 효율성 요구사항으로 구성돼 있다. 원칙적으로는 여기에 하나의 기록이 더 추가되어야 하는데, 이는 다음과 같다.

---

26 14개의 규칙이 15개로 증가하는 모습을 우스꽝스럽게 보여준다(https://oreil.ly/DCzpu).

- 관련 작업, API, 메서드 또는 함수

- 수행할 데이터의 크기와 구조(입력값 또는 저장된 데이터가 있는 경우)

- 작업의 최대 레이턴시

- 메모리, 디스크, 네트워크 대역폭 등 해당 데이터 세트에서 작업을 수행하기 위한 자원 소비 예산

좋은 소식과 나쁜 소식이 있다. 나쁜 소식은, 엄밀히 말해서 이러한 기록이 소규모 작업을 위해 수집되기 어렵다는 것이다. 그 이유는 다음과 같다.

- 소프트웨어를 실행하는 동안 백그라운드에서 실행되는 수백 개의 작업이 있다.

- 거의 무한대에 가까운 데이터 세트의 형태와 구조가 있다(SQL을 실행하고 저장된 SQL 데이터가 데이터 세트라고 가정해보자. 거의 무한대의 옵션 순열이 있다).

- 운영체제가 있는 현대의 하드웨어에는 소프트웨어를 실행할 때 '소비'하게 되는 수천 개의 요소가 있다. 전반적으로 CPU 시간과 메모리는 차치하더라도 개별 CPU 캐시의 공간과 대역폭, 메모리 버스 대역폭, 사용하고 있는 TCP 소켓의 수, 사용된 파일 디스크립터 그리고 수많은 다른 요소는 어떻게 해야 할까? 사용할 수 있는 모든 것을 명시해야 할까?

좋은 소식은 사소한 세부 사항을 모두 제공할 필요는 없다는 것이다. 기능 요구사항을 처리할 때 가능한 모든 사용자의 스토리와 세부 사항에 집중하는가? 아니다. 중요한 것에만 초점을 맞춘다. 유효한 입력과 예상되는 출력의 가능한 모든 순열에 대해 정의하는가? 아니다. 경곗값에 대한 몇 가지 기본 특성만 정의한다(**예** 데이터는 양의 정수여야 한다). RAER도 마찬가지다. 다음 RAER 항목의 세부 수준을 단순화하는 방법을 살펴보자.

- 자주 활용되고 비용이 많이 드는 작업에 초점을 맞추자. 이는 소프트웨어 자원 사용에 가장 큰 영향을 끼칠 것이다. 관련하여 이 책의 후반부에서 벤치마킹과 프로파일링을 설명한다.

- 사용될 수 있는 모든 사소한 자원에 대한 요구사항을 서술할 필요는 없다. 가장 중요하고, 가장 큰 영향을 주는 것부터 시작해보자. 보통 CPU 시간, 메모리 공간 그리고 저장 공간(디스크 공간 등)에 관한 구체적인 요구사항을 넣는다. 나아가, 미래에 중요할 만한 다른 자원들도 반복 적용하고 추가할 수 있다. 아마 어떤 소프트웨어는 명시할 만한 몇 가지 독특하고 값비싸고 구하기 어려운 자원(GPU 등)이 필요할지도 모른다. 그러나 특정 자원을 사용하면 확장성을 제한할 수도 있다. 예를 들어 TCP 소켓이나 디스크의 초당 I/O를 덜 사용한다면 하나의 기계에 더 많은 프로세스를 맞출 수 있다. 따라서 정말 중요할 때만 추가하도록 하자.

- 기능을 검증할 때 단위 테스트를 하는 것과 유사하게, 입력과 데이터 세트의 중요한 카테고리에만 집중한다. 엣지 케이스[edge case]27를 따라가다 보면 최악 또는 최상의 데이터 세트에 대한 자원 요구사항을 제공할 가능성이 높다. 그것만으로도 엄청난 수확이다.

- 허용된 자원 사용에 대한 입력 또는 데이터 세트의 관계를 정의하는 또 다른 방법이 있다. 이 관계를 수학적 함수의 형태로 묘사할 수 있는데, 이를 복잡도[complexity]라고 부른다. 이는 7.1.2절에서 더 자세히 설명한다. 복잡도를 확인하는 것은 추정치일지라도 꽤 효과적인 방법이다. [예제 3-1]에서 명시한 작업인 /rules에 대한 RAER는 [예제 3-2]처럼 설명할 수 있다.

예제 3-2 절대적인 수치 대신 복잡도나 처리량이 존재하는 RAER 엔트리 예시

```
Program: "The Ruler"
Operation: "Fetching alerting rules for one tenant from the storage using HTTP."
Dataset: "X tenants having Y alerting rules each."

Maximum Latency: "2*Y ms for 90th percentile"
CPU Cores Limit: "2"
Memory Limit: "X + 0.4 * Y MB"
Disk Space Limit: "0.1 * X GB"
...
```

기본적으로 FR 문서에 RAER를 포함시키기를 권한다. '효율성 요구사항'을 소제목으로 추가하면 된다. 합리적인 속도와 효율성 목표 없이 소프트웨어가 완벽하게 동작한다고 할 수는 없지 않은가?

3.3.2절에서는 소프트웨어 효율성에 대한 대략적인 요구사항과 예상 성능을 제공하는 RAER를 정의했다. 이는 추가적인 기능 개발과 최적화 기술에 큰 도움을 줄 것이다. 소프트웨어를 개발하고 기능을 추가하거나 최적화하기 전에 목표 성능을 이해하는 작업이기 때문이다.

이제 시스템, 애플리케이션 또는 기능을 제공할 때 RAER를 만들거나 추가할 수 있는 방법에 관해 설명하겠다.

---

27 경계값. 주어진 데이터 세트의 최댓값과 최솟값

3.3.3 효율성 목표 달성 및 평가

소프트웨어 프로젝트를 진행할 때, 이미 명시된 RAER가 있을 가능성도 있다. 좀 더 큰 조직에서는 기능 요구사항에서 효율성 요구사항을 최우선으로 수집하는 경우가 있다. 이 작업에 최선을 다하는 프로젝트 매니저나 프로덕트 매니저가 있을 수도 있다. 하지만 여기서도 실제로 요구사항을 달성할 수 있는지 확인해야 한다. 만약 RAER를 수집하지 않는다면, 프로젝트 매니저나 프로덕트 매니저에게 정보를 제공해달라고 요청하자. 작업자가 요청한 것을 제공하는 것이 그들의 업무다.

하지만 안타깝게도 대부분, 특히 작은 회사나 커뮤니티 주도 프로젝트 또는 개인 프로젝트의 경우, 효율성 요구사항 문서가 존재하지 않는다. 그러면 스스로 효율성 목표를 세워야 한다. 어떻게 시작하면 좋을까?

다시 강조하면 이 작업은 기능 목표와 비슷하다. 사용자를 위해 가능하면 속도와 운영 비용 측면에서 사용자에게 필요한 것이 무엇인지 생각해야 한다. 따라서 효율성과 속도의 측면에서 이해관계자나 고객이 무엇이 필요한지, 어디에 비용을 기꺼이 지불할지 그리고 사용자 입장에서는 제약이 있는지 등을 물어야 한다(클러스터에는 4개 서버만 있어야 한다거나, GPU에 512MB의 내부 메모리만 가지고 있어야 한다는 조건 등). 마찬가지로 유능한 프로덕트 매니저와 개발자는 기능 개발을 통해, 사용자가 요구하는 성능 조건을 효율성 목표로 삼고자 한다. 하지만 이는 이해관계자가 엔지니어 출신이 아니라면 쉽지 않은 일이다. 그렇다 해도 '이 애플리케이션을 빠르게 실행해 주세요'라는 추상적인 사용자 요구사항을 조금 더 구체적으로 변경할수 있어야 한다.

> **TIP** 만약 이해관계자가 소프트웨어에 기대하는 레이턴시 수치를 제공할 수 없다면, 지표를 직접 결정하자. 처음에는 어려울 수 있지만, 시간이 지나면 업무를 조금 더 편하게 만들어 줄 것이다. 이해관계자가 그 수치의 의미에 관해 이야기하고 싶어 할지도 모르기 때문이다.

시스템 사용자의 자아는 다양하다. 어떤 회사가 서비스형 소프트웨어인 SaaS^Software as a Service를 제공할 예정인데 이미 서비스의 가격을 정했다고 가정해보자. 그러면 사용자는 속도와 정확도에 관심을 가질 것이고 회사는 이익과 손해(소프트웨어를 운영하는 데 드는 비용이 너무 큰 경우)가 얼마나 될지 계산기를 두드려 볼 것이기 때문에, 소프트웨어의 효율성에 관심을 둘 수밖에 없다. 따라서 SaaS의 경우 RAER에 대한 입력 소스는 하나가 아닌 2개가 된다.

> **NOTE_ 개밥 먹기**
>
> 종종 작은 코딩 라이브러리 도구와 인프라스트럭처 소프트웨어에서는 개발자가 사용자가 되기도 한다. 그러면 개발자가 사용자의 관점에서 REAR를 설정할 수 있어서 작업이 쉬워질 수도 있다. 이는 개발자가 본인이 만드는 소프트웨어를 직접 사용해보면 좋다는 말의 이유가 된다.[28] 이를 **개밥 먹기**dogfooding라고 부른다.

하지만 아쉽게도 사용자가 직접 RAER를 정하려고 해도 현실은 녹록지 않다. 사용자 관점에서 제안한 내용을 예상 시간 안에 수행하리라고 확신할 수 있는가? 시장의 요구를 인지할 수는 있겠지만, 팀의 기술 스택, 기술적 가능성, 필요한 시간 등을 전반적으로 고려하여 실제로 그 요구 내용을 제공할 수 있는지도 검증해야 한다. 어떤 RAER가 주어지더라도, 달성 가능성 관점에서 본인만의 검증을 거치고, RAER를 규정하고, 평가해야 한다. 이 책에서는 해당 과제를 달성하기 위한 모든 조건을 설명할 것이다. RAER를 정의하는 프로세스의 한 예를 살펴보자.

3.3.4 예시 RAER 정의

복잡한 RAER 문서를 정의하고 평가하는 것이 어렵게 느껴질 수 있다. 그러나 아예 처음부터 시작할 경우 사소하지만 명확한 요구사항부터 살펴보는 것이 합리적이다.

명확한 요구사항을 설정하는 것은 사용자의 관점에 맞춰진다. 소프트웨어를 그 맥락에서 가치 있게 만드는 최소 요구사항을 찾아야 한다. JPEG 형식의 여러 이미지 파일에 이미지 향상 기능을 적용하는 소프트웨어를 만들어야 한다고 가정해보자. RAER에서 이미지 변환을 '작업'으로 그리고 이미지 집합과 선택된 향상을 '입력'으로 처리할 수 있다.

RAER의 두 번째 항목은 작업의 레이턴시다. 사용자 입장에서는 소프트웨어가 빠를수록 좋다. 그러나 개발자들은 경험상 이미지 향상 속도에는 제약이 있다는 사실을 안다. 특히 이미지 용량이 크고 이미지 수가 많다면 더욱 그렇다. 이때 어떻게 하면 잠재적인 사용자를 설득할 수 있

---

28 「트위터. 필자의 개밥 먹기 설명」 *https://oreil.ly/xBgef*

을 만한 합리적인 레이턴시 요구사항을 찾아서, 이를 소프트웨어에 적용할 수 있을까?

효율성 세계에 처음 발을 들였다면 특정 지표에 동의하기 쉽지 않다. 예를 들어 하나의 이미지 처리에 2시간은 너무 길고 20나노초는 달성하기 어려운 지표임을 모두 이해한다. 그러나 중간 지점을 찾기는 어렵다. 3.3.1절에서 설명했듯이 소프트웨어를 쉽게 평가할 수 있도록 특정 지표를 설정해보기를 권한다.

> **NOTE_ 효율성 요구사항 설정은 급여 협상과 같다.**
>
> 노력에 상응하는 보상을 하는 일은 프로그램의 레이턴시나 자원 사용의 요구사항에서 적정 지점을 찾아내는 일과 유사하다. 지원자는 가능한 높은 급여를 원하지만, 고용주는 과하게 지불하고 싶어 하지 않는다. 지원자가 제공할 노동력의 가치가 얼마가 될지, 그 작업에 의미 있는 목표를 어떻게 설정할지 예측하기는 어렵다. 이런 점에서 급여 협상은 RAER 설정과 비슷하다. 너무 높은 기대치를 가지지 말고, 다른 경쟁자를 살피고, 협상하고, 서로 시험하는 기간을 두도록 하자.

레이턴시나 자원 소비 같은 RAER의 세부 사항을 설정하는 방법 중 하나는 경쟁사를 확인해보는 것이다. 이미 효율성을 보장하기 위해 프레임워크나 제약사항을 마련한 경쟁사들이 있다. 경쟁사들의 기준 그대로 자체 지표를 설정할 필요는 없지만, 경쟁사들이 무엇을 할 수 있는지 또는 고객이 무엇을 원하는지 단서를 얻을 수는 있다.

물론 경쟁사를 확인하는 방법도 유용하지만 충분하지는 않다. 결국 염두에 두고 있는 시스템, 알고리즘, 최신 하드웨어를 기반으로 대략 무엇을 할 수 있을지 스스로 측정해야 한다. 처음엔 단순한 알고리즘을 규정해보며 시작하자. 작성된 첫 알고리즘이 가장 효율적이지 않을 것이라고 추정할 수 있지만, 거의 노력을 들이지 않고도 무엇이 달성 가능할지 알게 해주는 발판이 된다. 예를 들어 JPEG 이미지를 SSD에서 읽고, 메모리로 디코딩하고, 개선점을 적용하고 다시 인코딩한 후 디스크에 쓰는 기능과 관련해 문제가 생긴 상황을 가정해보자.

이렇게 알고리즘을 통해 잠재적인 효율성을 논의할 수 있다. 하지만 3.5절과 7.3절에서 볼 수 있듯 효율성은 이외에도 많은 요소에 의존한다. 기존 시스템에서 측정하기란 어렵고, 구현되지 않은 알고리즘에서 예측하는 것은 말할 것도 없다.

여기서 냅킨 수학을 이용한 복잡도 분석을 실행한다.

7.1절에서 복잡도 분석과 냅킨 수학을 더 상세하게 다루겠지만, 앞선 예시인 JPEG 개선 문제에 관한 초기 RAER를 빠르게 정의해보자.

복잡도는 입력과 자원의 사용 효율성을 함수로 표현할 수 있도록 한다. RAER에서 입력값은 무엇인가? 우선 최악의 상황을 가정해보자. 시스템에서 가장 느린 부분을 찾고 어떤 입력값이 발단이 되었는지 알아보자. 예제에서 입력으로 정했던, 가장 큰 이미지(**예** 8K 해상도)를 처리하는 과정이 가장 오래 걸린다고 생각할 수 있다. 이때 최악을 가정한다면, 일련의 이미지를 처리하는 요구사항이 있는 상황이 있을 수 있다. 특히 이미지들이 서로 다른데 동시성을 사용하지 않는 경우다. 즉 '**가장 큰 이미지를 처리하는 데 걸리는 시간 × 처리해야 할 이미지의 수**'가 최악의 경우다.

최악의 입력으로 JPEG 포맷에, 8K 이미지를 생각한다면 복잡도를 추정해볼 수 있다. 입력값의 크기는 고유색의 수에 달렸지만 필자가 찾은 이미지는 대부분 4MB였다. 그러므로 이 수치를 입력값의 평균 크기로 나타내자. 부록에 실린 데이터를 사용한다면, 입력값이 적어도 읽는 데 5밀리초가 걸리고 디스크에 저장하는 데 0.5초 걸린다고 계산할 수 있다. 비슷하게 JPEG 형식으로부터 인코딩하고 디코딩하는 것은 적어도 메모리에서 7,680×4,320픽셀(대략 3,300만)까지 반복문을 통과하고 할당하는 것을 의미한다. JPEG 처리를 위한 Go의 표준 라

---

[29] 이 책에서는 최적화하는 데 냅킨 수학을 자주 사용한다. 따라서 부록 A에 레이턴시 추정을 위한 작은 치트 시트를 추가했다.

이브러리인 image/jpeg[30]에서, 각각의 픽셀은 YCbCr 포맷[31]에서 색깔을 표현하기 위해 세 가지 unit8 수치로 표현된다.

이는 약 1억 개의, 부호 없는 8바이트 정수를 의미한다. 이를 통해 잠재적인 실행 시간과 공간 복잡도를 확인할 수 있다.

실행 시간

메모리에서부터 각 요소를 RAM에서 순차적으로 읽는 데 대략 5ns 정도 걸리고, 디코딩해서 한 번, 인코딩해서 한 번, 총 2번 가져와야 한다. 이는 2×1억×5ns, 즉 1초를 의미한다. 향상된 기능이나 더 까다로운 알고리즘을 적용하지 않고는 단일 이미지에 대한 작업이 1초 + 0.5초보다 빠를 수 없으므로 그 계산의 결과는 1.5초가 된다.

냅킨 수학이 추정에 불과하기 때문에 그리고 실제적인 개선 작업에 대해 설명하지 않았기에, 이 수치의 3배 정도까지는 틀릴 수 있다고 가정하는 것이 안전할 수 있다. 이에 따라 단일 이미지의 안전성을 고려하여 초기 레이턴시 요구사항으로 5초를 사용할 수 있으므로, N개의 이미지에 대한 작업에 5×N 초가 걸린다는 사실을 추정할 수 있다.

공간

전체 이미지를 메모리로 읽는 알고리즘의 경우, 이미지를 저장하는 것이 가장 많은 메모리를 할당하는 작업일 것이다. 픽셀당 3개의 uint8이라고 위에서 언급한 것처럼, 3,300만×3×8바이트가 있으므로 최대 792MB의 메모리 사용이 가능하다.

앞에서는 일반적인 사례와 최적화되지 않은 알고리즘을 가정했기에 해당 초기 수치를 향상시킬 수 있다고 기대한다. 그러나 사용자가 10개 이미지당 50초를 기다리고 각 이미지에 1GB를 사용하는 것이 더 나을 수 있다. 즉 이런 수치를 알면 효율성 작업의 범위를 좁힐 수 있다.

수행한 계산의 신뢰도를 더 높이기 위해 또는 냅킨 수학 계산에서 막혔을 경우를 대비해, 시스템에서 중요하고도 가장 느린 작업에 대해 벤치마크[32]를 빠르게 수행할 수 있다. 그래서 표준

---

30 「Go 문서, jpeg 라이브러리」, *https://oreil.ly/3Fnbz*

31 「위키피디아, YCbCr」, *https://oreil.ly/lWiTf*

32 이 책의 7장에서 벤치마크에 대해 세부적으로 다룰 것이다.

Go `jpeg` 라이브러리를 사용하여 8K 이미지를 읽고, 디코딩 및 인코딩하고 저장하는 하나의 벤치마크를 작성해 두었다. [예제 3-3]은 벤치마크의 결과를 요약한 내용이다.

예제 3-3 8K JPEG 파일을 읽고 디코딩 및 인코딩하고 저장하는 Go 마이크로벤치마크의 결과

```
name          time/op
DecEnc-12     1.56s ±2%
name          alloc/op
DecEnc-12     226MB ± 0%
name          allocs/op
DecEnc-12     18.8 ±3%
```

런타임 계산이 꽤 정확했다는 사실을 알 수 있다. 8K image에 대해 기본적인 연산을 수행하는 데 평균적으로 1.56초가 소요되었다. 하지만 할당된 메모리는 예상보다 3배 좋았다. YCbCr `struct's comment`[33]를 자세히 살펴보면 Y 샘플을 픽셀마다 저장한다. 그러나 Cb와 Cr 샘플은 하나 또는 그 이상의 픽셀에 걸칠 수 있기 때문에 차이가 생겼다.

RAER를 학습하고 평가하는 일이 복잡해보일 수 있지만 중요한 개발을 하기 전 이 수치들을 이해하고 연습해보길 추천한다. 그리고 나면 벤치마킹과 냅킨 수학을 이용해 대략적인 알고리즘으로 RAER 내용을 달성할 수 있는지 빠르게 파악할 수 있다. 같은 과정을 통해 더 쉽게 달성할 수 있는 최적화의 여지가 있는지 알아낼 수 있다. 3.5절에서 이를 더 자세히 설명한다.

RAER를 획득하고, 규정하고, 평가할 수 있는 능력과 더불어 마지막으로 몇 가지의 효율성 문제를 정복해보면 좋겠다. 이를 위해 3.4절에서는 스트레스를 주는 상황을 능숙하게 해결할 수 있도록 단계별 방법을 추천한다.

3.4 효율성 문제에 대처하는 태도

첫째, 패닉에 빠지지 말자. 모두 같은 문제를 겪어봤다. 예를 들어 몇 가지 코드를 작성했고, 디바이스에서 검증했고, 잘 작동하는 것까지 확인했다. 자랑스럽게 배포했는데 누군가가 바로 성

---

33 「깃허브, golang/go 중 YCbCr 주석」, *https://oreil.ly/lm3T4*

능 이슈를 보고했다. 다른 사람의 기계에서는 충분히 빠르게 동작하지 않은 것으로 보인다. 예상치 못한 RAM 용량을 사용자의 데이터 세트에서 사용한 것 같다.

스스로 만들고 관리하고 책임지는 프로그램에서 효율성 문제를 마주했을 때, 몇 가지 선택지가 있다. 하지만 어떠한 결정을 내리기 전에 먼저 해야 할 중요한 일이 있다. 문제가 발생했을 때 자신과 팀을 향한 부정적인 감정을 완전히 비우자. 실수가 생기면 자연스럽게 본인이나 타인을 비난하게 된다. 또 누군가 당신의 작업에 관해 불평한다면 죄책감을 느끼게 된다. 하지만 효율성이라는 주제가 어렵다는 사실을 모두 공감하고 인지하고 있어야 한다. 비효율 또는 버그가 발생하는 코드는 매일 발생하고, 심지어 경험 많은 개발자들에게 똑같은 일이 일어난다. 따라서 실수를 너무 부끄러워하지 않아도 된다.

갑자기 프로그래밍 책에서 감정을 다루는 이유는 무엇일까? 왜냐하면 개발자들의 정신 상태가 코드 효율성에 잘못된 접근을 하게 하는 주요 원인이 될 수 있기 때문이다. 새로운 일에 도전할 때나 필요 없는 부분을 제거할 때 느끼는 두려움, 답답함, 미루는 버릇 등은 부정적인 결과의 극히 일부일 뿐이다. 경험상 스스로와 타인을 비난하기 시작하면 문제를 해결하기보다 생산성을 떨어뜨리고 불안과 스트레스를 키운다. 때문에 효율성 문제 등을 포함한 다른 문제들을 해결할 때 전문적이고 합리적인 결정을 내리는 데 방해가 된다.

> **TIP** **비난 없는 문화가 중요하다.**
> 사이트 신뢰성 엔지니어들이 사고 이후로 수행하는 '**포스트모템**postmortem' 과정에서는 특히 비난 없는 태도로 다가가야 한다. 예를 들어 어떤 사람이 치명적인 실수를 했다고 가정하자. 이 사람을 주눅 들게 하거나 처벌하는 것이 목적이 아니라, 다음에 비슷한 사고를 예방하기 위해 원인을 파악해야 한다. 게다가 비난 없는 접근은 상대방을 존중하는 방식이기 때문에 구성원들을 정직하게 만든다. 따라서 모두가 편하게 이슈를 제기할 수 있는 분위기를 조성할 수 있다.

너무 걱정하지 말자. 대신 맑은 정신으로, 거의 로봇같이 프로세스를 따르자(모든 것은 언젠가 자동화된다). 그러나 실질적으로 성능 문제 전부에 최적화가 따라와야 하는 것은 아니다. 필자는 [그림 3-3]과 같은 개발 절차를 따를 것을 제안한다. 단, 아직은 최적화 단계가 목록에 없음을 유의하자.

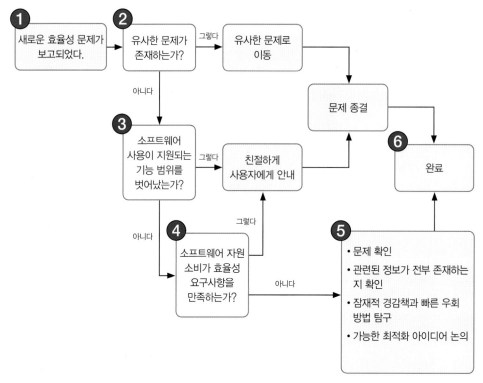

그림 3-3 효율성 문제 분류를 위한 추천 절차

효율성 문제가 보고됐을 때 수행되는 6단계의 절차는 다음과 같다.

1단계: 이슈 트래커에서 효율성 문제가 보고됐다

누군가 소프트웨어 효율성 문제를 보고했을 때 전체 절차가 시작된다. 만약 문제가 하나 이상이라면, 항상 모든 이슈에 [그림 3-3]의 절차를 시행하자(분할 정복). 개인 프로젝트에서도 이 절차를 적용하고 이슈 트래커를 통해 문제를 추적하는 작업을 습관화하자.

2단계: 중복성을 검사하자

사소할 수도 있지만, 체계화하도록 노력하자. 다중의 이슈를 하나의 집중된 논의로 결합하는 시도다. 아쉽지만 아직은 (인공지능과 같은) 자동화가 수준급으로 중복성을 찾을 수 있는 수준은 아니다.

3단계: 기능 요구사항에 대한 환경을 검증하자

효율성 문제 보고자가 지원하는 기능을 사용했는지 확인해야 한다. 개발자는 기능 요구사항에 정의된 특정 사용 사례에 대한 소프트웨어를 설계한다. 그러나 사용자들은 저마다의 사용 사례를 해결하기 위해 개발자가 의도하지 않은 일을 함으로써 종종 소프트웨어를 '오용'한다. 이런 사용자들의 시도는 운이 좋으면 문제가 해결되지만, 어떤 경우에는 시스템 충돌을 일으키거나 예상치 못하게 자원을 사용하고 속도를 떨어뜨린다.[34]

합의된 선행 조건이 맞지 않는 경우, 동일한 작업을 수행해야 한다. 예를 들어 지원되지 않는 잘못된 형태를 요구받은 경우, GPU 자원이 필요한데 해당 자원을 가진 기계가 아닌 다른 기계에 소프트웨어가 배포되는 경우 등이 여기에 해당된다.

4단계: RAER의 반대급부 상황을 검증하자

속도와 효율성에 관한 몇 가지 기대치는 충족될 필요가 없거나 충족되지 못한다. 이때가 바로 3.3.2절에서 다룬 형식적인 요구사항의 설명서가 아주 중요해지는 지점이다. 만약 보고된 관찰(예 정상적인 요청에 대한 응답 레이턴시)이 여전히 합의된 소프트웨어 성능 지표 내에 있다면, 이 사실을 전달하고 다음 단계로 나가야 한다.[35]

마찬가지로 이슈를 발견한 사람이 소프트웨어에서 SSD가 요구되는 곳에 HDD 디스크를 썼다거나 계약서상 명시된 CPU보다 낮은 코어의 기계에서 프로그램을 작동시켰다면 이러한 버그 리포트는 정중하게 거절해야 한다.

> **NOTE_ 기능 요구사항 혹은 효율성 요구사항은 변경될 수 있다.**
> 기능 혹은 효율성 설명서가 모든 난처한 경우를 예측할 수는 없다. 결과적으로 설명서는 현실에 맞게끔 개선되어야 한다. 요구사항과 수요가 진화되며 발전할수록, 성능 설명서와 예측 또한 따라서 발전되어야 한다.

---

34 예를 들어 3.3절에서 언급한 XY 문제의 예시를 보면 된다.

35 문제를 제기한 사람은 만약 설명서 변경이 충분히 중요하거나 이에 대해 더 지불할 용의가 있다면 프로덕트 오너와 명백하게 설명서 변경에 대해 협의할 것이다.

5단계: 문제를 인정하고, 우선순위에 적어 두고, 다음 단계로 나아간다

문제와 관련된 결과 그리고 모든 이전 단계를 확인한 후에는, 지금 보고된 문제에서 아무것도 하지 않아도 된다(심지어 권장한다). 관심이 더 필요한 부분, 중요하지만 기한이 지난 기능, 코드의 다른 부분에서 발생한 또 다른 효율성 문제 등이 있을 수 있다.

세상은 완벽하지 않고, 모든 것을 해결할 수는 없다. 따라서 단호한 태도를 가져야 한다. 이 태도는 문제를 무시하는 것과는 다르다. 문제가 있음을 인식하고 병목 현상을 파악하는 질문을 던진 뒤, 나중에 그것을 최적화해야 한다. 그리고 소프트웨어의 운영 버전을 정확히 파악하고, 사용자가 차선책 또는 힌트를 제공함으로써 개발자가 근본 원인을 알아내는 데 도움을 주도록 만들어야 한다. 그러려면 무엇이 잘못될 수 있는지 논의하고 이슈에 관한 모든 것을 작성해야 한다. 이는 추후 개발자들이 훨씬 더 좋은 출발점에서 문제를 풀어나가는 데 도움을 준다. 그리고 다음 최적화를 해야 할 분기에 팀과 함께 이 이슈를 우선순위에 두겠다고 분명히 전달해야 한다.

6단계: 모든 이슈를 처리했다

축하한다. 이슈를 모두 처리했다. 열린 결말 또는 닫힌 결말일 것이다. 모든 절차를 거친 후에도 열린 결말이라면, 그 긴급성을 모두 알 것이고 다음 단계에서 팀과 논의할 거리가 된다. 이렇게 특정한 문제를 처리하는 계획을 세웠다면 3.6절에서는 효율성 워크플로가 이를 효과적으로 수행할 수 있는지 설명한다. 두려워하지 말자. 생각보다 쉽다.

> **NOTE_ 효율성 워크플로는 SaaS와 영구 설치된 소프트웨어 모두 적용 가능한 절차다.**
> 노트북, 스마트폰, 서버(온프레미스)에서 사용자가 설치하고 실행하는 소프트웨어에도 동일한 절차를 적용할 수 있다. 심지어 SaaS도 마찬가지다. 개발자들은 여전히 모든 이슈를 체계적으로 분류하도록 노력해야 한다.

앞서 최적화를 합리적인 것과 의도적인 것으로 분류했다. 이제 다음 분류로 넘어가보자. 소프트웨어 효율성 최적화의 문제를 단순화하고 구분해두기 위해, 몇 가지 단계로 나눌 수 있다. 그 후 개별적으로 최적화 작업을 설계하고 수행할 수 있다. 다음 3.5절에서 이 내용을 자세히 다룬다.

3.5 최적화 설계 수준들

앞서 다룬 지난한 출퇴근 예시를 떠올려보자(3장에서 해당 사례를 여러 번 사용한다). 만약 출퇴근에 상당한 노력이 들고 시간이 너무 걸려서 불행해진다면, 최적화하는 것이 합리적이다. 그 방법에는 다양한 수준이 있다.

- 걷는 데 편한 신발을 사는 것부터 작게 시작하기

- 도움이 된다면 전기 스쿠터나 자동차 구매하기

- 이동하는 데 거리나 시간이 덜 소요되도록 계획하기

- 출퇴근 시간을 낭비하지 않기 위해 ebook 리더기를 사서 ebook을 읽는 취미에 투자하기

- 직장 가까이 이사하거나 직장 바꾸기

하나 또는 모든 수준에서 최적화 방법을 선택하여 수행할 수 있지만, 각 최적화에 드는 투자, 기회비용(자동차 구입 비용), 노력은 모두 다르다. 가능하면 최소한의 노력으로 최대의 가치를 얻도록 하는 것이 최선이다.

이러한 수준에는 중요한 측면이 또 있다. 더 높은 수준의 최적화를 수행한다면 낮은 수준의 최적화는 영향을 받거나 평가 절하될 수 있다. 예를 들어 출퇴근을 최적화하기 위해 특정 수준의 최적화를 여러 번 수행했다고 가정하자. 더 나은 차를 사고, 기름값을 아끼기 위해 카풀을 모집하고, 교통체증을 피하기 위해 근무시간을 변경하는 등 여러 방법을 써봤다. 그런데 이제 더 높은 수준의 최적화를 결정했다고 가정하자. 근무지까지 도보로 이동할 수 있는 아파트로 이사한 경우, 전에 최적화를 하려던 많은 노력과 투자는 완전히 낭비는 아니었더라도 그 가치가 떨어진다. 이는 엔지니어링 분야에서도 마찬가지다. 최적화 노력을 언제 어디에 사용해야 하는지 알아야 한다.

컴퓨터 과학을 공부할 때, 학생들은 알고리즘과 자료 구조에 대한 이론을 배우며 최적화를 처음 접하게 된다. 학생들은 더 나은 시간 및 공간 복잡도를 가진 여러 알고리즘을 사용하며 어떻게 프로그램을 최적화하는지 탐구한다(7.1.2절에서 이를 더 자세히 설명한다). 코드에서 사용했던 알고리즘을 바꾸는 작업은 중요한 최적화 기술이지만, 소프트웨어 효율성을 향상시키기 위해서는 그 이상의 많은 변수와 영역을 고려해야 한다. 정확히 이야기하면, 소프트웨어가 의존하는 수준은 더 다양하다.

[그림 3-4]는 소프트웨어 실행에서 중요한 역할을 수행하는 수준들을 제시한다. 이 수준들의

목록은 1982년에 작성된 존 루이스 벤틀리의 목록^{Jon Louis Bentley's list}에서 영감을 얻었는데[36] 아직까지도 매우 정확하다.

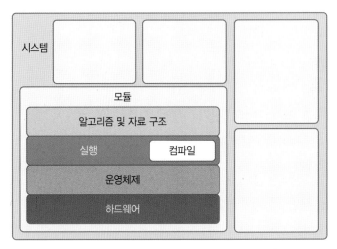

그림 3-4 소프트웨어 실행 단계에서 각각의 역할을 하는 모습. 최적화는 각각의 단계에서 진행될 수 있다.

이 책에서는 5개의 설계 수준을 설정했다. 각 수준에는 최적화 접근법과 검증 전략이 모두 존재한다.

시스템 수준

대부분 하나의 소프트웨어는 더 큰 시스템의 일부분이다. 배포된 많은 프로세스 중 하나이거나 더 큰 모놀리스 애플리케이션의 한 스레드일 것이다. 이때 모든 시스템은 다중 모듈의 주변에 구성돼 있다. 하나의 모듈은 메서드, 인터페이스, 다른 API를 통해 특정한 기능을 상호 교환하고 더 쉽게 수정되도록 캡슐화하는, 소프트웨어의 작은 구성요소다.

각각의 Go 애플리케이션은, 가장 작은 요소조차도 다른 모듈로부터 코드를 불러올 수 있는 실행 가능한 모듈이다. 다시 말해 소프트웨어는 다른 구성요소에 의존한다. 시스템 수준에서 최적화하는 작업은 어떤 모듈이 사용되었고, 해당 모듈이 다른 모듈과 어떻게 연결돼 있는지, 누가 어느 구성 요소를 요청하는지 그리고 얼마나 자주 요청하는지 등을 바꾸는 것이다. 모듈과

---

36 존 루이스 벤틀리, 『Writing Efficient Programs』(Prentice Hall, 1982)

API를 통해 작동하는 알고리즘을 설계한다고 할 수 있으며, 이 모듈과 API는 개발자의 자료 구조다.

이 작업은 여러 사람의 노력과 좋은 설계 디자인이 선행되는 복잡한 작업이다. 그러나 성능은 엄청나게 개선된다.

모듈 간 알고리즘과 자료 구조 수준

입력과 예상되는 결과라는 해결해야만 하는 문제를 고려할 때, 모듈 개발자는 절차상 두 가지 중요한 요소를 설계하며 일을 시작한다. 첫 번째는 '**알고리즘**'이다. 이는 정확한 결괏값을 산출하는 등의 문제를 해결하기 위해 데이터를 기반으로 작동하며 문제를 해결할 수 있는 유한한 연산으로 구성된다. 이진 탐색binary search, 퀵 정렬quicksort, 병합 정렬merge sort, 맵리듀스map-reduce 등 유명한 알고리즘들은 많이 들어봤을 것이다. 하지만 프로그램이 수행하는 맞춤식 단계는 무엇이든 알고리즘으로 불릴 수 있다.

두 번째 요소는 종종 선택된 알고리즘에 의해 함축되는 '**자료 구조**'다. 이들은 데이터(ⓒ 입력값, 결괏값, 주기적인 데이터)를 컴퓨터에 저장한다. 이때 배열, 해시맵, 연결 리스트, 스택, 큐 등을 섞어 사용하거나, 직접 만든 자료 구조 등 거의 무제한으로 선택할 수 있다. 하지만 모듈 내에서 알고리즘을 확실하게 선택하는 일은 매우 중요하다. 이들은 구체적인 목표(요청 레이턴시 등)와 입력 특성들을 위해 반드시 개선돼야 한다.

실행 (코드) 수준

모듈에서 알고리즘은 코드로 작성되고, 기계어로 컴파일하기 전까지는 존재하지 않는다. 개발자들은 이 과정에서 아주 큰 인내심을 가진다. RAER를 충족시키도록 비효율적인 알고리즘을 효율적으로 실행시킬 수 있는 반면, 효율적인 알고리즘을 형편없이 실행해서 의도치 않은 시스템 성능 저하를 일으킬 수도 있다. 코드 수준에서의 최적화는 Go와 같은 고수준 언어를 사용하여 프로그램이 특정 알고리즘을 실행하도록 작성하는 작업과, 동일한 알고리즘을 사용하면서 동일하고 정확한 결괏값을 산출하고, 원하는 모든 측면에서 더 효율적인 프로그램을 생산하는 작업을 말한다.

일반적으로 알고리즘과 코드 수준에서 최적화가 함께 진행된다. 한편 하나의 알고리즘을 확정하고 오직 코드 최적화에만 집중하는 방법도 있는데, 이 방법이 더 쉽기는 하다. 10장과 11장에서 그 두 가지 방법을 더 자세히 설명한다.

> **NOTE_** 어떤 옛날 자료들은 컴파일 단계를 개별적인 수준으로 간주한다. 그러나 코드 수준의 최적화 기술은 컴파일러 수준을 포함해야 한다. 개발자가 작성한 코드와 컴파일러가 코드를 기계어로 번역하는 방식 사이에는 밀접한 상관관계가 있다. 개발자는 이를 이해해야 한다. Go 컴파일러에 관해 4.3절에서 더 자세히 설명한다.

운영체제 수준

요즘 소프트웨어는 하드웨어 기기에서 직접 실행되지도 않고 단독으로 작동하지도 않는다. 대신 각각의 소프트웨어 실행을 프로세스(그리고 스레드)로 나누고, CPU 코어에 스케줄링하고 메모리나 I/O 관리, 장치 접근 등의 다른 필수적인 서비스들을 제공하는 운영체제를 작동시킨다. 그 위에 가상 머신이나 컨테이너 같은 가상화 레이어를 둘 수 있다. 특히 가상화 레이어를 클라우드 네이티브 환경과 같은 운영체제의 서비스 자원에 놓을 수 있다.

다만 모든 레이어는 오버헤드를 유발한다. 운영체제 개발 및 설정을 제어하는 사람들은 이 오버헤드를 최적화할 수 있다. 이 책에서는 Go 개발자가 이 단계에 거의 영향을 미치지 않는다고 가정한다. 그러나 다른 높은 수준에서 효율성을 달성하는 데 도움이 되는 어려움과 사용 패턴을 이해함으로써 많은 것을 얻을 수 있으므로, 이에 대해 4장에서 유닉스 운영체제와 대중화된 가상화 기술을 중심으로 하여 살펴보도록 하겠다. 이 책에서는 장치 드라이버와 펌웨어도 이 범주에 속한다고 가정한다.

하드웨어 수준

특정 시점에 코드에서 번역된 명령어 세트가 RAM이나 로컬 디스크, 네트워크 인터페이스, 입력 및 출력 장치와 같은 메인 보드의 다른 필수 부품에 연결된 내부 캐시와 함께 컴퓨터 CPU 단위에 의해 실행된다. 개발자 또는 운영자는 종종 앞서 언급된 운영체제 수준 덕분에 복잡한 것들을 추상화할 수 있다(이는 하드웨어 제품마다 다르다). 그러나 응용 프로그램의 성능은 하드웨어 조건에 의해 제한된다. 예를 들어 멀티 코어인 기계에서 NUMA 노드의 존재와 이것이 성능[37]에 어떤 영향을 미치는지 알고 있는가? CPU와 메모리 노드 사이의 메모리 버스가 대

---

37 「NUMA의 성능 영향: 무지의 해악」, *https://oreil.ly/r1slU*

역폭을 제한한다는 것을 알고 있는가? 이는 소프트웨어 효율성 최적화 프로세스에 영향을 미칠 수 있는 포괄적인 주제다. 4장과 5장에서 이 주제를 간략하게 살펴보고, Go가 이 문제를 해결하기 위해 사용하는 메커니즘을 함께 살펴볼 것이다.

문제의 영역을 수준별로 나누는 것의 실질적인 장점은 무엇일까? 우선 연구[38]들을 살펴보면 응용 프로그램 속도에 관해 언급된 수준 중 하나에서 10~20의 계수로 속도를 높이는 것이 종종 가능하다는 사실을 알 수 있다.

결론적으로 요구되는 시스템 효율성을 얻기 위해 최적화의 한 수준에만 집중할 수 있다는 것을 의미[39]하므로 좋은 소식이라고 볼 수 있다. 그러나 한 수준에서 10~20번 시스템 구현을 최적화했다고 가정하자. 그랬을 때 개발 시간, 가독성 및 유지보수성(그림 3-2의 적정지점)에서 상당한 희생이 있어야 이 수준을 추가로 최적화할 수 있게 된다. 그래서 최적화를 달성하기 위해 다른 수준을 더 많이 살펴보아야 한다.

나쁜 소식은 특정 수준을 변경하지 못할 가능성이 있다는 것이다. 예를 들어 개발자에게는 일반적으로 컴파일러, 운영체제 또는 하드웨어를 쉽게 변경할 수 있는 권한이 없다. 마찬가지로 시스템 관리자는 소프트웨어가 사용하는 알고리즘을 변경할 수 없다. 대신에 그들은 시스템을 교체하고 설정하거나 조정할 수 있다.

> **CAUTION** **최적화에 대한 편견 주의하기**
>
> 같은 효율성 문제에 대해 같은 회사 내 엔지니어링 팀들이 서로 다른 해결책을 제시한다는 사실은 재미있지만 무섭기도 하다.
>
> 그룹에 더 많은 시스템 관리자 또는 데브옵스 엔지니어가 있는 경우, 솔루션은 종종 다른 시스템, 소프트웨어 또는 운영체제로 전환하거나 시스템을 튜닝하는 것이 된다. 반면, 소프트웨어 엔지니어링 그룹은 대부분 동일한 코드베이스, 최적화 시스템, 알고리즘 또는 코드 수준에서 반복해서 적용하려 할 것이다.

---

38 『Perspectives on Computer Science』(Academic Press, 1977) 속 라즈 레디(Raj Reddy), 앨런 뉴얼(Allen Newell)의 시스템 속도 향상('Multiplicative Speedup of Systems')은 각 소프트웨어 설계 수준에 대해 잠재적으로 10배 정도의 속도를 향상하는 방법에 관해 자세히 설명한다. 더욱 흥미로운 사실은 계층적 시스템의 경우 여러 수준의 속도 향상이 배가 되어서, 최적화할 때 성능 향상에 크게 기여한다는 것이다.

39 이것은 꽤 엄청난 생각이다. 예를 들어 한 애플리케이션이 10초 안에 결과를 내는데, 어떤 수준(예 알고리즘)을 최적화하여 1초로 줄인다면 시장의 판도를 바꿀 수 있다.

각 수준을 변경했던 경험에서 이러한 편향을 갖게 되지만, 결론적으로 이러한 편향은 부정적인 영향을 줄 가능성이 높다. 예를 들어 RabbitMQ[40]에서 카프카[41]로 전체 시스템을 전환하는 데는 엄청난 노력이 든다. 만약 RabbitMQ가 너무 느리다고 판단하여 시스템 전환 작업을 수행하는 경우, 간단한 코드 수준의 최적화는 과할 수 있다. 반대로 다른 목적을 위해 설계된 시스템의 효율성을 위해 코드 레벨에서 하는 최적화 작업은 충분하지 않을 수 있다.

이제까지 최적화가 무엇인지 살펴보았다. 성능 목표를 설정하는 방법, 효율성 문제를 처리하는 방법 그리고 설계 수준에 대해서도 다루었다. 이제는 모든 내용을 종합해서 개발 주기 전체를 완전히 이해해보자.

3.6 효율성 인식 개발 절차

> 프로그램 설계 초창기에 개발자의 주된 관심사는 프로젝트의 전반적인 구성과 정확하고 유지보수 가능한 코드를 생성하는 일이다. 사실 깔끔하게 잘 설계된 대부분 프로그램이라면 지금 응용 프로그램에서 충분히 효율적으로 작동한다.
>
>   - 존 루이스 벤틀리, 『Writing Efficient Programs』(Prentice Hall, 1982)

이제 개발 초기 단계부터 원칙적으로 성능에 관해 고려해야 한다는 사실을 인지했기를 바란다. 하지만 단지 효율성만을 위해 코드를 작성하지는 않는다. 개발자는 스스로 설정했거나, 이해관계자로부터 받은 기능 요구사항과 일치하는 특정 기능을 위한 프로그램을 작성한다. 개발자의 임무는 이 일을 효과적으로 완수하는 것이다. 따라서 실용적인 접근이 필요하다. 높은 수준에서 효율적인 코드를 개발하는 것은 어떻게 이루어질 수 있을까?

[그림 3-5]에서 해당 개발 과정을 9단계로 단순화했다. TFBO 절차(테스트[Test], 수정[Fix], 벤치마크[Benchmark], 최적화[Optimize])로 부른다. 이 과정은 체계적이고 반복적이다. 그리고 요구사항, 종속성, 환경이 변화하므로 작은 단위로 작업해야 한다.

---

40 「RabbitMQ: 오픈 소스 메시지 브로커」, *https://oreil.ly/ZVYo1*
41 「Kafka: 분산 메시징 시스템」, *https://oreil.ly/wPpUD*

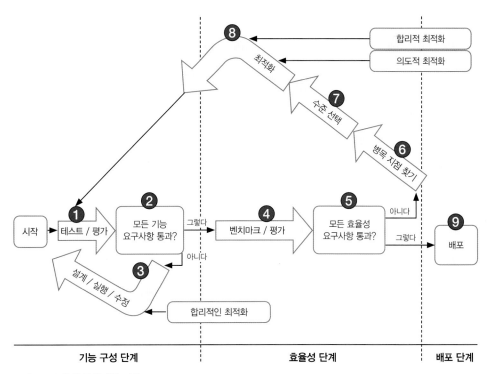

그림 3-5 효율성 인식 개발 절차

TFBO 절차는 약간 엄격하게 느껴질 수 있는데, 세심하고 효율적인 소프트웨어 개발에는 약간의 통제가 필요하다. 처음부터 새 소프트웨어를 만들거나 기능을 추가하거나 코드를 변경하는 경우에도 마찬가지로 적용된다. TFBO는 Go뿐만 아니라 다른 어떤 언어로 작성된 소프트웨어에서도 작동한다. 또한 3.5절에 언급된 수준에도 모두 적용할 수 있다. 9개의 TFBO 단계를 검토해보자.

3.6.1 기능 구성 단계

빠른 프로그램을 만드는 것보다 정확한 프로그램을 빠르게 만드는 것이 훨씬 쉽다.

- H. 서터[H. Sutter]와 A. 알렉산드레스쿠[A. Alexandrescu], 『C++ 코딩의 정석』(정보문화사, 2005)[42]

---

42 H.서터와 A.알렉산드레스쿠(A. Alexandrescu), 『C++ Coding Standards: 101 Rules, Guidelines, and Best Practices』 (Addison-Wesley, 2004), *https://oreil.ly/hq0zw*

모든 것은 항상 기능에서 시작한다. 새로운 프로그램을 시작하거나, 새로운 기능을 추가하거나, 기존 프로그램을 최적화할 때 항상 기능 설계 또는 구현을 먼저 시작해야 한다. 이를 위해 설정한 목표에 따라 가능하면 서면으로 작성된 형태로 작동시키고, 간단하게 만들고, 읽을 수 있고, 유지할 수 있고, 안전하게 만들어야 한다. 특히 소프트웨어 엔지니어로서 여정을 시작한다면 한 번에 한 가지에 집중해야 한다. 이러한 연습을 거듭하면 더 합리적인 최적화 작업을 초기에 추가할 수 있다.

1단계: 기능 테스트부터 시작하자

직관에 어긋난다고 느낄 수도 있지만, 대부분 예상되는 기능을 검증하는 프레임워크부터 시작해야 한다. 자동화할수록 좋다. 새 프로그램을 빈 페이지부터 개발하기 시작할 때도 적용된다. 이러한 개발 패러다임을 테스트 주도 개발TDD, Test-Driven Development이라고 한다. TDD는 주로 코드 신뢰도와 기능 전달 속도 효율성에 초점을 맞춘다. 엄격한 형식의 코드 수준부터 다음과 같은 구체적인 절차를 요구한다.

1. 구현할 기능을 검증할 테스트를 먼저 작성한다(또는 기존 테스트를 확장한다).
2. 모든 테스트를 확실히 실행하고, 새로운 테스트가 예상된 이유로 실패하는지 확인한다. 예상된 이유나 다른 실패 요인이 보이지 않는다면 그 테스트를 먼저 수정한다.
3. 모든 테스트가 통과되고 코드가 완벽해질 때까지 가능한 최소한의 변경을 반복한다.

TDD는 알려지지 않은 많은 것들을 제거한다. TDD를 지키지 않는다면 기능을 추가할 때 테스트를 작성해도, 기능이 없는데 테스트는 항상 통과하는 실수가 발생할 수 있다. 마찬가지로 실행 후 테스트를 추가한다고 가정해보자. 이 테스트는 통과하겠지만 이전에 추가된 다른 테스트는 실패한다. 실행 전 테스트를 해보지 않았기 때문에 이전에 전부 제대로 작동했는지 알 수 없을 것이다. TDD는 작업의 마지막 시기에 이러한 곤란한 질문을 마주하지 않도록 보장하여 신뢰성을 크게 향상시킨다. 또한 실행 시간을 줄여 코드 수정을 안전하게 할 수 있도록 만들고 조기에 피드백을 제공한다.

그런데 실행하고자 하는 기능은 개발이 이미 완료되어 있고, 개발자가 이를 알아차리지 못했다면 어떻게 할까? 먼저 테스트를 작성하면 이를 빠르게 발견해서 시간을 줄일 수 있다. 추후 4단계에서 벤치마킹 중심 최적화에 동일한 원칙을 사용할 것이다.

TDD는 코드 수준의 실행에서는 쉽게 이해될 수 있다. 그러나 알고리즘과 시스템을 설계하거나 최적화할 때는 어떻게 될까? 답은 절차는 동일하게 유지되지만 테스트 전략은 다른 수준 (시스템 설계 검증 등)에서 적용되어야 한다는 것이다.

그럼 현재 설계되거나 실행된 것에 대한 테스트를 실행했거나 평가를 진행했다고 가정해보자. 다음 단계는 무엇인가?

2단계: 기능 테스트를 통과하는가?

1단계의 결과를 통해서 다음에 해야 할 일에 관해 데이터 기반 의사 결정을 할 수 있게 됐다. 따라서 작업이 훨씬 쉬워졌다. 이제 테스트 또는 평가 결과를 합의된 기능 요구사항과 비교한다. 현재 구현 또는 설계가 요구사항의 사양을 충족하는가? 그렇다면 4단계로 이동할 수 있다. 그러나 테스트가 실패했거나 기능성 평가에서 기능성의 차이가 있다면 3단계로 돌아가서 개선해야 한다.

문제는 어디에도 이런 기능 요구사항이 명시되어 있지 않다는 것이다. 3.3.1절에서 논의했듯, 기능 요구사항을 요청하거나 스스로 정의하는 일이 중요한 이유다. 프로젝트 README에 쓰는 가장 간단한 목표 목록도, 아예 없는 것보다는 낫다.

이제 소프트웨어의 현재 상태가 기능 검증을 통과하지 못하면 어떻게 해야 하는지 알아보자.

3단계: 테스트에 실패하면, 누락된 부분을 수정, 구현, 설계한다

지금의 설계 수준에 따라 이 단계에서 현재 상태와 기능 요구사항 사이의 간격을 좁히기 위해 기능을 설계하고, 실행하고, 수정해야 한다. 3.1.1절에서 설명한 것처럼 여기서는 명백하고 합리적인 최적화 외에는 어떤 최적화도 허용되지 않는다. 가독성, 모듈 설계 및 단순성에 집중하자. 예를 들어 명백하지 않다면 포인터나 값으로 인수를 전달하는 것이 더 최적화되는 것인지 또는 여기서 정수를 분석하는 것이 너무 느리지는 않을지 고민하는 데 너무 애쓰지 말자. 기능 및 가독성 측면에서 이치에 맞다면 무엇이든 하면 된다. 아직 효율성을 검증하지 않았으므로 지금은 의도적 최적화는 잊어버려도 된다.

[그림 3-5]를 보면 알 수 있듯이 1, 2, 3단계는 작은 루프다. 코드나 디자인을 바꿀 때마다 빠른 피드백 루프를 제공한다. 바다를 항해한다고 가정하면 3단계는 '소프트웨어'라고 불리는 배의 방향을 조종하는 단계다. 개발자는 조종사로서 목적지가 어딘지 이해했고, 방향을 파악하기 위해 태양이나 별을 보는 방법도 알고 있다. 그러나 GPS와 같은 정확한 피드백 도구가 없으면

잘못된 곳으로 항해하게 되고 몇 주가 지나서야 이를 깨닫게 된다. 즉 이렇게 되지 않기 위해서, 짧은 간격의 빠른 피드백을 통해 항해 위치를 파악하는 것이 도움이 된다.

코드도 마찬가지다. 몇 달간 작업했는데 기대했던 결과물을 내지 못했다는 사실만 알게 되기를 원하지는 않을 것이다. 코드 또는 설계 변경을 반복한 뒤 1단계(실행 테스트), 2단계, 3단계로 돌아가서 약간 수정하는 방식으로 기능 구성 단계 루프를 활용해보자.[43] 이것은 수년에 걸쳐 엔지니어들이 발견한 가장 효과적인 개발 주기다. 익스트림 프로그래밍extreme programming[44], 스크럼Scrum, 칸반Kanban 및 기타 애자일[45]기술 등 모든 현대적인 방법론은 작은 반복을 자주 한다는 전제에 기반한다.

어쩌면 수백 번의 반복을 거쳐야 2단계에서 소프트웨어나 디자인이 해당 개발 세션을 위해 설정한 기능 요구사항을 충족시킬 수 있다. 마지막으로 3.6.2절에서는 소프트웨어가 충분히 빠르고 효율적인지 확인하는 방법을 알아보자.

3.6.2 효율성 단계

일단 소프트웨어의 기능적 측면에 만족한다면, 다음으로는 예상되는 자원 사용량 및 속도와 일치하는지 확인해야 한다.

이렇게 단계를 분할하고 서로 분리하는 작업은 처음에는 부담이 되지만, 개발자의 워크플로를 더 조직적으로 구성할 수 있게 한다. 개발자들이 집중할 수 있도록 돕고, 초기에 알지 못했던 부분과 실수를 보여주기 때문이다. 따라서 개발자들의 소중한 시간을 아낄 수 있다.

4단계에서 초기의(기준) 효율성 검증을 수행하여 효율성 단계를 시작해보자. 어쩌면 이후 소프트웨어는 어떠한 변경 없이도 충분히 효율적이게 될 수도 있다.

4단계: 효율성 평가

기능 구성 단계에서의 1단계와 비슷한 전략을 사용하지만 여기서는 효율성 영역을 다룬다.

---

43 원칙적으로 저장된 코드 파일의 모든 코드 스트로크 또는 이벤트에 대한 기능 검사를 수행해야 한다. 피드백 루프는 빠를수록 좋다. 이 작업을 할 때 방해가 되는 부분은 테스트 수행에 필요한 시간과 테스트들 자체의 신뢰성이다.

44 「위키피디아, 익스트림 프로그래밍」, *https://oreil.ly/rhx8W*

45 「위키피디아, 애자일 소프트웨어 개발 방식」, *https://oreil.ly/sKZUA*

1단계에서 설명한 TDD 방법과 비슷한 정의를 사용할 수 있다. 벤치마크 기반 최적화^{BDO.} Benchmark-Driven Optimization가 그것이다. 실제로 4단계는 코드 수준에서 다음과 같이 처리된다.

1. 비교하고자 하는 효율성 요구사항의 모든 작업의 벤치마크를 작성(또는 기존 벤치마크를 확장)한다. 현재 구현이 아직은 효율적이지 않다는 것을 알고 있더라도 실행해보라. 나중에 이 작업이 필요해지는데, 8장에서 더 상세히 설명한다.

2. 변경 사항들이 관련없는 작업에 영향을 미치지 않았다는 것을 검증하기 위해 가능하면 모든 벤치마킹을 실행하자. 실제로 이 작업은 시간이 너무 오래 걸린다. 그러므로 프로그램 중 확인하고 싶은 한 부분에 집중하고(예 하나의 작업), 이 부분을 위해서만 벤치마크를 실행하자. 그리고 나중을 위해 결과를 저장하자. 그 결과가 기준이 될 것이다.

1단계와 유사하게, 더 높은 수준의 평가는 다른 도구들이 필요할 수 있다. 벤치마크나 평가 결과를 가지고 5단계로 넘어가보자.

5단계: RAER를 충족시키는가?

이 단계에서는 4단계에서 결과를 수집했던 RAER들과 비교해야 한다. 예를 들어 레이턴시는 현재 실행을 위한 허용 가능한 기준 내에 있는가? 작업이 소비하는 자원의 양이 합의된 범위인가? 그렇다면 최적화는 필요하지 않다.

다시 말하지만, 2단계와 마찬가지로 효율성을 위한 요구사항이나 대략적인 목표를 설정해야 한다. 그렇지 않으면 지금 보는 숫자가 허용 가능한지에 관한 기준이나 생각이 없어진다. RAER를 정의하는 방법에 대해서는 다시 3.3.3절을 참고하자.

이 비교를 통해서, 분명한 답을 얻어야 한다. 이것이 수용 가능한 한계 안에 있는가? 만약 그렇다면 9단계의 배포 단계로 바로 이동할 수 있다. 그렇지 않다면, 6, 7, 8단계의 흥미로운 최적화 로직이 있다.

6단계: 주된 병목 지점 찾기

여기서 3.2절에서 언급된 첫 번째 과제를 수행해야 한다. 개발자들은 일반적으로 작업의 어떤 부분이 가장 큰 병목을 야기하는지 추측을 잘못한다. 그러나 그 지점이 가장 먼저 최적화를 해야 하는 부분이다.

병목이라는 단어는 특정 자원 또는 소프트웨어에서 소비가 많이 발생하는 지점을 나타낸다. 이는 상당한 수의 디스크 읽기, 교착 상태, 메모리 누수 또는 단일 작업 중에 수백만 번 실행된 기능일 수 있다. 하나의 프로그램에서는 일반적으로 다양한 병목 현상이 나타난다. 그래서 효과적인 최적화를 수행하려면 먼저 병목 현상의 결과를 이해해야 한다.

이 과정의 하나로 먼저 5단계에서 발견한 문제의 근본 원인을 이해해야 한다. 9장에서 이를 위한 가장 적합한 도구가 무엇인지 논의할 것이다.

가장 많이 실행되는 기능 또는 가장 많은 자원을 소비하는 프로그램의 다른 부분을 찾았다고 가정해보자. 그랬을 때 다음 단계를 밟아야만 한다.

7단계: 수준 선택

7단계에서는 최적화 문제를 어떻게 다룰지 선택해야 한다. 코드를 더 효율적으로 만들어야 할까? 알고리즘을 개선해야 할까? 시스템 수준에서 최적화할 수 있을까? 극단적인 경우 운영체제 또는 하드웨어를 최적화해야 할 수도 있다!

선택은 무엇이 더 실용적인지 그리고 [그림 3-1]의 효율성 스펙트럼 중 어떤 상황에 처했는지에 따라 결정한다. 중요한 것은 하나의 최적화 반복 구간에서는 한 수준의 최적화를 반복하는 일이다. 기능 구성 단계와 유사하게 짧게 작은 수정들을 반복해나가자.

더 효율적이거나 빠르게 만들고 싶은 수준을 알았다면, 최적화를 수행할 준비가 됐다.

8단계: 최적화하기

이제 모두가 기다리고 있던 최적화 단계에 왔다. 각고의 노력 끝에 다음과 같은 사실들을 발견했다.

- 최적화를 극대화하기 위해 코드 또는 디자인에서 어느 위치에 최적화할지 알게 됐다.
- 무엇을 최적화할지, 어느 자원을 지나치게 많이 사용하는지 알게 됐다.
- RAER 덕분에 한 자원에 얼마나 많은 노력이 들어갔는지 알게 됐다. 기회비용이 따를 것이다. 현재, 작업을 줄이기 위해 낭비되는 부분을 찾고 있다.
- 어느 수준에서 최적화하고 있는지 알게 되었다.

이러한 요소는 최적화 프로세스를 훨씬 쉽게 만들어 시작할 수 있게 한다. 이제 3.1절에서 소개한 멘털 모델에 초점을 맞춰보자. 지금은 낭비되는 부분을 찾고 있고, 적게 일할 수 있는 지점을 찾는 것이 목표다. 다른 자원으로 다른 작업을 수행하여 힘을 크게 들이지 않고 제거할 수 있는 부분은 항상 존재한다. 11장에서 몇 가지 패턴을 소개하고 10장에서는 예제를 보여줄 것이다.

이제 개선을 위한 몇 가지 아이디어를 찾았다고 하자. 그렇다면 (수준에 따라 다르지만) 최적화를 구현하거나 설계해야 할 때다. 그러면 다음 단계는 무엇일까? 이렇게 그냥 최적화를 시작할 수는 없다. 이유는 다음과 같다.

- 새로운 버그를 만들지 않았다.
- 어떠한 성향이 개선되었는지 알지 못한다.

이것이 전체 주기를 한번 수행해야 보아야 하는 이유다(예외는 없다). 1단계로 이동해서 최적화된 코드 또는 디자인을 테스트하는 것이 중요하다. 문제가 있으면 수정하거나 최적화를 되돌려야 한다(2단계와 3단계).

> **CAUTION** 최적화를 반복할 때 기능 테스트 단계를 무시하고 싶은 충동이 들 때가 있다. 예를 들어 메모리를 재사용하여 할당량을 하나만 줄여도 잘못될 것은 없겠다는 생각이 든다.
>
> 그러나 이는 고통스러운 실수가 될 수 있다. 몇 번의 최적화 반복 후에야 코드가 테스트를 통과할 수 없다는 것을 알게 되면 아쉽게도 그 원인을 찾기가 어려워진다. 그래서 보통 모든 것을 되돌리고 처음부터 시작해야 한다. 따라서 최적화 시도 후 매번 범위가 지정된 단위 테스트를 실행하기를 권장한다.

일단 최적화가 기본적인 기능을 깨뜨리지 않았다는 확신을 얻으면, 개선하고자 하는 상황을 정말 더 낫게 만들었는지 확인하는 것이 중요하다. 같은 벤치마크로 수행한 최적화(4단계)를 제외하고는 아무것도 변경되지 않도록 만드는 것이 중요하다. 이를 통해 불확실성을 줄이고 작은 부분에서 최적화를 반복할 수 있다.

단계 시작 시점에 만든 '기준'과 4단계의 결과를 비교해보자. 최적화가 잘 진행됐는지 아니면 성능이 퇴보됐는지 알 수 있을 것이다. 다시 말하지만 추측하지 말고 데이터를 보자. Go는 해당 작업을 수행할 수 있는 훌륭한 도구들을 가지고 있는데, 이에 관해 8장에서 더 자세히 안내한다.

새로운 최적화가 더 나은 효율성 결과를 내지 않았다면, 해결될 때까지 다른 아이디어를 다시 시도한다. 최적화 결과가 더 좋았다면, 작업을 저장하고 5단계로 이동해 기준을 충족하는지 확인한다. 충족하지 않는다면 또 다른 반복을 해야 한다. 사실 이미 한 일에 대해 또 다른 최적화를 진행하는 작업은 의외로 유용할 때가 있다. 개선할 무언가가 더 있을지도 모르기 때문이다.

이 주기를 몇 번(혹은 수백 번) 반복해서 5단계에서 수용 가능한 결과를 얻는다. 이제 9단계로 이동해서 작업 결과물을 즐기면 된다.

9단계: 배포하고 즐기기

여기까지 잘 왔다. 효율성 인식 개발 절차의 모든 구간을 정복했다. 이제 실전에서 안전하게 소프트웨어를 배포하고 사용될 수 있다. 과정이 다소 딱딱하게 느껴질 수 있지만, 습관을 들이면 자연스럽게 따를 수 있게 된다. 물론 부지불식간에 이미 이 절차를 따르는 중일 수도 있다.

3.7 마치며

효율성 정복은 간단치 않다. 그러나 이 과정을 체계적이고 효과적으로 탐색하는 데 도움이 되는 특정한 패턴이 있다. 예를 들어 TFBO 절차는 효율성을 고려한 개발을 실용적이고 효과적으로 유지하는 데 큰 도움이 된다.

처음엔 테스트 주도 개발과 벤치마크 중심 최적화처럼 TFBO에 통합된 프레임워크들이 지루해보일 수 있다. 그러나 '나무를 베는 데 6시간이 주어진다면 도끼를 가는 데 4시간을 쓰겠다'라는 격언[46]처럼, 적절한 테스트와 벤치마크에 시간을 투자하면 장기적으로 엄청난 수고를 덜어줄 것이다.

그리고 최적화를 합리적인 것과 의도적인 것으로 나눌 수 있다는 점이 중요하다. 이후 기회비용과 노력을 염두에 두고 모두 공감하는 공식적인 목표에 따라 소프트웨어를 평가할 수 있도록 RAER를 정의하는 작업을 설명했다. 다음으로 효율성 문제가 발생했을 때 어떻게 해야 하는지 그리고 최적화 수준은 어떠해야 하는지 설명했다. 마지막으로 실제 개발 과정인 TFBO 절차를 안내했다.

---

46 「에이브러햄 링컨의 격언」, *https://oreil.ly/qNPId*

요약하면, 최적화가 필요한 부분을 찾는 일은 문제 해결 능력에 속한다. 낭비를 알아차리는 일은 쉽지 않고, 많은 노력이 필요하다. 어떤 면에서는 프로그래밍 인터뷰를 잘하는 일과 비슷하다. 효율성이 부족했던 과거의 패턴에서 어떻게 개선이 되었는지 인지하는 경험은 결국 도움이 될 것이다. 앞으로도 이 책에서 관련 기술들을 연마하고, 다양한 도구를 사용해 볼 것이다.

하지만 그 전에 현대 컴퓨터 아키텍처에 관해 학습해야 한다. 예제를 통해 일반적인 최적화 패턴을 익힐 수는 있지만 최적화는 일반화되지 않는다.[47] 최적화를 효과적으로 만드는 메커니즘에 관한 이해 없이는, 최적화 패턴을 효과적으로 찾아서 고유한 상황에 적용하기 어렵다. 다음 4장에서는 Go가 일반적인 컴퓨터 아키텍처에서 핵심 자원과 어떻게 상호 작용하는지 설명한다.

---

47 「트위터, '최적화와 추상화는 일반화되지 않는다'」, *https://oreil.ly/eNkOY*

CHAPTER **4**

Go의 CPU 자원 사용법

하드웨어와 인프라 시스템 자산을 자원으로 다루는 것은 가장 유용한 추상화 중 하나일 것이다. 다시 말해 CPU, 메모리, 데이터 저장소, 네트워크는 현실 세계의 자원과 흡사하다. 유한하고, 실체가 있으며, 생태계의 중요한 위치에 있는 사람들에게 분배되고 공유되어야 하기 때문이다.

- 수잔 J. 파울러^{Susan J. Fowler}, 『마이크로서비스 구축과 운영』(에이콘출판사, 2019)[1]

소프트웨어 효율은 1.1절에서 설명했듯이 프로그램이 하드웨어 자원을 어떻게 사용하는가에 달려 있다. 같은 기능을 제공하면서 더 적은 자원을 사용하면 효율성은 증가하고 프로그램을 실행할 때 필요한 조건은 줄어든다. 예를 들어 CPU 시간(자원)을 덜 사용하거나 접근 시간이 오래 걸리는 자원(디스크 등)에 접근을 덜 한다면 소프트웨어의 레이턴시를 줄일 수 있다.

이것이 간단해 보일 수 있지만, 최신 컴퓨터 구조에서 이 자원들은 복잡하고 명백하지 않은 형태로 상호 작용한다. 게다가 둘 이상의 프로세스가 동시에 자원을 사용하게 되므로, 프로그램이 직접 자원을 사용하지 않고 운영체제가 관리한다. 여기서 끝이 아니라 클라우드 환경에서는 하드웨어를 '가상화'하여 여러 시스템에서 격리된 형태로 사용하기도 한다. 이는 '호스트'가 '게스트' 운영체제에 CPU나 디스크의 일부에 접근할 수 있는 권한을 제공하여 '게스트' 운영체제로 하여금 실제로 하드웨어가 존재한다고 여기게 만든다. 그래서 결국 운영체제와 가상화 메커니즘이 데이터를 저장하거나 처리하는 실제 물리적 장치와 프로그램 사이에 레이어들을 만들게 된다.

효율적인 코드를 작성하거나 프로그램의 효율성을 효과적으로 개선하는 방법을 이해하기 위해서는, 전형적인 컴퓨터 자원인 CPU, 다양한 저장소, 네트워크 등에 관한 특성과 목적, 제약까지 알아둘 필요가 있다. 쉬운 길은 없다. 이와 함께 운영체제와 일반적인 가상화 레이어가 물리적인 컴퓨터 자원을 어떻게 관리하는지도 반드시 이해해야 한다.

---

[1] 『Production-Ready Microservices』, *https://oreil.ly/8x01v*

그래서 4장에서는 CPU의 관점에서 프로그램 실행을 면밀히 알아보며 Go가 단일 및 다중 코어 작업에 CPU를 어떻게 사용하는지에 대해 설명한다.

> **NOTE_** 현존하는 모든 운영체제의 컴퓨터 구조를 모두 다루지는 않을 것이다. 한 장으로는 어림도 없고 한 권으로도 부족하기 때문이다. 따라서 이 장에서는 인텔Intel, AMD, ARM CPU 같은 전형적인 CPU 구조에서 최신 리눅스 운영체제를 사용하는 경우에 집중할 것이다. 이렇게 하면 독자들이 당장 내용을 이해하기 쉽고 다른 독특한 하드웨어나 운영체제를 사용할 때도 적용하기 좋을 것이다.

먼저 CPU나 프로세서에 초점을 맞춰서, 최신 컴퓨터가 어떻게 설계되었는지 이해하기 위해 최신 컴퓨터 구조에서 CPU를 알아보는 일부터 시작한다. 그런 다음 CPU 코어가 명령을 실행하는 방법을 이해하는 데 도움이 되는 어셈블리 언어를 소개한다. 이후엔 Go 빌드를 수행할 때 어떤 일이 일어나는지 알아보기 위해 Go 컴파일러를 파헤친다. 다음으로는 CPU 및 메모리 벽Memory Wall 문제를 통해 최신 CPU 하드웨어가 복잡한 이유를 파악한다. 해당 문제는 이런 초임계 경로Ultra Critical Path[2]에서 효율적인 코드를 작성하는 데 직접적인 영향을 미친다. 마지막으로 운영체제 스케줄러가 몇 개 되지 않는 CPU 코어에 수천 개의 실행 프로그램을 효율적으로 분배하기 위해 어떤 방법을 쓰는지, Go 런타임 스케줄러는 이를 활용하여 효율적인 동시성 프레임워크를 어떻게 구현하는지 설명하면서 멀티태스킹 영역에 주목한다. 이후 동시성을 사용해야 할 시기에 관한 내용을 요약하고 이번 4장을 마무리할 것이다.

> **TIP 동작에 대한 이해**
>
> 기본적으로 이번 4장은 조금 어려울 수 있다. 저수준 프로그래밍을 처음 접하는 경우 특히 더 그렇다.
>
> 그러나 어떤 작업이 이뤄지는지 알게 되면 최적화를 이해하는 데 도움이 되므로, 고수준 패턴과 각 자원의 특성(에 Go 스케줄러 작동 방식)에 집중하자. 직접 수동으로 기계어를 코딩하거나 눈을 가리고 컴퓨터를 만드는 방법을 알 필요는 없다.
>
> 대신 일반적인 컴퓨터의 내부에서 무엇이 어떻게 움직이는지 궁금해하는 정도로 충분하다. 즉 동작에 대한 이해Mechanical Sympathy[3]가 필요하다.

---

2 옮긴이 주_병렬로 수행되는 일련의 작업 중 가장 긴 경로를 말한다. 원문에서 초(ultra)를 붙여 강조하였다.
3 「AWS, 동작에 대한 이해」, *https://oreil.ly/Co2IM*

먼저 CPU가 작동하는 방식을 이해하려면 최신 컴퓨터가 작동하는 방식을 알아야 한다. 4.1절에서 자세히 살펴보자.

4.1 최신 컴퓨터 구조의 CPU

Go로 프로그래밍하는 동안 개발자가 할 일은 컴퓨터에게 단계별로 수행할 작업을 알려주는 일련의 명령문을 구성하는 것뿐이다. 변수, 반복, 제어, 산술, I/O 작업 같은 미리 정의된 구성 요소들로 다양한 매체에 저장된 데이터와 상호 작용하는 어떤 알고리즘이라도 구현할 수 있다. 개발자로서 프로그램의 수행 방식에 초점을 맞춰 Go 언어를 설명하자면, Go는 다른 유명한 언어들처럼 명령형이라 할 수 있다. 요즘 하드웨어들도 수행할 명령, 입력 데이터, 출력 위치를 받는 명령형으로 설계되어 있다.

과거에는 프로그래밍이 그렇게 간단하지 않았다. 범용 기계가 없었을 때 요청 기능을 구현하기 위해서는 탁상용 계산기처럼 그 기능만 수행하는 하드웨어를 설계해야 했다. 기능을 추가하거나 버그를 수정하거나 최적화하려면 회로를 변경하고 새 장치를 만들어야만 했다. 개발자가 되기 쉬운 시기는 아니었을 것이다.

다행히 1950년대 세계 도처의 발명가들이 메모리에 저장된 미리 정의된 명령어 세트를 사용하여 프로그래밍을 할 수 있는 범용 기계의 가능성을 보았다. 위대한 수학자 존 폰 노이만과 그의 팀이 이 아이디어를 문서화한 최초의 사람들 중 하나였다.

> 기계가 주어진 계산에 필요한 디지털 정보뿐만 아니라 명령도 어떤 방식으로든 저장할 수 있어야 한다. (중략) 계산의 중간 결과뿐만 아니라 숫자 데이터에 수행될 실제 루틴을 제어하는 명령도. (중략) 사람들이 기계에 명령을 입력하면, 이 기계는 계산을 수행하여 공식화할 수 있는 숫자로 나타내야 한다.
>
> – 아서 W. 벅스Arthur W. Burks, 허먼 H. 골드스타인Herman H. Goldstine, 존 폰 노이만John von Neumann
>
> 『전기 계산 기기의 논리적 설계에 대한 초기 논의』(프린스턴고등연구소, 1946)[4]

---

4 옮긴이 주_「Preliminary Discussion of the Logical Design of an Electronic Computing Instrument」, *https://www.cs.princeton.edu/courses/archive/fall10/cos375/Burks.pdf*

주목할 만한 점은 최신 PC, 노트북 및 서버 등 대부분의 범용 컴퓨터가 존 폰 노이만의 설계를 기반으로 한다는 것이다. 이 설계에서는 명령의 입력과 출력에 해당하는 프로그램 데이터를 저장하고 읽는 것과 유사하게 프로그램 명령을 저장하고 불러올 수 있다고 가정한다. 덧셈을 예로 들면 주 메모리 또는 캐시의 특정 메모리 주소에서 수행할 덧셈 명령과 덧셈 피연산자 데이터를 가져오는 것이다. 지금은 참신한 아이디어처럼 보이지 않지만 당시에는 획기적인 아이디어였고, 범용 기계의 작동 방식은 이렇게 확립되었다. 이를 폰 노이만 컴퓨터 구조라고 부른다. [그림 4-1][5]에서 현대적이고 진화된 형태의 폰 노이만 컴퓨터 구조를 볼 수 있다.

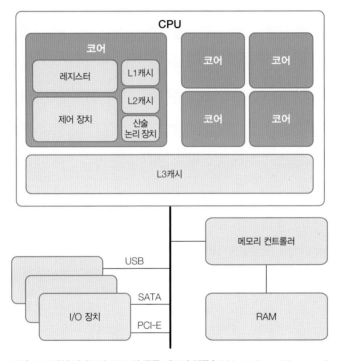

그림 4-1 단일 멀티코어 CPU와 균등 메모리 접근(UMA, Uniform Memory Access) 형태인 컴퓨터 구조 개요

최신 컴퓨터 구조의 핵심은 다중 코어로 구성된 CPU(4~6개의 물리적 코어는 2020년대 PC의 표준)다. 각 코어는 RAM이나 레지스터 또는 L-캐시와 같은 메모리 계층에 저장된 특정 데이터로 사용자가 원하는 명령을 실행할 수 있다.

---

5 기술적으로 엄밀히 말하면 현대 컴퓨터는 프로그램 명령과 데이터 모두 주 메모리에 저장되지만, 각각 분리된 별도의 캐시가 있다. [그림 4-1]은 소위 수정된 하버드 구조다. 이 책에서 목표로 하는 최적화 수준에서는 해당 세부 내용을 건너뛰어도 문제 없다.

5장에서 설명하겠지만 RAM은 컴퓨터에 전원이 공급되는 동안만 데이터와 프로그램 코드를 빠르게 저장할 수 있는 주요 메모리 역할을 수행한다. 또한 메모리 컨트롤러는 RAM 칩에 정보를 유지하기 위해 RAM에 일정한 전력 흐름이 공급되도록 한다. 마지막으로 CPU는 다양한 외부 또는 내부 I/O 장치와 상호 작용할 수 있다. I/O 장치는 마우스, 키보드, 스피커, 모니터, HDD 또는 SSD 디스크, 네트워크 인터페이스, GPU 등과 같이 바이트 스트림을 보내거나 받는 모든 장치를 의미한다.

대략 CPU, RAM, 디스크 및 네트워크 인터페이스와 같이 널리 사용되는 I/O 장치는 컴퓨터 구조의 필수 요소다. 3.3.1절에서 언급한 RAER에서 '자원'이라고 부른 대상으로서 보통 소프트웨어를 개발할 때 해당 자원의 사용을 최적화한다.

4장에서는 범용 기계의 두뇌인 CPU에 초점을 맞출 것이다. 언제 CPU 자원을 신경쓰게 될까? 통상 효율성 관점에서 다음 중 하나의 문제가 발생할 때 Go 프로세스의 CPU 자원 사용량을 살펴봐야 한다.

- 프로세스가 사용 가능한 모든 CPU 자원을 사용하기 때문에 시스템이 다른 작업을 수행할 수 없다.
- 프로세스가 예기치 않게 느리게 실행되면서, 동시에 CPU 사용량이 높게 나타난다.

앞서 언급한 문제를 해결하기 위한 기술은 많지만, 먼저 CPU의 내부 작동 및 프로그램 실행 기본 사항을 이해해야 한다. 이것이 효율적인 Go 프로그래밍의 핵심이다. 이를 이해하면 처음 들으면 놀랄 만한 수많은 최적화 기술을 파악할 수 있을 것이다. 예를 들어 Go(다른 언어 포함)에서 연결 리스트^{Linked List}가 빠르게 삽입 또는 삭제된다는 이점이 있지만, 아주 빈번한 반복 작업에서는 사용하지 말아야 하는 이유를 아는가?

CPU가 프로그램을 실행하는 방식을 이해하면 그 이유를 알 수 있다. 놀랍게도 어셈블리 언어의 작동 방식을 배우는 것이 그 이유를 알 수 있는 가장 좋은 방법이다. 생각보다 쉬우니 4.2절에서 자세히 살펴보자.

4.2 어셈블리어

CPU 코어는 간접적으로 작성된 코드를 따라 프로그램을 실행할 수 있다. 예를 들어 [예제 4-1] 같은 간단한 Go 코드를 보자.

```go
func Sum(fileName string) (ret int64, _ error) {
    b, err := os.ReadFile(fileName)
    if err != nil {
        return 0, err
    }

    for _, line := range bytes.Split(b, []byte("\n")) {
        num, err := strconv.ParseInt(string(line), 10, 64)
        if err != nil {
            return 0, err
        }

        ret += num                                              ❶
    }

    return ret, nil
}
```

❶ 이 함수의 주된 산술 연산은 파일에서 불러온 숫자를 파싱해서 총합계 변수 ret에 더하는 것이다.

이 코드는 우리가 말하는 언어와는 거리가 멀지만, 안타깝게도 CPU에게도 너무 복잡하고 이해하기 힘든 코드다. '기계가 읽을 수 있는' 코드가 아닌 것이다. 고맙게도 모든 프로그래밍 언어에는 컴파일러[6](4.3절에서 더 자세히 다룬다)라는 전용 도구가 있다. 이 도구는 고수준 코드를 기계어로 번역한다. Go 개발자라면 기본 Go 컴파일러를 호출하는 go build 명령에 익숙할 것이다.

기계어는 이진 형식(0과 1)으로 작성된 일련의 명령이다. 원칙적으로 각 명령어는 옵코드 opcode와, 주 메모리의 상숫값 또는 주소 형태의 선택적 피연산자로 표시된다. 중간 결과를 CPU 칩에 직접 저장할 수 있게 해 주는 작은 '자리slot'인 몇 가지 CPU 코어 레지스터를 참조할 수도 있다. 예를 들어 AMD64 CPU에는 RAX, RBX, RCX, RDX, RBP, RSI, RDI, RSP, R8-R15라고 하는 64비트 범용 레지스터가 16개 있다.

----

6   스크립트 언어의 경우 코드 전체를 컴파일하지 않는다. 대신 코드를 구문별로 컴파일하는 인터프리터가 있다. 다른 특이한 타입은 JVM을 사용하는 언어군이다. 런타임 최적화를 위해 인터프리터 방식에서 저스트 인 타임(JIT) 컴파일로 동적으로 코드를 기계어로 바꿀 수 있다. 옮긴이 주_JVM에서 실행되는 언어의 코드는 기계어가 아니라 플랫폼과 무관한 바이트코드로 컴파일되고 실행 시점에 JVM이 인터프리터 방식으로 처리한다.

컴파일러는 기계어로 번역할 때 종종 추가 메모리 안전 바운드 검사와 같은 코드를 추가한다. 즉 현재 아키텍처에서 알려진 효율성 패턴에 맞추어 코드를 자동으로 변경하는 것이다. 따라서 예상과는 다른 결과를 낼 수도 있는데, 그렇기 때문에 일부 효율성 문제를 해결할 때 결과로 나오는 기계어를 검사하는 편이 좋다. 인간이 기계어를 읽어야 하는 또 다른 경우는 소스 코드 없이 프로그램을 리버스 엔지니어링해야 할 때다.

천재가 아닌 이상 사람이 기계어를 읽을 수는 없다. 그러나 이런 상황에 사용할 수 있는 훌륭한 도구가 있다. 바로 어셈블리어[7]다. [예제 4-1]을 기계어 코드 대신 어셈블리어로 컴파일할 수 있고, 컴파일된 기계어를 어셈블리어로 역어셈블할 수도 있다. 또한 어셈블리어를 기계어로 번역할 때 CPU에서 어떻게 해석할지를 잘 보여준다.

컴파일된 코드를 다음 예제처럼 여러 어셈블리어 방언dialects[8] 형태로 역어셈블할 수 있다.

- 인텔 구문[9] – 표준 리눅스 도구 `objdump -d -M intel <바이너리>`[10]를 쓰면 된다.
- AT&T 구문[11] – 비슷한 명령어인 `objdump -d -M att <바이너리>`[12]를 쓰면 된다.
- Go '의사 pseudo' 어셈블리어[13] – Go 도구를 사용하여 `go tool objdump -S <바이너리>`[14]를 쓰면 된다.

세 가지 방언 모두 여러 도구에서 사용되며 문법은 조금씩 차이가 있다. 고생하지 않으려면, 역어셈블 도구가 어떤 문법을 사용하는지 꼭 확인해야 한다. Go 어셈블리어는 이식성이 매우 큰 방언이므로, 기계어를 정확하게 나타내지 않을 수 있기 때문이다. 그러나 일반적으로는 일관성이 있고 우리의 목적에도 충분하다. 4.3절에서 논의할 모든 컴파일 최적화를 보여줄 수 있기 때문에 이 책에서는 Go 어셈블리어를 사용할 것이다.

---

7 「위키피디아, 어셈블리어」, *https://oreil.ly/3xZAs*

8 옮긴이 주_어떤 언어의 파생형태나 특별한 구현. SQL이 각 RDBMS에 따라 조금씩 사용 형태가 다른 것이 대표적이다.

9 「위키피디아, x86 어셈블리어 구문」, *https://oreil.ly/alpt4*

10 「objdump(1) — Linux manual page」, *https://oreil.ly/kZO3j*

11 「위키피디아, x86 어셈블리어 구문」, *https://oreil.ly/k6bKs*

12 「objdump(1) — Linux manual page」, *https://oreil.ly/cmAW9*

13 「Go 문서, Go 어셈블리어에 관한 초간단 가이드」, *https://oreil.ly/lT07J*

14 「Go 문서, *Source file src/cmd/objdump/main.go*」, *https://oreil.ly/5I9t2*

[예제 4-2]에서 [예제 4-1]을 역어셈블한 결과 일부를 볼 수 있다. 이 코드는 ret += num[15] 이고 go tool objdump -S를 사용했다.

예제 4-2 파일에서 숫자를 읽고 총합계를 반환하는 간단한 함수

```
// go tool objdump -S sum.test
ret += num
0x4f9b6d    488b742450    MOVQ 0x50(SP), SI        ❶
0x4f9b72    4801c6        ADDQ AX, SI              ❷
```

---

❶ 첫 번째 줄은 쿼드워드(64비트) MOV 명령[16]으로, 레지스터[17] SP에 저장된 주소값에 80바이트를 더한 곳에서부터 64비트를 복사해서 레지스터 SI에 저장한다는 의미다. 컴파일러는 SI에 함수 반환값의 초깃값이 저장될 것이라 결정했다. 즉 ret+=num 연산을 위한 ret 정수 변수이다.

❷ 두 번째 명령으로 CPU에 AX 레지스터의 쿼드워드 값을 SI 레지스터에 더하도록 지시한다. 컴파일러는 AX 레지스터를 사용하여 num 정수 변수를 저장했다. num은 이 코드 조각 이전에 string에서 파싱되었다(이 스니펫 snippet 에는 그 내용이 없다).

앞선 예제는 MOVQ와 ADDQ 명령을 보여준다. 그런데 CPU 모델마다 명령어 집합도 서로 다르고, 메모리 주소 체계나 기타 여러 부분이 달라서 일이 더 복잡해진다.

그 때문에 업계는 소프트웨어와 하드웨어 간의 엄격하고 이식 가능한 인터페이스를 지정하

---

15 go build -gcflags -S <source>를 사용하여 빌드해도 [예제 4-2]와 비슷한 결과가 나온다.

16 「x86 명령 세트 레퍼런스」, *https://oreil.ly/SDE5R*

17 Go 어셈블리어에서 레지스터 이름은 이식성을 위해 추상화된다. 64비트 아키텍처로 컴파일할 것이기 때문에 SP와 SI는 RSP와 RSI 레지스터가 된다.

기 위해 ISA[Instruction Set Architecture][18]를 만들었다. ISA 덕분에, 프로그램을 x86 아키텍처용 ISA 와 호환되는 기계어로 컴파일하고 그것을 모든 x86 CPU[19]에서 실행할 수 있다. ISA는 데이터 타입, 레지스터, 메인 메모리 관리, 고정 명령 집합, 고유 식별, 입출력 모델 등을 정의한다. 그리고 각 CPU마다 개별 ISA[20]가 있다. 예를 들어 32비트와 64비트 인텔 및 AMD 프로세서는 모두 x86 ISA를 사용하고, Arm은 자사의 ARM ISA를 사용한다(**예** 애플 M1칩은 ARMv8.6-A[21]를 사용).

Go 개발자는 ISA는 컴파일된 기계어가 사용할 수 있는 일련의 명령어와 레지스터 집합을 정의한다는 사실에 주목하면 된다. 이식 가능한 프로그램을 생성하기 위해 컴파일러는 Go 코드를 특정 ISA 및 원하는 운영체제 타입과 호환되는 기계어로 번역할 수 있다. 4.3절에서 기본 Go 컴파일러가 어떻게 작동하는지 살펴보자. 이 과정에서 Go 컴파일러가 효율적이고 빠른 기계어를 생성하는 데 도움이 되는 메커니즘을 알 수 있다.

4.3 Go 컴파일러 이해

효과적인 컴파일러 구축을 주제로 몇 권의 책을 낼 수도 있다. 하지만 이 책에서는 효율적인 코드에 관심이 있는 Go 개발자로서 알아야 할 Go 컴파일러 기본 사항만 설명할 것이다. 일반적인 운영체제에서 Go 코드를 작성할 때는 컴파일뿐만 아니라 많은 작업이 이뤄진다. 먼저 컴파일러를 사용하여 컴파일한 다음, 링커를 사용하여 잠재적으로 공유되는 라이브러리를 포함한 서로 다른 개체 파일을 연결해야 한다. 종종 빌드라고 하는 이러한 컴파일 및 링크 절차는 운영체제가 실행할 수 있는 실행 파일(바이너리)을 생성한다. 로드라고 하는 초기 시작 중에 Go 플러그인 같은 공유 라이브러리도 동적으로 불러올 수 있다.

빌드 방법은 대상 환경에 따라 다양하다. 예를 들어 Tiny Go[22]는 마이크로컨트롤러용 바이너리를 생성하는 데 최적화되어 있고, gopherjs[23]는 브라우저 내 실행을 위한 자바스크립트

---

18 「위키피디아, 명령 세트 아키텍처(ISA)」, *https://oreil.ly/eTzST*
19 비호환성이 있을 수 있지만 대부분 암호화 또는 SIMD와 같은 특수 목적 명령어이고, 런타임에 명령어가 실행 가능한지 확인할 수 있다.
20 「위키피디아, 'ISA 비교' 중 명령 세트 부분」, *https://oreil.ly/TLxJn*
21 「위키피디아, 애플 M1」, *https://oreil.ly/NZqT1*
22 「깃허브, tinygo-org/tinygo」, *https://oreil.ly/c2C5E*
23 「깃허브, gopherjs/gopherjs」, *https://oreil.ly/D83Jq*

JavaScript를 생성하고 안드로이드 고^{android-go}[24]는 안드로이드 운영체제에서 실행할 수 있는 프로그램을 생성한다. 이 책은 이 중에서 go build 명령에 사용할 수 있는 기본 컴파일러이자 가장 많이 사용되는 Go 컴파일러 및 연결 메커니즘에 중점을 둘 것이다. 컴파일러 자체는 Go(초기에는 C)로 작성되었다. 대략적인 문서와 소스 코드는 Go의 깃허브[25]에서 찾을 수 있다.

go build 명령은 코드를 다양한 형태로 빌드할 수 있다. 작업을 시작할 때 동적으로 연결될 시스템 라이브러리를 요구하는 실행 파일을 만들 수도 있다. 공유 라이브러리나 C 호환 공유 라이브러리를 만드는 작업도 가능하다. 그러나 가장 일반적이고 권장되는 방법은 모든 종속성이 정적으로 연결된 실행 파일을 빌드하는 것이다. 바이너리를 호출할 때, 어떤 디렉터리에 특정 버전이 있어야 하는 시스템 종속성이 필요 없는 편이 훨씬 낫기 때문이다. main 함수가 실행되는 것이 기본 빌드 모드이고, go build -buildmode=exe를 사용하여 명시적으로 호출할 수 있다.

go build 명령은 컴파일과 링크를 모두 호출한다. 연결 단계에서 최적화나 검사도 수행하지만 컴파일 작업이 가장 복잡하다. Go 컴파일러는 한 번에 한 패키지에만 집중한다. 그리고 패키지 소스 코드를 대상 아키텍처 및 운영체제가 지원하는 네이티브 코드로 컴파일한다. 또한 해당 코드를 검증하고 최적화하며 디버깅 목적으로 중요한 메타데이터를 준비한다. 효율적인 Go 프로그램을 만들려면 컴파일러(및 운영체제 및 하드웨어)에 거스르지 말고 '협업'해야 한다.

> 항상 말하지만, 어떻게 해야 할지 모르겠다면 Go로 특정 작업을 하는 가장 자연스러운 방식이 무엇인지 주변 사람들에게 질문하자. 왜냐하면 그 방식은 이미 그 하드웨어에서 작동하는 운영체제에 맞게 조정되어 있을 것이기 때문이다.
>
> – 빌 케네디^{Bill Kennedy}, 「빌 케네디의 '동작에 대한 이해'」[26]

go build는 특별한 교차 컴파일 모드를 제공하여 C, C++, 심지어 포트란^{Fortran}에서 구현된 함수를 Go 코드와 섞어서 짠 코드로 컴파일할 수도 있다. 이를 위해서는 C(또는 C++) 컴파일러와 Go 컴파일러를 혼합하여 사용하는 cgo[27]라는 모드를 활성화하면 된다. 그러나 가급적

---

24 「깃허브, xlab/android-go」, *https://oreil.ly/83Wm1*
25 「깃허브, golang/go」, *https://oreil.ly/qcrLt*
26 「빌 케네디의 '동작에 대한 이해'(Bill Kennedy on Mechanical Sympathy)」, *https://oreil.ly/X3XzI*
27 「Go 문서, cgo」, *https://oreil.ly/Xjh9U*

cgo를 사용하지 않는 편을 권장한다.[28] cgo를 활성화하면 빌드 프로세스를 느리게 만들고 C와 Go 간의 데이터 전달 성능을 떨어뜨린다. 또 cgo 모드를 활성화하지 않은 컴파일도 이미 서로 다른 아키텍처 및 운영체제용 바이너리를 교차 컴파일할 수 있을 만큼 강력하다. 다행히 대부분 라이브러리는 순수 Go 라이브러리이거나 cgo 없이 Go 바이너리에 포함될 수 있는 어셈블리어 조각만을 사용한다.

[그림 4-2]는 컴파일러가 코드에 미치는 영향을 단계별로 보여준다. go build가 컴파일을 포함하고 있긴 하지만, 컴파일만을 원한다면 go tool compile로 링킹 없이 수행할 수 있다.

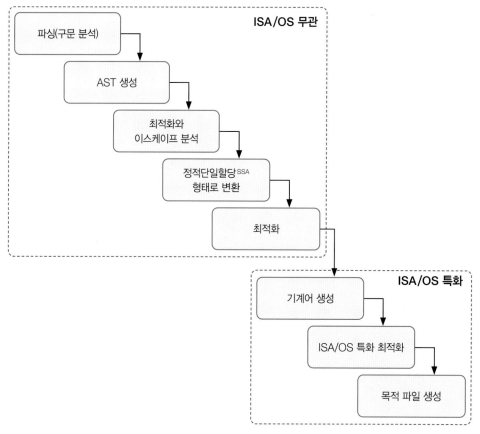

그림 4-2 각 Go 패키지에서 Go 컴파일러가 수행하는 단계

---

28 「cgo는 Go가 아니다」, *https://oreil.ly/QojX3*

앞에서 언급했듯이 전체 프로세스는 Go 프로그램에서 사용하는 패키지에 대해서만 수행된다. 각 패키지는 분리되어 컴파일되므로 병렬 컴파일과 관심사 분리[29]가 가능하다. [그림 4-2]에 제시된 컴파일 흐름은 다음과 같이 작동한다.

1. Go 소스 코드는 먼저 토큰으로 나뉘고 파싱된다. 구문도 검사받는다. 그리고 구문 트리는 의미 있는 에러와 디버깅 정보를 생성하기 위해 파일과 파일 내 위치를 참조한다.

2. 추상 구문 트리$_{AST, abstract syntax tree}$가 생성된다. 트리 형태 추상화를 사용하면 개발자가 구문 분석된 명령문을 쉽게 변환하거나 확인하는 알고리즘을 만들 수 있다. AST 형태가 되면서 코드는 처음으로 타입 검사를 받는다. 이때 선언되었지만 사용되지 않은 항목이 감지된다.

3. 최적화의 첫 번째 관문을 지난다. 예를 들어 처음에 있던 불필요한 코드를 제거하면 바이너리 크기가 줄어들고 컴파일해야 하는 코드도 줄어든다. 다음엔 이스케이프 분석(5.5절 참고)을 수행하여 스택에 배치할 수 있는 변수와 힙에 할당해야 하는 변수를 결정한다. 또 간단한 함수에 대한 함수 인라인을 수행한다.

> **NOTE_ 함수 인라인**
>
> 프로그래밍 언어에서 함수[30]는 추상화하고 복잡성을 숨기며 반복되는 코드를 줄여준다. 하지만 실행 호출 비용은 0이 아니다. 예를 들어 인수가 하나 있는 함수를 호출하려면 추가 CPU 명령이 10개[31]까지 필요하다. 그러니 비용은 고정되어 있고 일반적으로 나노 초 수준이지만, 자주 사용하는 부분에 이러한 호출이 수천 개 있고 함수 본문이 충분히 작다면 이 실행 호출이 부담될 수 있다.
>
> 인라인의 다른 이점도 있다. 예를 들어 컴파일러는 함수 수가 적은 코드에서 다른 최적화를 더욱 효과적으로 적용할 수 있으며, 함수 범위 간에 인수를 전달하기 위해 힙 또는 큰 스택 메모리(복사 포함)를 사용할 필요가 없다. 힙과 스택은 5.5절에서 설명한다.

컴파일러는 일부 함수 호출을 본문의 정확한 복사본으로 자동 대체한다. 이를 '**인라인**'[32] 또는 '**인라인 확장**'[33]이라고 한다. 이 로직은 아주 유용하게 사용할 수 있다. 예를 들어 Go 1.9부터 컴파일러는 스택의 말단과 중간에 있는 함수를 모두 인라인할 수 있다.

---

29 옮긴이 주_separation of concerns(soc)라고 하며, 관심사란 코드에 영향을 미치는 정보의 집합으로, 관심사 분리는 해당 관심사에 따라 프로그램을 분리하는 추상화를 의미한다. 캡슐화, 계층 구조 등은 관심사 분리의 구현이라고 볼 수 있다.

30 컴파일러 입장에서, 구조체의 메서드는 첫 번째 인수가 구조체인 함수일 뿐이다. 그러므로 같은 인라인 기법이 적용된다.

31 「Go 함수 호출 비용은 얼마나 될까」, *https://oreil.ly/40PbI* 함수 호출은 프로그램이 인수와 반환값을 스택을 통해 전달하고, 현재 함수의 상태를 유지하고, 함수 호출 후 스택을 되감고, 새 스택 프레임을 추가하는 등의 작업 때문에 더 많은 CPU 명령이 필요하다.

32 「Go 컴파일러의 중간 함수 인라인」, *https://oreil.ly/CX2v0*

33 「위키피디아, 인라인 확장」, *https://oreil.ly/JGde3*

4. AST에 대한 초기 최적화 후 트리는 정적단일할당(SSA, Static Single Assignment) 형태로 변환된다. 이는 저수준의 명시적 표현이고 규칙 집합을 사용하여 추가 최적화를 더 쉽게 해 준다. 예를 들어 SSA 덕에 컴파일러는 불필요한 변수 할당[34]을 쉽게 찾을 수 있다.

5. 컴파일러는 추가로 하드웨어와 상관 없는 최적화 규칙을 적용한다. 예를 들어 $y := 0 * x$와 같은 문은 $y := 0$으로 단순화된다. 이 규칙의 전체 목록은 엄청나게 많고[35] 복잡하다. 게다가 일부 코드 조각은 고유 함수[36](순수한 어셈블리어 등으로 최적화된 등가 코드)로 대체된다.

6. 컴파일러는 GOARCH와 GOOS 환경 변수를 기반으로 SSA을 원하는 ISA와 운영체제의 기계어로 변환하는 genssa 함수를 호출한다.

7. ISA와 운영체제에 더욱 특화된 최적화가 적용된다.

8. 파일 이름 뒤에 .o를 붙여 남아 있는 기계어를 하나의 목적 파일 하나로 빌드한다. 디버깅 정보와 함께 패키징한다.

최종 '목적 파일'은 일반적으로 파일 접미사가 .a인 Go 아카이브(archive)라는 tar 파일로 압축된다.[37] 각 패키지에 대한 이러한 아카이브 파일은 Go 링커나 다른 링커에서 단일 실행 파일로 결합하는 데 사용할 수 있다. 해당 아카이브 파일을 일반적으로 바이너리 파일(binary file)이라고 한다. 운영체제에 따라 형식이 다르고, 시스템에 실행 및 사용 방법을 알려준다. 일반적으로 리눅스는 ELF(Executable and Linkable Format)[38]다. 윈도우(Windows)에서는 PE(Portable Executable)[39]일 수 있다.

---

34 GOSSAFUNC 환경 변수 덕분에 Go 도구를 사용하면 정적 단일 할당 형태에서 각 최적화를 한 프로그램의 상태를 확인할 수 있다. GOSSAFUNC=<보려는 함수> go build로 프로그램을 빌드하고 결과 ssa.html 파일을 열면 된다. 자세한 내용은 「Go 1.7에서 프로그램 구조 살펴보기」(*https://oreil.ly/32Zbd*)에서 확인할 수 있다.

35 「깃허브, golang/go」, *https://oreil.ly/QTljA*

36 「위키피디아, 고유 함수」, *https://oreil.ly/FMjT0*

37 tar <archive> 또는 go tool pack e <archive> 명령으로 압축을 풀 수 있다. Go 아카이브는 일반적으로 __.PKGDEF 파일에 목적 파일과 패키지 메타데이터를 포함한다.

38 「위키피디아, ELF」, *https://oreil.ly/jnicX*

39 「위키피디아, PE」, *https://oreil.ly/SdohW*

바이너리 파일에 기계어만 있는 것은 아니다. 전역 변수 및 상수와 같은 프로그램의 정적 데이터도 전달한다. 또한 실행 파일의 상당 부분은 디버깅 정보로 차 있는데, 여기에는 간단한 심벌 테이블, 기본 타입 정보(리플렉션^{Reflection}[40]을 위해), 프로그램 카운터(PC)-행 매핑(명령이 있던 소스 코드의 줄을 가리키는 명령 주소)[41] 등이 포함된다. 이러한 추가 정보를 통해 디버깅 도구는 기계어를 소스 코드에 연결할 수 있다. 예를 들어 9.2절에서 더 설명할 그리고 앞서 한번 언급한 objdump 도구와 같은 많은 디버깅 도구에서 이를 사용한다. 그리고 Delve 또는 GDB와 같은 디버깅 소프트웨어와의 호환성을 위해 DWARF 테이블도 바이너리 파일에 첨부된다.[42]

이렇듯 Go 컴파일러는 이미 아주 많은 작업을 담당하고 있지만, 더불어 Go 메모리의 안전[43]을 보장하기 위해 추가 단계를 수행해야 한다. 예를 들어 컴파일러는 종종 컴파일 시간 동안 일부 명령이 사용하기에 안전한 메모리 공간(예상되는 자료 구조를 포함하고 프로그램을 위해 예약된)을 쓰게 될 것인지 분별할 수 있다. 그러나 컴파일 중에 이를 결정할 수 없는 경우도 있으므로, 런타임에 추가 검사(예 추가 경계 검사 또는 nil 검사)를 수행해야 한다.

5.5절에서 이에 대해 자세히 논의하겠지만 해당 검사에 귀중한 CPU 시간이 소요될 수 있음을 알아두어야 한다. Go 컴파일러는 불필요한 경우(예 SSA 최적화 중 경계 검사 제거 단계)에 이러한 검사를 제거하려고 하겠지만, 컴파일러가 검사를 제거하는 데 도움이 되도록 코드를 작성해야 할 경우도 있다.[44]

Go 빌드 프로세스에는 다양한 구성 옵션이 있다. 첫 번째 옵션의 큰 묶음을 링커 명령 옵션[45] go build -ldflags="<flags>"를 통해 전달할 수 있다(ld 접두사는 전통적으로 리눅스 링커[46]다). 다음 예제를 보자.

- -ldflags="-w"를 이용해서 DWARF 테이블을 생략하면 바이너리 크기를 줄일 수 있다(디버거를 사용하지 않는 운영환경 빌드에 권장).

---

40 옮긴이 주_실행시점에 프로그램 내부의 구조와 행위를 관리하고 수정할 수 있는 기능. 실행 중에 자기자신의 코드를 수정하거나, 검사할 수 있다. Go에서는 제네릭 대신에 사용되는 경우가 많다.
41 「Go 문서, func (*Table) PCToLine」, *https://oreil.ly/akAR2*
42 그러나 기본 빌드 프로세스에서 제거(*https://oreil.ly/xoijc*)하자는 논의도 있다.
43 「메모리 안전이란 무엇이며 왜 중요할까」, *https://oreil.ly/kkCRb*
44 경계 검사 제거(*https://oreil.ly/E7FJI*)는 거의 쓰지 않는 최적화이므로 설명하지 않을 것이다.
45 「Go 문서, link」, *https://oreil.ly/g8dvv*
46 「ld(1) – Linux man page」, *https://oreil.ly/uJEda*

- -ldflags= "-s -w"를 사용하여 크기를 더 줄일 수 있으며, 다른 디버그 정보가 있는 DWARF 및 기호 테이블을 제거할 수 있다. DWARF가 아닌 요소는 프로파일 수집과 같은 중요한 런타임 루틴을 허용하므로 후자의 옵션을 권장하지 않는다.

마찬가지로, go build -gcflags="<flags>"는 컴파일러 옵션[47]이다. gc는 Go Compiler를 의미하며, 이를 5.5.3절의 GC와 혼동하지 말자. 이제 다음 예제를 살펴보자.

- -gcflags="-S"는 소스 코드에서 Go 어셈블리어를 출력한다.

- -gcflags="-N"은 모든 컴파일러 최적화를 비활성화한다.

- -gcflags="-m=<number>"는 주된 최적화 결정을 출력하면서 빌드한다. 숫자는 표시해야 할 세부 단계. [예제 4-1]의 합계 함수를 자동 최적화해서 만든 [예제 4-3]을 보자.

예제 4-3 go build -gcflags="-m=1" sum.go를 [예제 4-1]에 적용한 결과

```
# command-line-arguments
./sum.go:10:27: inlining call to os.ReadFile                    ❶
./sum.go:15:34: inlining call to bytes.Split                    ❶
./sum.go:9:10: leaking param: fileName                          ❷
./sum.go:15:44: ([]byte)("\n") does not escape                  ❸
./sum.go:16:38: string(line) escapes to heap                    ❹
```

---

❶ os.ReadFile과 bytes.Split는 짧기 때문에 Sum함수 전체를 복사한다.

❷ fileName 인수는 '**누수**'된다. 누수란 인수가 함숫값이 반환된 뒤에도 살아있다는 것이다(스택에 여전히 존재할 수 있다).

❸ []byte("\n")에 대한 메모리가 스택에 할당된다. 이와 같은 메시지는 이스케이프 분석을 디버그하는 데 도움이 된다. 「고성능 Go 서비스의 할당 효율화」[48]에서 자세히 알아보자.

❹ string(line)에 대한 메모리는 더 비싼 힙에 할당된다.

-m 뒤에 있는 숫자가 커지면 컴파일러가 더 자세한 정보를 보여준다. 예를 들어 -m=3은 특정 결정이 내려진 이유를 설명한다. 이 옵션은 특정 최적화(인라이닝 또는 스택에 변수 유지)가 발

---

47 「Go 문서, compile」, *https://oreil.ly/rRtRs*
48 「고성능 Go 서비스의 할당 효율화」, *https://oreil.ly/zBCy0*

생할 것으로 예상할 때 유용하지만 TFBO 주기에서 벤치마킹하는 동안 여전히 오버헤드가 발생한다(3.6절 참고).

Go 컴파일러 구현은 충분한 테스트를 거쳐 잘 구축됐지만, 같은 기능을 수많은 방법으로도 만들 수 있다. 그래서 컴파일러를 혼란스럽게 하는 극단적인 경우가 있어서 간단한 구현이 적용되지 않을 수 있다. 이런 문제가 발생한다면 벤치마킹하고, 코드를 프로파일링하고, -m 옵션 도움말로 확인해야 한다. 추가 옵션을 사용하여 더 자세한 최적화를 볼 수도 있다. 예를 들어 -gcflags="-d=ssa/check_bce/debug=1"은 모든 경계 검사 제거 최적화를 출력한다.

> **TIP** **코드가 간결할수록 컴파일러는 효율적으로 최적화한다.**
> 너무 영리한 코드는 읽기 어렵고 프로그래밍된 기능을 유지하기 어렵게 만든다. 게다가 패턴을 최적화된 등 가물과 일치시키려는 컴파일러를 헷갈리게 만들 수도 있다. 자연스러운 코드를 사용하여 함수와 루프를 간단하게 유지하면 컴파일러가 최적화를 적용할 가능성이 높아져 직접 최적화를 하지 않아도 된다.

컴파일러 내부를 알면 좋다. 특히 컴파일러가 코드를 최적화하는 데 사용하면 좋은 고급 최적화 기술을 이해하면 좋다. 하지만 아쉽게도 이는 다른 컴파일러 버전 간의 이식성과 관련하여 우리의 최적화가 약간 취약할 수 있음을 의미하기도 한다. 컴파일러 구현 및 플래그는 Go 명세에 지정되어 있지 않기 때문에 변경될 수 있다. 때문에 컴파일러에서 자동 인라인을 허용하는 함수를 작성한 방식이 다음 버전에서는 적용되지 않을 수 있다. 따라서 다른 Go 버전으로 변경할 때 프로그램을 벤치마크하고 효율성을 면밀히 관찰하는 것이 훨씬 더 중요하다.

다시 말해 컴파일 프로세스는 개발자가 꽤 지루한 작업에서 벗어날 수 있게 도와주는 중요한 역할을 한다. 컴파일러 최적화가 없다면 동일한 효율성 수준에 도달하기 위해 가독성과 이식성을 희생하면서 더 많은 코드를 작성해야 한다. 대신 코드를 단순하게 만드는 데 중점을 둔다면 Go 컴파일러가 충분한 작업을 수행할 것이다. 그래도 자주 사용하는 부분에 대한 효율성을 높여야 하는 경우 컴파일러가 예상한 대로 수행되었는지 다시 확인하는 것이 좋다. 예를 들어 컴파일러가 코드를 일반적인 최적화와 일치시키지 않았을 수 있다. 컴파일러가 제거할 수 있는 메모리 안전 검사가 남아 있거나 인라인될 수 있는 함수가 있을 수 있다. 극단적인 경우 전용 어셈블리 코드를 작성하고 Go 코드에서 가져오는 값이 있을 수도 있다.[49]

---

49 표준 라이브러리에서 중요한 코드에 아주 자주 쓰였다.

Go 빌드 프로세스는 Go 소스 코드를 실행 가능한 완전한 기계어로 구성한다. 운영체제는 기계어를 메모리에 로드하고 실행해야 할 때 프로그램 카운터 레지스터에 첫 번째 명령 주소를 기록한다. 거기부터 CPU 코어는 각 명령을 하나씩 수행할 수 있다. 이는 언뜻 CPU가 비교적 간단한 작업을 수행한다는 의미로 받아들여질 수 있다. 그러나 메모리 벽memory wall 문제로 CPU 제조업체는 이러한 명령이 실행되는 방식을 변경하는 추가 하드웨어 최적화 작업을 계속해야 한다. 이러한 메커니즘을 이해하면 Go 프로그램의 효율성과 속도를 훨씬 더 잘 제어할 수 있다. 이제 4.4절에서 이 문제를 살펴보겠다.

4.4 CPU와 메모리 벽 문제

메모리 벽이 무엇인지, 어떻게 영향을 미치는지 이해하기 위해 CPU 코어 내부를 간단히 살펴보겠다. CPU 코어는 효율성 향상을 위해 시간이 지남에 따라 세부 구현 사항이 변경되지만(일반적으로 더 복잡해짐) 기본 사항은 동일하게 유지된다. 원칙적으로 [그림 4-1]에 표시된 제어 장치는 메모리에서 읽은 값을 다양한 L-캐시(가장 작고 빠른 순으로)에서 관리하고, 프로그램 명령을 해석하고, 산술 논리 장치ALU, Arithmetic Logic Unit에서 실행을 조정하며 인터럽트 요청[50]을 처리한다.

여기서 중요한 사실은 CPU가 사이클 단위로 작동한다는 것이다. 대부분의 CPU는 한 번의 사이클을 돌 때 아주 작은 데이터 집합을 대상으로 단 한 개의 명령을 실행할 수 있다. 이 패턴은 폰 노이만 구조의 핵심적인 특징이자, '플린Flynn의 분류학'[51]에서 '단일 명령—단일 데이터SISD, Single Instruction Single Data'라고 소개된 바 있다. 한편 일부 CPU는 SSE Streaming SIMD Extensions(SSE는 x86 아키텍처에 대한 SIMD(단일 명령 다중 데이터) 명령어 집합 확장)와 같은 특수 명령으로 '단일 명령—다중 데이터SIMD, Single Instruction Multiple Data'[52] 처리를 허용하여 한 번의 주기에서 4개의 부동 소수점 수에 대해 동일한 산술 연산을 수행할 수 있다. 하지만 아쉽게도 Go에서 이

---

50 옮긴이 주_CPU가 작업 수행 중에 I/O 장치 등에서 발생한 키 입력 등의 즉시 처리되어야 하는 예외 상황을 CPU에 알리는 것을 말한다.

51 「일부 컴퓨터 조직과 그 효과(Some Computer Organizations and Their Effectiveness)」, *https://oreil.ly/oQuØM*

52 SISD, SIMD 이외에도 플린의 분류학에서는 동일한 데이터에 대해 여러 명령을 수행하는 것을 설명하는 MISD와 완전한 병렬성을 설명하는 MIMD를 설명한다. MISD는 신뢰성이 중요한 경우에만 드물게 보인다. 예를 들어, 모든 NASA 우주 왕복선에서는 4대의 비행 제어 컴퓨터가 정확히 동일한 계산을 수행하여 4중 에러 검사를 한다. 반면에 MIMD는 다중 코어 또는 다중 CPU 설계 덕분에 더 일반적이다.

런 명령어를 바로 사용할 수는 없으므로 보기 어렵다.

레지스터는 CPU에서 사용할 수 있는 가장 빠른 로컬 저장소다. ALU에 직접 연결되는 작은 회로이기 때문에 단 한 번의 CPU 주기 만에 데이터를 읽을 수 있다. 하지만 그 수가 많지 않고 (CPU에 따라 다르지만 통상 16개), 크기는 보통 64비트 이하다. 즉 프로그램이 실행되는 동안 단기 변수로 사용된다. 일부 레지스터는 작성한 기계어 코드에서 사용할 수 있다. 나머지는 CPU 사용을 위해 따로 남겨두었다. 예를 들어 프로그램 카운터 레지스터[53]는 CPU가 인출하고 해석하고 실행해야 하는 다음 명령의 주소를 저장한다.

명령 수행에서 데이터를 빼놓을 수는 없다. 1장에서 설명했듯이 많은 데이터가 다양한 저장 매체에 흩어져 있는데, 단일 CPU 레지스터에 저장할 수 있는 것과 비교할 수 없을 정도로 많다. 게다가 한 번의 CPU 주기는 RAM의 데이터에 액세스하는 것보다 평균 100배 더 빠르다(부록 A 참고). 하지만 1.2.3절에서 설명했듯이 동적 클럭 속도로 CPU 코어를 만들 수는 있지만 최대 속도는 약 4GHz로 고정됐다. CPU 코어가 이미 너무 빠르기 때문에 이를 더 빠르게 만들 수 없다는 사실은 큰 문제가 아니다. 대신 CPU 측면에서 발생하는 효율성 문제의 주된 원인은 메모리 속도에 있다.

> 현재 CPU는 초당 약 360억 개의 명령어를 실행할 수 있다. 명령어 실행보다는 데이터를 기다리는 데 대부분의 시간을 소모한다. 거의 모든 애플리케이션이 전체의 약 50%의 시간을 여기에 소모한다. 심지어 어떤 애플리케이션에서는 전체 시간의 75% 이상을 데이터를 기다리는 데 사용한다. 소름 끼치는 상황 아닌가.
>
> – 챈들러 카루스Chandler Carruth, 「알고리즘으로 효율성을, 자료 구조로 성능을」[54]

앞서 언급한 문제를 '**메모리 벽**' 문제[55]라고 한다. 이 문제로 인해 명령과 데이터를 가져온 다음 결과를 저장하는 데 시간이 오래 걸리기 때문에 한 명령당 CPU 주기를 수백은 아니더라도 수십 회는 낭비할 위험이 있다.

인공지능AI, Artificial inteligence 사용을 위한 기계 학습ML, machine learning이 대중화됨에 따라 작업량이

---

53 「위키피디아, 프로그램 카운터」, *https://oreil.ly/TvHVd*

54 「알고리즘으로 효율성을, 자료 구조로 성능을(Efficiency with Algorithms, Performance with Data Structrues)」, *https://oreil.ly/I55mm*

55 「위키피디아, RAM 중 메모리 벽 부분」, *https://oreil.ly/l5zgk*

늘었고(예 신경망) 이에 따라 폰 노이만 구조[56]를 재고하자는 논의를 촉발할 만큼 이 문제에 대한 논쟁이 뜨거워졌다. 이러한 작업은 많은 양의 메모리를 순회하는 복잡한 행렬 수학 계산을 수행하는 데 시간을 쓰기 때문에 특히 메모리 벽 문제의 영향을 크게 받는다.[57]

즉 메모리 벽 문제는 프로그램의 작업 수행 속도를 제한한다. 또한 모바일 애플리케이션에서 중요한 이슈인 에너지 효율성 전반에 큰 영향을 미친다. 요즘 사용되는 범용 하드웨어에서 문제가 되고 있어 이를 해결하려는 움직임도 활발해졌다. 그 결과 계층적 캐시 시스템, 파이프라이닝, 비순차적 실행 및 하이퍼 스레딩과 같은 몇 가지 주요 CPU 최적화 기술로 문제를 많이 완화했다. 이는 특히 프로그램 실행 속도 측면에서 저수준 Go 코드의 효율성에 직접적인 영향을 미쳤다.

4.4.1 계층적 캐시 시스템

최신 CPU에는 자주 사용하는 데이터를 위한 빠르고 작은 로컬 캐시가 포함되어 있다. L1, L2, L3(때때로 L4) 캐시는 칩에 포함된 정적 메모리^{SRAM, Static Random-Access Memory} 회로다. SRAM은 RAM보다 더 빠르게 데이터를 저장하기 위해 다른 기술을 사용하지만, 대용량으로 사용하고 생산하는 데 훨씬 더 비싸다(RAM에 관해서는 5.3절에서 더 자세히 설명한다). 따라서 CPU가 RAM에서 명령 또는 명령에 대한 데이터를 가져와야 할 때 L-캐시에 먼저 접근한다. CPU가 L-캐시를 사용하는 방식은 [그림 4-3][58]에 나와 있다. 여기에서는 [예제 4-2]에서 설명한 간단한 CPU 명령어 MOVQ를 사용한다.

특정 메모리 주소에서 레지스터 SI로 64비트(MOVQ 명령)를 복사하려면 일반적으로 RAM에 있는 데이터에 액세스해야 한다. RAM에서 읽기가 느리기 때문에 먼저 데이터를 확인하기 위해 L-캐시를 사용한다. CPU는 첫 번째 시도에서 L1 캐시에 이러한 데이터를 요청한다. 데이터가 없으면(캐시 미스^{Cache miss}), 더 큰 L2 캐시를 방문한 다음 가장 큰 캐시 L3, 결국 주 메모리인 RAM을 방문한다. 이러한 캐시 미스 상태가 발생하면 CPU는 완전한 '캐시 라인^{Cache Line}'(일반

---

56 『폰 노이만 구조의 위기』, *https://oreil.ly/xqbNU*

57 그래서 범용 장치에 특수 칩(신경 처리 장치 또는 NPU라고 함)이 등장했다. 예를 들면 구글 휴대폰의 다중선형사상 처리 장치(TPU, Tensor Processing Unit), 아이폰의 A14 바이오닉 칩, 애플 노트북의 M1칩에 있는 전용 NPU 등이 포함된다.

58 캐시 크기는 다를 수 있다. 예제 크기는 필자의 노트북에서 가져온 것이다. sudo dmidecode -t cache 명령을 사용하여 리눅스에서 CPU 캐시의 크기를 확인할 수 있다. 옮긴이 주_ lscpu | grep cache (리눅스), sysctl -a | grep -e "hw\.l.*cachesize" (맥 OS) 명령으로도 가능하다.

적으로 64바이트, 레지스터 크기의 8배)을 가져와서 모든 캐시에 저장하고 이것만을 사용하려고 한다.

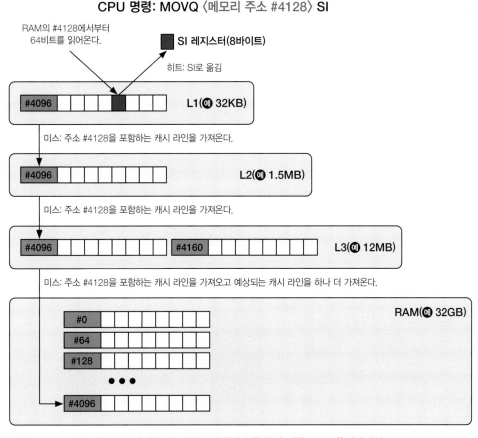

그림 4-3 CPU가 L-캐시를 통해 메인 메모리를 읽기 위해 수행하는 '조회(look up)' 캐시 메서드

캐시 라인이 한 번에 여러 바이트를 읽을 때와 하나의 바이트를 읽을 때 레이턴시가 동일하기 때문에(5.3절 참고) 효율적이다. 그리고 통계적으로 다음 연산에는 이전에 접근했던 영역 다음의 데이터가 필요할 가능성이 높다. L-캐시는 메모리 대기 시간 문제를 부분적으로 완화하고 전송할 전체 데이터 양을 줄여 메모리 대역폭을 보존한다.

CPU에 L-캐시가 있어서 얻게 되는 첫 번째 직접적인 결과는 정의된 자료 구조가 작고 잘 정렬될수록 효율성이 더 좋아진다는 것이다. 그런 자료 구조가 저수준 캐시에 딱 맞고 비용이 많이 드는 캐시 미스를 방지할 수 있다. 두 번째 결과는 캐시 라인이 일반적으로 이웃에 저장된 여러 항목을 포함하기 때문에 순차 데이터에 대한 명령이 더 빨라진다는 것이다.

4.4.2 파이프라이닝과 비순차적 실행

마술처럼 시간 소모 없이 데이터를 읽어 올 수 있다면, 모든 CPU 코어 주기마다 의미 있는 명령을 수행하고 CPU 코어 속도가 허용하는 한 빨리 명령을 실행하는 완벽한 상황이 될 것이다. 하지만 현실은 그렇지 않기 때문에 최신 CPU는 계단식 파이프라인을 사용하여 CPU 코어의 모든 부분을 바쁘게 유지하려고 한다. 기본적으로 CPU 코어는 명령 실행에 필요한 여러 단계를 한 주기에 전부 수행할 수 있다. 이것을 이용하여 명령을 단계별로 병렬화ILP, Instruction-Level Parallelism한다. 예를 들어 5개의 CPU 주기에 걸쳐 5개의 서로 무관한 명령을 실행하면 주기당 하나의 명령IPC, instruction per cycle[59]이라는 달콤한 평균을 제공할 수 있다. 예를 들어 초기 5단계 파이프라인 시스템[60](최신 CPU는 14~24단계)에서 단일 CPU 코어는 [그림 4-4]처럼 한 주기 내에서 동시에 5개의 명령을 수행한다.

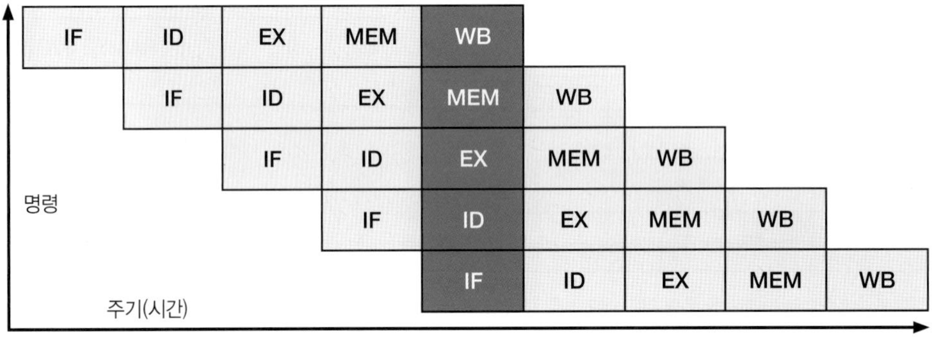

그림 4-4 5단계 파이프라인 예제

전통적인 5단계 파이프라인은 5개의 연산으로 구성된다.

---

59 CPU가 전체적으로 주기당 최대 하나의 명령(IPC ⇐ 1)을 수행할 수 있는 경우 이를 스칼라 CPU라고 한다. 대부분의 최신 CPU 코어는 IPC ⇐ 1 이지만, 하나의 CPU에 둘 이상의 코어가 있어 IPC > 1이 된다. 이러한 CPU는 슈퍼스칼라(superscalar)라고 한다. IPC는 곧 CPU의 성능 지표가 되었다.

60 「위키피디아, Classic RISC pipeline」, *https://oreil.ly/ccBg2*

IF

실행시킬 명령어를 가져온다.

ID

명령어를 해석한다.

EX

명령어 실행을 시작한다.

MEM

실행할 때 필요한 피연산자를 가져온다.

WB

연산 결과가 있다면 저장한다.

하지만 문제는 더 복잡해진다. L-캐시에 대해 말할 때 보았듯, 데이터 인출(**CPU** MEM 단계)이 한 번의 주기 만에 완료되는 경우는 거의 없다. 이를 완화하기 위해 CPU 코어는 비순차적 실행 out-of-order execution 이라는 기술을 사용한다. CPU는 프로그램의 원래 순서가 아니라, 입력 데이터와 실행 단위의 가용성에 따라 명령어 순서를 재배치하려고 한다. 4장에서는 비순차적 실행은 보다 효율적인 CPU 실행을 위해 내부 대기열을 활용하는 복잡하고 좀 더 동적인 파이프라인이라고 생각하면 목적을 달성하는 데는 충분하다.

비순차적인 파이프라인을 통한 CPU 실행은 복잡하다. 그러나 개발자로서 중요한 두 가지 결과를 이해하기 위해서는 단순한 설명이 선행되어야 한다. 첫 번째 결과는 명령 스트림의 모든 변경에는 막대한 비용[61] (레이턴시 등)이 든다는 것이다. 이는 캐시는 확실히 폐기해야 할 뿐만 아니라 파이프라인을 재설정하고 처음부터 시작해야 하기 때문이다. 또한 이에 대해 운영체제의 오버헤드도 고려해야 한다. 이를 '**문맥 교환**Context Switch'이라고 부르는데, 이는 일반적인 운영

---

61 막대한 비용이라는 표현은 과장이 아니다. 문맥 교환의 대기 시간은 여러 요인에 따라 다르지만, 최상의 경우 직접 대기 시간(운영체제 문맥교환 대기 시간 포함)은 약 1,350나노초, 다른 코어로 마이그레이션해야 하는 경우 2,200나노초로 측정됐다. 이것은 한 스레드의 끝에서 다른 스레드의 시작까지의 직접적인 대기 시간일 뿐이다. 캐시 및 파이프라인 준비 같은 간접 비용을 포함하는 총 대기 시간은 10,000나노초(표 A-1에서 볼 수 있음) 만큼 걸릴 수 있다. 이 시간 동안 약 4만 개의 명령어를 계산할 수 있다.

체제가 선점형 작업 스케줄러를 사용하기 때문에 최신 컴퓨터에서는 불가피한 오버헤드다. 해당 시스템에서 단일 CPU 코어의 실행 흐름은 초당 여러 번 선점될 수 있으며, 극단적인 경우 이는 매우 중요할 수 있다. 4.5.1절에서 이러한 동작에 영향을 주는 방법을 더 자세히 설명한다.

두 번째 결과는 예측 가능한 코드일수록 더 좋다는 것이다. CPU 코어가 파이프라인을 수행하려면 현재 명령 이후에 실행될 명령을 찾기 위해 복잡한 '**분기 예측**Branch Prediction'을 수행해야 하기 때문이다. 코드가 if, switch 또는 continue와 같은 분기로 가득 차 있다면, 한 명령이 다음에 수행할 명령을 결정할 수 있기 때문에 동시에 실행할 두 개의 명령을 찾는 것조차 불가능할 수 있다. 이를 데이터 종속성data dependency이라고 한다. 최신 CPU 코어 구현은 투기적 실행speculative execution이라는 극단적인 방향으로 발전했다. 다음 명령이 무엇인지 모르기 때문에 가능성이 가장 높은 명령을 선택하고 그러한 분기가 선택될 것이라고 가정한다. 그리고 잘못된 분기에 대한 어떠한 불필요한 실행도 하지 않고 CPU 사이클을 낭비하는 것보다 낫다. 덕분에 분기가 없는 코딩 기술이 많이 등장해서 CPU가 분기를 예측하고 더 빠른 코드를 생성할 수 있게 되었다. 일부 방법은 Go 컴파일러[62]에 의해 자동으로 적용되지만, 때로는 직접 개선 사항을 추가해야 한다.

일반적으로 코드가 단순하고 중첩된 조건과 루프가 적을수록 분기 예측에 더 좋다. 그래서 '왼쪽으로 기운leans to the left'[63] 코드가 더 빠르다는 말을 자주 듣는다.

> 경험상 빠른 코드를 원하면 코드가 페이지 왼쪽에 있어야 한다. 따라서 루프나 if나 for, switch를 쓴 코드는 속도가 빨라지지 않는다. 그런데 리눅스 커널의 코드는 어떤 기준으로 짜여 있는지 아는가? 8칸 탭, 80칸 행 너비다. 리눅스 커널에서는 잘못된 코드를 작성할 수 없다. 여기에서는 느린 코드를 작성할 수 없다. (중략) 코드에 너무 많은 if와 결정 지점이 있는 순간 효율성을 달성할 수 없게 된다.
>
> — 안드레이 알렉산드레스쿠Andrei Alexandrescu, 「속도는 사람들의 마음에서 찾을 수 있다」[64]

---

62 「깃허브, golang/go」, *https://oreil.ly/VqKzx*

63 옮긴이 주_if, for 문 등이 중첩되어 쓰이는 경우, 들여쓰기 때문에 코드의 왼쪽에는 빈칸이 들어가므로 위에서부터 코드를 읽어나가면 점점 글자가 오른쪽으로 기울어 가는 느낌을 받는다. 왼쪽으로 기운 코드는 그 반대로, 필요 없이 중첩된 대기문이 없고 코드가 짧고 간결한 것을 의미한다.

64 「유튜브, 정렬 알고리즘: 속도는 사람들의 마음에서 찾을 수 있다(Sorting Algorithms: Speed Is Found In The Minds of People)」, *https://oreil.ly/6mERC*

CPU에 있는 분기 예측기와 예측 실행 방식에는 또 다른 귀결이 있다. L-캐시가 있는 파이프라인 CPU 구조에서는 메모리에 연속으로 저장된 자료 구조가 훨씬 더 잘 수행되도록 한다.

> **TIP** 메모리에 연속으로 저장된 자료 구조가 중요하다.
>
> 실무적으로 이야기하면 대부분의 최신 CPU의 경우 프로그램에서 연결 리스트 대신 배열과 같은 연속 메모리 자료 구조를 써야 한다. 이는 일반적인 연결 리스트 구현(예 트리)이 다음, 이전, 자식, 부모 요소에 대한 메모리 포인터를 사용하기 때문이다. 즉 이러한 구조에 반복해서 접근할 때 CPU 코어는 노드를 찾아 해당 포인터를 확인할 때까지 다음에 수행할 데이터와 명령을 알 수 없다. 이것은 예측 실행 능력을 제한하여 비효율적인 CPU 사용을 유발한다.

4.4.3 하이퍼 스레딩

하이퍼 스레딩Hyper-Threading은 동시 멀티스레딩SMT, simultaneous multithreading[65]이라는 CPU 최적화 기술에 대한 인텔의 등록상표다. 다른 CPU 제조업체도 SMT를 구현한다. 이 기술을 사용하면 단일 CPU 코어가 프로그램 및 운영체제에 논리적인 CPU 코어 2개로 인식된다.[66] 즉 SMT는 운영체제가 동일한 물리적 CPU 코어에 2개의 스레드를 분리하여 작동하도록 한다. 따라서 단일 물리적 코어는 한 번에 둘 이상의 명령을 실행하지는 않지만, 대기열에 더 많은 명령이 있을 경우 유휴 시간 동안 CPU 코어가 더 바빠진다. 덕분에 메모리 액세스를 위해 대기하는 중이더라도, 프로세스 실행 시간에 영향을 끼치지 않고 단일 CPU 코어를 더욱 효율적으로 활용할 수 있다. 또한 SMT의 추가 레지스터를 통해 CPU는 단일 물리적 코어에서 실행되는 여러 스레드 간 더 빠른 문맥교환을 할 수 있다.

SMT는 운영체제와 통합되어 지원되어야 한다. 활성화된 경우, 컴퓨터의 물리적 코어보다 2배 많은 코어가 표시되어야 한다. CPU가 하이퍼 스레딩을 지원하는지 확인하려면 사양에서 코어당 스레드 정보를 확인하면 된다. 예를 들어 [예제 4-4]에서 lscpu 리눅스 명령을 사용한 결과를 보면, CPU에 2개의 스레드가 있으므로 하이퍼 스레딩을 사용할 수 있다.

---

65 이 기술을 CPU 스레딩(일명 하드웨어 스레드)이라고 하는 경우도 있다. 운영체제 스레드와 혼동될 수 있으므로 이 책에서는 해당 용어를 사용하지 않는다. 「위키피디아, 동시 멀티스레딩」, *https://oreil.ly/L5va6*

66 가상 머신과 같은 가상화를 사용할 때 참조되는 가상 CPU(vCPU)와 하이퍼 스레딩 논리 코어를 혼동하지 말자. 게스트 운영체제는 호스트의 선택에 따라 시스템의 물리적 또는 논리적 CPU를 사용하지만 두 경우 모두 vCPU라고 한다.

```
Architecture:                  x86_64
CPU op-mode(s):                32-bit, 64-bit
Byte Order:                    Little Endian
Address sizes:                 39 bits physical, 48 bits virtual
CPU(s):                        12
On-line CPU(s) list:           0-11
Thread(s) per core:            2                                    ❶
Core(s) per socket:            6
Socket(s):                     1
NUMA node(s):                  1
Vendor ID:                     GenuineIntel
CPU family:                    6
Model:                         158
Model name:                    Intel(R) Core(TM) i7-9850H CPU @ 2.60GHz
CPU MHz:                       2600.000
CPU max MHz:                   4600.0000
CPU min MHz:                   800.0000
```

❶ CPU가 SMT를 지원하고, 리눅스에서 활성화되었다.

SMT는 보통 기본적으로 활성화되어 있지만, 최신 커널에서는 요청할 때만 활성화할 수도 있다. 이는 Go 프로그램을 실행할 때 프로세스에서 SMT의 활성화 또는 비활성화를 선택할 수 있다는 말이다. 이를 선택하는 기준은 무엇일까? 많은 경우 활성화하는 것이 물리적인 코어를 최대한 활용할 수 있기 때문에 켜 두는 것이 좋다. 하지만 몇 가지 극단적인 상황에서는 한 프로세스가 전체 물리 코어를 독점적으로 사용해야 할 때도 있다. 일반적으로는 각각의 하드웨어에 대해 벤치마크를 수행하여 결정하는 것이 바람직하다.

요약하면 앞서 언급한 모든 CPU 최적화와 관련된 프로그래밍 기술은 최적화 주기의 가장 끝에서, 즉 임계 경로에서 마지막 몇 나노초를 짜내고 싶을 때나 사용될 것이다.

> TIP 임계 경로에서 효율적인 CPU 코드를 작성하기 위한 세 가지 원칙
>
> CPU 친화적인 코드를 생성하는 세 가지 기본 규칙은 다음과 같다.
>
> • 더 적은 작업을 수행하는 알고리즘을 사용하라.

- 컴파일러 및 CPU 분기 예측기가 더 최적화하기 쉽도록 복잡하지 않은 코드를 작성하는 데 중점을 두라. 이상적으로는 '뜨거운' 코드[67]와 '차가운' 코드를 분리하라.
- 자주 반복하거나 순회할 예정이라면 메모리에 연속으로 저장된 자료 구조를 사용하라.

CPU 하드웨어 역학에 대한 간략한 이해를 바탕으로 공유되는 하드웨어에서 수천 개의 프로그램을 동시에 실행하도록 하는 필수 소프트웨어 타입에 대해 자세히 살펴보겠다. 바로 스케줄러 scheduler다.

4.5 스케줄러

스케줄링은 특정 프로세스를 완료하는 데 필요한, 일반적으로 제한된 자원을 할당하는 것을 의미한다. 예를 들어 자동차 공장에서 자동차 부품 조립을 진행할 때는 가동 중지 시간을 피하기 위해 정확한 일정을 엄격하게 계획해야 한다. 또는 하루 중 불과 몇 시간밖에 비어 있지 않은 어떤 참석자와 회의를 잡기 위해 아주 빡빡한 일정을 소화해야 할 수도 있다.

이와 같이 최신 컴퓨터나 서버 클러스터에는 CPU, 메모리, 네트워크, 디스크 등과 같은 공유 자원을 사용하여 실행해야 하는 수천 개의 프로그램이 있다. 그래서 업계에서는 이런 프로그램들의 여러 수준에서 비어 있는 자원을 할당하는 다양한 스케줄링 소프트웨어, 즉 스케줄러를 개발했다.

이 절에서는 이 CPU 스케줄링에 대해 설명한다. 가장 낮은 수준인 운영체제부터 시작해보려고 한다. 운영체제는 제한된 수의 물리적 CPU에서 임의의 프로그램을 스케줄링한다. 그리고 동시에 실행되는 여러 프로그램이 CPU 자원과 Go 프로그램의 반응시간에 어떤 영향을 주는지 알려준다. 또한 운영체제 메커니즘을 이해하면, 더 빠른 프로그램 실행을 위해 병렬성이나 동시성을 사용해 동시에 여러 CPU 코어를 운용하는 방법을 이해하는 데도 도움이 된다.

---

67 옮긴이 주_대부분 실행 시간을 차지하는 중요한 코드를 말한다. 차가운 코드는 그 반대의 경우다.

4.5.1 운영체제 스케줄러

운영체제도 컴파일러와 마찬가지로 다양하며, 각각 작업 스케줄링 및 자원 관리 로직이 다르다. 대부분의 시스템이 유사한 추상화(⑩ 스레드, 우선순위가 있는 프로세스)에서 작동하는데, 이 책에서는 리눅스 운영체제에 중점을 둘 것이다. 리눅스 운영체제의 핵심은 커널이라고 하는데, 메모리, 장치, 네트워크, 보안 관리 등과 같은 중요한 기능을 많이 수행한다. 또한 스케줄러라고 하는 설정 가능한 구성 요소를 사용하여 프로그램을 실행한다.

> 운영체제 스레드 스케줄러는, 자원 관리의 핵심으로 단순하고 변하지 않는, 다음 원칙을 지켜야 한다. 바로 준비된 스레드를 사용 가능한 코어에 할당하는 것이다.
>
>   - J.P. 로지^{J.P. Lozi} 외, 『리눅스 스케줄러: 10년간 낭비된 코어들』

리눅스 스케줄러의 최소 스케줄링 단위를 운영체제 스레드[68]라고 한다. 개별 스레드(태스크 또는 경량 프로세스라고도 함)마다 순차적으로 실행되도록 설계된 CPU 명령어 묶음이 따로 있다. 스레드는 실행 상태, 스택 및 레지스터를 변경할 수 있지만, 이 실행 문맥에서 벗어날 수는 없다.

각 스레드는 프로세스의 일부로 실행된다. 프로세스는 실행 중인 프로그램을 나타내며, 프로세스 식별 번호^{PID, Process Identification Number}로 식별할 수 있다. 리눅스 운영체제에 컴파일된 프로그램을 실행하도록 지시하면 새 프로세스가 생성된다. 예를 들면 fork[69] 시스템 호출이 사용되는 경우가 있다.

프로세스 생성에는 새 PID 할당, 기계어(Go 코드의 func main())와 스택이 있는 초기 스레드 생성, 표준 출력 및 입력용 파일, 기타 수많은 데이터(⑩ 열린 파일 디스크립터 목록, 통계, 제한, 속성, 마운트된 항목, 그룹 등) 그리고 다른 프로세스로부터 보호해야 하는 새로운 메모리 주소 공간이 생성된다. 그리고 모든 정보는 프로그램 실행 기간 동안 전용 디렉터리 /proc/⟨PID⟩ 아래에서 관리된다.

clone[70] 시스템 호출이라 불리는 등의 작업을 통해, 스레드는 새 스레드를 만들 수 있다. 새 스레드는 독립된 실행 시퀀스가 있지만, 동일한 메모리 주소 공간을 공유한다. 스레드는 fork 등을 사용하여 독립적으로 실행되고 원하는 프로그램을 실행할 새 프로세스를 생성할 수 있다.

---

68 위키피디아, 스레드(컴퓨팅)」, *https://oreil.ly/Lp2Sk*

69 「fork(2) — Linux manual page」, *https://oreil.ly/IPKYU*

70 「clone(2) — Linux manual page」, *https://oreil.ly/6qSg3*

스레드는 실행 상태(실행중, 준비, 대기)를 관리한다. 상태 전이표는 [그림 4-5]에서 확인할 수 있다.

그리고 스레드의 상태는 스레드가 현재 시점에 무엇을 하고 있는지 다음과 같이 표시하여 스케줄러에 알려준다.

실행중 Running

스레드가 CPU 코어에 할당되어 작업을 수행한다.

대기 Blocked

스레드가 잠재적으로 문맥 교환보다 오래 걸리는 어떤 이벤트로 인해 지연되고 있다. 예를 들어 스레드는 네트워크 연결에서 패킷을 위해 대기하거나 뮤텍스 락$^{mutex\ lock}$[71]에서 자기 차례를 기다리는 중일 수 있다. 이때 스케줄러가 개입하여 다른 스레드가 실행되도록 할 수 있다.

준비 Ready

스레드가 실행 준비를 마치고 실행될 차례를 기다리고 있다.

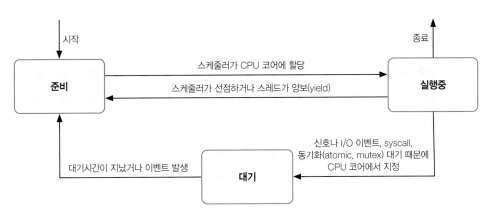

그림 4-5 리눅스 운영체제 스케줄러의 스레드 상태

---

71 옮긴이 주_mutex는 Mutual Exclution(상호 배제)의 약자다. 하나의 스레드가 해당 임계 영역에서 실행 중이라면, 다른 스레드는 락 취득까지 실행을 멈추고 차례를 기다리게 된다.

이미 눈치챘겠지만, 리눅스 스케줄러는 선점형으로 스레드를 관리한다. '선점Preemptive'이란 스케줄러가 언제든 스레드 실행을 중지할 수 있다는 것을 의미한다. 최신 운영체제에서 항상 사용 가능한 CPU 코어보다 더 많은 스레드를 실행해야 하므로, 스케줄러는 단일 CPU 코어에서 여러 '준비' 상태의 스레드를 실행해야 한다. 스레드는 I/O 요청 또는 기타 이벤트를 기다릴 때마다 선점된다. 또한 스레드는 sched_yield[72] 시스템 호출 등을 사용하여 운영체제에 양보yield 하겠다고 할 수 있다. 그렇게 선점되면 '대기' 상태가 되고 다른 스레드가 그 자리를 대신할 수 있다.

단순한 스케줄링 알고리즘은 스레드가 자신을 선점할 때까지 기다릴 수도 있는데, 이는 자주 '대기' 상태가 되는 I/O 작업 위주의 스레드에는 효과적이다. 예를 들면 그래픽 인터페이스가 있는 대화형 시스템 또는 네트워크 호출과 함께 작동하는 경량 웹 서버가 있다. 그러나 스레드가 CPU 작업 위주라면 CPU와 메모리 사용만으로 대부분의 시간을 소비한다. 이러한 경우 CPU 코어는 몇 분 동안 한 작업에서 사용 중일 수 있으며, 이로 인해 시스템의 다른 모든 스레드가 고갈된다. 예를 들어 브라우저에 무언가를 입력할 수 없거나 창 크기를 1분 동안 조정할 수 없다고 상상해보자. 오랫동안 시스템이 정지된 것처럼 보일 것이다.

기본 리눅스 스케줄러는 이 문제를 해결하는 방향으로 구현되었다. 이는 CFS Completely Fair Scheduler라고 하며, 짧은 시간 간격으로 스레드를 할당한다. 각 스레드에는 일반적으로 동시에 실행되는 것처럼 보일 정도로 짧은 1밀리초에서 20밀리초 사이 CPU 시간이 할당된다. 특히 이러한 방식은 사람과의 상호 작용에 반응해야 하는 데스크톱 시스템에 효과적이다. 그리고 이러한 설계에서 파생되는 몇 가지 중요한 특징이 있다.

- 실행하려는 스레드가 많을수록 각 차례에 소모되는 시간이 줄어든다. 그러나 이로 인해 값비싼 문맥 교환에 더 많은 시간을 쓰게 되고, CPU 코어의 생산적 활용도가 낮아진다.
- 과부하된 경우, 각 스레드는 자기 차례에 CPU 코어를 더 빨리 반납해야 하고, 결국 초당 돌아오는 차례 횟수는 더 적어진다. 어떤 스레드도 완전히 고갈(대기)되지는 않았지만, 실행 속도가 상당히 느려질 수 있는 것이다.

---

72 「sched_yield(2) – Linux man page」, *https://oreil.ly/QfnCs*

효율적인 CPU 코드를 작성한다는 것은 프로그램이 낭비하는 CPU 주기가 상당히 적다는 것이다. 물론 대체로 좋은 현상이지만, CPU에 과부하가 걸리면 아무리 효율적으로 구현했더라도 매우 느리게 작업을 수행할수 있다.

CPU나 시스템의 과부하는 너무 많은 스레드가 사용 가능한 CPU 코어를 놓고 경쟁하고 있음을 의미한다. 결과적으로 시스템이 과도하게 예약되거나 한두 개의 프로세스로 무거운 작업을 수행하느라 너무 많은 스레드를 생성할 수도 있다. 이른바 시끄러운 이웃$^{noisy\ neighbor}$ 현상이다. CPU 과부하가 발생했을 때 시스템 CPU 사용 지표를 확인하면 CPU 코어 이용률이 100%일 것이다. 이러한 경우 모든 스레드가 더 느리게 실행되어 시스템 정지, 시간 초과, 응답 없음 현상이 발생한다.

- 프로그램 CPU 효율성을 순수한 프로그램 실행 레이턴시(때때로 벽 시간 또는 벽시계 시간[73]이라고도 함)로 추정하는 것은 어려운 일이다. 최신 운영체제 스케줄러는 선점형이라 프로그램이 다른 I/O 또는 동기화를 기다리는 경우가 많기 때문이다. 결과적으로 수정 후 프로그램이 이전 구현보다 CPU를 더 잘 활용하는지 확실하게 확인하기가 매우 어렵다. 그래서 프로그램의 프로세스(모든 스레드)가 모든 CPU 코어에서 '실행중' 상태에 있는 시간을 수집하기 위해 중요한 지표를 정의했다. 일반적으로 이를 CPU 시간이라고 부르며, 6.3.2절에서 더 자세히 설명할 것이다.

CPU 시간 측정은 프로그램의 CPU 효율성을 확인하는 좋은 방법이다. 그러나 전체 실행 시간의 관점이 아니라 프로세스 실행 시간이라는 관점에서만 CPU 시간을 보는 것을 주의하라. 예를 들어 CPU 시간이 적게 걸린다는 말은 프로세스가 그 순간에 CPU를 많이 사용하지 않는다는 사실을 의미할 수 있지만, CPU 과부하가 생겼을 수도 있다는 말이다.

전반적으로 동일한 시스템에서 프로세스를 공유하면 문제가 있다. 따라서 가상화 환경에서는 이러한 자원을 미리 아껴두는 경향이 있다. 예를 들어 한 프로세스의 초당 CPU 시간을, 코어 전체 시간의 20%인 200밀리초로 제한할 수 있다.

- CFS는 너무 공정하게 시간을 배분하기 때문에 단일 스레드라고 해도 온전히 CPU 시간을 다 쓰지 못

---

73 옮긴이 주_실제 현실의 시계로 측정한다는 의미로, 여기서는 프로그램을 실행하는 시간을 프로그램 또는 함수의 시작-종료 시간 쌍으로 측정하는 방법을 일컫는다.

한다. 그래서 리눅스 스케줄러에는 우선순위, 사용자 설정 가능한 나이스 값(niceness)[74] 플래그 및 다양한 스케줄링 정책이 있다. 최신 리눅스 운영체제에는 첫 번째 순서로 실행해야 하는 스레드에 대해 CFS 대신 특수한 실시간 스케줄러를 사용하는 스케줄링 정책도 있다.[75]

그러나 아쉽게도 실시간 스케줄러가 있어도 리눅스 시스템은 우선순위가 높은 스레드가 필요한 모든 CPU 시간을 보장할 수 없다. 우선순위가 낮은 스레드가 사라지지 않도록 계속 시도하기 때문이다. 또한 CFS와 실시간 스케줄러 모두 선점형이기 때문에 결정적이거나 예측 가능하지도 않다. 결과적으로 엄격한 실시간 요구사항(**예** 밀리초 단위의 거래 또는 비행기용 소프트웨어)을 따르는 모든 작업은 기한 전에 충분한 실행 시간을 보장할 수 없다. 그래서 업계에서는 정밀한 실시간 프로그램[76]을 구동하기 위해서 제퍼 OS^{Zephyr OS}[77]와 같은 자체 스케줄러나 시스템을 개발했다.

CFS 스케줄러는 다소 복잡한 특성에도 불구하고 최신 리눅스 시스템에서 사용할 수 있는 가장 인기 있는 스레드 오케스트레이션 시스템이다. CFS는 유명한 연구 논문[78]의 조사 결과를 기반으로, 여러 개의 코어를 사용한, 불균일 기억 장치 접근^{NUMA}[79] 구조 용도로 2016년 개편되었다. 그 결과 지금은 스레드가 유휴 코어 전체에 잘 분산된다. 또한 마이그레이션이 너무 자주 수행되지 않을뿐더러 동일한 자원을 공유하는 스레드 간에는 수행되지 않도록 개선했다.

이제 운영체제 스케줄러에 대한 기본적인 이해를 바탕으로 Go 스케줄러가 존재하는 이유를 알아본다. 그리고 Go 스케줄러를 통해 여러 작업을 단일 또는 다중 CPU 코어에서 동시에 실행되도록 프로그래밍하는 방법을 살펴보겠다.

4.5.2 Go 런타임 스케줄러

Go 동시성 프레임워크는 일반적인 워크플로가 I/O에 크게 영향받기 때문에 CPU 명령의 단일 흐름(**예** 함수)만으로 CPU 주기를 완전히 활용하는 것은 어렵다는 전제하에 만들어졌다. 운영체제 스레드 추상화가 스레드를 CPU 묶음에 다중화하는 식으로 이 문제를 완화했지만,

---

74 옮긴이 주_사용자 프로세스 간에만 적용되는 우선순위 가중치다.

75 운영체제 튜닝에 대한 좋은 자료(*https://oreil.ly/8OPW3*)가 많다. 가상화 메커니즘에는 대부분 우선순위 및 선호도(특정 코어 또는 시스템에 프로세스를 고정)라는 개념이 있다. 쿠버네티스(Kubernetes) 같은 오케스트레이션 시스템을 포함하는 컨테이너 기술도 그렇다. 이 책에서는 효율적인 코드 작성에 중점을 두지만 실행 환경 튜닝이 빠르고 안정적인 프로그램 실행을 보장하는 데 중요한 역할을 한다는 점을 인식해야 한다.

76 「위키피디아, 실시간 운영체제」, *https://oreil.ly/oVsCz*

77 「제퍼 프로젝트에 대하여」, *https://oreil.ly/hV7ym*

78 「리눅스 스케줄러: 10년간 낭비된 코어들(The Linux Scheduler: A Decade of Wasted Cores)」, *https://oreil.ly/kUEiQ*

79 옮긴이 주_NUMA는 UMA와 달리 CPU와 메모리 거리에 따라 속도가 달라진다.

Go 언어는 고루틴이라는 다른 층위를 가져왔다. 고루틴은 스레드 묶음에 함수를 다중화한다.

고루틴이라는 개념[80]은 코루틴[coroutine][81]과 비슷하다. 하지만 고루틴은 선점형이라는 점에서 코루틴과 다르고 Go 언어에서 사용하므로 앞에 go를 붙였다. 운영체제 스레드와 유사하게 고루틴이 시스템 호출이나 I/O 때문에 대기 상태로 변하면, 운영체제가 아닌 Go 스케줄러가 실행 문맥을 다른 고루틴으로 빠르게 교환하며, 이는 동일한 스레드(필요한 경우 다른 스레드)에서 재개된다.

> 기본적으로 Go는 애플리케이션 수준의 I/O 작업을 운영체제 수준의 CPU 작업으로 바꾼다. 애플리케이션 수준에서 문맥 교환이 일어나므로, 스레드의 문맥 교환마다 동일하게 발생했을 1만 2,000개 명령(평균)을 손실하지 않는다. Go에서 이러한 동일 스레드 내에서 발생하는 문맥 교환은 200나노초 또는 2,400개 정도의 명령의 비용이 든다. 그리고 또 Go는 스케줄러 캐시 라인 효율성 및 NUMA에 대한 이점을 제공한다. 그래서 가상 코어보다 더 많은 스레드가 필요하지 않게 된다.
>
>   - 윌리엄 케네디[William Kennedy], 「Go 스케줄링: 파트2」[82]

결과적으로 사용자 공간에 매우 유리한 실행 '스레드'(새로 고루틴을 만들면 초기에는 로컬 스택에 몇 KB만 할당)가 생기고 경쟁 스레드 수는 줄어들며, 프로그램에서 큰 오버헤드 없이 수백 개의 고루틴을 사용할 수도 있다. CPU 코어당 하나의 운영체제 스레드만 있어도 고루틴에는 충분한 것이다.[83] 덕분에 비싼 커널 멀티스레딩을 사용하지 않고도 이벤트 루프, 맵-리듀스, 파이프, 반복자[iterator] 등과 같이 가독성 좋은 패턴을 많이 적용할 수 있다.

TIP   고루틴으로 Go 동시성을 사용하면 다음과 같은 경우에 유용하다.

- 이벤트처럼 복잡한 비동기 추상화를 표현할 때
- I/O 위주 작업에서 CPU를 최대한 활용하려고 할 때
- 속도 때문에 여러 CPU를 사용하는 멀티스레드 애플리케이션을 만들 때

---

80 「Go 문서, FAQ 중 왜 스레드 대신 고루틴을 사용할까? 부분」, *https://oreil.ly/TClXu*

81 「위키피디아, 코루틴」, *https://oreil.ly/t7oXZ*

82 「Go 스케줄링: 파트2(Scheduling in Go: Part II − Go Scheduler)」, *https://oreil.ly/Z4sRA*

83 Go 스케줄링을 구현하는 Go 런타임에 대한 자세한 내용(*https://oreil.ly/G9bFb*)은 매우 인상적이다. 요약하면 Go는 OS 스레드를 계속 바쁘게 유지하기 위해 할 수 있는 모든 일(운영체제 스레드를 공회전시킨다)을 한다. 그래야 스레드가 대기 상태가 되지 않기 때문이다. 필요한 경우 운영체제가 Go 프로세스를 선점하지 않게 CPU를 계속 사용하도록 다른 스레드, 폴 네트워크 등에서 고루틴을 훔쳐 올 수도 있다.

고루틴은 아주 쉽게 만들 수 있다. go 〈함수 이름 또는 선언〉() 문으로 실행하면 된다. [예제 4-5]는 고루틴 두 개를 시작하고 종료하는 함수다.

예제 4-5 고루틴 두 개를 시작하는 함수

```
func anotherFunction(arg1 string) { /*...*/ }

func function() {
  // ...                                              ❶

  go func() {
    // ...                                            ❷
  }()

  go anotherFunction("argument1")                     ❸

  return                                              ❹
}
```

---

❶ 현재 고루틴 스코프

❷ 지금 바로 동시에 실행될 새 고루틴 스코프

❸ anotherFunction이 지금 바로 동시에 실행된다.

❹ function이 종료되더라도, 위에서 시작한 고루틴 두 개는 여전히 실행 중이다.

모든 고루틴은 계층 구조에서 서로 동일한 위계에 있다는 것을 알아두는 것이 중요하다. 기술적으로 고루틴 A가 B를 시작하거나 B가 A를 시작할 때 차이가 없다. 두 경우 모두 A와 B 고루틴은 동일하며 서로에 대해 알지 못한다.[84] 또한 명시적 통신이나 동기화를 구현하여 고루틴 종료를 '요청'하지 않으면 서로를 종료할 수 없다. 유일한 예외는 main() 함수로 시작하는 메인 고루틴이다. 메인 고루틴이 종료되면 전체 프로그램이 종료되고 다른 모든 고루틴은 강제로 종료된다.

고루틴은 운영체제 스레드와 유사하게 프로세스 내에서 동일한 메모리 공간에 액세스할 수 있

---

84 디버그 추적을 사용하여 이 정보를 얻는 방법이 있기는 하다. 하지만 보통 상황에서, 어떤 고루틴이 부모 고루틴인지 프로그램이 알고 있을 것이라 생각해서는 안 된다.

다. 이는 공유 메모리를 사용하여 고루틴 간에 데이터를 전달할 수 있음을 의미한다. 그러나 Go에서는 거의 모든 작업이 원자적^Atomic이지 않기 때문에 명백한 일은 아니다. 동일한 메모리에서 동시 쓰기(또는 쓰기 및 읽기)를 수행하면 데이터 경쟁이 발생해서 비결정적 동작 또는 데이터 손상이 발생할 수 있다. 이 문제를 해결하려면 명시적 원자 함수(예제 4-6에 제시됨) 또는 뮤텍스(예제 4-7에 제시됨)와 같은 동기화 기술, 즉 락^lock을 사용해야 한다.

예제 4-6 전용 원자적 덧셈을 이용해서 여러 고루틴 간 안전하게 통신하는 예제

```go
func sharingWithAtomic() (sum int64) {
    var wg sync.WaitGroup                          ❶

    concurrentFn := func() {
        atomic.AddInt64(&sum, randInt64())
        wg.Done()
    }
    wg.Add(3)
    go concurrentFn()
    go concurrentFn()
    go concurrentFn()

    wg.Wait()
    return sum
}
```

❶ concurrentFn 고루틴 사이에 원자적 덧셈으로 동기화할 때, 모든 고루틴이 완료될 때까지 기다리기 위해 sync.WaitGroup(또 다른 형태의 락)을 사용한 것에 주목하라. [예제 4-7]에서도 같은 방법을 쓴다.

예제 4-7 뮤텍스를 이용해서 안전하게 여러 고루틴 간 통신

```go
func sharingWithMutex() (sum int64) {
    var wg sync.WaitGroup
    var mu sync.Mutex

    concurrentFn := func() {
        mu.Lock()
        sum += randInt64()
```

```
        mu.Unlock()
        wg.Done()
    }
    wg.Add(3)
    go concurrentFn()
    go concurrentFn()
    go concurrentFn()

    wg.Wait()
    return sum
}
```

원자적 연산과 락 중 무엇을 선택할지는 가독성, 효율성 요구사항이나 동기화하려는 작업에 따라 다르다. 예를 들어 값을 읽거나 쓰거나, 더하거나 빼고, 비교하거나 교체하는 간단한 산술 연산이라면 atomic 패키지[85]를 고려할 수 있다. 원자적 연산은 뮤텍스(락)보다 더 효율적인 경우가 많다. 컴파일러가 연산을 특수한 원자적 CPU 연산[86]으로 변환하는데, 그 연산이 스레드에 안전[87]한 방식으로 단일 메모리 주소의 데이터를 변경하기 때문이다.

그러나 원자적 연산을 사용하는 것이 코드의 가독성에 영향을 미치거나, 코드가 임계 경로에 있지 않거나, 동기화할 작업이 복잡한 경우 락을 사용할 수 있다. Go는 간단한 락에 쓸 수 있는 sync.Mutex와 읽기(RLock()) 및 쓰기(Lock()) 락을 허용하는 sync.RWMutex를 제공한다. 공유 메모리를 수정하지 않는 고루틴이 많은 경우 RLock()으로 락을 걸면 공유 메모리의 동시 읽기가 안전하므로 서로 간에 락 경합이 발생하지 않는다. 그리고 고루틴이 해당 메모리를 수정하는 경우에만 Lock()을 사용하여 모든 읽기 작업을 차단하는 락을 획득할 수 있다.

락과 원자적 연산이 유일한 방법은 아니다. 이 주제에 대한 가장 좋은 방법이 Go 언어에 있다. 코루틴 개념에 더해서 Go는 찰스 엔터니 리처드 호어의 CSP Communicating Sequential Processes[88] 패러다임을

---

85 「Go 문서, atomic」, *https://oreil.ly/NZnXr*
86 「Atomic operation」, *https://oreil.ly/8g0yM*
87 흥미롭게도 CPU에서 원자적 연산을 수행하는 경우에도 일종의 락이 필요하다. 차이점은 스핀락(spinlock, *https://oreil.ly/ZKXuN*)과 같은 특수 락 메커니즘 대신 원자적 연산이 더 빠른 메모리 버스 락(memory bus lock, *https://oreil.ly/9jchk*)을 사용할 수 있다는 것이다.
88 「CSP」, *https://oreil.ly/5KXA9*

활용하며, 이는 Unix 파이프의 타입을 보장하는 일반화라고도 볼 수 있다.

메모리를 공유하여 통신하지 말자. 대신 통신으로 메모리를 공유하자.

– 「이펙티브 Go Effective Go」[89]

이 모델은 채널channel 개념을 사용하여 고루틴 간의 통신 파이프라인을 구현하여 데이터를 공유할 것을 권장한다. 데이터를 전달하기 위해 동일한 메모리 주소를 공유하려면 추가 동기화가 필요하다. 그러나 한 고루틴이 해당 데이터를 어떤 채널로 보내고 다른 고루틴이 이를 수신한다고 가정한다. 이 경우 전체 흐름은 자연스럽게 동기화되고 공유 데이터는 두 개의 고루틴에서 동시에 접근되지 않으므로 스레드 안전성이 보장[90]된다. 채널 통신의 예는 [예제 4–8]에 나와 있다.

예제 4-8 채널을 이용해서 메모리 문제 없이 여러 고루틴 간 안전하게 통신하는 예제

```go
func sharingWithChannel() (sum int64) {
  result := make(chan int64)                            ❶

  concurrentFn := func() {
    // ...
    result <- randInt64()                               ❷
  }
  go concurrentFn()
  go concurrentFn()
  go concurrentFn()

  for i := 0; i < 3; i++ {                               ❸
    sum += <-result                                      ❹
  }
  close(result)                                          ❺
  return sum
}
```

---

89 「Go 문서, Effective Go 중 고루틴」, *https://oreil.ly/G4Lmq*
90 정보 공유 규칙을 위반한다.

❶ 채널은 다음 구문으로 생성된다. ch := make(chan <type>, <buffer size>)

❷ 채널에 지정된 타입값을 보낼 수 있다.

❸ 이 예제에서는 메시지가 정확히 몇 개 오는지 이미 알고 있기 때문에, sync.WaitGroup이 필요 없다는 것을 주목하자. 해당 정보가 없으면 sync.WaitingGroup이나 비슷한 것이 필요하다.

❹ 채널에서 주어진 타입값을 읽을 수 있다.

❺ 더 이상 채널을 통해 아무것도 보낼 계획이 없다면 채널도 닫아야 한다. 그러면 자원이 해제되고 해당 수신 및 전송 흐름도 차단 해제된다.

채널의 중요한 측면은 버퍼에 저장될 수 있다는 것이다. 이 경우 큐queue처럼 작동한다. 예를 들어 3개 요소로 구성된 버퍼가 있는 채널을 만들면, 보내는 고루틴은 정확히 3개 요소를 전송할 수 있다. 그 이후 이 채널은 누군가 값을 읽어갈 때까지 차단된다. 3개 요소를 보내고 채널을 닫으면 수신 고루틴은 채널이 닫혔다는 것을 알기 전에 여전히 3개 요소를 읽을 수 있다. 그리고 채널은 세 가지 상태일 수 있다. 이러한 채널 사이를 전환할 때 채널에서 송수신하는 고루틴이 어떻게 작동하는지 알아야 한다.

할당되고, 열린 채널

make(chan <type>)을 사용하여 채널을 생성하면 처음부터 할당되고 열려 있다. 채널에 값이 모두 차 있다고 가정하면 이러한 채널은 다른 고루틴이 값을 받거나 여러 case 문이 있는 select 문을 사용할 때까지 값을 보내려는 시도를 차단한다. 마찬가지로 여러 case 문이 있는 select 문에서 수신하거나 채널이 닫히지 않는 한 누군가가 해당 채널로 값을 보낼 때까지 채널에서 수신이 차단된다.

닫힌 채널

할당된 채널을 close(ch)로 닫으면 해당 채널로 값을 보낼 때 패닉panic이 발생하고 값을 받게 되면 즉시 0 값을 반환한다. 그렇기 때문에 데이터를 보내는 고루틴(발신자 측)에서 채널이 닫혔는지 관리하는 것이 좋다.

Nil 채널

var ch chan <type>으로 선언만 하고 make(chan <type>)으로 할당하지 않으면 채널은 nil이다.

ch = nil로 채널을 'nil'로 할당할 수도 있다. 이 상태에서는 송수신이 영원히 차단된다. 실제로 이런 nil 채널은 별 쓸모가 없다.

4.5.2절을 마치기 전에 Go 프로그램에서 어떻게 동시성 효율성을 끌어올릴지 이해하는 것이 중요하다. 동시성은 Go 런타임 패키지[91]의 Go 스케줄러에 의해 구현된다. 런타임 패키지는 가비지 콜렉션(5.5.3절 참고), 프로파일링, 스택 프레임 같은 다른 작업도 담당한다. Go 스케줄러는 손댈 것이 없다. 설정값이 얼마 없기 때문이다. 현시점에서, 실용적으로 개발자가 동시성을 제어할 방법은 두 가지뿐이다.[92]

고루틴 수

프로그램에서 만드는 고루틴 수는 개발자가 관리해야 한다. 모든 곳에 고루틴을 만드는 것은 좋은 생각이 아니므로 남용하지 말자. 표준이나 서드파티 라이브러리의 많은 추상화가 고루틴을 만들고, 특히 Close 또는 취소가 필요한 고루틴을 만든다는 점도 알아두어야 한다. 특히 http.Do, context.WithCancel과 time.After 같은 흔한 작업들이 고루틴을 만든다. 잘못 사용하면 고루틴 누수가 쉽게 발생하고, 그러면 보통 메모리와 CPU를 낭비하게 된다. 이후 9.4.2절에서 고루틴의 숫자와 스냅샷을 디버그하는 방법을 살펴볼 예정이다.

> **TIP** **효율적인 코드를 위한 규칙**
>
> 사용한 자원은 항상 닫거나 해제하자. 간단한 구조임에도 가끔 닫는 것을 잊어서 메모리와 고루틴의 무지막지한 낭비를 유발할 수 있다. 11.3절에서 이와 관련한 흔한 예시들을 자세히 살펴보겠다.

GOMAXPROCS

이 중요한 환경 변수는 Go 프로그램에서 활용하려는 가상 CPU의 수를 제어하는 데 쓸 수 있다. runtime.GOMAXPROCS(n) 함수를 통해 적용해도 동일하다. Go 스케줄러가 이 변수를 사용

---

91 「Go 문서, 런타임」, *https://oreil.ly/q3iCp*

92 일부러 이 두 가지 메커니즘을 생략했다. 우선 runtime.Gosched()가 존재하는데, 현재 고루틴을 양보(yield)하여 그동안 다른 고루틴이 작업할 수 있도록 하는 것이다. 이 명령은 현재 Go 스케줄러가 선점적이고 양보를 직접 하는 것이 비실용적이기 때문에 요즘에는 크게 유용하지 않다. 두 번째 흥미로운 작업인 runtime.LockOSThread()는 유용해 보이지만 효율성을 위해 설계된 것이 아니고, 고루틴을 운영체제 스레드에 고정하여 특정 운영체제 스레드 상태를 읽기 위한 것이다.

하는 방법에 대한 기저 논리는 상당히 복잡하지만, 일반적으로 Go가 예상할 수 있는 운영체제 스레드 병렬 실행 수(내부적으로 "proc" 번호라고 함)를 제어한다. 그러면 Go 스케줄러는 대기열의 GOMAXPROCS/proc 수에 맞춰 고루틴을 배포하고 관리한다. GOMAXPROCS의 기본값은 항상 운영체제가 노출하는 가상 CPU 코어의 수이며 보통 그 값이 최상의 성능을 제공한다. Go 프로그램이 더 적은 CPU 코어(더 적은 병렬 처리)를 사용하도록 하려면 GOMAXPROCS 값을 줄인다. 그러면 응답시간이 늘어날 것이다.

> **TIP** 권장 GOMAXPROCS 구성
>
> Go 프로그램에서 한 번에 활용하고자 하는 가상 코어 수로 **GOMAXPROCS**를 설정한다. 일반적으로 전체 시스템을 사용하려고 하므로 기본값이면 된다.
>
> 가상화된 환경, 특히 컨테이너와 같은 경량 가상화 메커니즘을 사용하는 경우 우버^{Uber}의 **automaxprocs** 라이브러리[93]를 사용하라. 이 라이브러리는 컨테이너가 사용할 수 있는 리눅스 CPU 제한이나 원하는 값에 따라 **GOMAXPROCS**를 조정한다.

멀티태스킹은 항상 언어에 도입하기 까다로운 개념이다. Go는 채널과 고루틴으로 꽤 우아한 해결책을 제시했다고 본다. 덕분에 효율성을 희생하지 않고도 가독성 좋은 프로그래밍 패턴을 많이 쓸 수 있다. 10.4절에서 실용적 동시성 패턴에 관해 자세히 알아보겠지만, 여기서는 우선 [예제 4-1]의 반응속도를 개선함으로써 실용적 동시성 패턴을 살짝 들여다볼 것이다. 그러면 이제 언제 동시성이 유용할지 알아보자.

4.6 언제 동시성을 사용할 것인가?

모든 효율성 최적화와 마찬가지로 단일 고루틴 코드를 동시성을 사용한 코드로 변환할 때도 동일한 규칙이 적용된다. 여기에 예외는 없다. 목표에 집중하고, TFBO 루프를 적용하고, 조기에 벤치마킹하고, 가장 큰 병목 현상을 찾아야 한다. 모든 것과 마찬가지로 동시성 추가에는 장단점이 있으며 이를 피해야 하는 경우가 있다. 동시 코드와 순차 코드의 실질적인 장단점을 요약해보자.

---

93 「깃허브, uber-go/automaxprocs」, *https://oreil.ly/ysr40*

장점

- 동시성은 작업을 조각내어 각 부분을 동시에 실행하여 작업 속도를 높일 수 있다. 동기화 및 공유 자원이 심각한 병목 현상을 겪지 않는 한 레이턴시가 개선될 것이다.

- Go 스케줄러는 효율적인 선점형 메커니즘을 구현하기 때문에 동시성은 I/O 의존 작업에 대한 CPU 코어 사용률을 향상시켜 GOMAXPROCS=1(단일 CPU 코어)에서도 레이턴시가 줄어든다.

- 특히 가상 환경에서 프로그램을 위해 일정 CPU 시간을 예약하는 경우가 많다. 동시성을 통해 사용 가능한 CPU 시간 전체에 작업을 보다 균등하게 분배할 수 있다.

- 비동기 프로그래밍 및 이벤트 처리와 같은 경우 동시성은 문제 영역을 잘 나타내므로, 일부 복잡성에도 불구하고 가독성이 향상된다. 또 다른 예는 HTTP 서버다. 각 HTTP 수신 요청을 별도의 고루틴으로 처리하면 효율적인 CPU 코어 활용이 가능할 뿐만 아니라 더 자연스럽게 코드를 읽고 이해할 수 있다.

단점

- 동시성은 코드에 상당한 복잡성을 추가한다. 특히 처음부터 채널 중심의 API를 구축하는 대신 기존 코드를 동시성으로 변환하는 경우 더욱 복잡해진다. 이렇게 되면 실행 흐름이 거의 난독화에 가깝게 되므로 가독성에 악영향을 줄 뿐만 아니라 모든 극단적인 경우와 잠재적인 버그를 예측하는 개발자의 능력을 제한한다. 이것이 가능한 한 동시성 추가를 지연하도록 권하는 주된 이유다. 그리고 일단 동시성을 적용해야 한다면 가능한 한 적은 수의 채널을 사용하라.

- 동시성을 사용하면 무제한 동시성(한순간에 제어되지 않을 양의 고루틴 발생) 또는 고루틴 누수로 인해 자원이 포화될 위험이 있다. 따라서 충분히 관심을 가지고 테스트해야 한다(11.3절 참고).

- 매우 효율적인 Go의 동시성 프레임워크에도 불구하고 고루틴과 채널은 오버헤드에서 자유롭지 않다. 잘못 사용하면 코드 효율성에 영향을 줄 수 있다. 합리적인 비용을 써서 충분한 작업을 각 고루틴에 제공하는 데 집중하라. 벤치마크는 필수다.

- 동시성을 사용하면 프로그램에 명백하지 않은 튜닝 매개변수 3개를 갑자기 더 추가해야 한다. GOMAXPROCS 설정과 구현 방법에 따라 만들어지는 고루틴의 수와 채널 버퍼의 크기를 제어할 수 있다. 정확한 숫자를 찾으려면 몇 시간 동안 벤치마킹을 해야 하며 그래도 여전히 에러가 발생하기 쉽다.

- 동시성 코드는 환경, 동시에 작동되는 다른 프로그램, 멀티코어 설정, 운영체제 버전 등에 더 많이 의존하기 때문에 벤치마킹하기 어렵다. 반면 순차적인 단일 코어 코드는 훨씬 더 결정적이고 이식 가능한 성능을 제공하므로, 증명하고 비교하기가 더 쉽다.

즉 동시성을 사용하는 것이 모든 성능 문제에 대한 해결책은 아니다. 다만 효율성 목표를 달성하기 위해 사용할 수 있는 또 다른 도구가 될 뿐이다.

> **TIP** 동시성 추가는 마지막에나 시도해 볼 만한, 의도적 최적화여야 한다.
>
> TFBO 주기에 따라, 예를 들어 속도 측면에서 여전히 RAER를 충족하지 못하는 경우 동시성을 추가하기 전에 보다 간단한 최적화 기술을 시도해야 한다. 프로파일러(9장 참고)를 사용하여 프로그램이 CPU 시간을 기능에 필요한 작업에만 사용하고 있다는 것을 확인할 때에만 동시성을 고려하는 것이 좋다. 최적화 때문에 더이상 코드를 알아보기 힘들 때나 시도하는 것이 효율적이다.
>
> 또 다른 이유는 동시성 없는 기본 최적화 후 프로그램의 특성이 달라질 수 있다는 것이다. 예를 들어 작업이 CPU에 의존한다고 생각했지만 개선 후에는 이제 대부분의 시간이 I/O를 기다리는 데 소비될 수 있다. 또는 결국 엄청난 동시성 변경은 필요하지 않게 될 수도 있다.

4.7 마치며

최신 CPU 하드웨어는 소프트웨어를 효율적으로 실행하는 데 매우 중요한 구성 요소다. 운영체제, Go 언어 개발, 하드웨어의 지속적인 발전으로 인해 운영 비용을 줄이고 처리 능력을 높이기 위한 최적화 기술과 복잡성은 더욱 늘어날 것이다.

4장에서 CPU 자원의 효율적인 사용과 소프트웨어 실행 속도를 최적화하는 데 도움이 되는 기본 사항을 설명했으며 Go 개발에서 어셈블리어의 활용 방법을 안내했다. 또한 Go 컴파일러 기능, 최적화 및 디버깅 방법을 소개했다.

그리고 CPU 실행의 주요 이슈인 최신 시스템의 메모리 접근 레이턴시로 시작해서 L-캐시, 파이프라이닝, CPU 분기 예측 및 하이퍼 스레딩과 같은 다양한 저수준 최적화까지 살펴봤다.

마지막으로, 운영환경에서 프로그램을 실행할 때 마주치는 현실적인 문제를 알아봤다. 여기서는 프로그램이 유일한 프로세스인 경우는 거의 없으므로 효율적인 실행이 중요하다는 사실을 강조했다. 그리고 Go 동시성 프레임워크의 장단점을 요약하며 마무리했다.

현실적으로 CPU 자원은 최신 인프라에서 작업부하를 줄이고 실행 속도를 높이는 데 필수적이다. 하지만 안타깝게도 CPU 자원은 다양한 고려 사항 중 하나일 뿐이다. 예를 들어 상황에 따라 CPU 사용량을 줄이기 위해 더 많은 메모리를 사용하게 될 수도 있고 그 반대일 수도 있다.

그렇기 때문에 프로그램은 일반적으로 많은 메모리 자원(디스크 또는 네트워크를 통한 I/O 트래픽 포함)을 사용한다. CPU는 메모리나 I/O와 같은 자원과 동일하게 프로그램 실행과 밀접한 관련이 있지만, 원하는 것(⓵ 더 적은 리소스 사용, 더 빠른 실행 또는 둘 다)에 따라 최적화 목록의 최우선 순위가 될 수 있다. 이제 5장에서는 메모리 자원에 관해 자세히 알아보겠다.

Go의 메모리 자원 사용법

4장에서는 최신 컴퓨터의 내부를 살펴보았고, CPU 자원 사용의 효율성 측면을 설명했다. 이를 통해 CPU에서 명령을 효율적으로 실행하는 것도 중요하지만, 이러한 명령을 수행하는 주된 목적은 데이터를 수정하는 것이라는 사실을 알 수 있었다. 그러나 데이터의 경로를 변경하는 작업이 늘 단순하지만은 않다. 예를 들어 [그림 4-1]의 폰 노이만 구조에서는 RAM에 저장된 데이터에 접근할 때 CPU 및 메모리 벽[1] 문제가 발생한다는 사실을 알 수 있었다.

이러한 문제를 극복하기 위해 업계에서는 메모리 안정성과 대용량 메모리 확보에 사용되는 수많은 기술과 최적화 계층을 개발했다. 그 결과 RAM에서 CPU 레지스터로 8바이트에 접근하는 것은 MOVQ <대상 레지스터> <주소 XYZ> 명령어로 간단히 표현할 수 있게 됐다. 하지만 바이트를 저장하는 물리적 칩에서 해당 정보를 얻기 위해 CPU가 수행하는 실제 프로세스는 매우 복잡하다. 계층적 캐시 시스템과 같은 메커니즘에 대해 (4장에서) 간략히 설명했지만 실제로는 훨씬 더 많은 내용이 있다.

해당 메커니즘은 개발자에게는 최대한 추상화되어 있다. 예를 들어 Go 코드에서 변수를 정의할 때는 얼마나 많은 메모리가 필요한지, 어디에 몇 개의 L-캐시가 있어야 하는지 생각할 필요가 없다. 이는 개발 속도를 높이는 데에는 유리하지만, 많은 데이터를 처리해야 할 때는 문제를 일으킬 수 있다. 이러한 경우 메모리 자원의 동작에 대한 이해[2]를 되살려 TFBO 절차(3.6절 참고)를 최적화하고 좋은 도구를 사용해야 한다.

5장에서는 RAM 자원을 이해하는 데 중점을 두고 살펴본다. 우선 전체 메모리 관련성을 알아본 뒤 5.2절에서 맥락을 정리한다. 이후 메모리 접근과 관련한 각 요소의 패턴과 결과를 처음부터 차근히 올라가며 설명한다. 메모리와 관련한 데이터의 여정은 하드웨어 메모리 칩인 5.3절에서 시작한다. 5.4절에서는 다중 프로세스 시스템에서 제한된 물리적 메모리 영역을 관리할 수 있는 운영체제 메모리 관리 기술을 다룬다.

이렇게 메모리 접근의 하위 계층을 설명한 후, 5.5절에서 메모리 효율을 최적화하기 위해 Go 개발자들이 알아야 할 핵심 지식을 자세히 살펴본다. 여기에는 메모리 레이아웃과 같은 필수 요소가 포함되는데, 5.5.1절에서 포인터 및 메모리 블록의 의미, 5.5.2절에서는 기본 사항과 측정 가능한 결과를 다룬다. 마지막으로 5.5.3절에서는 가비지 컬렉션을 살펴본다.

---

1 옮긴이 주_메모리 벽(memory wall)이란 프로세스 성능 성장에 비해 메모리 성능 성장이 느려서 병목 현상이 발생하는 것을 말한다.
2 「AWS, 동작에 대한 이해」, *https://oreil.ly/Co2IM*

즉 5장에서 메모리를 자세히 다루며 달성하고자 하는 핵심 목표는 메모리 사용과 관련한 Go 프로그램의 패턴과 동작을 이해하기 위한 기본 감각을 익히는 것이다. 예를 들어 '메모리에 접근하는 동안 어떤 문제가 발생할 수 있는가?', '메모리 사용량은 어떻게 측정할 수 있는가?', '메모리 할당은 무엇을 의미하는가?', '어떻게 메모리 할당을 해제할 수 있는가?'와 같은 질문에 대한 답을 얻으려면 5장에서 찾아본다. 그러기 위해 먼저 RAM과 프로그램 실행의 관련성을 명확히 하는 것으로 이 장을 시작하겠다. 메모리가 중요한 이유는 무엇일까?

5.1 메모리 관련성

모든 리눅스 프로그램은 프로그래밍된 기능을 수행하기 위해 CPU보다 더 많은 리소스가 필요하다. C로 작성한 NGINX[3]나 Go로 작성한 Caddy[4] 같은 웹 서버를 예로 들어 보겠다. 이러한 프로그램은 디스크에서 정적 콘텐츠를 제공하거나 HTTP 요청을 프록시하는 등 다양한 기능을 제공한다. 이때 CPU를 사용하여 작성된 코드를 실행한다. 하지만 이러한 웹 서버는 다음과 같은 경우에서 다른 자원과도 상호 작용한다.

- 기본 HTTP 응답을 캐시하는 RAM 사용
- 설정 및 정적 콘텐츠를 로드하거나 관찰 가능성에 관한 로그 작성을 위한 디스크 사용
- 원격 클라이언트의 HTTP 요청을 처리하기 위한 네트워크 사용

결과적으로 CPU 자원은 방정식의 한 부분일 뿐이다. 이는 대부분의 프로그램에서 동일한데, CPU 자원은 다양한 매체의 데이터를 저장, 읽기, 관리, 운영, 변환하기 위해 만들어지기 때문이다.

이러한 상호 작용의 핵심에는 흔히 RAM[5]이라고 불리는 '메모리' 자원이 있다. RAM은 컴퓨터의 중추적인 역할을 하므로, 모든 외부 데이터(디스크, 네트워크나 다른 장치에서 전송된 바이트)는 CPU가 접근할 수 있도록 메모리에 버퍼링되어 있어야 한다. 예를 들어 새로운 프로세

---

3 「NGINX 페이지」, *https://oreil.ly/7F0cZ*
4 「Caddy 페이지」, *https://oreil.ly/MpHMZ*
5 이 책에서 메모리는 RAM이고, 그 반대도 마찬가지다. 컴퓨터에서 메모리 기능을 제공하는 다른 장치들도 있지만(**팁** L-캐시), 보통은 RAM을 주 메모리 자원으로 생각한다.

스를 시작할 때 운영체제가 처음 하는 일은 프로그램의 기계어 코드 일부와 초기 데이터를 메모리에 적재하여 CPU가 실행하도록 하는 것이다.

하지만 프로그램에서 메모리를 사용할 때는 다음 세 가지 사항을 주의해야 한다.

- RAM 접근은 CPU 작동 속도보다 훨씬 느리다.
- 컴퓨터에는 항상 제한된 양의 RAM(일반적으로 컴퓨터당 몇 GB에서 수백 GB까지)이 있으므로 공간 효율성에 신경 써야 한다.[6]
- 영구적인 메모리 타입[7]이 RAM과 같은 속도, 가격 및 견고성으로 상용화되지 않는 한, 주 메모리는 휘발성이라서 컴퓨터 전원이 꺼지면 모든 정보가 사라진다.[8]

메모리의 일시적인 특성과 크기의 제약 때문에, 컴퓨터에 보조적이고 영구적인 I/O 자원인 디스크를 추가할 수밖에 없다. 요즘은 비교적 빠른 SSD 디스크(그래도 RAM보다는 약 10배 느림)가 있지만, 수명이 제한되어 있고(약 5년) 반면에 속도는 느리지만 저렴한 하드 디스크 드라이브[HDD]도 있다. RAM보다는 저렴하지만 디스크 자원은 희소성이 있는 자원이기도 하다.

마지막으로 확장성과 안정성을 위해 컴퓨터는 원격 위치의 데이터에 의존한다. 업계는 원격 소프트웨어(Ⓒ 데이터베이스)나 원격 하드웨어(iSCSI나 NFS 프로토콜을 통해)와 통신할 수 있는 다양한 네트워크와 프로토콜을 만들었다. 일반적으로 이러한 타입의 I/O를 네트워크 자원 사용량으로 추상화한다. 하지만 네트워크는 예측할 수 없는 특성, 제한된 대역폭, 높은 레이턴시 때문에 작업하기 가장 까다로운 자원 중 하나다.

이러한 자원의 사용은 메모리 자원을 통해 이뤄진다. 따라서 그 원리를 이해하는 것이 필수적이다. 개발자들이 애플리케이션의 메모리 사용량을 다룰 수 있는 방법은 많이 있다. 그러나 적절한 교육 없이 구현하면 컴퓨터 자원이나 실행 시간을 낭비하는 경우가 많아진다. 요즘 프로그램이 처리해야 하는 거대한 양의 데이터로 인해 이 문제는 더욱 심화된다. 이는 효율적인 프로그래밍이 데이터와 밀접한 관련이 있다고 말하는 이유다.

6　칩 핀, 공간, 트랜지스터에서 사용하는 에너지의 물리적 제약뿐 아니라, 큰 메모리를 관리하려면 상당한 오버헤드가 발생한다. 5.4절에서 이를 더 자세히 설명한다.

7　「영구적인 메모리가 컴퓨팅을 변화시키는 방법」, *https://oreil.ly/uaPiN*

8　어떤 면에서 RAM의 휘발성은 버그가 아닌 기능으로 취급되기도 한다. 종종 컴퓨터나 프로세스를 다시 시작하면 문제가 해결되는 이유가 궁금한 적이 있을 것이다. 메모리 휘발성으로 인해 개발자들은 백업 장치에서 상태를 다시 재구축하는 강력한 초기화 기술을 구현하여 안정성을 높이고 잠재적인 프로그램 버그를 완화해야 한다. 극단적인 경우에는 재시작 기능이 있는 충돌 전용 소프트웨어(*https://oreil.ly/DAbDs*)가 장애를 처리하는 주요 해결책이 될 수도 있다.

메모리 최적화 프로세스는 언제 시작해야 할까? 이를 알 수 있는 일반적인 몇 가지 징후가 있다. 메모리 효율성 문제는 그중 하나다.

5.2 메모리 문제 유무 파악

Go가 컴퓨터의 RAM을 사용하는 방법과 효율성 결과를 이해하는 일도 필요하지만, 실제적인 접근법도 중요하다. 어떤 최적화든지, 문제가 발생할 때까지 메모리 최적화를 하지 않는 것이 좋다. Go의 메모리 사용량과 이 영역의 잠재적 최적화 가능성에 관심을 가져야 할 상황을 다음과 같이 정리했다.

- 물리적 컴퓨터, 가상 머신, 컨테이너 또는 프로세스가 메모리 부족[OOM, out-of-Memory] 신호로 충돌거나 메모리 제한에 도달하려 한다.[9]
- Go 프로그램이 평소보다 느리게 실행되는데, 오히려 메모리 사용량은 평균보다 높다. 5.4.3절에서 설명하겠지만 이런 경우 시스템 메모리가 부족해서 스래싱[thrashing][10] 또는 스와핑[swapping][11]이 발생할 수 있다.
- Go 프로그램이 평소보다 더 느리게 실행되고, CPU 사용률이 급증한다. 짧은 수명의 객체가 과도하게 많이 생성되면 메모리 할당 및 해제로 인해 프로그램 속도가 느려진다.

---

9 시스템에 메모리를 더 추가하거나 더 많은 메모리 자원을 가진 서버(또는 가상 머신)로 전환하는 것만으로 이 문제를 해결할 수 있다. 메모리 누수가 아닌 경우 추가로 비용을 지불할 용의가 있을 때 그리고 그러한 자원을 증가시킬 수 있을 때(⑩ 클라우드는 더 많은 메모리를 가진 가상 머신을 제공함). 좋은 해결책이다. 그러나 시스템 메모리를 계속 확장해야 한다면 프로그램 메모리 사용량을 조사하는 편이 낫다. 그러면 사소하게 낭비되는 공간을 줄이고 최적화에 성공하기 쉬워지기 때문이다.

10 옮긴이 주_하드디스크의 입출력이 너무 많아져서 잦은 페이지 부재(page fault)로 마치 작업이 멈춘 것 같은 상태를 말한다.

11 옮긴이 주_필요한 주소 공간 전체를 메모리에 올려 두는 것이 아니라, 그때그때 필요한 것만 메모리에 올리고 필요가 없으면 하드 디스크로 보내는 동작을 말한다.

앞서 언급한 상황들이 발생하면 Go 프로그램의 메모리 사용량을 디버깅하고 최적화해야 한다. 7.7.1절에서 설명하겠지만, 찾고자 하는 문제가 있다면 일련의 조기 경고 신호를 보냄으로써 중대한 메모리 문제가 발생하기 전에 쉽게 피할 수 있다. 이러한 방식으로 예방적 직관을 키우면 이는 팀의 귀중한 자산이 된다.

하지만 기초가 튼튼하지 않으면 아무것도 구축할 수 없다. CPU 자원과 마찬가지로 실제로 최적화를 이해하지 않으면 최적화를 적용할 수 없다. 다시 말해 최적화의 이면에 있는 원인을 파악해야 한다. 예를 들어 [예제 4-1]에서는 100만 개의 정수 입력에 30.5MB의 메모리를 할당한다. 그러나 이것은 무엇을 의미하는가? 그 공간은 어디에 있는 것이며 미리 자리가 마련돼 있는가? 즉 정확히 30.5MB의 물리 메모리 또는 그 이상을 사용한 것인가? 이 메모리는 어느 시점에서 할당이 해제됐는가? 5장에서는 이러한 모든 질문에 답변할 수 있는 인식을 제공하는 것을 목표로 한다. 종종 메모리가 문제가 되는 이유와 이를 해결하기 위해 개발자들은 무엇을 할 수 있는지 알아볼 것이다.

이제 하드웨어, 운영체제, Go 런타임의 관점에서 메모리를 관리하는 기본 사항부터 살펴보겠다. 먼저 프로그램 실행에 직접적인 영향을 미치는 물리적 메모리에 대한 필수적인 세부 사항부터 시작하겠다. 또한 이러한 지식은 최신 물리 메모리의 사양과 관련 문서를 더욱 잘 이해하는 데 도움이 될 것이다.

5.3 물리적 메모리

정보는 컴퓨터의 기본 저장 단위인 비트의 형태로 저장된다. 비트는 0 또는 1 중 하나의 값을 지닌다. 비트가 충분하면 정수, 실수, 문자, 메시지, 음성, 이미지, 비디오, 프로그램, 메타버스[12] 등 모든 정보를 표현할 수 있다.

프로그램을 실행할 때 사용하는 주요 물리적 메모리^{RAM}는 DRAM[13]에 기반한다. 이 칩들은 모듈에 납땜되어 있으며, 일반적으로 RAM '스틱 sticks' 이라고 부른다. 메인보드에 연결하면 이 칩을 통해 DRAM에 지속적으로 전원이 공급되는 한 데이터 비트를 저장하고 읽을 수 있다.

---

12 「위키피디아, 메타버스」, *https://oreil.ly/il8Tz*
13 「위키피디아, DRAM」, *https://oreil.ly/hbo59*

DRAM에는 수십억 개의 메모리 셀(DRAM이 저장할 수 있는 비트 수만큼 많은 셀)이 포함되어 있다. 각 메모리 셀은 스위치 역할을 하는 하나의 접근 트랜지스터access transistor와 하나의 스토리지 커패시터storage capacitor로 구성된다. 트랜지스터는 커패시터에 대한 접근을 보호한다. 커패시터는 1을 저장하기 위해 충전되거나 0을 유지하기 위해 비워진다. 이에 따라 각 메모리 셀은 하나의 정보를 저장할 수 있다. 이러한 구조는 일반적으로 CPU의 레지스터나 계층형 캐시와 같은 작은 타입의 메모리로 사용되는 SRAM보다 훨씬 간단하고 생산 및 사용 비용이 낮다.

이 책을 집필하는 시점을 기준으로, RAM에 가장 많이 사용되는 메모리는 DRAM 제품군 중 더 간단한 동기식(클럭) 버전인 SDRAM[14]이다. 특히 SDRAM의 5세대를 DDR4라고 한다.

8개의 비트는 하나의 '바이트'를 구성한다. 이 숫자는 과거에 텍스트 문자를 저장할 수 있는 최소의 비트 개수가 8개였던 것에서 유래했다.[15] 업계는 바이트를 최소의 의미 있는 정보 단위로 표준화했다.

결과적으로 대부분의 하드웨어는 바이트 주소 지정이 가능하다. 즉, 소프트웨어 개발자의 관점에서 보면 개별 바이트를 통해 데이터에 접근하는 명령어가 있다는 뜻이다. 단일 비트에 접근하고자 하면, 전체 바이트에 접근해야 하고 필요한 비트를 얻거나 쓰기 위해 비트 마스크[16]를 사용해야 한다.

바이트 주소 지정 기능 덕분에 개발자가 메모리, 디스크, 네트워크 등과 같은 다양한 매체로의 데이터를 처리하기가 쉬워졌다. 하지만 한편으로는 이 때문에 데이터가 항상 바이트 단위로 접근 가능하다는 잘못된 인식을 하게 된다. 기본 하드웨어는 원하는 바이트를 제공하기 위해 훨씬 더 큰 데이터 청크를 전송해야 하는 경우가 많다.

예를 들어 4.4.1절에서 CPU 레지스터가 일반적으로 64비트(8바이트)이고, 캐시 라인cache line[17]은 이보다 훨씬 더 크다(64바이트)는 사실을 언급했다. 그러나 메모리에서 CPU 레지스터로 1바이트를 복사할 수 있는 CPU 명령이 있다. 하지만 숙련된 개발자는 그 단일 바이트를 복사하기 위해 대부분 CPU가 1바이트가 아니라 적어도 전체 캐시 라인(64바이트)을 물리적인 메모리에서 가져오는 것을 알 수 있을 것이다.

---

14 「위키피디아, SDRAM」, *https://oreil.ly/07efG*

15 현재 UTF-8과 같이 널리 사용되는 인코딩은 문자당 1~4바이트의 메모리를 동적으로 사용할 수 있다.

16 「위키피디아, Mask(컴퓨팅)」, *https://oreil.ly/pFoxI*

17 옮긴이 주_CPU가 메모리로부터 데이터를 가져올 때는 바이트 단위로 가져오지 않고 캐시 라인 크기를 가득 채울 만큼의 데이터를 가져오는 것을 말한다.

높은 수준의 관점에서 보면 [그림 5-1]에 표시된 것처럼 물리 메모리도 바이트 주소 지정이 가능하다고 볼 수도 있다.

메모리 영역은 고유한 주소를 가진 1바이트 슬롯의 연속된 집합으로 볼 수 있다. 각 주소는 0부터 시스템 내 메모리 용량의 합계까지 바이트 단위로 표시된 수다. 이러한 이유로 메모리 주소에 32비트 정수만을 사용하는 32비트 시스템에서는 일반적으로 32비트로 표현할 수 있는 최대 수가 2^{32}이므로 4GB 이상의 용량을 가진 RAM을 처리할 수 없었다. 이러한 제한은 메모리 주소 지정에 64비트(8바이트)[18] 정수를 사용하는 64비트 운영체제가 도입되면서 사라졌다.

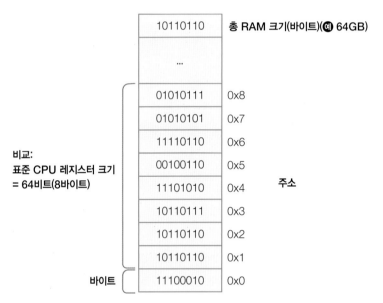

그림 5-1 물리적 메모리 주소 공간

4.4절에서 이미 메모리 접근이 CPU 속도에 비해 느리다고 설명했다. 하지만 하나 더 언급하자면 이론적으로 주소 지정 기능은 주 메모리에서 바이트에 대한 고속 랜덤 액세스(또는 임의 접근)를 허용해야 한다. 이것이 바로 주 메모리를 'RAM$^{random\ access\ memory}$'으로 부르는 이유다. 안타깝게도 부록 A의 냅킨 수학을 살펴보면 순차 메모리 접근은 랜덤 액세스보다 10배 이상 빠를 수 있다.

....

18 포인터의 크기를 2배로 늘림으로써 처리할 수 있는 요소 개수의 한계가 극한의 크기로 확장했다. 심지어 64비트면 지구상의 모든 해변의 모래알을 모두 처리할 수 있다고 추측하는 사람도 있다(*https://oreil.ly/By1J3*).

하지만 앞으로 이 분야가 개선될 것이라 기대하기는 어렵다. 지난 수십 년 동안 순차 읽기 속도 (대역폭)만 개선했을 뿐, 랜덤 액세스의 레이턴시는 전혀 개선되지 않았다. 레이턴시 측면에서 개선이 이루어지지 않은 것은 실수가 아니다. 최신 RAM 모듈의 내부 설계는 다음과 같은 다양한 요구사항과 한계에 대응해야 하기 때문에 전략적인 선택을 한 것이다.

용량

더 많은 데이터를 계산하거나, 더 실감나는 그래픽을 사용하는 게임을 실행하기 위해 더 큰 RAM 용량에 대한 수요가 높다.

대역폭과 레이턴시

대량의 데이터를 쓰거나 읽는 동안 메모리에 접근하는 것이 CPU 작업의 주요 속도 저하 요인 이므로 메모리 접근 대기 시간을 단축하고자 한다.

전압

낮은 전력 소비량과 관리 가능한 열 특성을 유지하면서 더 많은 메모리 칩을 실행할 수 있도록 각 메모리 칩에 필요한 전압을 낮춰야 한다는 요구가 있다(그러면 노트북이나 스마트폰의 배터리 사용 시간을 늘릴 수 있다).

비용

RAM은 컴퓨터의 기본 요소이자 대량으로 필요한 부분이므로, 생산 비용과 사용 비용을 낮게 유지해야 한다.

랜덤 액세스 속도가 느리면 5장에서 설명하는 많은 관리 계층에 큰 영향을 미친다. 예를 들어 L-캐시가 있는 CPU가 연산을 하는 데 단 1바이트만 필요하더라도 더 큰 메모리 청크를 미리 가져와서 캐시해야 한다.

그럼 DDR4 SDRAM과 같은, 최신 세대의 RAM용 하드웨어에 관해 기억해야 할 몇 가지 사항 을 다음과 같이 요약해 보겠다.

- 메모리의 랜덤 액세스는 비교적 느린 편인데, 이를 즉시 개선할 수 있는 좋은 아이디어가 별로 없다. 소비전력을 줄이고, 용량을 늘리고, 대역폭을 확대하면 더 지연될 뿐이다.
- 업계에서는 인접sequential 메모리[19]의 큰 청크를 전송할 수 있도록 함으로써 전체적인 메모리 대역폭을 개선하고 있다. 즉 Go 자료 구조를 정렬하려는 노력과 메모리에 저장되는 방식을 파악하는 것이 중요하며, 이를 통해 더 빠르게 데이터에 접근할 수 있다.

순차든, 랜덤이든 프로그램은 물리적 메모리에 직접 접근하지 않으며, 운영체제가 RAM의 영역을 관리한다. 개발자들은 저수준의 메모리 접근 세부 정보를 이해할 필요가 없기 때문에 편리하다. 하지만 프로그램과 하드웨어 사이에 운영체제가 존재해야 할 중요한 이유가 더 있다. 그 이유와 함께, 이것이 Go 프로그램에서 어떤 의미가 있는지 알아보겠다.

5.4 운영체제 메모리 관리

운영체제의 메모리 관리 목표는 무엇일까? 물리적 메모리에 접근할 때 발생하는 복잡한 관계를 숨기는 것은 여러 목표 중 하나일 뿐이다. 더 중요한 또 다른 목표는 수많은 프로세스와 해당 운영체제 스레드[20]에서 동일한 물리적 메모리를 동시에 안전하게 사용하도록 하는 것이다. 공용 메모리 영역에서의 다중 프로세스 실행 문제는 다음과 같은 여러 이유 때문에 쉽지 않다.

각 프로세스를 위한 전용 메모리 영역

프로그램은 RAM에 거의 완벽하게, 연속적으로 접근할 것이라고 가정한 상태에서 컴파일된다. 그렇기 때문에 운영체제는 주소의 공간(그림 5-1 참고)에서 물리적인 메모리의 어떤 슬롯이 어떤 프로세스에 속해 있는지 추적해야 한다. 그리고 할당된 주소만 접근할 수 있도록, 이러한 '예약'을 프로세스에서 조정하는 방법을 찾아야 한다.

---

19 옮긴이 주_컴퓨터 메모리에서 순차적으로 주소에 저장된 메모리 블록을 말한다.
20 4.5.1절에서 프로세스와 스레드 관련 용어를 소개했다.

외부 단편화 방지

동적 메모리 사용이 가능한 수천 개의 프로세스가 있으면 비효율적인 패킹으로 인한 메모리 낭비 위험이 크다. 이 문제를 메모리의 외부 단편화[21]라고 부른다.

메모리 격리

같은 컴퓨터에서 실행되는 다른 프로세스(예 운영체제 프로세스)를 위해 예약된 물리적 메모리 주소를 프로세스가 건드리지 않도록 해야 한다. 프로세스 외부에서 실수로 쓰거나 읽을 때 충돌이 발생할 수 있기 때문이다. 프로세스 메모리 외부(범위 밖 메모리 접근)에서는 꼭 메모리가 격리되어야 한다. 그렇지 않으면 다른 프로세스를 충돌시키거나, 영구적인 미디어(예 디스크)에 있는 데이터를 손상시키거나, 전체 컴퓨터(예 운영체제가 사용하는 메모리를 손상시키면)를 충돌시킬 수 있다.

메모리 안전

일반적으로 운영체제는 다중 사용자 시스템이기에 프로세스는 다른 리소스에 대해 서로 다른 권한을 가질 수 있다(예 디스크에 있는 파일 또는 다른 프로세스 메모리 영역). 이는 언급된 범위를 벗어난 메모리 접근이 심각한 보안 위험[22]을 야기하는 이유가 된다. 권한이 없는 악의적인 프로세스는 다른 프로세스 메모리로부터 인증 정보를 읽거나 서비스 거부DoS. Denial-of-Service 공격[23]을 일으킨다. 이는 하나의 메모리 단위를 다른 운영체제와 공유할 수 있고 더 많은 사용자가 공유할 수 있는 가상화 환경에서 특히 주의해야 한다.

효율적인 메모리 사용

프로그램은 요청한 메모리를 모두 동시에 사용하지 않는다. 예를 들어 명령 코드와 정적으로 할당된 데이터(예 상수와 변수)는 수십 MB까지 커질 수 있다. 하지만 단일 스레드 애플리케이션에서는 최대 몇 KB의 데이터가 단 1초만 사용된다. 에러 처리에 대한 명령은 거의 사용되지 않는다. 즉 최악의 상황에 비해 일반적으로 배열이 크게 잡혀 있다.

---

21 「위키피디아, Fragmentation(컴퓨팅) 중 외부 단편화 부분」, *https://oreil.ly/lBfRq*

22 일반적인 취약점 및 노출(CVE) 문제는 범위를 벗어난 메모리 접근이 잘못되는 다양한 버그 때문에 발생한다(*https://oreil.ly/iSbqk*).

23 직관적이지 않을 수 있지만, 다른 프로세스의 메모리에 접근이 제한되지 않으면 악의적인 프로세스가 DoS 공격을 수행할 수 있다. 예를 들어 카운터를 잘못된 값으로 설정하거나 루프 불변성을 깨뜨리면 사용자 프로그램이 에러를 발생시키거나 시스템 자원을 소진할 수 있다.

최신 운영체제는 이러한 모든 문제를 해결하기 위해 페이지 가상 메모리, 메모리 매핑, 하드웨어 주소 변환이라는 세 가지 기본적인 메커니즘을 사용하여 메모리를 관리한다. 5.4.1절에서는 이러한 메커니즘에 대해 설명한다. 우선 가상 메모리에 대해 설명해보겠다.

5.4.1 가상 메모리

가상 메모리[24]의 핵심 아이디어는 모든 프로세스에 논리적이고 단순화된 RAM의 뷰가 제공된다는 것이다. 그러면 프로그래밍 언어 설계자와 개발자들은 메모리 영역이 있는 것처럼 프로세스 메모리 영역을 효율적으로 관리할 수 있다. 뿐만 아니라 가상 메모리를 사용하면 예를 들어 물리 메모리가 2^{35}개의 주소(메모리 32GB)만 수용할 수 있는 용량이더라도 데이터에 0에서 $2^{64}-1$까지의 전체 범위의 주소를 사용할 수 있다. 이렇게 하면 서로 다른 프로세스 간의 메모리 조정, 빈 패킹 문제bin packing challenges[25] 그리고 다른 중요한 작업(예 물리적인 메모리 분산, 보안, 제한, 스왑) 등을 해결할 필요가 없어진다. 대신 이렇게 복잡하고 에러가 발생할 수 있는 메모리 관리 작업을 모두 커널(리눅스 운영체제의 핵심 부분)에 위임할 수 있다.

가상 메모리를 구현하는 방법에는 몇 가지가 있지만, 가장 널리 사용되는 기술은 '페이징paging'[26]이다. 운영체제는 물리적 메모리와 가상 메모리를 고정된 크기의 메모리 청크로 나눈다. 가상 메모리 청크를 페이지[27]라고 하고, 물리적 메모리 청크는 프레임이라고 한다. 페이지와 프레임 모두 개별적으로 관리할 수 있다. 기본 페이지 크기는 일반적으로 4KB[28]이지만, 특정 CPU 성능[29]에 따라 더 큰 페이지 크기로 변경할 수 있다. 또한 일반 워크로드에는 4KB 페이지를 사용하고 전용(때로는 프로세스에 투명하게 표시) 대용량 페이지[30]는 2MB에서 1GB까지 사용할 수도 있다.

---

24 「가상 메모리」, *https://oreil.ly/RBiCV*
25 옮긴이 주_크기가 다른 항목을 제한된 수의 빈 또는 컨테이너에 각각 고정된, 주어진 용량으로 포장해야 하는 최적화 문제다.
26 과거에는 가상 메모리를 구현하기 위해 세그멘테이션(*https://oreil.ly/8BFmb*)이 사용됐다. 그러나 이는 다양성이 떨어지는 특징이 있고, 특히 메모리의 더 나은 배치를 위해 공간을 이동시킬 수 없다는 문제가 있었다(메모리 패킹 개선). 그러나 페이징을 사용하더라도 프로세스 자체(기본 페이징 사용하는 것)에서 가상 메모리에 세그멘테이션을 적용하고, 커널은 중요한 메모리의 일부에 대해서만 세그멘테이션을 적용할 수도 있다.
27 「위키피디아, Page(컴퓨팅)」, *https://oreil.ly/JTWoU*
28 리눅스 시스템에서 getconf PAGESIZE 명령을 사용하여 현재 페이지 크기를 확인할 수 있다.
29 예를 들어 일반적으로 인텔 CPU는 하드웨어 4KB, 2MB 또는 1GB 페이지(*https://oreil.ly/mxlry*)를 지원한다.
30 「대용량 페이지, huge pages」, *https://oreil.ly/7KuGx*

운영체제는 가상 메모리의 페이지를 특정 물리 메모리 프레임(또는 디스크 공간 청크와 같은 같은 기타 매체)으로 동적으로 매핑할 수 있으며 대부분 프로세스에 투명하게 표시된다. 페이지의 매핑, 상태, 권한 및 추가 메타데이터는 운영체제가 유지 관리하는 다중 계층적 페이지 테이블의 페이지 항목에 저장된다.[33]

사용하기 쉽고 동적인 가상 메모리를 구현하려면 다양한 주소 변환 방법이 필요하다. 문제는 가상 영역과 물리 영역 사이의 현재 메모리 영역 매핑(또는 매핑의 부재)을 운영체제만 알고 있다는 것이다. 즉 실행 중인 프로그램의 프로세스는 가상 메모리 주소만 알고 있기 때문에, 기계어의 모든 CPU 명령어는 가상 주소를 사용한다. 각 주소를 변환하기 위해 모든 메모리에 접근해서 운영체제에 참조하려고 하면 프로그램 속도가 더 느려질 수 있으므로, 업계에서는 메모리 페이지를 변환하기 위한 전용 하드웨어 지원을 개발했다.

1980년대부터 CPU 아키텍처는 대부분 모든 메모리 접근에 사용되는 메모리 관리 장치 MMU. Memory Management Unit를 포함하기 시작했다. MMU는 CPU 명령어가 참조하는 각 메모리 주소를 운영체제 페이지 테이블 항목에 따라 물리적 주소로 변환한다. 관련 페이지 테이블을 검색과 RAM에 접근하는 것을 피하기 위해 변환 색인 버퍼 TLB. Translation Lookaside Buffer를 추가했다. 변환 색인 버퍼는 수천 개의 페이지 테이블 항목(일반적으로 4KB 항목)을 캐싱할 수 있는 작은 캐시다. 전체 흐름은 [그림 5-2]와 같다.

---

31 단순하고 보수적인 계산에서도 메모리 전체의 약 24%가 2MB 페이지로 낭비되고 있다는 것을 알 수 있다(https://oreil.ly/iklRd).

32 「위키피디아, Fragmentation(컴퓨팅) 중 내부 단편화 부분」, https://oreil.ly/PnOuT

33 페이지 테이블을 구현하는 작업은 매우 복잡하기 때문에 여기서 논의하지 않는다. 하지만 페이징을 간단히 구현하면 메모리 사용량에 큰 오버헤드가 발생한다. 이는 매우 흥미로운 주제라 할 수 있다. 자세한 내용은 「가상 메모리」(https://oreil.ly/jU9Is)를 참고하자.

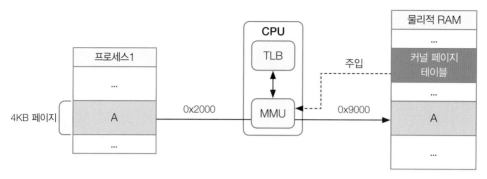

그림 5-2 CPU에서 MMU와 TLB가 수행하는 주소 변환 메커니즘. MMU가 어떤 가상 주소가 물리 주소에 해당하는지 알 수 있도록 운영체제는 관련 페이지 테이블을 삽입해야 한다.

TLB는 매우 빠르지만 용량이 제한돼 있다. MMU가 TLB에서 접근된 가상 주소를 찾을 수 없는 경우, TLB 미스가 발생한다. 이런 경우 CPU(하드웨어 TLB 관리) 또는 운영체제(소프트웨어 관리 TLB)가 RAM의 페이지 테이블을 탐색해야 함을 의미하며, 상당한 레이턴시(약 100 CPU 클럭 주기)가 발생한다.

모든 '할당된' 가상 메모리 페이지마다 예약된 물리적인 메모리 페이지가 존재하는 건 아니라는 사실을 인지해야 한다. 실제로 대부분의 가상 메모리는 RAM에 의해 백업되지 않는다. 그 결과 프로세스에서 사용되는 다량의 가상 메모리(ps 등 다양한 리눅스 도구에서는 VSS 또는 VSZ라고 함)가 항상 표시된다. 그러나 이 프로세스에 할당된 실제 물리적인 메모리('상주 메모리resident memory'에서 RSS 또는 RES라고 함)는 매우 작을 수 있다. 단일 프로세스가 전체 컴퓨터에서 사용 가능한 것보다 많은 가상 메모리를 할당하는 경우가 종종 있는데 [그림 5-3]에서 이러한 상황의 예를 볼 수 있다.

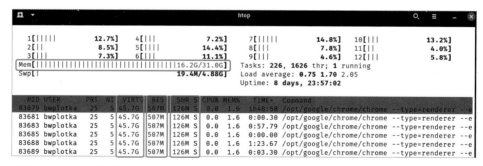

그림 5-3 htop 출력의 처음 몇 줄은 가상 메모리 크기로 정렬된 여러 크롬(Chrome) 브라우저 프로세스의 현재 사용량을 보여준다.

[그림 5-3] 속 컴퓨터는 32GB의 물리 메모리를 가지고 있고 현재 16.2GB가 사용되고 있다. 하지만 크롬 프로세스는 각각 45.7GB의 가상 메모리를 사용하고 있다. 그러나 RES 열을 살펴보면 상주 메모리는 507MB만 남아 있으며 126MB는 다른 프로세스와 공유되고 있다. 이것이 가능한 이유는 무엇일까? 컴퓨터의 RAM 용량이 32GB에 불과하고 시스템에서 실제로 할당된 RAM 용량은 수백 MB에 불과한데 어떻게 프로세스는 45.7GB의 RAM이 사용 가능하다고 여기는 걸까?

이러한 상황을 메모리 오버커밋memory overcommitment[34]이라고 부르며, 이는 항공사가 항공편 좌석을 초과[35]해서 예약 받는 경우와 비슷하다. 예약 취소 승객의 경우, 대개 예약 당일이나 그즈음이 되어서야 예약을 취소한다. 따라서 항공사의 입장에서는 비행기 좌석 수보다 더 많은 항공권을 판매하고, 드물게 발생하는 '좌석 부족' 상황을 '우아하게'(예 운이 나쁜 고객을 다른 항공편으로 옮기는 방법) 처리하는 편이 수익성이 더 높다. 즉 진정한 좌석 '할당'은 여행자가 항공편 탑승 과정에서 실제로 좌석을 '이용'할 때 발생한다.

운영체제도 물리적 메모리를 할당하려는 프로세스에 대해 기본적으로 동일한 오버커밋 전략을 수행한다.[36] 물리적 메모리는 프로그램이 큰 객체를 '생성'할 때가 아니라 make([]byte,1024)와 같이 프로그램이 접근할 때만 할당된다(5.5.2절 참고).

오버커밋은 페이지와 메모리 매핑 기술을 통해 구현된다. 일반적으로 메모리 매핑은 리눅스의 mmap[37] 시스템 호출과 함께 제공되는 저수준 메모리 관리 기능(윈도우의 MapViewOfFile 함수와 유사)을 말한다.

---

34 「위키피디아, 메모리 오버커밋」, *https://oreil.ly/wbZGf*
35 「항공사가 항공편 좌석을 초과 예약하는 이유는 무엇인가?」, *https://oreil.ly/El9iy*
36 리눅스에서 오버커밋 메커니즘(*https://oreil.ly/h82uS*)을 비활성화하는 옵션도 있다. 비활성화되면 가상 메모리 크기(VSS)가 프로세스(RSS)에서 사용하는 물리적인 메모리보다 클 수 없다. 프로세스가 일반적으로 더 빠른 메모리 접근을 갖도록 하기 위해 이 작업을 수행할 수 있지만 메모리 낭비는 엄청나다. 다시 말해 이러한 옵션이 실제로 사용되는 것을 본 적이 없다.
37 「mmap(2) – Linux manual page」, *https://oreil.ly/m5n7A*

다만 Go 애플리케이션에서는 명시적인 mmap을 사용하지 않는 것을 추천한다. 대신 Go 런타임의 표준 할당 메커니즘을 사용해야 한다. 이에 관해서는 5.5절에서 더 자세히 설명한다. 사실 3.6절에서 이미 벤치마킹 결과로 mmap과 같은 고급 방법이 필요하다는 징후가 나타나지 않는 한 이를 사용할 필요가 없다는 사실을 배웠다. 이 책을 집필할 때 mmap 관련 내용을 넣지 않은 이유다.

하지만 메모리 자원을 살펴보는 여정의 시작에서 mmap을 설명하는 이유가 있다. 명시적으로 사용하지 않더라도 운영체제는 시스템에서 할당된 모든 페이지를 관리하는 동일한 메모리 매핑 메커니즘을 사용한다. Go 프로그램에서 사용하는 자료 구조는 간접적으로 특정 가상 메모리 페이지에 저장되며, 그러면 운영체제나 Go 런타임에 의해 mmap처럼 관리된다. 결과적으로 명시적 mmap 시스템 호출을 이해하면 리눅스 운영체제가 가상 메모리를 관리하는 데 사용하는 요구 사항에 따른 페이징과 매핑 기술을 쉽게 설명할 수 있다. 이제 5.4.2절에서 리눅스 mmap 시스템 호출에 초점을 맞춰보겠다.

5.4.2 mmap 시스템 호출

운영체제 메모리 매핑 패턴을 배우기 위해 mmap[43] 시스템 호출에 대해 이야기해보겠다. [예제 5-1]은 mmap 운영체제 시스템 호출을 사용하여 간단한 추상화를 보여주는데, Go 메모리 관리 조정 없이 프로세스 가상 메모리에 바이트 슬라이스를 할당할 수 있다.

---

38 「8.12.3.1 MySQL이 메모리를 사용하는 방법」, *https://oreil.ly/o8a5o*

39 「18.4. 커널 리소스 관리」, *https://oreil.ly/scByc*

40 「프로메테우스 페이지」, *https://oreil.ly/2Sa3P*

41 「타노스 페이지」, *https://oreil.ly/tFBUf*

42 「M3 페이지」, *https://oreil.ly/Jg3wb*

43 「mmap(2) — Linux manual page」, *https://oreil.ly/m5n7A*

```
import (
    "os"

    "github.com/efficientgo/core/errors"
    "github.com/efficientgo/core/merrors"
    "golang.org/x/sys/unix"
)

type MemoryMap struct {
    f *os.File // nil if anonymous.
    b []byte
}

func OpenFileBacked(path string, size int) (mf *MemoryMap, _ error) {    ❶
    f, err := os.Open(path)
    if err != nil {
        return nil, err
    }

    b, err := unix.Mmap(int(f.Fd()), 0, size, unix.PROT_READ, unix.MAP_SHARED)  ❷
    if err != nil {
        return nil, merrors.New(f.Close(), err).Err()                    ❸
    }

    return &MemoryMap{f: f, b: b}, nil
}

func (f *MemoryMap) Close() error {
    errs := merrors.New()
    errs.Add(unix.Munmap(f.b))                                           ❹
    errs.Add(f.f.Close())
    return errs.Err()
}

func (f *MemoryMappedFile) Bytes() []byte { return f.b }
```

---

44 읽기 전용 메모리 매핑 바이트 배열을 생성하고 유지 관리할 수 있는 리눅스 전용 프로메테우스 mmap 추상화, 「깃허브, prometheus/ prometheus」, *https://oreil.ly/KJ4dD*

❶ OpenFileBacked는 제공된 경로에서 파일로부터 백업된 명시적 메모리 매핑을 생성한다.

❷ unix.Mmap은 mmap시스템 호출을 사용하여 디스크에 있는 파일의 바이트(0과 size 주소 사이)와 b 변수의 반환된 []byte 배열에 의해 할당된 가상 메모리 사이에 직접 매핑을 생성하는 유닉스^{Unix} 전용 Go 도우미다. 또한 읽기 전용 플래그(PROT_READ)[45]와 공유 플래그(MAP_SHARED)도 전달한다. 파일 설명자 전달을 건너뛰고, 첫 번째 인수로 0을 전달하고, 마지막 인수로 MAP_ANON을 전달하여 익명 매핑을 생성할 수 있다(자세한 내용은 나중에 설명한다).[46]

❸ Close에서도 에러가 반환되는 경우 두 가지 에러를 모두 캡처하기 위해 merrors[47] 패키지를 사용한다.

❹ unix.Munmap은 매핑을 제거하고 가상 메모리에서 mmap-ed 바이트를 할당 해제하는 몇 안 되는 방법 중 하나다.

개방형 MemoryMap.Bytes 구조체로부터 반환된 바이트 슬라이스는 make([]byte, size)와 같은 일반적인 방법으로 획득한 일반 바이트 슬라이스처럼 읽을 수 있다. 그러나 이 메모리가 매핑된 위치는 읽기 전용으로 표시되었기 때문에(unix.PROT_READ), 이러한 슬라이스에 기록하면 운영체제가 SIGSEGV 신호와 함께 Go 프로세스를 종료하게 된다.[48]

또한 이 슬라이스에 대해 Close(맵 해제) 작업을 수행한 후 이를 읽을 경우에도 세그멘테이션 에러^{segmentation fault}가 발생한다.

언뜻 보기에는 mmap으로 처리된 바이트 배열이 추가 단계와 제약 조건이 있는 일반 바이트 슬라이스처럼 보인다. 그렇다면 이것이 특별한 이유는 무엇일까? 예를 들어 600MB 파일을 [] byte 슬라이스로 버퍼링하여 이 파일의 랜덤 오프셋[49]에서 필요에 따라 몇 바이트에 빠르게 접근하도록 한다고 가정해 보겠다. 600MB는 조금 과할 수 있지만, 이러한 요구 사항은 온디맨드 디스크에서 읽는 속도가 너무 느릴 수 있는 데이터베이스나 캐시에서 흔히 볼 수 있다.

명시적인 mmap이 없는 단순한 해결책은 [예제 5-2]와 같이 보일 수 있다. 몇 가지 명령어마다 물리적 RAM에 할당된 페이지에 대해 운영체제 메모리 통계가 알려주는 내용을 살펴보겠다.

---

45 MAP_SHARED는 다른 프로세스가 같은 파일에 접근할 경우 같은 물리적인 메모리 페이지를 재사용할 수 있다는 것을 의미한다. 그런데 매핑된 파일이 시간이 지남에 따라 변경되지 않는다면 이것이 괜찮은데, 수정 가능한 콘텐츠라면 문제가 생길 수도 있다.

46 옵션의 전체 목록은 mmap 문서(*https://oreil.ly/m5n7A*)에서 찾을 수 있다.

47 「Go 페이지, merrors」, *https://oreil.ly/lnrJM*

48 SIGSEV는 세그멘테이션 에러(segmentation fault)를 의미한다. 이는 프로세스가 잘못된 메모리 주소에 접근하는 상황을 의미한다.

```
f, err := os.Open("test686mbfile.out")                            ①
if err != nil {
    return err
}

b := make([]byte, 600*1024*1024)
if _, err := f.Read(b); err != nil {                              ②
    return err
}

fmt.Println("Reading the 5000th byte", b[5000])                   ③
fmt.Println("Reading the 100 000th byte", b[100000])             ③
fmt.Println("Reading the 104 000th byte", b[104000])             ③

if err := f.Close(); err != nil {
    return err
}
```

① 600MB 이상의 파일을 연다. 리눅스에서 ls -l /proc/$PID/fd($PID는 실행된 프로그램의 프로세스 ID) 명령을 실행하면 이 프로세스가 이 파일을 사용했음을 알려주는 파일 디스크립터descriptor를 볼 수 있다. 디스크립터 중 하나는 방금 열었던 test686mbfile.out 파일에 대한 심벌릭 링크symbolic link다. 프로세스는 파일을 닫을 때까지 파일 디스크립터를 유지한다.

② 미리 할당된 []byte 슬라이스로 600MB를 읽는다. f.Read 메서드 실행 후, 프로세스의 RSS에 621MB가 표시된다.[50] 즉, 이 프로그램을 실행하려면 600MB 이상의 물리적인 메모리가 필요하다. 가상 메모리 크기(VSZ)도 커져 1.3GB를 기록했다.

③ 버퍼에서 어떤 바이트에 접근하든 프로그램은 버퍼를 위해 더 이상의 바이트를 RSS에 할당하지 않는다(그러나 Println 로직에 추가 바이트가 필요할 수 있다).

[예제 5-2]는 명시적 mmap 없이는 처음부터 최소 600MB의 메모리(15만 페이지 이하)를 물리적인 RAM에 예약해야 한다는 것을 보여준다. 모두 가비지 컬렉션으로 수집될 때까지 메모리를 프로세스에 예약해 놓고 있어야 한다.

---

49 옮긴이 주_일정 범위 내에서 무작위로 선택된 값이나 위치를 의미한다.

50 리눅스에서는 ps -ax --format=pid,rss,vsz ¦ grep $PID 명령을 실행하여 이 정보를 찾을 수 있다. 여기서 $PID는 프로세스 ID다.

명시적 mmap을 사용할 경우 같은 기능은 어떻게 보일까? [예제 5-3]에서 [예제 5-1]의 추상화를 사용하여 비슷하게 작업해보겠다.

예제 5-3 파일로부터 600MB의 메모리를 매핑하여 서로 다른 세 위치에서 3바이트를 접근하는 방법(예제 5-1 참고)

```
f, err := mmap.OpenFileBacked("test686mbfile.out," 600*1024*1024)        ❶
if err != nil {
    return err
}
b := f.Bytes()                                                            ❷

fmt.Println("Reading the 5000th byte", b[5000])                          ❸
fmt.Println("Reading the 100 000th byte", b[100000])                     ❹
fmt.Println("Reading the 104 000th byte", b[104000])                     ❺

if err := f.Close(); err != nil {                                        ❻
    return err
}
```

---

❶ 테스트 파일을 열고 그 내용의 600MB를 []byte 슬라이스에 메모리 매핑한다. 이 시점에서 [예제 5-2]와 비슷하게, test686mbfile.out 파일에 관련된 파일 디스크립터가 fd 디렉터리에 있다. 그러나 더 중요한 것은 ls -l /proc/$PID>/map_files($PID는 프로세스 ID) 명령을 실행하면 test686mbfile.out 파일에 대한 또 다른 심벌릭 링크가 생긴다. 이는 파일 기반 메모리 맵을 나타낸다.

❷ 이 문장 이후에는 파일 내용이 있는 바이트 버퍼 b를 가지게 된다. 그러나 이 프로세스의 메모리 통계를 보면 운영체제는 물리적 메모리의 어떤 페이지도 슬라이스 요소에 할당하지 않았다.[51] 그래서 총 RSS는 1.6MB로 작지만, b에 접근 가능한 600MB의 콘텐츠가 있다. 반면에 VSZ는 1.3GB 정도로, 운영체제는 Go 프로그램에 이 공간에 접근할 수 있다고 알려준다.

❸ 슬라이스에서 하나의 바이트에 접근하면, RSS가 증가하며 이 매핑에 대한 RAM 페이지는 약 48~70KB 증가한다. 이는 코드가 b에서 하나의 구체적인 바이트에 접근을 요청할 때 운영체제가 RAM에 할당한 페이지가 적다는 사실을 의미한다.

❹ 이미 할당된 페이지로부터 멀리 떨어진 다른 바이트에 접근하면 추가 페이지 할당이 트리거된다. RSS 읽기는 100~128KB로 표시된다.

---

51 리눅스에서는 /proc/<PID>/smaps 파일을 사용하여 각 메모리 매핑 프로세스에 대한 정확한 통계를 얻을 수 있다.

❺ 이전에 읽은 데서 4,000바이트 떨어진 하나의 바이트에 접근할 때 운영체제는 추가 페이지를 할당하지 않아도 된다. 그 이유는[52] 다양하다. 예를 들어 프로그램이 파일 내용을 10만 오프셋에서 읽었을 때 운영체제는 이곳에 접근한 바이트가 포함된 4KB 페이지를 이미 할당했다. 그래서 RSS 읽기는 여전히 100~128KB로 표시된다.

❻ 메모리 매핑을 제거하면 모든 관련 페이지가 최종적으로 RAM에서 언매핑된다. 이는 프로세스에서 총 RSS 수가 적어진다는 사실을 의미한다.[53]

> **TIP** 프로세스와 운영체제 자원 동작을 알아보는, 과소평가된 방법
>
> 리눅스는 현재 프로세스 또는 스레드 상태에 대한 놀라운 통계와 디버깅 정보를 제공한다. 모든 것은 /proc /<PID> 내의 특수 파일로 액세스할 수 있다. 각 세부 통계(예 각각의 작은 메모리 매핑 상태) 및 구성을 디버깅할 수 있다는 사실은 고무적이다. proc(프로세스 가상 파일 시스템)[54] 문서를 읽어보면 이것으로 무엇을 할 수 있는지 볼 수 있다.
>
> 저수준의 리눅스 소프트웨어로 더 작업할 예정이면 리눅스 가상 파일 시스템 또는 그것을 사용하는 도구에 대해 전문적으로 알아보기를 권한다.

[예제 5-3]에서 명시적인 mmap을 사용할 때 강조된 주요 작동 중 하나를 온디맨드 페이징on-demand paging이라고 한다. 프로세스가 mmap을 사용해 운영체제에 가상 메모리를 요청하면, 운영체제는 크기와 무관하게 RAM의 페이지를 할당하지 않는다. 대신 운영체제는 프로세스에 가상 주소 범위만 제공한다. 또한 CPU가 그 가상 주소 범위(예 [예제 5-3]의 fmt.Println("Reading the 5000th byte," b[5000])에서 메모리에 접근하는 첫 번째 명령을 실행할 때 MMU는 페이지 결함을 일으킨다. 페이지 결함은 운영체제 커널이 처리하는 하드웨어 인터럽트다. 그런 다음 운영체제는 다양한 방법으로 응답한다.

---

52 메모리 매핑 상황에서 가까운 바이트에 접근할 때 RAM에 더 많은 페이지를 할당할 필요가 없는 이유는 여러 가지다. 예를 들어 캐시 계층 구조(4.4.1절 참고), 운영체제 및 컴파일러가 한 번에 더 많은 페이지를 가져오기로 결정하거나 해당 페이지가 과거 접근으로 인해 이미 공유되거나 선행 페이지가 이미 존재하는 경우 등이 있다.

53 이 파일의 물리 프레임은 여전히 운영체제에 의해 물리적 메모리에 할당될 수 있다(프로세스에서는 고려하지 않음). 이를 페이지 캐시라고 하며, 동일한 파일을 기억하려는 프로세스가 있을 때 유용하다. 그렇지 않은 경우 페이지 캐시는 가능한 사용되지 않는 메모리에 저장된다. 시스템에 메모리 사용량이 많을 때 또는 관리자가 수동으로 해제할 수 있다(예 sysctl -w vm.drop_caches=1).

54 「proc(5) – Linux manual page」, *https://oreil.ly/jxBig*

더 많은 RAM 프레임 할당

RAM에 여유 프레임(물리적인 메모리 페이지)이 있는 경우, 운영체제는 이 중 일부를 사용 중으로 표시하고 페이지 에러를 발생시킨 프로세스에 매핑할 수 있다. 이것이 운영체제가 실제로 RAM을(RSS[55] 메트릭을 증가시킨다) '할당'하는 유일한 시점이다.

사용하지 않는 RAM 프레임 할당 해제 및 재사용

만약 여유 프레임이 없다면(시스템의 메모리 사용량이 많은 경우), 운영체제는 현재 접근되지 않는 파일 기반 매핑에 속하는 프레임을 제거할 수 있다. 결과적으로 수많은 페이지가 운영체제가 더 강력한 방법을 사용하기 전에 물리적 프레임에서 매핑 해제될 수 있다. 그래도 이러한 상황은 다른 프로세스들이 다른 페이지 에러를 일으켜서 문제가 될 수 있다. 이러한 상황이 자주 일어난다면, 전체 운영체제와 모든 프로세스가 심각하게 느려질 것이다(메모리 스래싱 상황).

메모리 부족 상황 발생

상황이 나빠져 사용되지 않는 파일 백업 메모리 매핑 페이지가 모두 해제된 후에도 여전히 사용 가능한 페이지가 없다면, 기본적으로 운영체제의 메모리가 부족한 것이다. 운영체제에서 이러한 상황을 처리할 수 있는데, 일반적으로 세 가지 옵션이 있다.

- 운영체제는 익명 파일에 대한 메모리 매핑을 하는 물리적인 메모리에서, 페이지를 매핑 해제를 시작할 수 있다. 이때 데이터 손실을 방지하기 위해 스왑 디스크 파티션[56]swap disk partition을 구성할 수 있다 (swapon --show 명령어를 사용하면 리눅스 시스템에서 스왑 파티션의 존재와 사용량을 볼 수 있다). 그런 다음 이 디스크 공간은 익명 파일 메모리 맵에서 가상 메모리 페이지를 백업하는 데 사용된다. 이는 비슷한(혹은 더 심한) 메모리 스래싱 상황을 발생시킬 수 있고, 전체 시스템 속도를 늦출 수 있다.[57]
- 단순히 시스템을 재부팅할 수도 있다. 일반적으로 시스템 수준 메모리 부족OOM으로 인한 충돌[58]로 알려진 방법이다.

---

55 옮긴이 주_Resident size(RSS)는 주 메모리에 있는 프로세스가 차지하는 메모리 부분(킬로바이트 단위로 측정)이다.
56 옮긴이 주_스왑 디스크 파티션은 운영체제에서 메모리 부족 상황을 처리하기 위해 사용되는 특별한 파티션이다.
57 스와핑은 일반적으로 대부분의 컴퓨터에서 기본적으로 해제된다.
58 「위키피디아, 메모리 부족 충돌」, *https://oreil.ly/BboW0*

- 마지막은 우선순위가 낮은 프로세스(**예** 사용자 공간) 몇 개를 즉시 종료해서 메모리 부족 상황을 벗어나는 것이다. 이는 보통 운영체제가 SIGKILL 신호[59]를 전송함으로써 수행된다. 어떤 프로세스를 종료할지 감지하는 방법은 다양하지만[60], 결정론적으로 시스템 관리자는 cgroups[61] 또는 ulimit[62]을 사용해서 프로세스 또는 프로세스 그룹별로 특정 메모리 제한을 구성[63]할 수 있다.

온디맨드 페이징 전략을 기반으로, 운영체제는 프로세스를 종료하거나 특정 가상 메모리를 해제할 때, RAM에서 프레임 페이지를 해제하지 않는다. 그 시점에는 가상 매핑만 업데이트된다. 다만 물리적인 메모리는 주로 게으른(즉 요청에 따라) 페이지 프레임 재사용 알고리즘$^{\text{PFRA, page}}$ $^{\text{frame reclaiming algorithm}}$[64]의 도움으로 재사용된다. 이 책에서는 다루지 않을 것이다.

일반적으로 mmap 시스템 호출이 사용하기 어렵고 난해하다고 생각할 수 있다. 그러나 mmap 시스템 호출을 통해 적어도 프로그램이 운영체제의 메모리 할당을 요청할 때 RAM을 할당하는 것이 무엇을 의미하는지 알 수 있다. 이제 배운 것을 결합해서 운영체제가 RAM을 관리하는 방법과 메모리 리소스를 처리할 때 개발자가 관찰할 수 있는 결과에 대해 알아본다.

5.4.3 운영체제 메모리 매핑

[예제 5-3]에서 나온 명시적 메모리 매핑은 운영체제 메모리 매핑 기법 중 한 예일 뿐이다. 게다가 드물게 파일 백업 매핑과 고급 오프 힙 솔루션이 사용되기도 하지만, Go 프로그램에서는 mmap 시스템 호출을 명시적으로 사용할 필요가 거의 없다. 그러나 운영체제는 가상 메모리를 효율적으로 관리하기 위해 거의 모든 RAM에 대해 동일한 페이지 메모리 매핑 기술을 투명하게 사용한다. [그림 5-4]는 메모리 매핑 상황의 예시로, 컴퓨터에서 발생할 수 있는 몇 가지 일반적인 페이지 매핑 상황을 하나의 그림으로 정리했다.

59 「signal(7) – Linux manual page」, *https://oreil.ly/SLWOv*

60 「OOM 킬러 훈련시키기」(*https://oreil.ly/AFDh0*)는 어떤 프로세스를 종료할지 선택할 때 생기는 몇 가지 문제를 설명한다. 첫 번째는 전역 OOM 킬러의 경우 종종 예측하기 어렵다는 것이다(*https://oreil.ly/4rPzk*).

61 「cgroups(7) – Linux manual page」, *https://oreil.ly/E72wh*

62 「ulimit(3) – Linux manual page」, *https://oreil.ly/fF12F*

63 메모리 컨트롤러를 정확하게 구현하는 방법은 「메모리 리소스 컨트롤러」 문서(*https://oreil.ly/Ken3G*)에서 찾을 수 있다.

64 「PFRA 구현」, *https://oreil.ly/ruKUM*

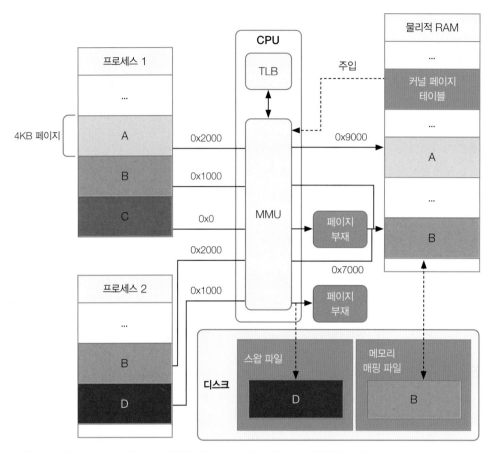

그림 5-4 2개 프로세스의 가상 메모리에서 몇 개의 메모리 페이지를 MMU 변환하는 예제

[그림 5-4]의 상황이 복잡해 보일 수 있지만 몇 가지 사례를 이미 설명했다. 프로세스 1 또는 2의 관점에서 이들을 순서대로 나열해보겠다.

페이지 A

RAM에 이미 프레임을 매핑한, 익명 파일 매핑의 가장 간단한 경우를 나타낸다. 예를 들어 프로세스 1이 가상 공간 0x2000에서 0x2FFF 사이의 주소로 바이트를 읽거나 쓰면, MMU는 해당 주소를 필요한 오프셋을 더한 RAM 물리 주소 0x9000으로 변환한다. 그 결과 CPU는 해당 주소를 캐시 라인으로 가져와서 L-캐시와 원하는 레지스터에 쓸 수 있다.

페이지 B

[예제 5-3]에서 만든 것처럼 물리적 프레임에 매핑된 파일 기반 메모리 페이지를 나타낸다. 이 프레임도 다른 프로세스와 공유된다. 이미 동일한 파일에 매핑되므로 데이터의 두 사본을 유지할 필요가 없기 때문이다. 이는 매핑이 `MAP_PRIVATE`으로 설정되지 않았을 때만 허용된다.

페이지 C

아직 접근되지 않은 익명 파일 매핑이다. 예를 들어 프로세스 1이 0x0에서 0xFFFF 사이의 주소에 바이트를 쓸 경우, CPU는 페이지 에러 하드웨어 인터럽트가 생성하고, 운영체제는 여유 프레임을 찾아야 한다.

페이지 D

C와 같은 익명 페이지지만, 이미 데이터가 쓰인 페이지다. 그러나 운영체제는 swap 기능을 가지고 있어서, 프로세스 2를 오랫동안 사용하지 않아서 또는 시스템이 메모리 압박에 처해 있어서 RAM에서 매핑을 해제한다. 운영체제는 데이터 손실을 방지하기 위해 스왑 파일로 데이터를 백업했다. 프로세스 2가 0x1000과 0x1FFF 사이의 가상 주소에서 어떤 바이트에 접근하면 페이지 부재가 발생하며, 운영체제는 RAM에서 사용 가능한 프레임을 찾고 페이지 D의 콘텐츠를 스왑 파일에서 읽어오도록 알려준다. 그러면 데이터는 프로세스 2에서 사용이 가능해진다. 대부분의 운영체제에서는 기본적으로 익명 페이지의 스왑 로직이 비활성화되어 있음을 참고한다.

이제 운영체제 메모리 관리 기본 사항과 가상 메모리 패턴을 더욱 잘 이해할 수 있을 것이다. 따라서 Go(또는 다른 프로그래밍 언어)에 미치는 중요한 결과의 목록을 살펴보겠다.

실제 가상 메모리의 크기를 관찰하는 것은 결코 유용하지 않다

온디맨드 페이징을 사용하기 때문에 가상 메모리 사용량(가상 세트 크기나 VSS로 표시)이 RSS보다 항상 더 크다는 사실을 알 수 있다(그림 5-3 참고). 프로세스는 가상 주소 공간에서 볼 수 있는 모든 페이지가 RAM에 있다고 생각하지만, 대부분은 현재 RAM에서 매핑되어 저장됐을 수 있다(매핑된 파일 또는 스왑 파티션). 따라서 대체로 Go 프로그램이 사용하는 메모리의 양을 평가할 때 VSS 메트릭을 무시할 수 있다.

특정 시간에 프로세스(또는 시스템)가 사용한 메모리의 정확한 양을 알 수 없다

VSS 메트릭이 프로세스 메모리 사용량을 평가하는 데 도움이 되지 않는다면 어떤 메트릭을 사용할 수 있을까? Go 개발자들은 자신의 프로그램 메모리 효율성에 관심이 있기 때문에, 현재와 과거의 메모리 사용량은 필수적인 정보로 인지하고 있다. 이를 통해 코드의 효율성과 최적화가 예상대로 진행되는지 알 수 있다.

다만 온디맨드 페이징과 메모리 매핑 동작 때문에 정확히 측정하기가 어렵고, 근사치만 추정할 수 있다. 6.3.3절에서 가장 좋은 메트릭을 이야기하겠지만, RSS 메트릭이 예상한 것보다 몇 KB 또는 MB가 더 작거나 클 수 있음을 알고 있어야 한다.

운영체제 메모리 사용량은 사용 가능한 모든 RAM에 확장된다

Go 프로세스가 모든 메모리를 해제했더라도, 시스템의 전체적인 메모리 가용성이 낮은 경우 RSS는 여전히 매우 높을 수 있다. 이는 다른 프로세스들에 충분한 물리적 RAM이 있기 때문에 운영체제가 페이지를 해제하는 것을 방해하지 않는다는 사실을 의미한다. RSS 메트릭의 신뢰성이 떨어지는 이유 중 하나다(6.3.3절 참고).

Go 프로그램의 메모리 접근의 테일 레이턴시Tail latency[65]는 물리적 DRAM 접근 레이턴시보다 훨씬 느리다

가상 메모리에서 운영체제를 사용하면 비용이 많이 든다. 최악의 경우, DRAM 설계 때문에 이미 저속인 메모리 접근(5.3절 참고)이 한층 더 느려질 수 있다. 그리고 TLB의 미스, 페이지 장애, 프리 페이지 검색, 디스크로부터의 온디맨드 메모리 읽기 등의 문제들이 방대한 CPU 주기를 낭비할 가능성도 높다. 운영체제는 가능한 한 많은 기능을 갖추고 있기 때문에 이러한 불량을 최대한 줄이고, 평균 액세스 레이턴시를 가능한 낮춘다.

RAM 사용량이 많으면 프로그램 실행 속도가 느려질 수 있다

시스템이 대량의 페이지에 RAM 용량에 가까운 액세스를 필요로 하는 다수의 프로세스를 수행하면, 메모리 액세스 레이턴시와 운영체제 정리 루틴이 CPU 주기의 대부분을 소비할 수 있다.

---

65 옮긴이 주_테일 레이턴시는 컴퓨터 시스템에서 매우 오래 걸리는 작업의 지연 시간을 의미한다.

또 앞서 언급했듯이 메모리 트레싱, 지속적인 메모리 스왑, 페이지 회수 메커니즘 등이 시스템 전체의 처리 속도를 저하시킨다. 그 결과, 프로그램의 레이턴시가 길다고 해서 CPU에서 너무 많은 작업을 수행하거나 느린 작업(예 I/O)을 실행하는 것이 아니라, 메모리를 많이 사용하는 것일 수 있다.

지금까지 운영체제의 메모리 관리를 메모리 리소스와 어떻게 연계해서 생각해야 하는지 설명했다. 다만 5.3절에서처럼 메모리 관리의 기본 사항만 설명했다. 커널 알고리즘이 발전하고 있기도 하고, 운영체제마다 메모리를 다르게 관리하기 때문이다. 그래서 이 책에서는 표준 기술과 그 결과를 대략 이해할 수 있을 정도로만 학습하기를 권한다. 그리고 이 지식을 바탕으로 다니엘 보베이[Daniel P. Bovet], 마르코 체사티[Marco Cesati]가 집필한 『리눅스 커널의 이해(개정3판)』(한빛미디어, 2006)[66] 또는 LWN.net[67]등에서 관련 내용을 심화 학습할 수 있다.

이제 Go가 운영체제와 하드웨어가 제공하는 메모리 기능을 어떻게 활용하는지 살펴보겠다. 이는 Go 프로그램의 메모리 효율성에 초점을 맞춰야 하는 경우, TFBO 절차에서 시도할 만한 올바른 최적화를 찾는 데 도움이 될 것이다.

5.5 Go 메모리 관리

앞으로 설명할 프로그래밍 언어 작업은 개발자가 안전하고 효율적이며 (이상적으로) 번거로움 없이 메모리를 사용할 수 있는 변수, 추상화 및 연산을 만들 수 있도록 개선하는 데 초점을 둔다. Go 언어로 이를 가능하게 하는 방법이 무엇인지 알아본다.

Go는 다른 언어(예 C/C++)가 공유하는, 일반적인 내부 프로세스 메모리 관리 패턴을 따르지만 일부 고유한 요소를 사용한다. 4.5.1절에서 설명한 것처럼 새로운 프로세스가 시작되면, 운영체제는 새로운 전용 가상 주소 공간을 포함하여 프로세스에 관한 다양한 메타데이터를 생성한다. 또한 운영체제는 프로그램 바이너리에 저장된 정보를 기반으로 몇 개의 시작 세그먼트에 대한 초기 메모리 매핑을 생성한다. 프로세스가 시작되면 mmap 또는 brk/sbrk[68]를 사용하여

---

66 『리눅스 커널의 이해(개정3판)』(한빛미디어, 2006), *https://oreil.ly/Wr1nY*

67 *https://lwn.net*

68 「sbrk(2) – Linux man page」, *https://oreil.ly/31emh*

필요할 때 가상 메모리에 더 많은 페이지를 동적으로 할당한다.[69] Go의 가상 메모리 구성 예시는 [그림 5-5]에 나와 있다.

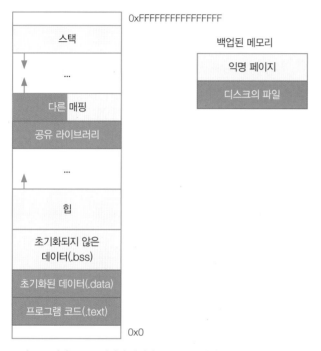

그림 5-5 가상 주소 공간에서 실행된 Go 프로그램의 메모리 레이아웃

다음은 여기서 알 수 있는 몇 가지 일반적인 내용들이다.

.text, .data 및 공유 라이브러리

프로그램 코드 및 전역 변수와 같은 모든 전역 데이터는 프로세스가 시작될 때 운영체제에 의해 자동으로 메모리에 매핑된다(1MB 또는 100GB의 가상 메모리를 사용). 이 데이터는 읽기 전용이며 바이너리 파일로 백업된다. 또한 CPU에 의해 프로그램의 작은 연속 부분만 한 번에 실행되므로, 운영체제가 물리적 메모리에 코드와 데이터가 포함된 페이지를 최소한으로 유지

---

69 운영체제가 프로세스에 제공하는 가상 메모리의 타입이나 양에 관계없이 메모리 매핑 기술을 사용한다는 사실을 기억하자. sbrk를 사용하면 일반적으로 힙에 포함되는 가상 메모리 섹션의 크기를 간단하게 조정할 수 있지만 익명 페이지를 사용하는 다른 mmap처럼 작동한다.

할 수 있다. 또한 이러한 페이지는 많이 공유된다(동일한 바이너리와 동적으로 연결된 공유 라이브러리를 사용하여 더 많은 프로세스가 시작됨).

블록 시작 기호 block starting symbol (.bss)

운영체제가 프로세스를 시작할 때, 초기화되지 않은 데이터(.bss)를 위한 익명 페이지를 할당한다. .bss가 사용하는 공간은 이미 알려져 있다. 예를 들어 http 패키지는 DefaultTransport[70] 전역 변수를 정의한다. 이 변수의 값은 모르지만, 포인터가 될 것이라는 것은 알기 때문에 8바이트의 메모리를 준비해야 한다. 이러한 메모리 할당은 정적 할당 static allocation 이라고 한다. 이 공간은 한 번만 할당되고 익명 페이지로 지원되며(적어도 가상 메모리에서는) 절대 해제되지 않는다(스왑 파일이 활성화되어 있다면 RAM에서 매핑 해제될 수 있다).

힙

[그림 5-5]에서 첫 번째(그리고 아마도 가장 중요한) 동적 세그먼트 동적 할당 dynamic allocation 을 위해 예약된 메모리로, 일반적으로 '힙 heap'이라고 한다(같은 이름의 자료 구조[71]와 혼동하면 안 된다). 동적 할당은 단일 함수 범위 외부에서 사용할 수 있어야 하는 프로그램 데이터(ⓒ변수)에 필요하다. 따라서 이러한 할당은 사전에 알 수 없으며, 예측할 수 없는 시간 동안 메모리에 저장되어야 한다. 프로세스가 시작되면 운영체제는 힙에 대한 초기 익명 페이지 수를 준비한다. 그 후 운영체제는 프로세스에 해당 공간에 대한 일부 제어 권한을 부여한다. 그런 다음 sbrk 함수로 시스템 호출을 사용하여 크기를 늘리거나 줄여서, mmap과 unmmap 시스템 호출을 사용하여 추가 가상 메모리를 준비하거나 제거할 수 있다. 가능한 최선의 방법으로 힙을 구성하고 관리하는 것은 프로세스에 달려 있으며 언어마다 그 방법이 다르다. 다음을 참고하자.

- C는 개발자가 변수를 위한 메모리를 수동으로 할당하고 해제해야 한다(malloc과 free 함수를 사용).
- C++에서는 객체 수명 주기(참조 카운팅)를 추적하기 위한 간단한 카운팅 메커니즘을 제공하는 std::unique_ptr[72]과 std::shared_ptr[73] 같은 스마트 포인터를 추가한다.[74]

---

70 「깃허브, golang/go」, *https://oreil.ly/7m0Wv*
71 「위키피디아, 힙(자료 구조)」, *https://oreil.ly/740nv*
72 「std::unique_ptr」, *https://oreil.ly/QS9zj*
73 「std::shared_ptr」, *https://oreil.ly/QbQqQ*
74 물론 C와 C++에서 이러한 메커니즘에 외부 가비지 컬렉션을 구현하면 막을 사람은 없다.

- 러스트는 강력한 메모리 소유권 메커니즘[75]을 가지고 있지만, 메모리와 관련이 없는 코드 영역에서는 프로그래밍을 훨씬 어렵게 만든다.[76]
- 마지막으로 파이썬, C#, 자바 등의 언어에서는 고급 힙 할당자와 가비지 컬렉터 메커니즘을 구현한다. 가비지 컬렉터는 주기적으로 사용되지 않는 메모리가 있는지 확인하고 해제할 수 있다.

Go는 메모리 관리 관점에서는 C보다 자바와 비슷하다. Go는 힙에서 동적 할당이 필요한 메모리를 암묵적으로(개발자에게는 투명하게) 할당한다. 해당 목적을 달성하기 위해 Go는 (Go와 어셈블리로 구현된) 자체 구성 요소를 지녔다(5.5.2절, 5.5.3절 참고).

> **TIP** **힙 사용량을 최적화하는 것만으로 대체로 충분하다.**
>
> 힙은 물리 메모리 페이지에 가장 많은 데이터를 저장하는 메모리라고 볼 수 있다. 그만큼 중요한 역할을 하기 때문에 Go 프로세스 메모리 사용량을 판단할 때는 힙 크기만 보면 충분하다. 또한 힙 관리와 런타임 가비지 컬렉션의 오버헤드도 중요하다. 이러한 이유로 메모리 사용량을 최적화할 때는 힙을 우선 분석하는 것이 좋다.

수동 프로세스 매핑

Go 런타임과 Go 코드를 작성하는 개발자 모두가 추가 메모리 매핑 영역(**예** 예제 5-1의 추상화를 사용하는 경우)을 수동으로 할당할 수 있다. 당연히 프로세스가 어떤 종류의 메모리 매핑을 사용할지는 프로세스가 스스로 결정하지만, 모든 메모리 매핑은 프로세스의 가상 메모리에 할당된 공간을 지닌다. [그림 5-5]에서 이를 확인할 수 있다.

스택

Go 메모리 레이아웃의 마지막 섹션은 함수 스택Stack을 위해 예약돼 있다. 스택은 간단하지만 빠른 구조로, 후입선출LIFO 순서로 값에 접근할 수 있도록 한다. 프로그래밍 언어들은 이를 사용하여 자동 할당을 사용할 수 있는 모든 요소(**예** 변수)를 저장한다. 힙에 의해 수행되는 동적 할당과는 달리, 자동 할당은 지역 데이터에 적합하다. 예를 들어 지역 변수, 함수 입력 또는 반

---

75 「러스트 프로그래밍 언어' 중 소유권 부분」, *https://oreil.ly/MajFo*

76 Rust의 소유권 모델에 따르면 개발자가 모든 메모리 할당과 소유자를 정확히 알아야 한다. 이는 굉장히 어려운 일이다. 그럼에도 불구하고 Rust 소유권 모델을 코드의 특정 부분에만 적용하면 써볼 만할 것이다. 가령 소유권 패턴을 Go에 일부 적용하고, 나머지는 GC를 사용할 수 있다면 정말 유용하게 쓸 수 있을 것으로 기대한다.

환 인자 등이다. 프로그램이 시작되기 전에 컴파일러가 이들 요소의 수명 주기를 추론할 수 있기 때문에, 자동 할당할 수 있는 것이다.

일부 프로그래밍 언어는 단일 스택 또는 스레드별 스택을 가질 수 있다. Go는 이런 측면에서 약간 독특하다. 4.5.2절에서 언급했듯이 Go의 실행 흐름은 고루틴을 중심으로 설계되어 있다. 그래서 Go는 각 고루틴당 단일 동적 크기 스택을 유지한다. 이는 수백만 개의 스택[77]이 있음을 의미할 수도 있다. 고루틴이 다른 함수를 호출할 때마다 그 지역 변수와 인자를 스택 프레임에 푸시할 수 있다. 함수를 종료할 때 스택에서 해당 요소를 팝POP(스택 프레임 할당 해제)할 수 있다. 스택 구조가 가상 메모리에 예약된 것보다 더 많은 공간을 필요로 할 경우, Go는 운영체제에서 스택 세그먼트에 할당된 메모리를 더 요청한다. 예를 들어 mmap 시스템 호출을 통해 요청할 수 있다.

스택은 사용 중인 메모리를 제거해야 하는 시점을 파악하기 위한 추가 오버헤드가 없기 때문에 매우 빠르다(사용 추적 없음). 따라서 힙이 아닌 스택에 주로 할당하도록 알고리즘을 작성하는 것이 이상적이다. 그러나 스택의 제약 사항(너무 큰 객체를 할당할 수 없음)이 있는 경우 또는 변수가 함수 범위보다 오랫동안 지속되어야 할 경우에는 불가능하다. 따라서 컴파일러는 데이터를 자동으로 할당(스택)할 수 있는지 또는 동적으로 할당(힙)해야 하는지 결정한다. 이 과정을 '이스케이프 분석escape analysis'이라고 하며 [예제 4-3]에서 살펴봤다.

여기서 논의된 모든 메커니즘(수동 매핑 제외)은 Go 개발자들을 도와준다. 변수를 할당할 메모리의 위치와 방법을 고려할 필요가 없기 때문이다. 예를 들어 일부 HTTP 호출을 수행하려는 경우 client := http.Client{} 코드 문과 같은 표준 라이브러리를 사용하여 HTTP 클라이언트를 생성하기만 하면 된다. Go의 메모리 설계 결과로 코드의 기능성, 가독성, 안정성에 특히 더 집중할 수 있다.

- 운영체제가 client 변수를 담을 수 있는 여유 가상 메모리 페이지가 있는지 확인할 필요가 없다. 마찬가지로 유효한 세그먼트와 가상 주소를 찾을 필요도 없다. 컴파일러(변수가 스택에 저장 가능한 경우) 또는 런타임 할당자(힙에 동적 할당)가 자동으로 실행된다.

- client 변수가 사용되지 않을 때 메모리를 해제해야 한다는 사실을 기억할 필요가 없다. 대신 client가 코드 영역을 벗어나게 되면(아무것도 참조하지 않음), 데이터가 Go에서 해제된다. 스택에 저장되어 있다

---

77 「Go 사용하기: Go 가비지 컬렉터의 여정」, *https://oreil.ly/zrqhj*

면 즉시 해제되고, 힙에 저장되어 있다면 다음 가비지 컬렉션 실행 주기에서 해제된다(5.5.3절 참고). 이러한 자동화는 메모리 누수('client의 메모리를 해제하는 것을 잊었다') 또는 허상 포인터^{Dangling} pointer('client의 메모리를 해제했지만 실제로 일부 코드가 여전히 사용하고 있다')를 유발할 수 있는 에러가 훨씬 적다.

Go 언어를 사용할 때 일반적으로 객체를 위해 어떤 세그먼트가 사용되는지는 신경을 쓰지 않아도 좋다.

> 변수가 힙에 할당되었는지 스택에 할당되었는지 알고 싶은 경우, 어떻게 해야 할까? 일반적으로 정확도 측면에서는 알 필요가 없다. Go의 각 변수는 참조가 있는 한 존재한다. 구현에 의해 선택된 저장 장소는 언어의 의미와는 관계가 없다. 저장 장소는 효율적인 프로그램을 작성하는 데 영향을 미친다.
>
> - The Go Team, Go: 자주 묻는 질문(FAQ)[78]

그러나 할당이 너무 쉽기 때문에 메모리 낭비를 알아채지 못할 위험이 있다.

NOTE_ 투명한 할당은 과도하게 할당될 위험이 있음을 의미한다.

Go에서는 할당이 암묵적으로 이루어지기 때문에 코딩이 훨씬 쉬워지지만 단점도 있다. 하나는 메모리 효율에 관한 것이다. 코드에서 메모리 할당과 해제가 명확하지 않으면 명백하게 높은 메모리 사용량을 놓치기 쉽다.

이는 쇼핑할 때 현금을 쓸지, 신용 카드를 쓸지 고민하는 것과 같은 논리다. 신용 카드는 돈이 흘러가는 것을 볼 수 없기 때문에 현금보다 과소비할 가능성이 높다. 신용 카드를 사용하면 지출 내역이 거의 투명하게 드러나는데, 그래서 Go의 할당에 비유할 수 있다.

요약하면, Go는 프로그래밍할 때 변수와 추상화가 보유한 데이터가 어디에 어떻게 저장되는지 위치와 방법에 대해 걱정할 필요가 없기 때문에 매우 생산적인 언어다. 하지만 성능 문제가 있을 때 프로그램에서 메모리를 할당할 수 있는 부분과 이런 일이 발생하는 방식, 메모리가 해제되는 방식을 기본적으로 알고 있으면 좋다. 이제 그 이유를 알아보도록 하겠다.

---

78 「Go 문서, FAQ」, *https://oreil.ly/UUGgI*

5.5.1 값, 포인터 및 메모리 블록

시작하기 전에 한 가지 정리를 해두자면, 메모리 할당이 어떤 상황에서 발생하고 얼마나 많은 메모리가 스택이나 힙에 할당되었는지 알 필요는 없다. 그러나 강력한 도구를 사용하면 이러한 정보를 정확하고 빠르게 알 수 있다(7장과 9장 참고). 몇 초 안에 어떤 코드 라인이 얼마나 할당되었는지 대략적인 양을 알 수 있다. 따라서 정보를 명확하게 알 수 있는 도구가 있기 때문에 정보를 추측해서는 안 된다(인간은 잘못 추측하는 경향이 있기 때문이다).

기본적인 할당에 관한 인식을 구축하면 나쁠 것은 없다. 오히려 이러한 도구를 사용하여 메모리 사용량을 파악하는 것이 더 효과적일 수 있다. 이 작업의 목표는 어떤 코드가 잠재적으로 의심스러운 양의 메모리를 할당할 수 있는지, 어떤 부분을 주의해야 하는지에 대한 감각을 키우는 것이다.

많은 책에서 일반적인 정보들을 나열해서 할당에 관해 설명하려고 한다. 좋은 접근이긴 하지만, 이는 배고픈 이에게 낚싯대 대신 물고기를 주는 격[79]이다. '일반적인' 상황에만 도움이 되기 때문이다. 그래서 이 책을 통해서는 할당의 이유에 대한 기본적인 규칙을 설명해서 낚싯대를 줄 수 있도록 하겠다.

이러한 할당을 신속하게 인지하기 위해 Go에서 객체를 참조하는 방법을 자세히 살펴보겠다. 코드는 메모리에 저장된 객체에 대해 특정 연산을 수행할 수 있다. 따라서 객체를 연산에 연결해야 하며, 일반적으로 변수를 통해 이를 수행한다. 컴파일러와 개발자가 더욱 쉽게 사용할 수 있도록 Go의 타입 시스템을 사용하여 변수를 설명한다.

그러나 Go는 (여타 관리 런타임 언어[80]처럼) 참조 지향이 아닌 값 지향적이다.[81] 따라서 Go 변수는 절대 객체를 참조하지 않는다. 대신 변수는 항상 객체의 전체 값을 저장한다. 이 규칙에는 예외가 없다.

이를 더 잘 이해하기 위한 세 가지 변수의 메모리 표현은 [그림 5-6]에 나와 있다.

---

79 「배고픈 사람에게 물고기를 주면 하루를 먹일 수 있다. 하지만 낚싯대를 주면 평생 먹여 살릴 수 있다」 *https://oreil.ly/utQIG*
80 「위키피디아, Managed code」 *https://oreil.ly/ben85*
81 「Go 사용하기: Go 가비지 컬렉터의 여정」 *https://oreil.ly/lgy2S*

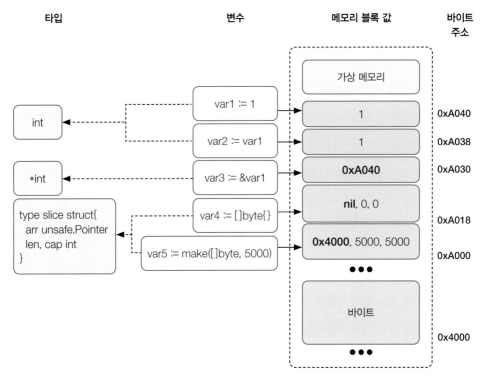

그림 5-6 프로세스의 가상 메모리에 할당된 세 가지 변수의 표현

> **TIP** 변수를 값을 담는 박스라고 생각하기
>
> 컴파일러는 호출 범위에서 var 변수 또는 함수 인자(매개변수 포함)의 정의를 볼 때마다 박스에 연속적인 '메모리 블록'을 할당한다. 박스는 주어진 타입의 전체 값을 포함할 수 있을 만큼 충분히 크다. 예를 들어 var var1 int와 var var2 int는 8바이트가 들어갈 만한 박스가 필요하다.[82]

사용 가능한 '박스' 공간을 통해 일부 값을 복사할 수 있다. [그림 5-6]에서는 정수 1을 var1에 복사할 수 있다. Go는 참조 변수를 가지고 있지 않으므로, var1 값을 var2라는 이름의 다른 박스에 할당하더라도 이는 유일한 공간을 가진 또 하나의 다른 박스다. &var1과 &var2를 출력하면 확인할 수 있다. 각각 0xA040과 0xA038이 출력될 것이다. 결과적으로 간단한 할당은 항상 복사이며, 값의 크기에 비례해서 레이턴시가 생긴다.

---

82 박스 크기는 unsafe.Sizeof(*https://oreil.ly/QtpSf*) 함수를 사용하여 확인할 수 있다.

C++과는 달리 Go 프로그램에서 정의된 각 변수는 고유한 메모리 위치를 차지한다. Go 프로그램에서 메모리에서 같은 저장 위치를 공유하는 변수를 2개 만들 수는 없다. 2개 변수의 내용이 같은 저장 위치를 가리키는 것은 가능하지만, 사실상 이는 같지 않다.

– 데이브 체니 Dave Cheney, 'Go에는 참조 형식 전달이 없다'[83]

var3 박스는 정수 타입을 가리키는 포인터다. 포인터 변수는 메모리 주소를 나타내는 값을 저장하는 박스다. 메모리 주소의 타입은 uintptr 또는 unsafe.Pointer이므로, 메모리의 다른 값을 가리키는 데 사용되는 부호 없는 64비트 정수다. 결과적으로 포인터 변수는 8바이트의 박스가 필요하다.

포인터는 nil(Go의 NULL 값)일 수도 있는데, 이는 포인터가 무엇을 가리키지 않는다는 것을 나타내는 특별한 값이다. [그림 5-6]에서 var3 박스는 var1 박스의 메모리 주소를 포함하는 값을 가지고 있음을 볼 수 있다.

이 역시 더 복잡한 타입과 일관된다. 예를 들어 var var4와 var var5는 24바이트만이 필요하다. 이는 슬라이스 구조체 값이 3개의 정수를 가지고 있기 때문이다.

> **NOTE_ Go 슬라이스를 위한 메모리 구조**
> 슬라이스는 주어진 타입의 기본 배열의 동적 동작을 쉽게 할 수 있다. 슬라이스 자료 구조는 length, capacity, 원하는 배열에 대한 pointer를 포함하는 메모리 블록이 필요하다.[84]

일반적으로 슬라이스는 조금 더 복잡한 구조체라고 보면 된다. 구조체를 옷장이라고 가정해보자. 옷장은 서랍(구조체 필드)으로 가득 차 있는데, 이들은 같은 옷장에 있는 다른 서랍들과 공유하는 메모리 블록을 가진 간단한 박스다. 그래서 예를 들어 slice 타입은 3개의 서랍을 가지고 있다. 그중 하나가 포인터 타입이다.

slice와 함께 몇 가지 특별한 타입들은 다음과 같은 특별한 동작을 수행한다.

---

83 「Go에는 참조 형식 전달이 없다」, *https://oreil.ly/iPu5w*

84 reflect.SliceHeader(*https://oreil.ly/9unR4*) 구조체를 참고하자. 이 구조체는 슬라이스를 나타낸다.

- map, chan, slice 타입만 작동하는 내장 함수인 make[85]를 사용할 수 있다. 이 함수는 타입의 값[86]을 반환하고, 슬라이스를 위한 배열, 채널을 위한 버퍼, 맵을 위한 해시맵과 같은 기반 구조를 할당한다.
- func, map, chan, slice와 같은 타입의 박스에 nil을 넣을 수 있지만, 그들은 엄격히 말하면 포인터가 아니다. []byte(nil)과 같은 예시를 들 수 있다.

var4와 var5 옷장에서 하나의 서랍은 메모리 주소를 담은 포인터 타입이다. var5에서 make([]byte, 5000)을 사용하여, 5,000개 요소의 바이트 배열을 포함하는 다른 메모리 블록을 가리킨다.

> **CAUTION** **구조 패딩**
>
> 3개의 64비트 필드를 가진 슬라이스 구조체는 24바이트 길이의 메모리 블록이 필요하다. 하지만 구조체 타입의 메모리 블록 크기는 필드의 크기의 합이 아니다.
>
> Go와 같은 슈퍼 컴파일러는 캐시 라인, 운영체제나 내부 Go 할당자 페이지 크기와 타입 크기를 정렬하려고 시도한다. 이러한 이유로 Go 컴파일러는 필드 사이에 패딩을 추가하는 경우가 있다.[87]

새로운 함수나 메서드를 설계할 때 공통으로 해야 하는 질문은 "이 인수는 포인터인가, 값인가?"이다. 물론 호출자가 해당 값의 수정 사항을 볼 수 있도록 하려면 당연히 가장 먼저 대답해야 한다. 그러나 효율성 측면에서도 살펴봐야 한다. [예제 5-4]에서 인수들의 수정 사항을 밖에서 보지 않아도 된다고 가정하고, 차이점을 살펴보겠다.

예제 5-4 다른 인수는 값, 포인터 및 슬라이스와 같은 특수 타입을 사용하여 차이점 강조

```
func myFunction(
    arg1 int, arg2 *int,                                      ❶
    arg3 biggie, arg4 *biggie,                                ❷
    arg5 []byte, arg6 *[]byte,                                ❸
    arg7 chan byte, arg8 map[string]int, arg9 func(),         ❹
) {
    // ...
```

---

85 「깃허브, golang/go」. *https://oreil.ly/Mlx6Q*

86 실제로, map 타입 변수는 해시맵의 포인터다. 그러나 *map을 항상 입력하는 것을 피하기 위해 Go 팀은 세부 사항을 숨기기로 결정했다 (*https://oreil.ly/mfwDa*).

87 이 책에서는 구조체 패딩(*https://oreil.ly/1gx50*)을 설명하지 않는다. 하지만 구조체 비정렬에 의해 생긴 낭비를 알아볼 수 있는 훌륭한 유틸리티도 있다(*https://oreil.ly/WtYFZ*).

```
}

type biggie struct {                                              ❷
    huge [1e8]byte
    other *biggie
}
```

---

❶ 함수 인수는 새로 선언된 변수인 박스와 비슷하다. 그래서 arg1을 위해 8바이트의 박스를 생성하고 (대부분 스택에 할당) myFunction 호출 시 전달된 정수를 복사한다. arg2를 위해 비슷한 8바이트의 박스를 생성하여 포인터를 대신 복사한다.

간단한 타입의 경우, 포인터를 사용하지 않으면 값을 수정할 필요가 없는 경우가 더 낫다. 메모리 사용량과 복사 오버헤드가 동일하다. 차이점은 arg2가 가리키는 값이 힙에 있어야 한다는 것인데 이는 피할 수도 있고, 비용이 더 든다.

❷ 규칙은 사용자 지정 구조체 인수에 대해 동일하지만, 크기 및 복사 오버헤드가 더 중요할 수 있다. 예를 들어, arg3은 엄청난 크기의 큰 구조체다. 1억 개의 요소가 있는 정적 배열이기 때문에 이 타입에는 최대 100MB의 메모리 블록이 필요하다.

이와 같이 큰 타입의 경우 함수를 전달할 때 포인터를 사용하는 것을 고려해야 한다. 왜냐하면 모든 myFunction 호출은 arg3 박스에 대해 힙에 100MB를 할당하기 때문이다(스택에 넣기에는 너무 큼). 그리고 박스 간에 큰 객체를 복사하는 데 CPU 시간을 소비한다. 따라서 arg4는 스택에 8바이트를 할당하고(그리고 그것만 복사), 함수 호출에서 재사용할 수 있는 큰 객체가 있는 힙 메모리를 가리킨다.

biggie가 arg3에서 복사되었음에도 불구하고, 복사 범위가 얕다는 점에 유의해야 한다. 즉 arg3. other는 이전 박스와 메모리를 공유한다.

❸ slice 타입은 biggie 타입과 비슷하게 동작한다. 따라서 슬라이스의 기본 struct 타입을 기억해야 한다.[88]

결과적으로, arg5는 24바이트 박스를 할당하고 3개의 정수를 복사한다. 반면 arg6은 8바이트 박스를 할당하고 하나의 정수(포인터)만 복사한다. 효율성 측면에서는 문제가 없지만, 기본 배열의 변경 사항을 노출하려는 것인지(arg5와 arg6 모두 허용), pointer, len, cap 필드의 변경 사항도 노출하려는 것인지를 결정할 때 고려해야 하는 부분이다.

❹ chan, map, func() 같은 특수 타입은 포인터와 비슷하게 취급할 수 있다. 그들은 힙을 통해 메모리를 공유하며, 유일한 비용은 arg7, arg8, arg9 박스에 포인터 값을 할당하고 복사하는 데 있다.

....
88 「Go 문서, reflect 중 typeSliceHeader」, *https://oreil.ly/Tla4w*

포인터와 값 사이에서 타입을 결정할 때도 동일한 과정을 적용할 수 있다.

- 반환 인자
- struct 필드
- 맵, 슬라이스, 채널의 요소
- 메서드 리시버 (**CH** func (receiver) Method())

과거 정보를 통해 Go 코드문의 메모리 할당을 어떻게 하는지, 대략 얼마나 할당하는지 이해할 수 있기를 바란다.

- 모든 변수 선언(함수 인자, 반환 인자, 메서드 리시버 포함)은 해당 타입 전체를 할당하거나 그 포인터만 할당한다.
- make는 특별한 타입과 그 하위(포인터) 구조체를 할당한다.
- new(<type>)은 &<type>과 동일하며, 힙상의 포인터 박스와 별도의 메모리 블록에 타입을 할당한다.

대부분의 프로그램 메모리 할당은 런타임에만 알려지므로, 동적 할당(힙에서)이 필요하다. 그래서 Go 프로그램에서 메모리를 최적화할 때는 99% 힙에만 집중한다. Go는 힙 관리를 담당하는 중요한 런타임 컴포넌트인 할당자와 GC가 있다. 이러한 컴포넌트는 프로그램 런타임에서 추가 CPU 주기와 메모리 허용량 손실을 야기할 수 있는 비교적 복잡한 소프트웨어다. 게다가 비결정적이고 비즉각적인 메모리 해제 특성을 지니고 있기 때문에 자세히 살펴보는 것이 좋다.

5.5.2 Go 할당자

Go 프로그램은 여러 개의 고루틴을 실행하며, 각 고루틴은 다른 시간 동안 힙 메모리의 일부(동적 크기) 세그먼트를 원한다. 그러나 힙을 관리하는 것은 쉽지 않다. 왜냐하면 힙은 운영체제가 물리 메모리에 대해 가지는 과제와 비슷한 문제를 제기하기 때문이다.

Go 할당자는 Go팀에 의해 유지 관리되는 내부 런타임 Go 코드의 일부다. 이름에서 알 수 있듯이, 객체를 작동시키기 위해 필요한 메모리 블록을 동적으로 (런타임에) 할당할 수 있다. 또한, 락locking과 단편화를 피하고 운영체제로의 느린 시스템 호출을 완화하도록 최적화돼 있다.

Go 컴파일러는 객체를 위한 메모리가 자동으로 할당될 수 있는지 알아보기 위해 복잡한 스택 이스케이프 분석을 수행한다. 가능하면 관련 메모리 블록을 메모리 레이아웃의 스택 세그먼트에 저장하는 적절한 CPU 명령을 추가한다. 하지만 대부분 컴파일러는 메모리를 힙에 놓을 수 없다. 이러한 경우 Go 할당자 코드를 호출하는 다른 CPU 명령을 생성한다.

Go 할당자는 가상 메모리 영역에서 메모리 블록을 빈 패킹bin packing[89]한다. 또한 0으로 초기화된[90] 개인 익명 페이지와 함께 mmap을 사용하여 운영체제로부터 더 많은 공간을 요청한다. 5.4.3절에서 다룬 것처럼 이러한 페이지는 실제 RAM에 액세스할 때만 할당된다.

일반적으로 Go 개발자가 Go 할당자 내부에 대한 세부 정보를 알 필요는 없다. 그러나 다음 내용들은 기억하면 좋다.

- TCMalloc[91]이라는 사용자 정의 Google C++ malloc 구현에 기반한다.
- 운영체제 가상 메모리 페이지를 인식하지만, 8KB의 페이지로 작동한다.
- Go 할당자는 특정 스팬Span에 하나 혹은 여러 8KB 페이지를 포함하는 메모리 블록을 할당하여 단편화를 해결한다. 각 스팬은 클래스 메모리 블록 크기에 맞게 생성된다. 예를 들어, Go 1.18에서는 67개의 다른 크기 클래스[92]가 있으며 32KB가 최대 크기다.
- 포인터를 포함하지 않는 객체에 대한 메모리 블록은 노스캔 타입으로 표시되어, 가비지 컬렉션 단계에서 중첩된 객체를 더 쉽게 추적할 수 있다.
- 32KB 이상 메모리 블록을 가진 객체(예 600MB의 바이트 배열)는 특별하게 처리된다(스팬 없이 직접 할당).
- 런타임은 운영체제에서 힙을 위한 더 많은 가상 공간을 필요한 경우 한번에 더 큰 메모리 청크를 할당(최소 1MB)하여 시스템 호출의 레이턴시를 단축한다.

앞서 언급한 모든 사항은 오픈 소스 커뮤니티와 Go 팀에서 최적화 및 작고 다양한 기능을 추가하면서 지속적으로 변경되고 있다.

코드 스니펫 하나가 천 마디의 말을 담고 있다고 한다. 그래서 Go, 운영체제, 하드웨어의 혼합으로 발생한 할당 특성을 예시로 들어 시각화하고 설명해보겠다. [예제 5-5]는 [예제 5-3]과 동일한 기능을 가지고 있지만, 명시적인 mmap 대신 Go 메모리 관리를 사용하고 기반 파일은 사용하지 않는다.

---

89 「위키피디아, 빈 패킹 문제」, *https://oreil.ly/l27Jv*
90 Go에서 새로운 구조체를 생성할 때 무작위 값 대신 정의된 0값이나 nil로 시작하는 이유 중 하나다.
91 「깃허브, google/tcmalloc」, *https://oreil.ly/AZ5S7*
92 「깃허브, golang/go」, *https://oreil.ly/tMlnv*

```
b := make([]byte, 600*1024*1024)                          ❶
b[5000] = 1
b[100000] = 1
b[104000] = 1                                             ❷
for i := range b {                                       ❸
    b[i] = 1
}
```

❶ b 변수는 [ ]byte 슬라이스로 선언된다. 이후 등장하는 make문은 600MB 크기의 데이터를 가진 바이트 배열을 만드는 작업이다(배열의 요소 수는 최대 6억 개다). 이 메모리 블록은 힙에 할당된다.[93] 이를 자세히 분석하면 Go 할당자는 서로 다른 (가상) 메모리 크기를 지닌 슬라이스에 2MB, 598MB, 4MB로 연속 세 개의 익명 매핑을 생성하는 것처럼 보인다(Go 할당자 내부 버킷 알고리즘으로 인해 일반적으로 총 크기는 요청된 600MB보다 크다). 다음은 이와 관련된 흥미로운 통계 정보다.

- 해당 슬라이스에 사용되는 세 가지 메모리 매핑에 대한 RSS는 548KB, 0KB, 120KB다(VSS 번호보다 훨씬 작음).
- 전체 프로세스의 총 RSS는 21MB이며, 프로파일링에 따르면 대부분 힙의 외부에서 들어오는 것으로 나타났다.
- Go는 힙 크기를 600.15MB로 보고한다(RSS가 훨씬 더 낮음에도 불구하고).

❷ 슬라이스 요소에 대한 액세스(쓰기 또는 읽기)를 시작하면 운영체제는 해당 요소를 둘러싼 실제 물리적인 메모리를 예약하기 시작한다.

- 3개의 메모리 매핑 RSS는 556KB, (여전히) 0KB 및 180KB다(액세스 전보다 조금 더 큼).
- 총 RSS는 여전히 21MB다.
- Go는 힙 크기를 600.16MB로 보고한다(실제로는 더 크지만 배경이나 루틴 때문일 수 있다).

❸ 모든 요소에 반복해서 접근한 후, b 슬라이스의 모든 페이지가 요구에 따라 피지컬 메모리에 매핑되는 것을 볼 수 있다. 다음 통계가 이를 증명한다.

- 3개의 메모리 매핑에 대한 RSS는 1.5MB, (완전히 매핑됨) 598MB 그리고 1.2MB다.

---

93 go build -gcflags='-m=1' slice.go가 ./slice.go:11:11: make([]byte, size를 출력하기 때문에 heap 라인으로 escape된다는 것을 알고 있다.

- 전체 프로세스의 RSS는 621.7MB(마침내 힙 사이즈와 같아짐)를 나타낸다.

- Go는 힙 사이즈를 600.16MB로 보고한다.

[예제 5-2]와 [예제 5-3]은 유사할 수 있지만, 약간 다르다. [예제 5-5]에서는 페이지가 매핑되지 않았을 때 데이터를 저장할 수 있는 파일이 (명시적으로) 관련돼 있지 않았다는 사실에 주목하자. 또한 Go 할당자를 사용하여 다른 익명 페이지 매핑을 가장 효율적으로 관리하지만, [예제 5-3]에서는 Go 할당자는 그 메모리 사용과 무관하다.

> **TIP** **Go 런타임 내부 지식과 운영체제 지식의 비교**
>
> Go 할당자는 6장에서 설명할 다른 관찰 기능을 통해 수집 가능한 일부 정보를 추적한다.
>
> 다만 이들을 사용할 때 주의하자. 앞선 예제에서는 Go 할당자에 의해 추적되는 힙 사이즈가 실제로 사용되는 메모리^{RSS}보다 훨씬 크다는 것을 확인했다.[94] 마찬가지로 [예제 5-3]에서 명시적으로 **mmap**을 사용하는 메모리는 Go 런타임 메트릭에 반영되지 않는다. 그래서 TFBO 여정에서 단 하나의 메트릭만 의존하는 것보다 더 많은 메트릭을 사용하는 것이 좋다(6.3.3절 참고).

온디맨드 페이징으로 뒷받침되는 Go 힙 관리의 동작은 불확실하고 모호한 경향이 있다. 그렇다고 직접적으로 제어할 수도 없다. 예를 들어, 컴퓨터에서 [예제 5-5]를 재현하려고 한다면, 약간 다른 매핑, 다양한 RSS 번호(허용 오차 범위는 몇 MB) 및 다른 힙의 크기가 관찰될 가능성이 높다. 이는 프로그램을 빌드할 때 사용하는 Go 버전, 커널 버전, RAM 용량 및 모델 그리고 시스템의 부하에 따라 달라지기 때문이다. 이는 TFBO 절차의 평가 단계에서 중요한 내용이 된다(7.3절 참고).

> **CAUTION** **메모리가 소량 증가했어도 신경 쓰지 말자.**
>
> 프로세스 RSS 메모리의 각 100바이트 또는 킬로바이트가 어디에서 더해졌는지 이해할 필요는 없다. 그렇게 낮은 수준에서는 무언가를 판단하거나 제어할 수 없다. 힙 관리 오버헤드, 운영체제와 Go 할당자가 의도적으로 할당하는 페이지, 동적 운영체제 매핑 행동 그리고 최종 메모리 수집 등 소규모로 킬로바이트 수준에서 일어나는 것들은 그다지 중요하지 않다.

---

94 이 동작은 고급 메모리 밸러스팅(advanced memory ballasting) 기술에서 자주 사용되었지만, Go 1.19에서 5.5.3절에서 설명한 메모리 소프트 제한이 도입된 이후에는 일반적으로 그 필요성이 줄어들었다.

하나의 환경에서 특정 패턴을 발견하더라도 다른 환경에서는 다를 수 있다. 단 100만 바이트 이상으로 수치가 크게 늘었을 때는 신경을 써야 한다.

이 교훈은 마인드셋에 관한 것이다. 알지 못하는 것들은 늘 넘쳐난다. 다만 중요한 것은 작동 메모리 사용량이 너무 높은 상황에 가장 큰 영향을 미치는 미지의 요소를 파악하는 일이다. 이러한 할당자 인식과 함께, 6장 및 9장에서 관련 내용을 설명하겠다.

지금까지 Go 할당자를 통해 메모리 블록에 효율적으로 메모리를 예약하는 방법과 이에 접근하는 방법을 설명했다. 그러나 코드가 더 이상 필요하지 않은 메모리 블록을 제거하는 로직이 없으면 계속해서 더 많은 메모리를 예약할 수 없다. 그래서 힙 관리의 두 번째 부분으로, 사용되지 않는 객체를 힙에서 해제하는 방법을 학습하는 것이 중요하다. 이를 가비지 컬렉션이라고 한다. 5.5.3절에서 자세히 살펴보겠다.

5.5.3 가비지 컬렉션

메모리 할당을 할 때 비용을 1회만 지불하는 것이 아니다. 첫 번째는 당연히 할당할 때 지불하는 것이고, 또 가비지 컬렉션이 실행될 때마다 비용을 지불해야 한다.

— 데미안 그리스키Damian Gryski, 「깃허브 페이지 dgryski/go-perfbook」[95]

힙 관리의 두 번째 부분은 집 안 청소와 비슷하다. 프로그램 힙에서 사용되지 않는 객체를 제거하는 작업과 관련이 깊기 때문이다. 일반적으로 가비지 컬렉션은 추가 백그라운드 루틴으로 '수집'을 실행한다. 이때 수집 주기가 중요하다.

- 가비지 컬렉션이 자주 실행되지 않으면 가비지(사용되지 않는 객체)에 의해 할당된 메모리 페이지를 재사용할 수 없음에도 새로운 RAM 공간을 크게 할당하는 위험이 있다.
- 가비지 컬렉션이 너무 자주 실행되면 프로그램 시간과 CPU의 대부분을 해당 작업에 사용하는 대신 기능을 실행하는 데 소비하는 위험이 있다. 가비지 컬렉션은 상대적으로 빠르지만 시스템의 다른 고루틴의 실행에 직간접적으로 영향을 미칠 수 있다. 특히 힙에 많은 객체가 있을 때 (많이 할당할 때) 그렇다.

---

95 「깃허브, dgryski/go-perfbook」. https://oreil.ly/yg1LK

가비지 컬렉션 주기는 시간에 따라 진행되지 않는다. 대신 독립적으로 작동하는 2개의 구성 변수가 주기를 결정한다. 하나는 GOGC이고, Go 1.19부터는 GOMEMLIMIT이다. 이들에 대해 더 알아보려면 자세한 공식 안내서[96]를 읽어보자. 이 책에서는 간단히 두 가지를 설명하겠다.

GOGC 옵션은 '가비지 컬렉터 비율'을 나타낸다

GOGC는 기본적으로 100 값으로 활성화돼 있다. 이는 다음 수집이 마지막 가비지 컬렉터 주기가 끝난 후 힙 크기가 100%가 될 때 수행될 것이라는 의미다. 가비지 컬렉터의 페이징 알고리즘은 지금의 힙 성장에 기초하여 그 목표가 달성될 때를 추정한다. debug.SetGCPercent 함수[97]를 사용해서 프로그래밍적으로 설정할 수도 있다.

GOMEMLIMIT 옵션은 소프트 메모리 제한을 제어한다

Go 1.19에서 GOMEMLIMIT 옵션이 추가되었다. 기본값은 비활성화되어 있으며 (math.MaxInt64로 설정) 설정된 메모리 제한에 가까운 (또는 초과하는) 경우에 가비지 콜렉터를 더 자주 실행할 수 있도록 한다. GOGC=off(비활성화) 또는 GOGC와 함께 사용 가능하다. 이 옵션의 경우 debug.Set MemoryLimit을 활용해 메모리 제한 기능[98]을 설정할 수 있다.

> CAUTION **GOMEMLIMIT은 프로그램이 설정한 값보다 더 많이 할당하는 상황을 방지하지 못한다.**
>
> 가비지 컬렉터의 소프트 메모리 제한 구성을 '소프트'라 부르는 건 나름의 이유가 있다. 가비지 컬렉터의 '게으름'을 위한 메모리 오버헤드 공간이 얼마나 있는지 알려준다. 이는 결국 CPU를 절약하기 위함이다.
>
> 그러나 **GOMEMLIMIT** 옵션이 설정되어 있는 경우 프로그램이 원하는 제한보다 더 많은 메모리를 할당하게 된다. 그러면 상황은 악화된다. 왜냐하면 가비지 컬렉터가 거의 연속적으로 실행되며 다른 기능들이 사용하는 25%의 CPU 시간을 차지하기 때문이다. 프로그램의 메모리 효율을 최적화해야 한다는 사실을 잊지 말자.

96 「가비지 컬렉터 가이드라인」, *https://oreil.ly/f2F6H*
97 「Go 문서, debug 중 func SetGCPercent」, *https://oreil.ly/7khRe*
98 「func SetMemoryLimit」, *https://oreil.ly/etDUv*

수동 트리거

개발자는 runtime.GC()[99]를 호출하여 필요한 경우 곧바로 다른 가비지 컬렉터의 수집을 트리거할 수도 있다. 그러면 전체 프로그램을 차단할 수 있기 때문에 테스트 코드 및 벤치마크 코드에서 주로 사용되며 GOGC 및 GOMEMLIMIT과 같은 다른 설정도 그사이에 실행될 수 있다.

Go 가비지 컬렉터 구현은 동시성, 비세대, 삼색 표시, 스왑 컬렉터[100]로 설명할 수 있다. 개발자가 호출하든, 런타임 기반 GOGC 또는 GOMEMLIMIT 옵션으로 호출하든, runtime.GC() 구현은 여러 단계로 구성된다. 첫 번째 단계는 마크[mark] 단계로서 다음 과정을 밟는다.

1. '세상을 멈추다'(STW, Stop the world) 이벤트를 실행하여 모든 고루틴에 필수적인 쓰기 장벽[Write barrier](데이터 쓰기에 대한 락[lock])[101]을 주입한다. STW는 비교적 빠르지만(평균 10~30마이크로초), 이때 모든 고루틴 실행을 해당 시간 동안 일시 중단하기 때문에 상당한 영향을 미친다.

2. 프로세스에 제공된 CPU 용량의 25%를 사용하여 여전히 사용 중인 힙의 모든 객체를 동시에 표시한다.

3. 고루틴에서 쓰기 장벽을 제거하여 표시를 종료한다. 이를 위해서는 또 다른 STW 이벤트가 필요하다.

마크 단계 후 가비지 컬렉터 기능은 일반적으로 완료된다. 그러나 가비지 컬렉터는 메모리를 해제하지 않았다. 다음 스왑 단계에서는 '사용 중'으로 표시되지 않은 개체가 해제된다. 고루틴은 Go 할당자를 통해 메모리를 할당하려고 할 때마다 먼저 스왑 작업을 수행한 다음 할당해야 한다. 주의할 점은 이 작업이 기술적으로 가비지 컬렉션 기능이지만 allocation 레이턴시로 계산된다는 사실이다.

일반적으로 Go 할당자와 가비지 컬렉터는 버킷 객체 풀링[102]의 정교한 구현을 구성하며, 각기 다른 크기의 슬롯 풀은 들어오는 할당을 위해 준비된다. 이를 위한 메모리 영역은 즉시 다른 수신 할당에 배정될 수 있으므로 운영체제에 즉시 할당되지 않는다(11.6절의 sync.Pool을 사용하는 풀링 패턴과 유사). 여유 있는 버킷의 수가 충분히 늘어나면 Go는 메모리를 운영체제에 개방하는데 이것도 반드시 그런 것은 아니다. 예를 들어 리눅스에서 Go 런타임은 일반적으로

---

99 「Go 문서, runtime 중 func GC」, *https://oreil.ly/znoCL*

100 「Go의 가비지 컬렉션 : 파트 1 – 의미론(Semantics), *https://oreil.ly/vvOgl*

101 「Go 문서, src/runtime/mbarrier.go의 소스 파일」, *https://oreil.ly/Sl9PI*

102 「위키피디아, Object pool pattern」, *https://oreil.ly/r1K18*

기본적으로 `MADV_DONTNEED` 인수를 사용하여 madvise 시스템 호출[103]을 사용한다.[104] 만약을 위해 메모리를 '해제'하고 다른 프로세스에서 이 물리적인 메모리가 필요한 경우에만 이를 되찾도록 운영체제에 요청하는 것이 더 빠르기 때문이다.

> 공유 매핑에 적용하면 해당 범위의 페이지에서 `MADV_DONTNEED`가 즉시 해제되지 않을 수 있다는 점에 유의하자. 커널이 적절한 순간까지 페이지 해제를 지연시킬 수 있기 때문이다. 그러나 호출 프로세스의 RSS는 즉시 감소한다.
>
> – 리눅스 커뮤니티, 「`madvise(2)` – Linux manual page」

가비지 컬렉션 알고리즘에 대한 이론을 이해하면, [예제 5-5]에서 생성한 600MB의 대용량 바이트 슬라이스에 사용된 메모리를 정리하려고 할 때 어떤 일이 일어나는지 [예제 5-5]의 이론을 통해 쉽게 이해할 수 있을 것이다.

예제 5-6   [예제 5-5]에서 생성된 대용량 슬라이스의 메모리 릴리스(할당 해제)

```
b := make([]byte, 600*1024*1024)
for i := range b {
    b[i] = 1
}

b[5000] = 1
b = nil
runtime.GC()

// Let's allocate another one, this time 300MB!
b = make([]byte, 300*1024*1024)
for i := range b {
    b[i] = 2
}
```

❶

❷
❸
❹

❺

---

103 「madvise(2) – Linux manual page」, *https://oreil.ly/pxXum*

104 GODEBUG 환경 변수(*https://oreil.ly/ynNXr*)를 사용하여 Go 메모리 해제 전략을 변경할 수 있다. 예를 들어 GODEBUG= madvdontneed=0을 설정하면 MADV_FREE가 사용되어 운영체제에 필요 없는 메모리 영역을 알린다. MADV_DONTNEED와 MADV_FREE 의 차이는 리눅스 커뮤니티의 인용문에서 언급한 내용과 같다. 즉 MADV_FREE는 Go 프로그램의 메모리 해제가 더 빠르지만, 운영체제 가 그 공간을 재획득할 때까지 호출 프로세스의 Resident Set Size(RSS) 메트릭이 즉시 감소하지 않을 수 있다. 그러면 RSS를 사 용하여 프로세스를 관리하는 일부 시스템(◉ 쿠버네티스와 같이 약간 가상화된 시스템)에서 문제가 발생할 수 있다. 2019년에는 Go 가 MADV_FREE를 기본으로 사용하는 몇 가지 버전이 있었는데 이에 대해서는 「최신 Go 애플리케이션의 메모리 사용량을 모니터링할 때 예상되는 내용」(*https://oreil.ly/UYXJy*)을 읽어보기를 권한다.

❶ [예제 5-5]에서 논의한 것처럼 큰 슬라이스를 할당하고 모든 요소에 액세스한 후의 통계는 다음과 같다.

- 슬라이스는 2MB, 598MB, 4MB의 해당 VSS(가상 메모리 크기) 번호와 함께 3개의 메모리 매핑으로 할당된다.
- 3개의 메모리 매핑에 대한 RSS는 1.5MB, 598MB, 1.2MB다.
- 전체 프로세스의 총 RSS는 621.7MB이다.
- Go는 힙 크기의 600.16MB를 보고한다.

❷ b에서 데이터가 액세스되는 마지막 구문 이후, 심지어 b = nil 이전에도 가비지 컬렉터의 마크 단계는 b를 '가비지'로 간주한다. 따라서 해당 구문 바로 다음에는 메모리가 해제되지 않으며 메모리 통계는 동일하다.

❸ b 값을 사용하지 않고 함수 범위가 종료되는 일반적인 경우에는 b의 내용을 다른 객체에 대한 포인터로 대체할 때 명시적인 b = nil 문이 필요하지 않다. 가비지 컬렉터는 b가 가리키는 배열이 가비지임을 인식한다. 그러나 수명이 긴 함수(⑩ Go 채널에서 제공하는 백그라운드 작업 항목을 실행하는 고루틴)에서는 변수를 nil로 설정하여 다음 가비지 컬렉션을 실행할 때 조기에 청소하도록 표시하는 것이 유용하다.

❹ 그럼 테스트를 통해 가비지 컬렉터를 수동으로 호출하면 어떤 일이 일어나는지 알아보자. 이후 통계는 다음과 같다.

- 3개의 메모리 매핑은 모두 여전히 존재하며 VSS 값은 동일하다. 이는 Go 할당자가 메모리 매핑을 권하지만 즉시 제거하지 않는다는 사실을 보여준다.
- 3개의 메모리 매핑의 RSS는 1.5 MB, 0(RSS 해제), 60KB다.
- 전체 프로세스의 총 RSS는 21MB다(초기 숫자로 돌아간다).
- Go는 힙 크기의 159KB를 보고한다.

❺ 더 작은 슬라이스를 하나 더 배정해보자. 다음 통계는 Go가 이전 메모리 매핑을 다시 사용할 것이라는 이론을 증명한다.

- 동일한 VSS 값을 가진 동일한 세 개의 메모리 매핑이 여전히 존재한다.
- 세 가지 메모리 매핑에 대한 RSS는 1.5MB, 300MB 및 60KB다.
- 전체 프로세스의 총 RSS는 321MB다.
- Go는 힙 크기의 300.1KB를 보고한다.

앞서 언급했듯이 가비지 컬렉터의 장점은 따로 신경쓸 필요 없이 할당을 해준다는 점, 메모리 안전을 고려한다는 점, 대부분의 애플리케이션에 대한 효율성을 보장해준다는 점이 있다. 덕분에 개발자들의 삶을 한층 쉽고 편하게 만들어준다. 하지만 만약 프로그램이 예상한 대로 돌아가지 않아서 효율성 기대치를 충족하지 못하면 개발자들은 오히려 더 피곤해진다. Go 할당자와 가비지 컬렉터의 주요 문제점은 메모리 효율성 문제의 근본 원인에 있다. 즉 거의 모든 경우에 코드가 너무 많은 메모리를 할당한다는 점을 숨긴다는 것이다.

> 가비지 컬렉터를 로봇 청소기 룸바라고 생각해보자. 룸바를 샀다고 해서 아이들에게 바닥에 쓰레기를 함부로 버리지 말라고 말할 수는 없는 노릇이다.
>
> – 할바 플레이크 Halvar Flake, 트위터[105]

그럼 Go에서 메모리 할당에 유의하지 않을 경우 발생할 수 있는 현상을 살펴보겠다.

CPU 오버헤드

가장 먼저 가비지 컬렉터는 힙에 저장된 모든 객체를 살펴보고 어떤 객체가 사용 중인지 알려야 한다. 힙에 객체가 많은 경우 CPU 자원의 상당한 부분을 사용할 수 있다.[106]

이는 힙에 저장된 객체가 포인터 타입이 많은 경우에 특히 두드러진다. 가비지 컬렉터는 포인터가 아직 '사용 중'으로 표시되지 않은 객체를 가리키고 있지 않은지 확인하기 위해 포인터를 순회해야 하기 때문이다. 컴퓨터의 CPU 리소스가 제한되어 있기 때문에 가비지 컬렉터가 처리해야 할 작업이 많을수록 핵심 프로그램 기능에 집중할 수 있는 시간이 줄고 이는 곧 프로그램 레이턴시가 길어진다는 사실을 의미한다.

> 가비지 컬렉터를 가진 플랫폼에서는 메모리 압박이 자연스럽게 CPU 소비량을 증가시킨다.
>
> – 구글 팀, 사이트 안정성 엔지니어링 「과부하 처리」[107]

---

105 「할바 플레이크의 트위터」, *https://oreil.ly/ukXDV*

106 엄밀히 말하면, Go는 프로세스에 할당된 CPU 전체의 최대 25%가 GC에 사용되도록 보장한다(*https://oreil.ly/9rtOs*). 그러나 이는 일반적인 해결책이 아니다. 최대 CPU 사용량을 줄이면 같은 양을 오래 사용하게 된다.

107 「과부하 처리」, *https://oreil.ly/PhZaD*

프로그램 레이턴시 증가

가비지 컬렉터에 소요되는 CPU 시간이 너무 많다는 것은 확실히 문제이지만, 그보다 더 많은 문제가 있다. 먼저 2번 수행되는 STW 이벤트는 모든 고루틴을 느리게 만든다. 가비지 컬렉터가 모든 고루틴을 멈추고, 쓰기 장벽을 삽입(그리고 제거)해야 하기 때문이다. 또한 일부 데이터를 메모리에 저장해야 하는 일부 고루틴이 가비지 컬렉터 마킹 순간에 더 이상 작업을 수행하지 못하도록 만든다.

더불어 가비지 컬렉터 수집 실행은 계층적 캐시 시스템 효율성에 부정적인 영향을 미친다.

> 프로그램을 빠르게 실행하려면 수행하는 모든 것이 캐시에 있어야 한다. 메모리 할당, 해제 및 가비지 컬렉터 정리는 기술 및 물리적 이유로 인해 프로그램을 지연시킬 뿐만 아니라, CPU 캐시에서 모든 것을 제거하여 다른 프로그램도 지연되게 만든다.
>
> – 브라이언 보어햄[Bryan Boreham],
> 「Go를 더 빠르게 사용하는 법: 메모리 할당량 감소를 통한 성능 최적화」[108]

메모리 오버헤드

Go 1.19부터 가비지 컬렉터에 소프트 메모리 제한을 설정하는 방법이 추가되었다. 이는 여전히 제한되지 않는 할당(예 너무 큰 HTTP 본문 요청 읽기 거부)에 대해 측면 검사를 자주 구현해야 한다는 것을 의미하지만, 적어도 이러한 오버헤드를 피해야 하는 경우 가비지 컬렉터가 더 신속하게 처리할 수 있다.

하지만 수집 단계는 최종적이다. 즉, 새 할당이 들어오기 전에 일부 메모리 블록을 해제하지 못할 수도 있다. 이때 GOGC 옵션을 자주 실행하지 않도록 설정하면 문제가 증폭되지만, CPU 자원을 최적화하고 컴퓨터에 여분의 RAM이 있다면 트레이드오프의 좋은 예시가 될 수 있다.

또한 극단적인 경우, 가비지 컬렉터가 새로운 할당을 처리하는 데 충분히 빠르지 않으면 메모리 누수가 발생할 수도 있다.[109]

이렇듯 가비지 컬렉터는 프로그램 효율에 의도치 않게 부정적인 영향을 미칠 수 있다. 앞으로

---

108 「Go를 더 빠르게 사용하는 법: 메모리 할당량 감소를 통한 성능 최적화」, *https://oreil.ly/cDw6c*
109 「Go에서 큰 힙이 초래할 수 있는 추가적인 위험」, *https://oreil.ly/4giW6*

는 언제 그러한 영향을 받는지 알아차릴 수 있게 되기를 바란다. 9장에서도 관찰 가능성 툴을 사용하여 가비지 컬렉터의 병목 현상을 확인할 수 있으니 참고해보자.

> **TIP** **대부분의 메모리 효율성 문제 해결책**
>
> 가비지 생성을 줄이자. Go에서 메모리를 과도하게 할당하기 쉽다. 그래서 가비지 컬렉터의 병목 현상이나 기타 메모리 효율성 문제를 해결하는 가장 좋은 방법은 할당량을 줄이는 것이다. 이러한 효율성 문제에 도움이 되는 다양한 최적화 과정을 거치는 11.2절에서 자세히 소개한다.

5.6 마치며

드디어 5장을 마친다. 메모리 자원에 관한 내용은 설명하기도 어렵고, 마스터하기도 힘들다. 이 말인즉슨 Go 프로그램 할당의 크기나 횟수를 줄일 기회가 많은 영역일 수 있다는 이야기다.

우선 5장에서는 메모리에 비트를 할당해야 하는 코드와 DRAM 칩에 도달하는 비트 사이의 긴 다층 경로를 설명했다. 운영체제 수준에서 일어나는 많은 메모리 트레이드오프, 동작 및 결과도 소개했다. 마지막으로, Go가 이러한 메커니즘을 어떻게 사용하는지 그리고 Go의 메모리 할당이 그렇게 투명한 이유는 무엇인지 알아보았다.

예를 들어 [예제 4-1]에서 입력 파일의 크기가 3MB라면 모든 작업마다 힙에서 30.5MB를 사용하는 근본 원인을 알 수 있다. 이제 6.3.3절에서는 [예제 4-1]에서 입력 파일 크기의 일부만 메모리에 사용하면서 레이턴시도 개선할 수 있는 알고리즘과 코드 개선안을 제시한다.

이 영역은 끊임없이 변화하고 진화한다. Go 컴파일러, Go 가비지 컬렉터, Go 할당자는 사용자의 요구에 맞춰 지속적으로 개선, 변경, 확장하고 있다. 그러나 대부분의 새로운 변경 사항은 현재 Go에 있는 기능의 반복에 불과할 것이다.

다음 6장, 7장은 이 책에서 가장 중요한 부분이라고 생각한다. 지금까지 메트릭, 벤치마킹 및 프로파일링과 같은 주요 개념을 설명하는 데 사용한 도구들을 이미 자주 언급했다. 이제 이들을 자세히 알아볼 차례다.

CHAPTER 6

효율성 관찰 가능성

3.6절에서 TFBO(테스트, 수정, 벤치마크, 최적화) 절차에 따라 최소한의 노력으로 필요한 효율성 결과를 검증하고 달성하는 방법을 함께 알아봤다. 그런데 효율성 단계 중에서도 관찰 가능성은 핵심 역할을 하는 요소 중 하나다. 특히 7장과 9장에서 관찰 가능성을 많이 언급할 것이다. [그림 6-1]에서 효율성 단계를 볼 수 있으며, 6장에서는 이 중 관찰 가능성에 집중할 예정이다.

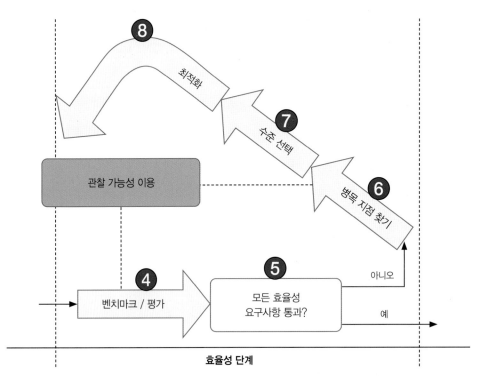

그림 6-1 양질의 관찰 가능성이 요구되는 부분에 초점을 맞추어 [그림 3-5]에서 발췌

6장에서는 병목 지점 파악 및 벤치마크, 평가에서 필요한 관찰 가능성 및 모니터링 도구에 대해 설명한다. 먼저, 관찰 가능성이 무엇이며 이를 통해 어떤 문제를 해결할 수 있는지 알아본다. 그다음 일반적으로 로그, 트레이스, 메트릭, 최근에는 프로파일로 구분되는 다양한 관찰 가능성 신호를 설명한다. 그리고 6.2절에서 로그, 트레이스, 메트릭에 관해 자세히 언급한다. 여기에서 레이턴시를 측정하려는 효율성 정보의 예로 들 수 있다(프로파일링은 9장에서 설명). 마지막으로 6.3절에서 프로그램 효율성과 관련한 특정 의미 체계와 메트릭 원천을 살펴볼 것이다.

따라서 이제 소프트웨어의 효율성을 측정하는 방법에 대해 알아본다. 업계에서 말하는 관찰 가능성이라는 개념을 통해 소프트웨어 효율성을 측정하는 가장 쉬운 방법을 살펴볼 것이다.

6.1 관찰 가능성

소프트웨어 효율성을 제어하려면 먼저 Go 애플리케이션의 레이턴시와 리소스 사용을 측정할 수 있는 구조화되고 안정적인 방법을 찾아야 한다. 가능한 한 정확하게 레이턴시와 리소스 사용량을 측정하고 이 수치를 이해하기 쉽게 보여줄 수 있어야 한다. 종종 이러한 수치를 측정하는 데 '메트릭 신호'를 사용하는데, 이는 관찰 가능성observability이라는 필수 소프트웨어(또는 시스템) 특성의 한 축을 이룬다.

> **NOTE_ 관찰 가능성**
>
> 클라우드 컴퓨팅 인프라 세계에서는 애플리케이션의 관찰 가능성에 관한 논의가 이어지고 있다. 하지만 관찰 가능성은 너무 과장된 단어다.[3] 간단히 말해 외부 신호에서 시스템 상태를 추론하는 능력이라고 보면 된다.

---

1 옮긴이 주_피터 드러커는 현대 경영학의 아버지로 불리는 경영학자다.

2 「마이클 플랜트(Michael Plant) 박사 인터뷰」, *https://oreil.ly/eKiIR*

3 어떤 사람은 이 책에서 왜 관찰 가능성이라는 단어를 고수하고 모니터링은 언급하지 않는지 의문을 품을 수 있다. Go 개발자인 비에른 라벤스타인(Björn Rabestein)이 "모니터링과 관찰 가능성의 차이가 마케팅 관점에서 결정되는 경향이 있다"라는 의견을 내놓았는데, 이에 동의하기 때문이다(*https://oreil.ly/9ado0*). 이론적으로 모니터링은 알려진 미지에 답하는 것을 의미하며 관찰 가능성은 미지의 문제(미래에 생길 수 있는 질문)에 관해 학습하고 답변을 내리려는 시도를 말한다. 따라서 필자는 모니터링이 관찰 가능성의 하위 집합에 속한다고 본다. 이 책은 실용주의를 기반으로 한다. 즉 이론적 개념을 사용하지 않고 관찰 가능성을 실질적으로 활용할 수 있는 방법에 초점을 맞춘다.

최근 업계에서는 일반적으로 해당 외부 신호들을 메트릭, 로그, 트레이스, 프로파일링의 네 가지 타입으로 분류한다.[4]

관찰 가능성은 소프트웨어를 개발하고 운영하는 동안 많은 상황에서 도움을 줄 수 있기 때문에 무게감 있는 주제가 됐다. 관찰 가능성 패턴을 통해 프로그램의 장애 또는 예기치 않은 동작을 디버깅하고, 사고의 원인을 찾고, 상태를 모니터링하고, 예기치 않은 상황에 주의하며, 대금을 청구하고, 서비스 수준 지표SLIs, service level indicators[5]를 측정하고 분석할 수 있다. 물론 여기서는 소프트웨어 효율성이 요구 사항과 일치하는지 확인하는 데 도움이 되는 관찰 가능성의 일부에만 초점을 맞출 것이다(3.3.1절에서 언급한 RAER 참고). 그렇다면 관찰 가능성 신호란 무엇일까?

- **메트릭**은 데이터의 수치적인 표현으로, 일정 시간 간격으로 측정된 정보를 나타낸다. 메트릭은 수학적 모델링과 예측을 통해 시스템의 현재와 미래 동작에 대한 지식을 도출할 수 있다.

- **이벤트 로그**는 시간이 흐름에 따라 발생한 개별 이벤트에 대한 불변의 타임스탬프 기록이다. 이벤트 로그는 일반적으로 세 가지 형태인데, 기본적으로 타임스탬프와 일부 컨텍스트의 페이로드를 포함한 형태는 동일하다.

- **트레이스**는 인과적으로 서로 관련된 연속 분산 이벤트들을 나타낸다. 이 연속 분산 이벤트는 분산 시스템을 따라 흐르는 엔드 투 엔드 요청의 흐름을 보여준다. 트레이스는 로그를 표현하는 개념이기도 해서, 트레이스의 자료 구조는 이벤트 로그의 자료 구조와 매우 유사하다. 단일 트레이스는 요청이 지나간 경로와 요청의 구조를 시각적으로 표현한다.

　　　　　　　　　　　　 - 신디 스리다란Cindy Sridharan, 『Distributed Systems Observability』(O'Reilly, 2018)[6]

일반적으로 이런 신호들은 최적화 목적을 위해 Go 애플리케이션의 레이턴시와 리소스 소비를 관찰하는 데 사용할 수 있다. 예를 들어 특정 작업의 레이턴시를 측정하여 메트릭으로 표시할 수 있다. 또한 로그 라인 또는 트레이스 주석(**예** baggage 패키지[7] 항목)으로 인코딩된 값을 전송할 수도 있다. 나아가 작업 시작 시점과 완료 시점의 두 로그 라인의 타임스탬프 차이를 계산하여 레이턴시를 계산할 수 있으며, 설계에 따라 스팬span(수행된 개별 작업 단위를 뜻한다)

---

4 네 번째 신호인 프로파일링은 최근 들어 관찰 가능한 신호로 간주되기 시작했다. 업계가 프로파일링 수집의 가치와 필요성을 지속적으로 인식하고 있기 때문이다.

5 「서비스 수준 관련 용어」, *https://oreil.ly/hsdXJ*

6 『Distributed Systems Observability』(O'Reilly, 2018), *https://oreil.ly/YrSIE*

7 「깃허브, open-telemetry/opentelemetry-specification」, *https://oreil.ly/V5sQ6*

의 레이턴시를 추적하는 트레이스 스팬을 사용할 수도 있다.

그러나 메트릭별 도구, 로그, 트레이스, 프로파일을 통해 어떤 정보를 제공받든지, 결국에는 그것들이 의미 있는 지표로 표현되어야 한다. 다시 말해 시간의 흐름에 따라 정보를 수집하고 제거할 수 있어야 하며 최댓값, 최솟값, 평균을 찾을 수 있도록 정보를 하나의 지표(수치)로 표현해야 한다. 이렇게 시각화하고 분석하기 위해서는 정보가 필요하다. 그리고 이 정보는 도구가 경고를 울려서 적절한 조치를 취할 수 있도록 하거나, 자동화를 위한 추가적인 용도로 활용되며, 다른 메트릭과 비교할 수 있게 해준다. 주로 메트릭 집계(애플리케이션의 테일 레이턴시[8], 시간 경과에 따른 최대 메모리 사용량 등)로 효율성에 관한 논의를 하는 이유다.

즉 최적화는 측정에서 시작하기 때문에 다양한 리소스의 사용량을 파악하기 위한 메트릭과 도구가 많이 등장했다. 관찰 또는 측정 프로세스는 항상 계측에서 출발한다.

> **NOTE_ 계측**
>
> 계측Instrumentation은 관찰 가능성 신호를 노출해주는 코드를 짤 때 사용하는 도구를 추가하거나 활성화하는 프로세스다.

계측은 다음처럼 다양한 형태로 나눌 수 있다.

수동 계측

관찰 가능성 신호를 생성하는 Go 모듈을 가져오기 위한 명령문들을 코드에 추가할 수 있다(**예** 메트릭용 프로메테우스 클라이언트[9], Go-kit logger[10] 또는 트레이싱[11] 라이브러리). 그리고 이들을 작업에 연결한다. 물론 이 과정에서 Go 코드를 수정해야 하지만, 결과적으로는 더 많은 맥락에서 더 개인화된 풍부한 신호로 이어질 수 있다. 일반적으로 프로그램 기능에 맞춘 정보를 수집할 수 있기 때문에 열린 상자open box[12] 정보로 표현된다.

---

8 옮긴이 주_레이턴시를 분포로 나타냈을 때 극단 근처에 있는 값을 의미한다. 100건의 요청이 있다고 할 때 가장 느리게 응답한 1건의 레이턴시를 99분위 기준 테일 레이턴시로 측정할 수 있다.

9 「깃허브, prometheus/client_golang」, *https://oreil.ly/AoWkJ*

10 「깃허브, go-kit/log」, *https://oreil.ly/adTO3*

11 「깃허브, bwplotka/tracing-go」, *https://oreil.ly/o7uYH*

12 「블랙박스 모니터링으로 알려진 아티스트, 클로즈드 박스 모니터링」, *https://oreil.ly/qMjUP*

자동 계측

때때로 계측은 외부 효과를 관찰하여 유용한 정보를 도출하는 도구를 설치하거나 구성하는 작업을 의미하기도 한다. 예를 들어 서비스 메시^{service mesh}[13]는 HTTP 요청 및 응답을 모니터링하고 관찰 가능성을 수집하거나 운영체제에 도구를 연결하여 cgroups[14] 또는 eBPF[15]를 통해 정보를 수집한다.[16] 자동 계측은 코드 변경이나 재구성이 필요하지 않으며, 일반적으로 닫힌 상자^{closed box}[17] 정보를 나타낸다.

다음처럼 세분화된 정보를 기준으로 계측을 분류하는 방법도 유용하다.

원시 이벤트 캡처

이 범주의 계측은 프로세스의 각 이벤트에 대한 별도의 정보를 제공한다. 예를 들어 프로세스에서 제공하는 모든 HTTP 요청의 에러 정보와 그 수를 알고 싶다고 가정하자. 그러면 각 요청에 대한 별도의 정보(**예** 로그 라인)를 제공하는 계측기를 사용할 수 있다. 또한 해당 정보에는 맥락에 관한 메타데이터가 포함되는데 이 메타데이터는 상태 코드, 사용자 IP, 타임스탬프 그리고 계측이 발생한 프로세스 및 코드 명령문(대상 메타데이터) 등을 포함한다.

관찰 가능성을 처리하는 백엔드에 이러한 원시 데이터가 수집되면 해당 데이터는 맥락적으로 매우 풍부해지며, 이론적으로는 모든 애드혹 분석[18]을 가능하게 만든다. 예를 들어 모든 이벤트를 스캔해서 평균 에러 수 또는 백분위수 분포를 찾을 수 있다(6.3.1절 참고). 그리고 단일 이벤트를 나타내는 모든 개별 에러를 탐색해서 자세히 검사할 수도 있다. 그러나 이러한 종류의 데이터는 일반적으로 사용, 수집, 저장하는 데 비용이 가장 많이 든다. 또한 한두 개의 개별 이벤트를 놓칠 가능성이 커지기 때문에 부정확도으로 인한 위험을 감수해야 한다. 극단적인 경우에는 원하는 정보를 얻기 위해 빅데이터 및 데이터 마이닝 탐색을 위한 복잡한 기술과 자동화가 필요하다.

---

13 옮긴이 주_서비스 메시는 앱에 내장된 전용 인프라 계층을 통해 애플리케이션의 다른 부분이 서로 데이터를 공유하는 방식을 제어하는 방법이다.

14 「cgroups(7) — Linux manual page」, *https://oreil.ly/aCe6S*

15 「eBPF 페이지」, *https://oreil.ly/QjxV9*

16 최근에는 eBPF 프로브를 통해 정보를 수집하고 인기 있는 기능이나 라이브러리를 검색하는 저장소(*https://oreil.ly/sPlPe*)를 제공한다.

17 「블랙박스 모니터링으로 알려진 아티스트, 클로즈드 박스 모니터링」, *https://oreil.ly/qMjUP*

18 옮긴이 주_애드혹 분석은 일반화되지 않은 문제에 대해 특정한 목적을 지니고 수행하는 분석을 의미한다.

집계 정보 캡처

원시 이벤트 대신에 사전 집계된 데이터도 캡처할 수 있다. 해당 계측을 통해 전달되는 모든 정보는 이벤트 그룹에 대한 특정 정보를 나타낸다. HTTP 서버 예제에서는 성공 또는 실패한 요청을 카운트하고 주기적으로 해당 정보를 전달할 수 있다. 나아가 이 정보를 전달하기도 전에 코드 내에서 에러 비율을 미리 계산할 수도 있다. 다만 이러한 종류의 정보에는 메타데이터가 필요하며, 이를 통해 요약, 추가 집계, 비교 및 분석이 가능하다는 점을 고려해야 한다.

사전 집계 계측은 Go 프로세스 또는 자동 계측 도구가 더 많은 작업을 수행하도록 만들지만, 도출된 결과는 일반적으로 사용하기가 더 쉽다. 또한 데이터의 양이 적기 때문에 계측, 신호 전달 및 백엔드의 복잡성이 낮아 신뢰성이 향상되고 비용이 크게 절감된다. 그러나 여기에도 트레이드오프가 있다. 바로 일부 정보를 잃게 된다는 사실이다(이러한 현상을 카디널리티^{cardinality}라고 부른다). 사전에 어떤 정보를 미리 구축할지에 대한 결정은 사전에 이루어지며 계측기에 코딩된다. 갑자기 대답해야 할 다른 질문들(**예** 개별 사용자가 프로세스에 얼마나 많은 에러를 범했는지)이 생기는데, 사전 집계를 수행하지 않도록 계측기가 설정되어 있다면 변경이 필요하며, 여기에는 시간과 자원이 든다. 반면 미리 무엇을 요구할지 대략 알고 있다면, 집계된 타입의 정보는 성공적인 접근 수단이 되어 실용적인 접근 방식으로서 가치를 지닐 수 있다.[19]

마지막으로 우리는 우리의 관찰 가능성 흐름을 푸시^{Push}와 풀^{Pull} 수집 모델로 설계할 수 있다.

푸시 | Push

애플리케이션 프로세스가 원격 중앙 집중식 관찰 시스템으로 신호를 푸시하는 시스템.

풀 | Pull

중앙 집중식 원격 프로세스가 프로그램(여러분의 Go 프로그램을 포함한)에서 관찰 가능성 신호를 수집하는 시스템.

---

19 가능한 최적화와 효율성에 관한 유용한 프로세스를 확립하기 위해 노력하고 있다. 이 프로세스는 설계상 이미 많이 알려진 표준적인 질문을 제시한다. 또한 수집된 정보는 책에서 다루기 충분하다.

앞서 세 가지 범주를 알아보았으니, 이제 관찰 가능성 신호를 더 자세히 살펴보겠다. 효율성 최적화를 위한 관찰 가능성 정보를 측정하고 제공하려면 로깅, 트레이싱, 메트릭이라는 세 가지 일반적인 관찰 가능성 신호를 계측하는 방법을 하나씩 구체적으로 들여다봐야 한다. 6.2절에서는 레이턴시 측정이라는 실질적인 목표를 염두에 두고 해당 작업을 수행해 보도록 한다.

6.2 예시 레이턴시 계측

이제 다룰 세 가지 신호는 모두 앞서 설명한 세 가지 범주 중 하나에 적합한 관찰 가능성을 구축하는 데 사용할 수 있다. 각 신호는 다음을 수행한다.

- 수동 또는 자동으로 계측 가능
- 집계된 정보나 원시 이벤트 제공
- 프로세스에서 푸시(업로드) 또는 풀(수집, 추적 또는 스크랩)

그러나 각 신호(로깅, 트레이싱 또는 메트릭)는 이러한 작업에 더 적합할 수도 있고 적합하지 않을 수도 있다. 6.2절에서 해당 적합성을 논한다.

관찰 가능성 신호를 적용하고 트레이드오프를 고려할 때 실제 목표에 집중하는 것이 가장 중요하다. 코드에서 특정 작업의 레이턴시를 측정한다고 가정해보자. 서두에서 언급했듯이 레이턴시 측정을 시작해서 이를 평가하고 최적화를 반복하는 동안, 코드에 더 많은 최적화가 필요한지 여부를 결정해야 한다. 이제 레이턴시 측정 결과를 얻을 수 있는 방법을 소개할 것이다. 관찰 가능성 신호를 사용해서 해당 작업을 수행하고 이를 통해 정보가 어떻게 표시되는지, 계측기는 얼마나 복잡한지 등의 세부 정보를 통해 어떤 선택을 해야 할지 판단할 수 있게 될 것이다.

6.2.1 로깅

로깅은 계측기를 이해하는 가장 명확한 신호일 수 있다. 이제 레이턴시 측정을 수행하기 위해 로깅으로 분류할 수 있는 가장 기본적인 계측기에 대해 살펴본다. Go 코드에서 단일 작업에 대한 기본 레이턴시를 측정하는 작업은 표준 time 패키지[20] 덕분에 간단하다. 수동으로 하든, 표준 라이브러리를 사용하든, 서드파티 라이브러리를 사용하여 레이턴시를 얻든, Go로 작성된 경우에는 time 패키지를 통해 [예제 6-1]에 제시된 패턴을 사용한다.

예제 6-1 Go에서의 단일 작업의 수동 및 단순 레이턴시 측정

```
import (
    "fmt"
    "time"
)

func ExampleLatencySimplest() {
    for i := 0; i < xTimes; i++ {
        start := time.Now()                             ❶
        err := doOperation()
        elapsed := time.Since(start)                    ❷

        fmt.Printf("%v ns\n", elapsed.Nanoseconds())    ❸
// ...
    }
}
```

---

❶ time.Now()는 운영체제 시계에서 현재 벽시계 시간[wall time][21]을 time.Time 형태로 캡처한다. xTime은 원하는 수행 횟수를 지정하는 예제 변수다.

---

20 「Go 문서, time」, *https://oreil.ly/t9FDr*
21 옮긴이 주_벽시계 시간은 현실 세계의 실제 시간을 의미한다.

❷ cooperation 함수가 끝나면 time.Since(start)를 사용하여 시작 시간과 현재 시간 사이의 시간을 캡처할 수 있다.

❸ 도구를 활용하여 메트릭 샘플을 전달할 수 있다. 예를 들어 elapsed.Nanoseconds()를 사용해서 표준 출력에 대한 지속 시간을 나노초 단위로 출력할 수 있다.

[예제 6-1]은 가장 단순한 형태의 계측 및 관찰 가능성을 보여준다. 해당 패턴을 보면, 레이턴시를 측정하고 그 결과를 표준 출력으로 제공하는 것을 알 수 있다. 그리고 모든 작업이 새로운 라인을 출력한다는 점을 고려할 때, [예제 6-1]은 원시 이벤트 정보의 수동 계측 방식이라고 볼 수 있다.

하지만 이는 조금 게으른 접근이다. 7.3절에서 자세히 설명하겠지만, 무엇이든 1회만 측정하면 오해의 소지가 생긴다. 그래서 더 많이 캡처해야 하는데, 사실 통계적인 목적을 위해서는 수백에서 수천 회가 이상적이다. 하나의 프로세스가 있고, 테스트하거나 벤치마크하려는 기능이 하나뿐인 경우에는 [예제 6-1]이 사후에 분석할 수 있는 수백 개의 결과를 출력한다. 그러나 분석을 간소화하기 위해 일부 결과를 사전 집계할 수도 있다. 원시 이벤트를 로깅하는 대신 수학적 평균 함수를 사용하여 사전 집계하고 출력할 수 있다. [예제 6-2]는 [예제 6-1]의 수정 버전으로, 이벤트를 소비하기 쉬운 결과로 집계하는 방법을 보여준다.

예제 6-2 Go에서 작업의 평균 레이턴시를 기록하기 위한 Go 계측

```go
func ExampleLatencyAggregated() {
    var count, sum int64
    for i := 0; i < xTimes; i++ {
        start := time.Now()
        err := doOperation()
        elapsed := time.Since(start)

        sum += elapsed.Nanoseconds()                    ❶
        count++

        // ...
    }
    fmt.Printf("%v ns/op\n", sum/count)                 ❷
}
```

❶ 원시 레이턴시를 출력하는 대신 합계와 실행 횟수를 수집할 수 있다.

❷ 앞서 언급한 두 가지 정보를 사용하여 정확한 평균을 계산하고, 고유 레이턴시 대신 이벤트 그룹에 대한 평균을 표시할 수 있다. 예를 들어 필자의 컴퓨터에서 실행하니 188324467 ns/op 문자열이 나왔다.

원시 이벤트에 대한 레이턴시 보여주기를 중단한다는 점을 감안할 때 [예제 6-2]는 수동으로 집계된 정보 관찰 가능성을 나타낸다. 이 방법을 사용하면 로깅 출력을 분석하는 복잡하고 시간이 많이 소요되는 도구 없이 필요한 정보를 빠르게 얻을 수 있다.

다음 예제는 Go 벤치마킹 도구가 평균 레이턴시를 계산하는 방법이다. _test.go 접미사가 있는 파일에서 [예제 6-3]의 스니펫을 사용하여 [예제 6-2]와 정확히 동일한 논리를 얻을 수 있다.

예제 6-3 작업당 평균 레이턴시를 계산하는 가장 단순한 Go 벤치마크

```
func BenchmarkExampleLatency(b *testing.B) {
    for i := 0; i < b.N; i++ {                                    ❶
        _ = doOperation()
    }
}
```

❶ N 변수가 있는 for 루프는 벤치마킹 프레임워크에서 필수적이다. Go 프레임워크는 구성된 실행 횟수 또는 테스트 기간을 충족하기에 충분한 테스트를 수행해보기 위해 다양한 N 값을 시도할 수 있다. 예를 들어 Go 벤치마크는 기본적으로 1초에 맞게 실행되는데, 이는 의미 있는 출력 신뢰성을 갖추기에 너무 짧은 경우가 많다.

go test(8.1.1절 참고)를 사용하여 [예제 6-3]을 실행하면 특정 결과를 출력할 것이다. 결과에서 보이는 정보의 일부분은 실행 횟수와 작업당 평균 나노초가 포함된 결과 라인이다. 필자의 컴퓨터에서 실행한 결과 197999371 ns/op의 레이턴시 출력이 나왔으며, 이는 [예제 6-2]의 결과와 거의 일치한다. 즉 Go 벤치마크는 레이턴시와 같은 로깅 신호를 사용하여 집계된 정보가 포함된 자동 계측이라고 볼 수 있다.

전체 작업에서 레이턴시를 수집하는 것 외에도 이렇게 측정을 세분화해서 풍부한 통찰력을 얻을 수 있다. 예를 들어 단일 작업 내에서 몇 가지 하위 작업의 레이턴시를 캡처할 수 있다. 마지

막으로 복잡한 배포의 경우, 8.3절에서 설명하겠지만, Go 프로그램이 분산 시스템의 일부일 경우에는 잠재적으로 측정해야 할 프로세스가 많다. 이러한 경우에는 보다 정교한 로깅을 사용해야 한다. 이는 단순히 파일로 출력하는 것뿐만 아니라 다른 방법으로도 더 많은 메타데이터와 로깅 신호를 전달하는 방법을 제공해준다.

로깅 신호에 첨부해야 하는 정보의 양은 Go(및 다른 프로그래밍 언어)에서 로거^{logger}라고 불리는 패턴을 생성한다. 로거는 로그를 가장 쉽고 읽기 쉬운 방법으로 사용하여 Go 애플리케이션을 수동으로 계측할 수 있는 구조다. 로거는 다음과 같은 복잡성을 감춰준다.

- 로그 라인 형식 지정

- 로깅 수준(예 디버그, 경고, 에러 등)에 따른 로깅 여부 결정

- 로그 라인을 출력 파일과 같은 구성된 위치로 전달(원격 백엔드에 보다 복잡한 푸시 기반 로깅 전송을 할 수 있으며, 이는 백오프 재시도, 인증, 서비스 디스커버리 등을 지원해야 한다)

- 컨텍스트 기반 메타데이터 및 타임스탬프 추가

Go 표준 라이브러리에는 로깅을 포함한 유용한 유틸리티가 풍부하게 들어 있다. 예를 들어 로그 패키지[22]에는 단순 로거가 포함되어 있다. 이는 다수 애플리케이션에서 잘 작동하겠지만, 사용할 때 마주할 수 있는 함정 때문에 문제가 생길 수 있다.[23]

> **CAUTION** Go 표준 라이브러리 로거를 사용할 때 주의하자.
>
> 로그 패키지의 표준 Go 로거를 사용하려면 다음 사항들을 기억해야 한다.
>
> - 전역 `log.Default()` 로거, 즉 `log.Print` 함수 등을 사용하지 않아야 한다. 이는 언젠가 독이 될 수 있다.
>
> - 특히 라이브러리를 작성할 때 함수나 구조체에서 `*log.Logger`를 저장하거나 사용하지 말아야 한다.[24] 저장하거나 사용하는 경우 사용자는 자신의 로깅 라이브러리 대신 매우 제한된 로거를 사용해야 한다. 대신 사용자 지정 인터페이스(예 go-kit logger[25])를 사용하면 사용자가 코드에서 사용하는 것에 맞게 로거를 조정할 수 있다.

----

22 「Go 문서, log」, *https://oreil.ly/JEUjT*
23 Go의 호환성을 감안할 때, 커뮤니티가 개선에 동의하더라도 Go 2.0까지는 바꿀 수 없는 부분이다.
24 다른 사용자가 임포트하여 사용할, 실행 불가능한 모듈 또는 패키지를 의미한다.
25 「깃허브, go-kit/log 중 타입 로거 인터페이스」, *https://oreil.ly/tCs2g*

함정에 빠지지 않기 위해 자주 쓰이는 서드파티 로거인 go-kit[26]를 사용하기로 결정했다.[27] go-kit 로거가 지닌 또 하나의 장점은 일부 로그 구조를 쉽게 유지 관리할 수 있다는 것이다. OpenSearch[28] 또는 Loki[29]와 같은 로깅 백엔드를 사용해서 자동 로그 분석을 할 때는, 신뢰할 수 있는 파서를 갖추기 위해 구조 로직이 필수적이다. 이제 [예제 6-4]에서 레이턴시를 측정하기 위한 로거 사용 방법을 살펴보겠다. [예제 6-4]에 대한 출력은 [예제 6-5]에서 보여준다. 우리는 go-kit 모듈[30]을 사용하지만 다른 라이브러리도 유사한 패턴을 따른다.

예제 6-4 go-kit 로거[31]를 사용하여 로깅을 통해 레이턴시 캡처

```
import (
    "fmt"
    "time"

    "github.com/go-kit/log"
    "github.com/go-kit/log/level"
)

func ExampleLatencyLog() {
    logger := log.With(                                          ❶
        log.NewLogfmtLogger(os.Stderr), "ts", log.DefaultTimestampUTC,
    )

    for i := 0; i < xTimes; i++ {
        now := time.Now()
```

---

26 「깃허브, go-kit/log」, *https://oreil.ly/ziBdb*

27 로깅을 위한 Go 라이브러리는 많다. 사실 go-kit에는 필자가 지금까지 기여한 모든 Go 프로젝트에서 필요한 모든 종류의 로깅을 수행할 수 있는 API가 충분히 많다. 하지만 이것이 go-kit에 결함이 없다는 것을 의미하지는 않는다(❶ 키-값과 같은 논리에 대해 짝수 개의 인수를 입력해야 한다는 사실을 잊기 쉽다). 표준 라이브러리(slog 패키지)(*https://oreil.ly/qnJ6y*)의 구조 로깅에 대해서는 Go 커뮤니티에서 보류하고 있는 제안도 있다. 그러니 다른 라이브러리를 자유롭게 사용하되 해당 API가 단순하고 읽기 쉽고 유용한지, 선택한 라이브러리가 효율성 문제를 일으키지 않는지 확인하자.

28 「OpenSearch 페이지」, *https://oreil.ly/RohpZ*

29 「Loki 페이지」, *https://oreil.ly/Fw9I3*

30 「깃허브, go-kit/log」, *https://oreil.ly/vOafG*

31 「깃허브, go-kit/log」, *https://oreil.ly/9uCWi*

```
        err := doOperation()
        elapsed := time.Since(now)

        level.Info(logger).Log(                                             ❷
            "msg", "finished operation",
            "result", err,
            "elapsed", elapsed.String(),
        )

        // ...
    }
}
```

❶ 로거를 초기화한다. 라이브러리를 사용하면 일반적으로 로그 라인을 파일로 출력(예 표준 출력 또는 에러)하거나 일부 수집 도구(예 Fluentbit[32] 또는 Vector[33])에 직접 푸시할 수 있다. 여기서는 각 로그 라인에 첨부된 타임스탬프와 함께 모든 로그를 표준 에러[34]로 출력하도록 선택한다. 또한 New LogfmtLogger를 사용하여 사람이 이용할 수 있는 방식으로 로그 형식을 선택한다(여전히 공백을 구분 기호로 사용하여 소프트웨어에서 구문 분석할 수 있도록 구조화됨).

❷ [예제 6-1]에서는 단순히 레이턴시를 출력했다. 그런데 여기에 특정 메타데이터를 추가하면 시스템에서 발생하는 프로세스 및 다양한 작업에서 해당 정보를 보다 쉽게 사용할 수 있다. 단, 특정 구조를 유지한다는 점에 유의해야 한다. 키 값을 나타내는 짝수의 인수를 전달하면 로그 라인을 구성할 수 있고, 이는 자동화를 통해 보다 쉽게 적용할 수 있다. 또한 level.Info를 선택하였는데, 이는 에러 수준만 나타내도록 선택하면 해당 로그 라인을 출력하지 않는다는 의미다.

예제 6-5 가독성을 위해 정리된 [예제 6-4]에서 생성된 출력 로그 사례

```
level=info ts=2022-05-02T11:30:46.531839841Z msg="finished operation" \
result="error other" elapsed=83.62459ms                                 ❶
level=info ts=2022-05-02T11:30:46.868633635Z msg="finished operation" \
result="error other" elapsed=336.769413ms
level=info ts=2022-05-02T11:30:47.194901418Z msg="finished operation" \
result="error first" elapsed=326.242636ms
level=info ts=2022-05-02T11:30:47.51101522Z msg="finished operation" \
result=null elapsed=316.088166ms
```

----

32 「Fluentbit 페이지」, *https://oreil.ly/pUcmX*

33 「Vector 페이지」, *https://oreil.ly/S0aqR*

34 프로세스가 표준 출력에 유용한 무언가를 내놓도록 하고, stderr 리눅스 파일에서 별도의 로그를 유지하도록 만드는 일반적인 패턴이다.

```
level=info ts=2022-05-02T11:30:47.803680146Z msg="finished operation" \
result="error first" elapsed=292.639849ms
```

❶ 로그 구조 덕분에 가독성이 뛰어나면서도, 비용이 높고 에러가 발생하기 쉬운 퍼지 구문 분석을 하지 않고 자동화를 하여 msg, elapsed, info의 다양한 필드를 명확하게 구분할 수 있게 됐다.

로거를 사용한 로깅은 레이턴시 정보를 수동으로 전달하는 가장 간단한 방법일 것이다. 추가 분석에서 해당 로그 라인을 읽기 위해 파일을 추적할 수 있다(또는 Go 프로세스가 도커^{Docker}에서 실행 중인 경우 docker logs를 사용하거나, 쿠버네티스에 배포한 경우 kubectl logs를 사용한다). 파일에서 추적하거나 수집기^{collector}에 직접 푸시하여 추가 정보를 자동화하여 추가하도록 설정할 수도 있다. 수집기는 해당 로그 라인을 OpenSearch와 Loki, Elasticsearch[35] 등 오픈 소스 혹은 상용 로깅 백엔드에 푸시하도록 구성할 수 있다. 결론적으로 여러 프로세스의 로그 라인을 한 곳에서 유지하고 검색, 시각화, 분석하거나 추가 자동화를 구축하여 원하는 대로 처리할 수 있다는 이야기다.

그런데 로깅이 과연 우리의 효율성 관찰 가능성에 딱 들어맞는 적합한 신호일까? 이에 대한 대답은 '그렇다'이면서 동시에 '아니오'도 가능하다. 8.1절에서 설명할 마이크로벤치마크에서 로깅은 단순하기 때문에 핵심적인 측정 도구다. 8.3절에서 설명할 매크로벤치마크에서는 관찰 가능성의 원시 이벤트 타입에 주로 로깅을 사용하는 경향이 있다. 다만 이러한 규모에서는 분석과 신뢰도 유지가 매우 복잡하고 비용이 많이 든다. 그럼에도 로깅은 매우 일반적이기 때문에 더 큰 시스템에서도 잘 사용하면 효율성 병목 현상을 찾을 수 있다.

로깅 도구도 지속적으로 발전하고 있다. 예를 들어 Loki의 LogQL[36] 내부의 메트릭 쿼리^{Metric Queries}와 같이 다양한 도구를 통해 로그 라인에서 메트릭을 이끌어낼 수 있다. 그러나 현실적으로 간소화에는 비용이 따른다. 로그를 직접 사용하거나 자동화로 사용하는 경우에는 많은 문제가 발생할 수 있다(⑩ 메트릭 도출 또는 로그에서 발견된 상황에 대한 반응). 실제로 로그는 구조화되지 않은 경우가 많다. [예제 6-4]의 go-kit과 같은 뛰어난 로거를 사용하더라도 로그가 일관되지 않게 구성되어서, 자동화를 위한 구문 분석을 하기가 매우 어렵고 비용도 많이 든다. 예를 들어 (예제 6-5의 레이턴시 측정과 같은) 일관성 없는 단위는 메트릭으로 추출하기

---

35 「Elasticsearch 페이지」, *https://oreil.ly/EUlts*
36 「메트릭 쿼리」, *https://oreil.ly/fdoNm*

가 거의 불가능하며, 유용한 값으로 활용하기 어렵다. Google mtail[37]과 같은 솔루션은 맞춤 구문 분석 언어를 통해 이에 접근하려고 한다. 그러나 여전히 복잡성과 로깅 구조의 지속적인 변화로 인해 해당 신호를 사용하여 코드의 효율성을 측정하는 데 어려움이 따른다.

이제 다음 관찰 가능성 신호인 트레이스가 효율성 목표를 달성하는 데 어떻게 도움이 되는지 알아보겠다.

6.2.2 트레이싱

일관된 구조가 없다는 이슈를 포함해 일부 로깅 문제를 해결하기 위해 트레이싱 신호가 등장했다. 로깅과 달리 트레이싱은 시스템에 대한 정보의 조각이 구조화되었으며, 이러한 구조는 예를 들어 요청-응답 아키텍처와 같이 트랜잭션transaction을 중심으로 구축된다. 즉, 상태 코드, 작업 결과, 작업 레이턴시와 같은 항목이 기본적으로 인코딩되므로 자동화 및 도구에서 더 쉽게 사용할 수 있다. 그러나 이러한 정보를 읽을 수 있는 방식으로 사람에게 노출하려면 추가 메커니즘(예 사용자 인터페이스)이 필요하다.

또한 HTTP와 같은 표준 네트워크 프로토콜과 원활하게 작동하는 컨텍스트 전파 메커니즘 덕분에 작업과 하위 작업 및 교차 프로세스 호출(예 RPC)까지 함께 연결할 수 있다. 여기까지 보았을 때는 효율성을 파악하기 위한 레이턴시 측정에는 트레이싱이 완벽한 선택처럼 느껴진다. 과연 이 느낌이 맞을지 조금 더 살펴보자.

로깅과 마찬가지로 트레이싱도 선택할 수 있는 수동 계측 라이브러리가 많다. Go의 경우 OpenTracing[38] 라이브러리(현재 deprecated되었지만 여전히 사용 가능), OpenTelemetry[39] 등의 오픈 소스 선택지가 있다. 아니면 트레이싱 전용 벤더의 클라이언트를 사용해도 좋다. 아쉽게도 OpenTelemetry 라이브러리의 API는 이 책에서 다루기 너무 복잡하고 계속 바뀌고 있었다. 그래서 필자는 OpenTelemetry 클라이언트 SDK를 최소한의 추적 도구로 캡슐화하는 tracing-go[40]라는 작은 프로젝트를 시작했다. tracing-go는 최소한으로 사용할 트레이싱 기능 집합에 관한 필자의 해석이지만, 컨텍스트 전파 및 스팬 로직의 기본

---

37 「깃허브, google/mtail」, *https://oreil.ly/Q4wAC*

38 「OpenTracing 페이지」, *https://oreil.ly/gJeAV*

39 「깃허브, open-telemetry/opentelemetry-go」, *https://oreil.ly/uxKoW*

40 「깃허브, bwplotka/tracing-go」, *https://oreil.ly/rs6fQ*

은 소개해야 한다. 이제 [예제 6-6]에서 트레이싱을 통해 더미 doOperation 함수 레이턴시(그리고 그 이상)를 측정하는 데 tracing-go를 사용하는 수동 계측을 살펴본다.

예제 6-6 tracing-go를 사용한 작업 및 잠재적 하위 작업의 레이턴시 캡처[41]

```
import (
    "fmt"
    "time"

    "github.com/bwplotka/tracing-go/tracing"
    "github.com/bwplotka/tracing-go/tracing/exporters/otlp"
)

func ExampleLatencyTrace() {
    tracer, cleanFn, err := tracing.NewTracer(otlp.Exporter("<endpoint>"))  ❶
    if err != nil { /* Handle error...*/ }
    defer cleanFn()

    for i := 0; i < xTimes; i++ {
        ctx, span := tracer.StartSpan("doOperation")                         ❷
        err := doOperationWithCtx(ctx)
        span.End(err)                                                        ❸

        // ...
    }
}

func doOperationWithCtx(ctx context.Context) error {
    _, span := tracing.StartSpan(ctx, "first operation")                     ❹
    // ...
    span.End(nil)

    // ...
}
```

❶ 먼저 라이브러리를 초기화한다. 이 예제에서 라이브러리 초기화는 트레이스를 구성하는 스팬을 보낼 Tracer 인스턴스를 만드는 것을 의미한다. 스팬을 일부 수집기로 그리고 트레이싱 백엔드로 푸시한

---

41 「깃허브, bwplotka/tracing-go」, *https://oreil.ly/1027d*

다. 이것이 보낼 주소를 지정해야 하는 이유다. 이번 예시에서는 gRPC OTLP 트레이스 프로토콜[42]
을 지원하는 수집기(🄒 OpenTelemetry 수집기[43]) 엔드포인트에 gRPC host:port 주소를 지정
할 수 있다.

❷ 트레이서를 이용하여 초기 루트 스팬을 만들 수 있다. **루트 스팬**은 전체 트랜잭션을 포괄하는 스팬을
의미한다. 이때 traceID가 생성되어 트레이스의 모든 범위를 식별한다. 스팬은 완료된 개별 작업을
나타낸다. 예를 들어 다른 이름을 추가하거나 로그나 이벤트와 같은 baggage 항목을 추가할 수 있
다. 또한 생성의 일부로 context.Context 인스턴스를 얻는다. doOperation 함수가 계측할 가치
가 있는 하위 작업을 수행하는 경우 Go 기본 컨텍스트 인터페이스를 사용하여 하위 스팬을 만들 수
있다.

❸ 수동 계측에서는 트레이싱 제공자에게 작업이 완료된 시기와 그 결과를 알려야 한다. tracing-go
라이브러리에서는 end.Stop(<error or nil>)을 사용할 수 있다. 스팬을 중지하면, 시작부터 스팬
의 레이턴시와 잠재적 에러를 기록하고 Tracer에서 비동기식으로 보낼 준비가 된 것으로 표시한다.
트레이서 내보내기 구현은 일반적으로 스팬을 바로 보내지 않고 일괄 푸시를 위해 버퍼링한다. 또한
Tracer는 선택한 샘플링 전략에 따라 일부 스팬을 포함하는 트레이스를 엔드포인트로 전송할 수 있
는지 확인한다.

❹ 주입된 스팬 생성자와 컨텍스트가 있으면 여기에 하위 스팬을 추가할 수 있다. 하나의 작업을 수행하
는 데 관련된 여러 부분과 시퀀스를 디버깅하려는 경우에 유용하다.

트레이싱의 가장 중요한 부분 중 하나는 컨텍스트 전파다. 이를 통해 분산 트레이싱과 비분
산 신호를 구별한다. 이번 예제에는 반영하지 않았지만, 다른 마이크로 서비스에 대한 네트
워크 호출을 만든다고 가정하자. 분산 추적을 사용하면 traceID와 같은 다양한 트레이스 정
보를 전달하거나, 전파 API를 통한 샘플링(🄒 HTTP 헤더를 사용하는 특정 인코딩)을 가
능하게 한다. 자세한 내용을 알고 싶다면 컨텍스트 전파 관련 블로그 게시물 「주요 요소
들: OpenTelemetry 컨텍스트 전파」[44]를 참고하길 권한다. 또 Go에서 작동하려면 Open
Telemetry HTTP 전송[45]과 같은 전파 지원 기능이 있는 특수 미들웨어나 HTTP 클라이언트
를 추가해야 한다.

---

42 「깃허브, open-telemetry/opentelemetry-specification」, *https://oreil.ly/4IaBd*

43 「OpenTelemetry 문서, 수집기」, *https://oreil.ly/z0Pjt*

44 「주요 요소들: OpenTelemetry 컨텍스트 전파」, *https://oreil.ly/Qz6lF*

45 「깃허브, open-telemetry/opentelemetry-go-contrib 중 관련 부분」, *https://oreil.ly/Rvq6i*

원시 트레이스와 스팬은 복잡한 구조로 인해 사람이 읽을 수 없다. 많은 프로젝트와 벤더가 트레이싱을 효과적으로 사용할 수 있는 솔루션을 제공하여 사용자를 돕는 이유다. 여기에는 Grafana UI의 Grafana Tempo[46]와 Jaeger[47]와 같은 오픈 소스 솔루션이 포함된다. 해당 솔루션들은 사용자들이 트레이스를 잘 관찰할 수 있도록, 사용하기 좋은 UI와 트레이스 수집기를 제공한다. 이제 [예제 6-6]의 스팬이 후자의 프로젝트에서 어떻게 보이는지 살펴보자. [그림 6-2]는 멀티트레이스 검색 보기창이고, [그림 6-3]은 개별 doOperation 트레이스가 어떻게 보이는지 보여준다.

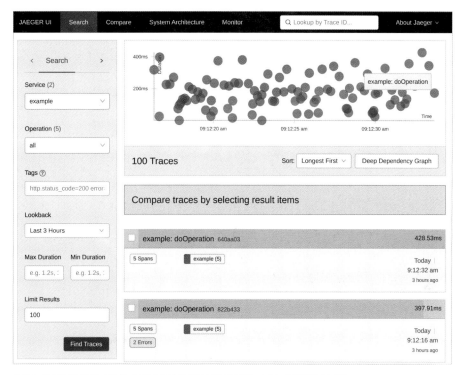

그림 6-2 레이턴시 결과와 함께 100개의 트레이스로 표시되는 100개의 작업 보기창

---

46 「Grafana Tempo에 관하여」, *https://oreil.ly/CQ1Aq*
47 「Jaeger 페이지」, *https://oreil.ly/enkG9*

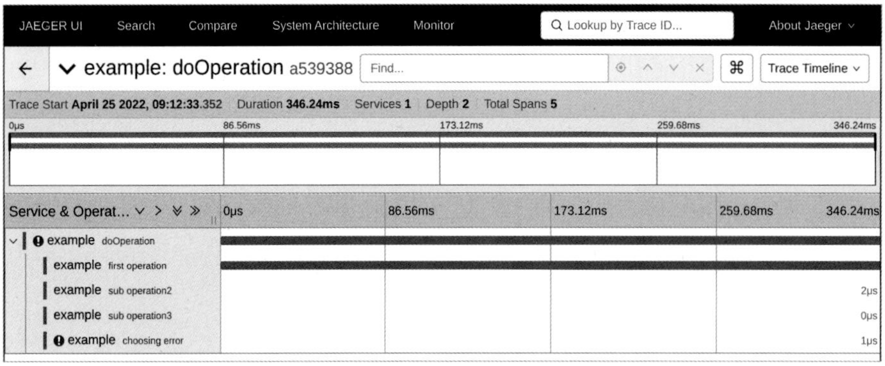

그림 6-3 하나의 트레이스를 클릭하여 모든 스팬 및 관련 데이터 검사

각자 사용하는 도구와 UI가 다를 수 있지만, 이번 절에서 설명하는 내용은 일반적으로 적용할 수 있는 내용이다. [그림 6-2]의 보기창을 사용하면 타임스탬프, 기간, 관련된 서비스 등을 기반으로 트레이스를 검색할 수 있다. 그림 속 화면에서는 100개의 작업과 검색 결과가 일치한 것으로 보인다. 또한 레이턴시를 설명해주는, 직관적인 대화형 그래프가 배치되어 원하는 작업을 손쉽게 탐색할 수 있다. 작업을 나타내는 원을 클릭하면 [그림 6-3]의 보기창이 나타난다. 여기서 이 작업에 대한 스팬 분포를 볼 수 있다. 작업이 여러 프로세스에 걸쳐 있고 네트워크 컨텍스트 전파를 사용한 경우, 연결된 모든 범위가 나열된다. 예를 들어 [그림 6-3]에서 첫 번째 작업이 대부분의 레이턴시를 만들었고, 마지막 작업에서 에러가 발생했음을 바로 알 수 있다.

트레이싱은 시스템 상호 작용 학습, 디버깅, 근본적인 효율성 병목 현상 발견을 위한 훌륭한 도구가 될 수 있을 정도로 장점이 많다. 또 시스템 레이턴시 측정의 임시 검증(**예** 레이턴시를 평가하기 위한 TFBO 절차에서)에 사용할 수도 있다. 하지만 효율성이나 기타 요구 사항을 위해 트레이싱을 실제로 사용하려고 할 때, 꼭 알아야 할 단점이 있다. 다음을 읽어보자.

가독성과 유지보수성

트레이싱의 장점은 엄청난 양의 유용한 컨텍스트를 코드에 넣을 수 있다는 것이다. 극단적인 경우에는 모든 트레이싱과 내보낸 스팬를 확인하는 것만으로도 전체 프로그램 또는 시스템을 다시 작성할 수 있다. 하지만 문제가 있다. 이 모든 수동 계측에는 코드 라인이 필요하다. 기존 코드에 더 많은 코드 라인이 연결되면 코드가 복잡해지고 가독성이 떨어진다. 또한 지속적으로 변경되는 코드로 계측이 업데이트된 상태를 유지하도록 해야 한다.

실제로 트레이싱 업계는 자동 계측을 선호하는 경향이 있다. 이론상 이러한 계측을 자동으로 추가 및 유지하거나 숨길 수 있다. Envoy와 같은 프록시(특히 서비스 메시 기술 포함)는 프로세스 간 HTTP 호출 기록을 추적하기 위한 성공적인(그러나 더 단순한) 자동 계측 도구의 좋은 예다. 그러나 불행하게도 더 복잡한 자동 계측은 그리 쉽지 않다. 주요 문제는 자동화가 공통 데이터베이스 또는 라이브러리 작업, HTTP 요청 또는 시스템 호출(⑩ 리눅스의 eBPF 프로브를 통해)과 같은 일부 일반 경로에 연결되어야 한다는 것이다. 또한 이러한 도구는 애플리케이션에서 더 캡처하려는 항목(⑩ 특정 코드 변수의 클라이언트 ID)을 이해하기 어려운 경우가 많다. 게다가 eBPF와 같은 도구는 매우 불안정하고 커널 버전에 따라 다르기도 하다.

> **TIP** 추상화로 계측 숨기기
>
> 수동 계측과 자동 계측 사이에는 중간 지점이 있다. Go 함수와 라이브러리 몇 개만 수동으로 계측할 수 있으므로 이를 사용하는 모든 코드는 사실상(자동으로!) 일관되게 트레이싱된다.
>
> 예를 들어 모든 HTTP 또는 gRPC 요청에 대한 트레이싱을 프로세스에 추가할 수 있다. 이를 위한 HTTP 미들웨어[48]와 gRPC 인터셉터[49]도 이미 준비되어 있다.

비용과 신뢰성

트레이스는 관찰 가능성의 원시 이벤트 범주에 속한다. 이는 트레이스가 일반적으로 사전 집계된 것보다 비용이 더 많이 든다는 것을 의미한다. 그 이유는 우리가 트레이스를 사용하여 전송하는 엄청난 양의 데이터 때문이다. 단일 작업에 이 계측을 매우 적절히 사용하더라도 이상적으로는 수십 개의 트레이스 스팬이 필요하다. 오늘날 시스템은 많은 QPS(초당 쿼리 수)를 유지해야 한다. 이 예에서는 100 QPS의 경우에도 1,000개 이상의 스팬을 생성한다. 각 스팬은 수집 및 저장 모든 측면에서 복제와 함께 효과적으로 사용되도록 일부 백엔드로 전달되어야 한다. 그런 다음 이 데이터를 분석하는데, 예를 들어 트레이스 또는 스팬 전체의 평균 레이턴시를 찾으려면 컴퓨팅 파워가 많이 필요하다. 따라서 관찰 가능성 없이 시스템을 실행하는 데 비해 비용이 너무 높아질 수 있다.

---

48 「Go 문서, otelhttp 중 타입 핸들러 부분」, *https://oreil.ly/wZ559*

49 「Go 문서, otelgrpc」, *https://pkg.go.dev/go.opentelemetry.io/contrib/instrumentation/google.golang.org/grpc/otelgrpc*

이것이 바로 샘플링을 트레이싱하는 이유다. 다시 말해 일부 의사 결정 구조 또는 코드가 전달할 데이터와 무시할 데이터를 결정하는 과정이 필요하다. 예를 들어 실패한 작업 또는 120초 이상 걸린 작업에 대한 트레이스만 수집하는 것이다.

그러나 샘플링에도 단점이 있다. 예를 들어 테일 샘플링 *tail sampling* 을 수행하기가 어렵다.[50] 그리고 (프로파일링과 유사하게) 샘플링으로 인해 일부 데이터가 누락된다. 레이턴시 예시에서 언급했듯이 측정한 레이턴시가 발생한 모든 작업 중 일부에만 나타낸다는 사실을 의미할 수도 있다. 물론 때로는 이것으로 충분할 수 있지만, 샘플링[51]으로 잘못된 결론을 내리기 쉽고 이는 최적화에 관한 잘못된 결정으로 이어질 수 있다.

짧은 시간

트레이싱은 몇 밀리초 이하로 지속되는, 매우 빠른 속도의 기능을 개선하려고 할 때는 좋은 방법이 아니다(6.3.1절 참고). time 패키지와 유사하게 스팬 자체도 약간의 레이턴시를 만든다. 또한 많은 소규모 작업에 대한 스팬을 추가하면 트레이싱의 전체에 걸쳐 수집, 저장, 쿼리에 막대한 비용이 추가될 수 있다.

이러한 현상은 특히 청크 분할 인코딩, 압축 또는 반복과 같은 스트리밍 알고리즘에서 나타난다. 부분 작업을 수행하는 경우에도 특정 논리에 관한 모든 반복 합계의 레이턴시에 여전히 주의를 기울여야 할 때가 많다. 모든 반복에 대해 아주 작은 스팬을 만들어야 하므로 트레이싱을 사용할 수 없다. 이러한 알고리즘의 경우 9.2절에서 설명할 '프로파일링'이 최상의 관찰 가능성을 제공한다.

이러한 단점들이 있음에도 불구하고 트레이싱은 상당히 강력해졌고, 로깅 신호를 대체하는 경우도 늘었다. 이에 따라 솔루션을 출시하는 벤더들과 관련 프로젝트들은 더 많은 기능을 내놓고 있다. 실제로 Tempo 프로젝트의 경우 트레이스의 메트릭(⑩ 효율성 요구에 대한 평균 또는 테일 레이턴시)을 기록할 수 있는 기능인, 메트릭 생성기를 최근 새로 출시했다.[52] 트레이싱

---

50 테일 샘플링은 예를 들어 트랜잭션이 끝날 때 트레이싱을 제외할지 샘플링할지 결정을 미루는 로직으로, 이에 따르면 트랜잭션의 상태 코드를 파악한 후에야 결정을 내릴 수 있다. 테일 샘플링의 문제점은 계측할 때 모든 범위가 샘플링될 것이라고 이미 가정했을 수 있다는 점이다.

51 「트위터, 샘플링으로 잘못된 결론을 내린 사례 관련 트윗」, *https://oreil.ly/R4gtX*

52 「Grafana Tempo 1.4의 새로운 기능: 메트릭 생성기 소개」, *https://oreil.ly/SSLye*

은 확실히 OpenTelemetry[53] 커뮤니티가 강력하게 추진한 덕분에 빠르게 성장할 수 있었다. 혹시 트레이싱에 관심이 있다면 이 커뮤니티를 살펴보기를 권한다.

앞서 보았듯이 어떤 프레임워크의 단점이 사용자들에게는 트레이드오프로서 다른 프레임워크의 장점을 발견하게 만드는 계기가 될 수 있다. 예를 들어 트레이싱으로 생기는 문제는, 시스템에서 발생하는 (다른 이벤트를 트리거할 수 있는) 원시 이벤트를 고스란히 드러낸다는 사실에서 비롯된다. 다음 6.2.3절에서는 이와는 정반대의 관점으로 설계된 신호인 메트릭을 소개한다. 메트릭은 시간의 흐름에 따라 변화하는 집계된 정보를 캡처한다.

6.2.3 메트릭

메트릭은 집계된 정보를 관찰하도록 설계된 관찰 가능성 신호다. 이러한 집계 지향 메트릭 계측은 효율성 목표를 달성하는 가장 실용적인 방법일 수 있다. 메트릭은 필자가 개발자이자 SRE로서 프로덕션 워크로드를 관찰하고 디버깅하기 위해, 일상 업무에서 가장 많이 사용한 신호다. 또한 매트릭은 구글이 모니터링을 할 때 주로 사용하는 신호이기도 하다.[54]

[예제 6-7]은 레이턴시를 측정하는 데 사용할 수 있는 사전 집계된 계측을 보여준다. 이 예제는 프로메테우스 client_golang[55]을 사용한다.[56]

예제 6-7 프로메테우스 client_golang에서 히스토그램 메트릭을 사용하여 doOperation 레이턴시 측정

```
import (
    "fmt"
    "time"

    "github.com/prometheus/client_golang/prometheus"
    "github.com/prometheus/client_golang/prometheus/promauto"
    "github.com/prometheus/client_golang/prometheus/promhttp"
)
```

---

53 「OpenTelemetry 페이지」, *https://oreil.ly/sPiw9*
54 「분산 시스템 모니터링하기」, *https://oreil.ly/x6rNZ*
55 「깃허브, prometheus/client_golang」, *https://oreil.ly/1r2zw*
56 필자는 프로메테우스 팀과 함께 이 라이브러리를 유지 관리한다. client_golang은 또한 이 책을 집필할 때 가장 많이 사용되는 Go용 메트릭 클라이언트 SDK이며 53,000개 이상의 오픈 소스 프로젝트(*https://oreil.ly/UW0fG*)에서 사용하고 있다. 또한 이 라이브러리는 사용이 자유로운 오픈 소스다.

```
func ExampleLatencyMetric() {
    reg := prometheus.NewRegistry()                                    ❶
    latencySeconds := promauto.With(reg).

NewHistogramVec(prometheus.HistogramOpts{                               ❷
        Name:    "operation_duration_seconds",
        Help:    "Tracks the latency of operations in seconds.",
        Buckets: []float64{0.001, 0.01, 0.1, 1, 10, 100},
    }, []string{"error_type"})                                         ❸

    go func() {
        for i := 0; i < xTimes; i++ {
            now := time.Now()
            err := doOperation()
            elapsed := time.Since(now)

            latencySeconds.WithLabelValues(errorType(err)).
                Observe(elapsed.Seconds())                              ❹

            // ...
        }
    }()

    err := http.ListenAndServe(
        ":8080",
        promhttp.HandlerFor(reg, promhttp.HandlerOpts{})
    )                                                                   ❺
    // ...
}
```

❶ 프로메테우스 라이브러리 사용은 항상 새로운 메트릭 레지스트리를 생성하는 것으로 시작한다.[57]

❷ 다음 단계는 원하는 메트릭 정의로 레지스트리를 채우는 것이다. 프로메테우스는 몇 가지 타입의 메트릭을 허용하지만, 효율성을 위한 일반적인 레이턴시 측정은 히스토그램^{Histograms}으로 수행하는 것이 가장 좋다. 따라서 타입 외에도 도움말 및 히스토그램 버킷이 필요하다. 버킷과 히스토그램 선택에 대해서는 나중에 더 자세히 설명하겠다.

---

57 전역 prometheus.DefaultRegistry를 사용하고 싶은 유혹이 있을 것이다. 이 유혹에 빠져들지 말자. 해당 패턴은 많은 문제와 부작용을 일으킬 수 있다.

❸ 마지막 매개변수로 이 메트릭의 동적 차원을 정의한다. 여기서는 다양한 타입의 에러(또는 에러 없음)에 대한 레이턴시를 측정할 것을 제안한다. 에러가 다른 타이밍 특성을 갖는 경우가 잦기 때문에 이 방법은 유용하다.

❹ 부동소수점 단위의 초로 정확한 레이턴시를 관찰한다. 단순화된 고루틴에서 모든 작업을 실행하므로 기능이 수행되는 동안 메트릭을 노출할 수 있다. Observe 메서드는 이러한 레이턴시를 버킷의 히스토그램에 추가한다. 특정 에러에서 이 레이턴시를 관찰한다. 또한 임의의 에러 문자열을 사용하지 않는다. 일부 사용자 지정 errorType 함수를 사용하여 타입으로 정리한다. 이는 측정 기준의 제어된 수의 값이, 측정 항목을 가치 있으면서도 저렴하게 유지하기 때문에 중요하다.

❺ 이러한 메트릭을 사용하는 기본 방법은 다른 프로세스(❸ 프로메테우스 서버[58])가 메트릭의 현재 상태를 가져오도록 허용하는 것이다. 예를 들어 이 단순화된[59] 코드에서는 8080 포트의 HTTP 엔드포인트를 통해 레지스트리에서 해당 메트릭을 제공한다.

프로메테우스 데이터 모델은 자체 설명서[60]에 나온 대로 카운터^{counters}, 게이지^{gauges}, 히스토그램, 요약^{summaries}의 네 가지 메트릭 타입을 지원한다. 카운터나 게이지 메트릭 대신 레이턴시를 관찰하기 위해 더 복잡한 히스토그램을 선택한 이유가 있다(6.3.1절 참고). 지금은 히스토그램을 통해 레이턴시 분포를 캡처할 수 있다고 언급하는 것으로 충분하다. 일반적으로 히스토그램은 효율성과 안정성을 위해 생산 시스템을 관찰할 때 필요하다. [예제 6-7]에서 정의되고 계측된 이러한 메트릭은 [예제 6-8]에 보이는 것처럼 HTTP 엔드포인트에 표시된다.

예제 6-8 OpenMetrics 호환 HTTP 엔드포인트[61]에서 사용되는 경우 [예제 6-7]의 메트릭 출력 샘플

```
# HELP operation_duration_seconds Tracks the latency of operations in seconds.
# TYPE operation_duration_seconds histogram
operation_duration_seconds_bucket{error_type="",le="0.001"} 0      ❶
operation_duration_seconds_bucket{error_type="",le="0.01"} 0
operation_duration_seconds_bucket{error_type="",le="0.1"} 1
operation_duration_seconds_bucket{error_type="",le="1"} 2
operation_duration_seconds_bucket{error_type="",le="10"} 2
operation_duration_seconds_bucket{error_type="",le="100"} 2
```

---

58 「프로메테우스 페이지」, *https://oreil.ly/2Sa3P*

59 항상 에러를 확인하고, 프로세스 해제 시 정상적인 종료를 수행하자. run 고루틴 헬퍼(*https://oreil.ly/sDIwW*)를 활용하는 타노스 프로젝트(*https://oreil.ly/yvvTM*)에서 프로덕션 등급 사용을 참고하자.

60 「프로메테우스 METRIC TYPES」, *https://oreil.ly/mamd0*

61 *https://oreil.ly/aZ6GT*

```
operation_duration_seconds_bucket{error_type="",le="+Inf"} 2
operation_duration_seconds_sum{error_type=""} 0.278675917                    ❷
operation_duration_seconds_count{error_type=""} 2
```

❶ 각 버킷은 레이턴시가 le에 지정된 값보다 작거나 같은 작업 수(카운터)를 보여준다. 예를 들어 프로세스 시작부터 두 가지 작업이 성공적으로 수행되었음을 즉시 확인할 수 있다. 첫 번째는 0.1초보다 빨랐고, 두 번째는 1초보다 빨랐지만 0.1초보다는 느렸음을 확인할 수 있다.

❷ 또한 모든 히스토그램은 관찰된 작업 수와 요약된 값(이 경우 관찰된 레이턴시의 합계)을 캡처한다.

6.1절에서 언급한 것처럼 모든 신호를 푸시하거나 풀할 수 있다. 그러나 프로메테우스의 생태계는 기본적으로 메트릭에 대한 풀 방식을 사용한다. 하지만 게으른 당기기 방식은 아니다. 프로메테우스 생태계에서는 파일에서 로그 추적을 가져올 때처럼 이벤트 또는 샘플의 백로그를 가져오지는 않는다. 대신 애플리케이션은 OpenMetrics 형식(예제 6-8 참고)으로 HTTP 페이로드를 제공하며, 이는 프로메테우스 서버 또는 프로메테우스 호환 시스템(예 Grafana Agent 또는 OpenTelemetry 수집기)에 의해 주기적으로 수집(스크랩)된다. 프로메테우스 데이터 모델을 사용하여 프로세스에 대한 최신 정보를 스크랩한다.

[예제 6-7]에서 계측한 Go 프로그램과 함께 프로메테우스를 사용하려면 프로메테우스 서버를 시작하고 Go 프로세스 서버를 대상으로 하는 스크랩 작업을 구성해야 한다. 예를 들어 [예제 6-7]의 코드가 실행 중이라고 가정하면 [예제 6-9]에 표시된 명령 집합을 사용하여 메트릭 수집을 시작할 수 있다.

예제 6-9 ㆍ [예제 6-7]에서 메트릭 수집을 시작하기 위해 터미널에서 프로메테우스를 실행하는 가장 간단한 명령 집합

```
cat << EOF > ./prom.yaml
scrape_configs:
- job_name: "local"
  scrape_interval: "15s"                                                     ❶
  static_configs:
  - targets: [ "localhost:8080" ]                                           ❷
EOF
prometheus --config.file=./prom.yaml                                       ❸
```

❶ 시연 목적으로 프로메테우스 구성[62]을 단일 스크랩 작업으로 제한할 수 있다. 첫 번째로 스크랩 간격을 지정해야 한다. 일반적으로 지속적이고 효율적으로 메트릭을 수집하는 데는 약 15~30초가 걸린다.

❷ 또한 [예제 6-7]에서 계측된 작은 Go 프로그램을 가리키는 타깃을 제공한다.

❸ 프로메테우스는 Go로 작성된 단일 바이너리다. 다양한 방법으로 설치하면 된다.[63] 가장 간단한 구성을 위해 미리 생성된 구성을 보면 된다. 이렇게 시작하면 localhost:9090에서 UI를 사용할 수 있다.

앞선 설정으로 우리는 프로메테우스 API를 사용하여 데이터 분석을 시작할 수 있다. 가장 간단한 방법은 프로메테우스 쿼리 페이지[64]와 프로메테우스 함수 페이지[65]에 설명된 쿼리 언어 PromQL를 사용하는 것이다. [예제 6-9]와 같이 서버를 시작하면 프로메테우스 UI를 사용하여 수집한 데이터를 쿼리할 수 있다.

예를 들어 [그림 6-4]는 성공적인 작업을 나타내는 operation_duration_seconds 메트릭 이름에 대해 시간 경과에 따라(프로세스 시작 시점부터) 최신 레이턴시 히스토그램 번호를 가져오는 간단한 쿼리 결과를 보여준다. [예제 6-8]의 형식과 일반적으로 일치한다.

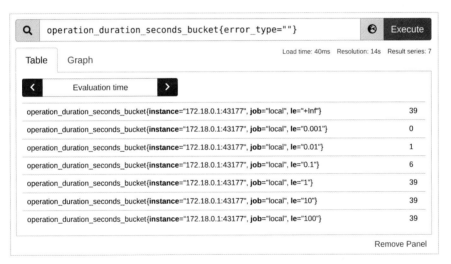

그림 6-4 프로메테우스 UI에 그래프로 표시된 모든 operation_duration_seconds_bucket 메트릭에 대한 간단한 쿼리의 PromQL 쿼리 결과

---

62 「프로메테우스 CONFIGURATION」, *https://oreil.ly/4cPSa*
63 「프로메테우스 INSTALLATION」, *https://oreil.ly/9CxxD*
64 「프로메테우스 QUERYING PROMETHEUS」, *https://oreil.ly/nY6Yi*
65 「프로메테우스 FUNCTIONS」, *https://oreil.ly/jH3nd*

단일 작업의 평균 레이턴시를 얻기 위해 특정 수학 연산을 사용하여 operation_duration_seconds_sum의 비율을 operation_duration_seconds_count로 나눌 수 있다. rate 함수를 사용하여 많은 프로세스와 재시작 단계에서 정확한 결과를 보장받을 수 있다. 이때 rate 함수는 카운터를 초당 속도로 변환한다.[66] 그런 다음 / 를 사용하여 해당 메트릭의 속도를 나눌 수 있다. 해당 평균 쿼리의 결과는 [그림 6-5]와 같다.

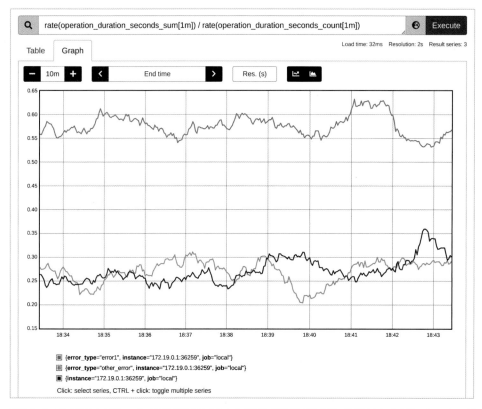

그림 6-5 프로메테우스 UI에 그래프로 표시된, [예제 6-7] 계측에 의해 캡처된 평균 레이턴시를 나타내는 PromQL 쿼리 결과

다른 쿼리를 사용하여 총작업을 확인하거나, 더 나아가 [그림 6-6]에 표시된 것처럼 operation_duration_seconds_count 카운터에서 increase 함수를 사용하는 작업의 분당 속도를 확인할 수 있다.

---

66 게이지 타입의 메트릭에 대한 비율을 계산하면 잘못된 결과가 도출된다.

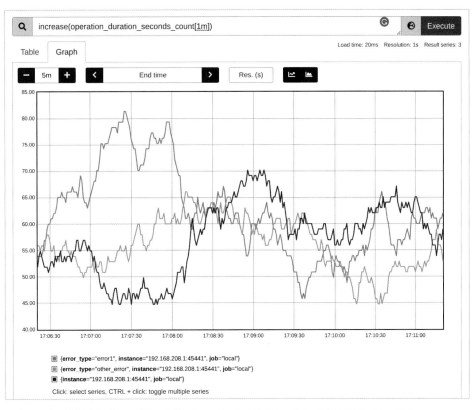

그림 6-6 시스템의 분당 작업 속도를 나타내는 PromQL 쿼리 결과를 프로메테우스 UI에 표시한 그래프

프로메테우스 생태계에는 다른 많은 기능, 집계 및 메트릭 데이터 사용 방법이 있다. 뒷부분에서 이에 관해 더 자세히 풀어보겠다.

특정 스크랩 기술을 사용하는 프로메테우스의 특장점은 측정 항목을 가져오는 Go 클라이언트가 매우 가볍고 효율적이라는 것이다. 결과적으로 Go 프로세스는 다음 작업을 수행할 필요가 없다.

- 버퍼 데이터 샘플, 스팬 또는 메모리나 디스크의 로그
- 잠재적인 데이터를 보낼 위치에 대한 정보 유지(자동 업데이트)
- 메트릭 백엔드가 일시적으로 다운된 경우 복잡한 버퍼링 및 지속 로직 구현
- 일관된 샘플 푸시 간격 보장
- 메트릭 페이로드에 대한 모든 인증, 권한 부여 또는 TLS에 대한 인지

또한 다음과 같은 방식으로 데이터를 가져올 때 관찰 가능성 경험이 더 좋다.

- 메트릭 사용자는 중앙 위치에서 스크랩 간격, 대상, 메타데이터 및 기록을 쉽게 제어할 수 있다. 이렇게 하면 메트릭 사용이 더 간단하고 실용적이며 일반적으로 비용이 저렴해지는 이점이 있다.

- 이러한 시스템의 부하를 예측하기가 더 쉬워지므로 확장이 더 쉽고 수집 파이프라인의 확장이 필요한 상황에 대응할 수 있다.

- 마지막으로 메트릭을 가져오면 애플리케이션의 상태를 안정적으로 알 수 있다(메트릭을 스크랩할 수 없는 경우 비정상이거나 다운되었을 가능성이 높다). 또한 일반적으로 어떤 것이 메트릭의 마지막 샘플인지 알고 있다(staleness[67]).[68]

물론 단점도 있다. 풀 하거나, 로그 테일을 추적하거나, 스크랩된 각 신호에는 단점이 있다. 관찰 가능성 풀 기반 시스템의 일반적인 문제는 다음과 같다.

- 일반적으로 수명이 짧은 프로세스(⑩ CLI 및 배치 작업)에서 데이터를 가져오기가 더 어렵다.[69]
- 모든 시스템 아키텍처가 수신 트래픽을 허용하지는 않는다.
- 일반적으로 모든 정보 조각이 원격 위치에 안전하게 도달하는지 확인하기는 더 어렵다(⑩ 이 풀링은 감사에 적합하지 않음).

프로메테우스 메트릭은 단점을 완화하고 풀 모델의 강점을 활용하도록 설계됐다. 우리가 사용하는 대부분의 메트릭은 카운터이므로 계속 증가할 뿐이다. 이를 통해 프로메테우스는 프로세스에서 몇 가지 스크랩을 건너뛸 수 있지만, 결국 분 단위의 더 큰 시간 범위 내에서 각 메트릭에 대해 완벽하고 정확한 숫자를 확보하게 된다.

앞에서 언급했듯이 결국 효율성을 평가할 때는 메트릭(숫자 값)이 필요하다. 결국 숫자를 비교하고 분석하는 것이 전부다. 메트릭 관찰 가능성 신호가 필요한 정보를 수집하는 실용적인 방법인 이유다. 따라서 8.3절과 9.1절에서는 해당 신호를 광범위하게 사용할 예정이다. 단순하면서도 실용적이며, 생태계가 거대하고(거의 모든 종류의 소프트웨어 및 하드웨어에 대한 메트릭 내보내기를 찾을 수 있음), 일반적으로 비용이 덜 들며 수동과 자동(⑩ 경고 알림) 모두 잘 작동하기 때문이다.

---

67 옮긴이 주_신선하지 않은 상태. 즉 정보가 더 이상 최신이 아닌 상태를 나타낸다.

68 반대로 푸시 기반 시스템의 경우 예상 데이터가 표시되지 않으면 보낸 사람이 다운된 것인지 보낼 파이프라인이 다운된 것인지 구분하기 어렵다.

69 해당 사례에 대한 〈KubeCon EU 2022〉의 강연(*https://oreil.ly/TtKwH*)을 참고하자.

메트릭 관찰 가능성 신호(특히, 프로메테우스 데이터 모델을 사용하는)는 집계된 정보 계측에 적합하다. 지금까지 장점을 언급했지만 이제 한계와 단점을 이해하는 것이 중요하다. 모든 단점은 일반적으로 사전 집계된 데이터를 집계 전 상태(⑩ 단일 이벤트)로 좁힐 수 없다는 사실에서 비롯된다. 메트릭을 통해 얼마나 많은 요청이 실패했는지 알 수 있지만, 발생한 단일 에러에 대한 정확한 스택 추적, 에러 메시지 등은 알 수 없다. 일반적으로 가장 세분화된 정보는 에러 타입(⑩ 상태 코드)이다. 이렇게 하면 모든 원시 이벤트를 캡처할 때보다 메트릭 시스템에 물어볼 수 있는 질문의 범위가 더 좁아진다. 단점으로 간주할 수 있는 또 다른 본질적인 특징은 지표의 카디널리티가 낮게 유지되어야 한다는 사실이다.

> **CAUTION** **높은 메트릭 카디널리티**
>
> 카디널리티는 메트릭의 고유성을 의미한다. 예를 들어, [예제 6-7]에서 error_type 레이블 대신 고유한 에러 문자열을 주입한다고 가정하자. 모든 새 라벨 값은 수명이 짧은 새 고유 측정 항목을 생성한다. 하나 또는 몇 개의 샘플만 포함된 메트릭은 시간 경과에 따른 집계가 아니라 원시 이벤트에 더 가깝다. 하지만 사용자가 프로메테우스와 같은 메트릭용으로 설계된 시스템에 이벤트와 같은 정보를 푸시하려고 하면 비용이 많이 들고 속도가 느려지는 경향이 있다.
>
> 메트릭용으로 설계된 시스템에 더 많은 고유 데이터를 푸시하려는 유혹이 매우 클 것이다. 비용이 덜 들고 신뢰할 수 있는 신호와 같은 메트릭에서 더 많은 정보를 얻고자 하는 것은 자연스러운 일이기 때문이다. 그러나 이런 유혹을 뿌리치고 메트릭 예산, 기록 규칙 및 허용 목록 재레이블 지정을 통해 카디널리티를 낮게 유지해야 한다. 정확한 에러 메시지 또는 시스템의 단일 특정 작업에 대한 레이턴시와 같은 고유한 정보를 캡처하려면 로깅 및 추적과 같은 이벤트 기반 시스템으로 전환하기를 권한다.

로그, 트레이스, 프로파일 또는 메트릭 신호에서 수집된 것과 관계없이 이전 장에서 일부 메트릭(⑩ 초당 사용된 CPU 코어, 힙에 할당된 메모리 바이트 또는 작업당 사용된 상주 메모리 바이트)에 대해 이미 다루었다. 따라서 그중 일부를 자세히 살펴보고 의미 체계, 해석 방법, 잠재적 세분성과 방금 배운 신호를 사용한 예제 코드에 대해 이야기해볼 것이다.

> **TIP** **관찰 가능성용 만능 묘책은 없다!**
>
> 메트릭은 강력하다. 그러나 6장에서 언급한 것처럼 로깅 및 트레이싱은 메트릭을 도출할 수 있는 전용 도구를 사용하여 효율성 관찰 가능성 경험을 개선할 수 있는 엄청난 기회를 제공한다. 이 책에서는 Go 프로그램의 효율성을 개선하기 위해 해당 도구(아직 다루지 않은 프로파일링과 함께)를 모두 사용할 것이다.

실용적인 시스템은 사용 사례에 적합한 각각의 관찰 가능성 신호를 충분히 캡처한다. 즉 메트릭 전용, 트레이스 전용 또는 프로파일링 전용 시스템만을 구축할 가능성은 낮다.

6.3 효율성 메트릭의 의미 체계

관찰 가능성은 이해하고 설정하는 데 수년이 걸리는, 방대하고 깊은 주제처럼 느껴진다. 산업은 끊임없이 발전하고 있으며 새로운 솔루션을 만드는 것은 더이상 도움이 되지 않는다. 그러나 효율성 노력과 같은 특정 목표를 위해 관찰 가능성을 사용하기 시작하면 이해하기가 더 쉬울 수 있다. 리소스(예 CPU 및 메모리)의 사용과 레이턴시를 측정하기 시작하는 데 필수적인 관찰 가능성 조각에 대해 정확히 이야기해 보도록 하겠다.

> **NOTE_ 숫자 값으로서의 메트릭 vs 메트릭 관찰 가능성 신호**
>
> 6.2.3절에서 메트릭 관찰 가능성 신호를 설명했다. 여기서는 효율성 노력을 위해 캡처하는 데 유용한 특정 메트릭 의미 체계를 소개한다. 즉 다양한 방법으로 그러한 특정 지표를 포착할 수 있다는 뜻이다. 메트릭 관찰 가능성 신호들을 사용할 수 있지만 로그, 추적 및 프로파일링과 같은 다른 신호에서도 해당 신호들을 이끌어 낼 수 있다.

다음의 두 가지가 모든 메트릭을 정의할 수 있다.

의미 체계

해당 숫자의 의미는 무엇인가? 무엇을 측정하는가? 어떤 단위로 측정하는가? 측정된 숫자를 무엇이라고 부르는가?

세분성

이 정보는 얼마나 상세한가? 예를 들어 고유한 작업별로 수행되는가? 이 작업의 결과 타입(성공 혹은 에러)에 따라 결정되는가? 고루틴별로 수행되는가? 아니면 공정별로 수행되는가?

메트릭 의미 체계와 세분성 모두 계측에 크게 의존한다. 6.3절에서는 소프트웨어의 리소스 사용량과 레이턴시를 추적하며 사용할 수 있는 일반적인 메트릭 의미 체계, 세분성, 예시 계측을 정의하는 데 중점을 둔다. 특히 7.4절에서 설명할 벤치마크 및 프로파일링 도구를 효과적으로 사용하려면 작업할 특정 측정을 이해하는 것이 중요하다. 이제 일반적인 모범 사례와 흔히 저지를 수 있는 실수를 미리 학습해보자.

6.3.1 레이턴시

프로그램이 특정 작업을 수행하는 속도를 개선하려면 우선 레이턴시부터 측정해야 한다. 레이턴시는 작업 시작부터 성공 또는 실패까지의 기간을 의미한다. 따라서 소프트웨어 작업을 완료하는 데 필요한 시간만 있으면 될 것처럼 보이므로 의미 체계는 언뜻 매우 단순하게 느껴진다. 그러면 메트릭은 일반적으로 원하는 단위와 함께 레이턴시, 기간 또는 경과라는 단어를 포함하는 이름을 가지게 된다. 그러나 세부사항에 주의를 기울여야 한다. 즉 레이턴시 측정시 실수가 발생할 가능성이 높다.

레이턴시를 측정할 때 쓸 만한 단위는 측정하는 작업의 종류에 따라 다르다. 압축 레이턴시 또는 운영체제 컨텍스트 전환 레이턴시와 같이 매우 짧은 작업을 측정하는 경우 세분화된 나노초에 집중해야 한다. 나노초는 일반적인 최신 컴퓨터에서 기대할 수 있는 가장 세분화된 타이밍이기도 하다. 이것이 Go 표준 라이브러리 time.Time[70] 및 time.Duration[71] 구조가 나노초 단위로 시간을 측정하는 이유다.

소프트웨어 작업에 대한 일반적인 측정은 대개 밀리초, 초, 분 또는 시간 단위로 이뤄진다. 그렇기 때문에 레이턴시를 나노초 단위로 정밀하게 측정이 필요한 경우는 드물며, 대부분 초 단위로 충분하다. 또 초 단위는 기본 단위이기 때문에 또 다른 이점이 생긴다. 기본 단위를 사용한다는 것은 자연스럽고 일관된 솔루션이라는 말과도 같다.[72] 여기서 일관성이 중요하다. 시스템의 한 부분은 나노초 단위로, 다른 부분은 초 단위로, 또 다른 부분은 시간 단위로 측정하면 안 된다. 올바른 단위를 추측하거나 단위 변환 코드를 작성하지 않아도, 데이터는 이미 충분히 혼란스럽고, 잘못된 결론으로 가고 있을 가능성이 높다.

---

70 「Go 문서, time 중 type Time」, *https://oreil.ly/QGCme*

71 「Go 문서, time 중 type Duration」, *https://oreil.ly/9agLb*

72 프로메테우스 생태계가 기본 단위를 제안하는 이유기도 하다(*https://oreil.ly/oJozb*).

이미 6.2절의 예제에서 다양한 관찰 가능성 신호를 사용하여 레이턴시를 계측할 수 있는 많은 방법을 언급했다. 다음 [예제 6-10]에서는 [예제 6-1]을 확장하여 최대한 안정적으로 레이턴시를 측정하는 중요한 세부 정보를 보여준다.

예제 6-10   에러가 발생할 수 있고 준비 및 해제 단계가 있는 단일 작업의 수동적이고 간단한 레이턴시 측정

```
prepare()

for i := 0; i < xTimes; i++ {
    start := time.Now()                                    ❶
    err := doOperation()
    elapsed := time.Since(start)                           ❷

    // Capture 'elapsed' value using log, trace or metric...

    if err != nil { /* Handle error... */ }
}

tearDown()
```

❶ doOperation 호출 시작에 가능한 한 가까운 시작 시간을 캡처한다. 이렇게 하면 시작과 작업 시작 사이 예기치 못한 레이턴시의 발생을 막을 수 있다. 설계상 측정 작업에 속한 잠재적인 준비 또는 설정을 모두 제외해야 한다. 이는 다른 작업을 통해 명시적으로 측정해야 한다. 또한 시작과 작업 호출 사이에 줄 바꿈(빈 줄)을 넣지 않아야 하는 이유가 되기도 한다. 결과적으로 다음에 해당 작업을 맡을 개발자(또는 미래의 자신)는 계측을 추가했다는 사실을 잊고 그사이에 아무것도 추가하지 않을 것이다.

❷ 마찬가지로 time.Since를 사용하여 끝나자마자 완료 시간을 캡처하는 것이 중요하다. 그래야 관련 없는 기간이 캡처되지 않는다. 예를 들어보자. prepare() 시간을 제외하는 것과 마찬가지로 잠재적인 종료문 또는 tearDown() 기간을 제외하려고 한다. 게다가 여러분이 고급 Go 개발자라면 직감적으로 항상 일부 기능이 끝날 때 에러를 확인하려고 할 것이다. 이는 매우 중요한 작업이지만, 계측을 목적으로 한 레이턴시를 캡처한 후 수행해야 한다. 그렇지 않으면 누군가가 우리의 계측을 알아차리지 못하고 우리가 측정하는 것과 time.Since 사이에 관련 없는 명령을 추가할 수도 있다. 또한 대부분의 경우 성공적인 작업과 실패한 작업의 레이턴시를 모두 측정하여 프로그램이 수행하는 작업에 대한 전체 그림을 이해해야 한다.

CAUTION 레이턴시가 짧을수록 안정적으로 측정하기 어렵다.

[예제 6-10]에 표시된 작업 레이턴시를 측정하는 방법은 0.1마이크로초(100나노초) 미만으로 완료되는 작업에는 적합하지 않다. 이는 시스템 클럭 번호를 가져오고, 변수를 할당하고, time.Now()와 time.Since 함수를 연산하려는 과정이 짧은 측정에서는 상당한 영향을 미치기 때문이다.[73] 7.3절에서 설명하겠지만 모든 측정에는 약간의 차이가 있다. 레이턴시가 짧을수록 이 노이즈의 영향력이 커질 수 있다.[74] 이는 레이턴시를 측정하는 추적 범위에도 적용된다.

매우 빠른 기능을 측정하기 위한 방법 중 하나는 [예제 6-3]에서 제시된 Go 벤치마크에서 사용되며, 여기에서 많은 작업을 수행하여 작업당 평균 레이턴시를 추정한다(8.1절 참고).

NOTE_ 시간은 무한하지만 시간을 측정하는 소프트웨어는 유한하다.

레이턴시를 측정할 때 소프트웨어에서 시간과 기간 측정의 한계를 인식해야 한다. 각 타입은 서로 다른 범위의 값을 포함할 수 있으며, 일부 타입은 음수를 포함할 수 없다. 다음 예시를 살펴보자.

- time.Time은 1885년 1월 1일[75]부터 2157년까지만 측정할 수 있다.
- time.Duration 타입은 시작 지점 전후로 약 290년 사이의 시간(나노초 단위)만을 측정할 수 있다.

일반적인 값 이외의 항목을 측정하려면 해당 타입을 확장하거나 고유한 타입을 사용해야 한다. 마지막으로 Go는 윤초 문제leap second problem[76]와 운영체제의 시간 왜곡에 취약하다. 일부 시스템에서는 컴퓨터가 절전 모드(**예** 노트북 또는 가상 머신 일시 중단)로 전환되면 time.Duration(단조 시계)도 중지되어 잘못된 측정으로 이어지므로 이 점을 염두에 두기 바란다.

지금까지 몇 가지 일반적인 레이턴시 메트릭 의미 체계에 대해 논의했다. 이제 세분성 질문으로 넘어가 보도록 하자. 프로세스 내에서 작업 A 또는 B의 레이턴시를 측정하도록 결정할 수 있다. 작업 그룹(**예** 트랜잭션) 또는 단일 하위 작업을 측정할 수 있다. 달성하려는 목표에 따라 여러 프로세스에서 이 데이터를 수집하거나 하나만 볼 수 있다.

---

73 예를 들어 필자의 컴퓨터에서 time.Now 및 time.Since는 약 50~55나노초가 걸린다.

74 그래서 동일한 작업을 수천 번 또는 그 이상 수행하고 총 레이턴시를 측정한 뒤 여러 작업으로 나누어 평균을 구하는 것이 좋다. 이는 결과적으로 8.1.1절에서 설명할 Go 벤치마크가 수행하는 작업이다.

75 「바르톨로미에 트윗, 해당 시간은 단순히 영화 '백 투 더 퓨처 2'를 보고 선택했다」, *https://oreil.ly/Oct6X*

76 「Go 리뷰 페이지 중 윤초 문제와 관련된 내용」, *https://oreil.ly/MeZ4b*

레이턴시를 측정하기 위해 단일 작업을 세분성으로 선택하더라도 해당 단일 작업에는 많은 단계가 있기 때문에 더 복잡해진다. 단일 프로세스는 스택 추적으로 나타낼 수 있지만, 일부 네트워크 통신이 있는 다중 프로세스 시스템의 경우 추가 경계를 설정해야 할 수도 있다.

예제 작업으로 HTML에 응답하는 간단한 REST[77] HTTP 호출을 사용하여 이전 장에서 설명한 Caddy HTTP 웹 서버와 같은 몇 가지 프로그램을 예로 들어 보겠다. 클라이언트(예 누군가의 브라우저)에 대한 REST HTTP 호출을 제공하기 위해 클라우드에 Go 프로그램을 설치하는 경우 레이턴시를 측정해야 할까? 레이턴시를 측정할 수 있는 세분성 예제는 [그림 6-7]에 나와 있다.

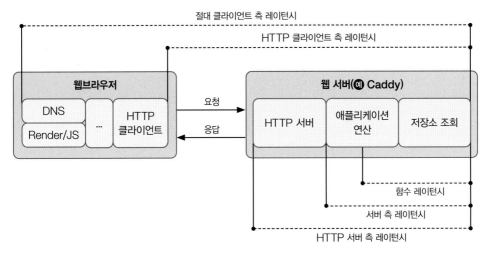

그림 6-7 사용자의 웹 브라우저와 통신하는 Go 웹 서버 프로그램에서 측정할 수 있는 레이턴시 단계의 예

[그림 6-7]에서의 다섯 가지 예시 단계를 다음과 같이 설명할 수 있다.

절대(합계) 클라이언트 측 레이턴시
사용자가 브라우저의 URL 입력에서 엔터키를 누른 순간부터 전체 응답이 수신되고 콘텐츠가 로드되며 브라우저가 모든 것을 렌더링할 때까지 정확하게 측정된 레이턴시를 말한다.

---

77 「위키피디아, Representational state transfer」, *https://oreil.ly/SHEor*

HTTP 클라이언트 측 레이턴시(응답 시간)

클라이언트 측 HTTP 요청의 첫 번째 바이트가 새 TCP 연결 또는 재사용되는 TCP 연결에 기록되는 순간부터 클라이언트가 응답의 모든 바이트를 수신할 때까지 캡처된 레이턴시를 말한다. HTTP 클라이언트 측 이전(⑩ DNS 조회) 또는 이후(브라우저에서 HTML 및 자바스크립트 렌더링)에 발생하는 모든 것은 제외된다.

HTTP 서버 측 레이턴시

이 레이턴시는 서버가 클라이언트로부터 HTTP 요청의 첫 번째 바이트를 수신하는 순간부터 서버가 HTTP 응답의 모든 바이트 쓰기를 완료할 때까지 측정된다. 일반적으로 Go에서 HTTP 미들웨어 패턴[78]을 사용하는 경우에 측정한다.

서버 측 레이턴시

HTTP 요청 구문 분석 및 응답 인코딩 없이 측정된 HTTP 요청에 응답하는 데 필요한 서버 측 계산 레이턴시를 의미한다. HTTP 요청을 구문 분석하는 순간부터 인코딩을 시작하고 HTTP 응답을 보내는 순간까지 측정한다.

서버 측 함수 레이턴시

단일 함수의 호출 시점부터 함수 작업이 완료되고 반환 인수가 호출 함수 컨텍스트에 도달할 때까지 계산한 레이턴시를 의미한다.

이는 Go 프로그램 또는 시스템에서 레이턴시를 측정하는 데 사용할 수 있는 많은 선택지 중 일부에 불과하다. 어떤 것이 최적화에 적합한가? 어떤 것이 가장 중요한가? 다행히 이렇게 다양한 선택지는 모두 적합한 사용 사례가 있다. 사용해야 하는 레이턴시 측정 단위의 우선순위와 시기는 전적으로 우리의 목표 그리고 7.3절에서 나올 측정의 정확도와 7.4절에서 설명하는 집중하고자 하는 요소에 따라 다르다. 큰 그림을 이해하고 병목 현상을 찾으려면 서로 다른 세 분성 중 몇 가지를 한 번에 측정해야 한다. 9.1절에서 나올 트레이싱 및 프로파일링 도구가 도움이 될 수 있다.

---

78 「깃허브, prometheus/client_golang」, *https://oreil.ly/Js0N0*

> **TIP** 어떤 메트릭 세분성을 선택하든 측정한 내용을 이해하고 문서화하자.
>
> 측정에서 잘못된 결론을 내리면 많은 시간을 낭비하게 된다. 하지만 측정하는 세분성 부분을 잊거나 오해하기 쉽다. 예를 들어 서버 측 레이턴시를 측정한다는 목표로 작업을 실행했지만, 클라이언트 소프트웨어가 느리면 메트릭에 포함하지 않은 레이턴시를 만들어낼 수 있다. 서버 측에서 병목 현상을 찾으려고 해도 잠재적인 문제는 다른 프로세스에 있을 수 있다는 이야기다.[79] 이러한 실수를 방지하기 위해 계측을 이해하고 문서화하여 명시해야 한다.

6.2절에서 레이턴시 수집 방법을 설명하면서 Go 생태계에서는 효율성 요구에 대해 두 가지 주요 측정 방법을 사용한다고 언급했다. 그 두 가지 방법이 일반적으로 가장 안정적이고 비용이 저렴하다(부하 테스트 및 벤치마크를 수행할 때 유용). 다음을 참고하자.

- 격리된 기능 및 단일 프로세스 측정을 위한 마이크로벤치마크를 사용한 기본 로깅(8.1절 참고)
- 여러 프로세스가 있는 대규모 시스템을 포함하는 거시적 측정을 위한 [예제 6-7]과 같은 메트릭

특히 두 번째 경우에는 앞에서 언급한 것처럼 신뢰할 수 있는 효율성 결론을 얻기 위해 단일 작업에 대한 레이턴시를 여러 번 측정해야 한다. 메트릭이 있는 각 작업에 대한 원시 레이턴시 수치를 알 수 없고, 몇 가지 집계를 선택해야 한다. [예제 6-2]에서는 계측 내부의 간단한 평균 집계 메커니즘을 제안했다. 메트릭 계측을 사용하면 별 것도 아닌 작업이다. 두 개의 카운터를 만드는 것 만큼 쉽다. 하나는 레이턴시 합계용이고, 다른 하나는 작업의 카운터용이다. 수집된 데이터의 평균(산술 평균)을 이 두 가지 메트릭으로 도출할 수 있다.

그러나 평균은 지나치게 게으른 집계 방법이다. 레이턴시의 특성에 대한 중요한 많은 정보를 놓칠 수 있다. 8.1절에서 평균을 기본 통곗값(Go 벤치마킹 도구가 사용하는)으로 설정하여 많은 작업을 수행하겠지만, 더 많은 미지수가 있는 더 큰 시스템에서 소프트웨어의 효율성을 측정할 때는 사용에 유의해야 한다. 예를 들어 10초 정도 걸리던 작업의 레이턴시를 개선하고 싶다고 가정해보자. 우리는 TFBO 절차를 거쳐 잠재적인 최적화를 달성했다. 이제는 거시적 수준에서 효율성을 평가하고자 한다. 테스트 중에 시스템은 5초(더 빠름) 내에 500개의 작업을 수행했지만, 50개의 작업은 40초의 레이턴시가 생겨서 매우 느려졌다. 이때 우리가 평균

---

[79] 스트리밍 응답이 있는 HTTP/gRPC 또는 큰 응답이 있는 REST의 서버 측 레이턴시를 측정할 때 발견했던 이슈다. 서버 측 레이턴시는 서버에만 의존하는 것이 아니라 네트워크와 클라이언트 측이 해당 바이트를 얼마나 빨리 수용할 수 있는지 그리고 TCP 제어 흐름(*https://oreil.ly/jcrSF*) 내에서 승인 패킷을 다시 쓰기 하는 작업이 있는지)와도 관련이 있다.

(8.1초)을 고수한다고 가정하면, 최적화가 성공했다는 잘못된 결론을 내릴 수 있으며, 최적화로 인한 잠재적인 큰 문제를 놓치고 작업의 9%가 극도로 느려지는 결과를 초래할 수 있다.

따라서 특정 지표(**예** 레이턴시)를 백분위수로 측정하는 것이 유용하다. 이는 메트릭 히스토그램 타입을 사용하여 레이턴시를 측정하는 [예제 6-7] 계측기의 용도이기도 하다.

> 대부분의 메트릭은 평균보다는 분포로 생각하는 것이 좋다. 예를 들어 레이턴시 SLI(서비스 수준 지표)의 경우 일부 요청은 신속하게 처리되는 반면 다른 요청은 항상 더 오래 걸리며, 때로는 기존 보다 훨씬 더 늘어지기도 한다. 단순 평균은 이러한 테일 레이턴시와 그 변화를 보이지 않게 만들 수 있다. (중략) 지표에 백분위수를 사용하면 분포의 모양과 다양한 속성을 고려하게 된다. 50번째 백분위수(중앙값이라고도 함)는 전형적인 경우를 강조한다.
>
>   - 크리스 존스 외, 『사이트 신뢰성 엔지니어링』(제이펍, 2018)[80] 중 SLO 부분 발췌

[예제 6-8]에서 언급한 히스토그램 메트릭은 특정 레이턴시 범위에 맞는 작업 수를 계산하므로 레이턴시 측정에 적합하다. [예제 6-7]에서는 지수 버킷 `0.001`, `0.01`, `0.1`, `1`, `10`, `100`을 선택했다.[81] 가장 큰 버킷은 시스템에서 예상되는 가장 긴 작업 기간(**예** 시간 초과)을 나타낸다.[82]

6.2.3절에서 이미 PromQL을 사용하여 메트릭을 사용하는 방법에 대해 논의했다. 메트릭의 히스토그램 타입과 레이턴시 의미 체계의 경우 이를 이해하는 가장 좋은 방법은 `histogram_quantile` 함수를 사용하는 것이다. 중앙값은 [그림 6-8], 90번째 백분위수는 [그림 6-9]의 예제 출력에서 확인하자.

---

80 『사이트 신뢰성 엔지니어링』목차. *https://oreil.ly/rMBW3*

81 프로메테우스를 사용하려는 경우 현재 히스토그램에서 버킷을 선택하는 것은 수동이다. 그러나 프로메테우스 커뮤니티는 자동으로 조정되는 동적 버킷 수를 사용하여 희소 히스토그램(*https://oreil.ly/qFdC1*) 작업을 진행 중이다.

82 히스토그램 사용에 대한 자세한 내용은 여기(*https://oreil.ly/VrWGe*)에서 읽을 수 있다.

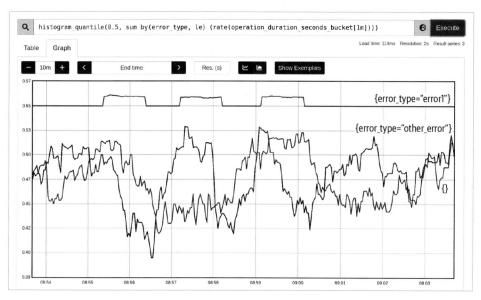

그림 6-8 [예제 6-7] 계측에서 에러 타입당 작업 전체 지연 시간의 50번째 백분위수(중앙값)

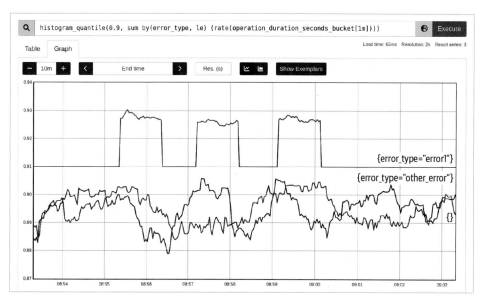

그림 6-9 [예제 6-7] 계측에서 에러 타입당 작업 전반에 걸친 레이턴시의 90번째 백분위수

두 결과 모두 다음과 같은 흥미로운 결론을 낼 수 있다.

- 작업의 절반은 일반적으로 590밀리초보다 빨랐고, 90%는 1초보다 빨랐다. 따라서 RAER(3.3.2절 참고)에서 작업의 90%가 1초 미만이어야 한다고 명시되어 있으면 더 이상 최적화할 필요가 없다는 의미일 수 있다.
- error_type=error1로 실패한 작업은 상당히 느렸다(해당 코드 경로에 일부 병목 현상이 있을 가능성이 높음).
- [그림 6-9]에는 나와 있지 않지만 17:50 UTC 경에 모든 작업의 레이턴시가 약간 증가했다. 이는 노트북의 운영체제가 테스트에 더 적은 CPU를 제공하게 만든 환경에서 일부 부작용이나 변화가 있었음을 의미할 수 있다.[83]

이렇게 측정 및 정의된 레이턴시는 요구 사항에 충분한지 여부와 우리가 수행하는 최적화가 도움이 되는지 여부를 결정하는 데 도움이 될 수 있다. 또한 다양한 벤치마킹 및 병목 현상 찾기 전략을 사용하여 속도 저하를 유발하는 요소를 찾는 데 도움이 될 수 있다. 7장에서 이에 관해 자세히 설명한다.

이제 일반적인 레이턴시 메트릭 정의 및 예제 계측을 사용하여 효율성 여정에서 측정할 수 있는 다음 리소스인 CPU 사용량을 살펴보겠다.

6.3.2 CPU 사용량

4장에서 Go 프로그램을 실행할 때 CPU가 어떻게 사용되는지 살펴봤다. 또한 CPU 기반 레이턴시[84]와 비용을 줄이고 동일한 시스템에서 더 많은 프로세스를 실행할 수 있도록 CPU 사용량을 살펴보고 있다고 설명했다.

다양한 지표를 통해 프로그램의 CPU 사용량의 다양한 부분을 측정할 수 있다. 예를 들어 proc 파일 시스템[85] 및 perf[86]와 같은 리눅스 도구를 사용하여 Go 프로그램의 적중률, CPU 분기

---

83 필자가 테스트 중 웹 브라우저를 많이 사용했기 때문에 납득이 가는 내용이다. 7.3절에서 관련된 내용을 조금 더 자세히 살펴본다.

84 CPU 사용량을 최적화하는 것 외에도 다양한 방법으로 프로그램 기능의 레이턴시를 개선할 수 있다. 예를 들어 총 CPU 시간을 증가시키는 동시 실행을 사용하여 개선하기도 한다.

85 「proc(5) – Linux manual page」, *https://oreil.ly/MJVHl*

86 「perf: Linux profiling with performance counters」, *https://oreil.ly/QPMD9*

예측 적중률[87] 및 기타 저수준 통계를 측정할 수 있다. 그러나 기본 CPU 효율성을 위해서는 사용된 CPU 주기, 명령 또는 시간에 중점을 둬야 한다.

CPU 주기

각 CPU 코어에서 프로그램 스레드 명령을 실행하는 데 사용되는 총 CPU 클럭 주기 수를 의미한다.

CPU 명령어

각 CPU 코어에서 실행되는 프로그램 스레드의 총 CPU 명령 수를 말한다. RISC 아키텍처[88]의 일부 CPU(예 ARM 프로세서)에서는 하나의 명령어가 항상 하나의 주기(분할된 비용)를 사용하므로 이는 주기 수와 같을 수 있다. 그러나 CISC 아키텍처(예 AMD 및 Intel x64 프로세서)에서는 다른 명령어가 추가 주기를 사용할 수 있다. 따라서 일부 프로그램의 기능을 완료하기 위해 CPU가 수행해야 하는 명령 수를 계산하는 것이 더 안정적일 수 있다.

주기와 명령은 서로 다른 알고리즘을 비교하는 데 적합하다. 다음과 같이 노이즈가 적기 때문이다.

- 프로그램 실행 중 CPU 코어의 동작 속도에 대한 의존
- 다른 CPU 캐시, 캐시 미스 및 RAM 레이턴시를 포함한 메모리 가져오기 레이턴시

CPU 시간

프로그램 스레드가 각 CPU 코어에서 실행하는 데 걸리는 시간(초 또는 나노초)을 의미한다. 9.4.4절에서 설명하겠지만 CPU 시간에는 I/O 레이턴시와 운영체제 스케줄링 시간이 포함되지 않기 때문에 이 시간은 우리 프로그램의 레이턴시와 다르다(더 길거나 짧음). 또한 우리 프로그램의 운영체제 스레드는 여러 CPU 코어에서 동시에 실행될 수 있다. 때로는 CPU 시간을 CPU 용량으로 나눈 값(CPU 사용량이라고도 함)을 사용하기도 한다. 예를 들어 초당 1.5 CPU 사용량은 우리 프로그램이 (평균적으로) 1초 동안 하나의 CPU 코어와 0.5초 동안 다른 코어를 필요로 함을 의미한다.

---

87 「perf Examples」, *https://oreil.ly/VdENl*
88 「RISC vs. CISC」, *https://oreil.ly/ofvB7*

리눅스에서 CPU 시간은 종종 사용자 및 시스템 시간으로 나뉜다.

- 사용자 시간은 프로그램이 사용자 공간의 CPU에서 실행하는 데 소비하는 시간을 나타낸다.

- 시스템 시간은 사용자를 대신하여 커널 공간에서 특정 기능을 실행하는 데 소요되는 CPU 시간이다. 예를 들면 read[89]와 같은 시스템 호출이 있다.

컨테이너와 같은 더 높은 수준에서는 세 가지 메트릭을 모두 파악하는 사치를 부릴 수 없다. 따라서 우리는 대부분 CPU 시간에 의존해야 한다. 다행히 CPU 시간은 일반적으로 워크로드를 실행하기 위해 CPU에서 필요한 작업을 추적하기에 충분한 메트릭이다. 리눅스에서 프로세스 시작부터 현재까지 계산된 CPU 시간을 검색하는 가장 간단한 방법은 /proc/<PID>/stat(여기서 PID는 프로세스 ID를 의미함)로 이동하는 것이다. /proc/<PID>/tasks/<TID>/stat(여기서 TID는 스레드 ID를 의미함)의 스레드 수준에 대한 유사한 통계도 있다. 이것이 바로 ps 또는 htop과 같은 유틸리티가 사용하는 것이다.[90]

ps 및 htop 도구는 실제로 현실 세계의 CPU 시간을 측정하는 가장 간단한 도구일 수 있다. 그러나 일반적으로 최적화하는 전체 기능에 필요한 CPU 시간을 평가해야 한다. 하지만 작업당 CPU 시간(레이턴시 및 할당만)을 제공하지 않는다(8.1.1절 참고). 예를 들어 procfs Go 라이브러리[91]를 사용하여 프로그래밍 방식으로 stat 파일에서 해당 번호를 얻을 수 있다. 하지만 이 외에도 두 가지 주요 방법을 제안한다.

- 9.4.3절에 설명된 CPU 프로파일링

- 프로메테우스 메트릭 계측

이제 두 번째 방법을 빠르게 살펴보겠다. [예제 6-7]에서 사용자 지정 레이턴시 메트릭을 등록하는 프로메테우스 계측을 보여주었다. CPU 시간 메트릭을 추가하는 것도 매우 쉽지만, 프로메테우스 클라이언트 라이브러리[92]는 이미 이를 위한 헬퍼를 구성해두었다. [예제 6-11]을 통해 방법을 설명했다.

---

89 「read(2) – Linux manual page」. *https://oreil.ly/xEQuM*

90 통계 파일 데이터 번호를 프로그래밍 방식으로 검색할 수 있는 유용한 procfs Go 라이브러리(*https://oreil.ly/ZcCDn*)도 있다.

91 「깃허브, prometheus/procfs」. *https://oreil.ly/ZcCDn*

92 「깃허브, prometheus/client_golang」. *https://oreil.ly/1r2zw*

```
import (
    "net/http"

    "github.com/prometheus/client_golang/prometheus"
    "github.com/prometheus/client_golang/prometheus/collectors"
    "github.com/prometheus/client_golang/prometheus/promhttp"
)

func ExampleCPUTimeMetric() {
    reg := prometheus.NewRegistry()
    reg.MustRegister(
        collectors.NewProcessCollector(collectors.ProcessCollectorOpts{}),
    )                                                                      ❶

    go func() {
        for i := 0; i < xTimes; i++ {
            err := doOperation()
            // ...
        }
    }()

    err := http.ListenAndServe(
        ":8080",
        promhttp.HandlerFor(reg, promhttp.HandlerOpts{}),
    )
    // ...
}
```

❶ 프로메테우스에서 CPU 시간 메트릭을 얻기 위해 수행해야 하는 유일한 작업은 이전에 언급한 /proc stat 파일을 사용하는 collectors.NewProcessCollector를 등록하는 것이다.

collectors.ProcessCollector는 process_open_fds, process_max_fds, process_start_time_seconds 등과 같은 여러 지표를 제공한다. 하지만 우리가 관심 있는 것은 process_cpu_seconds_total 로, 프로그램 시작부터 사용된 CPU 시간 카운터다. 이 작업에 프로메테우스를 사용할 때 특별한 점은 프로메테우스가 Go 프로그램에서 주기적으로 이 메트릭 값을 수집한다는 것이다. 즉, 특정 시간 범위의 프로세스 CPU 시간을 쿼리하고 이를 실시간으로 매핑할 수 있다. 주어진 시간 범위에서 해당 CPU 시간의 초당 속도를 제공하는 rate[93] 함수 기간을 사용하여 이를 수행할 수 있다. 예를 들어 rate(process_cpu_seconds_total{}[5m])는 프로그램의 지난 5분의 초당 평균 CPU 시간을 제공한다.

8.3.3절에서 이러한 종류의 메트릭을 기반으로 하는 CPU 시간 분석의 예를 찾을 수 있다. 그러나 지금은 process_cpu_seconds_total이 효율성을 높이는 데 도움이 되는, 흥미롭고 일반적인 사례를 설명하고자 한다. 컴퓨터에 CPU 코어가 2개만 있고(또는 프로그램에서 CPU 코어를 2개 사용하도록 제한) 평가하려는 기능을 실행하면 Go 프로그램의 CPU 시간 속도가 [그림 6-10]과 같이 표시된다고 가정하자.

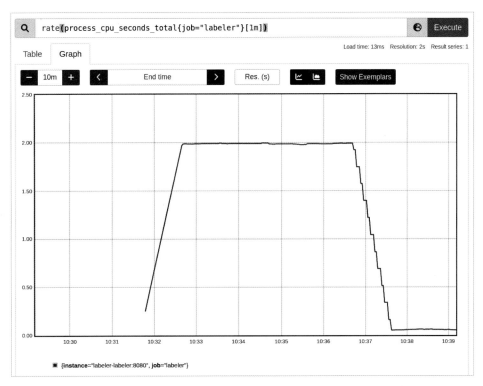

그림 6-10 테스트 후 labeler Go 프로그램의 CPU 시간에 대한 프로메테우스 그래프(8.3절 참고)

이 화면 덕분에 labeler 프로세스가 CPU 포화 상태를 경험하고 있음을 알 수 있다. 이는 Go

---

93 「프로메테우스 FUNCTIONS」, *https://oreil.ly/8BaUw*

프로세스가 사용 가능한 것보다 더 많은 CPU 시간이 필요하다는 의미다. 다음의 두 가지 신호는 CPU 포화 상태를 알려준다.

- '건강한' CPU 사용량은 더 뾰족하다([그림 8-4] 참고). 애플리케이션이 항상 같은 양의 CPU를 사용하는 경우는 거의 없기 때문이다. 그러나 [그림 6-10]에서는 5분 동안 CPU 사용량이 동일했음을 알 수 있다.
- 이 때문에 CPU 시간이 CPU 제한(이 경우에는 2개)에 너무 가까워지는 것을 원하지 않는다. [그림 6-10]에서 우리는 CPU 제한 주변에서 작고 울퉁불퉁한 부분을 명확하게 볼 수 있는데, 이는 전체 CPU 포화 상태를 나타낸다.

CPU가 언제 포화 상태인지 인지해야 한다. 현재 CPU 시간이 프로세스에 필요한 최대 시간이라는 잘못된 인상을 줄 수 있기 때문이다. 게다가 이 상황은 우리 프로그램의 실행 시간을 크게 늦추거나(레이턴시 증가) 심지어 프로그램을 완전히 정지시킬 수 있다. 프로메테우스 기반 CPU 시간 메트릭은 이러한 포화 사례를 학습하는 데 중요하다고 입증된 사례다. 또한 프로그램의 효율성을 분석할 때 가장 먼저 찾아야 하는 것 중 하나다. 포화 상태가 발생하면 프로세스에 더 많은 CPU 코어를 제공하거나 CPU 사용량을 최적화하거나 동시성을 줄여야 한다(📖 동시에 수행할 수 있는 HTTP 요청 수 제한).

반면 CPU 시간을 통해 프로세스가 차단될 수 있는 반대 사례를 찾을 수 있다. 예를 들어 CPU 바인딩 기능이 5개의 고루틴으로 실행될 것으로 예상하고 CPU 시간이 0.5(CPU 코어 1개의 50%)인 경우 고루틴이 차단되었거나(9.4.4절 참고), 전체 시스템과 운영체제가 사용 중임을 의미할 수 있다.

이제 메모리 사용량 메트릭을 살펴보도록 하자.

6.3.3 메모리 사용량

5장에서 설명한 것처럼 Go 프로그램이 메모리를 사용하는 방식에는 서로 다른 메커니즘의 복잡한 계층이 있다. 물리적인 메모리^{RAM} 사용량으로 프로그램을 측정하고 속성을 부여하기가 매우 까다로운 이유 중 하나다. 가상 메모리, 페이징 및 공유 페이지와 같은 운영체제 메모리 관리 메커니즘이 있는 대부분의 시스템에서 모든 메모리 사용량 메트릭은 추정에 불과하다. 이렇게 불완전하지만, Go 프로그램에 가장 적합한 것은 무엇인지 간단히 살펴보겠다.

Go 프로세스에 대한 메모리 사용 정보의 두 가지 주요 소스는 Go 런타임 힙 메모리 통계와 운영 체제가 메모리 페이지에 대해 보유하고 있는 정보다. 프로세스 내 런타임 통계부터 시작하겠다.

런타임 힙 통계

5.5절에서 언급한 것처럼 Go 프로그램 가상 메모리의 힙 세그먼트는 메모리 사용에 대한 적절한 프록시가 될 수 있다. 일반적인 Go 애플리케이션의 경우 바이트가 힙에 할당되기 때문이다. 또한 이러한 메모리는 (스왑이 활성화되지 않은 한) RAM에서 제거되지 않는다. 결과적으로 힙 크기를 확인하여 기능의 메모리 사용량을 효과적으로 평가할 수 있다.

우리는 종종 특정 작업을 수행하는 데 필요한 메모리 공간 또는 메모리 블록 수를 평가하는 데 큰 관심이 있다. 이를 추정하기 위해 일반적으로 두 가지 의미 체계를 사용한다.

- 힙에 있는 바이트 또는 개체의 총 할당을 통해 종종 비결정적 가비지 컬렉터의 영향 없이 메모리 할당을 볼 수 있다.
- 힙에서 현재 사용 중인 바이트 또는 개체의 수를 의미한다.

앞서 언급한 통계는 Go 런타임이 힙 관리를 담당하므로 필요한 모든 정보를 추적하기 때문에 매우 정확하고 빠르게 알아낼 수 있다. Go 1.16 이전에는 이러한 통계에 프로그래밍 방식으로 접근하는 권장 방법은 runtime.ReadMemStats 함수[94]를 사용하는 것이었다. 호환성이 있어 여전히 작동하지만, 모든 메모리 통계를 수집하려면 STW^{stop the world} 이벤트가 필요하다. Go 1.16부터는 가비지 컬렉션, 메모리 할당 등에 대해 저렴하게 수집할 수 있는 많은 정보를 제공하는 runtime/metrics 패키지[95]를 사용해야 한다. 메모리 사용 메트릭을 얻기 위한 이 패키지의 사용 사례는 [예제 6-12]에 나와 있다.

예제 6-12 총 힙 할당 바이트와 현재 사용된 바이트를 출력하는 가장 단순한 코드

```
import(
    "fmt"
    "runtime"
    "runtime/metrics"
)
```

---

94 「Go 문서, runtime」, *https://oreil.ly/AwX75*
95 「Go 문서, metrics」, *https://oreil.ly/WYiOd*

```
var memMetrics = []metrics.Sample{
    {Name: "/gc/heap/allocs:bytes"},                                    ❶
    {Name: "/memory/classes/heap/objects:bytes"},
}

func printMemRuntimeMetric() {
    runtime.GC()                                                        ❷
    metrics.Read(memMetrics)                                            ❸

    fmt.Println("Total bytes allocated:", memMetrics[0].Value.Uint64()) ❹
    fmt.Println("In-use bytes:", memMetrics[1].Value.Uint64())
}
```

❶ runtime/metrics에서 샘플을 읽으려면 먼저 원하는 메트릭 이름을 참고하여 샘플을 정의해야 한다. 측정 항목의 전체 목록은 Go 버전에 따라 다를 수 있으며(대부분 추가됨), pkg.go.dev[96]에서 설명과 함께 목록을 볼 수 있다. 예를 들어 힙의 개체 수를 얻을 수 있다.

❷ 메모리 통계는 가비지 컬렉터 실행 직후에 기록되므로, 이를 트리거하여 힙에 대한 최신 정보를 얻을 수 있다.

❸ metrics.Read는 샘플 값을 채운다. 최신 값만 신경쓰는 경우 동일한 샘플 조각을 재사용할 수 있다.

❹ 두 지표 모두 uint64 타입이므로 Uint64() 메서드를 사용하여 값을 검색한다.

프로그래밍 방식으로 해당 정보를 구하는 것은 로컬 디버깅 목적에 유용하지만, 최적화 시도 관점에서 봤을 때는 지속 가능한 방법은 아니다. 그렇기 때문에 일반적으로 커뮤니티에서는 해당 데이터를 구하는 다른 방법을 볼 수 있다.

- Go 벤치마킹 (8.1.1절 참고)
- 힙 프로파일링 (9.4.1절 참고)
- 프로메테우스 메트릭 계측

[예제 6-11]에서 reg.MustRegister(collectors.NewGoCollector())를 추가하여 runtime/metrics를 프로메테우스 메트릭으로 등록할 수 있다. Go 수집기는 기본적으로 다양한 메모리 통계를 노출하는 구조다.[97] 역사적 이유로 이들은 MemStats Go 구조체에 매핑되므로, [예제

---

96 「Go 문서, metrics」 *https://oreil.ly/HWGUJ*
97 「깃허브, prometheus/client_golang」 *https://oreil.ly/Ib8D2*

6-12]에 정의된 메트릭을 기준으로 카운터는 go_memstats_heap_alloc_bytes_total에 해당하고, 현재 사용량 게이지는 go_memstats_heap_alloc_bytes에 해당한다. 8.3.2절에서 Go 힙 메트릭 분석에 관해 더 자세히 다룰 예정이다.

그러나 힙 통계는 추정치일 뿐이다. Go 프로그램의 힙이 작을수록 메모리 효율성이 좋아질 가능성이 높다. 그러나 명시적 mmap syscall을 사용하는 대규모 오프 힙 영역off-heap[98] 메모리 할당 또는 대규모 스택이 있는 수천 개의 고루틴과 같은 의도적인 메커니즘을 추가한다고 가정한다. 이 경우 컴퓨터에서 OOM이 발생할 수 있지만 힙 통계에는 반영되지 않는다. 마찬가지로 5.5.2절에서 이미 물리적 메모리에 힙 공간의 일부만 할당되는 드문 경우를 살펴봤다.

이러한 단점에도 불구하고 힙 할당은 여전히 최신 Go 프로그램에서 메모리 사용량을 측정하는 가장 효과적인 방법이다.

운영체제 메모리 페이지 통계

리눅스 운영체제가 스레드당 추적하는 숫자를 확인하여 더 현실적이면서도 복잡한 메모리 사용 통계를 확인할 수 있다. 6.3.2절에서 설명했듯이 /proc/<PID>/statm은 페이지 단위로 측정된 메모리 사용량 통계를 제공한다. /proc/<PID>/smaps에서 볼 수 있는 메모리당 매핑 통계에서 더 정확한 숫자를 확인할 수 있다(5.4.3절 참고).

이 매핑의 각 페이지는 다른 상태를 가질 수 있다. 페이지는 실제 메모리에 할당되거나 할당되지 않을 수 있다. 또한 일부 페이지는 프로세스 간에 공유될 수 있다. 일부 페이지는 실제 메모리에 할당되고 사용된 메모리로 간주되지만, 프로그램에서는 '사용 가능'으로 표시될 수 있다(5.3.3절에서 언급된 MADV_FREE 해제 방법 참고). 예를 들어 파일 시스템 리눅스 캐시 버퍼[99]의 일부이기 때문에 일부 페이지는 smaps 파일에서 고려되지 않을 수도 있다. 따라서 다음 메트릭에서 관찰되는 절댓값에 대해 매우 회의적인 관점을 유지해야 한다. 대부분의 운영체제는 게으르게 메모리를 해제한다. 예를 들어 프로그램에서 사용하는 메모리의 일부는, 다른 사람이 필요로 할 때 해제되는 방법으로 캐시된다.

다음과 같이 프로세스상 운영체제에서 얻을 수 있는 몇 가지 일반적인 메모리 사용량 메트릭이 있다.

---

98 옮긴이 주_off-heap은 동적으로 할당하여 사용하나 GC에 의해서 관리되지 않는 영역을 의미한다.
99 「리눅스에서 버퍼 및 캐시 비우기」, https://oreil.ly/uchws

VSS

VSS $^{\text{virtual set size}}$는 프로그램에 할당된 페이지 수(또는 계측기에 따라 바이트 수)를 나타낸다. 대부분의 가상 페이지는 RAM에 할당되지 않으므로 그다지 유용한 메트릭은 아니다.

RSS

RSS $^{\text{residential set size}}$는 RAM에 상주하는 페이지(또는 바이트) 수를 나타낸다. 다른 메트릭은 이를 다르게 설명할 수 있다. 예를 들어 cgroups RSS 메트릭[100]에는 별도로 추적되는 파일 매핑 메모리가 포함되지 않는다.

PSS

PSS $^{\text{proportional set size}}$는 공유 메모리 페이지가 모든 사용자에게 균등하게 분할된 메모리를 나타낸다.

WSS

WSS $^{\text{working set size}}$[101]는 현재 프로그램에서 작업을 수행하는 데 사용되는 페이지(또는 바이트) 수를 추정한다. 브렌든 그레그 $^{\text{Brendan Gregg}}$가 자주 사용하는 메모리(프로그램의 최소 메모리 요구 사항)로 소개한 개념이다.

이 아이디어는 프로그램이 500GB의 메모리를 할당했을 수 있지만 몇 분 안에 일부 지엽적인 계산을 위해 50MB만 사용할 수 있다는 것이다. 이론적으로 나머지 메모리는 안전하게 디스크로 넘길 수 있다.

많은 WSS 구현이 있지만 가장 일반적으로 보는 것은 cgroup 메모리 컨트롤러[102]를 사용하는 cadvisor 해석[103]이다. WSS를 RSS(파일 매핑 포함)와 캐시 페이지의 일부(디스크 읽기 또는 쓰기에 사용되는 캐시)에서 inactive_file 항목을 뺀 값으로 계산하므로, 일정 시간 동안 건드

---

100 「Memory Resource Controller, stat file」, *https://oreil.ly/NL5Ab*
101 「WSS」, *https://oreil.ly/rWy8D*
102 「메모리 자원 컨트롤러」, *https://oreil.ly/ovSlH*
103 「깃허브, google/cadvisor」, *https://oreil.ly/mXjA3*

리지 않은 파일 매핑이다. 일반적인 운영체제 구성은 익명 페이지를 디스크로 넘길 수 없기 때문에 비활성 익명 페이지는 포함하지 않는다(스왑이 비활성화됨).

실제로 RSS 또는 WSS는 Go 프로그램의 메모리 사용량을 결정하는 데 사용된다. 동일한 시스템의 다른 동작에 크게 의존하는 것은 무엇이고, 사용 가능한 모든 공간으로 확장되는 RAM 사용 흐름을 따르는 것은 무엇인지에 관한 답을 얻을 수 있다. 각 메트릭은 현재 Go 버전과 이러한 메트릭을 제공하는 도구에 따라 유용성이 다르지만, 최신 Go 버전과 cgroup 메트릭을 사용하면 RSS 메트릭이 더 신뢰할 수 있는 결과를 제공하는 경향이 있다.[104] 그러나 정확도과 크게 관계없이, 쿠버네티스와 같은 시스템에서 축출(예 OOM)[105]을 트리거하는 데 WSS가 사용되므로, OOM으로 이어질 수 있는 메모리 효율성을 평가하는 데는 WSS를 사용해야만 한다.

이 책에서는 인프라 Go 프로그램에 중점을 두고 있으므로 cgroup 메트릭을 프로메테우스 메트릭으로 변환하는 cadvisor[106]라는 메트릭 내보내기에 크게 의존한다. 8.3.2절에서 사용 방법을 설명하겠다. 이를 통해 커뮤니티에서 일반적으로 사용되는 container_memory_rss + container_memory_mapped_file, container_memory_working_set_bytes와 같은 메트릭 분석을 수행할 수 있다.

6.4 마치며

관찰 가능성은 효율성 평가 및 개선에 필수적인 일련의 기술들을 제공한다. 그러나 일부에서는 주로 데브옵스[DevOps], SRE 및 클라우드 네이티브 솔루션을 위해 설계된 이러한 종류의 관찰 가능성이 개발자 사용 사례(과거 애플리케이션 성능 모니터링[APM])에서는 작동하지 않는다고 주장한다.

그러나 필자는 개발자(그리고 그들의 효율성 및 디버깅 여정)와 시스템 관리자, 운영자, 데브옵스 및 SRE 모두 동일한 도구를 사용하여 다른 사람이 제공하는 프로그램을 효과적으로 실행하도록 만들 수 있다고 생각한다.

---

104 한 가지 이유는 WSS에서 여전히 회수 가능한 일부 메모리를 포함하는 cadvisor의 문제(*https://oreil.ly/LKmSA*)다.

105 「쿠버네티스, Eviction signals」, *https://oreil.ly/lnDkI*

106 「깃허브, google/cadvisor」, *https://oreil.ly/RJzKd*

여기까지 6장에서는 메트릭, 로그, 트레이싱이라는 세 가지 관찰 가능성 신호를 알아봤다. 그리고 이와 관련하여 Go를 사용하는 도구의 예시를 살펴보았다. 마지막으로 대기 시간, CPU 시간 및 메모리 사용량 측정에 관한 일반적인 의미 체계를 설명했다.

이제 실제로 데이터 기반 의사 결정을 내리기 위해 효율성 관찰 가능성을 사용하는 방법을 살펴보겠다. 다양한 수준에서 효율성을 평가하기 위해 프로그램을 시뮬레이션하는 방법을 중점적으로 알아보자.

CHAPTER **7**

데이터 기반 효율성 평가

6장에서 다양한 관찰 가능성 신호를 이용해 Go 프로그램을 관찰하는 방법을 배웠다. 또 프로그램의 레이턴시와 자원 소비를 효과적으로 관찰하고 평가하기 위해 이러한 신호를 숫자 값 또는 메트릭으로 변환하는 방법에 대해 논의했다.

그러나 안타깝게도 실행 중인 프로그램의 현재 또는 최대 사용량이나 레이턴시를 측정할 줄 안다고 해서 응용 프로그램의 전체 효율성을 올바르게 평가할 수 있는 것은 아니다. 여기서 우리가 놓치고 있는 부분은 일반적으로 최적화에서 가장 어려울 수 있는 실험 부분이다. 즉, 6장에서 언급한 관찰 가능성 도구로 측정할 가치가 있는 상황을 어떻게 만들 수 있는지에 대한 것이다.

> **NOTE_ 측정**
>
> '측정하다'라는 동사는 매우 부정확하다. 이는 두 가지를 설명하는 데 과도하게 사용된다. 하나는 실험을 수행하는 과정이고, 다른 하나는 실험으로부터 데이터를 수집하는 과정이다.
>
> 이 책에서는 '측정' 과정을 사용할 때마다 측정학에서(측정의 과학)[1] 사용하는 정의를 따른다. 정확히 현재 일어나고 있는 일(**예** 이벤트의 레이턴시 또는 필요한 메모리) 또는 주어진 시간 내에 어떤 일이 발생했는지를 정량화하기 위한 도구를 사용하는 과정을 의미한다. 시뮬레이션한 벤치마크 또는 자연적으로 발생한 이벤트를 측정하기 위해 필요한 모든 것은 이 장에서 별도의 주제로 다룬다.

7장에서는 효율성을 목적으로 한 실험과 측정 기술을 소개할 것이다. 대체로 벤치마킹이라고 알려진 데이터 기반 평가에 중점을 둘 것이다. 그래서 8장에서 벤치마킹 코드를 작성하기 전, 모범 사례들을 보며 이해를 도울 것이다. 이러한 모범 사례들은 프로파일링에 집중할 9장에서 매우 유용할 것이다.

7.1절에서 솔루션들의 효율성을 평가하기 위해 비교적 경험에 덜 의존하는 분석인 복잡도 분석부터 시작한다. 그리고 7.2절에서는 벤치마킹에 관해 설명한다. 나아가 이를 기능 테스팅과 비교하고 '벤치마크는 항상 거짓말을 한다'는 일반적인 고정관념이 사실인지 확인한다.

7.3절에서는 벤치마킹과 프로파일링을 목적으로 한 실험의 신뢰성을 다룬다. 나쁜 데이터를 수집해서 잘못된 결론을 내리면 시간과 돈을 낭비하게 되는데, 이를 피하기 위한 기본 규칙을 제공한다.

---

1 「위키피디아, Metrology」, *https://oreil.ly/5PRMp*

마지막으로 7.4절에서는 벤치마킹 전략에 대한 모든 것을 소개할 것이다. 6장에서 CPU나 메모리 자원의 동작을 설명하기 위한 데이터로 벤치마크를 사용했다. 예를 들어 2.1.7절에서는 Go 도구가 표준 벤치마킹 프레임워크를 제공한다고 언급했다. 그러나 7장에서 알려주고 싶은 벤치마킹 기술은 그 이상으로, 8.1절에서 많이 언급할 도구 중 하나다. Go 코드의 효율성을 측정하는 많은 다양한 방법이 있지만, 언제 어떤 것을 이용할지 아는 것이 핵심이다.

이제 벤치마킹 테스트와 이와 관련한 중요한 측면을 소개하며 7장을 시작해보겠다.

7.1 복잡도 분석

특정 솔루션의 효율성을 평가할 만한 경험적 데이터가 있는 것은 아니다. 더 나은 시스템이나 알고리즘에 관한 아이디어는 아직 구현되지 않았을 수 있고, 사실 이를 벤치마킹을 하기 전에 실제로 구현하려면 상당한 노력이 필요할 수 있다. 또한 이미 3.3.4절에서 복잡도 추정의 필요성을 언급했다.

3.2절에서 배운 내용과 모순되게 느껴질 수 있지만(개발자들은 정확한 자원 소비를 잘 추정하지 못하는 것으로 악명이 높다), 때때로 개발자들은 이론 분석에 의존해서 프로그램을 평가한다. 한 가지 예는 알고리즘 수준에서 최적화를 평가할 때다(3.5절 참고). 개발자와 과학자는 종종 알고리즘의 복잡도 분석을 활용하여 어떤 알고리즘이 특정 제약 사항과 문제 해결에 더 적합한지 비교하고 결정한다. 이는 독자도 한 번쯤은 들어봤을 '점근 표기법(빅오$^{Big O}$ 복잡도로 알려져 있다)'으로 불린다. 아마 소프트웨어 엔지니어 면접을 본 경험이 있는 개발자라면 이와 관련된 질문을 한 번쯤 받아봤을 것이다.

그러나 점근 표기법을 완전히 이해하려면 '추정' 효율성 복잡도가 무엇을 의미하고 어떻게 생겼는지 알아야만 한다.

7.1.1 '추정' 효율성 복잡도

3.3.1절에서 CPU 시간이나 어떤 자원의 사용량을 특정한 입력 매개 변수와 관련된 수학적 함수로 표현할 수 있다고 언급했다. 일반적으로 특정 코드와 환경을 사용하여 특정 작업을 수행

하는 데 필요한 CPU 시간을 알려주는 실행 시간 복잡도에 관한 이야기다. 그러나 작업에 필요한 메모리, 저장 공간 또는 기타 공간 요구사항을 설명할 수 있는 공간 복잡도도 있다.

예를 들어 [예제 4-1]의 Sum 함수를 보자. 이런 코드가 다음 함수의 공간 복잡도(힙 할당을 나타냄)를 추정했음을 증명할 수 있다. 여기서 N은 입력 파일의 수(정수)다.

$$공간(N) = (848 + 3.6 * N) + (24 + 24 * N) + (2.8 * N) \text{바이트} = 872 + 30.4 * N \text{바이트}$$

복잡도를 자세히 아는 것은 좋지만 일반적으로 변수가 너무 많기 때문에 진정한 복잡도 함수를 찾는 일은 매우 어렵거나 불가능하다. 그러나 변수를 단순화하면, 특히 메모리 할당과 같은 더욱 결정적인 자원의 경우에는 이를 추정할 수 있다. 예를 들어, 앞의 방정식은 하나의 매개변수(정수의 개수)를 취하는 단순한 함수를 사용한 추정일 뿐이다. 물론 이 코드도 정수의 크기에 따라 다르지만, 정수의 크기가 약 3.6바이트라고 가정한다(필자가 테스트로 입력한 값에서 도출된 통계).

> **CAUTION** '추정' 복잡도
>
> 이 책에서 계속 강조했듯 용어 사용에 주의해야 한다. 필자는 복잡도라고 하면, 항상 빅오^{Big} O 즉, 점근 복잡도를 의미한다고 오해하고 있었다. 하지만 다른 복잡도도 존재하고, 어떤 경우에는 다른 복잡도를 살펴보는 것이 아주 유용할 수 있다. 다른 복잡도가 존재한다는 것을 알아야 한다!
>
> 하지만 안타깝게도 점근 복잡도와 쉽게 혼동하기 쉽기 때문에 상수에 관심이 있는 '추정' 복잡도라고 부를 것을 제안한다.

이 복잡도의 방정식을 어떻게 찾았을까? 간단하지는 않았다. 소스 코드 분석, 스택 이탈 분석, 여러 번의 벤치마크를 실행하고 프로파일링을 사용해 복잡도를 찾아냈다(7장과 8, 9장에서 이 과정을 전부 다룰 것이다).

> **CAUTION** 단지 예제일 뿐!
>
> 코드를 최적화하거나 평가하는 데 이 책에 나온 만큼 자세한 복잡도 분석이 필요하지 않으니 너무 걱정하지 말자. 예제들은 무엇이 가능한지, 어떤 결과를 얻을 수 있는지 보여주기 위함이었고, 효율성을 빠르게 평가하고 다음 최적화를 찾기 위한 실용적인 방법들이 있다. 해당 방법은 10장의 예제들을 통해 볼 수 있다.

물론 프로그램의 한 부분을 깊게 최적화한 TFBO 절차가 끝난 후에는 공간 문제를 자세히 인지하고 복잡
도를 빠르게 찾아내게 될 것이다. 그러나 모든 버전의 코드를 이렇게 분석하는 것은 낭비다.

[예제 7-1]과 같이 복잡도를 수집하고 이를 소스 코드에 대조하는 과정을 설명하는 것은 내용
을 이해하는 데 유용하다.

예제 7-1 [예제 4-1]의 복잡도 분석

```go
func Sum(fileName string) (ret int64, _ error) {
    b, err := os.ReadFile(fileName)                            ❶
    if err != nil {
        return 0, err
    }

    for _, line := range bytes.Split(b, []byte("\n")) {        ❷
        num, err := strconv.ParseInt(string(line), 10, 64      ❸
        if err != nil {
            return 0, err
        }
        ret += num
    }
    return ret, nil
}
```

❶ 방정식의 848 + 3.6 * N 부분은 파일의 내용을 메모리로 읽어오는 작업에 해당한다. 사용한 테스트
입력값은 안정적이다. 정수의 자릿수는 서로 다르지만, 평균적으로 2.6자리다. 새 줄 문자(\n)를 더
하면 모든 줄이 대략 3.6바이트 정도가 된다. ReadFile이 입력 파일의 내용을 바이트 배열로 반환
하기 때문에 프로그램은 b 슬라이스가 가리키는, 정확히 3.6 * N 바이트의 배열이 필요하다고 할 수
있다. 848바이트 만큼의 상수는 다양한 os.ReadFile 함수의 힙에 할당된 객체로부터 온다. 예를
들어 스택을 이탈한 24바이트의 b를 위한 슬라이스 값이 이에 해당하며, 빈 파일로 벤치마크를 하고
프로파일하는 것으로 상수를 찾기엔 충분했다.

❷ 10장에서 더 자세히 보겠지만 bytes.Split은 실행 시간 레이턴시와 할당 두 가지 모두에서 비용
이 꽤 많이 든다. 그러나 대부분을 24 + 24 * N 복잡도의 부분에 할당할 수 있다. 가장 큰 상수(24)

를 입력 크기로 곱한 것이기 때문에 대부분이라 할 수 있다. 이 할당이 [ ][ ]byte[2] 자료 구조의 반환을 해야 하기 때문이다. 원래의 바이트 배열을 복사하지 않고(os.ReadFile의 buffer를 공유한다), N개의 빈 [ ]byte 슬라이스들은 총 24 * N의 힙에 더해 24의 [ ][ ]byte 슬라이스 헤더가 필요하다. N이 10억 정도라면 아주 큰 할당일 것이다(10억 개의 정수는 22GB).

❸ 마지막으로 5.5.1절과 10.2.2절의 설명처럼 이 라인에도 할당을 많이 한다. 처음엔 보이지 않지만, 항상 복사하는 string(line)을 위해 필요한 메모리가 힙으로 이탈하고 있다.[3] 평균 2.6 자릿수를 N번 만큼 변환하기 때문에 2.8 * N 부분의 복잡도에 기여한다. 나머지 0.2 * N의 근원은 알 수 없다.[4]

이 분석을 통해 복잡도가 무엇을 의미하는지 알 수 있었기를 바란다. 벌써 복잡도의 의미를 아는 것이 꽤 유용하다고 느낀 사람도 있을 것이다. 10장에서 시도할 많은 최적화 기회를 이미 보았을 수도 있을 것이다.

7.1.2 점근 복잡도와 빅오 표기법

점근 복잡도는 구현, 특히 하드웨어나 환경에서 생기는 오버헤드를 무시한다. 대신 점근적 수학적 분석[5] 즉, 입력 크기에 따라 얼마나 빠르게 실행하는지, 얼마나 많은 공간을 요구하는지에 중점을 둔다. 이를 통해 확장성을 기반으로 알고리즘 분류가 가능하며, 이는 일반적으로 복잡한 문제(보통 막대한 입력이 필요함)를 해결하는 알고리즘을 찾는 연구자들에게 중요하다.

예를 들어 [그림 7-1]에서 일반적인 기능에 대한 간략한 개요와 알고리즘의 나쁜 점, 좋은 복잡도에 대한 편향적인 평가를 볼 수 있다. 여기서 '나쁜' 복잡도라고 표기했다고 해서 더 좋은 알고리즘이 있다는 것이 아니다. 다만 더 빠른 방법으로 해결될 수 없는 몇 가지 문제가 있다는 의미다.

---

2 「깃허브 golang/go 페이지 중」, *https://oreil.ly/Be0OF*

3 Go 1.20에서의 놀라운 기능 향상 덕에 ParseInt 함수의 경우 수정이 되었지만(*https://oreil.ly/KLIVM*), 다른 함수에서도 이런 이슈가 발생할 수 있다는 사실에 놀랄 수 있다!

4 프로그램에서 많은 문자열 복사를 하는 경우에만 발생한다. 아마도 내부의 어떤 바이트 풀에서 발생하는 것 같다.

5 「위키피디아, Asymptotic analysis」, *https://oreil.ly/MR0Jz*

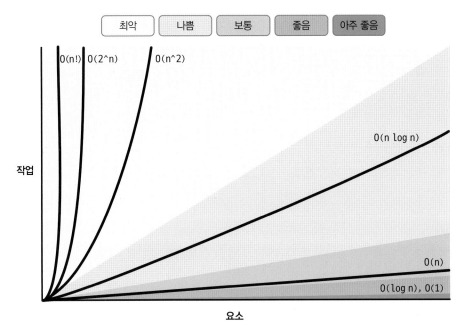

그림 7-1 빅오(Big O)를 설명하는 웹페이지(Big-O Cheat Sheet[6])에 실린 빅오 복잡도 차트. 음영은 일반적인 문제의 효율성이 편향된 정도를 나타낸다.

점근 복잡도를 표현하기 위해 주로 빅오$^{Big\ O}$ 표기법을 사용한다. 1976년 도널드 커누스는 이와 관련한 글[7]을 써서, 세 가지 표기법(O, Ω, Θ)을 명확히 정의하려 했다.

> $O(f(n))$은 '$f(n)$의 최대 차수', $\Omega(f(n))$은 '$f(n)$의 최소 차수', $\Theta(f(n))$은 '$f(n)$의 정확한 차수'로 읽을 수 있다.
>
>   - 도널드 커누스, 「Big Omicron and Big Omega and Big Theta」[8]

'$f(N)$의 차수' 문장의 뜻은 정확한 복잡도의 수치보다는 근사치에 관심이 있다는 뜻이다.

---

6 「네 복잡도를 알라」, *https://www.bigocheatsheet.com/*

7 'O-표기법들'은 빅오, 오메가, 세타라고 불린다. 그는 엄격한 상한 또는 하한을 뜻하는 'o-표기법들'(o, ω) 또한 정의했다(*https://oreil.ly/S44P0*). 때문에 이 함수는 f(N)보다 천천히 증가하지만 정확히 f(N)은 아니다. 실제로 O-표기법들을 자주 사용하지는 않는다.

8 「빅오미크론, 빅오메가, 빅세타(BIG OMICRON AND BIG OMEGA AND BIG THETA)」, *https://oreil.ly/yeFpW*

상한(O)

빅오$^{Big\ O}$는 함수가 f(n)보다 점근적으로 나쁠 수 없음을 뜻한다. 이는 다른 입력값의 특성이 중요할 때(**예** 정렬 문제에서 일반적으로 요소의 수에 대하여 이야기하지만, 입력값이 이미 정렬되어 있는지가 중요할 때도 있다) 최악의 시나리오를 나타내는 데 쓰이기도 한다.

동등(Θ)

빅세타$^{Big\ Theta}$는 정확히 점근적인 함수이거나, 때로는 평균이나 특별한 경우를 나타낸다.

하한(Ω)

빅오메가$^{Big\ Omega}$는 함수가 f(n)보다 점근적으로 좋을 수 없음을 뜻한다. 때로는 가장 좋은 경우를 뜻하기도 한다.

예를 들어 퀵 정렬[9] 알고리즘의 최악은 $O(N^2)$임에도 $N * \log N$, 즉, $\Omega(N * \log N)$ 과 $\Theta(N * \log N)$의 최고와 평균의 실행 시간 복잡도(입력값이 어떻게 정렬되어 있고, 피벗 위치를 어디로 지정할지에 따라서 달라짐)를 가지고 있다.

> **NOTE_ 현업에서 항상 올바르게 빅오$^{Big\ O}$ 표기법을 사용하지는 않는다.**
>
> 일반적으로 면접, 토론, 튜토리얼에서 빅세타$^{Big\ \Theta}$를 사용해서 설명해야 할 곳에 빅오$^{Big\ O}$를 이용하는 것을 볼 수 있다. 예를 들어 종종 퀵 정렬은 $O(N * \log N)$이라고 말한다. 이는 사실은 아니지만 정답으로 간주한다. 아마도 해당 주제를 단순화해서 접근성을 높이고자 하기 때문일 것이다 이 책에서는 더 정확하게 하려고 노력하겠지만 Θ는 항상 O로 대체할 수 있다(반대의 경우는 안됨).

[예제 4-1]에서 알고리즘의 점근 공간 복잡도는 선형이다.

$$공간(N) = 872 + 30.4 * N\ 바이트 = \Theta(1) + \Theta(N)\ bytes = \Theta(N)\ 바이트$$

점근적 분석에서 1, 872나 30.2 같은 상수들은 중요하지 않지만, 실제로 코드가 1MB ($\Theta(N)$) 또는 30.4MB를 할당하는지 여부는 중요할 수 있다.

---

9 「위키피디아, Quicksort」, *https://oreil.ly/a2jhF*

점근선을 파악하기 위해 정확한 복잡도가 필요한 것은 아니다. 정교한 복잡도는, 특히 실행 시간 복잡도와 관련해서, 너무 많은 변수에 따라 달라진다. 일반적으로 알고리즘의 의사코드 Pseudocode[10]나 설명을 기반으로 이론적인 점근 복잡도를 찾는 방법을 배울 수 있다. 약간의 연습이 필요하지만, 일단 [예제 7-1]을 구현하지 않았다고 가정하고 대신 알고리즘을 설계한다고 생각해보자. 예를 들면, 파일의 모든 정수의 합을 구하는 기본적인 알고리즘은 다음과 같이 설명할 수 있다.

1. 파일의 내용을 메모리에 읽어 들인다. 이는 $\Theta(N)$의 점근 공간 복잡도를 가진다. N은 정수 또는 줄의 수다. N줄을 읽기 때문에, 실행 시간 복잡도는 $\Theta(N)$다.

2. 내용을 부분 슬라이스들로 분리한다. 정확한 위치에서 한다면 $\Theta(N)$이라는 의미다. 아니면 이론상 $\Theta(1)$이다. 정확한 복잡도에서 본 것처럼 정확한 위치에서 한 것임에도 오버헤드는 24 * N으로 $\Theta(N)$을 제안하는 것이 흥미롭다. 두 경우 모두, 모든 줄을 거쳐야 하므로 실행 시간 복잡도는 $\Theta(N)$이다.

3. 모든 부분 슬라이스 (공간 복잡도 $\Theta(1)$과 실행 시간 복잡도 $\Theta(N)$)

   a. 정수를 파싱한다. 기술적으로 힙에 추가 공간은 필요하지 않다. 정수들은 스택에 남겨둘 수 있다. 줄 수와 자릿수가 제한되어 있다면 실행 시간 또한 $\Theta(1)$일 것이다.

   b. 파싱된 값을 부분합을 포함한 임시 변수에 더한다. 이는 $\Theta(1)$ 실행 시간과 $\Theta(1)$의 공간 복잡도를 가진다.

이런 분석을 통해 공간 복잡도가 $\Theta(N) + \Theta(1) + \Theta(N) * \Theta(1)$, 즉 $\Theta(N)$이라고 말할 수 있다. 2단계에서 실행 복잡도를 $\Theta(N) + \Theta(N) + \Theta(N) * \Theta(1)$로 합쳐서 이 또한 선형의 $\Theta(N)$이라고 언급했다.

일반적으로 더하기 알고리즘의 경우 비교적 쉽게 점근적으로 분석할 수 있지만, 대부분 간단하지 않다. 연습과 경험이 필요하다. 어떤 자동화된 도구가 이러한 복잡도를 감지할 수 있다면 아주 편리할 것이다. 물론 과거에 이와 관련한 흥미로운 시도들[11]이 있었지만, 비용이 너무 많이 들었다.[12] 즉 의사 코드의 복잡도를 평가할 수 있는 어떤 알고리즘이 있을 수도 있지만, 아직은 인간의 일이다!

---

10 옮긴이 주_의사 코드 또는 프로그램 설계 언어로도 불리며, 자연 언어에서 구문의 엄격한 규칙 없이 제어와 자료 구조를 설명한 코드를 의미한다.

11 「동적 프로그램 분석을 사용한 자동 알고리즘 복잡도 결정」, *https://oreil.ly/0h9ff*

12 이를 '무차별 대입(brute force)'으로 분류한다. 다른 입력들과 함께 수많은 벤치마크를 하고 증가함수에 근사하려 한다.

7.1.3 실전 응용

사실 필자는 복잡도라는 주제에 항상 회의적이었다. 대학에서 해당 주제에 관한 강의를 놓쳤기[13] 때문일 수도 있지만, 누군가가 어떤 알고리즘의 복잡도에 관해서 물으면 항상 실망스러웠다. 복잡도는 오로지 기술 면접에서 지원자들을 평가하기 위해서만 사용하고 실제 소프트웨어 개발에서는 거의 사용하지 않는 것이라고 확신했기 때문이다.

그렇게 느꼈던 첫 번째 근거는 부정확도이었다. 사람들이 복잡도에 관해 물을 때는 빅오^{Big O} 표기법의 점근 복잡도를 의미했다. 게다가 실무에 해시맵^{hashmap} 대신 선형 알고리즘을 사용해 배열의 요소를 검색할 수 있고 여전히 대부분의 코드가 충분히 빠르다면 빅오^{Big O}는 무슨 의미가 있을까? 또한, 필자보다 더 숙련된 개발자들은 더 좋은 삽입 복잡도를 가지는 매력적인 연결 리스트가 단지 더 간단한 배열과 appends 함수로 대체될 수 있다는 이유로 풀 리퀘스트를 거부하고 있었다. 마지막으로, 숨겨진 고정 비용이나 다른 주의사항들 때문에 점근 복잡도가 놀라우리만치 높은, 빠른 알고리즘들이 실전에서 사용되지 않는다는 것을 알고 있었기 때문이다.[14]

이는 대부분 업계의 고정관념과 단순화에서 비롯된 오해와 오용 때문이었다고 생각한다. 특히 적지 않은 엔지니어들[15]이 '추정' 복잡도 같은 것을 수행하기를 원한다는 것에 놀랐다. 어쩌면 단순히 점근 복잡도를 파악하는 것을 넘어서 추정을 해야 할 때 마주하는 어려움 때문에 자주 의욕이 꺾이거나 벅차다고 느낄 수도 있다. 필자의 경우는 오래된 프로그래밍 서적들을 읽으면서 서서히 깨우쳤다. 그중 일부는 대부분 최적화 예제에서의 두 가지 복잡도를 모두 사용하며 배웠다.

> 프로그램의 메인 for 루프는 N-1번 실행되고 N번을 실행하는 내부 루프를 포함한다; 프로그램이 필요한 모든 시간은 N^2에 비례하는 항에 의해 좌우된다. A1 조각의 파스칼 실행 시간은 대략 $47.0N^2$마이크로초까지 관찰되었다.
>
> — 존 루이스 벤틀리, 『Writing Efficient Programs』(Prentice Hall, 1982)

---

13 필자는 컴퓨터공학을 전공했던 대학교 2학년 때부터 IT 회사에서 정규직으로 일했기 때문에 놀랍지는 않다.

14 예를 들어 퀵 정렬은 평균으로는 가장 빠르지만 다른 알고리즘들보다 복잡하다. 코퍼스미스-위노그라드(Coppersmith-Winograd(*https://oreil.ly/q9jhn*)) 같은 행렬 곱 알고리즘은 빅오 표기법으로는 감춰진 큰 상수 계수를 가지고 있다. 따라서 현대의 컴퓨터에서는 큰 행렬들에만 유용하다.

15 「일상 작업에서 런타임 복잡도를 평가해야 하는 빈도는 어느 정도인지 묻는 설문조사」, *https://oreil.ly/1yxqH*

더 효율적이어야 하는 알고리즘과 코드를 최적화하거나 평가하려고 할 때, 추정 복잡도와 점근 복잡도를 아는 것은 중요하다. 몇 가지 사용 사례들을 살펴보자.

정밀한 복잡도를 알고 있다면 예상되는 자원 요구사항을 알기 위해 측정할 필요가 없다

실제로는 시작부터 정밀한 복잡도를 가지고 있는 경우는 드물지만, 누군가가 이런 복잡도를 제공해 줬다고 가정하자. 이러한 정밀한 복잡도는 다양한 부하(**예** 서로 다른 입력)에서 시스템을 실행하는 비용을 예측하고 용량을 계획하는 작업 등에 유용하다.

예를 들어 [예제 7-1]에서 Sum의 기본적인 구현은 얼마나 많은 메모리를 사용할까? 어떠한 벤치마크도 없이 $872 + 30.4 * N$ 바이트의 공간 복잡도를 다양한 입력 크기에 사용할 수 있다. 다음 내용을 살펴보자.

- 100만 개의 정수는 30,400,872바이트, 즉 1,024 대신 1,000 승수를 사용한다면 30.4MB가 필요[16] 할 것이다.[17]
- 200만 개의 정수는 60.8MB가 필요할 것이다.

이는 빠른 마이크로벤치마크를 실행하면 확인할 수 있다(벤치마크를 어떻게 실행하는지 8장에서 설명할 것이니 걱정할 필요 없다). 결과는 [예제 7-2]에 나와 있다.

예제 7-2 각각 100만 개와 200만 개의 요소가 입력된 [예제 4-1]의 벤치마크 할당 결과

```
name (alloc/op)    Sum1M          Sum2M
Sum                30.4MB ± 0%    60.8MB ± 0%

name (alloc/op)    Sum1M          Sum2M
Sum                800k ± 0%      1600k ± 0%
```

이 두 가지 결과만 놓고 보더라도 공간 복잡도가 상당히 정확하다는 것을 알 수 있다.[18]

---

16 「위키피디아, Megabyte」. *https://oreil.ly/SYcm8*
17 유의할 점은 도구에 따라 다른 변환을 사용한다는 것이다. 예시를 들면, pprof는 1,024, benchstat은 1,000 승수를 사용한다.
18 이렇게 정확한 공간 복잡도를 구성할 수 있고 힙의 모든 바이트까지 메모리 벤치마킹과 프로파일링을 할 수 있다는 것이 매우 놀라웠다. Go 커뮤니티와 pprof 커뮤니티의 노고에 찬사를 보낸다!

> **TIP** 항상 완전하고 정확한 실제 복잡도를 찾을 수 있는 것은 아니다. 하지만 보통은 아주 높은 수준의 복잡도 추정치를 가지는 것으로 충분하다. 예를 들어 30 * N 바이트는 [예제 7-1]에 있는 Sum 함수의 공간 복잡도를 충분히 자세하게 설명한다.

코드에 적용할 만한 쉬운 최적화가 있는지 알려준다

때로는 효율성 문제가 있는지 알기 위해 자세한 경험 데이터가 필요하지 않을 때도 있다.[19] 이는 프로그램을 더 최적화하는 것이 얼마나 쉬운지 알려주는 기술들 때문이다. 무거운 벤치마킹을 시작하기 전에 이런 빠른 효율성 평가를 알면 도움이 되는 것이다.

예를 들어 [예제 4-1]에서 Sum의 기본적인 구현을 작성할 때, $\Theta(N)$ 공간 (점근) 복잡도를 가지는 알고리즘을 작성하려 했다. 그러나 파일의 모든 내용을 메모리로 읽어 들이기 때문에 실제 복잡도는 대략 3.5 * N을 예상했다. 예상보다 거의 10배 이상의 메모리 사용량(30.5MB)을 보여주는 [예제 7-2]를 출력하는 벤치마크를 한 후에야 기본 구현이 얼마나 빈약했는지 깨달았다. 실제 복잡도와 결과 복잡도의 예상 추정치는 일반적으로 효율성을 개선해야 하는 경우, 사소한 최적화가 있을 수 있음을 나타내는 좋은 지표다.

만약 간단한 기능을 하는 알고리즘의 빅오^{Big O} 공간 복잡도가 선형이라면, 이는 이미 좋은 신호가 아니다. 이 알고리즘은 입력이 많을 때 매우 큰 메모리를 사용한다. 이는 요구사항에 따라 괜찮을 수도 있지만 애플리케이션을 확장하고 싶을 때는 문제가 될 수도 있다.[20] 그러므로 최대 입력 크기를 정하고 이를 문서화하여 해당 함수를 사용하려는 누군가가 나중에 놀랄 수 있는 상황을 방지해야 한다.

마지막으로 측정 결과가 예상한 알고리즘의 복잡도와 완전히 다르다고 해보자. 이런 경우는 올바른 도구가 있다면 대부분 쉽게 수정할 수 있는 메모리 누수의[21] 신호일 수 있다(11.3절 참고).

---

19 당장 고쳐야 한다는 것을 의미하는 것은 아니다! 대신, 문제가 목표(**CII** 사용자 만족도나 RAER 요구사항들)에 영향을 끼칠지 알고 있다면 항상 최적화를 하자.

20 때때로 코드를 스트림으로 변경하고 안정된 메모리 사용을 보장하는 외부 메모리(*https://oreil.ly/p6YDD*) 알고리즘을 사용하도록 하는 비교적 쉬운 방법들도 있다.

21 「위키피디아, Memory leak」, *https://oreil.ly/ZNB5s*

최적화는 더 좋은 알고리즘에 대한 아이디어 평가에 도움이 된다

복잡도의 다른 놀라운 사용 사례는 구현을 하지 않고도 빠르게 알고리즘 최적화를 평가할 수 있다는 것이다. Sum 예제에서 파일의 모든 내용을 메모리에 버퍼링할 필요가 없다는 것을 알아내는데 엄청난 알고리즘 기술들이 필요하지 않다. 메모리를 아끼고 싶다면 파싱 용도의 작은 메모리 버퍼를 사용할 수도 있다. 다음은 향상된 알고리즘에 관한 설명이다.

1. 아무것도 읽지 않고 입력 파일을 연다.

2. 4KB 버퍼를 하나 만든다. 적어도 4KB 메모리가 필요하다($\Theta(1)$).

3. 파일을 4KB의 청크로 읽는다. 각 청크마다 다음과 같은 작업을 한다.
    a. 숫자를 파싱한다.
    b. 임시의 부분합에 더한다.

이 향상된 알고리즘은 이론상 약 4KB의 공간 복잡도를 제공하므로, $O(1)$이다. 결과적으로 [예제 4-1]은 100만 개의 정수에 대해 7,800배 적은 공간을 사용할 수 있게 되었다. 다시 말해 실제로 구현하지 않고도 알고리즘 수준의 최적화가 아주 유용하다고 말할 수 있다. 10.3절에서 이 동작이 어떻게 동작하는지 더 자세히 알아볼 것이다.

이런 복잡도 분석의 수행은 전체 TFBO를 반복하지 않고도 개선 아이디어를 빠르게 평가할 수 있게 한다!

> **CAUTION** 나쁜 것이 오히려 좋을 때도 있다!
>
> 더 나은 점근적 또는 이론적 복잡도의 알고리즘을 구현하기로 정했다면 벤치마크를 이용한 코드 수준의 평가를 잊지 말아야 한다! 알고리즘을 설계할 때 우리는 종종 점근 복잡도를 최적화하지만, 코드를 작성할 때는 점

병목이 있는 위치와 알고리즘의 중요한 부분을 알려준다

마지막으로 [예제 7-1]에서처럼 소스 코드를 대조해서 세부적인 공간 복잡도를 빠르게 살펴보는 것은 효율성 병목을 찾아내는 좋은 방법이다. 상수 24가 가장 크고 이는 10장에서 처음으로 최적화할 bytes.Split 함수에서 온다는 것을 알 수 있다. 그러나 실제로는 프로파일링이 데이터 기반의 결과를 더 빨리 도출할 수 있기에 9장에서는 그 방법에 집중할 것이다.

이제까지 기본 측정과 이론적인 점근성을 혼합하는 복잡도와 능력에 관한 더 넓은 지식을 바탕으로 복잡도가 유용할 수 있다는 사실을 설명했다. 올바르게 사용한다면 보다 이론적인 효율성 평가를 위한 훌륭한 도구가 될 수 있다. 그러나 복잡도의 진정한 가치는 경험적 측정과 이론을 잘 섞어서 사용할 때 빛난다. 이를 염두에 두고 벤치마킹에 대해 더 알아보자.

7.2 벤치마킹의 기술

효율성을 평가하는 것은 [그림 3-5]의 4단계에서 볼 수 있는 것처럼 TFBO 절차에서 필수적이다. 코드, 알고리즘 또는 시스템에 대한 효율성 평가는 일반적으로 여러 가지 방법을 통해 달성할 수 있는 복잡한 문제다. 예를 들어 연구, 정적 분석 및 실행 시간 복잡도에 대한 빅오[Big O] 표기법을 통해 알고리즘 수준의 효율성을 평가하는 방법에 관해 이야기했다.

이렇게 이론적인 분석과 코드 효율성 추정으로 많은 부분을 평가할 수 있다. 하지만 결국 가장 신뢰할 수 있는 방법은 대체로 직접 코드를 실행하고 실제 동작을 확인하는 것이다. 3.2절에서 보았듯이 우리는 코드의 자원 소비를 추정하는 것에 서툴기 때문에 경험적 평가를 통해 평가에서 추측의 수를 줄일 수 있다.[22] 이상적으로는 아무 가정 없이 정확도 대신 효율성을 테스트하는 특수 테스트 과정을 사용하여 효율성을 확인한다. 이 테스트를 벤치마크라고 한다.

---

22 안타깝게도 아예 추측을 하지 않을 수는 없다. 추측은 꼭 필요하며 7.3절에서 관련 내용을 더 살펴보기로 한다. 그 어떤 것도 100%를 보장해주지 않지만 개발하고 있는 소프트웨어가 충분히 효율적이라는 것을 보장하기 위해서는, 벤치마킹이 개발자가 할 수 있는 최선일 것이다.

일반적으로 벤치마킹은 소프트웨어나 시스템을 효율적으로 평가하는 방법이다. 추상적으로 벤치마킹의 과정은 간단한 함수로 논리적으로 설명한 것처럼 네 가지 핵심 부분으로 나뉜다.

$$\text{벤치마크} = N * (\text{실험} + \text{측정}) + \text{비교}$$

모든 벤치마킹의 핵심엔 다음과 같은 실험과 측정 주기가 있다.

실험

소프트웨어의 특정 기능을 시뮬레이션하여 동작 효율성을 알아내는 행위다. 하나의 Go 함수나 구조체 또는 복잡한 분산 시스템으로도 실험 범위를 지정할 수 있다. 예를 들어 웹서버를 개발한다면 웹서버를 시작하고 사용자가 활용할 법한 현실적인 데이터로 간단한 HTTP 요청을 수행하는 것일 수 있다.

측정

6장에서 레이턴시와 다양한 자원의 소비를 정확하게 측정하는 방법에 대해 논의했다. 실험이 끝났을 때 의미 있는 결과를 내기 위해 전체 실험 동안 소프트웨어를 안정적으로 관찰하는 것이 중요하다. 웹서버 예제의 경우 다양한 수준(예 클라이언트와 서버 레이턴시)에서 작업 레이턴시와 웹서버의 메모리 소비를 측정하는 것을 의미할 수 있다.

이제 벤치마킹의 고유한 부분은 실험과 측정 주기가 끝에 있는 비교 단계와 함께 N번 수행되어야 한다는 것이다.

테스트 반복 횟수 (N)

N은 결과에 대한 충분한 신뢰도를 얻기 위해 수행해야 하는 테스트 반복 횟수다. 정확한 실행 횟수는 여러 가지 요소에 따라 달라지며, 이에 관해서는 7.3절에서 더 자세히 이야기할 것이

다. 일반적으로 반복을 많이 할수록 좋다. 단, 반복 횟수가 너무 많아지면 시간이나 비용과 더 높은 신뢰도 사이에서 균형을 맞춰야 한다.

비교

마지막으로 벤치마킹의 정의에는 소프트웨어의 효율성을 개선하는 요소와 방해하는 요소가 무엇인지, 예상[RAER]과 얼마나 다른지 알게 해주는 비교 측면[23]이 있다.

여러 면에서 벤치마킹의 정확성을 확인하기 위한 테스트(기능 테스트)와 유사하다는 것을 알아차렸을 것이다. 그 결과로 많은 테스트 관행이 벤치마킹에도 적용된다. 7.2.1절에서 살펴보자.

7.2.1 벤치마킹과 기능 테스트 비교

기존의 익숙한 것과 비교하는 것은 가장 좋은 학습 방법 중 하나다. 이제 벤치마킹과 기능 테스트를 비교해보자. 이 두 가지 방식에서 방법론이나 관행을 공유할 수 있는 측면이 있을까? 기능 테스트와 벤치마킹 간에 공유할 수 있는 부분이 많다는 사실을 이해하게 될 것이다. 예를 들어 다음과 같은 공통된 측면들이 있다.

- 테스트 케이스를 위한 모범 사례(예 엣지 케이스[24]), 테이블 기반 테스트[25] 그리고 회귀 테스트
- 테스트 단위, 통합, e2e[26] 그리고 프로덕션 환경 테스트로 분할(7.4절 참고)
- 지속적인 테스트를 위한 자동화

더불어 중요한 차이점도 알아야 한다. 벤치마크의 특징은 다음과 같다.

---

23 「위키피디아, Benchmarking」, *https://oreil.ly/kzNR3*
24 「엣지 케이스 탐색, 우선순위 지정 및 테스트」, *https://oreil.ly/Sw9qB*
25 「테이블 기반 테스트 선호」, *https://oreil.ly/Q3bXD*
26 「엔드 투 엔드 테스트 대 통합 테스트」, *https://oreil.ly/tvaMk*

서로 다른 테스트 케이스와 테스트 데이터가 있어야 한다[27]

정확도 테스트를 위해 단위 테스트나 통합 테스트에 이용한 것과 동일한 테스트 데이터(입력 변수들, 잠재적인 가짜 데이터, 데이터베이스의 테스트 데이터 등)를 재사용하고 싶은 유혹이 들 수 있지만, 그렇게 해서는 안 된다. 목표가 다르기 때문이다. 정확도 테스트는 기능적인 관점에서 엣지 케이스[28]에 집중한다(**예** 장애 모드). 반면 효율성 테스트에서 엣지 케이스들은 보통 다양한 효율성 문제를 유발한다는 측면에 중점을 둔다(**예** 대용량 요청과 수많은 작은 요청). 이에 대해 7.3.2절에서 자세히 논의할 것이다.

> 대부분의 시스템에서 개발자는 프로덕션 환경에서 마주칠 일반적인 입력 데이터로 프로그램을 관찰해야 한다. 일반적인 테스트 데이터는 종종 요구사항을 충족하지 않는다. 즉 테스트 데이터가 모든 부분의 코드를 실행하기 위해 선택되지만, 프로파일링(및 벤치마킹) 데이터는 '전형성'을 위해 선택되어야 한다.
>
> – 존 루이스 벤틀리, 『Writing Efficient Programs』(Prentice Hall, 1982)

성능 비결정론을 수용하라

현대의 소프트웨어와 하드웨어는 복잡한 최적화 계층으로 구성되어 있다. 이에 따라 벤치마크를 실행하는 동안 비결정적 조건이 변경될 수 있고, 이는 결과 또한 비결정적일 수 있다는 것을 의미한다. 7.3절에서 자세히 다룰 테지만 신뢰도를 높이기 위해 테스트 반복 주기를 수백 또는 수천 번(N) 반복하는 것이 일반적이다. 여기서 주요한 목표는 벤치마크가 얼마나 반복 가능한지 파악하는 것이다. 편차가 너무 크다면 결과를 신뢰할 수 없는 것이므로, 편차를 줄여야 한다. 이것이 벤치마크 통계에 의존해야 하는 이유이고 이 통계가 많은 도움을 주지만, 개발자들을 잘못된 길로 이끌 위험성도 있다.

> 반복성은 동일한 작업이 모든 설정에서 벤치마크되고 많은 테스트에서 메트릭이 반복 가능하도록 보장하는 것을 의미한다. 경험적으로 5%의 편차까지는 일반적으로 수용 가능하다.
>
> – 밥 크램블리트 Bob Cramblitt, 「거짓, 빌어먹을 거짓, 벤치마크: 좋은 성과 지표를 만드는 요소」[29]

---

27 「테스트 케이스를 작성하는 방법: 예제가 포함된 최고의 가이드」, *https://oreil.ly/me3cM*
28 「엣지 케이스 탐색, 우선순위 지정 및 테스트」, *https://oreil.ly/Sw9qB*
29 「거짓, 빌어먹을 거짓, 벤치마크: 좋은 성과 지표를 만드는 요소」, *https://oreil.ly/ghvJ7*

작성하고 실행하는 비용이 더 크다

수행해야 하는 반복 횟수는 벤치마크 실행 비용과 수행 복잡도 그리고 그것을 생성하고 대기하는 개발자의 시간과 컴퓨팅 비용을 모두 증가시킨다. 그러나 정확도 테스트에 비해 추가되는 비용은 이것만이 아니다. 특히 대규모 시스템의 부하 테스트의 경우, 효율성 문제를 유발하기 위해 다양한 시스템의 용량을 소모시켜야만 한다. 단지 테스트를 위해서 컴퓨팅 파워를 구입해야 한다는 의미다.

효율성이 필요한 곳에만 신경을 쓰는 실용적인 최적화 과정에 집중해야 하는 이유다. 7.4절에서 논의된 것처럼 고립된 함수의 전략적 마이크로벤치마크를 이용하여 영리하게 전체 범위의 매크로벤치마크를 피하는 방법도 있다.

기대치는 덜 구체적이다

정확도 테스트는 항상 단언문[Assert]으로 끝난다. 예를 들어 Go 테스트에서는 함수의 결과가 기대값[Expect]인지를 확인한다. 기대값[Expect]이 아니라면 t.Error나 t.Fail을 사용해 테스트가 실패해야 함을 명시한다(혹은 한 줄의 testutil.Ok[30]나 testutil.Equals[31]).

벤치마킹에서도 레이턴시나 자원 사용량이 RAER를 초과하지 않는지 단언할 수 있다면 정말 좋겠지만, 불행히도 마이크로벤치마크의 끝에 단순히 if maxMemoryConsumption < 200 * 1024 * 1024를 할 수는 없다. 결과들의 일반적인 높은 편차, 레이턴시와 자원 소비를 하나의 기능 테스트로 격리하는 어려움 그리고 7.3절에서 언급된 다른 문제들이 단언[Assertion] 과정의 자동화를 어렵게 한다. 일반적으로 결과의 허용 여부를 이해하려면 사람 또는 아주 복잡한 이상 감지 또는 단언문 소프트웨어가 필요하다. 미래에는 이런 것들을 더 쉽게 할 수 있는 도구들을 더 볼 수 있기를 바란다.

문제를 더 어렵게 만드는 더 큰 API와 기능을 위한 RAER가 있을 수 있다. 그러나 RAER가 전체 HTTP 요청의 레이턴시가 20초 이내여야 한다고 한다면, 이 요청과 관련된 하나의 Go 함수(몇천 개의 함수 중)에는 어떤 의미가 있을까? 마이크로벤치마크에서 이 함수의 레이턴시는 어느 정도여야 할까? 이에 대한 명확한 답은 없다.

---

30 「Go testutil.Ok 페이지」, *https://oreil.ly/ncVhq*
31 「Go testutil.Equals 페이지」, *https://oreil.ly/uH1F5*

TIP **절대적인 결과보다 상대적인 결과에 더 집중한다!**

벤치마크에서는 보통 절댓값을 단언하지 않는다. 대신에 결과를 어떤 기준값(**예** 코드 변화 이전의 벤치마크)과 비교하는 데 집중한다. 이 방식으로 전체를 보지 않고도 단일 구성요소의 효율성을 개선했는지 또는 부정적인 영향을 미쳤는지 알 수 있다. 이는 일반적으로 단위 마이크로벤치마크 수준에서 충분하다.

여기 설명한 벤치마킹의 기본적인 특징과 함께, 이제 벤치마크를 거짓말과 연관 짓는 불편한 진실을 마주해보도록 하자. 불행히도 벤치마크와 거짓말을 관계[32] 짓는 데에는 확실한 이유가 있다. 7.2.2절에서 이를 분석하여 어떻게 하면 벤치마크를 신뢰할 수 있을지 살펴보자.

7.2.2 벤치마크의 거짓말

최고에서 최악까지를 다음 단어들로 정렬할 수 있다고 말하는 유명한 문구[33]의 확장판이 있다. 바로, 「거짓, 빌어먹을 거짓, 그리고 벤치마크」다.

> 성능에 대한 이러한 관심은 컴퓨터 공급업체에서도 나타났다. 그 결과 거의 모든 공급업체가 자기네 상품이 더 빠르거나 가성비가 좋다고 홍보한다. 성능에 관한 마케팅을 보면 늘 다음과 같은 의문이 생긴다. "어떻게 모든 경쟁자가 다 가장 빠를 수 있을까?" 컴퓨터 성능은 복잡한 현상이며, 누가 가장 빠른지는 특정하게 단순화된 결론을 제시하기 위해 사용되는 특정한 단순화에 달려있다.
>
> – 알렉산더 칼튼Alexander Carlton, 「거짓, 빌어먹을 거짓, 그리고 벤치마크Lies, Damn Lies, and Benchmarks」[34]

거짓 벤치마크는 실제로 널리 퍼져 있다. 경쟁적인 시장에서 벤치마크를 통한 효율성 결과는 매우 중요하다. 선택사항이 너무 많기 때문에 의사 결정권자들은 일반적으로 "어떤 것이 가장 빠른 솔루션을 내놓는가?" 또는 "어떤 것이 가장 확장성이 있는가?"와 같은 간단한 질문으로 단순하게 비교한다. 그 결과 벤치마킹은 거짓말이 게임화된 시스템[35]으로 변질되었다. 또 효율성 평가를 제대로 하기엔 매우 복잡하고 재현하는 비용이 많이 드는데, 이로 인해 잘못된 결

---

32 「벤치마크를 거짓말과 연결시키는 만화」, *https://oreil.ly/yotxL*
33 「위키피디아, '거짓말, 빌어먹을 거짓말, 그리고 통계'」, *https://oreil.ly/xULP5*
34 「거짓, 빌어먹을 거짓, 그리고 벤치마크」, *https://oreil.ly/WClsq*
35 「속임수를 이겨내고, 게임을 멈추자」, *https://oreil.ly/4NAVh*

론을 내리기 쉽다. 따라서 회사, 공급업체 그리고 개인들의 거짓 벤치마크 사례가 많이 있다.[36] 그러나 모두가 의도적이거나 악의적인 목적으로 수행된 것이 아니라는 사실을 꼭 언급해야 한다. 좋든 나쁘든 대부분의 경우 잘못된 결과를 의도적으로 리포트한 것은 아니다. 인간의 두뇌는 통계적 에러와 역설에 속기 쉽기 때문에 이러한 결과가 자연스럽게 발생하는 것이다.

> **CAUTION** 벤치마크는 거짓말하지 않는다. 결과를 잘못 해석할 뿐이다!
>
> 많은 이유로 벤치마크로를 통해 잘못된 결론을 내릴 수 있다. 실수라면 일반적으로 많은 시간과 돈을 낭비하는 심각한 결과를 초래할 수 있다. 의도적으로 했다면… 거짓말은 오래가지 못한다.
>
> 인적 에러로 인한 벤치마크, 문제와 상관 없는 조건에서 행해진 벤치마크 또는 단순한 통계적 에러 등의 이유로 인해 오도될 수 있다. 벤치마크 결과 자체는 거짓말을 하지 않는다. 다만 잘못된 것을 측정했을 뿐이다.
>
> 벤치마크를 염두에 둔 고객이나 개발자가 되어 보고 기본적인 데이터과학을 배우는 것이 해결책일 것이다. 일반적인 실수와 해결법에 관해서는 7.3절에서 논의할 것이다.

벤치마크에서 자연적으로 발생하는 일부 편향을 극복하기 위해 업계에서는 종종 어떤 표준과 인증을 제시한다. 예를 들어 공정한 연비 효율성 평가를 보장하기 위해 미국의 모든 소형차는 미국 환경 보호국[EPA][37]의 연비 테스트 결과를 제시해야 한다. 유럽에서도 마찬가지다. 자동차 제조사의 연비 테스트와 실제 연비 간의 40% 차이에 대응하기 위해 EU는 Worldwide Harmonized Light-Duty Vehicle Test Cycle and Procedure[WLTP][38, 39]를 채택했다. 하드웨어와 소프트웨어의 경우 많은 독립 기관에서 특정 요구사항을 위한 일관적인 벤치마크를 설계한다. SPEC[40]와 Percona HammerDB[41]를 예로 들 수 있다.

거짓과 정직한 실수를 모두 극복하기 위해서는 벤치마크의 신뢰도를 떨어뜨리는 요인이 무엇

---

36 예를 들어 '자동차 제조사의 탄소 배출량 벤치마크(*https://oreil.ly/WNF1z*) 속이기'와 '휴대전화 제조사의 하드웨어 벤치마크(*https://oreil.ly/sf80C*) 속이기'가 있다(때때로 유명한 긱벤치(Geekbench), *https://oreil.ly/8M4ey*)의 목록에서 금지된다). 소프트웨어 세계에서는 다양한 업체가 지속적으로 불공정 벤치마크(*https://oreil.ly/RmytC*) 싸움을 벌이고 있다. 만든 쪽이 대부분 그중 가장 빠르다고 주장한다.

37 「포괄적인 자동차 테스트에 대해 알아야 할 모든 것」, *https://oreil.ly/gKOc2*

38 옮긴이_주_승용차나 경차의 오염도, 이산화탄소 배출량 및 연료 소비량 등을 국제적인 기준으로 판단할 수 있게 도와주는 테스트 절차를 말한다.

39 「유럽 연합의 연비(Fuel economy in the European Union)」, *https://oreil.ly/LPUXj*

40 「SPEC(Standard Performance Evaluation Corporation)」, *https://oreil.ly/tkV60*

41 「HammerDB: 오픈 소스 데이터베이스를 벤치마킹하는 더 나은 방법」, *https://oreil.ly/ngRKu*

인지 그리고 그 품질을 개선하기 위해 무엇을 할 수 있는지 이해하는 데 집중해야 한다. 이는 8장에서 논의할 많은 벤치마크 사례들을 설명하는 기본 지식이 된다. 그 내용을 다음 7.3절에서 살펴보자.

7.3 실험의 신뢰성

TFBO 주기는 시간이 많이 소요된다. 효율성을 측정하고 최적화하는 수준과 관계없이 모든 경우에 벤치마크를 구현 및 실행하고 결과를 해석하고 병목을 찾아내고 새로운 최적화를 시도하는 데는 많은 시간이 필요하다. 만약 신뢰할 수 없는 평가로 인해 노력의 일부 또는 전체가 낭비된다면 절망적일 것이다.

벤치마킹의 거짓말을 설명할 때 언급했듯이 벤치마크가 오도를 하는 데에는 여러 가지 이유가 있다. 알고 있으면 유용할 일반적인 몇 가지 어려움을 소개한다.

> **NOTE_ 병목 분석에도 동일하게 적용된다.**
> 7장에서는 벤치마크, 즉 효율성 측정(레이턴시나 자원 소비)을 주로 하도록 하는 실험들에 대해 논의할 것이지만 신뢰성에 대한 우려는 효율성과 관련된 다른 실험과 측정에도 적용될 수 있다. 예를 들어 9장에서 논의할 Go 프로그램 프로파일링은 병목 찾기에서도 동일하게 적용된다.

벤치마크의 신뢰도에 대한 일반적인 어려움은 세 가지로 요약할 수 있다. 즉 인적 에러, 프로덕션 환경에 대한 실험의 관련성, 현대 컴퓨터의 비결정적인 효율성이다. 7.3.1절에서 이를 자세히 살펴보자.

7.3.1 인적 에러

오늘날의 최적화와 벤치마킹 루틴은 개발자들의 수작업이 많이 필요하다. 프로덕션 환경과 비결정적 성능을 재현하는 데 신경을 쓰면서 여러 알고리즘과 코드로 실험해야 하기 때문이다. 그런데 이러한 수작업의 특성상 인적 에러가 생기기 쉽다.

이미 시도한 최적화가 무엇인지, 디버깅을 위해 추가한 코드와 저장되었어야 할 코드가 무엇이었는지 잊어버리기 쉽다. 또한 벤치마킹의 결과가 어떤 버전의 코드에 대한 것인지 그리고 이미 증명한 에러에 대한 가정이 무엇이었는지 혼동하기 쉽다.

벤치마크의 많은 문제는 부주의와 체계의 부재로 발생하는 경향이 있다. 필자 역시 비슷한 실수를 많이 저질렀다. 예를 들어 최적화 X를 벤치마킹하고 있다고 생각했을 때 결과에 유의미한 차이가 없는 것을 보고 폐기했다. 몇 시간 후에야 잘못된 코드를 테스트했고, 최적화 X가 유용하다는 것을 깨달았다.

다행히 이런 위험을 줄이는 몇 가지 방법이 있다.

간단하게 유지하자

가능한 가장 작은 단위로 효율성과 관련된 코드 수정을 반복하라. 동시에 코드의 많은 요소를 최적화하려는 것은 벤치마크의 결과를 알아보기 어렵게 할 것이다. 이로 인해 관심이 있는 측면의 효율성을 제한하는 최적화를 놓칠 수 있다.

마찬가지로 복잡한 부분을 독립적으로 최적화하고 측정할 수 있게 작게 분리하자(분할 정복하자divide and conquer).

벤치마킹하고 있는 소프트웨어의 버전을 알자

사소할 수 있지만 소프트웨어 버전 관리[42] 사용의 중요성을 다시 한번 강조한다. 여러 가지 최적화를 시도한다면 독립적인 커밋commit과 브랜치branch로 분리해 필요할 때 이전 버전으로 되돌릴 수 있다. 일과가 끝나기 전에 작업 내용을 커밋함으로써 최적화 노력이 낭비되지 않도록 하자.[43]

그리고 이는 방금 벤치마크한 코드의 버전이 무엇인지에 대해 엄격해야 한다는 것을 의미한다. 관련 없어 보이는 명령문의 작은 정렬일지라도 코드의 효율성에 영향을 미칠 수 있기에 항상 극소의 반복으로 프로그램을 벤치마크해야 한다. 이는 코드의 모든 의존성 또한 포함한다(🔵 go.mod 파일에 있는 의존성).

---

42 「위키피디아, Software versioning」, *https://oreil.ly/P0eoP*

43 git 리포지토리에 수정 내용을 커밋하는 것을 잊었다면, 일부 좋은 IDE들은 추가적인 로컬 히스토리(*https://oreil.ly/Ytdi0*)도 가지고 있다.

사용하고 있는 벤치마크의 버전을 알자

벤치마크 테스트 코드 자체를 버전화하는 것도 잊지 말아야 한다. 사소한 수정 사항(별도의 확인 추가)이라도 서로 다른 벤치마크 구현의 결과를 비교하는 것을 피해야 한다.

동일한 설정으로 벤치마크를 실행하는 스크립트와 이를 버전화하는 것도 길을 잃지 않는 좋은 방법이다. 다른 사람들과 미래의 자신을 위해 선언적 방법으로 벤치마크 옵션을 공유하는 모범 사례에 대해 8장에서 언급한다.

작업을 잘 정리하고 구조화하자

메모하고, 일관된 워크플로를 설계하고, 실험한 코드의 버전을 명시해야 한다. 의존성 버전을 관리하고 일관된 방법으로 벤치마킹 결과를 명시적으로 관리해야 한다. 마지막으로, 이 과정에서 발견한 내용을 다른 사람과 분명하게 의사소통해야 한다.

다른 코드를 시도하는 동안에도 코드를 깨끗하게 해야 한다. 예를 들어 DRY[44]와 같은 모범 사례는 유지하고, 주석 처리된 코드 및 테스트 사이의 상태 격리 등은 남기지 말아야 한다.

'비현실적으로 좋은' 벤치마크 결과는 의심하자

코드가 갑자기 빨라졌거나 자원을 적게 사용하게 됐는데 그 이유를 설명할 수 없다면, 물론 다시 확인하지 않고 그저 기뻐하며 넘어가고 싶을 것이다. 하지만 이는 벤치마크 도중 분명히 무언가를 잘못한 결과일 것이다.

따라서 벤치마크 테스트 케이스가 성공적인 실행 대신 에러를 유발하는지(8.2.3절 참고) 또는 컴파일러가 마이크로벤치마크를 최적화해 버렸는지(8.2.7절 참고)와 같은 일반적인 문제를 확인해야 한다.

업무를 약간 나태하게 하는 것도 건강에 좋다.[45] 그러나 잘못된 순간의 나태함은 어려운 프로그램 효율성 최적화 여정에서 알 수 없는 문제와 위험을 증가시킬 수 있다.

이제 신뢰할 수 있는 벤치마크의 두 번째 핵심 요소인 관련성에 대해 살펴보자.

---

44 「DRY 원리: 사용 사례를 통한 이점과 비용」 *https://oreil.ly/S887r*
45 나태함은 사실 엔지니어에게 좋은 것이다(*https://oreil.ly/u8IDm*). 그러나 순전히 주어진 순간의 감정에 기반한 것이 아니라 작업의 효율성을 향한 실용적이고 생산적이며 합리적인 나태함이어야 한다.

7.3.2 프로덕션 환경의 재현

당연할 수도 있지만, 개발 환경에서 속도를 개선하거나 사용하는 자원을 소비하기 위해 소프트웨어 최적화를 하지는 않는다.[46] 대신 소프트웨어가 비즈니스에 중요한 **프로덕션** 환경에서 충분히 효율적으로 실행될 수 있도록 최적화한다.

프로덕션 환경이 백엔드 애플리케이션을 만든다면 배포할 운영 서버 환경을, 엔드 유저 애플리케이션을 만든다면 PC, 랩탑, 스마트폰과 같은 개인 디바이스를 의미한다. 따라서 관련성을 강화하여 모든 벤치마크에 대한 효율성 평가의 품질을 크게 개선할 수 있다. 다시 말해 프로덕션의 환경 조건과 상황을 최대한 시뮬레이션(재현)함으로써 이를 달성할 수 있다.

프로덕션 환경 조건

프로덕션 환경의 특성을 말한다. 예를 들어 프로그램 전용으로 얼마나 많은 RAM과 어떤 종류의 CPU를 프로덕션 환경이 할당할지, 어떤 버전의 운영체제를 사용하는지, 프로그램이 어떤 버전과 종류의 의존성을 사용하는지 등이 여기 포함된다.

프로덕션 환경 작업부하

프로그램이 작업할 데이터와 함께 처리해야 하는 사용자 트래픽을 말한다.

이때 처음으로 해야 할 일은 소프트웨어 목표 환경에 대한 요구사항을 수집하는 일일 것이다 (이때 RAER 서식으로 작성되면 가장 이상적이다). 이 과정 없이는 소프트웨어의 효율성을 올바르게 평가할 수 없기 때문이다. 마찬가지로 벤더나 독립적인 단체에서 수행한 벤치마크를 볼 때는 벤치마크 조건이 프로덕션 환경과 요구사항에 부합하는지 확인해야 한다. 아마 보통 부합하지 않을 것이다. 그리고 이를 완전히 신뢰하기 위해서는 해당 벤치마크를 직접 재현해봐야 한다.

소프트웨어의 목표 프로덕션 환경이 어떤지 대략 알고 있다는 가정하에, 벤치마크의 흐름, 테스트 데이터 그리고 사례 설계를 시작할 수 있다. 하지만 아쉽게도 개발 및 테스트 환경에서 프로덕션 환경의 모든 측면을 완벽하게 재현하는 것은 불가능하다. 언제나 알 수 없는 문제들과 차이점들이 있다. 다음은 프로덕션 환경이 다른 이유들이다.

---

46 비슷한 하드웨어에서 실행하는 동료 개발자들만을 위한 소프트웨어를 작성하는 게 아니라면 말이다.

- 프로덕션 환경과 같은 운영체제의 종류와 버전을 사용한다고 해도, 운영체제의 효율성에 영향을 미치는 동적인 상태를 재현하는 것은 불가능하다. 사실 같은 로컬 머신에서 두 번 실행하는 사이의 상태도 완벽히 재현할 수는 없다. 이 문제는 종종 비결정적 성능이라고 불리며, 7.3.3절에서 더 자세히 설명한다.
- 발생할 수 있는 모든 종류의 프로덕션 환경 작업부하를 재현하는 것은 대부분 비용이 너무 많이 든다 (**예** 모든 프로덕션 트래픽을 분기하여 테스트 클러스터에 전달).
- 최종 사용자 애플리케이션을 개발할 때 여러 하드웨어, 의존성 소프트웨어 버전 그리고 너무 많은 상황이 조합된다. 예를 들어 안드로이드 애플리케이션을 만든다고 가정하자. 지난 2년 이내에 만들어진 스마트폰으로 제한한다고 해도 잠재적으로 수많은 스마트폰 모델에서 소프트웨어가 실행될 수 있다.

그러나 다행히 프로덕션 환경의 모든 측면을 재현할 필요는 없다. 대신 작업부하를 제한한 제품의 핵심 특성을 대표하기만 해도 충분하다. 개발을 시작할 때부터 알겠지만, 시간이 지남에 따라 실험 그리고 매크로벤치마크(8.3절 참고) 또는 프로덕션 환경까지 보았을 때 무엇이 중요한지 알게 될 것이다.

예를 들어 로컬 파일을 원격 서버에 업로드하는 Go 코드를 개발한다고 하고, 사용자가 큰 파일을 업로딩할 때 받아들일 수 없는 레이턴시를 인지한다고 생각해보자. 벤치마크는 이를 재현하기 위해 다음에 유의해야 한다.

- 큰 파일이 관련된 테스트 사례에 집중해야 한다. 프로덕션 환경 사용자들이 가장 많이 사용하고 있는 부분이 아니라면 많은 작은 파일들, 다양한 에러 사례 및 잠재적 암호화 계층을 최적화하려고 하지 말아야 한다. 대신에 실용적인 측면에서 당장의 목표에 대한 벤치마크에 집중해야 한다.
- 로컬 벤치마크가 프로덕션 환경에서 보게 될 잠재적 네트워크 레이턴시와 동작을 재현하지 않는다는 것에 유의해야 한다. 코드에 있는 버그가 로컬 머신에서는 재현하기 어려운 느린 네트워크의 경우에만 자원 누수를 유발할 수도 있다. 해당 최적화를 위해 7.4절에서 설명하겠지만, 벤치마크를 다른 수준으로 이동해보면 좋다.

프로덕션 환경의 '특성'을 시뮬레이션하는 것이 프로덕션 환경에서 존재하게 될 것 같은 데이터 세트와 작업부하를 의미하는 것은 아니다! 이전 예시에서처럼 200GB의 테스트 파일들을 생성하고 이 파일들과 함께 프로그램을 벤치마크할 필요가 없다. 많은 경우에 5MB 다음엔 10MB 정도의 비교적 큰 파일로 시작하고, 복잡도 분석과 함께 200GB 정도에서는 어떤 일이 일어날지 추론할 수 있다. 이는 해당 사례를 더 빠르고 저렴하게 최적화할 수 있게 한다.

일반적으로 특정 작업부하를 정확하게 재현하려는 것은 너무 어렵고 비효율적이다. 벤치마크는 일반적으로 작업부하의 추상화다. 작업부하를 벤치마크로 추상화하는 과정에서 필수적인 부분을 포착하고 정확히 매핑하는 방식으로 나타낼 필요가 있다.

— 알렉산더 칼튼, 「거짓, 빌어먹을 거짓, 그리고 벤치마크^{Lies, Damn Lies, and Benchmarks}」

요약하면 효율성을 측정하거나 효율성 회귀를 재현하려고 할 때 테스트 설정과 프로덕션 환경 간의 차이점에 유의해야 한다는 것이다. 모든 것을 완벽하게 재현할 필요는 없지만, 첫 번째 단계는 이 모든 차이점과 이들이 어떻게 벤치마크의 신뢰도에 영향을 줄 수 있는지 아는 것이다. 이제 벤치마킹 실험의 신뢰도를 개선하기 위해 무엇을 할 수 있을지 살펴보자.

7.3.3 성능 비결정론

효율성 최적화의 가장 큰 어려운 점은 현대 컴퓨터의 '비결정적 성능'일 것이다. 비결정적 성능이란 소위 노이즈라고 불리는, 4장과 5장에서 배운 효율성에 영향을 미치는 모든 계층의 높은 복잡도 때문인 실험 결과의 편차를 의미한다. 결과적으로 효율성의 특성은 종종 예측할 수 없으며, 환경적 부작용에 매우 취약하다.

예를 들어, a += 4라는 Go 코드에 있는 단일 명령문을 보자. 이 코드가 어떤 조건에서 실행되든, 우리가 a 변수가 사용하는 메모리의 유일한 사용자라고 가정하면 a += 4의 결과는 a에 4를 더한 값으로 항상 결정적이다. 대부분 정확도에 영향을 미치기 어렵기 때문이다. 몹시 덥거나 추운 환경에 컴퓨터를 놓거나, 흔들거나, 운영체제에 수백만 개의 동시 프로세스를 예약하거나 해당 하드웨어를 지원하는 모든 타입의 지원되는 운영체제와 함께 존재하는 모든 버전의 CPU를 사용하더라도 (어떤 환경에서도) 결과는 결정되어 있다. 메모리의 전기신호에 영향을 줄 만한 극한의 무언가를 하거나 컴퓨터의 전원을 *끄거나* 한 것이 아니라면 a += 4 명령어의 결과는 항상 같을 것이다.

이제 더 큰 프로그램에서 a += 4가 레이턴시에 어떻게 영향을 미치는지 알고 싶다고 해보자. 언뜻 보기에도 레이턴시 평가는 간단할 것이다. 단일 CPU 명령(ADDQ[47])과 단일 CPU 레지스터가 필요하기 때문에 상각 비용은 CPU만큼 *빠를* 것이다. 예를 들어 3GHz CPU의 경우 평균 0.3나노초다.

---

47 「ADDQ」, *https://oreil.ly/Vv83D*

그러나 실제로는 오버헤드가 상각되지 않으며 단일 실행 내에 정적이지 않아 해당 명령문의 레이턴시를 매우 비결정적으로 만든다. 4장에서 살펴봤듯이 레지스터에 데이터가 없다면 CPU는 1나노초가 걸릴 수 있는 L-캐시로부터 데이터를 가져와야 한다. CPU가 필요로 하는 데이터가 L-캐시에 있다면 단일 명령문이 50나노초를 소요할 수 있다. 운영체제가 수백만의 다른 프로세스들의 실행에 바쁘다고 가정해보자. 단일 명령문이 밀리초를 소요할 수 있다. 그리고 하나의 명령에 관해 이야기하고 있다는 점에 유의하자. 더 큰 규모에서 이런 노이즈가 쌓이면 편차가 수초 단위로 측정될 정도로 누적될 수 있다.

거의 모든 요소가 작업의 레이턴시에 영향을 끼칠 수 있다는 것에 유념하자. 바쁜 운영체제, 다른 버전의 하드웨어 요소, 같은 회사에서 제조한 CPU 사이의 차이조차도 레이턴시 측정값이 달라지는 이유가 될 수 있다. 랩탑 CPU 근처의 주변 온도나 배터리 모드는 온도에 따라 CPU의 주파수를 올리고 내릴 수 있다. 극단적인 경우 컴퓨터에 대고 소리를 지르는 것도 효율성에 영향을 줄 수 있다.[48] 프로그램을 실행할 때 더 복잡하고 계층이 많을수록 효율성 측정에 더 취약하다. 원격 장치, 개인 컴퓨터 그리고 가상 머신이나 컨테이너 같은 가상화로 인프라를 공유하는 퍼블릭 클라우드 제공자(AWS 또는 GCP)에도 비슷한 문제가 생긴다.[49]

압축 가능한 자원과 불가능한 자원

효율성 전체 중 일부는 비결정적이지만, 다른 자원은 생각보다 예측 가능하다. 일반적으로 얼마나 압축 가능한 자원인지에 따라 달려 있다. 압축은 특정 자원의 포화를 나타낸다(충분한 자원이 없을 때 발생하는 상황).

- CPU 시간, 메모리 또는 디스크 접근 그리고 네트워크 대역폭의 레이턴시와 I/O 처리량은 압축 가능하다. CPU 시간을 요구하는 프로세스가 너무 많다면 실행 속도가 느려질 수 있지만, 결국에는 예약된 모든 작업을 실행할 것이다. 즉, CPU 포화로 인한 시스템 충돌을 볼 수는 없겠지만, 매우 동적인 레이턴시 결과를 야기한다.

- 사용된 메모리나 디스크 공간과 같은 자원의 공간과 할당의 측면은 스스로 압축이 불가능하다. 5장에서 보았듯이 프로그램이 운영체제보다 더 많은 메모리 공간을 필요로 한다면 대부분의 경우 전체 시스템이나 프로세스가 충돌할 것이다. 다른 매체의 공간을 사용하고 (운영체제 스와프) 저장하려는 데이터를 압

---

48 엔지니어 브렌든 그레그(Brendan Gregg)은 서버 하드디스크에 소리를 지르는 것이 진동으로 인해 I/O 레이턴시에 얼마나 심각한 영향을 주는지 시연했다(*https://oreil.ly/vI8Rl*).

49 완전히 다른 가상 머신의 한 작업부하가 현재 작업부하에 영향을 미치는 상황을 일반적으로 시끄러운 이웃 현상(*https://oreil.ly/cLRrD*)이라고 한다. 이는 클라우드 제공업체들이 지속적으로 해결해야 하는 심각한 문제이며, 제공업체와 제공자에 따라 더 좋거나 나쁜 결과를 가져온다.

효율성 평가의 취약점은 모든 벤치마킹에서 발견할 수 있을 정도로 흔하다. 따라서 이를 수용하고, 사용하는 도구에 리스크를 완화할 수 있는 조치를 취해야 한다.

비결정적인 성능을 완화하기 전에 첫 번째로 해야 할 일은 문제가 프로그램에 영향을 미치는지 확인하는 것이다. 결과의 편차를 계산하여 테스트의 반복성을 확인하자(**예** 표준 편차 사용). 8.1.2절에서 관련된 좋은 도구에 관해 더 자세히 설명하겠지만 일반적으로도 확인할 수 있는 이슈다.

예를 들어 실험을 한번 실행하고 4.05초 안에 완료되었는데, 다른 실행은 3.01에서 6.5초로 다양하다면 효율성 평가는 정확하지 않을 가능성이 있다. 반면에 편차가 낮다면 벤치마크의 관련성에 대해 더 확신할 수 있을 것이다. 따라서 벤치마크의 반복성을 확인해야 한다.

> **NOTE_ 통계를 남용하지 말자.**
>
> 높은 편차를 받아들이고 극단적인 결과(이상치)를 제외하거나 결과의 평균치를 사용하고 싶을 수 있다. 물론 아주 복잡한 통계를 적용해 특정 확률로 효율성 수치를 찾을 수 있다. 벤치마크 실행을 늘리면 평균값을 안정화해서 좀 더 확신할 수 있게 만들 수도 있다.
>
> 하지만 실제로 안전성 완화를 위해 먼저 시도해 볼 더 좋은 방법들이 있다. 통계는 안정적인 측정을 할 수 없거나 모든 샘플을 확인할 수 없는 경우에 유용하다(**예** 전 세계에서 사용되는 스마트폰의 수를 알아보기 위해 지구에 있는 모든 사람을 조사할 필요는 없다). 벤치마킹의 경우 기대 이상으로 안정성을 고도로 제어할 수 있다.

잠재적인 비결정적 성능 효과를 줄여 효율성 측정의 신뢰성을 높이는 데 적용할 만한 모범 사례들이 있다. 다음 내용을 참고해보기를 권한다.

벤치마크하는 기계가 안정적인 상태인지 확인하자

비교에 의존하는 대부분의 벤치마크의 경우 안정적이라면 어떤 조건에서 벤치마크를 하느냐는 상대적으로 덜 중요하다(기계의 상태가 벤치마크마다 또는 벤치마크 중에 바뀌지 않음). 그러나 다음 세 가지 메커니즘이 일반적으로 기계 안정성에 방해가 된다.

▪ 백그라운드 스레드

4장에서 보았듯이 기계의 프로세스를 격리하기는 어렵다. 단 하나의 작은 프로세스라도 효율성 측정을 변경할 수 있을 정도로 운영체제와 하드웨어를 바쁘게 만들 수 있다. 예를 들어 하나의 브라우저 탭이나 슬랙 애플리케이션이 얼마나 많은 메모리와 CPU 시간을 사용할 수 있는지 알면 놀랄 것이다. 소유하지 않은 서로 다른 가상 운영체제들로부터 프로세스들이 우리에게 영향을 미치듯이 퍼블릭 클라우드에서는 더욱더 깊이 숨겨져 있다.

▪ 온도 스케일링

고급 CPU의 경우 부하가 생기면 온도가 크게 증가한다. CPU는 80~100℃ 정도의 상대적으로 높은 온도를 견디도록 설계되었지만, 그것도 한계가 있다. 팬이 하드웨어를 빠르게 냉각할 수 없다면, 운영체제나 펌웨어는 녹아내리는 것을 방지하기 위해 CPU 주기를 제한한다. 특히 랩톱이나 스마트폰과 같은 원격 장치의 경우 주변 온도가 높거나 장치가 햇빛에 노출되어 있거나 무언가가 냉각 팬을 가리고 있을 때 온도 스케일링^{Thermal scaling}이 발생하기 쉽다.

▪ 전원 관리

마찬가지로 장치들은 전원 소비를 줄이기 위해 하드웨어의 속도를 제한할 수 있다. 이는 일반적으로 배터리 절약 모드가 있는 스마트폰과 랩톱에서 볼 수 있다.

대부분 안정성 모범 사례를 유지하는 것으로 충분하다.

기계의 불안정성을 줄이기 위해 운영체제와 벤치마크를 실행하는 전용 베어 메탈 서버^{bare-metal server}를 구입할 수도 있다. 또한 모든 소프트웨어 업데이트와 고급 온도 및 전원 관리 기능을 끄고 서버를 냉각 상태로 유지할 수도 있다. 그러나 실용적인 효율성 벤치마킹을 위해서는 몇 가지 합리적인 방법을 따르는 것으로 이런 문제들을 충분히 피할 수 있다. 그리고 빠른 피드백 루프를 위해서 개발자의 장치를 계속 사용할 수 있다. 벤치마킹 시 유의할 부분은 다음과 같다.

- 상대적으로 기계를 유휴 상태로 유지하고, 적극적으로 인터넷 탐색을 하지 않으며, 동시에 여러 벤치마크를 실행하지 말자.[50] 슬랙이나 디스코드 또는 벤치마크 동안 활성화될 수 있는 여타 프로그램은 종료하자. 테스트를 수행하는 중에 말 그대로 IDE 편집기에 문자를 입력하는 것만으로도 벤치마킹 결과에 10%의 영향을 미친다.

- 랩톱을 벤치마킹 기계로 사용한다면 벤치마킹 동안 전원의 연결을 유지하자.

---

50 RunParallel과 같은 마이크로벤치마크 옵션을 설명하지 않는 이유다(*https://oreil.ly/S74VY*). 일반적으로 여러 벤치마크를 병렬로 실행하면 결과가 왜곡될 수 있다. 따라서 이 옵션은 피하는 것이 좋다.

- 마찬가지로 벤치마킹 중 침대(예 베개 위)나 무릎에 랩톱을 올려놓지 말자. 이는 뜨거운 공기를 빼내는 팬을 막아 온도 스케일링을 유발한다.

공유된 인프라에 각별히 주의하자

안정적인 클라우드 제공자로부터 벤치마킹 전용 가상 머신을 사는 것은 나쁜 생각이 아니다. 시끄러운 이웃 문제에 대해 언급했지만, 잘만 한다면 클라우드는 때때로 벤치마킹 동안 다양한 대화형 소프트웨어를 실행하는 데스크톱 컴퓨터보다 더 안정적일 수 있다.

클라우드 자원을 사용할 때, 가능하면 가장 엄격한 서비스 품질 공급 계약을 선택해야 한다. 예를 들어 인프라가 불안정하고 '시끄러운 이웃' 문제가 생기기 쉽게 설계된, 저렴한 버스팅[51] 가능 또는 선점형 가상 머신을 피하자.

또한 지속적 통합[CI], 특히 깃허브 액션[GitHub Action][52]이나 다른 제공자들과 같은 무료 파이프라인을 피하라. 이는 편리하고 저렴한 옵션이지만, 최종적으로 완료(물리적으로 가능한 것만큼 빠르지 않음)되어야 하는 정확도 테스트와 비용을 최적화하기 위해 사용자의 요구에 따라 동적으로 확장하도록 설계됐다. 따라서 벤치마크에 필요한 엄격하고 안정적인 자원 할당을 제공하지 않는다.

벤치마크 머신의 한계에 유의하자

기계의 사양에 유의하자. 예를 들어 CPU 코어가 6개뿐인 랩톱(하이퍼 스레딩으로 12개의 가상 코어)이라면, `GOMAXPROCS`가 테스트에 사용할 수 있는 CPU보다 커야 하는 벤치마크 사례를 구현해서는 안 된다. 또한 운영체제와 백그라운드 프로세스들의 여유 공간 확보를 위해 범용 시스템의 6개의 물리적인 CPU 코어 중 4개만을 벤치마크에 사용하는 것이 합리적일 수 있다.[53]

마찬가지로 메모리와 같은 다른 자원들의 한계에 유의하자. 예를 들어 RAM의 한계 용량에 가깝게 사용하는 벤치마크를 실행하지 말라. 메모리 압박, 빠른 가비지 컬렉션 그리고 메모리 폐기로 인해 운영체제를 포함해 기계 안의 모든 스레드가 느려질 수 있다.

---

51 「CPU 버스팅」, *https://oreil.ly/Nu5C6*
52 「깃허브 액션 비용 청구 정보(About billing for GitHub Actions)」, *https://oreil.ly/RcKXR*
53 벤치마크에 CPU 코어들을 완전히 전용할 수도 있다. cpuset 도구를 고려해보자(*https://oreil.ly/dCLzw*).

실험을 더 오래 실행하자

벤치마킹 간의 편차를 줄이는 가장 쉬운 방법의 하나는 벤치마크를 좀 더 오래 실행하는 것이다. 이는 벤치마크 초기에 볼 수 있는 부하(⑩ CPU 캐시 워밍업 단계)를 최소화할 수 있게 한다. 또한 평균 레이턴시나 자원 소비 메트릭이 현재 효율성 수준의 확실한 패턴을 보여주기 때문에 통계적으로 더 큰 확신을 준다. 이 방법은 시간이 걸리고 사소한 통계에 의존하며 통계적 에러가 발생하기 쉬우므로 조심해서 사용하는 편이 좋고, 이상적으로는 앞서 언급한 제안들을 시도하자.

이전 실험 결과와의 효율성 비교를 피하자.

모든 벤치마크 결과에 만료일을 지정해야 한다. 나중을 위해 한 버전의 코드를 테스트한 후에 벤치마킹 결과를 저장하는 편이 좋겠다. 그랬을 때 작업의 초점을 며칠 동안 전환하고, 휴가를 보낼 수도 있다. 며칠 혹은 몇 주 후에 최적화 흐름으로 돌아가면, 최적화 버전을 함께 벤치마킹하고 파일 시스템 어딘가에 저장된 며칠 혹은 몇 주가 된 벤치마킹 결과와 비교하게 된다. 하지만 이렇게 벤치마킹 흐름을 다시 시작해서는 안 된다.

무언가가 바뀌었을 가능성이 있기 때문이다. 예를 들어, 시스템이 업그레이드되었거나 다른 프로세스들이 실행되거나 클러스터에 다른 부하가 있을 수 있다. 다른 인적 에러의 위험도 있다. 과거의 모든 세부 정보와 실행한 환경 조건들은 잊어버리기 쉽기 때문이다. 해결책은 필요에 따라서 과거의 벤치마크를 반복하거나 인간 대신 일을 해줄 지속적인 벤치마킹 실행에 투자하는 것이다.[54]

요약하면, 혼란을 야기할 수 있는 잠재적 인적 에러에 유의해야 한다는 말이다. 본인과 개발팀의 프로덕션 환경 최종 목표와 실험의 연관성을 큰 그림에서 보는 시각이 필요하다. 마지막으로 실험의 반복성을 측정하여 결과를 신뢰할 수 있는지 평가해야 한다. 물론, 벤치마크 간 또는 벤치마크를 실행하는 환경과 프로덕션 환경의 불일치가 조금은 있을 수 있다. 그래도 이 권장 사항들과 함께 편차를 2~5%의 안정적인 수준으로 줄일 수 있을 것이다.

아마도 Go 벤치마크를 어떻게 하는지 배우기 위해 이 장을 펼쳤을 것이다. 이제 7.4절에서 본격적으로 단계별로 실행하는 방법을 다룰 것이다. 그러나 Go 벤치마크가 경험적 평가의 전부는 아니다. 따라서 Go 벤치마크를 선택할 때와 다른 벤치마킹 방법으로 대체할 때를 아는 것은 중요하다. 7.4절에서 이를 더 자세히 설명할 것이다.

---

54 10장을 쓸 때 이런 문제가 있었다. 비교적 추운 날에 한 번에 몇 가지 벤치마크를 실행했다. 그리고 그다음 주 영국에 폭염이 왔다. 이렇게 더운 날, 과거 벤치마킹 결과를 재사용하면서 최적화를 계속 진행할 수는 없었다. 모든 코드가 10% 더 느리게 실행되었기 때문이다. 그래서 구현을 공정하게 비교하기 위해 모든 실험을 다시 실행해야만 했다.

7.4 벤치마킹 수준

6장에서 신뢰할 수 있는 측정을 가능하게 하는 레이턴시 및 자원 사용량 메트릭을 찾는 방법에 관해 이야기했다. 그러나 이것이 절반의 성공에 불과할 수 있다는 사실도 알게 됐다. 사전적 정의에 따르면 벤치마킹은 측정할 만한 상황 또는 애플리케이션의 상태를 유도하는 실험 단계가 필요하다.

실험 시작 전에 간단히 언급해야 할 내용이 있다. 효율성을 평가하는 가장 간단한 방법은 고객에게 소프트웨어를 제공하고 '프로덕션 환경'에서 메트릭을 수집하는 것이다. 아무것도 시뮬레이션하거나 재현할 필요가 없기 때문에 유용하다. 본질적으로 고객이 소프트웨어의 '실험' 부분을 수행하고, 개발자는 그들의 경험을 측정하면 된다. '모니터링' 또는 '프로덕션 환경 모니터링'이라고 부른다. 하지만 안타깝게도 이 방법에는 다음과 같은 문제점들이 있다.

- 컴퓨터 시스템은 복잡하다. 7.3.2절에서 배운 것처럼 효율성은 많은 환경 요인에 따라 달라진다. 새로운 소프트웨어 버전의 효율성이 더 좋은지 또는 나쁜지 진정으로 평가하려면 모든 '측정' 조건에 대해 알아야 한다. 그러나 클라이언트에서 실행될 때 이 모든 정보를 수집하는 것은 효율적이지 않다.[55] 이러한 과정 없이는 의미 있는 결론을 도출할 수 없다. 게다가 많은 사용자가 보고 기능을 선택 해제할 것이므로 무슨 일이 일어났는지 알기는 훨씬 더 어렵다.

- 관찰 가능성 정보를 수집하더라도 문제를 일으키는 상황이 다시 발생한다는 보장은 없다. 고객이 이전 문제를 재현하기 위해 모든 단계를 수행할 것이라는 보장이 없다. 통계적으로 의미 있는 모든 상황은 어느 지점에서 발생하지만, 실제로는 그 일어날 수 있는 타이밍이 너무 길다. 예를 들어 /compute라는 특정 경로에 하나의 HTTP 요청이 효율성 문제를 일으킨다고 상상해보자. 이를 수정하고 프로덕션 환경에 배포했다. 그런데 다음 2주 동안 아무도 이 특정 경로를 사용하지 않았다면 피드백 루프는 매우 길어질 수 있다.

> **NOTE_ 피드백 루프**
>
> 피드백 루프는 코드를 변경하는 순간부터 시작하여 관련 사항에 대한 관찰로 끝나는 주기다. 이 주기가 길수록 개발 비용은 올라간다. 개발자의 좌절감 또한 과소평가되는 경우가 많다. 극단적인 경우 개발자가 중요한 테스트 또는 벤치마킹 관행을 무시하는 손쉬운 방법을 선택하게 될 것이다. 이를 극복하기 위해서는 가장 짧은 시간 안에 신뢰할 수 있는 최대한 많은 피드백을 제공하는 관행을 만들어야 한다.

---

55 이는 어떤 면에서 SaaS로 제품을 판매하는 것이 소프트웨어에서 매우 매력적인 이유다. '프로덕션 환경'을 직접 운영하므로 사용자 경험을 더욱 쉽게 제어하고 일부 효율성 최적화를 검증할 수 있게 한다.

- 마지막으로 사용자에 의존하여 소프트웨어를 '벤치마킹'한다면 너무 늦는 경우가 많다. 이 과정이 너무 느리다면 이미 신뢰를 잃었을 수도 있다. 이는 카나리^{Canary} 배포[56] 및 기능 플래그[57]로 완화할 수 있지만, 여전히 이상적으로는 소프트웨어를 프로덕션 환경에 출시하기 전에 효율성 문제를 파악해야 한다.

프로덕션 환경 모니터링은 특히 소프트웨어가 연중무휴 24시간 실행될 때 중요하다. 또한 이슈 트래커의 효율성 추세 및 사용자 피드백을 관찰하는 것과 같은 수동 모니터링도 효율성 평가의 마지막 단계에 유용하다. 여기에서 언급한 테스트 전략을 피해 나가는 효율성 개선 기회가 있기 때문에 마지막 검증 수단으로 프로덕션 환경 모니터링을 유지하면 좋다. 그러나 독립적인 효율성 평가로서는 프로덕션 환경 모니터링이 상당히 제한적이다.

다행히 효율성을 확인하는 데 도움을 주는 더 많은 테스팅 옵션이 있다. 더 이상 고민하지 말고 다양한 수준의 효율성 테스트에 대해 알아보자. 구현 및 유지 관리에 필요한 노력과 개별 테스트의 효율성을 기반으로 비교하는 단일 그래프에 모든 테스트를 배치하면 [그림 7-2]와 같이 보일 수 있다.

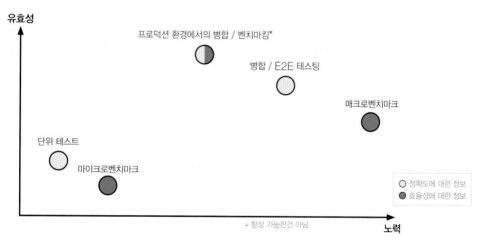

그림 7-2 설정 및 유지 관리의 어려움(가로축)과 주어진 타입의 단일 테스트가 실제로 얼마나 효과적인지(세로축)에 따른 효율성 및 정확도 테스트 방법의 타입

---

56 「카나리 배포」, *https://oreil.ly/seUXz*

57 기능 플래그는 일반적으로 HTTP 호출을 통해 서비스를 다시 시작하지 않고 동적으로 변경할 수 있는 설정 옵션이다. 이는 새로운 기능을 더 빨리 되돌릴 수 있게 해 프로덕션 환경에서 테스트 또는 벤치마킹을 하는 데 도움이 된다. 기능 플래그의 경우 우수한 go-flagz(*https://oreil.ly/rfuh2*) 라이브러리를 사용한다. 또한 이 영역에서 더 많은 표준 인터페이스를 제공하기 위한 새로운 CNCF 프로젝트 OpenFeature(*https://oreil.ly/7Bsiw*)에 필자는 세심한 주의를 기울일 것이다.

성숙한 소프트웨어 프로젝트 및 회사들은 [그림 7-2]에 제시된 방법을 모두 사용한다. 이에 관해 7.4.1절에서 더 자세히 알아보자.

7.4.1 프로덕션 환경에서의 벤치마킹

프로덕션 환경 테스트 사례[58]를 따라 라이브 프로덕션 환경 시스템을 사용하여 효율성을 평가할 수 있다. 이는 장치에서 소프트웨어를 실행하고 실제 사용 데이터를 생성하고 문제를 보고할 '테스트 드라이버'(베타 사용자)를 고용하는 것을 의미할 수 있다. 프로덕션 환경에서의 벤치마킹은 회사에서 SaaS로 개발한 소프트웨어를 판매할 때도 매우 유용하다. 이러한 경우에는 실제 사용자 기능을 모방하는 미리 정의된 테스트 사례 세트(예 사용자 트래픽을 시뮬레이션하는 HTTP 요청)를 사용하여 주기적으로 또는 배포할 때마다 클러스터를 벤치마킹하는 자동화(예 일괄 작업 또는 마이크로 서비스)를 구축하는 것만큼 쉽다. 특히 프로덕션 환경을 제어하기 때문에 생산 모니터링의 단점을 완화할 수 있다. 환경 조건을 인식하고, 빠르게 되돌리고, 기능 플래그를 사용하고, 카나리 배포를 수행하는 등의 작업을 수행할 수 있다.

CAUTION **프로덕션 환경에서의 벤치마킹은 제한적이다.**

아쉽지만 이 테스트 방식에는 다음과 같은 많은 어려움이 있다.

- 소프트웨어를 SaaS로 실행할 때 더 쉽게 테스트할 수 있다. 그렇지 않으면 개발자가 잠재적인 문제를 빠르게 되돌리거나 수정할 수 없기 때문에 더 어렵다.

- 서비스 품질QoS을 보장해야 한다. 즉, 프로덕션 환경에 영향을 주지 않도록(예 서비스 거부DoS 유발) 해야 하므로, 극단적인 부하로 벤치마킹을 수행할 수 없다.

- 이러한 모델에서 개발자에게는 피드백 루프가 너무 길다. 예를 들어 소프트웨어를 벤치마킹하려면 배포가 완벽하게 되어야 한다.

반면 [그림 7-2]에 제시된 것과 같은 문제가 없다면, 프로덕션 환경에서의 벤치마킹이 가장 효과적이고 신뢰할 수 있는 테스트 전략일 수 있다. 궁극적으로 실제 프로덕션 환경 사용에 가장 근접하여 부정확한 결과의 위험을 줄인다. 게다가 이미 프로덕션 환경 모니터링이 있다고 가정

---

58 「프로덕션 테스트」, *https://oreil.ly/5NUiw*

하면 이러한 테스트를 생성하고 유지 관리하는 노력은 상대적으로 적게 들어간다. 또 데이터, 환경, 종속성 등을 시뮬레이션할 필요가 없다. 그리고 클러스터를 유지하는 데 필요한 기존 모니터링 도구를 재사용할 수 있다.

7.4.2 매크로벤치마크

프로덕션 환경에서 테스트 또는 벤치마킹은 신뢰할 수 있지만, 해당 지점에서 문제를 발견하는 데 비용이 많이 든다. 업계에서 개발 초기 단계에 테스트를 도입하는 이유다. 프로토타입만으로 효율성을 평가할 수 있어 훨씬 더 빨리 생산할 수 있다는 이점도 있다. 이 수준의 테스트를 '매크로벤치마크'라고 한다.

매크로벤치마크는 이러한 우수한 테스트 신뢰성과 프로덕션 환경 벤치마킹에 비해 더 빠른 피드백 루프 사이에서 훌륭한 균형을 제공한다. 실제로는 Go 프로그램을 빌드하고 필요한 모든 종속성이 있는 시뮬레이션 환경에서 벤치마킹하는 것을 의미한다. 예를 들어 클라이언트 애플리케이션의 경우 몇 가지 클라이언트 장치(⬛ 모바일 애플리케이션을 빌드하는 경우 스마트폰)를 구입하는 것을 의미할 수 있다. 그런 다음 일부 애플리케이션 릴리스의 경우 해당 장치에 Go 프로그램을 다시 설치하고 철저하게 벤치마킹한다(이상적으로는 일부 자동화 제품군 사용).

SaaS와 같은 사용 사례의 경우 일반적으로 '테스트' 또는 '스테이징' 환경이라고 하는 프로덕션 환경 클러스터의 복사본 생성을 의미할 것이다. 그런 다음 효율성을 평가하기 위해 Go 프로그램을 빌드하고 프로덕션 환경에 하는 방식으로 배포하고 벤치마킹한다. 또한 쿠버네티스와 같은 복잡한 오케스트레이션 시스템 없이 단일 개발 시스템에서 실행할 수 있는 e2e 프레임워크[59] 사용과 같은 보다 간단한 방법에 대해서도 논의할 것이다. 이 절에서 이 두 가지 방법에 대해 간략하게 설명한다.

매크로벤치마킹에는 많은 이점이 있다. 다음을 참고하자.

- (아직 프로덕션 환경에서 벤치마킹 만큼은 아니지만) 매우 안정적이고 효과적이다.
- Go 프로그램을 '닫힌 상자'('블랙 박스'로 널리 알려졌다. 구현 방법을 이해할 필요가 없는 프로그램을

---

[59] 「깃허브, efficientgo/e2e」, *https://oreil.ly/f0IJo*

말한다)로 처리할 수 있어 이러한 매크로 벤치마킹을 독립적인 QA 엔지니어에게 위임할 수 있다.

- 무엇을 하든 프로덕션 환경에 영향을 주지 않는다.

그러나 이 접근 방식의 단점은 [그림 7-2]에 나와 있는 것처럼 이러한 벤치마크 제품군을 구축하고 유지 관리하는 데 노력이 많이 들어간다는 점이다. 일반적으로는 모든 것을 자동화하는 복잡한 설정 또는 코드를 의미한다. 또한 대부분의 경우 Go 프로그램의 기능적 변경은 복잡한 매크로벤치마킹 시스템의 일부를 다시 빌드해야 함을 의미한다. 결과적으로 이러한 매크로벤치마크는 안정적인 API를 사용하는 보다 성숙한 프로젝트에서 실행할 수 있다. 게다가 피드백 루프는 여전히 상당히 길다. 또한 한 번에 수행할 수 있는 벤치마크 수를 제한해야 한다. 당연히 비용 효율성을 위해 다른 팀 구성원과 공유하는 테스트 클러스터의 수가 제한되어 있다. 즉, 이러한 벤치마크를 조정해야 한다.

7.4.3 마이크로벤치마크

다행히도 더 민첩한 벤치마크를 사용할 수 있는 방법이 있다. 예를 들어 최적화를 위해 분할 정복[60] 패턴을 따를 수 있다. 전체 시스템이나 Go 프로그램의 효율성을 보는 대신 프로그램을 열린 상자(예전에는 '화이트 박스'라고 함) 방식으로 처리하고 프로그램의 기능을 더 작은 부분으로 나눈다. 그런 다음 9장에서 배울 프로파일링을 사용하여 전체 솔루션의 효율성에 가장 크게 기여하는 부분을 식별할 수 있다(예 CPU 또는 메모리 자원을 가장 많이 사용하거나 레이턴시를 가장 늘리는 방식이다). 그런 다음 이 작은 부분에 대해서만 마이크로벤치마크와 같은 작은 단위 테스트를 작성하여 프로그램의 가장 '비싼' 부분의 효율성을 평가할 수 있다. Go 언어는 단위 테스트와 동일한 도구인 go test로 실행할 수 있는 기본 벤치마킹 프레임워크를 제공한다. 이 절에서 이를 사용하는 방법을 소개할 것이다.

마이크로벤치마크는 매우 민첩하고 Go 함수, 알고리즘 또는 구조의 효율성에 대한 빠른 피드백을 제공하기 때문에 가장 작성하기 재미있을 것이다. 자주 사용하는 IDE만을 이용해 개발자 컴퓨터에서 이러한 벤치마크를 빠르게 실행할 수 있다. 이러한 벤치마크 테스트를 10분 안에 구현하고 다음 20분 안에 실행한 다음 분해하거나 완전히 변경할 수 있다. 단위 테스트처럼

---

[60] 「위키피디아, 분할 정복 알고리즘」, *https://oreil.ly/ZFxiG*

만들기도 쉽고 반복하기도 쉽다. 또한 전체 팀이 사용할 수 있는 코드의 작은 부분에 대한 승인 벤치마크로 작동하는 더 복잡한 마이크로벤치마크를 작성해서 더 재사용할 수 있는 개발 도구로 취급할 수 있다.

하지만 민첩성이 있는 만큼 이는 많은 상충 관계를 수반한다. 예를 들어 프로그램의 효율성 병목 현상을 잘못 식별했다고 가정하자. 이 경우 200밀리초밖에 걸리지 않는 프로그램 일부에 대한 로컬 마이크로벤치마크가 잘 됐다고 볼 수도 있다. 그러나 프로그램이 배포되면 여전히 효율성 문제가 발생할 가능성이 있고, RAER를 위반했을 수도 있다. 게다가 일부 문제는 (통합 테스트와 유사하게) 모든 코드 구성 요소를 함께 실행할 때만 나타난다. 더불어 테스트 데이터의 선택도 중요하다. 많은 경우 특정 효율성 문제를 재현하기 위해 타당한 방식으로 종속성을 모방하는 것은 불가능하므로 몇 가지 가정을 해야 한다.

> **CAUTION** 마이크로 벤치마킹을 할 때 큰 그림을 잊지 말라.
>
> 병목 현상이 있는 코드 부분에 대해 쉽고 신중한 최적화를 수행하고 주요 개선 사항을 확인하는 것은 드문 일이 아니다. 예를 들어 최적화 후 마이크로벤치마크는 400MB 대신 함수가 작업당 2MB만 할당한다고 나타낼 수 있다. 해당 코드 부분에 대해 생각한 후 2MB 할당의 최적화에 대한 다른 많은 아이디어를 얻게 된다. 따라서 이를 보고 학습하여 최적화하고 싶다는 마음이 들 수 있다.
>
> 하지만 이는 위험하다. 단일 마이크로벤치마크의 원시 수치를 쉽게 고정하고 최적화 샛길로 빠져 더 많은 복잡도를 가져오고 귀중한 엔지니어링 시간을 소비할 수 있다.
>
> 이 경우 우리는 200배의 대규모 개선에 만족하고 이를 배포하는 데 필요한 모든 작업을 수행할 것이다. 우리가 보고 있던 경로의 성능을 더 개선하고 싶다면 테스트 중인 코드 경로의 병목 현상이 이제 다른 곳으로 이동했을 가능성이 높다.

7.4.4 어떤 수준을 사용해야 할까?

이미 눈치챘겠지만 '최고의' 벤치마크 타입은 없다. 각 단계는 목적과 필요가 있다. 견고한 모든 소프트웨어 프로젝트는 결국 마이크로벤치마크와 매크로벤치마크가 있어야 하며, 잠재적으로 프로덕션 환경의 일부 기능을 벤치마킹해야 한다. 이는 일부 오픈 소스 프로젝트만 봐도 확인할 수 있다. 많은 예가 있지만 두 가지만 꼽자면 다음과 같다.

- 프로메테우스 프로젝트[61]에는 수십 개의 마이크로벤치마크와 반자동 전용 매크로벤치마크 제품군[62]이 있어 구글 클라우드에 프로메테우스 프로그램의 인스턴스를 배포하고 이를 벤치마킹한다. 또한 많은 프로메테우스 사용자는 프로덕션 환경 클러스터에서 직접 테스트하고 효율성 데이터를 수집한다.

- 비테스[Vitess] 프로젝트[63]도 Go[64]로 작성된 마이크로벤치마크를 사용한다. 또한 비테스 프로젝트는 매크로벤치마크[65]를 유지 관리한다. 놀랍게도, 전용 웹 사이트[66]에 보고된 결과와 함께 두 가지 타입의 벤치마크를 밤마다 실행하는 자동화를 구축한다. 이는 예외적인 모범 사례다.

작업 중인 소프트웨어 프로젝트에 추가할 벤치마크와 시기는 필요와 성숙도에 따라 다르다. 벤치마크를 추가할 때는 실용적이어야 한다. 어떤 소프트웨어도 개발 초기엔 수많은 벤치마크가 필요 없다. API가 불안정하고 세부적인 요구사항이 변경되면 벤치마크도 변경해야 한다. 실제로 아직 기능적으로 유용성이 입증되지 않은 프로젝트에 대한 벤치마크를 작성(및 나중에 유지 관리)하는 데 시간을 소비하면 프로젝트에 해로울 수 있다.

대신, 다음과 같이 게으른 접근 방식을 따라 해보자.

1. 이해관계자가 눈에 보이는 효율성 문제에 불만이 있는 경우, 9장에서 설명할 생산에 관한 병목 현상 분석을 수행하고 병목 현상이 있는 부분에 마이크로벤치마크(7.4.3절 참고)를 추가한다. 최적화 후 다른 부분에 병목 현상이 발생할 수 있으므로, 새 테스트를 추가해야 한다. 효율성에 만족할 때까지 이 작업을 수행하거나 프로그램을 추가로 최적화하기에는 너무 어렵거나 비용이 많이 든다. 게다가 이는 자연스럽게 증가할 것이다.

2. 공식 RAER가 설정되면 효율성을 더욱 철저하게 테스트하는 것이 유용할 수 있다. 그런 다음 수동, 자동, 매크로벤치마크에 투자할 수 있다(7.4.2절 참고).

3. 정확하고 실용적인 테스트에 관심이 있고 프로덕션 환경(SaaS 소프트웨어에 적용 가능)을 제어하는 경우 프로덕션 환경에서 벤치마킹을 고려하라.

---

61 「깃허브, prometheus/prometheus」, *https://oreil.ly/FwnBN*
62 「깃허브 prometheus/test-infra」, *https://oreil.ly/QqwrL*
63 「비테스 홈페이지」, *https://oreil.ly/tcGNV*
64 「비테스 벤치마크 페이지」, *https://oreil.ly/cLr6f*
65 「비테스 비교 벤치마크 페이지」, *https://oreil.ly/pxtPO*
66 「아직도 빠르지 않은가요」, *https://oreil.ly/8RMw6*

> **CAUTION** **'벤치마크'의 코드 커버리지는 걱정하지 말자.**
>
> 기능 테스트의 경우 테스트 코드 커버리지[67]가 높은지 확인하여 프로젝트의 품질을 측정하는 것이 일반적이다.[68]
>
> 프로그램의 얼마나 많은 부분에 벤치마크가 있는지 측정하려고 시도하지 말자. 이상적으로 최적화하려는 중요한 위치에 대해서만 벤치마크를 구현해야 한다. 왜냐하면 데이터가 병목 현상(또는 병목 현상이었던 것)을 나타내기 때문이다.

이제 어떤 벤치마킹 수준을 사용하면 좋고, 묘책은 왜 없는지 그 이유를 알았을 것이다. 여전히 벤치마크는 소프트웨어 효율성 이야기의 코드 안에 있으며, Go 언어도 다르지 않다. 실험과 측정 없이는 최적화할 수 없다. 그러나 이 단계에서 소요되는 시간에 유의해야 한다. 따라서 벤치마크 작성, 유지 관리 및 수행에는 시간이 걸리므로 게으른 접근 방식을 따르고, 필요한 경우에만 적절한 수준의 벤치마크를 추가하자.

7.5 마치며

테스트의 신뢰성 문제는 아마도 개발자, 프로덕트 매니저 및 이해 관계자가 효율성 노력의 범위를 축소하는 큰 이유 중 하나일 것이다. 필자는 안정성을 향상하는 이 모든 자잘한 모범 사례를 어디서 찾았을까? 엔지니어링 경력 초기에는 팀과 함께 신중한 부하 테스트 및 벤치마크에 많은 시간을 보냈지만, 중요한 환경 요소를 놓쳤기 때문에 아무 의미가 없다는 것을 깨달았다. 예를 들어 가상의 작업부하는 실제 부하를 제공하지 않았다.

이런 경우들을 겪다 보면 전문 개발자 및 프로젝트 매니저도 낙담하기 쉽다. 그래서 안타깝게도 최적화를 더 잘하기 위해 노력하고 투자하기보다는, 낭비되는 컴퓨팅에 더 큰 비용을 지불하는 것을 선호하게 된다. 따라서 효율성 목표를 더 빨리 달성하기 위해서는 수행하는 실험, 부하 테스트 및 규모 테스트를 최대한 신뢰할 수 있게 하는 것이 매우 중요하다.

---

[67] 「Golang의 코드 커버리지」. *https://oreil.ly/Sfde9*
[68] 개인적으로 이 접근 방식을 그다지 좋아하지 않는다. 코드의 모든 부분이 테스트에 똑같이 중요한 것은 아니며 모든 것이 테스트할 가치가 있는 것도 아니다. 게다가 엔지니어는 가능한 가장 빠른 방법(개발 비용 절감)으로 코드의 잠재적인 문제를 찾는 데 집중하는 대신 커버리지만을 개선하기 위한 테스트 작성하여 시스템(*https://oreil.ly/NnjCD*)을 게임화하는 경향이 있다.

7장에서는 벤치마크라고 하는 경험적 실험을 통해 신뢰할 수 있는 효율성 평가를 기본적으로 이해할 수 있는 기반을 마련했다.

이를 통해 여정을 최적화하는 데 도움이 될 수 있는 기본적인 복잡도 분석에 대해 논의했다. 벤치마크 테스트와 기능 테스트의 차이점과 벤치마크를 잘못 해석하면 벤치마크가 거짓말을 하는 이유에 대해 언급했다. 실험 주기와 업계에서 일반적으로 발견되는 벤치마크 수준에서 필자가 정말 중요하다고 생각하는 일반적인 안정성 문제를 배웠다.

이제 앞서 언급한 모든 수준에서 이러한 벤치마크를 구현하는 방법을 배울 준비가 됐다. 8장에서 바로 시작해보도록 하자.

CHAPTER

벤치마킹

Go IDE가 준비되었다면 이제 실습을 해보자. 7장에서 이야기했던 미시, 거시 수준에서의 효율성과 관련한 특징을 알아내기 위해 Go 코드에 부하를 주는 작업이 될 것이다.

8장은 마이크로벤치마크부터 시작한다. 마이크로벤치마크 전반을 훑어보고, Go 자체의 벤치마킹을 소개하고, benchstat과 같은 도구를 이용하여 출력을 해석하는 법을 설명하겠다. 그리고 유용한 마이크로벤치마크의 요소와 기법을 소개하겠다.

8장의 후반부에서는 그 규모와 복잡성 때문에 일반적인 프로그래밍 책에서는 잘 다루지 않는 매크로벤치마킹에 대해 살펴보겠다. Go 개발에서 매크로벤치마킹은 마이크로벤치마킹 못지않게 중요하며, 효율성을 중시하는 개발자라면 거시 수준의 테스트 역시 할 수 있어야 한다. 8.3.2절에서는 컨테이너를 이용하여 Go로 작성한 거시 테스트의 전체 예제를 살펴보며, 그 과정에서 도출되는 결과 및 일반적인 관찰 가능성에 관해 이야기할 것이다.

이제 코드 속 작은 부분의 효율성을 평가하는 가장 빠른 방법인 마이크로벤치마킹을 자세히 들여다보자.

8.1 마이크로벤치마크

마이크로벤치마크는 하나의 프로세스에서 실행하는 코드의 일부인, 하나의 격리된 기능에 대한 벤치마크다. 코드나 알고리즘 수준의 컴포넌트에 대해 최적화를 수행했을 때 마이크로벤치마크로 효율성을 평가할 수 있다. 이에 대해서는 3.5절에서 언급했다. 그러나 이보다 더 복잡해지면 미시 수준에서 다루기가 쉽지 않다. 예를 들어 다음과 같은 상황의 벤치마크를 '복잡하다'고 볼 수 있다.

- 여러 기능을 한 번에 벤치마크하는 상황

- (5~10초를 넘어가는) 오래 작동하는 기능들

- 더 큰 규모의 다중 구조 컴포넌트

- 다중 프로세스 기능들. 다중 고루틴은 테스트 중 (백 개가 넘는) 지나치게 많은 경우만 아니라면 괜찮다.

- 일반적인 개발 장비 수준 이상의 자원이 필요한 기능들(**예** 답변을 연산하거나 테스트 데이터 세트를 준비하기 위해 40GB 메모리를 할당하는 상황).

만약 코드가 위의 항목 중 어느 하나에라도 해당된다면, 더 작은 마이크로벤치마크로 나누거나 다른 프레임워크에서 매크로벤치마크를 사용하는 것을 고려해보자(8.3절 참고).

> **CAUTION** **마이크로벤치마크는 작게 유지하자.**
>
> 미시 수준에서 한번에 많은 것을 벤치마킹할수록, 벤치마크를 구현하고 실행하는 시간이 많이 소요된다. 그리고 이는 연쇄적인 결과를 일으킨다. 즉, 벤치마크의 재사용성을 높이고 추상화하는 데 시간을 자꾸만 더 쓰게 되고 결국 벤치마크를 안정적으로 수정하기 어렵게 만들어버린다.
>
> 마이크로벤치마크는 민첩해야 한다. 코드를 자주 수정하면 그에 맞춰서 벤치마크 역시 빠르게 수정할 수 있어야 한다. 벤치마크가 걸림돌이 되어서는 안 된다. 따라서 벤치마크는 빠르게 작성하고, 단순하게 유지하며 수정할 수 있어야 한다.
>
> 무엇보다도 Go 벤치마크는 고도화된 관찰 기능성이 없다(있어서도 안 된다). 우리가 벤치마크를 작게 유지해야 하는 또 다른 이유다.

벤치마크 정의에서 프로그램이 특정 기능을 위한 고수준 사용자의 RAER에 적합한지를 검증하는 마이크로벤치마크는 드물다고 본다. 예를 들어 'API의 p95[1]는 1분 이하여야 한다'는 경우가 있다. 달리 말하면 마이크로벤치마크는 절대값을 요구하는 경우에 대한 답을 주기는 어렵다. 따라서 마이크로벤치마크를 작성할 때는 특정한 기준선이나 패턴에 대한 답을 보여주는 데 집중해야 한다. 다음과 같은 예시를 참고하자.

런타임 복잡도 학습

마이크로벤치마크는 특정 차원에서 Go 함수나 메서드의 효율성에 대해 알 수 있는 최고의 방법이다. 예를 들면 입력과 테스트 데이터의 공유와 크기에 따라 레이턴시 시간은 어떻게 영향을 받을까? 입력의 크기에 따라 메모리의 할당은 무한히 커질까? 선택한 알고리즘의 변치 않는 요소와 오버헤드는 무엇일까?

테스트의 입력을 일일이 바꿔보며 그 결과를 바로 확인할 수 있기에, 다양한 테스트 데이터와 케이스에 대한 효율성을 빠르게 확인할 수 있다.

1 　옮긴이 주_p95는 백분위수(percentile)를 말하며 특정 값보다 작은 값이 전체의 95%라는 의미다.

A/B 테스팅

A/B 테스트는 프로그램의 A, B 두 버전에 동일한 테스트를 하는 것이다. 이 테스트는 (이상적으로는) 오직 하나의 차이만을 가지며(예 하나의 슬라이스를 재사용하는지 여부에 따른 차이), 그로 인한 변경 사항의 상대적 영향을 알 수 있다.

이는 마이크로벤치마크는 코드, 설정 또는 하드웨어의 변경 사항이 효율성에 잠재적으로 영향을 줄 수 있는지를 판단할 수 있는 좋은 방법이다. 예를 들어 어떤 요청의 레이턴시가 2분이고, 레이턴시의 60%는 우리가 개발한 코드의 특정 Go 함수라는 것을 안다고 하자. 이러한 경우 함수 최적화 시도를 해보며, 최적화 전과 후의 마이크로벤치마크를 해볼 수 있다. 테스트를 신뢰할 수 있다고 할 때 최적화 이후 마이크로벤치마크의 결과가 20% 빨라졌다면 전체 시스템의 속도는 12% 향상될 것이다.

마이크로벤치마크의 레이턴시에 대한 절댓값이 그다지 중요하지 않을 때도 있다. 예를 들면 마이크로벤치마크 결과, 하나의 머신에서 동작당 900밀리초가 걸렸다는 것은 의미가 없다. 다른 랩톱에서는 500밀리초가 걸릴 수 있기 때문이다. 그래서 동일한 머신에서 환경에 최소한의 변화만 주고 동일한 벤치마크를 실시하여, A, B 두 버전의 레이턴시가 높거나 낮은지 확인해야 한다. 7.3.2절에서 언급했듯이 이러한 연관성은 다른 환경에서 해당 버전을 벤치마크해도 재현될 가능성이 높다.

Go에서 마이크로벤치마크를 구현하고 실행하는 가장 좋은 방법은 go test 도구에서 제공되는, Go 자체의 벤치마킹 프레임워크를 사용하는 것이다. 실제로 많이 사용되고, 테스트 단계에 통합되어 있으며, 프로파일링도 지원한다. 또한 Go 커뮤니티에서 많은 벤치마크 예제를 찾아볼 수 있다. 이미 [예제 6-3]에서 Go 벤치마크 프레임워크에 대한 기초를 살펴봤고, [예제 7-2]에서는 출력에서 전처리된 결과를 보았지만 이제는 좀 더 깊이 파고들어 보자.

8.1.1 Go 벤치마크

Go에서의 마이크로벤치마크 생성[2]은 특정한 함수를 특정한 시그니처에 맞추어 만들어진다. Go 도구는 까다롭지 않아서 함수에서 다음 세 가지 요소만 맞으면 벤치마크라 생각한다.

---

2 「Go testing, Benchmarks」, *https://oreil.ly/0h0y0*

- 함수를 작성한 파일의 이름의 끝에 _test.go[3]라고 접미사를 붙인다.

- 함수의 이름은 대소문자의 구분을 명확히 하여 접두사 Benchmark를 붙인다(**CI** BenchmarkSum).

- 함수의 인자는 오직 *testing.B 타입 하나만 있어야 한다.

7.1절에서 [예제 4-1] 코드의 공간 복잡도에 대해 다시금 언급했는데, 10장에서는 몇 가지 다른 요구사항에 대해 이 코드를 어떻게 최적화하는지 보여준다. 메모리 할당과 레이턴시 수치에 대한 예측값을 알아내는 데 벤치마크를 사용했는데, Go 벤치마크가 없었다면 이러한 최적화가 쉽지 않았을 것이다. 이를 염두에 두고 벤치마킹 프로세스를 살펴보자.

> **TIP** Go 벤치마크 네이밍 컨벤션
>
> Go 테스트 프레임워크에서 모든 종류의 함수의 <Name>에 대한 일관된 네이밍 패턴[4]을 따르려 한다. 벤치마크라면 Benchmark<Name>, 테스트라면 Test<Name>, 퍼지 테스트라면 Fuzz<Name>, 예제라면 Example<Name>이 된다. 개념은 다음과 같이 간단하다.
>
> - 테스트를 BenchmarkSum이라 이름 지으면, Sum 함수의 효율성을 테스트하는 것이다. BenchmarkSum_withDuplicates라면 소문자로 시작하는 접미사 부분은 특정한 테스트 조건을 말해준다.
>
> - BenchmarkCalculator_Sum이라면 Calculator 구조체의 Sum 메서드를 테스트한다. 위와 마찬가지로 같은 메서드에 다양한 경우의 테스트를 추가한다면 BenchmarkCalculator_Sum_withDuplicates와 같이 접미사로 구분할 수 있다.
>
> - 여기에 더해서, BenchmarkCalculator_Sum_10M와 같이 입력의 사이즈와 같은 정보를 접미사로 추가할 수도 있다.

[예제 4-1]의 Sum은 하나의 기능만을 지닌 짧은 함수다. 이때는 마이크로벤치마크 하나면 효율성을 알아보기에 충분하다. sum_test.go라는 파일을 만들고 BenchmarkSum 함수를 작성했다. 본격적으로 벤치마크를 작성하기 전, [예제 8-1]에서 대부분의 벤치마크에 필요한 작은 보일러플레이트 템플릿부터 추가했다.

---

3 더욱 큰 프로젝트에서는 _bench_test.go라 붙여서 좀 더 알아보기 쉽게 하자.

4 Go testing 패키지의 Example 문서(*https://oreil.ly/PRrlW*)에 잘 설명되어 있다.

```go
func BenchmarkSum(b *testing.B) {
    b.ReportAllocs()                                        ❶

    // TODO(bwplotka): Add any initialization that is needed.

    b.ResetTimer()                                          ❷
    for i := 0; i < b.N; i++ {                              ❸
        // TODO(bwplotka): Add tested functionality.
    }
}
```

❶ 추가하거나 뺄 수 있는 메서드[5]다. Go 벤치마크에서 이 메서드를 사용하면 전체 메모리 할당량과 메모리 할당 횟수를 알려준다. 테스트를 실행할 때 -benchmem 플래그를 설정하는 것과 같다. 이론적으로는 레이턴시 측정에 작은 부하를 줄 수 있고, 매우 빠른 함수에서는 그 차이가 눈에 보일 수 있다. 하지만 실제로 메모리 할당 추적을 제거해야 할 상황은 거의 없기에 항상 사용한다. CPU에 민감한 작업일지라도 메모리 할당 횟수는 유용할 때가 많기 때문이다. 5.1절에서 언급한 것처럼 어떤 메모리 할당은 놀라울 정도다.

❷ 대부분의 경우 테스트 데이터, 구조체, 또는 가짜Mock 의존성을 초기화하는 데 필요한 자원을 벤치마크할 필요는 없다. 이러한 작업을 레이턴시 체크나 메모리 할당 추적에서 제외하려면 실제 벤치마크 직전에 타이머를 초기화[6]하면 된다. 초기화할 것이 없다면 이 부분 또한 필요 없다.

❸ b.N을 포함한 for 루프 부분은 모든 Go 벤치마크의 필수 요소다. 변경하거나 삭제해서는 안 된다. 또한 반복문 내에서 벤치마크하는 함수에 i를 사용해서는 안 된다. 처음에는 헷갈릴 수 있겠지만 벤치마크를 어떻게 실행하는지에 따라, go test는 적절한 b.N을 찾기 위해 BenchmarkSum을 여러 번 실행할 수 있다. go test는 기본적으로 벤치마크를 최소 1초는 실행하려 한다. 즉, b.N이 1인 경우에만 벤치마크를 한 번 실행하여 단일 반복의 소요 시간을 평가한다는 의미다. 이를 바탕으로 전체 BenchmarkSum이 최소 1초는 수행[7]하는 가장 작은 'b.N'을 알아내려 한다.

벤치마크하려는 Sum 함수는 하나의 인자를 받는다. 더해줄 정수들의 리스트를 담은 파일 이름

---

5 「Go testing, func (*B) ReportAllocs」, *https://oreil.ly/ootGE*

6 「Go testing, func (*B) ResetTimer」, *https://oreil.ly/5et2N*

7 b.N을 제거하면 Go 벤치마크는 전체 BenchmarkSum이 최소 1초를 수행할 때까지 N을 증가시킨다. b.N 루프가 없다면 벤치마크는 절대 1초를 넘어서지 않는다. 어떠한 벤치마크는 b.N이 10억 번 반복한다는 것을 의미할 수도 있고, 한 번의 반복이 1초를 넘어선다면 벤치마크의 결과가 엉뚱한 정보를 담게 된다.

이다. 7.1절에서 언급했듯이, [예제 4-1]에서 사용한 알고리즘은 파일 내 정수의 개수에 영향을 받으며, 이 경우 시간 복잡도와 공간 복잡도는 O(N)이 된다. 여기서 N은 정수의 개수다. Sum 함수에서 정수 수천 개를 처리할 때보다 정수 하나를 처리할 때 더 빠르고 메모리 할당도 적게 발생한다. 결과적으로 입력에 따라 결과로 나타나는 효율성이 크게 달라진다는 것이다. 그렇다면 어떻게 벤치마크에 적합한 테스트 입력을 찾을 수 있을까? 안타깝게도 정답은 없다.

> **NOTE_ 벤치마크에 맞는 테스트 데이터와 조건의 선택**
>
> 일반적으로 데이터 세트는 프로그램 효율성의 특징적 패턴에 대한 충분한 지식과 확신을 줄 수 있으면서 작을수록(그래서 빠르고 사용하기 저렴할수록) 좋다. 그리고 데이터 세트는 사용자가 경험할 수 있는 잠재적 한계와 병목을 확인할 수 있을 만큼 충분히 커야 한다. 7.3.2절에서 언급한 것처럼 테스트 데이터는 프로덕션에서 처리할 데이터와 가능한 유사해야 한다. '전형적인' 데이터를 사용하는 것이 목표다.
>
> 하지만 벤치마크할 기능이 특정한 입력에 대해 중대한 문제를 가지고 있다면, 이러한 입력값은 벤치마크에 꼭 추가하여야 한다.

좀 더 어렵게 만들기 위해 마이크로벤치마크에서 사용할 데이터 크기에 제한을 두기도 한다. 대체로 개발 환경에서 벤치마킹을 가능한 빠르게 수행해서, 보다 민첩하고 빠른 피드백을 받고 싶어 한다. 다행히 프로그램에서 효율성 패턴을 찾고, 잠재적 프로덕션 데이터 세트보다 몇 배 작은 데이터 세트로 벤치마크를 실행하고, 가능한 결과를 추정하는 방법이 있다.

예를 들어 [예제 4-1]이 내 컴퓨터에서 2백만 개의 정수를 합산하는 데 78.4밀리초가 걸리고, 백만 개를 벤치마킹할 때 30.5밀리초가 걸리면, 정수 하나에 이 알고리즘을 사용할 때 평균적으로 약 29나노초가 걸릴 것이라 어느 정도 확신[8]할 수 있다. 만약 RAER에 20억 개의 정수를 30초 이내에 합산해야 한다는 상황을 가정해 본다면 29나노초 ∗ 20억은 58초나 걸리기에 이 구현은 매우 느리다고 가정할 수 있다.

이러한 이유로 [예제 4-1]의 벤치마크를 할 때는 2백만 개의 정수를 입력으로 사용하려 한다. 병목 현상과 효율성 패턴을 확인할 만큼 충분히 크면서도, 프로그램이 빠르게 수행될 만큼 충분히 적다(필자의 컴퓨터에서는 초당 14회 정도 수행한다)[9]. 우선 testdata 디렉터리를 생성

---

8 물론 29나노초가 걸리지는 않을 것이다. 실제로는 더 많은 정수들의 합을 구해야 이 정도 시간이 걸린다.

9 프로그램의 다음 버전들과 벤치마크에서는 테스트 데이터를 변경할 수도 있다. 시간이 흐르다 보면 테스트 데이터 세트가 최적화하기에 '너무 적을' 수 있다. 따라서, 좀 더 최적화할 필요가 있을 때는 데이터 세트를 늘릴 수 있다.

한 다음(컴파일에서는 제외하였다), 2백만 개의 정수를 담은 test.2M.txt 파일을 만들어두었다. 이렇게 테스트 데이터와 [예제 8-1]을 준비한 다음에 테스트하고 싶은 기능을 [예제 8-2]와 같이 추가하였다.

예제 8-2 Sum 함수의 효율성 평가를 위한 간단한 Go 벤치마크

```go
func BenchmarkSum(b *testing.B) {
    for i := 0; i < b.N; i++ {
        _, _ = Sum("testdata/test.2M.txt")
    }
}
```

벤치마크를 실행하려면 Go를 설치해서[10] go test 명령을 사용하면 된다. go test는 특정한 테스트, 퍼지 테스트, 벤치마크 모두를 실행할 수 있다. 벤치마크를 위한 옵션들을 사용하면 벤치마크를 어떻게 실행할지, 실행한 다음 어떠한 산출물을 만들어 낼지 설정할 수 있다. [예제 8-3]의 옵션들을 하나씩 살펴보자.

예제 8-3 [예제 8-2]를 실행할 때 쓸 수 있는 명령들

```
$ go test -run '^$' -bench '^BenchmarkSum$'                      ❶
$ go test -run '^$' -bench '^BenchmarkSum$' -benchtime 10s       ❷
$ go test -run '^$' -bench '^BenchmarkSum$' -benchtime 100x      ❸
$ go test -run '^$' -bench '^BenchmarkSum$' -benchtime 1s -count 5   ❹
```

---

❶ 하나의 벤치마크 함수를 BenchmarkSum이라는 이름으로 수행한다. RE2 정규식 구문[11]을 사용하여 실행하려는 테스트를 필터링할 수 있다. -run 플래그는 어떠한 함수 테스트와도 매칭되지 않도록 설정했는데, 어떤 단위 테스트도 실행하지 않고 벤치마크만을 하기 위함이다. -run 플래그가 비어 있으면 모든 단위 테스트를 실행한다.

---

10 「Go 다운로드와 설치」, *https://oreil.ly/dQ57t*
11 「깃허브, google/re2」, *https://oreil.ly/KDIL9*

❷ -benchtime은 벤치마크가 (함수를) 얼마나 오래 또는 얼마나 많이 반복하여 수행할지 설정한다. 여기서는 10초 인터벌[12] 동안 가능한 많은 반복 수행을 하도록 설정했다.

❸ -benchtime의 정확한 반복 횟수를 명시할 수도 있다. 잘 사용하지는 않는데, 마이크로벤치마크라면 빠른 피드백을 받는 것이 중요하기 때문이다. 반복 횟수를 명시하면 테스트가 10초가 걸릴지 2시간이 걸릴지 알 수가 없다. 그래서 벤치마크 시간을 제한하여 테스트가 언제 끝날지 예상할 수 있으며, 반복 횟수가 너무 적다면 시간 설정을 좀 더 늘리거나 벤치마크 구현을 변경하면 된다. 테스트 데이터를 바꿀 수도 있다.

❹ -count 플래그도 유용한데, 실행들 사이의 분산variance을 계산해준다(8.1.2절에서 이때 사용하는 도구들을 소개한다).

이 외에도 사용할 수 있는 옵션은 매우 많은데, go help testflag[13] 명령으로 이를 언제든 볼 수 있다.

NOTE_ IDE에서 Go 벤치마크 실행하기

최신 IDE는 대부분 Go 벤치마크 함수에서 클릭 한 번으로 벤치마크를 실행할 수 있다. 편하게 사용하면 된다. 다만 정확한 옵션 설정을 해야 한다는 사실과 최소한 옵션의 기본값이 무엇인지는 유념하자.

1초의 벤치마크를 실행할 때는 IDE를 사용하기도 하지만, 그 이상의 복잡한 경우는 CLICommand Line Interface를 즐겨 쓴다. 사용하기도 쉽고 테스트 실행 시의 설정을 다른 사람들과 공유하기도 편하기 때문이다. 그러나 정답은 없다. 본인이 사용하기에 편한 것을 사용하면 된다.

Sum 함수를 벤치마킹하기 위해 필요한 모든 옵션을 담은 한 줄짜리 실행 명령을 만들어 보았다. [예제 8-4]를 보자.

예제 8-4 [예제 4-1]을 벤치마크하는 한 줄짜리 셸 명령

```
$ export ver=v1 && \                                                    ❶
    go test -run '^$' -bench '^BenchmarkSum$' -benchtime 10s -count 5 \
        -cpu 4 \                                                        ❷
        -benchmem \                                                     ❸
```

---

12 앞서 이야기했듯이, 전체 벤치마킹은 10초 이상 걸릴 수 있다. Go 프레임워크가 적절한 반복 횟수를 찾아야 하기 때문이며, 테스트 결과가 분산(variance)될수록 테스트는 오래 걸릴 수 있다.

13 「Go 문서, test」, *https://oreil.ly/F2wTM*

```
         -memprofile=${ver}.mem.pprof -cpuprofile=${ver}.cpu.pprof \      ④
         ¦ tee ${ver}.txt                                                 ⑤
```

❶ 복잡한 스크립트나 프레임워크를 작성해서 벤치마크 결괏값을 특정 위치에 저장하거나, 결괏값들을 자동으로 비교하게 하는 작업 등을 하도록 만들고 싶을 수 있다. 일반적으로 Go 벤치마크가 일시적으로 필요하고 실행이 쉬워서 이런 작업이 필요하지 않다. 그럼에도 나중에 참조할 경우를 대비하여 벤치마크의 산출물이 같은 이름을 가지도록 간단한 배시[bash] 스크립트[14]를 추가하였다. 최적화한 새로운 버전을 벤치마크할 때는 나중에 비교할 수 있도록 ver 변수를 v2, v3, v2-with-streaming과 같이 바꿀 수 있다.

❷ 동시성 코드로 레이턴시를 최적화하려는 경우에는, 벤치마크에서 사용할 수 있는 CPU 코어 개수가 중요하다(10.4절 참고). -cpu 플래그로 설정할 수 있으며 GOMAXPROCS 값을 설정해준다. 7.3.3절에서 설명한 것처럼 어떤 값을 사용할지는 프로덕션 환경이 어떠할지, 개발하는 머신의 CPU가 몇 개인지에 따라 다르다.[15]

❸ 레이턴시를 최적화하였는데 메모리 할당량이 엄청나다면 최적화하는 의미가 없다. 5.1절에서 알아본 것처럼, 과다하게 메모리 할당을 하는 문제는 흔히 발생한다. 경험상 메모리 할당 문제가 CPU 사용 중에 생기는 문제보다 더 많으므로, 항상 -benchmem으로 메모리 할당을 주의해서 챙겨본다.

❹ 마이크로벤치마크를 실행하고 그 결과가 만족스럽지 않다면, 가장 먼저 느린 속도나 과도한 메모리 사용량의 원인이 무엇인지 궁금할 것이다. Go 벤치마크가 프로파일링을 지원하는 이유다. 프로파일링은 9장에서 좀 더 알아볼 것이다. 필자는 기본적으로 이 옵션들을 -benchtime과 함께 항상 켜둔다. 이렇게 하면 언제든 의심스러운 자원의 사용을 볼 때마다 문제를 일으킨 코드를 찾기 위해 프로파일링할 수 있다. -benchtime이나 ReportAllocs와 마찬가지로 이 옵션들은 기본적으로 꺼져 있는데, 레이턴시에 약간의 부하를 주기 때문이다. 하지만 매우 낮은 레이턴시의 동작(수십 분의 1나노초 수준)에 대한 측정이 아니라면 켜 두어도 별문제가 없다. 참고로 -cpuprofile 옵션은 백그라운드에서 추가적인 메모리 할당과 레이턴시를 발생시킨다.

❺ 기본적으로 go test는 표준 출력[standard output]으로 결과를 내보낸다. 하지만 결괏값들을 확실히 비교하고, 각각의 벤치마크 실행과 그 결괏값을 잘 기억하려면 임시 파일로 저장해두는 것이 좋다. tee를 사용하면 파일 저장과 함께 표준 출력도 해주기 때문에 벤치마크의 진행을 챙겨볼 수 있다.

여기까지 벤치마크의 구현, 입력 파일, 실행 명령까지 알아보았으니 본격적으로 벤치마크를 실

---

14 옮긴이 주_배시 셸에서 돌아가도록 작성한 스크립트다.
15 여러 값을 쓸 수도 있다. 예를 들어 -cpu=1,2,3으로 설정한다면, 테스트는 GOMAXPROCS 설정을 1, 2, 3으로 바꿔가며 실행한다.

행해보자. 필자의 컴퓨터의 테스트 파일이 있는 디렉터리에서 [예제 8-4] 명령을 실행했고, 벤치마크는 32초가 걸렸으며, v1.cpu.pprof, v1.mem.pprof, 그리고 v1.txt 세 개의 파일이 생성되었다. 8.1.2절에서는 마지막 파일에 집중해서 Go 벤치마크의 출력을 어떻게 읽고 이해하는지 알아볼 것이다.

8.1.2 벤치마크 결과의 이해

go test 벤치마크를 실행할 때마다 결과가 일관된 포맷[16]으로 출력된다. [예제 8-5]는 [예제 4-1]에 대해 [예제 8-4]를 실행한 결과의 출력이다.

예제 8-5 [예제 8-4] 명령을 실행하여 v1.txt 파일에 저장된 결과

```
goos: linux                                                           ❶
goarch: amd64
pkg: github.com/efficientgo/examples/pkg/sum
cpu: Intel(R) Core(TM) i7-9850H CPU @ 2.60GHz
BenchmarkSum-4 67 79043706 ns/op 60807308 B/op 1600006 allocs/op      ❷
BenchmarkSum-4 74 79312463 ns/op 60806508 B/op 1600006 allocs/op
BenchmarkSum-4 66 80477766 ns/op 60806472 B/op 1600006 allocs/op
BenchmarkSum-4 66 80010618 ns/op 60806224 B/op 1600006 allocs/op
BenchmarkSum-4 74 80793880 ns/op 60806445 B/op 1600006 allocs/op
PASS
ok      github.com/efficientgo/examples/pkg/sum      38.214s
```

---

❶ 벤치마크를 실행하면 아키텍처, 운영체제, 벤치마크를 실행하는 패키지 그리고 CPU와 같은 실행 환경의 기본 정보를 캡처한다. 그러나 7.3절에서 이야기한 것처럼, 이 밖에도 벤치마크에 영향을 주는 다수 요소 때문에 캡처해야 할 것[17]이 많다.

❷ 각각의 행은 한 번의 실행을 말한다(ⓒⓘ 벤치마크를 -count=1 옵션으로 실행했다면 한 줄만 나올 것이다). 한 행은 벤치마크의 설정에 따라 셋 이상의 열로 되어 있다. 하지만 그 순서는 일관적이다. 열의 왼쪽부터 보면 다음과 같다.

---

16 포맷의 내부 표현을 좀 더 알아보고 싶으면 BenchmarkResut 타입을 보자(*https://oreil.ly/90w02*).

17 Go 버전, 리눅스 커널 버전, 동시에 실행 중인 다른 프로세스, CPU 모드 등이 있다. 하지만 이 모든 것을 캡처하기는 어렵다.

- 벤치마크의 이름 및 접미사로 붙은, 벤치마크에 사용 가능한 CPU 개수.[18] 동시성 구현이 어떻게 동작할지를 예상할 수 있다.

- 벤치마크 반복 실행 횟수. 이 수치가 너무 낮으면 다른 열의 정보도 실제 정보를 담지 못할 수 있다.

- 실행당 나노초. -benchtime 옵션의 값을 반복 횟수로 나눈 값이다.

- 실행당 힙 메모리에 할당한 바이트. 5장에서 봤듯이 수동 매핑, 캐시, 스택과 같은 다른 세그먼트에 할당한 메모리에 대해서는 알 수 없다. 이 열은 -benchmem 플래그나 ReportAllocs가 설정된 경우에만 보인다.

- 실행당 힙 메모리 할당의 횟수. 이 또한 -benchmem 플래그가 설정된 경우에만 보인다.

- 선택사항으로 b.ReportMetric 메서드를 사용하여 실행당 수치를 볼 수 있다.[19] 이를 통해 추가 열의 값을 확인하고 나중에 설명할 도구와 비슷하게 집계도 할 수 있다.

> **TIP** [예제 8–4]를 실행한 후 기다려도 출력이 없으면 마이크로벤치마크의 첫 번째 실행이 오래 걸리기 때문일 수 있다. -benchtime 설정이 시간 기준이라면 go test가 반복 횟수를 추정하기 위해 한 번의 실행이 얼마나 오래 걸리는지 빠르게 확인한다.
>
> 시간이 너무 오래 걸리고 30분 이상의 테스트를 하려는 것이 아니라면, 벤치마크의 설정 부분을 최적화하거나 데이터의 크기를 줄여야 하며, 마이크로벤치마크를 더욱 작은 기능으로 나누어야 할 수도 있다. 그렇지 않으면 수십, 수백 번의 반복 실행도 힘들 것이다.
>
> 결과의 시작 부분(goos, goarch, pkg 그리고 벤치마크 이름)이 출력됐다면, 한 번의 실행은 완료됐고 벤치마크가 시작됐음을 의미한다.

[예제 8–5]의 결과는 바로 읽을 수 있는데, 그 전에 몇 가지 알아두어야 할 내용이 있다. 우선 숫자들의 기본 단위인데, 처음 보았을 때는 메모리 할당이 600MB, 60MB, 6MB인지 헷갈리기 쉽다. 레이턴시를 초로 바꿀 때도 마찬가지다. 그다음으로 다섯 가지의 측정값 중 무엇을 선택할 것인지도 이슈가 된다. 마지막으로 1초의 마이크로벤치마크 결과를 최적화와 어떻게 비교할 것인지도 고려해야 한다.

---

18 Go 테스팅 프레임워크는 벤치마크에 사용 가능한 CPU 개수를 확인하지 않는다. 4장에서 배운 것처럼 CPU는 프로세스들 사이에 공평하게 공유되기에, 시스템에 프로세스가 많을수록, 벤치마크의 사용 가능한 CPU(필자의 경우 네 개의 CPU) 개수를 보장할 수 없다. 이런 이유로 runtime.GOMAXPROCS 설정의 변경이 여기에 반영되지 않는다.

19 「Go testing, func (*B) ReportMetric 예시」, https://oreil.ly/IuwYl

다행히 Go 커뮤니티에서 benchstat[20]라는 CLI 도구를 만들었는데, 하나 이상의 벤치마크에 대한 추가적인 작업과 통계 분석을 해주어 벤치마크 결과의 평가를 돕고, Go 벤치마크 결과를 보여주고 해석하는 도구로서 최근 몇 년간 인기가 높다.

benchstat은 go install golang.org/x/perf/cmd/benchstat@latest와 같이 go install 도구로 설치할 수 있다. '$GOBIN' 또는 '$GOPATH/bin' 디렉터리에 설치된다. [예제 8–6]에서는 [예제 8–5]의 결과를 benchstat을 이용하여 보여준다.

예제 8–6 [예제 8–5]의 결과에 benchstat을 실행

```
$ benchstat v1.txt                                          ❶
name time/op
Sum-4 79.9ms ± 1%                                           ❷

name alloc/op
Sum-4 60.8MB ± 0%

name allocs/op
Sum-4 1.60M ± 0%
```

❶ 이처럼 [예제 8–5]가 들어 있는 v1.txt 파일에 benchstat을 실행할 수 있다. benchstat은 하나 이상의 벤치마크를 수행하거나 같은 버전의 코드를 여러 번 벤치마크한 결과에서 go test 도구 포맷을 파싱할 수 있다.

❷ benchstat은 각각의 벤치마크에서 모든 실행의 평균과 분산(여기서는 1%)을 계산한다. -count 플래그를 이용하는 등 go test 벤치마크를 여러 번 실행해야 하는 이유다. 한 번만 실행한다면 분산은 0%라는 의미 없는 값을 가지게 된다. 7.3.3절에서 살펴봤듯이, 테스트를 여러 번 실행할수록 결과의 반복성을 평가할 수 있다. benchstat --help로 더 많은 옵션을 볼 수 있다.

테스트 실행에 어느 정도 확신이 들면 이를 결과의 기준선으로 삼을 수 있다. 최적화한 다음, 효율성을 평가할 때 이 기준선과 비교하면 된다. 예를 들어 10장에서는 Sum 함수를 최적화하는데, 해당 최적화 버전 중 하나는 두 배나 빠르다. 이는 [예제 4–1]의 Sum 함수를 [예제 10–12]의 ConcurrentSum3으로 바꿔서 알 수 있었다. 그리고 [예제 8–2]의 벤치마크를 [예제 8–4]의

---

20 「Go 문서, benchstat」, *https://oreil.ly/PWSN4*

명령에서 ver=v1을 ver=v2로 바꾸어 실행하여 v2.txt, v2.cpu.pprof, v2.mem.pprof를 생성했다.

benchstat은 분산을 계산해주고, 사람이 읽기 쉬운 단위로 변환해주는데, 다른 벤치마크 실행 결과와 비교해주는 유용한 기능도 제공한다. [예제 8-7]은 이전 결과와 동시성 구현으로 개선한 결과를 비교하여 보여준다.

예제 8-7 benchstat으로 v1.txt, v2.txt 비교하기

```
$ benchstat v1.txt v2.txt                                    ❶
name     old time/op      new time/op      delta
Sum-4      79.9ms ± 1%      39.5ms ± 2%   -50.52%   (p=0.008 n=5+5)    ❷

name     old alloc/op     new alloc/op     delta
Sum-4      60.8MB ± 0%      60.8MB ± 0%      ~       (p=0.151 n=5+5)

name     old allocs/op    new allocs/op    delta
Sum-4      1.60M ± 0%       1.60M ± 0%    +0.00%    (p=0.008 n=5+5)
```

❶ benchstat의 인자로 두 파일명을 넣어서 실행하면 둘을 비교해준다.

❷ 비교 모드에서 bechstat은 두 결과의 평균값의 차이를 백분율로 보여주는 델타delta 열을 제공하거나, 유의성 검정significance test이 실패하면 '~' 를 보여준다. 유의성 테스트는 '맨-휘트니 U 검정Mann-Whitney U test'을 기본[21]으로 사용하며, -delta-test=none으로 끌 수 있다. 이는 p-value[22]를 계산하는 통계적 분석이며, 기본적으로 0.05보다 작아야 한다(-alpha 플래그로 설정할 수 있다). ± 뒤의 분산값에 더하여 결과를 안전하게 비교할 수 있는지를 알려준다. n=5+5는 두 결과의 샘플 크기를 보여준다(두 벤치마크는 -coutn=5 설정으로 실행됐다).

benchstat과 Go 벤치마크 덕분에 동시성 구현이 약 50% 빠르면서도 메모리 할당에 변화가 없다고 확신할 수 있다.

---

21 「위키피디아, 맨-휘트니 U 검정」, *https://oreil.ly/ESCAz*
22 「위키피디아, p-value」, *https://oreil.ly/6K0zl*

마이크로벤치마크를 분석하는 것은 처음에는 혼란스러울 수 있겠지만, benchstat을 사용하면 구현들 간의 효율성을 어떻게 평가하면 될지 감이 올 것이라 믿는다. 데이터 과학 학위가 없어도 괜찮다. 대신 benchstat을 사용할 때는 다음을 반드시 알아두자.

- 테스트는 노이즈를 걸러내기 위해서라도 두 번 이상은 실행하자. 실행 횟수 설정은 -count 플래그를 사용하면 된다.
- 분산값이 3~5% 이상이 되어서는 안 된다. 실행 횟수가 적을 때는 분산값을 더욱 세심히 확인하자.
- 높은 분산에서 결괏값 사이의 차이에 의존해야 한다면 유효성 검정(p-value)을 확인하자.

이러한 사항을 기억해두고, Go 벤치마크에서 일상적으로 사용할 수 있는 몇 가지 유용한 고급 트릭을 알아보자.

8.2 마이크로벤치마킹 팁과 트릭

마이크로벤치마크의 모범 사례는 실수를 통해 스스로 배우며 알게 되는 경우가 많은데, 다른 이들에게 잘 공유되지는 않는다. Go 마이크로벤치마크에서 일반적으로 주의할 점들을 짚어보며 이러한 모범사례들에 대해서 알아보자.

8.2.1 너무 높은 분산

7.3.3절에서 설명했듯이 테스트에서 분산을 이해하는 것은 매우 중요하다. 만약 마이크로벤치

마크 실행 사이의 분산이 5%보다 높다면, 노이즈가 있을 수 있다는 의미다. 따라서 결과 자체를 신뢰하기 힘들어진다.

특히 10.4절을 쓰며 이를 경험했는데, 벤치마킹할 때 benchstat 결과를 보니 분산이 너무 컸다. [예제 8-8]이 그 결과다.

> **예제 8-8**　**레이턴시 항목의 분산이 매우 큰 경우** benchstat

```
name time/op
Sum-4 45.7ms ±19%                                                    ❶

name alloc/op
Sum-4 60.8MB ± 0%

name allocs/op
Sum-4 1.60M ± 0%
```

❶ 19% 분산은 확실히 큰 값이다. 이 결과는 무시하고, 벤치마크 안정화부터 해야 한다.

이런 경우 어떻게 하면 될까(7.3.3절 참고)? 벤치마크를 좀 더 오래 실행하거나 다시 디자인해야 한다. 혹은 다른 환경에서 실행해볼 수도 있다. 필자의 경우에는 브라우저를 닫고[23], -benchtime을 5초에서 15초로 늘려서 [예제 8-7]을 실행한 결과, 분산이 2%가 됐다.

8.2.2 나만의 워크플로 찾기

8.1.1절에서는 미시 수준의 효율성 평가 사이클을 소개했다. 물론 다양한 방법이 있겠지만, 일반적으로는 git 브랜치에 기반하며 다음과 같이 요약할 수 있다.

1. 테스트하려는 마이크로벤치마크의 구현이 이미 있는지 확인하고, 없으면 새로 만든다.
2. 터미널에서 [예제 8-4]와 유사한 명령으로 벤치마크를 5~10회 정도 실행한다. v1.txt와 같은 형식으로 결과를 저장하고, 프로파일도 저장한다. 이들을 기준으로 삼는다.

---

23 옮긴이 주_컴퓨터의 다른 프로세스가 자원을 사용하지 않도록 만들기 위함이다.

3. v1.txt 결과가 구현 내용과 입력 크기를 보고 예상한 수준의 자원을 소비하는지 확인한다. 결과를 받아들일지 판단하기 위해 9장에서 소개할 병목 분석을 한다. 좀 더 알기 위해 여러 입력으로 병목 분석을 할 수도 있다. 이를 통해 기본적인 최적화를 위한 여유 자원이 있는지, 좀 더 위험하고 복잡한 최적화를 해야 할지 또는 다른 차원의 최적화가 필요한지 알 수 있다.

4. 어떤 최적화를 가정하고, 새로운 git 브랜치를 생성[24]한 다음 구현한다.

5. TFBO 절차에 따라, 구현한 것을 테스트한다.

6. 수정 사항을 커밋하고, 벤치마킹 함수를 같은 명령으로 실행한 다음에 v2.txt와 같은 이름으로 저장한다.

7. benchstat으로 결과들을 비교한 다음, 더 나은 결과를 얻기 위해 벤치마크나 최적화를 조정한다.

8. 다른 최적화를 해보려 한다면, 또 다른 git 브랜치를 만들거나 같은 브랜치에 새로운 커밋을 한 다음 같은 프로세스를 반복한다(예 v3.txt, v4.txt 등을 만든다). 이렇게 하면 새로운 시도의 결과가 만족스럽지 않을 때, 언제든 이전 최적화로 되돌아갈 수 있다.

9. 알아낸 것들은 메모로 남기거나 커밋 메시지에 적어두며, 변경 내용을 풀 리퀘스트[pull request]와 같은 방법으로 저장하기도 한다. 저장했던 .txt 결과들은 삭제한다(시간이 지나면 유효성이 떨어지기 때문이다).

해당 워크플로는 필자에게 잘 맞았다. 하지만 자신에게 맞는 다른 방법을 찾아도 된다. 그 방법이 헷갈리지 않고, 믿을 만하며, 3.6절에서 이야기했던 'TFBO 패턴'을 따르기만 하면 괜찮다. 이외의 다른 선택지들은 다음과 같다.

- 터미널 히스토리를 사용해 벤치마킹 결과를 추적할 수 있다.
- 다른 방식으로 최적화를 한 같은 기능의 함수를 만들 수 있다. git을 사용하기 싫다면 벤치마크 함수에서 이 함수로 교체해서 사용할 수 있다.
- 커밋 대신에 git stash를 사용할 수 있다.
- 마지막으로 데이브 체니[Dave Cheney]의 워크플로[25]를 사용해도 된다. go test -c 명령으로 테스팅 프레임워크를 만들고, 테스트하려는 코드를 별도의 바이너리에 넣어준다. 이 바이너리를 저장하고 언제든 벤치마크를 실행할 수 있으며, 소스 코드를 다시 빌드하거나 테스트 결과를 저장할 필요가 없다.[26]

다양한 워크플로를 시도해보고 자신에게 가장 잘 맞는 방법을 학습해나갈 수 있기를 바란다.

24 「git-branch – List, create, or delete branches」, *https://oreil.ly/AcM1D*
25 「데이브 체니의 페이지」, 1.3.1. Improve Fib」, *https://oreil.ly/1MJNT*
26 바이너리를 빌드하는 Go 버전은 엄격하게 관리해야 한다. 다른 Go 버전으로 테스팅 바이너리를 빌드하면 엉뚱한 결과를 만들어낼 가능성이 있기 때문이다. 예를 들어 바이너리를 빌드한 다음, 소스 코드 버전의 git 해시값을 이름의 접미사로 붙이는 방식으로 관리할 수 있다.

8.2.3 정확도를 높이기 위한 벤치마크 테스트

벤치마킹에서 가장 흔한 실수는 제대로 된 결과를 제공하지 않는 함수의 효율성을 평가하는 것이다. 의도적인 최적화는 태생적으로 코드의 기능을 망가뜨리는 버그를 만들기 쉽다. 때로는 실패한 수행을 최적화하는 것 또한 중요하지만[27] 이는 명시적으로 결정해야 한다.

3.6절에서 설명한 TFBO에서 'Testing'을 넣은 것은 실수가 아니다. 벤치마크하려는 기능에 대한 단위 테스트 작성을 우선해야 한다. [예제 8-9]는 Sum 함수의 단위 테스트다.

예제 8-9 Sum 함수의 정확도를 평가하는 단위 테스트

```
// import "github.com/efficientgo/core/testutil"

func TestSum(t *testing.T) {
    ret, err := Sum("testdata/input.txt")
    testutil.Ok(t, err)
    testutil.Equals(t, 3110800, ret)
}
```

단위 테스트를 작성하고 CI 설정을 잘 해두면, 변경사항을 주 저장소main repository에 제안할 때 (보통 풀 리퀘스트[28]를 이용한다) 코드에 문제가 있는지 여부를 바로 알 수 있다. 이것만으로도 최적화 작업을 좀 더 신뢰할 수 있게 된다.

하지만 아직 프로세스를 개선할 수 있는 부분들이 남았다. 마지막 개발 단계로만 테스트를 수

---

27 분산 시스템이나 사용자와 밀접하면서 에러를 자주 처리해야 하는 애플리케이션에서는 특히나 매우 중요하다. 일반적인 프로그램의 수명 주기의 한 부분이기도 하다. 예를 들어 필자는 데이터베이스 쓰기에는 빠르지만 실행 실패 시 과도한 양의 메모리를 할당하여 연쇄적인 에러를 유발하는 코드로 작업하는 경우가 많았다.

28 「깃허브 문서, 풀 리퀘스트란」, https://oreil.ly/r24MR

행한다면 코드가 깨졌다는 사실을 깨닫지 못한 채 벤치마킹과 최적화를 위한 노력을 이미 수행했을 수 있다. 이러한 문제는 [예제 8-2]의 코드와 같은 벤치마크를 실행하기 전에 항상 [예제 8-10]의 단위 테스트를 수동으로 수행하면 완화할 수 있다. 하지만 이때 다음과 같은 작은 문제들은 여전히 발생한다.

- 코드를 변경할 때마다 이런 작업을 해야 한다는 것은 피곤한 일이다. 변경하고 나서 수동 기능 테스트 작업을 생략하여 시간을 아끼고 피드백 루프도 단축하고 싶어진다.

- 단위 테스트에서 기능이 이상 없었다 하더라도 단위 테스트와 벤치마크에서 함수를 호출하는 것은 차이가 있다.

- 7.2.1절에서 언급했듯이 벤치마크는 다른 입력이 필요하다. 이는 새로운 에러를 만들어낼 수 있는 또 다른 가능성이기도 하다. 예를 들어, [예제 8-2]의 벤치마크를 준비할 때 실수로 파일 이름에 오타를 냈다고 가정하자(testdata/test.2M.txt라고 써야 할 것을 testdata/test2M.txt라고 썼다). 이후 벤치마크를 실행했더니 레이턴시가 매우 낮았다. Sum 함수가 파일이 존재하지 않는다는 에러를 내지 않고 오작동했기 때문이었다. 단순화하기 위해 [예제 8-2] 코드의 모든 에러를 무시해버렸고, 그 결과로 에러 정보를 받지 못한 것이다. 직관적으로 벤치마크가 지나치게 빨리 끝났다는 생각이 들어 Sum을 다시 확인했고 원인을 알아낼 수 있었다.

- 더 높은 부하에서 벤치마킹을 하면 예상하지 못한 에러가 발생하기도 한다. 예를 들어 컴퓨터의 파일 디스크립터file descriptor 개수 제한에 걸려 파일을 더 열지 못할 수도 있고, 코드가 디스크의 파일을 정리하지 않아서 공간 부족으로 변경 사항을 저장하지 못할 수도 있다.

다행히 간단한 해결책이 있다. 벤치마크를 반복 실행할 때마다 에러를 빠르게 확인하도록 만드는 것이다. [예제 8-10]을 참고하자.

예제 8-10 Sum 함수의 효율성을 평가하는 Go 벤치마크에 에러 체크 추가

```go
func BenchmarkSum(b *testing.B) {
    for i := 0; i < b.N; i++ {
        _, err := Sum("testdata/test.2M.txt")
        testutil.Ok(b, err)                              ❶
    }
}
```

❶ 반복마다 Sum 함수가 에러를 반환하지 않는지 확인한다.

에러 발생 여부와는 상관이 없이 벤치마크 다음의 효율성 메트릭에 testutil.Ok(b, err) 호출로 인한 레이턴시[29]가 포함된다는 것을 잊지 말자. b.N 루프 안에서 이 함수를 호출하기 때문이며 부하가 걸린다.

이러한 과부하는 수용해야 할까? 테스트를 위해 -benchmem과 프로파일 생성을 추가할 때 같은 질문을 한 적이 있다. 이들 역시 작은 노이즈를 발생시킨다. (밀리초 단위의) 매우 빠른 작업을 벤치마크한다면 용납할 수 없겠다. 하지만 대부분의 벤치마크에서는 결과에 큰 영향을 주지 않는다. 이런 에러 확인은 프로덕션에서도 발생하기에, 에러 확인을 효율성 평가에 추가해야 한다[30]고 말하는 이도 있다. 필자는 -benchmem이나 프로파일링과 마찬가지로 이러한 에러 확인을 거의 모든 마이크로벤치마크에 추가한다.

아직도 에러에 취약한 부분이 있다. 매우 큰 입력에는 Sum 함수가 에러 없이 정확한 결과를 계산하지 못할지도 모른다. 물론 이 모든 테스트를 하더라도 실수를 전부 막을 수는 없다. 그렇기에 추가적인 테스트를 작성, 실행, 관리하는 것과 결과에 확신을 가지는 것 사이의 균형을 잘 잡아야 한다. 자신의 워크플로에 얼마만큼의 확신을 가지는지는 온전히 자신의 몫이다.

좀 더 확신을 가지기 위해 이전 경우를 이용하려면, 합산의 결과를 기대하는 값과 비교하는 과정을 추가할 수 있다. 예제에 testutil.Equals(t, <기대하는 값>, ret) 코드를 추가하는 것이 과부하는 아니지만, 일반적으로 비싸고 적절치 않은 경우가 많아 마이크로벤치마크에 추가하지 않는다. 과부하를 줄이기 위해 작은 testutil.TB[31]를 만들었는데, 단위 테스트를 위해 마이크로벤치마크에서 단 한 번 반복한다. 정확도 여부를 최신의 상태로 확인할 수 있는데, 이는 큰 공유 코드 저장소에서 쉽지 않은 부분이다. [예제 8-11]은 Sum 벤치마크를 지속적으로 테스트하는 예시를 보여준다.

예제 8-11 **Sum 함수의 효율성을 평가하는, 테스트 가능한 Go 벤치마크**

```go
func TestBenchSum(t *testing.T) {
    benchmarkSum(testutil.NewTB(t))
}
```

---

29 필자의 컴퓨터에서 벤치마크를 실행했을 때, 이 부분에서만 244나노초가 걸렸고 메모리 할당은 없었다.

30 9.2절에서는 이러한 과부하가 벤치마크에 얼마나 영향을 주는지 판단하는 데 프로파일링이 도움을 준다고 설명한다.

31 「깃허브, efficientgo/core」, *https://oreil.ly/wMX60*

```
func BenchmarkSum(b *testing.B) {
    benchmarkSum(testutil.NewTB(b))
}

func benchmarkSum(tb testutil.TB) {                                        ❶
    for i := 0; i < tb.N(); i++ {                                          ❷
        ret, err := Sum("testdata/test.2M.txt")
        testutil.Ok(tb, err)
        if !tb.IsBenchmark() {
            // More expensive result checks can be here.
            testutil.Equals(tb, int64(6221600000), ret)                    ❸
        }
    }
}
```

❶ testutil.TB는 함수를 벤치마크이면서 동시에 단위 테스트로 실행하게 만들어주는 인터페이스다. 나아가 코드 설계까지 할 수 있어서 다른 함수에서 같은 벤치마크를 실행할 수 있게 도와준다. 예를 들어 [예제 10-2]와 같은 추가 프로파일링이 가능하다.

❷ tb.N() 메서드는 벤치마크를 위해 b.N을 반환하여 마이크로벤치마크를 실행할 수 있게 해 준다. 유 닛 테스트에서는 한 번만 실행하도록 1을 반환한다.

❸ 이제 벤치마크에서는 접근할 수 없는 위치에, (좀 더 복잡한 테스트 확인과 같은) 매우 무거울 수 있 는 추가 코드를 넣을 수 있다. 이는 tb.IsBenchmark() 메서드 덕분이다.

요약하면 마이크로벤치마크 코드 역시 테스트라는 것이다. 길게 보았을 때 개발자와 팀의 시 간을 아껴준다. 무엇보다도 원치 않는 컴파일 최적화의 대비책이 될 수 있다. 컴파일 최적화에 대해서는 8.2.7절에서 더 자세히 설명한다.

8.2.4 자신과 팀을 위한 벤치마크 공유

TFBO를 끝냈고 최적화 반복에 만족했다면, 작업한 코드를 커밋할 차례다. 혼자만의 프로젝트 가 아니라면 결과를 팀에 공유한다. 누군가가 최적화를 위한 변경을 제안하면 당연히 프로덕션 코드에서 최적화를 확인해야 한다. "벤치마크했는데 30% 빨라졌습니다"라는 말만 믿을 수는 없기 때문이다. 다음은 이를 더 뒷받침해준다.

- 실제 사용한 마이크로벤치마크 코드 없이 리뷰어가 벤치마크를 검증하기는 어렵다. 코드 작성자를 믿지 못하는 것이 아니라 벤치마크 자체가 실수하기 쉽고, 부작용이 생기거나, 벤치마크 자체를 잘못하는 경우가 많기 때문이다.[32] 예를 들면 특정 크기의 입력에서 문제가 발생한다거나 필요한 사용 사례와 맞지 않을 수 있다. 해당 문제는 다른 사람이 벤치마킹 코드를 검토할 때 찾게 되는 경우가 많다. 팀과 원격으로 일할 때나 오픈 소스 프로젝트에 참여할 때와 같이 커뮤니케이션이 중요한 경우에는 특히 신경 써야 한다.

- 병합[merge]이 되고 나면, 해당 코드를 수정하였을 때 실수로 효율성을 저하시키는 경우가 발생한다.

- 자신이나 누군가가 코드의 같은 부분을 개선하려고 한다면, 벤치마크를 새로 만들어야 하고, 본인이 풀 리퀘스트를 하기 위해 했던 일들을 다시 반복해야 한다. 이전의 벤치마크의 구현이 (본인의 컴퓨터에만 남아 있거나) 없기 때문이다.

자신이 실험한 구체적인 내용, 입력, 벤치마크 구현의 맥락을 최대한 많이 남겨두어야 한다. 문서화하는 방법도 좋다(❶ 풀 리퀘스트의 설명). 하지만 프로덕션 코드와 함께 마이크로벤치마크 코드 자체를 함께 커밋하면 제일 좋다. 물론 쉽지 않다. 그리고 마이크로벤치마크를 공유하기 전에 몇 가지 추가할 것이 있다.

이 책에서 Sum 함수를 최적화했고, 벤치마크 프로세스를 설명했지만, 최적화를 설명하기 위해 그만큼의 내용을 전부 팀과 미래의 자신을 위해 작성할 수는 없다. 대신 [예제 8-12]와 같은 코드 하나에 필요한 모든 사항을 넣어보자.

예제 8-12 문서화가 잘 되고 재사용하기 좋은 Sum 함수의 동시성 구현에 대한 Go 벤치마크

```
// BenchmarkSum assesses `Sum` function.                          ❶
// NOTE(bwplotka): Test it with a maximum of 4 CPU cores, given we don't allocate
// more in our production containers.
//
// Recommended run options:
/*
export ver=v1 && go test \
    -run '^$' -bench '^BenchmarkSum$' \
    -benchtime 10s -count 5 -cpu 4 -benchmem \
    -memprofile=${ver}.mem.pprof -cpuprofile=${ver}.cpu.pprof
    | tee ${ver}.txt                                              ❷
*/
```

---

32 자기 자신도 믿어서는 안 된다. 다른 신중한 리뷰어가 필요하다.

```
func BenchmarkSum(b *testing.B) {
    // Create 7.55 MB file with 2 million lines.
    fn := filepath.Join(b.TempDir(), "/test.2M.txt")
    testutil.Ok(b, createTestInput(fn, 2e6))                         ❸

    b.ResetTimer()
    for i := 0; i < b.N; i++ {
        _, err := Sum(fn)
        testutil.Ok(b, err)                                          ❹
    }
}
```

---

❶ 간단한 벤치마크에서는 과하다고 생각할 수 있겠지만, 좋은 문서는 당신과 당신 팀의 벤치마크에 대한 신뢰성을 상당히 높여준다. 벤치마크와 관련해서 주의해야 할 부분, 데이터 세트의 노이즈, 조건 또는 전제 조건들을 꼼꼼히 적어두자.

❷ 벤치마크를 어떻게 실행하면 좋을지 적어두면 좋다. 실행 방법을 강요한다기보다는 어떤 생각으로 벤치마크를 실행했는지를 보여주는 것이다(⑩ 얼마나 오래 실행할지). 미래의 자신과 팀에 많은 도움이 될 것이다.

❸ 벤치마크를 실행할 때 의도한 정확한 입력값을 제공하라. 정적인 파일로 만들어서 저장소에 커밋할 수도 있다. 아쉽지만 벤치마킹의 입력은 (git과 같은) 소스 코드에 커밋하기에는 너무 큰 경우가 많다. 이 경우를 위해 createTestInput 함수를 만들어 두었는데 이는 동적으로 숫자들을 생성한다. b.TempDir()[33]은 임시 디렉터리를 생성하고 나중에 수동으로 정리할 수 있게 한다.[34]

❹ 해당 벤치마크는 자기 자신이 재사용할 것이고, 다른 팀원들도 사용할 것이기에 엉뚱한 값을 측정하지 않도록 해야 한다. 그래서 벤치마크임에도 이처럼 기본적인 에러에 대한 테스트를 넣어준다.

b.ResetTimer() 덕분에 입력 파일의 생성은 상대적으로 느리지만, 그에 따른 레이턴시나 자원 사용은 벤치마크 결과에 영향을 주지 않는다. 그럼에도 벤치마크를 반복해서 사용한다면 불편할 수 있고 점점 더 느려질 수도 있다. 8.1.1절에서 보았듯이, Go는 정확한 N 값을 찾기 위해 벤치마크를 여러 번 돌릴 수 있다. 초기화 부분이 너무 오래 걸리고 피드백 루프에 영향을 준다면, 테스트를 파일 시스템의 입력에 캐싱하는 코드를 추가할 수 있다. [예제 8-13]은 os.Stat을 추가하는 것만으로 이를 구현하고 있다.

....

33 「Go testing, func (*T) TempDir」, *https://oreil.ly/elBJa*
34 t.TempDir과 b.TempDir 메서드는 호출할 때마다 새롭고 유일한 디렉터리를 만들어준다.

```go
func lazyCreateTestInput(tb testing.TB, numLines int) string {
    tb.Helper()                                                          ❶

    fn := fmt.Sprintf("testdata/test.%v.txt", numLines)
    if _, err := os.Stat(fn); errors.Is(err, os.ErrNotExist) {           ❷
        testutil.Ok(tb, createTestInput(fn, numLines))
    } else {
        testutil.Ok(tb, err)
    }
    return fn
}

func BenchmarkSum(b *testing.B) {
    // Create a 7.55 MB file with 2 million lines if it does not exist.
    fn := lazyCreateTestInput(tb, 2e6)

    b.ResetTimer()
    for i := 0; i < b.N; i++ {
        _, err := Sum(fn)
        testutil.Ok(b, err)
    }
}
```

❶ t.Helper는 잠재적인 에러가 발생했을 때, 테스팅 프레임워크에 lazyCreateTestInput을 호출한 라인을 주목하라고 전한다.

❷ os.Stat 파일이 이미 존재한다면 createTestInput을 실행하지 않도록 해준다. 입력 파일의 특성이나 크기가 바뀔 때는 주의해야 한다. 파일 이름을 바꾸지 않으면 캐싱이 되어 있는 옛날 버전의 입력 파일로 테스트하게 되기 때문이다. 하지만 입력의 생성이 몇 초 이상 걸릴 때는 감수할 만한 위험 부담이다.

이 벤치마크는 벤치마크의 구현, 목적, 입력, 실행 명령 그리고 전제 조건에 대해 우아하고 간결한 정보를 제공한다. 개발자 자신과 팀은 약간의 작업으로 같은 벤치마크를 복제하거나 재사용할 수 있게 된다.

8.2.5 다양한 입력에 대한 벤치마크 실행

때로는 구현한 코드가 다른 크기와 종류의 입력에 대해 얼마나 효율적인지를 아는 것이 도움이된다. 코드에서 수동으로 입력을 바꾸고 벤치마크를 재실행할 때도 있지만, 소스 코드의 다른입력에 대해서 같은 코드를 위한 벤치마크를 하도록 프로그래밍하고 싶을 때도 있다(**예** 팀이나중에 사용하는 용도). 이런 경우에는 테이블 테스트를 사용하면 된다. 함수 테스트에서 이런패턴을 많이 사용하지만, 마이크로벤치마크에서도 사용할 수 있다. [예제 8-14]를 보자.

예제 8-14 b.Run을 이용한 일반적 패턴을 사용하는 테이블 벤치마크

```go
func BenchmarkSum(b *testing.B) {
    for _, tcase := range []struct {                                    ❶
        numLines int
    }{
        {numLines: 0},
        {numLines: 1e2},
        {numLines: 1e4},
        {numLines: 1e6},
        {numLines: 2e6},
    } {
        b.Run(fmt.Sprintf("lines-%d", tcase.numLines), func(b *testing.B) { ❷
            b.ReportAllocs()                                            ❸

            fn := lazyCreateTestInput(tb, tcase.numLines)

            b.ResetTimer()
            for i := 0; i < b.N; i++ {                                  ❹
                _, err := Sum(fn)
                testutil.Ok(b, err)
            }
        })
    }
}
```

---

❶ 다른 곳에서 참조하지 않기 때문에, 익명 구조체 인라인 슬라이스면 충분하다. 필요한 필드는 원하는테스트 케이스와 매핑되도록 얼마든지 추가할 수 있다.

❷ 테스트 케이스들의 루프를 돌면서 b.Run을 실행하여 go test 내에서 서브 벤치마크를 실행할 수 있다. 이름으로 빈 문자열을 쓰면 go test는 테스트 케이스를 구분하기 위해 숫자를 붙여

준다. 여기서는 줄 수를 사용하여 각각의 테스트 케이스를 구분하였다. 테스트 케이스 이름들은 BenchmarkSum/<test-cases>와 같이 접미사로 붙게 된다.

❸ go test가 b.Run 바깥의 벤치마크 메서드는 모두 무시하기 때문에 b.ReportAllocs는 b.Run 내부에서 사용해야 한다.

❹ 여기서 일반적인 실수는 내부 함수용으로 생성된 클로저^{closure}가 아닌 메인 함수에서 b를 사용하는 것이다. b를 가리지 않고 *testing.B 내부에서 다른 변수명을 사용하려는 경우에 일반적이다 (⑩ b.Run("", func(b2 *testing.B))). 이런 문제는 디버깅하기 어렵기 때문에 항상 같은 이름을 사용하는 것이 좋다(⑩ b).

놀랍게도 테이블 테스트가 아닌 경우에도 [예제 8-4]에 있는 것과 동일한 권장 run 명령을 사용할 수 있다. [예제 8-15]는 위 벤치마크의 실행 결과를 benchstat으로 처리한 것이다.

예제 8-15 [예제 8-14] 테스트 결과를 benchstat으로 처리한 출력

```
name                  time/op
Sum/lines-0-4         2.79µs ± 1%
Sum/lines-100-4       8.10µs ± 5%
Sum/lines-10000-4      407µs ± 6%
Sum/lines-1000000-4  40.5ms ± 1%
Sum/lines-2000000-4  78.4ms ± 3%

name                  alloc/op
Sum/lines-0-4          872B ± 0%
Sum/lines-100-4       3.82kB ± 0%
Sum/lines-10000-4      315kB ± 0%
Sum/lines-1000000-4  30.4MB ± 0%
Sum/lines-2000000-4  60.8MB ± 0%

name                  allocs/op
Sum/lines-0-4         6.00 ± 0%
Sum/lines-100-4       86.0 ± 0%
Sum/lines-10000-4     8.01k ± 0%
Sum/lines-1000000-4    800k ± 0%
Sum/lines-2000000-4   1.60M ± 0%
```

테이블 테스트는 복잡도를 빠르게 가늠해 보기에 좋다(7.1절 참고). 테스트로 충분히 배우고 나면 테스트의 일부를 제거하여 병목이 되지 않도록 할 수도 있다. 이러한 벤치마크를 팀의 소

스 코드에 커밋하고 나면, 재사용할 수 있고 프로젝트 관련 모든 경우에 마이크로벤치마크를 실행할 수도 있다.

8.2.6 마이크로벤치마크와 메모리 관리

마이크로벤치마크의 단순함에는 많은 장점이 있지만 단점도 있다. 가장 눈에 띄는 문제는 go test의 메모리 통계 리포트가 무용지물에 가깝다는 것이다. 아쉽게도 Go의 메모리 관리 구현에서는(5.5절 참고) 마이크로벤치마크로 Go 프로그램의 메모리 효율성의 모든 측면을 재현할 수 없다.

[예제 8-6]에서 본 것처럼, 최적화를 하지 않은 [예제 4-1]의 Sum 구현은 힙에 160만 오브젝트의 메모리 60MB를 할당하여 2백만 개 정수의 합을 구한다. 메모리 효율성에 관해 알 수 있는 방법은 다음 세 가지뿐이다.

- 마이크로벤치마크 결과에서 경험하는 레이턴시 중의 일부는 필연적으로 너무 많은 메모리 할당을 한다는 유일한 사실에서 비롯된다(그리고 그것이 얼마나 중요한지 프로파일을 통해 확인할 수 있다).
- 메모리 할당의 크기와 횟수는 다른 구현과 비교할 수 있다.
- 메모리 할당의 크기와 횟수를 기대한 공간 복잡도와 비교할 수 있다(7.1절 참고).

이러한 수치를 바탕으로 한 다른 결론들은 모두 추산의 영역이며, 7.4.1절이나 7.4.2절에서 나오는 벤치마크를 실행해야만 검증할 수 있다. 프로덕션에 가능한 가깝게 시뮬레이션하려다 보니 벤치마크를 위한 별도의 가비지 컬렉션 스케줄이 없기 때문이다. 프로덕션 코드와 같은 스케줄로 실행된다는 것은 벤치마크의 100회 반복에서 가비지 컬렉션이 1,000번, 100번, 10번 일어날지, 심지어는 빠른 벤치마크의 경우 아예 일어나지 않을지 알 수 없다는 것이다. 수동으로 runtime.GC()를 발생시킨다 해도 프로덕션에서의 실행과 같을 수 없고, 심지어는 일반적인 가비지 컬렉션 스케줄과 충돌할 수도 있다.

결론적으로, 마이크로벤치마크로는 명쾌한 답을 낼 수 없으며, 다음과 같은 메모리 효율성에 대한 의문을 남긴다.

가비지 컬렉션 레이턴시

5.5절에서 설명했듯이 힙이 클수록(힙에 오브젝트가 많을수록), 가비지 컬렉터가 할 일이 많

아진다. CPU 사용량이 많아지거나 가비지 컬렉션 주기가 (CPU 사용 메커니즘의 25%까지) 잦아지기 때문이다. 마이크로벤치마크는 가비지 컬렉션의 비결정성과 벤치마크의 빠른 수행 때문에 마이크로벤치마크 수준에서는 가비지 컬렉션이 얼마나 영향을 주는지 알 수 없다.[35]

최대 메모리 사용

한 번의 작업에 60MB 메모리를 할당한다면 최소한 프로그램에 시스템 메모리 60MB 이상이 필요하다는 말일까? 앞서 설명한 이유로 마이크로벤치마크에서는 알 수 없다.

한 번의 전체 작업 과정에서 이 모든 오브젝트가 필요하지 않을 수도 있다. 실제로는 가비지 컬렉터가 계속 정리를 하기 때문에 최대 메모리 사용은 10MB뿐일 수도 있다.

반대의 상황일 수도 있다. 특히 [예제 4-1]에서는 작업 전반에 걸쳐 대부분의 메모리를 유지한다(프로파일링을 해보면 파일 버퍼에 가지고 있다. 9.2절 참고). 가비지 컬렉터가 빠르게 메모리를 정리하지 못해서, 다음 작업에서는 기존의 60MB에 더해 60MB를 더 할당하여 운영체제에 120MB를 요청할 수도 있다. 더욱 큰 동시성 작업을 실행하면 상황은 더 심각해진다.

Go 코드에서 이런 문제를 자주 만나게 된다. 메모리 재사용을 잘하면 될지(11.6절 참고), 메모리 할당을 줄여야 할지, 그렇다면 얼마나 줄여야 할지를 마이크로벤치마크에서 확인할 수만 있다면 해결이 어렵지는 않을 것이다. 하지만 이는 매크로벤치마크로 풀 수 있는 문제다.

그럼에도 불구하고 일반적으로 메모리 할당이 많을수록 문제가 많이 발생한다고 가정하면 마이크로벤치마크의 메모리 할당 정보는 여전히 유용하다. 마이크로벤치마크에서 메모리 할당 횟수나 할당 공간을 줄이는 것은 확실한 효과가 있다. 다만 마이크로벤치마크에서 얻은 수치로는, 가비지 컬렉션 과부하나 최대 메모리 사용이 허용 가능한 수준인지 아니면 문제가 될 수 있는지에 대해 완전히 확신할 수는 없다는 것을 잊지 말자. 추정은 할 수 있으나 거시 수준의 평가를 하지 않는 이상 확신해서는 안 된다.

---

35 마이크로벤치마크가 좀 더 길면 GC 레이턴시를 볼 수는 있다. 어떤 튜토리얼에서는 가비지 컬렉션 없이 마이크로벤치마크를 수행하라고도 한다(https://oreil.ly/7v3oE). 이는 GOGC=off를 사용하면 되지만 실제로는 유용하지 않았다. 정확한 효과를 알기 위해서는 매크로벤치마킹을 해야 한다.

8.2.7 컴파일러 최적화와 벤치마크

마이크로벤치마킹과 컴파일러 최적화 사이에는 미묘한 역학관계가 있는데 때때로 논란이 된다. 관련한 문제와 잠재된 결과와 이를 완화할 방법을 알아두면 좋다.

마이크로벤치마킹의 목표는 프로덕션 코드 일부분의 효율성에 대해 (한정된 시간과 문제에 대한 제약하에) 충분히 신뢰할 수 있는 평가를 하는 것이다. 그래서 Go 컴파일러는 8.1.1절에서 살펴보았던, 벤치마킹 함수를 여느 프로덕션 코드와 똑같이 취급한다. 컴파일러는 모든 코드에 대해 동일한 추상 구문 트리^{AST, abstract syntax tree} 변환, 타입 안정성, 메모리 안정성, 죽은 코드 제거^{dead code elimination}, 4.3절에서 이야기했던 최적화 규칙을 모두 적용한다. 벤치마크라고 해서 예외는 없다. 따라서 컴파일 단계를 포함한 모든 프로덕션 상황을 재현한다.

이러한 전제는 훌륭하지만, 마이크로벤치마크가 조금 특별한 측면이 있어서 이러한 접근을 실제로 적용하기 어렵다. 런타임 프로세스의 관점에서 프로덕션에서 이 코드가 실행되는 방식과 프로덕션 코드의 효율성을 알아보려는 때는 다음처럼 세 가지 큰 차이점이 있다.

- 사용자의 다른 코드들은 같은 프로세스에서 동시에 실행되지 않는다.[36]
- 같은 코드를 반복해서 호출한다.
- 출력이나 리턴하는 인자를 거의 사용하지 않는다.

해당 차이점들이 그리 커 보이지 않겠지만, 4.4절에서 보았듯이 이러한 상황에서 최신의 CPU들은 다르게 실행한다. 분기 예측^{branch prediction}, 캐시 지역성^{L-cache locality} 때문이다. 더불어 똑똑한 컴파일러는 기계어마저 이러한 상황에 맞게 다듬어준다.

자바 프로그래밍에서 이러한 문제가 좀 더 두드러지는데, 컴파일의 일부를 런타임에 한다. JIT^{just-in-time} 컴파일러 덕분이다. 그 결과 자바 엔지니어는 벤치마킹할 때 특히나 주의해야 하며[37], 자바를 위한 특별한 프레임워크[38]를 사용해야 한다. 준비 단계에서 트릭을 써서 프로덕션 상황을 시뮬레이션하여 벤치마크가 좀 더 실제 상황에 가깝게 만드는 것이다.

Go는 상대적으로 단순하다. Go 컴파일러는 자바 컴파일러보다 성숙도가 낮고, JIT에 대해서는

---

36 7.3.3절에서 사용을 지양하라 했던, 병렬 실행을 하지 않는다면 말이다.
37 「자바의 마이크로벤치마킹」, *https://bit.ly/41WSqty* (원문 링크의 페이지는 삭제되어 아카이빙된 페이지 링크로 대체함)
38 「깃허브, google/caliper」, *https://oreil.ly/Cil2Z*

계획조차 없지만, 런타임 프로파일 기반 최적화PGO, profile-guided compiler optimization[39]를 Go에 적용[40]하는 것이 논의되고 있다. 적용이 된다면 마이크로벤치마크는 훨씬 복잡해지겠지만, 아직 정해진 것은 없다.

다만 현재의 컴파일러만 하더라도 벤치마킹 코드에 때로 원치 않는 최적화를 적용하고는 한다. 죽은 코드 제거[41]는 잘 알려진 문제다. population count 명령[42]을 보여주는 저수준 함수와 [예제 8-16][43]의 최적화하지 않은 마이크로벤치마크가 있다고 생각해보자.

예제 8-16 컴파일러 최적화의 영향을 받는 popcnt 함수와 최적화가 안 된 마이크로벤치마크

```
const m1  = 0x5555555555555555
const m2  = 0x3333333333333333
const m4  = 0x0f0f0f0f0f0f0f0f
const h01 = 0x0101010101010101

func popcnt(x uint64) uint64 {
    x -= (x >> 1) & m1
    x = (x & m2) + ((x >> 2) & m2)
    x = (x + (x >> 4)) & m4
    return (x * h01) >> 56
}

func BenchmarkPopcnt(b *testing.B) {
    for i := 0; i < b.N; i++ {
        popcnt(math.MaxUint64)                              ❶
    }
}
```

❶ 원래의 이슈 #14813에서는 함수의 입력이 uint64(i)였다. 절대 사용해서는 안 되는 안티 패턴이다. b.N 반복에서 i를 가져와 쓰면 안 된다. 이 예제에서는 위험한 컴파일 최적화를 보여주려는 것이니, popcnt가 가장 큰 부호 없는 정수인 math.MaxInt64를 사용할 때의 효율성을 평가한다고 생각하자. 이렇게 하면 다음 설명할, 예측하지 못한 동작에도 노출된다.

39 「.NET 6 출시 – 가장 빠른 속도의 .NET 탄생, Dynamic PGO」, *https://oreil.ly/yFYut*

40 「golang/go, cmd/compile: feedback-guided optimization #28262」, *https://oreil.ly/jDYqF*

41 「위키피디아, 죽은 코드 제거」, *https://oreil.ly/QG1y1*

42 「놀랍고 이상한 CPU 명령어를 소개합니다」, *https://oreil.ly/lnuMl*

43 데이브의 환상적인 튜토리얼(*https://oreil.ly/BKZfr*)과 이슈 14813(*https://oreil.ly/m3Yiy*)을 조금 수정하여 만들었다.

이 벤치마크를 1초 동안 수행하면, [예제 8-17]처럼 다소 우려되는 결과가 나온다.

예제 8-17 [예제 8-16] BenchmarkPopcnt 벤치마크의 결과

```
goos: linux
goarch: amd64
pkg: github.com/efficientgo/examples/pkg/comp-opt-away
cpu: Intel(R) Core(TM) i7-9850H CPU @ 2.60GHz
BenchmarkPopcnt
BenchmarkPopcnt-12    1000000000    0.2344 ns/op                    ❶
PASS
```

---

❶ 10억 번의 반복(go test가 수행하는 최대 횟수)을 했다면 벤치마크가 잘못되었다는 것이다. 실제로 측정하려는 레이턴시가 아닌 루프에서 간접적으로 발생하는 시간을 보고 있다는 말이다. 컴파일러 최적화 때문이거나 Go 벤치마크로 측정하기엔 너무나 빠른 것을 측정하려 한 것이다(**CI** 하나의 명령 single instruction에 대한 벤치마크).

무슨 일이 일어난 것일까? 첫 번째 문제는 Go 컴파일러가 popcnt 코드를 인라인으로 넣어버리고, 다음 최적화 단계에서 인라인 코드의 계산을 사용하는 다른 코드가 없다는 것을 감지한다. 심지어 인라인 코드를 삭제해도 문제가 없다는 것을 확인한 후 코드를 생략해버린다. go build 또는 go test에서 -gcflags=-S 플래그를 사용하면 어셈블리 코드를 볼 수 있는데, popcnt 함수 부분을 수행하는 코드가 없다. 비어 있는 루프를 수행하는 것이다. GOSSAFUNC=BenchmarkPopcont go build 명령을 실행한 다음 ssa.html을 브라우저에서 열면 어셈블리를 좀 더 인터렉티브하게 볼 수 있다. 이 문제는 -gcflags=-N 플래그로 컴파일러 최적화를 끄면 알 수 있다. 실행한 다음 어셈블리를 보면 큰 차이를 보이기 때문이다.

두 번째 문제는 벤치마크의 popcnt에서 상숫값인 부호 없는 가장 큰 정수를 사용하여 반복한다는 것이다. 코드에서 생략하지 않더라도 영리한 컴파일러는 몇몇 로직을 미리 계산해둔다 (intrinsic이라고 부르곤 한다[44]). 몇 번을 반복해도 popcnt(math.MaxUint64)의 결과는 항상 '64'이니, 기계어는 매번 popcnt를 계산하는 대신 그냥 64를 사용한다.

---

44 「위키피디아, Intrinsic function」, *https://oreil.ly/NEOyQ*

벤치마크에서는 컴파일러 최적화에 대항하기 위해 일반적으로 다음과 같은 세 가지 실용적인 대책을 세운다.

거시 수준으로 접근하기

거시 수준에서는 같은 바이너리에 대한 어떠한 특별한 코드가 없다. 따라서 같은 기계어를 벤치마크와 프로덕션 코드 모두에 쓸 수 있다.

마이크로벤치마크에 좀 더 복잡한 기능 넣기

컴파일러 최적화가 영향을 준다면 Go를 너무 저수준까지 최적화한 것일지도 모른다.

개인적으로는 컴파일러 최적화가 문제가 되었던 적이 없다. 고수준의 기능에 대해서만 마이크로벤치마크를 하려 하기 때문일 것이다. [예제 8-16]과 같이 정말 작은 함수를 벤치마크하려면, 인라인이 되고 나노초 수준으로 빠르다 보니 CPU와 컴파일러가 더 많은 영향을 주게 된다. 좀 더 복잡한 코드라면 컴파일러는 인라인을 하지 않고, 벤치마킹을 위한 기계어를 조정하지 않는다. 더욱 큰 매크로벤치마크에서의 명령들과 데이터는 CPU 분기 예측 branch prediction 과 캐시 지역성 cache locality 를 깨뜨려서 좀 더 프로덕션에 가깝게 해준다.[45]

컴파일러까지 고려한 마이크로벤치마크 작성하기

[예제 8-16]과 같은 작은 함수에 마이크로벤치마크를 한다면 컴파일러 코드 분석은 어려울 수밖에 없다. 해볼 만한 것은 전역 변수를 사용하는 것이다. 패키지 단위로 작동하는 Go 컴파일 로직[46]은 전역 변수의 사용 여부를 예측하기 어렵다. runtime.KeepAlive를 사용하여 컴파일러에 '이 변수는 사용 중입니다(그러니 힙 메모리에서 가비지 컬렉션을 하지 마세요)'라고 알려주어 예측하기 어렵게 만들 수도 있다. //go:noinline 지시 directive 는 컴파일러가 코드를 인라인하지 못하게 하지만, 프로덕션에서 인라인하고 최적화할 수 있는 코드라면 벤치마크에서도 같아야 하므로 추천하지 않는다.

---

45 저수준에서의 마이크로벤치마크를 하지 말라는 것은 아니다. 여전히 다양한 비교에 사용할 수 있다. 다만 프로덕션 수준에서의 수치는 많이 다를 수 있다는 것을 잊지 말자.

46 미래에는 Go 컴파일러가 더욱 똑똑해져서 전역 변수에 대한 최적화를 고려할 수도 있다.

[예제 8-16]의 Go 벤치마크를 개선하고 싶다면 [예제 8-18]처럼 Sink 패턴[47]을 추가하고 전역 변수를 입력으로 사용할 수 있다. 이는 gc 컴파일러가 있는 Go 1.18 이후부터 쓸 수 있다.

예제 8-18 마이크로벤치마크에서 원치 않는 컴파일러 최적화를 피하기 위한 Sink 패턴과 변수 입력 대책

```
var Input uint64 = math.MaxUint64                              ❶
var Sink uint64                                                ❷

func BenchmarkPopcnt(b *testing.B) {
    var s uint64
    b.ResetTimer()
    for i := 0; i < b.N; i++ {
        s = popcnt(Input)                                      ❸
    }
    Sink = s
}
```

---

❶ Input 전역 변수는 math.MaxUnit64가 상수라는 것을 컴파일러가 알지 못하게 하여 컴파일러가 벤치마크 반복문에서 최적화하지 않게 해준다. 컴파일러가 실행 전 또는 실행 중 런타임에서 이 변수가 바뀌지 않으리라 장담할 수 없기 때문이다.

❷ Sink는 Input 전역 변수와 유사한데, 함수의 특정값이 사용되지 않는다는 것을 컴파일러가 모르게 한다. 컴파일러는 이 코드가 죽은 코드라고 판단할 수 없다.

❸ 전역 변수에 값을 바로 할당하지 않는데, 훨씬 비용이 크기 때문이다.[48] 잠재적으로 벤치마크에 추가적인 과부하를 줄 수 있는 부분이다.

[예제 8-18]에서 소개한 기법으로, 필자의 컴퓨터에서 이 동작이 1.6나노초 걸린다고 평가할 수 있었다. 이처럼 실제에 가까우면서 안정적인 결과를 얻었지만, 안타깝게도 이러한 저수준 코드에 대한 효율성 평가는 여전히 불안하며, 단순하지 않다. 컴파일러를 속이거나 최적화를 끄는 것 역시 논란이 될 수 있는데, 벤치마크가 가능한 프로덕션 코드에 가까워야 한다는 철학을 거스르기 때문이다.

---

47 sink 패턴은 C++에서도 같은 이유로 널리 쓰인다(https://oreil.ly/UpGFo).
48 「IBM 문서, 최고의 성능을 위한 C 및 C++ 코딩 스타일」, https://oreil.ly/yvNAi

정말 필요한 경우가 아니라면 Sink는 사용하지 않는다. 대부분의 경우 필요가 없으며 사용하지 않아야 코드가 깔끔해진다. 벤치마크가 컴파일러 최적화의 영향을 받았다는 확신이 들 때만 사용하라고 조언하고 싶다. Sink의 구체적인 적용은 맥락에 따라 다르다. 예를 들어 정수를 리턴하는 함수가 있다면 그냥 모두 더해서 전역 변수에 넣어주면 된다.

– 러스 콕스^{Russ Cox. (rsc)} 「벤치마크 대 죽은 코드 제거」 이메일 스레드[49]

요약하면 컴파일러가 마이크로벤치마크에 어떻게 영향을 주는지를 잊지 말라는 것이다. 자주 발생하지도 않고, 특히 일반적인 수준의 벤치마킹에서라면 더욱 드물다. 하지만 만약 발생한다면 문제를 어떻게 완화할 수 있을지는 알고 있어야 한다. 저수준에서 마이크로벤치마크는 지양하기를 권한다. 특정한 사용 사례에서 Go 코드가 초고성능을 보여주어야 하고, 숙련된 엔지니어가 아니라면 복잡한 기능을 테스트하여 조금 더 높은 수준의 벤치마크를 하자. 다행히 다루게 될 코드 대부분이 Go 컴파일러에는 충분히 복잡하다.

8.3 매크로벤치마크

성능과 최적화를 다루는 프로그래밍 서적이 미시 수준보다 큰 벤치마킹을 다루는 경우는 드물다. 개발자들에게도 거시 수준의 테스팅은 미지의 영역이기 때문이다. 보통은 전담 테스트 팀이나 QA 엔지니어가 맡아서 한다. 하지만 백엔드 애플리케이션, 서비스에 있어서 매크로벤치마킹은 경험, 기술, 다양한 의존성을 다룰 수 있는 도구들, 시스템 오케스트레이션 그리고 더욱

---

49 「벤치마크 대 죽은 코드 제거」, *https://oreil.ly/xGDYr*

큰 인프라스트럭처를 알아야 한다. 그 결과로 이런 작업은 운영팀, 시스템 관리자 그리고 데브 옵스DevOps 엔지니어의 영역이었다.

하지만 조금씩 변화가 일어나고 있다. 특히나 필자의 전문 분야인 인프라스트럭처 소프트웨어에서는 더욱 그렇다. 클라우드 네이티브cloud-native 환경에서 개발자들은 인프라스트럭처 도구들을 좀 더 쉽게 접할 수 있다. 쿠버네티스[50], 컨테이너 그리고 사이트 신뢰성 엔지니어링[51]과 같은 패러다임이 대표적이다. 여기에 더해 마이크로서비스 아키텍처가 인기를 얻어 기능적 단위들을 더욱 작고 명확한 API들을 가지는 프로그램들로 나누었고, 이 덕분에 개발자들은 자신의 전문 분야에 더욱 집중할 수 있게 되었다. 결과적으로, 지난 수십 년간 개발자들은 점점 더 쉽게 모든 수준의 테스트, (그리고 실행) 소프트웨어를 만들게 되었다.

> **TIP** **자신의 소프트웨어와 관련한 매크로벤치마크에 참여하자.**
>
> 개발자로서 자신의 코드를 테스트하면 코드에 대한 깊은 통찰을 얻게 된다. 거시 수준에서도 마찬가지다. 소프트웨어의 버그와 저성능을 체감하면 우선순위를 명확하게 이해하게 된다. 그리고 설정하기 전후 단계에서 문제를 알게 되면 디버깅하거나 병목 현상이 일어나는 부분을 알아내기가 쉬워 빠르게 수정하거나 최적화할 수 있다.

기존에 언급하였던 관습을 깨고, 효과적인 매크로벤치마크를 위해 필요한 기본 개념을 소개하려 한다. 특히 백엔드 애플리케이션에서 최근의 개발자들은 높은 수준에서의 정확한 효율성 평가와 병목 현상 분석에 관해 언급할 내용이 많다. 이를 염두에 두고, 기본 원칙과 매크로벤치마크를 go test로 실행하는 실용적인 예시들을 소개하겠다.

8.3.1 기본 원칙

7.4절에서 언급한 것처럼 매크로벤치마크는 프로덕션 수준(애플리케이션, 서비스 또는 시스템)에서 기능성, 효율성에 대한 요구 사항(3.3.1절 참고)을 테스트하는 것이다. 그렇기에 매크로벤치마킹을 통합 테스트나 종단간e2e, end-to-end 테스트와 비교할 수 있다.

---

50 *https://kubernetes.io*
51 *https://sre.google*

8.3.1절에서는 서버단의 멀티 컴포넌트 Go 백엔드 애플리케이션에 집중한다. 그 이유는 다음과 같다.

- 필자의 전문 분야다.

- Go 언어로 구현하는 애플리케이션을 많이 쓰는 분야다.

- 해당 애플리케이션들은 일반적으로 명확하지 않은 인프라스트럭처와 복잡한 의존성을 많이 다룬다.

특히 마지막 두 항목은 백엔드 애플리케이션에 집중하는 데 큰 이점이 된다. (CLI, 프론트엔드, 모바일과 같은) 다른 타입의 프로그램들은 비교적 덜 복잡한 아키텍처를 필요로 한다. 그럼에도 모든 타입의 프로그램은 8.3.1절에서 소개하는 패턴과 배운 것을 재사용할 것이다.

예를 들어 8.1절에서는 [예제 4-1]에서 보았듯이 Sum 함수의 효율성을 Go 코드로 평가했는데, 사실은 이 함수가 훨씬 큰 제품이나 서비스에서는 병목이 될 수도 있다. 팀이 해야 할 일이 Sum을 사용하는 labeler라는 더욱 큰 마이크로서비스를 개발하고 유지보수하는 일이라 가정하자.

labeler는 컨테이너를 실행하고 다양한 파일을 담은 오브젝트 스토리지object storage[52]와 연결한다. 각 파일은 잠재적으로 수백만 개의 정수를 라인마다 가질 수 있다(Sum에서 다루었던 입력과 같다). labeler가 하는 일은 레이블을 회신하는 것이다. 사용자가 HTTP로 GET /label_object 요청을 하면 특정 오브젝트의 통계와 메타 정보를 회신한다. 회신한 레이블에는 오브젝트의 이름, 크기, 체크섬checksum 등이 들어 있다. 레이블의 핵심 필드는 오브젝트의 모든 숫자의 합이다.[53]

미시 수준에서 작은 Sum 함수의 효율성을 평가하는 것부터 알아본 이유는 이것이 단순하기 때문이었다. 제품의 수준에서는 훨씬 복잡해진다. 거시 수준에서 믿을 수 있는 벤치마킹을 하기 위해서 또 병목 분석을 위해서 달라지는 것들을 알아두어야 하고 이에 따른 추가적인 컴포넌트가 필요한 이유다. [그림 8-1]의 컴포넌트들을 하나씩 짚어보자.

---

52 오브젝트 스토리지는 저렴하며, 단순한 API를 통해 오브젝트를 업로드하고, 오브젝트나 오브젝트의 바이트 크기를 읽는다. 모든 데이터는 특정한 아이디를 가진 오브젝트의 형태로 다루는데, 아이디는 파일의 경로를 닮았다.
53 labeler 패키지(https://oreil.ly/myFWw)에서 단순화한 마이크로서비스 코드를 볼 수 있다.

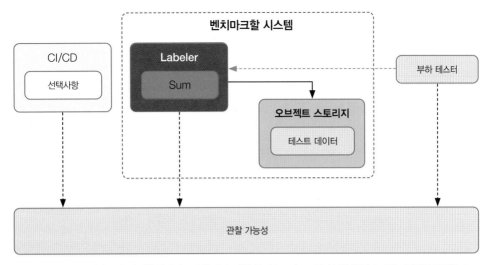

그림 8-1 매크로벤치마크에 필요한 일반적 요소들이다. 예를 들어 labeler 서비스를 벤치마크하는 경우를 보여준다.

Sum 마이크로벤치마크와의 차이점은 다음과 같다.

분리된 프로세스에서 실행하는 Go 프로그램

8.1.1절을 통해 Sum 함수의 효율성을 이해하고 최적화할 수 있었다. 하지만 코드의 다른 부분이 전체 흐름의 병목이 된다면 어떻게 될까? 이는 일반적으로 거시 수준에서 Go 프로그램과 전체 사용자 흐름을 벤치마크하는 이유이며 프로덕션 환경과 같은 설정으로 프로세스를 실행한다는 것을 의미한다. 그리고 이는 프로덕션 수준에서 벤치마크해야 하기 때문에 go test 벤치마킹 프레임워크를 더 이상 사용할 수 없다는 사실을 의미하기도 한다.

의존성(예 오브젝트 스토리지)

매크로벤치마크의 핵심 요소 중 하나는 일반적으로 우리가 모든 핵심 의존성을 포함한 전체 시스템의 효율성 분석을 원한다는 것이다. 이는 코드가 의존성의 특정 효율성에 의존할 때 특히 중요하다. labeler 예제의 경우 오브젝트 스토리지를 사용하는데, 이는 네트워크 너머로 바이트를 전송한다는 의미다. 만약 오브젝트 스토리지와의 통신이 레이턴시와 자원 소비의 주 병목이라면 Sum을 최적화하는 것은 사소한 문제일 수 있다. 거시 수준에서는 보통 다음과 같은 세 가지의 의존성 처리를 한다.

- 실제에 가까운 의존성을 사용한다(예 예제에서는 프로덕션에서 사용할 오브젝트 스토리지 제공자 provider 및 프로젝트와 유사한 데이터 크기). 만약 전체 시스템의 종단간 효율성을 테스트하고 싶다면 가장 좋은 방법이라고 본다.

- 페이크fake[54]나 어댑터adapter를 사용하거나 구현하여 프로덕션 문제를 시뮬레이션한다. 하지만 너무 많은 노력이 들어가고, 실제 동작을 그대로 시뮬레이션하기는 쉽지 않다. 예를 들어 느린 TCP 연결과 서버를 시뮬레이션할 수는 없다.

- 의존성에 대한 가장 단순한 페이크를 구현하고 격리한 프로그램의 효율성을 평가한다. 예제 프로그램에서는 로컬에서 Minio[55]와 같은 오픈 소스 오브젝트 스토리지를 실행할 수 있겠다. 프로덕션 의존성에서 마주칠 모든 문제를 반영할 수는 없겠지만, 프로그램의 과부하나 문제점에 대한 몇 가지 추측을 할 수 있도록 도와준다. 이는 상대적으로 단순하기 때문에 8.3.2절에서 이 방법을 쓰려 한다.

■ 관찰 가능성

거시 수준에서는 8.1.1절과 같은 방식을 쓸 수 없다. 다시 말해 레이턴시, 메모리 할당 그리고 커스텀 메트릭을 측정하기 위해 Go의 빌트인built-in 기능을 쓸 수 없다는 것이다. 이제는 관찰 가능성과 모니터링 방법을 직접 준비해야 한다. 다행히 6장에서 Go 프로그램을 위한 관찰 가능성과 그 도구에 대해 이야기했는데 이들은 거시 수준에서도 사용할 수 있다. 8.3.2절에서는 오픈 소스인 프로메테우스[56]를 위한 빌트인 지원을 제공하는 프레임워크를 소개하겠다. 이 프레임워크는 레이턴시, 사용, 커스텀 벤치마킹 메트릭을 수집할 수 있다. 다른 도구로 추적, 로그, 지속적 프로파일링을 추가하여 기능성과 효율성에 관한 문제를 쉽게 디버깅할 수 있다.

■ 부하 테스트

Go 벤치마크 프레임워크를 쓰지 못하면 실험을 실행하는 로직 역시 쓸 수 없다. Go 벤치마크를 사용하면 코드를 원하는 횟수, 원하는 시간 만큼만 실행할 수 있다. 거시 수준에서는 사용자가 labeler 같은 웹 서비스에 HTTP REST API를 사용하는 것과 같은 테스트를 하고 싶을 것이다. 이를 위해서는 서비스의 API를 이해하고, 원하는 인자로, 원하는 횟수 만큼 호출하는 부하 테스터 코드가 필요하다.

원하는 트래픽을 시뮬레이션하도록 직접 구현할 수도 있겠지만 에러를 일으키기 쉽다.[57] 카프

---

54 「faking, mocking, stubbing의 차이」, *https://oreil.ly/06UmC*

55 *https://min.io*

56 Prometheus, *https://prometheus.io*

57 가장 흔한 실수는 부하 테스트 코드가 효율적이지 않은 것이다. 클라이언트가 충분한 트래픽을 만들어내지 못하면 애플리케이션의 최대 성능을 확인할 수 없다.

카Kafka와 같은 솔루션을 이용하여 테스트하려는 제품에 프로덕션의 트래픽을 포크fork하거나 재실행하는 방법도 있다. 가장 쉬운 방법은 오픈 소스인 k6[58] 프로젝트와 같이 이미 만들어져 있는 프레임워크를 사용하는 것이다. k6는 부하 테스팅을 위해 디자인됐고 실제 테스트battle-tested를 거쳤다. k6를 사용하는 예시는 8.3.2절에서 보여주겠다.

■ **지속적 통합**CI, Continuous Integration **과 지속적 배포**CD, Continuous Deployment
로컬 개발 머신에서 좀더 복잡한 시스템에 매크로벤치마크를 실행해야 한다면, 이제는 부하 테스트와 함께 필요한 컴포넌트를 원하는 버전으로 배포하는 작업을 자동화해야 한다.

이와 같은 아키텍처가 준비되어야 거시 수준의 효율성 분석을 할 수 있다. 목표는 좀 더 복잡한 시스템에서 8.1절과 같은 결과를 만들어내는 것이며, 시스템 기능의 공간 복잡도, 런타임 복잡도를 A/B 테스팅하고 이해하는 것이다. 한편 사용자가 시스템을 이용하는 방식에 가까워질수록, 이는 RAER를 검증할 수 있는 인수 테스트acceptance test에 가까워진다.

이론은 물론 중요하지만 실제는 어떨까? Go에서 매크로벤치마크를 실행하는 명확한 방법은 없다. 사용 사례, 환경, 목표에 따라 달라지기 때문이다. 그럼에도 불구하고 labeler를 실용적이고도 빠르게 매크로벤치마크하는 예시를 설명하겠다. 로컬 개발 머신에서 Go 코드를 이용해 이를 수행할 수 있다. 이제 8.3.2절에서 하나하나 알아보자.

8.3.2 Go e2e 프레임워크

백엔드 매크로벤치마크는 프로덕션에서 사용하는 배포 방법(예 쿠버네티스)을 사용해야만 하는 것은 아니다. 빠른 피드백 루프를 위해서 개발 머신이나 작은 가상 머신VM에서 필요한 모든 의존성, 전용 부하 테스트와 관찰 가능성을 가지고 매크로벤치마크할 수 있다. 대부분 이렇게 하면 거시 수준에서 충분히 믿을 만한 결과를 얻을 수 있다.

8.3.1절에서처럼, 실험 삼아 모든 요소를 수동으로 배포해볼 수 있다. 예를 들어 배시 스크립트나 앤서블Ansible[59] 런북runbook[60]을 작성할 수 있다. 하지만 코드의 효율성을 개선하려는 Go

---

58 *https://k6.io*
59 「깃허브, ansible/ansible」, *https://oreil.ly/x9LTf*
60 옮긴이 주_컴퓨터 시스템이나 네트워크에서 시스템 관리자나 운영자가 수행하는 일상적인 절차와 작업의 모음을 일컫는다.

개발자로서 Go 코드에 벤치마크를 구현하고 벤치마크 코드와 함께 저장해보는 것은 어떨까?

이를 위한 도구로 e2e[61] Go 프레임워크가 있다. 인터렉티브한 실행과 자동화 실험을 하나의 머신에서 Go 코드나 도커 컨테이너를 사용하여 실행할 수 있다. 컨테이너[62]란 호스트의 커널을 사용하면서도, 격리된 안전한 샌드박스 환경에서 프로세스를 실행한다는 개념이다. 이를 바탕으로 원하는 컨테이너 이미지 안에서 소프트웨어를 실행할 수 있다. 그러려면 실행하려는 소프트웨어에 필요한 이미지를 미리 빌드하거나 다운로드해두어야 한다. 또는 컨테이너 이미지를 빌드하고, labeler처럼 미리 빌드한 Go 프로그램의 바이너리와 같은 소프트웨어를 추가해둘 수도 있다.

컨테이너는 어떤 운영체제에서도 일급 객체first class citizen는 아니다. 하지만 리눅스의 cgroups, namespaces 그리고 리눅스 보안 모듈LSMs, Linux Security Modules[63]과 같은 기존 리눅스 메커니즘으로 구성할 수 있다. 도커는 여러 컨테이너 엔진의 구현 중 하나를 제공한다.[64] 컨테이너는 쿠버네티스와 같은 오케스트레이션 도구 덕분에 더욱 큰 클라우드 네이티브cloud-native 인프라스트럭처에서 많이 사용한다.

> **컨테이너에서 실행되는 벤치마킹의 이점**
>
> 노드 하나로 로컬 테스트를 할 때에도 컨테이너를 즐겨 쓰는데, 거시 수준에서 컨테이너를 사용하는 이유는 많다.
>
> - 프로세스를 격리시켜 좀 더 신뢰할 수 있는 관찰 가능성을 제한할 수 있다. 특정 자원을 제한하여 프로덕션의 다른 측면을 시뮬레이션하고, 주어진 프로세스의 자원 사용량을 설명할 수 있다(예 네트워크 사용, CPU 사용).
>
> - 프로덕션에서도 컨테이너를 사용한다면, 동일한 이미지를 매크로벤치마크에서 사용할 수 있다. 좀 더 실제에 가까워지는 것이다. 빌드, 패키지, 설치 단계에서 알 수 없는 차이가 발생하지 않게 된다.
>
> - 벤치마킹을 분석할 때도 마찬가지다. 프로덕션과 동일한 도구와 관찰 가능성을 사용할 수 있다.[65]

---

61 「깃허브, efficientgo/e2e」, *https://oreil.ly/f0IJo*

62 「컨테이너를 사용하여 애플리케이션 빌드, 공유 및 실행하기」, *https://oreil.ly/aMXxz*

63 「위키피디아, 리눅스 보안 모듈」, *https://oreil.ly/C4h3z*

64 이 분야는 CRI와 OCI라는 두 개의 스펙으로 빠르게 확장됐고, 컨테이너 생태계에서 다양한 구현으로 확장되었다. 좀 더 알아보려면 「포괄적인 컨테이너 런타임 비교」(*https://oreil.ly/yKSL8*) 글을 참고하자.

65 많이 간과하게 되는 부분이다. 재사용이 가능한 대시보드를 만들고, 도구에 대해 배우고, 메트릭의 의미를 이해하는 일은 상당한 시간을 들여야 하는 작업이다. 로컬 테스팅과 개발 환경이 같은 메트릭과 다른 신호를 함께 쓴다면 엄청난 시간을 아끼는 것이고 관찰 가능성의 품질이 높아질 가능성도 커진다.

- 컨테이너 격리 시, 대규모 가상화에 비해 오버헤드가 거의 없다.[66]

- 설치와 의존성의 사용이 쉬워진다(잠재적으로!).

> **CAUTION** 컨테이너의 모든 이점을 활용하려면, 각 하나의 프로세스만을 실행하자. 아마 컨테이너 안에서 (로컬 데이터베이스와 같은) 프로세스를 추가 실행하고 싶을 것이다. 하지만 그렇게 하면 관찰과 격리라는 컨테이너의 이점을 무너뜨린다. 쿠버네티스나 도커와 같은 도구는 컨테이너 하나에 프로세스 하나인 경우를 생각하여 디자인되었다. 그러므로 보조하는 프로세스들은 사이드카sidecar 컨테이너에 집어넣자.

전체 매크로벤치마크를 [예제 8-19]와 [예제 8-20], 둘로 나누어 보자. 이 벤치마크는 8.3.1절에서 소개한 labeler 서비스의 레이턴시와 메모리 사용량을 평가할 것이다. 구현은 사용하기 편하도록 go test로 작성하고 실행하는데, t.Skip 또는 빌드 태그[67]를 사용하여 수동으로 실행하거나 함수 테스트와는 다른 빈도로 실행[68]하도록 조절한다.

예제 8-19 인터렉티브 모드로 매크로벤치마크를 실행하는 Go 테스트(파트 1)

```
import (
    "testing"

    "github.com/efficientgo/e2e"
    e2edb "github.com/efficientgo/e2e/db"
    e2einteractive "github.com/efficientgo/e2e/interactive"
    e2emonitoring "github.com/efficientgo/e2e/monitoring"
    "github.com/efficientgo/core/testutil"
    "github.com/thanos-io/objstore/providers/s3"
)

func TestLabeler_LabelObject(t *testing.T) {
    e, err := e2e.NewDockerEnvironment("labeler")          ❶
    testutil.Ok(t, err)
    t.Cleanup(e.Close)
```

---

66 *https://www.redhat.com/en/topics/virtualization/what-is-a-virtual-machine*

67 「빌드 태그를 사용하여 Go 테스트 분리하기」, *https://oreil.ly/tyue6*

68 이 코드는 직접 실행할 수도 있고, 'e2e' 프레임워크를 통해 모든 컴포넌트를 어떻게 설정하였는지 알 수도 있다. 깃허브 efficientgo/examples 페이지(*https://oreil.ly/ftAY1*) 링크를 참고하자.

```
mon, err := e2emonitoring.Start(e)                                        ❷
testutil.Ok(t, err)
testutil.Ok(t, mon.OpenUserInterfaceInBrowser())                          ❸

minio := e2edb.NewMinio(e, "object-storage", "test")                      ❹
testutil.Ok(t, e2e.StartAndWaitReady(minio))

labeler := e2e.NewInstrumentedRunnable(e, "labeler").                      ❺
    WithPorts(map[string]int{"http": 8080}, "http").
    Init(e2e.StartOptions{
        Image: "labeler:test",                                            ❻
        LimitCPUs: 4.0,
        Command: e2e.NewCommand(
            "/labeler",
            "-listen-address=:8080",
            "-objstore.config="+marshal(t, client.BucketConfig{
                Type: client.S3,
                Config: s3.Config{
                    Bucket: "test",
                    AccessKey: e2edb.MinioAccessKey,
                    SecretKey: e2edb.MinioSecretKey,
                    Endpoint: minio.InternalEndpoint(e2edb.AccessPortName),
                    Insecure: true,
                },
            }),
        ),
    })
testutil.Ok(t, e2e.StartAndWaitReady(labeler))
```

❶ e2e 프로젝트는 종단간 테스트 환경을 생성하도록 해주는 Go 모듈이다. 어떠한 언어로 작성됐든 상관 없이 컴포넌트를 도커 컨테이너[69]에서 실행하도록 지원한다. 도커 컨테이너는 파일 시스템, 네트워크 그리고 관찰 가능성에 있어서 깔끔한 격리를 지원한다. 컨테이너끼리는 통신이 가능하지만, 호스트와 연결할 수는 없다. 대신 호스트는 매핑한 localhost 포트를 통해서 컨테이너와 연결할 수 있고, 이 컨테이너는 시작할 때 포트를 출력한다.

❷ e2emonitoring.Start 메서드는 프로메테우스와 캐드바이저[cadvisor][70]를 시작한다. 캐드바이저는

---

69 「컨테이너를 사용하여 애플리케이션 빌드, 공유 및 실행하기」, *https://oreil.ly/iXrgX*
70 「깃허브, google/cadvisor」, *https://oreil.ly/v9gEL*

컨테이너와 관련한 cgroups를 프로메테우스 메트릭 형태로 변환하여 취합할 수 있도록 해준다. 또한 프로메테우스는 e2e.NewInstrumentedRunnable로 시작한 모든 컨테이너의 메트릭을 자동으로 취합한다.

❸ 리소스 사용량과 애플리케이션 메트릭을 인터렉티브하게 보려면, mon.OpenUserInterfaceIn Browser()를 호출해야 한다. 브라우저가 데스크톱에서 실행 중이라면 프로메테우스 UI를 브라우저에서 열어준다.

❹ labeler는 오브젝트 스토리지 의존성을 가진다. 8.3.1절에서 언급한 것처럼 labeler Go 프로그램의 효율성에만 집중하고 원격 오브젝트 스토리지의 영향은 제외하여 벤치마크를 단순하게 만들었다. 이를 위해서는 로컬 Minio 컨테이너를 사용하면 된다.

❺ labeler Go 프로그램을 컨테이너로 실행할 차례다. 컨테이너의 CPU는 4개로 제한(리눅스 cgroups가 강제함)한 것에 주목하자. 로컬 벤치마크가 머신의 모든 CPU를 사용하지 않도록 명시하는 부분이다. 마지막으로 오브젝트 스토리지 설정을 주입하여 로컬 minio 인스턴스와 연결하도록 한다.

❻ 로컬에서 빌드한 labeler:test 이미지를 사용했다. 보통 Makefile에 make docker와 같은 이미지 생성 스크립트를 추가한다. 벤치마크하려는 Go 프로그램 버전의 이미지를 빌드하는 것을 깜박할 수도 있으니 항상 테스트하려는 버전이 맞는지 확인하자.

예제 8-20 인터렉티브 모드로 매크로벤치마크를 실행하는 Go 테스트(파트 2)

```
testutil.Ok(t, uploadTestInput(minio, "object1.txt", 2e6))          ❶

k6 := e.Runnable("k6").Init(e2e.StartOptions{
    Command: e2e.NewCommandRunUntilStop(),
    Image: "grafana/k6:0.39.0",
})
testutil.Ok(t, e2e.StartAndWaitReady(k6))

url := fmt.Sprintf(
    "http://%s/label_object?object_id=object1.txt",
    labeler.InternalEndpoint("http"),
)
testutil.Ok(t, k6.Exec(e2e.NewCommand(
    "/bin/sh", "-c", `cat << EOF | k6 run -u 1 -d 5m -           ❷
import http from 'k6/http';                                     ❸
import { check, sleep } from 'k6';

export default function () {
```

```
        const res = http.get('`+url`');
        check(res, {                                                        ❹
            'is status 200': (r) => r.status === 200,
            'response': (r) =>
                r.body.includes(
    '{"object_id":"object1.txt","sum":6221600000,"checksum":"SUUr'
                ),
        });
        sleep(0.5)
    }
EOF`)))

    testutil.Ok(t, `e2einteractive.RunUntilEndpointHit()`)                   ❺
}
```

❶ 테스트를 위한 데이터를 업로드해야 한다. 여기서는 8.1.1절에서 사용한 것과 유사한 패턴을 사용해 2백만 라인의 파일 하나를 업로드하였다.

❷ 부하 테스터는 k6를 선택하였다. k6는 배치 작업batch job처럼 수행하기 때문에 오래도록 실행하는 빈 컨테이너부터 생성해야 한다. 다음으로 k6 환경에서 새로운 프로세스를 실행하여 labeler 서비스에 원하는 만큼의 부하를 줄 수 있다. 이번에는 셸 명령으로 로드 테스팅 스크립트를 k6 CLI에 입력했다. 가상의 사용자 숫자(-u 또는 --vus) 또한 명시하였다. VUS는 스크립트에 지정된 부하 테스트 함수를 실행하는 워커worker 또는 스레드를 나타낸다. 테스트와 그 결과가 단순하도록 사용자는 한 명만 있도록 하고 동시 HTTP 호출을 하지 않도록 했다. -d(--duration을 줄인 플래그)는 8.1.1절에서 소개한 -benchtime 플래그와 비슷하다. k6에 대한 좀 더 많은 팁은 「부하 테스트를 위한 엔드 투 엔드 가이드」[71] 글을 참고하자.

❸ k6는 자바스크립트JavaScript 코드로 작성한 부하 테스팅 로직을 사용할 수 있다. 예제의 부하 테스트는 단순하다. 벤치마크하고 싶은 labeler 경로로 HTTP GET 호출을 한다. 호출마다 500밀리초 동안 슬립sleep을 두어 labeler 서버가 매 호출마다 리소스를 정리할 시간을 주었다.

❹ 8.2.3절에서 설명한 내용과 유사하게, 결과를 테스트해야 한다. labeler 코드나 매크로벤치마크 구현에서 에러가 있다면 엉뚱한 것을 측정하는 것일 수 있다. check 자바스크립트 함수를 사용하면 기대하는 HTTP 코드와 회신이 오는지 확인할 수 있다.

❺ 특정 범위 내의 레이턴시나 메모리 사용량이라면 테스트를 통과하도록 자동 중단 규칙을 넣고 싶을 수 있다. 하지만 7.2.1절에서 보았듯이, 효율성의 신뢰도를 위한 단언assertion을 찾기는 쉽지 않

---

71 「부하 테스트를 위한 엔드 투 엔드 가이드」, *https://oreil.ly/AbLOD*

다. 그보다는 인터렉티브한 방법으로 labeler의 효율성을 알아보는 것이 좋다. e2einteractive.RunUntilEndpointHit()는 go test 벤치마크가 HTTP URL을 출력할 때까지 멈추지 않는다. 이를 통해 프로메테우스의 labeler 및 테스트에 대해 수집된 메트릭과 같은 모든 출력 및 관찰 가능성 신호를 탐색할 수 있다.

코드 스니펫이 길어보일 수 있지만, 얼마나 많은 것을 조율하는지 생각해보면 상대적으로 적으면서도 읽기 쉬운 편이다. 한편 이 코드는 복잡한 매크로벤치마크의 설정을 명시하고 5개의 프로세스를 컨테이너와 내부의 Go 메트릭을 위한 도구까지 포함한 벤치마크 하나에 스케줄링하고 있다.

> **CAUTION** **컨테이너 이미지의 버전 관리는 필수**
>
> 벤치마크는 특정한 버전의 의존성에 대해서 실행되어야 한다. 그런데 :latest 태그는 업데이트가 되었는지를 알기 어렵기 때문에 사용하면 안 된다. 게다가 첫 번째 벤치마크와 두 번째 벤치마크 사이의 의존성 버전이 변경되면 벤치마크 결과에 잠재적 영향을 미쳤는지 여부를 알 수가 없다.

[예제 8-19]의 벤치마크는 IDE 또는 go test . -v -run TestLabeler_LabelObject 명령으로 실행할 수 있다. e2e 프레임워크가 새로운 도커 네트워크를 생성하면 프로메테우스, 캐드바이저, labeler 및 k6 컨테이너를 시작하고 해당 출력을 터미널로 스트리밍한다. 마지막으로, k6 부하 테스트가 실행된다. 명시한 5분이 지나면 테스트한 기능의 정확도 및 레이턴시와 관련한 요약 통계를 볼 수 있다. URL을 출력하고 테스트는 멈출 것이다. 그러고 나면, 테스트는 모든 컨테이너와 네트워크를 제거한다.

> **NOTE_ 매크로벤치마크의 실행 시간**
>
> 8.1.1절에서 다룬 벤치마크들은 5초에서 15초면 실행이 완료됐다. 왜 5분이나 걸리는 거시 부하 테스트를 해야 할까? 두 가지 이유가 있다.
>
> - 일반적으로 벤치마크하는 기능이 복잡할수록, 모든 시스템 컴포넌트를 안정화기 위해 되풀이해야 하는 시간과 반복이 많아진다. 예를 들어 8.2.6절에서 알아보았듯이 마이크로벤치마크는 코드에 미치는 가비지 컬렉션의 영향을 제대로 반영하지 못한다. 그래서 매크로벤치마크에서는 labeler 프로세스 전체를 실행하며, labeler의 작업 중에 가비지 컬렉션이 어떻게 영향을 미칠지 보고 싶을 것이다. 하지만 가비지 컬렉션의 빈도나 영향, 최대 메모리 사용량을 보려면 프로그램을 부하가 많이 걸린 상태로 좀 더 오래 실행해야 한다.

> • 프로덕션에서 유지 가능하면서 저렴한 관찰 가능성과 모니터링을 하려면, 애플리케이션의 상태 측정을 너무 자주해서는 안 된다. 그래서 프로메테우스의 수집^scrape 인터벌은 15초에서 30초 정도로 한다. 결과적으로 몇 번의 수집 기간 동안 테스트하여 정확한 측정과 동시에 프로덕션과 같은 관찰 가능성을 가지게 된다.

이제 실험의 출력물과 잠재적으로 만들 수 있는 관찰 가능성에 관해 알아보겠다.

8.3.3 결과와 관찰에 대한 이해

8.1.2절에서 보았듯 실험은 절반의 성공일 뿐이다. 나머지 절반은 그 결과를 정확히 해석해내는 것이다. [예제 8-19]를 7분 정도 실행한 다음에, [예제 8-21]과 같은 k6 출력[72]을 볼 수 있다.

예제 8-21 k6를 사용하여 1명의 가상 사용자(VUS, virtual user)로 7분 동안 테스트한 매크로벤치마크 출력의 마지막 24줄

```
running (5m00.0s), 1/1 VUs, 476 complete and 0 interrupted iterations
default [ 100% ] 1 VUs 5m00.0s/5m0s
running (5m00.4s), 0/1 VUs, 477 complete and 0 interrupted iterations
default ✓ [ 100% ] 1 VUs 5m0s
✓ is status 200
✓ response
checks...................: 100.00% ✓ 954      ✗ 0                    ❶
data_received............: 108 kB 359 B/s
data_sent................: 57 kB 191 B/s
http_req_blocked.........: avg=9.05µs  min=2.48µs med=8.5µs max=553.13µs
    p(90)=11.69µs p(95)=14.68µs
http_req_connecting......: avg=393ns    min=0s med=0s max=187.71µs
http_req_duration........: avg=128.9ms min=92.53ms med=126.05ms max=229.35ms❷
    p(90)=160.43ms p(95)=186.77ms                                    ❷
{ expected_response:true }: avg=128.9ms min=92.53ms med=126.05ms max=229.35ms
    p(90)=160.43ms p(95)=186.77ms
http_req_failed..........: 0.00% ✓ 0          ✗ 477
http_req_receiving.......: avg=60.17µs min=30.98µs med=46.48µs max=348.96µs
    p(90)=95.05µs p(95)=124.73µs
```

---

72 결과를 프로메테우스에 직접 푸시(push)하는 방법도 있다(*https://oreil.ly/1UdNR*).

```
http_req_sending..........: avg=35.12µs  min=11.34µs med=36.72µs max=139.1µs
    p(90)=59.99µs p(95)=67.34µs
http_req_waiting..........: avg=128.81ms min=92.45ms med=125.97ms max=229.22ms
    p(90)=160.24ms p(95)=186.7ms
http_reqs.................: 477       1.587802/s                        ❸
iteration_duration........: avg=629.75ms min=593.8ms med=626.51ms max=730.08ms
    p(90)=661.23ms p(95)=687.81ms
iterations................: 477       1.587802/s                        ❸
vus.......................: 1             min=1 max=1
vus_max...................: 1             min=1 max=1
```

❶ 성공한 호출을 측정하는 것인지 확인하자.

❷ 만약 전체 HTTP 호출의 레이턴시를 추적한다면 http_req_duration이 가장 중요한 측정값이다.

❸ 전체 호출 횟수 역시 중요하다(반복을 많이 할수록 더욱 신뢰할 수 있다).

클라이언트의 관점에서 k6의 결과는 다른 HTTP의 단계별 성공한 출력과 레이턴시에 대해 알려준다. 하나의 워커가 메서드를 호출하고 500밀리초를 기다려서 대략 초당 1.6 호출을 하고 (http_reqs), 클라이언트의 평균 레이턴시는 128.9밀리초(http_req_duration)다. 6.3.1절에서 설명한 것처럼, 레이턴시 측정에서 테일 레이턴시가 더욱 중요할 수 있다. 이를 위해 k6는 백분위수percentile 역시 계산하는데, 90%의 호출(p90)이 160밀리초보다 빠름을 알 수 있다. 8.1.1절에서는 프로세스에 포함된 Sum 함수가 평균 79밀리초를 사용한다고 배웠다. Sum 함수가 평균 레이턴시, 심지어 전체 p90 레이턴시의 대부분을 차지한다는 것이다. 때문에, 레이턴시 최적화를 바란다면 Sum을 최적화해야 한다. 9장에서 프로파일링과 같은 도구로 차지하는 비율과 다른 병목을 알아내는 방법을 배울 것이다.

또 다른 중요한 결과는 실행의 분산이다. k6가 분산 계산까지 해주기를 바랐는데, 분산값 없이는 어떻게 반복을 재현할 수 있는지 알기 어렵게 때문이다. 예를 들어 가장 빠른 호출이 92밀리초, 가장 느린 호출에 229밀리초가 걸렸다면 문제가 있어 보이겠지만, 첫 번째 호출이 오래 걸리는 것은 정상이다. 확실히 하려면 같은 테스트를 두 번 실행하고, 평균과 백분위수 값의 분산을 측정해야 한다. 예를 들어 필자의 컴퓨터에서 두 번째로 같은 5분의 테스트를 했을 때, 평균 129밀리초, p90은 163밀리초가 나왔으며 이 정도면 분산값은 적다. 그럼에도, 이러한 값들을 모아서 정규 분포를 계산하여 분산 백분율을 알아내는 것은 중요하다. benchstat 같은 빠른

CLI 도구도 비슷한 분석을 해주는 기능이 있다. 7.3절과 같은 측면을 매크로벤치마크에도 적용하는 것은 중요하다. 만약 결과를 재현하기 어렵다면 테스트 환경을 개선하거나, 알 수 없는 것들을 줄이거나, 테스트를 좀 더 오래 해야 한다.

k6의 출력 말고도 프로메테우스와 같은 모니터링, 관찰 가능성 도구를 이용하면 많은 효율성 문제와 질문을 디버깅하고 평가할 수 있다. [예제 8-19] 설정에는 캐드바이저 덕분에 컨테이너 및 프로세스에 대한 cgroup 메트릭, labeler Go 런타임의 내장 프로세스 및 힙 메트릭, labeler 코드에서 수동으로 계측한 애플리케이션 수준 HTTP 메트릭을 제공하는 계측이 있다. 그 결과로, 목표와 RAER(3.6절 참고)에 기반하여 관심 있는 사용량 메트릭을 확인할 수 있다. 예를 들어 6.3절에서 논의했던 메트릭 등을 말한다.

테스트를 실행한 다음 프로메테우스에서 볼 수 있는 메트릭 시각화에 대해서 살펴보자.

서버 레이턴시

로컬 테스트는 로컬 네트워크를 사용한다. 그래서 서버와 클라이언트의 레이턴시에 차이가 거의 없다(서로 다른 점은 6.3.1절에서 설명했다). 하지만, 거시 테스트가 더욱 복잡해져서, 부하 테스트 시스템이 다른 서버에 있거나, 다른 위치에 있는 원격 장비라면 네트워크 과부하가 생기게 된다. 이러한 과부하를 테스트 결과에 반영하거나, 반영하지 않고 싶을 수 있다. 원치 않는다면 [그림 8-2]에서 보이듯, 프로메테우스에 /label_object 경로로 오는 호출에 대해 서버가 처리하는 평균 요청 소요 시간을 쿼리할 수 있다.

그림은 [예제 8-21]에서 본 것을 확인시켜준다. 관찰한 평균 레이턴시는 0.12~0.15초 정도다. 이러한 메트릭은 prometheus/client_golang[73] 라이브러리[74]를 이용해 Go에 추가한 HTTP 미들웨어를 통해 수집한 것이다.

---

73 「깃허브, prometheus/client_golang」, *https://oreil.ly/j1k4E*
74 labeler에서 사용한 예제 코드 링크(*https://oreil.ly/22YQp*)도 참고하자.

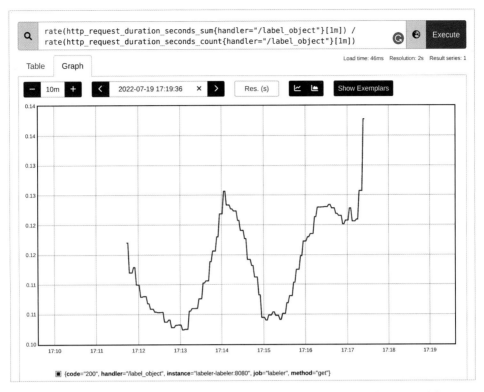

그림 8-2 http_request_duration_seconds 히스토그램의 합을 카운트 비율로 나누어 얻은 서버 레이턴시

NOTE_ 프로메테우스 레이트 측정 기간

이 매크로벤치마크의 프로메테우스 카운터 쿼리에 [**1m**] 범위 벡터를 사용하고 있다. 테스트를 5분 동안만 실행하기 때문이다. 15초 수집을 하면 1분이면 측정에 필요한 충분한 샘플을 얻을 수 있고, 1분 단위 윈도우의 메트릭에서 좀 더 자세한 정보를 볼 수 있다.

서버 쪽 백분위수를 알려면 버킷 히스토그램을 보아야 한다. 이는 결과의 정확도이 가장 가까운 버킷에 달려 있다는 의미다. [예제 8–21]에서 결과는 92밀리초에서 229밀리초 사이였고, p90은 136밀리초였다. 벤치마크를 할 때 labeler에 정의된 버킷들은 0.001, 0.01, 0.1, 0.3, 0.6, 1, 3, 6, 9, 20, 30, 60, 90, 120, 240, 360, 720과 같았다. 그 결과 [그림 8–3]에서 90%의 요청이 300밀리초보다 빨랐음을 알 수 있다.

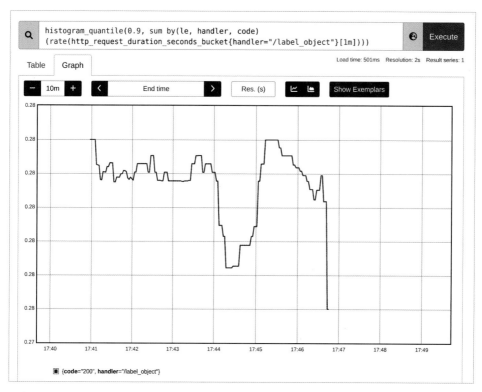

그림 8-3 http_request_duration_seconds 히스토그램을 사용하여 /label_object 요청의 p90 분위수(quantile) 계산

더욱 정확한 결과를 원한다면 버킷을 수동으로 조정하거나, 프로메테우스 2.40 버전 이후[75] 의 희소sparse 히스토그램 기능을 사용해야 한다. 기본 버킷은 요청이 100밀리초 내에 처리되든 300밀리초 내에 처리되든 상관없지만 갑자기 1초가 걸리는 경우 잘 작동한다.

CPU 시간

레이턴시도 중요하지만 CPU 시간은 많은 것을 말해준다. 작업하는데 얼마나 시간이 걸리는 지, 어느 정도의 동시성이 필요한지, 프로세스 실행 시간이 CPU에 달려 있는지 또는 I/O에 달 려 있는지CPU bound, I/O bound를 알 수 있고, 현재 프로세스 작업에 충분한 CPU인지도 알 수 있다. 4장에서 설명했듯이 반복의 레이턴시가 높다면 CPU에 작업이 너무 많이 몰려서일 수 있다.

---

75 옮긴이 주_번역 시점에는 2.41 버전이 릴리스돼 있었다.

프로그램이 사용 가능한(또는 한계에 근접한) 모든 CPU 코어를 사용하고, 그 결과로 모든 고루틴 수행이 느려진다.

벤치마크에서 Go 런타임 process_cpu_seconds_total 카운터나 cadvisor container_cpu_usage_seconds_total 카운터를 사용하여 그 수치를 알아낼 수 있다. 컨테이너에 프로세스가 labeler 하나뿐인 덕분이다. 두 메트릭은 유사한데 [그림 8-4]는 container_cpu_usage_seconds_total 카운터다.

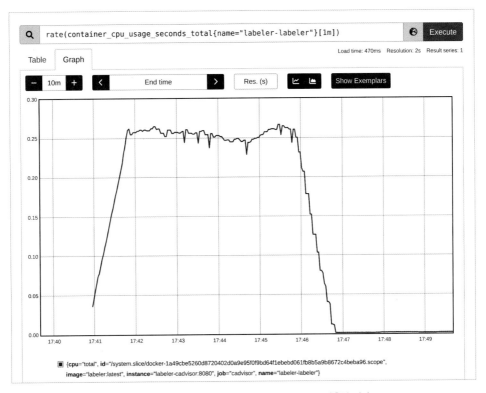

그림 8-4 container_cpu_usage_seconds_total 카운터로 labeler CPU 사용량 평가

0.25초에서 0.27초 사이를 진동하는 CPU 사용 시간은 labeler가 작업을 처리하는 데 사용하는 CPU 시간을 의미한다. labeler가 사용하는 CPU 코어를 4개로 제한하였는데, CPU 하나의 27%밖에 사용하지 않았다. 이는 CPU 작업이 많지 않다는 것을 의미한다(동시에 실행 중인 다른 프로세스가 있지 않다면 말이다. 만약 그렇다면 레이턴시 수치로 알 수 있다). 초당

270밀리초의 CPU 시간은, 요청이 평균 128.9밀리초가 걸리고, 그리고 나서 k6가 500밀리초 동안 대기한다는 사실을 생각하면 적정 수치다. 이는 부하 테스트 시간의 20%[76]를 의미하며, k6가 labeler에 요구하는 작업이 CPU나 I/O가 필요한 작업만은 아니라는 것이다. 현재 버전 labeler의 /label_object는 순차적으로 수행하지만, 신호 듣기, 메트릭 수집, GC, HTTP 백그라운드 고루틴과 같은 백그라운드 작업도 해야 한다. 9.2절을 보면 실제로 무엇이 CPU를 사용하는지 알 수 있다.

메모리

8.1절에서 Sum이 얼마나 많은 메모리를 할당하는지 보았지만, labeler가 수행해야 하는 로직이 Sum만 있는 것은 아니다. 따라서 labeler의 메모리 효율을 평가하려면 벤치마크 동안 수집한 프로세스나 컨테이너 수준의 메모리 메트릭을 살펴봐야 한다. 이를 기반으로 8.2.6절에서 언급한 것처럼 거시 수준에서만 labeler 프로세스의 가비지 컬렉션의 영향, 최대 메모리 사용량에 대해 좀 더 알 수 있다.

[그림 8-5]의 힙 메모리 메트릭을 보면 label_object 하나가 상당한 양의 메모리를 사용하는 것을 알 수 있다. [예제 8-7]의 마이크로벤치마크 결과에서 Sum 함수가 반복당 60.8MB만 사용한 것을 생각해보면 예상하지 못한 수치다.

이러한 관찰 결과로 가비지 컬렉션에서 문제가 발생하였다는 것을 알 수 있다. Sum에서 병목이 일어난다면 k6 하나의 워커(여기서는 VUS, virtual users)에 대해 labeler가 실시간으로 61MB 이상을 사용할 리 없다. 하지만 두 번의 수집 기간(30초)에서 그리고 하나의 수집에서 메모리는 118MB까지 올라간다. 보통 가비지 컬렉션은 다음 호출이 시작하기 전까지 이전의 HTTP /label_object 호출에 사용한 메모리를 해제하지 않는다. 이처럼 메모리가 튀어 오르는 것까지 감안하면 최대 힙의 크기는 120MB 정도면 안정적이며 당장은 메모리 누수[77] 또한 없다는 사실을 말해준다.

---

76 128.9밀리초를 128.9+500밀리초로 나누어 보면 부하 테스트가 언제 활발했는지 알 수 있다.
77 go_goroutines를 살펴보는 것도 도움이 된다. 눈에 띄는 추세가 있다면, 자원을 닫아주는 걸 잊었을 수 있다.

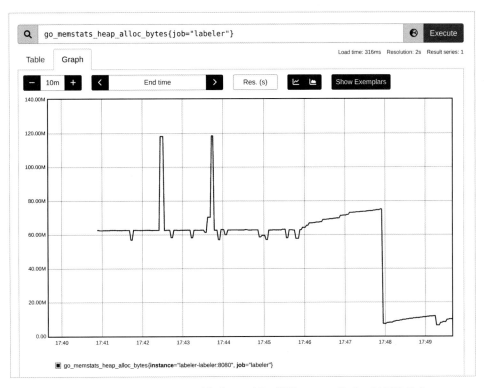

그림 8-5 go_memstats_heap_alloc_bytes 계측기(gauge)를 이용한 labeler 힙 메모리 사용량 평가

go_memstats_heap_alloc_bytes 계측기와 임시 변경

프로메테우스의 계측기를 사용할 때는 수집 인터벌보다 더 자주 일어나는 경우에 대한 모니터링은 변경된다는 것에 주의하자. 예를 들어 Go 프로그램은 [그림 8-5]에서 볼 수 있는 두 번의 피크보다 더 많은 피크가 있을 수 있지만, 프로메테우스에서 **go_memstats_heap_alloc_bytes** 메트릭으로 관찰하기에는 너무 짧을 수 있다.[78]

계측기 메트릭을 긴 시간 범위, 예를 들어 12시간이나 24시간 정도로 질의하면 유사한 일이 일어난다. **step**이라 부르는 UI 해상도는 더 긴 시간 범위로 조절할 수 있고 그로 인해 흥미로운 순간이 감춰진다. 해상도를 낮추거나 **max_over_time**을 사용해서 관찰한 최댓값을 확인하자. 최솟값이라면 **min_over_time**을 사용하자.

---

78 카운터를 사용하면 된다. 메모리에서는 go_mem_stats_alloc_bytes_total[1m]을 가비지 컬렉터가 해제하는 바이트 비율로 나누면 된다. 아쉽지만 프로메테우스 Go 수집기는 이런 메트릭을 보여주지 않는다. Go에서 이런 정보를 얻을 수는 있기에(*https://oreil.ly/Noqnp*), 언젠가 추가될 것이라 기대해본다.

5.4절에서 설명했듯, 가비지 컬렉션와 운영체제 반응의 메모리 해제 지연 메커니즘lazy memory release mechanisms 때문에 메모리의 측면에서는 별문제가 안 된다.

하지만 5.4절과 6.3.3절에서 언급한 것처럼 힙에서 사용하는 메모리는 Go 프로그램이 사용하는 RAM 공간의 일부일 뿐이다. 이 공간은 고루틴 스택, 메모리 맵의 수동 생성 그리고 물리적 메모리의 페이지를 더 확보하기 위해 운영체제에 요청하는 커널 캐시(🅴 파일 접근) 등의 경우를 말한다. [그림 8-6]의 컨테이너 수준의 RSS 메트릭에서 볼 수 있다.

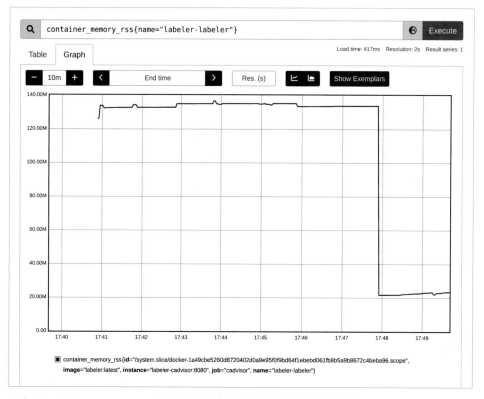

그림 8-6 container_memory_rss 계측기를 이용한 labeler의 물리 RAM 사용량 평가

다행히도, RSS 측면에서는 모두 예상한 대로다. 활성 메모리 페이지는 힙 메모리의 크기와 대동소이하며, 테스트가 끝나자마자 더 적은 수준으로 떨어진다. 따라서 labeler는 이런 작업에 대해 130MB 정도의 메모리가 필요하다고 평가할 수 있다.

지금까지 CPU와 메모리의 레이턴시 그리고 리소스의 효율성에 대한 거시 수준의 평가를 했다. 실제로는 디스크, 네트워크, 디바이스 입출력, 데이터베이스 사용량 등의 효율성의 목표가 무엇인지에 따라 더욱 많은 것을 평가할 수 있다. 이 테스트에서 k6 설정은 매우 단순했다. 하나의 워커와 한 번씩 멈추어가며 보내는 순차적 호출이 전부였다. 8.4절에서는 다른 변형과 가능성을 알아보자.

8.4 일반적인 매크로벤치마킹 워크플로

8.3.2절의 예제 테스트에서는 부하 테스트 도구의 구성 및 종속성의 연결과 효율성 분석을 위해 실용적인 관찰 가능성을 설정 및 사용하는 방법을 배웠다. 이에 더해서, 로컬 e2e 테스트를 효율성 목표에 기반하여 본인과 프로젝트가 원하는 방향으로 확장할 수 있다.

- 원하는 p90 레이턴시[79]를 유지하며 주어진 RPS^{request per second} 또한 유지하는 데 얼마나 많은 자원이 필요한지 평가하기 위하여, 하나 이상의 워커로 시스템 부하 테스트를 한다.

- k6 또는 다른 부하 테스팅 도구를 사용하여 실제에 가깝도록 다른 위치에서의 클라이언트 트래픽을 시뮬레이션한다.

- (가능하다면 프로덕션과 같은 하드웨어인) 원격 서버에 매크로벤치마크를 배포한다.

- 원격지에 의존성을 배포한다. 예를 들어 labeler 예제라면, 로컬 오브젝트 스토리지 인스턴스 대신에 AWS S3 서비스[80]를 사용한다.

- 거시 테스트와 서비스를 여러 개의 레플리카^{replica}로 확장하여, 트래픽의 부하 균형이 적절히 맞춰지고 시스템 효율성이 여전히 예측 가능한지 확인한다.

8.2.2절에서 언급한 것처럼 자신에게 가장 맞는 실험과 분석을 수행할 수 있는 최적의 워크플로를 찾아야 한다. 예를 들어, 8.3.2절에서 설명한 것과 유사한 매크로벤치마크를 디자인하고 사용한다면 그 프로세스는 다음과 같을 것이다.

1. 팀 차원에서 매크로벤치마크의 요소, 의존성, 벤치마크의 주안점 그리고 어떤 부하를 주고 싶은지 계획한다.

---

79 더욱 큰 테스트를 하려면 로컬 테스트는 충분한 자원이 있어야 한다. k6를 사용하는 경우의 가이드 링크(*https://oreil.ly/v4DGs*)도 참고하자.
80 「AWS, Amazon S3」, *https://oreil.ly/pzeua*

2. labeler와 매크로벤치마크 코드는 깨끗하게 정리된 상태여야 한다. 무엇을 테스트하고 벤치마크 하는지 알기 위해 모든 수정 사항을 커밋한다. 8.3.2절의 벤치마크와 같이 된다고 볼 수 있다.

3. 벤치마크 전에 공유 구글 문서[81]를 생성하고, 환경의 조건, 소프트웨어 버전을 비롯한 모든 실험 상세 내역을 작성한다.

4. 특정 프로그램 버전의 효율성을 평가하기 위한 벤치마크를 수행한다.
   - 매크로벤치마크를 실행한다. 예를 들어 Goland IDE 환경에서 go test로 Go e2e 프레임워크 (8.3.2절 참고)를 실행하고 부하 테스트가 끝나기를 기다린다.
   - 기능적 에러가 없음을 확인한다.
   - k6 결과를 구글 문서에 저장한다.
   - 관심 있는 자원(예 힙, RSS)에 대해 흥미로운 관찰 결과를 모아서 메모리 효율성을 평가한다. 스크린 숏을 캡처하여 구글 문서[82]에 붙여 넣고 최종 결론을 적어둔다.
   - 선택사항이지만, 프로파일링(9.2절 참고) 작업을 위해 프로파일도 수집한다.

5. 알아낸 것으로 코드 최적화할 방법을 찾아낸다면, 구현을 하고 저장한 다음 git 커밋을 한다. 이후 벤치마크를 다시 진행하고, 그 결과를 같은 구글 문서에 다른 버전으로 저장하여 나중에 A/B 테스트를 비교할 수 있도록 해둔다.

위의 워크플로는 생성해둔 문서를 기반으로 추정하여 결과를 분석하고 효율성 평가를 결론 내도록 해준다. 정확한 벤치마크를 연결하는 것, 이상적으로는 소스 코드에 커밋하는 것은 다른 이들이 같은 테스트를 재현하여 결과를 검증하거나 더 나아가 벤치마크나 테스트를 수행할 수 있도록 해준다. 다시 강조하면 7.3절에서 이야기했던 요소들만 염두에 둔다면 필요한 어떤 방식이든 이용해도 좋다. 매크로벤치마크에는 하나의 변치 않는 과정이나 프레임워크는 없으며, 소프트웨어의 종류, 프로덕션의 상황 그리고 프로덕트의 효율성에 얼마만큼 투자할지에 따라 다르다.

또한 매크로벤치마크는 프로덕션 벤치마킹(7.4.1절 참고)과 그리 다르지 않다. 매크로벤치마크의 많은 요소인 부하 테스터, 관찰 가능성 도구 사용 같은 것들은 프로덕션에서 사용 가능하며, 그 반대도 가능하다. 이러한 상호 운용성 interoperability 덕분에 새로운 도구를 학습하는 시간을

---

81 지라(Jira) 티켓 코멘트나 깃허브 이슈와 같은 다른 도구를 사용해도 된다. 스크린 숏을 쉽게 붙여 넣을 수 있어서 스크린 숏이 어떤 실험에 대한 것인지 혼란만 주지 않으면 된다.

82 스크린 숏을 잔뜩 찍어둔 다음 나중에 관련 사항을 적어두려 하면 안 된다. 관찰 사항을 매번 구글 문서에 적어두자. 왜냐면 어떤 상황에서 스크린 숏을 찍었는지 기억하기 어렵기 때문이다. 게다가 노트북의 로컬 디렉터리에 이를 저장해 두었다가 실수로 모든 벤치마크 결과를 잃어버리는 경우도 자주 발생한다.

아낄 수 있다. 프로덕션 환경에서 벤치마크를 수행하는 주요 차이점은 다양한 테스트 및 벤치마킹 수준에서 새 소프트웨어 버전의 기본 품질을 보장하거나 베타 테스터 또는 카나리 배포를 활용해 프로덕션 사용자의 품질을 보장한다는 것이다.

8.5 마치며

여기까지 실제로 마이크로벤치마크와 매크로벤치마크를 수행하는 방법을 자세히 알아보았다. 지금보다 소프트웨어를 더 최적화해야 하는지 여부를 판단하고, 정말 그래야 한다면 무엇을, 얼마나 더 최적화해야 하는지 알 수 있게 해 주는 마이크로벤치마크와 매크로벤치마크를 실행하는 방법을 함께 살펴봤다. 마이크로벤치마크와 매크로벤치마크는 볼륨 계획 및 확장성과 같은 효율성과 관련된 소프트웨어 개발의 다른 측면에서도 매우 중요하다.[83]

필자는 소프트웨어 개발의 일상에서 마이크로벤치마크와 매크로벤치마크에 매우 의존한다. 미시 수준의 빠른 피드백 루프 덕분에 중요한 지점의 작은 함수에 사용해서 어떻게 구현할지를 결정한다. 게다가 둘은 작성하기도, 삭제하기도 쉽다.

매크로벤치마크는 좀 더 많은 투자가 필요하기 때문에 다음과 같은 벤치마크를 생성하고 사용하기를 권한다.

- 큰 기능이나 릴리스 이후, 전체 시스템에 대한 RAER 평가를 위한 인수 테스트
- 효율성 문제를 야기하는 회귀나 실수에 대한 디버깅이나 최적화

마이크로벤치마크와 매크로벤치마크 관련 실험은 효율성 평가와 함께, 3.6.2절에서 언급한 효율성 단계 중 6단계인 '주된 병목 지점 찾기'를 수행할 때 유용하다. 하지만 병목 현상에 대해서는 Go 프로그램의 프로파일링을 이용해 주요한 효율성 병목 지점을 추론해볼 수도 있다. 따라서 다음 9장에서는 프로파일링을 실제로 어떻게 하는지 알아본다.

---

83 마틴 클레프만의 저서 『데이터 중심 애플리케이션 설계』(위키북스, 2018)에 잘 설명되어 있다(https://oreil.ly/M9RYQ).

CHAPTER 9

데이터 기반 병목 현상 분석

코드에서 컴퓨터 자원을 갉아 먹는 주요 원인이 되는 부분을 찾아내는 작업은 개발자들의 골머리를 썩이는 문제다. 아주 조그만 단서를 찾아내 수정하면 시간을 크게 절약할 것으로 기대하겠지만, 막상 해당 코드 부분은 거의 실행되지 않기에 결과적으로는 큰 차이가 없음을 발견하는 허탈한 경우가 많다.

- 존 루이스 벤틀리, 『Writing Efficient Programs』(Prentice Hall, 1982)

Go 언어로 작성한 프로그램의 효율성을 향상하기 위한 중요한 과정 중 하나는 레이턴시나 컴퓨터 자원 사용량에 영향을 미치는 주요 원인이 어디에 있는지 파악하고 그것을 개선하는 것이다. 그러므로 효율성 달성을 위해서는 가장 문제가 되는 병목 지점에 집중하도록 의식적으로 노력해야 하며, 이를 통해 가장 큰 최적화 효과를 얻을 수 있다.

코드 중 어떤 부분이 메모리를 지나치게 많이 사용한다거나 연산 속도를 느리게 만드는지 여부를 추정하는 상황에서 개발자들은 자신들의 경험을 기반으로 판단하려는 실수를 자주 범한다. 예를 들어 과거에 몇 번 경험한 적 있는 비효율성을 유발하는 코드와 유사한 형태를 발견하면 으레 '예전에 Go 언어에서 연결 리스트 자료 구조를 사용해보았는데 아주 느리게 동작했으므로, 분명 이번에도 같은 이유일 것'이라고 생각하거나, '이 부분에서 슬라이스가 굉장히 많이 생성되는데, 이렇게 되면 병목 현상이 발생할 것 같으니 차라리 재사용 방법으로 바꿔보자'라고 생각할 것이다. 게다가 당시에 겪었던 고통과 스트레스를 떠올리면서 그 일이 다시 발생했다고 생각할 수도 있다. 하지만 개인의 감정에 기반한 판단은 잘못된 결론을 초래하기 쉽다. 모든 프로그램은 상이하며 그 사용 사례와 환경 역시 판이하게 다를 수 있다. 소프트웨어의 문제 역시 서로 다른 곳에서 발생할 수 있다. 그 지점을 신속하고 안정적으로 찾아냄으로써 어느 부분에 최적화의 노력을 기울여야 하는지를 인식하는 것은 굉장히 중요한 일이다.

다행히도 막연히 추측에 의존하여 이를 결정할 필요가 없다. 적절한 데이터를 수집함으로써 이 문제를 해결할 수 있다. Go 언어는 병목 현상을 분석할 수 있는 도구를 통합적으로, 많이 제공한다. 9장은 해당 도구들을 일부 소개하면서 시작한다. 먼저 9.1절에서는 효율성을 위한 근본 원인 분석^{Root Cause Analysis}을 알아본다. 그리고 9.2절에서 Go에서의 프로파일링을 설명하며 pprof 생태계를 다룬다. 프로파일링 기법은 널리 사용되고 있지만, 기본 지식이 없으면 결과물을 해석하는 데 어려움이 많다. 도구 사용법과 결과물, 해석에 대한 내용이 공식 문서화된 바가 거의 없기 때문이다. 그래서 이 책에서는 도구의 기본 원리와 일반적인 사용 방법을 몇 단락 정도로 설명한다. 9.3절에서는 프로파일링 시그널 추출을 다룬다. 계측을 수행하고 프로파일링 결과를 얻는 과정에 대한 내용이다. 9.4절에서는 공통 계측 프로파일링을 설명한다. 더불어 현시점에 Go 언어에서 사용할 수 있는 몇 가지 중요한 프로파일링 방법을 소개한다. 마지막으로 최근 각광받는 연속 프로파일링 주제를 포함해 몇 가지 도움이 될 만한 조언과 요령을 9.5절에서 제공한다.

다른 장들에서도 마찬가지지만, 특히 9장을 집필하는 동안 깊이 연구하고 공을 들이면서 필자도 많이 배울 수 있었다. 필자가 새롭게 얻은 지식을 독자들과 나눌 수 있게 되어 무척 기쁘다. 이제 본격적으로 근본 원인 분석이 무엇인지 설명하고, 이것을 병목 현상 분석에 어떻게 연관지을 수 있는지 살펴보겠다.

9.1 효율성을 위한 근본 원인 분석

병목 현상을 분석하는 과정은, 시스템 침해 사고 또는 테스팅 실패 상황에서 엔지니어들이 수행하는 원인 규명 분석[1]이나 근본 원인 분석[2]과 동일하다. 실제로 현업에서는 효율성 문제로 인해 문제 상황이 많이 발생한다. 예를 들어 CPU의 사용률이 한계를 넘어선 경우 HTTP 요청에 대한 응답이 기준 시간을 초과하게 된다. 이와 유사한 상황에서의 사고 대응 방식을 숙지하고 필요한 도구를 갖추는 것은 결과적으로 시스템 또는 프로그램의 병목 현상을 분석하는 데에도 도움이 된다.

여러 개의 프로세스가 동시다발적으로 동작하는 매우 복잡한 시스템의 경우, 조사 과정에서 수

---

1 「Root Cause Analysis as a Guide to SRE Methods」(팀 그램스(Timm Grams), 2019), *https://oreil.ly/3MhUA*
2 「위키피디아, 근본 원인 분석」, *https://oreil.ly/KNqVV*

많은 징후symptoms[3]나 오인 요소[4]를 맞닥뜨릴 수 있고, 심지어 다수의 병목 현상이 동시에 발생했을 수도 있다.

앞서 6장에서 배웠던 도구들은 병목 현상 분석에서도 중요한 가치를 갖는다. 리소스 사용량에 대한 메트릭을 확인하면 프로세스가 언제 어디에서 할당 작업을 수행하는지 그리고 최대 메모리 사용량이나 최대 CPU 점유 시간을 갖는지 등을 확인할 수 있다. 상세 로그 분석을 통해 각 단계에 대하여 추가 레이턴시를 측정할 수도 있다. 또한 추적tracing[5] 과정에서 요청이 발생한 경로를 확인할 수 있고, 어떤 프로세스 혹은 프로그램 함수가 전체 작업의 레이턴시에 가장 많이 악영향을 미치는지 찾아낼 수 있다.

또 다른 단순한 확인법은, **실험 및 판정** 방식이다. 전체 코드에서 일부분씩 비활성화하고 실험한 후 효율성 저하 문제가 재현되는지 여부를 수작업으로 반복 확인하는 방법이다. 하지만 대규모 시스템이라면 이러한 방식은 현실적으로 적용하기 어렵다. 자원을 대규모로 점유하는 현상이나 레이턴시를 심각하게 발생시키는 현상의 주요 원인을 찾을 수 있는, 개선된 방법이 분명히 있을 것이다. 이러한 문제의 원인 유발 코드를 몇 초 만에 찾아낼 수 있는 방법 말이다.

바로 이러한 편리한 방법을 소위 프로파일링profiling이라고 부른다. 이는 흔히 관찰 가능성의 네 번째 핵심 요소로 꼽는다. 그렇다면 이어서 9.2절에서 프로파일링이란 무엇인지 살펴보도록 하겠다.

---

3 주어진 일부 조건에 의해 발생한 여러 증상이 관찰될 수 있다. 예를 들면 OOM(Out Of Memory)은 Go 프로그래밍에서 허용된 수준 이상의 메모리가 요구될 때 발생하는 현상이다. 이러한 상황에서 종종 해당 문제가 바로 근본 원인인 것처럼 생각할 수 있지만, 실제로는 오히려 병목 현상으로 인해 이러한 증상이 발생한 것일 수도 있다. 예를 들면 OOM을 유발한 프로세스가 높은 메모리 요구를 하는 것이 근본 문제인 것이 아니라, 주어진 요청 사항들을 충분히 빠른 속도로 처리하지 못하기 때문에 종속적으로 발생한 다른 문제의 증상일 수도 있다는 것이다.

4 원서에서 붉은 훈제 청어(Red Herring)로 표현된 이 단어(https://oreil.ly/5AKbS)는 영문 관용어로 '무엇인가를 혼동하게 만드는 것'을 뜻한다. 이는 어떤 예상치 못한 실행 흐름을 분석하는 과정에서 결과적으로는 큰 문제가 되지 않는 것으로 판명된 것들을 지칭한다. 예를 들어 어떤 요청한 작업에 대해 응답 시간이 지나치게 지연되는 것을 포착했을 수 있다. 이때 분석가는 애플리케이션의 디버그 로그에 기록된 내용을 확인했을 때 '요청 처리 시작'이 출력된 후 몇 시간이 지나도록 '요청 처리 완료'가 표시되지 않아서 걱정하는 상황이다. 그런데 사실은 로그에서 '완료됨'이라는 메시지가 아예 구현되지 않았다는 것을 모르고 계속 기다리는 것일 수도 있다. 어쩌면 로깅 시스템에서 이 메시지를 자체 생략하는 것일 수도 있다. 이렇게 되면 분석가는 나아갈 방향을 잃게 된다. 그렇기 때문에 우리가 해당 문제를 빠르게 파악하기 위해서는 판단을 흐리게 하는 관찰 결과들과 프로그램의 실행 흐름을 명시적이고 정확하게 구분해야 한다.

5 일반적으로 추적 기능은 스택 전체 추적을 제공하지는 않고, 중요한 일부에 대해서만 제공한다. 이는 추적 과정에서 발생하는 비용과 부하를 제한하기 위함이다.

9.2 Go에서의 프로파일링

> 프로파일링은 동적 코드 분석의 한 형태다. 실행되는 동안 애플리케이션의 특성을 캡처한 후 이 정보를 사용하여 애플리케이션을 더 빠르고 효율적으로 만드는 방법을 알 수 있다.
>
> — 구글 클라우드 공식 문서, 「프로파일링 개념」[6]

프로파일링은 프로그램 내부의 특정 코드 라인 때문에 발생하는 자원(예 경과 시간, CPU 점유 시간, 메모리 사용량, 고루틴, 데이터베이스의 행 처리)의 정확한 사용량을 표시할 수 있는 완벽한 개념이다. 목적이 무엇인지에 따라 특정 코드 부분 또는 일련의 함수[7]나 파일 그룹이 성능에 영향을 미치는지 비교 분석할 수 있다.

필자의 경험상 프로파일링은 Go 커뮤니티에서 사용하는 고급 디버깅 방법에 속한다. Go 표준 라이브러리에서 지원하기에 즉시 사용 가능한 여섯 가지 프로파일링 구현이 있고, 커뮤니티에서 제안된 사용 방법과 손쉽게 구축할 수 있는 방법들을 통해 누구나 풍부하고 효율적인 프로파일링을 활용할 수 있다. 한 가지 놀라운 사실은, 다양한 프로파일링 방법이 모두 다른 의도로 설계되었으며, 각각 다른 시스템 자원을 측정하도록 되어 있음에도 불구하고 모두 공통된 규칙과 형식을 준수한다는 것이다. 다시 말해 여러분이 힙(9.4.1절 참고)이나 고루틴(9.4.2절 참고) 또는 CPU(9.4.3절 참고) 등 점검하려는 것이 무엇이든 동일한 시각화 및 분석 도구와 패턴을 사용할 수 있다.

그전에 pprof 프로젝트[8]에 깊은 감사를 드린다(pprof는 성능 프로파일링에 기반한다). 그밖에도 사용할 수 있는 프로파일링 도구는 많다. 리눅스 시스템에서는 perf_events (perf 도구)[9]가 존재한다. 또 FreeBSD를 위한 hwpmc[10]와 DTrace[11] 등 매우 다양하다. pprof의 특별한 점은 프로파일링 데이터를 위한 공통된 표현, 파일 형식 및 시각화 도구를 제공한다는 것이다. 즉, 앞서 언급한 다른 도구를 사용하거나 Go 언어를 사용하여 직접 프로파일러를 구현하는 경우라도 해당 프로파일링 분석 작업에 동일한 도구 및 의미 체계를 사용할 수 있다.

---

6 「프로파일링 개념」, *https://oreil.ly/okyge*

7 함수(function) 또는 메서드(method)를 의미하며, Go에서는 사실상 동일한 개념으로 간주한다. 9장에서는 주로 함수라는 용어를 사용할 것인데, 이때는 Go의 함수와 메서드를 둘 다 의미한다고 생각해도 좋다.

8 「깃허브, google/pprof」, *https://oreil.ly/jBj18*

9 「리눅스, 메인 페이지」, *https://oreil.ly/M08S8*

10 「FreeBSD 매뉴얼 페이지」, *https://oreil.ly/JJ8Gp*

11 「DTrace란」, *https://oreil.ly/hUm9r*

그렇다면 이제 본격적으로 pprof를 알아보도록 하자.

9.2.1 pprof 형식

> pprof 도구의 기원은 구글이 사내용으로 개발하여 사용하던 펄Perl 기반 도구에서 시작되었다. 저작권 변천 기록에 따르면, 최초 개발은 1998년으로 거슬러 올라간다. 이후 2005년에 gperftools의 일부분으로 포함되어 정식 출시되었다. Go 프로그래밍 언어에 추가된 것은 2010년이다. 이후 2014년에 라울 실베라Raul Silvera라는 엔지니어가 기존의 펄 기반 구현을 Go 언어 기반으로 재구현하였으며, 당시 이미 구글 내부에서 널리 사용되고 있었다. 이것이 2016년에는 별도의 프로젝트로 독립되었다. 이때부터 Go 기반의 프로젝트에서 해당 저장소의 최신 버전을 공급하고 있으며, 정기적으로 업데이트도 지원하고 있다.
>
> － 펠릭스 가이젠되르퍼Felix Geisendörfer, 「Go 언어의 pprof 도구 및 형식」[12]

Go나 C++[13] 등 프로그래밍 언어뿐만 아니라 리눅스 Perf[14] 도구 등에서도 pprof 형식이 공통으로 사용되므로 이에 관해 더 자세히 살펴볼 필요가 있다. 프로파일링을 정확히 이해하기 위해 Go 프로그램에서 현재 열려 있는 파일을 추적하는 맞춤형 프로파일링 예제를 빠르게 살펴보도록 하자. 참고로 하나의 프로그램이 동시에 관리할 수 있는 파일 디스크립터의 수에는 제한이 있다. 만약 대상 프로그램에서 이와 관련한 문제가 발생한다면, 파일 디스크립터에 대한 프로파일링 작업을 통해 가장 많은 수의 파일 디스크립터를 여는 코드 부분을 찾아내는 데 유

---

12 「깃허브, DataDog/go-profiler-notes」, *https://oreil.ly/FmOz8*

13 「Pprof로 C++ 프로그램의 메모리 사용량 이해하기」, *https://oreil.ly/0maaM*

14 「깃허브, google/perf_data_converter」, *https://oreil.ly/PTJFN*

용할 수 있다.[15]

이러한 기본적인 프로파일링 작업을 위해서는 별도로 pprof 인코딩 또는 추적 코드를 구현할 필요가 없다. 그저 단순히 표준 라이브러리에 구현된 runtime/pprof.Profile 구조체를 사용하면 된다. 이를 통해 원하는 타입의 객체에 대하여 현재 사용 횟수와 요청 위치 정보를 기록하도록 하는 프로파일 정보를 생성할 수 있다. pprof.Profile은 다소 기능이 제한되는 부분도 있지만[16], 굉장히 간단하며 프로파일링에 대한 기초를 체험하기에는 완벽한 요소라고 할 수 있다.

[예제 9-1]은 기본적인 프로파일러의 구현을 나타낸다.

예제 9-1　pprof.Profile 기능을 사용하여 파일 디스크립터를 프로파일링하는 예제 구현

```
package fd

import (
    "os"
    "runtime/pprof"
)

var fdProfile = pprof.NewProfile("fd.inuse")          ❶

// File is a wrapper on os.File that tracks file descriptor lifetime.
type File struct {
    *os.File
}

// Open opens a file and tracks it in the `fd` profile`.
func Open(name string) (*File, error) {
    f, err := os.Open(name)
    if err != nil {
        return nil, err
```

---

15 이 프로파일링 도구는 기존에 Go 커뮤니티에서 표준 라이브러리에 포함시키자는 제안도 있었다. 그러나 현시점에서는 운영진들이 반려한 상태다(*https://oreil.ly/YZoiR*). 이론적으로 os.Open의 할당에 초점을 맞춘 메모리 프로파일을 사용하는 것만으로 열린 파일을 추적하기 충분하다는 의견이 더 많았기 때문이다.

16 pprof.Profile은 오직 객체(object)만을 추적 대상으로 한다. 과거 객체 생성, I/O 사용 등과 같은 고급 항목을 프로파일링할 수는 없다. 또한 레이블 추가, 사용자 지정 샘플링, 기타값 타입 등과 같이 pprof 결과 리포트에 있는 항목을 임의로 개조할 수 없다. 이러한 사용자 지정 프로파일링을 하기 위해서는 코드를 더 많이 구현해야 한다. 그래도 github.com/google/pprof/profile(*https://oreil.ly/DgeqN*) 등의 Go 패키지를 참고하면 비교적 손쉽게 구현할 수 있을 것이다.

```go
    }
    fdProfile.Add(f, 2)                                              ❷
    return &File{File: f}, nil
}

// Close closes files and updates profile.
func (f *File) Close() error {
    defer fdProfile.Remove(f.File)                                   ❸
    return f.File.Close()
}

// Write saves the profile of the currently open file
// descriptors into a file in pprof format.
func Write(profileOutPath string) error {
    out, err := os.Create(profileOutPath)
    if err != nil {
        return err
    }
    if err := fdProfile.WriteTo(out, 0); err != nil {               ❹
        _ = out.Close()
        return err
    }
    return out.Close()
}
```

---

❶ pprof.NewProfile은 전역 변수로 사용되도록 설계돼 있다. 매개변수로 주어진 이름으로 프로파일을 등록하며, 이름은 고유해야 한다. 본 예제에서는 fd.inuse라는 이름을 사용하였으며, 이는 현재 사용 중인 파일 디스크립터를 추적 대상으로 삼겠다는 의미다.

하지만 이러한 전역 등록 방식에는 몇 가지 단점이 있다. 사용하지 않을 프로파일들을 생성하는 두 개의 패키지를 첨부한다거나, 동일한 이름으로 프로파일을 등록하려고 하면 패닉panic이 발생하게 된다. 반면에 전역 등록 방식을 사용하면 pprof.Lookup("fd.inuse")와 같이 다른 패키지에서 생성된 프로파일을 사용할 수도 있다. 향후 9.3절 프로파일링 시그널 추출에서 다룰 net/http/pprof 핸들러와도 이런 방식으로 자동 호환된다. 이 책의 예제는 잘 작동하겠지만, 중요한 상황에서 사용자 지정 프로파일러를 처리할 때 전역 등록 방식을 사용하는 것을 일반적으로 권하지는 않는다.

❷ 현재 활성 상태인 파일 디스크립터를 추적하기 위해 os.Open 함수의 기능을 모방한 Open 함수를 구현한다. 이 함수는 대상 파일을 열고 기록한다. os.File을 감싸고 있기 때문에, 해당 파일이 닫히는 순간을 파악할 수도 있다. Add 메서드는 객체에 정보를 저장한다. 이때 두 번째 매개 변수는 스택 추

적에서 생략할 호출 횟수를 지정하기 위해 사용된다. 스택 추적은 pprof 형식으로 프로파일의 위치를 추가로 기록하는 데 사용된다.

본 예제에서는 Open 함수를 샘플 생성에 대한 참조로 사용하기 위해 두 개의 스택 프레임을 건너뛰는 것으로 설정했다.

❸ 추적하던 파일이 닫히는 경우 추적을 기록하던 객체를 제거할 수 있다. 참고로, 내부에서 동일한 *os.File을 사용하고 있으므로 pprof 패키지는 개방된 파일 객체를 찾고 추적할 수 있는 것이다.

❹ 표준 Go 언어의 프로파일러에서는 WriteTo라는 메서드를 제공하며, 이를 통해 전체 pprof 파일 내용을 지정한 대상 위치에 바이트 형식으로 저장할 수 있다. 그러나 여기에서는 파일 형태로 기록하기 위하여 별도로 Write 메서드를 추가 구현했다.

9.4절에서 다룰 대부분의 표준 프로파일러는 특별히 처리하지 않아도 자동으로 계측 기능을 제공한다. 예를 들어 힙 자료 구조를 프로파일링할 때(9.4.1절 참고) 굳이 별도의 메모리 할당 방식을 사용할 필요가 없다. 그렇지만 현재 예제의 경우 자체 제작한 프로파일링 상황이므로, 이 프로그램을 계측하는 과정을 프로파일러에서 수동으로 처리해주어야 한다. [예제 9-2]는 정확히 112개의 파일을 개방하는 상황을 실험하기 위하여 만든 테스트 애플리케이션인 TestApp의 구현이다. [예제 9-2]에서는 앞서 구현한 [예제 9-1]을 사용하는 방법이 포함되어 있다.

예제 9-2 fd.inuse 프로파일링을 이용하여 계측을 수행하는 TestApp 코드는 마지막에 프로파일 수행 결과를 fd.pprof 파일에 저장한다

```go
package main

// import "github.com/efficientgo/examples/pkg/profile/fd"

type TestApp struct {
    files []io.ReadCloser
}

func (a *TestApp) Close() {
    for _, cl := range a.files {
        _ = cl.Close() // TODO: Check error.      ❷
    }
    a.files = a.files[:0]
}
```

```go
func (a *TestApp) open(name string) {
    f, _ := fd.Open(name) // TODO: Check error.                    ❶
    a.files = append(a.files, f)
}

func (a *TestApp) OpenSingleFile(name string) {
    a.open(name)
}

func (a *TestApp) OpenTenFiles(name string) {
    for i := 0; i < 10; i++ {
        a.open(name)
    }
}

func (a *TestApp) Open100FilesConcurrently(name string) {
    wg := sync.WaitGroup{}
    wg.Add(10)
    for i := 0; i < 10; i++ {
        go func() {
            a.OpenTenFiles(name)
            wg.Done()
        }()
    }
    wg.Wait()
}

func main() {
    a := &TestApp{}
    defer a.Close()

    // No matter how many files we opened in the past...
    for i := 0; i < 10; i++ {
        a.OpenTenFiles("/dev/null")                               ❸
        a.Close()
    }

    // ...after the last Close, only files below will be used in the profile.
    f, _ := fd.Open("/dev/null") // TODO: Check error.
    a.files = append(a.files, f)

    a.OpenSingleFile("/dev/null")
    a.OpenTenFiles("/dev/null")
    a.Open100FilesConcurrently("/dev/null")
```

```
    if err := fd.Write("fd.pprof"); err != nil {                    ❹
        log.Fatal(err)
    }
}
```

---

❶ fd.Open 함수를 사용하여 파일을 개방한다. 이 함수는 파일을 개방하는 용도와 프로파일링 측정 작업을 시작하는 용도로 사용된다.

❷ 파일이 더 이상 필요하지 않은 순간이 되면 해당 파일을 종료했는지 항상 확인하는 것이 좋다. 이를 통해 자원(파일 디스크립터 등)을 절약할 수 있고, 더 중요한 것은 파일이 더 이상 사용되지 않는 상황이라면 지연된 쓰기나 기록을 비워버릴flush 수 있기 때문이다.

❸ 프로파일링 작업을 점검하기 위해, 먼저 10개의 파일을 열고 닫는 작업을 10번 반복하도록 한다. 테스트 목적이므로 임의의 파일을 지정하기 위해 /dev/null을 사용하였다.

❹ 마지막으로, 구현한 일련의 메서드들을 연결하여 110개의 파일을 생성한다. 그리고 이 상황에 대한 스냅샷을 fd.inuse 프로파일의 형식을 사용하여 추출해보자. 이때 저장하려는 파일의 확장자를 .pprof로 지정했다(참고로 Go 언어 공식 문서에 따르면 .prof를 사용하기도 한다). 하지만 이 파일은 실제로는 gzip으로 압축된(gzip 프로그램 이용) protobuf 파일이다. 그렇기 때문에 주로 .pb.gz라는 파일 확장자로 쓰이기도 한다. 보다 알아보기 쉽게 느껴지는 것을 사용하면 된다.

[예제 9-2]의 코드가 어떤 작업을 수행할지에 대해서는 간단하게 보일 수도 있다. 그러나 실제로는 Go 프로그램이 갖는 복잡성 때문에 과연 어느 코드 부분이 많은 파일을 열어놓기만 하고 닫지는 않았는지 의문이 들 수도 있다. 생성된 fd.pprof 파일에 기록되어 있는 자료가 이 질문에 대한 답을 제시해 줄 것이다. Go 커뮤니티에서는 gzip으로 압축된 protobuf(바이너리 형식)[17] 파일을 pprof 형식이라고 지칭한다. 이 형식은 .proto 언어로 정의되고 공식적으로 google/pprof 프로젝트의 proto 파일[18]에 정의된 스키마 형태에 알맞게 입력된다.

pprof 스키마와 구성 요소들을 빠르게 학습하기 위해 [예제 9-2]의 결과로 생성된 fd.pprof 파일에 무엇이 저장되어 있는지를 살펴보자. [그림 9-1]은 열려 있는(사용 중인) 전체 파일 디스크립터의 구성도를 대략적으로 나타내고 있다.

---

17 「프로토콜 버퍼 기본 사항: Go」, *https://oreil.ly/2Lgbl*
18 「깃허브, google/pprof」, *https://oreil.ly/CiEKb*

[그림 9-1]은 pprof 형식으로 저장되는 객체와 해당 객체에 포함되는 몇 가지 중요 필드(실제로는 더 많음)를 나타낸다. 참고로 이 그림에 표현된 것은 효율성을 위해 간략화한 것으로 실제로는 더 많은 간접 참조가 존재한다(정수로 표현된 ID를 기반으로 상호 참조). 단순성을 위하여 다이어그램의 세부 내용을 생략하였으나, 모든 문자열 정보 또한 인터닝interning[19] 속성을 기반으로 한 문자열 테이블을 통해 참조된다.

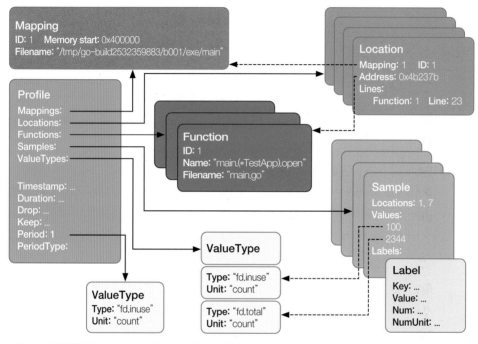

그림 9-1 개방(사용 중인) 및 전체 파일 디스크립터에 대한 pprof 형식의 간략화된 표현

pprof 형식은 Profile이라는 단일 최상위 객체로 구성이 시작된다. Profile 객체는 다음과 같은 하위 객체들을 포함한다.

Mappings

모든 프로그램이 바이너리 내부에 디버깅 심벌을 포함하고 있는 것은 아니다. 예를 들면 4.3절에서, Go 언어로 작성한 프로그램은 기본적으로는 소스 코드를 참조하여 사람이 편하게 읽을

---

19 「String interning」. *https://en.wikipedia.org/wiki/String_interning*

수 있는 스택 추적 정보를 함께 제공한다고 언급하였다. 그러나 현실에서는 바이너리의 용량을 많이 줄이기 위하여 해당 정보들을 컴파일 과정에서 삭제하도록 설정하는 경우도 많다. 만약 디버깅 심벌이 존재하지 않는다면, pprof 파일을 열람할 때 스택 프레임(코드 위치)에 대한 주소들을 이용하여 확인할 수 있다. 해당 주소를 기호화symbolization 단계[20]에서 추가 도구를 사용하여 정확한 소스 코드 라인으로 동적으로 변환하는 방식을 사용하면 된다. 이를 매핑이라고 하며, 이후 단계에서 동적으로 제공되는 경우 각 주소가 바이너리의 어떤 부분과 연계되는지를 지정할 수 있도록 한다.

아쉽게도 바이너리 파일을 확보해야 하는 경우라면 프로파일을 수집했던 상황과 정확히 동일한 원본 소스 코드의 버전과 동일한 아키텍처에서 빌드해야만 한다. 이는 일반적으로 굉장히 까다로운 과정일 수 있다. 예를 들어 원격 서비스에서 프로파일 결과를 추출했을 때(9.3절 참고), 이 프로파일을 분석하는 시스템에서는 동일한 바이너리를 가지고 있지 않을 가능성이 높다.

다행히 필요한 모든 메타데이터를 pprof 형식의 프로파일에 저장할 수 있으므로, 여기서는 기호화가 필요하지 않다. 특히 Go 언어 1.9 버전[21]부터 표준 프로파일링 기능에 심벌 정보가 포함됐다. 그러므로 9장에서는 기호화 관련 기술에 관한 설명은 생략하도록 하겠다.

Locations

코드 라인(또는 코드 주소)을 나타낸다. 편의상 소스 코드 파일 내 정의된 함수 위치와 이름으로 나타낼 수 있다. 기본적으로 스택 프레임 기준으로 표현한다.

Functions

로케이션들이 정의된 함수에 대한 메타데이터를 관리한다. 바이너리에 디버그 심벌이 존재하는 경우에만 내용이 기록된다.

ValueTypes

프로파일에 포함된 정보들의 항목 수를 나타낸다. 각각의 로케이션 항목은 일부 값을 사용(또는 사용에 기여)할 권한을 갖는다. 값 타입은 값의 단위와 해당 값의 의미를 정의한다. [예제

---

20 「깃허브, google/pprof 중 Symbolization」, *https://oreil.ly/zcZKa*
21 「Go 문서, Go 1.9 버전 릴리스 노트 중 Pprof」, *https://oreil.ly/qONe8*

9-1] 프로파일 결과에는 `fd.inuse` 타입만 존재한다. 현재의 `pprof.Profile`은 워낙 단순하기 때문에 더 많은 종류의 정보를 추가할 수 없다. 단지 설명을 위하여 [그림 9-1]에서는 총개수와 현재까지 측정한 숫자를 나타내는 두 가지 값 타입만 존재하는 것으로 하자.

> **NOTE_ 기여**
>
> pprof 형식으로 프로파일링을 할 때 측정하려는 값의 의미에는 특별히 제한이 없다. 측정된 값이 실제로 어떤 의미를 갖는지를 결정하는 것은 구현 과정에 달려 있다. 예를 들어 [예제 9-1]의 코드는 프로파일 스냅숏을 추출하는 시점에서의 개방된 상태의 파일 개수가 측정값으로 사용된 것이다. 또 다른 종류의 측정값들에 대해서는 9.4절에서 자세히 다룰 것이다. 대표적으로 CPU 점유 시간, 메모리에 할당한 바이트 수, 특정 위치에서 실행된 고루틴 수 등이 있다. 프로파일링 작업을 수행할 때 어떤 값을 수집하고 있는지 그 의미에 대해 항상 명확히 생각해야 한다.
>
> 일반적으로 프로파일링으로 알게 된 값들을 통해 대상 소스 코드의 각 부분이 정확히 어떤 시스템 자원을 얼마만큼 소모했는지 알 수가 있다. 따라서 샘플에서 사용된 프로파일링 값을 설명할 때 기여^{Contribution} 라는 단어를 사용했다.

Samples

지정된 값 타입에 대하여 스택 추적으로 측정한 결과 또는 측정된 기여도를 뜻한다. 스택 추적(일련의 호출 순서)을 나타내기 위해 샘플은 스택의 맨 위부터 추적을 시작해서 모든 로케이션에 대한 ID 정보를 열거한다. 이때 중요한 것은 정의한 값 타입의 수(및 순서)에 정확히 알맞은 정보가 포함되어 있어야 한다는 것이다. 샘플에 별칭^{label}을 부여할 수도 있다. 예를 들어 분석한 스택 추적 결과에 대하여 개방된 파일 이름을 붙일 수 있다. 9.4.1절에서는 평균 할당 크기를 표현하기 위해 이를 사용했다.

추가 메타데이터

프로파일이 저장된 시간이나, 데이터 추적 지속 시간(확인 가능한 경우) 또는 그밖에 필터링 정보 등도 프로파일 객체 내부에 포함되어 있을 가능성이 있다. 이 중에서도 특히 `period` 필드가 가장 중요하다. 이 필드를 통해 해당 프로파일이 샘플링되었는지 여부를 알 수 있기 때문이다. [예제 9-2]의 경우 모든 Open 함수 호출에 대하여 추적하고 있으므로, period 값은 1로 설정(100%)돼 있다.

이러한 모든 구성 요소를 포함하여, pprof 데이터 모델은 소프트웨어의 모든 측면을 설명하는 프로파일링 데이터로 매우 잘 설계돼 있다고 볼 수 있다. 또한 발생한 모든 행위의 세세한 부분까지 포함한 모든 데이터가 추출되기 때문에 이를 프로파일링 통계로 분석하기에도 용이하다.

[예제 9-2]에서 개방된 파일들을 추적하는 것은 해당 응용 프로그램에 과도한 부하를 유발하지는 않는다. 그렇지만 극단적인 경우를 가정했을 때 Add 및 Remove 함수를 지속적으로 호출하고, 각 파일이 열리고 닫힐 때마다 객체를 매핑하려고 한다면 이는 동작을 극도로 지연시킬지도 모른다. 보다 더 치명적인 상황에 대한 복잡한 프로파일링 사례는 9.4.1절과 9.4.3절에서 다룰 것이다. 프로그램에서 CPU 사용량을 추적하는 CPU 프로파일링의 경우 주기마다 실행된 정확한 명령을 모두 추적하려는 것은 비실용적인(심지어 불가능한) 방법이다. 이를 위해서 주기마다 스택 추적 정보를 메모리에 모두 기록해야 하기 때문이다. 앞서 4장에서 봤듯이 이것만으로도 수백 개의 CPU 사용 주기를 독점하게 되는 결과를 가져올 수 있다.

그런 경우에 사용할 수 있는 것이 바로 CPU 프로파일링에서의 샘플링(선별 추출) 작업이다. CPU 이외에 메모리 등 다른 프로파일링에서도 사용할 수 있다. 9.4.1절에서 배울 예정이지만, 모든 힙 할당^{allocation} 작업을 일일이 추적하는 것은 엄청난 부하를 유발하고, 프로그램이 할당 작업을 할 때마다 속도를 치명적으로 저하시키기 때문이다.

다행히 샘플링 작업을 이미 많이 진행한 프로파일이라 할지라도 매우 유용하게 활용될 수 있다. 프로파일링은 기본적으로 병목 현상 분석을 위해 사용된다. 이때 병목 현상은 특정 시스템 자원이나 시간을 가장 많이 차지하는 위치라고 정의할 수 있다. 예를 들어 CPU 시간을 잠식하는 이벤트의 100%, 10% 또는 심지어 1%를 캡처하더라도, 통계적으로 가장 많은 CPU를 사용하는 코드가 결국에는 가장 많이 사용된 상위 요인으로 집계될 것이다. 이러한 이유로 고도의 프로파일링 작업 시 어떤 식으로든 샘플링을 수행하는 것이며, Go 개발자는 거의 모든 프로그램에서 안전하게 사전 준비된 프로파일링 작업을 활성화할 수 있다. 샘플링 덕분에 뒤이어 배울 9.5.2절을 수행할 수도 있는데, 이는 실습을 통해 확인해볼 것이다.

NOTE_ 프로파일링 통계 수치가 100% 정확한 것은 아니다.

샘플링으로 수집된 프로파일의 경우 악영향을 미치는 여러 요소 중 일부를 놓치게 될 수도 있다.

Go 언어의 프로파일링 도구들은 집계가 누락될 확률을 계산하고 이를 조정하는 정교한 확장 메커니즘[22]을 가지고 있다. 이는 일반적으로 상당한 정확도를 가진다.

그러나 엄밀히 말하면 이는 근사적인 방법이라고 보아야 한다. 그렇기 때문에 프로파일링 과정에서 자원 사용량이 작은 경우 코드의 일부분을 놓치게 될 수도 있다. 때로는 실제 자원 사용량이 예상치보다 약간 크거나 작을 수 있기 때문이다.

그렇기 때문에 pprof 프로파일링 형식에서 **period** 정보를 반드시 확인해야 하고(9.2.2절 참고), 프로파일링 내부에 샘플링이 적용되었는지 여부를 확인함으로써 올바른 결론에 도달할 수 있어야 한다. 벤치마킹된 사용량 수치가 프로파일의 수치와 정확히 일치하지 않는다고 놀라거나 걱정할 필요는 없다. 그저 period를 1로 설정한(100% 샘플링) 프로파일을 분석하는 경우에만 완전히 정확한 계산 수치로 확신할 수 있다고 생각하면 된다.

지금까지 pprof 표준 형식에 대하여 설명하였다. 이제는 본격적으로 이러한 .pprof 파일을 통해 무엇을 할 수 있는지 살펴볼 차례다. 다행히 이 형식에 대한 이해를 기반으로 프로파일링 데이터를 분석하는 데 도움이 되는 많은 도구가 있다.

9.2.2 go tool pprof 분석 결과

pprof 프로파일을 파싱하고 분석하는 데 사용할 수 있는 많은 도구(및 웹사이트)가 있다. 나아가 명확하게 정의된 스키마 덕분에 스스로 직접 도구를 개발할 수도 있다. 그중에서 가장 많은 사람이 사용하는 방법은 해당 목적을 위해 pprof의 CLI[23]를 구현한 google/pprof 프로젝트일 것이다. 동일한 도구가 Go 프로젝트 전용으로도 제공되며[24], Go CLI를 통해 사용할 수 있다. 예를 들어 [예제 9-3]에 나와 있는 것처럼 go tool pprof -raw fd.pprof 명령어를 사용하면 모든 pprof 관련 필드 정보가 사람이 무리 없이 해석할 수 있는 형식의 리포트 형태로 출력된다.

---

22 「깃허브, golang/go 중 관련 내용」, *https://oreil.ly/DrfIA*

23 「깃허브, google/pprof」, *https://oreil.ly/lGZJG*

24 「Go 문서, pprof」, *https://oreil.ly/pbDk3*

예제 9-3　Go CLI를 사용하여 .pprof 파일을 해석한 원시(raw) 형태의 디버깅 결과물

```
go tool pprof -raw fd.pprof
PeriodType: fd.inuse count
Period: 1                                                          ❶
Time: 2022-07-29 15:18:58.76536008 +0200 CEST
Samples:
fd.inuse/count
       100: 1 2
        10: 1 3 4
         1: 5 4
         1: 6 4
Locations
1: 0x4b237b M=1 main.(*TestApp).open example/main.go:23 s=0
    main.(*TestApp).OpenTenFiles example/main.go:33 s=0
2: 0x4b25cd M=1 main.(*TestApp).Open100FilesConcurrently.func1 (...)
3: 0x4b283a M=1 main.main example/main.go:64 s=0
4: 0x435b51 M=1 runtime.main /go1.18.3/src/runtime/proc.go:250 s=0
5: 0x4b26f2 M=1 main.main example/main.go:60 s=0
6: 0x4b2799 M=1 main.(*TestApp).open example/main.go:23 s=0
    main.(*TestApp).OpenSingleFile example/main.go:28 s=0
    main.main example/main.go:63 s=0
Mappings
1: 0x400000/0x4b3000/0x0 /tmp/go-build3464577057/b001/exe/main [FN]
```

❶ -raw 옵션을 지정했을 때 출력되는 결과물이 현재로서는 프로파일링 추출 당시 샘플링 여부 (period 값)를 확인하기 위한 최선의 방법이다.[25] 이를 head 유틸리티와 함께 사용하면 해당 정보 가 포함된 처음 몇 줄을 볼 수 있다. 예를 들어 go tool pprof -raw fd.pprof | head와 같은 명령 어 형식을 사용하면 된다.

raw 형식의 출력 결과물은 프로파일링 과정에서 수집된 데이터에 대한 몇 가지 기본 정보를 알려준다. 해당 내용 덕분에 [그림 9-1]의 다이어그램 형태를 표현할 수 있었다. 그러나 더욱 방대한 수준의 프로파일링 정보를 분석하기 위한 훨씬 더 좋은 방법이 존재한다. 예를 들어 go tool pprof fd.pprof 명령어를 입력하면, 대화식^{interactive} 모드로 전환되면서 여러 위치의 내용 을 검사할 수 있고 다양한 리포트를 생성할 수도 있다. 하지만 이 책에서는 굳이 대화식 모드를

---

25 「깃허브, google/pprof 중 'pprof 웹 뷰어.sics에서 기간(샘플링) 정보를 추가합니다: Go'」, *https://oreil.ly/juE75*

설명하지는 않을 것이다. 왜냐하면 요즘에는 대화형 모드가 할 수 있는 거의 모든 작업을 수행하면서 훨씬 더 좋은 기능인 웹 뷰어 모드를 사용하면 되기 때문이다.

웹 뷰어 모드를 실행하는 가장 단순한 방법은 Go CLI를 사용하여 자신의 컴퓨터에 로컬 서버를 작동하는 것이다. -http 플래그 옵션을 지정하고 IP 주소 및 포트 번호를 설정한 뒤 응답을 기다린다. 예를 들어 go tool pprof -http :8080 fd.pprof 명령어[26]를 사용하면 웹 브라우저를 통해 웹 뷰어 사이트에 접근할 수 있게 되고,[27] [예제 9-2]에서 추출한 프로파일링 정보들을 확인할 수 있다. 처음 보이는 페이지는 지정된 fd.pprof 프로파일을 기반으로 생성한 유향 그래프directed graph이다([그림 9-4] 참조). 그러나 그래프 내용을 설명하기 전에, 우선 [그림 9-2]에서 웹 인터페이스에서 사용할 수 있는 상단 탐색 메뉴[28]들을 먼저 살펴보도록 하겠다.

그림 9-2 pprof 웹 인터페이스에서 제공하는 상단 탐색 메뉴

상단의 회색 메뉴를 보면, 왼쪽부터 버튼 항목이 나열되어 있고, 검색할 수 있는 입력창이 보인다.[29]

VIEW

VIEW 메뉴를 선택하면, 주어진 프로파일링 데이터에 대한 여러 가지 다른 방식의 결과 화면(리포트)을 볼 수 있다. 여기에서는 총 여섯 가지의 뷰가 제공되는데, 계속해서 하나씩 설명하

---

26 :8080은 0.0.0.0:8080을 줄여서 표현한 것이다. 즉, 시스템의 모든 네트워크 인터페이스 대역에 대하여 수신을 대기한다.

27 이 명령을 실행하여 그래프를 생성하려면 컴퓨터에 graphviz 도구(*https://www.graphviz.org*)가 설치되어 있어야 한다.

28 이 책의 설명은 Go 1.19 버전의 웹 인터페이스를 기준으로 한다. 아직 정확히는 예상할 수 없지만, pprof 도구는 Go의 새로운 버전이 출시될 때 향상되거나 업데이트될 수도 있다.

29 각 메뉴 항목 위로 마우스를 가져가면 3초 후에 짧은 도움말 팝업이 나타난다.

도록 하겠다. 각각은 모두 다른 목적을 가지고 여러 관점에서 프로파일링 데이터를 보여준다. 사용자마다 선호하는 방식이 다를 수 있다. [그림 9-1]의 샘플을 기반으로 재구성할 수 있는 위치 계층 구조(스택 추적)를 통해 생성되는 내용들이다.

SAMPLE

SAMPLE 메뉴는 [그림 9-2]에는 없다. 왜냐하면 샘플값이 오직 한 가지만 존재(fd.inuse 타입에 대한 count 단위)하는 상황이기 때문이다. 하지만 만약 프로파일링하려는 타입의 종류가 많아지면, SAMPLE 메뉴가 표기될 것이며 이를 통해 사용하고자 하는 샘플 타입을 선택할 수 있게 된다(한 번에 하나만 고를 수 있음). 이 기능은 주로 힙 프로파일링 작업 시 사용된다.

REFINE

REFINE 메뉴는 데이터를 정제하여 보고 싶을 때 사용하는 것으로, Graph 뷰(같은 절 Graph 뷰 설명 참고)와 Top 뷰(같은 절 Top 뷰 설명 참고)에서만 작동한다. 둘에서 확인하고 싶은 특정 위치(Top 뷰의 경우 테이블의 행, Graph 뷰의 경우 노드)를 기준으로 필터링을 수행할 수 있다. 확인해야 할 코드 위치가 수백 개 이상 되는 매우 복잡한 경우의 프로파일링 작업에서 특히 유용하다. 이를 사용하려면 Top 테이블에서 하나 이상의 행을 선택하거나 그래프에서 노드를 클릭하여 위치를 지정하면 된다. 그런 다음 REFINE 메뉴를 클릭하여 focus, ignore, hide 또는 show 기능을 선택하면 된다.

focus와 ignore 기능은 선택한 노드 또는 행과 관련한 샘플에 적용함으로써 스택 추적 단계에서 특정 부분만 선별하여 집중하거나 혹은 제외시킬 수 있다. hide와 show 기능은 실제 샘플의 데이터에는 영향을 주지 않고, 오직 해당 행 또는 노드에 대하여 보여주거나 보여주지 않는 등 가시성만 조절해 준다.

똑같은 필터링을 go tool pprof CLI상에서도 -focus와 같은 방식으로 적용할 수 있다.[30] 추가로, REFINE ▶ Reset option 메뉴를 선택하면 모든 필터링을 제거한 원래의 뷰로 되돌려준다. 만약 REFINE 메뉴를 지원하지 않는 뷰를 선택한다면, 오직 Focus 항목만 표시될 것이다.

---

30 「깃허브, google/pprof 중 Options」, *https://oreil.ly/OVQLC*

> **TIP** Focus와 Ignore 기능은 특정 코드 부분이 성능에 미치는 영향을 정확히 파악할 때 굉장히 유용할 수 있다. 반면 Hide와 Show 기능은 그래프를 기반으로 다른 사람에게 설명할 때 혹은 명확한 그림으로써 문서화하고자 할 때 유용하다.
>
> 그러나 여러분의 코드와 프로파일링 결과 사이에서 의심스러운 상관관계를 파악하려는 목적으로는 이 옵션을 사용하지 말 것을 당부한다. 오히려 더 혼동하기 쉽기 때문이다. 여기에서는 그저 프로파일링에 대한 지식을 배우는 첫걸음으로써 사용 방법을 익히려는 차원에서 다루는 것이다.

CONFIG

REFINE 메뉴에서 설정하여 조절된 내용들은 URL상에서 임시 저장되어 표현된다. 하지만 이 설정값을 별도로 이름을 지정하여 환경 설정[configuration]으로 저장할 수도 있다(Graph 뷰의 zoom 옵션 등). 상단 메뉴에서 CONFIG를 선택하고 다른 이름으로 저장하기(Save As …)를 선택하면 된다. 그러면 향후 해당 환경 설정을 선택하면 바로 적용 가능하다. 기본 설정된 `Default` 값은 REFINE ▶ Reset을 선택했을 때 초기화되는 설정과 같다. 이러한 환경 설정 내용들은 ⟨os.UserConfigDir⟩/pprof/settings.json 위치에 저장된다.[31] 필자의 실습 환경인 리눅스 컴퓨터에서는 ~/.config/pprof/settings.json의 경로에 해당한다. 이 CONFIG 옵션 역시 오직 Top 및 Graph 뷰인 상태에서만 작동한다. 지원되지 않는 다른 뷰의 경우 기본 값으로 자동 설정된다.

DOWNLOAD

다운로드 메뉴는 `go tool pprof`를 통해 분석한 해당 프로파일을 다운로드할 때 사용한다. 만약 원격지 서버에서 분석을 수행하고 웹 뷰어로 접근한 상황인 경우, 해당 파일을 로컬에 다운로드하고자 할 때 유용하게 쓸 수 있다.

정규 표현식 검색

샘플 내용에서 필요한 내용을 검색하려면 RE2 규격에 맞춘 정규 표현식[Regular Expression] 문법을 사용하면 된다.[32] 이를 통해 특정 위치의 함수 이름, 파일 이름, 객체 이름 등을 확인할 수 있

---

31 *https://oreil.ly/nWfnq*
32 *https://oreil.ly/c0vAq*

다. 검색된 내용은 REFINE 메뉴의 Focus 옵션으로 설정된다. Top이나 Graph와 같은 뷰, os.ReadFile, 인터페이스 등 역시 정규 표현식 검색$^{Search\ regexp}$을 통해 발견된 내용을 강조하여 보여준다.

바이너리 이름 및 샘플 타입

화면의 가장 우측 상단에는 분석한 바이너리의 이름 및 샘플값 타입이 표기되어 있는 링크가 존재한다. 이를 클릭하면 작은 팝업 메뉴가 나오며 분석 중인 프로파일, 뷰, 옵션에 대한 통계 정보를 간단히 볼 수 있다. 예를 들어 [그림 9-2]의 우측은 일부 REFINE 옵션을 적용한 상태로 링크를 클릭했을 때의 내용을 보여준다.

pprof 도구에서 사용할 수 있는 다양한 뷰를 본격적으로 살펴보기 전에, 먼저 중요한 개념인 Flat과 Cumulative(축약하여 Cum) 값에 대하여 알아보자. 이는 특정 위치에 대한 세부적인 단위를 나타내기 위함이다.

NOTE_ 모든 pprof의 뷰 기능은 하나 혹은 그 이상의 코드 위치에 대하여 Flat 또는 Cumulative 값을 표시해 준다.

- Flat은 특정 노드가 시스템 자원 또는 시간을 점유한 것에 대한 직접적인 책임의 정도만을 나타낸다.
- Cumulative는 직간접적인 모든 점유량의 총계를 나타낸다. 여기서 간접이란 해당 코드가 시스템 자원을 직접적으로 생성하지 않은(또는 사용하지 않은) 경우이지만, 하나 혹은 그 이상의 함수 호출 과정에서 영향을 미친 것을 모두 포함한 것이다.

Flat과 Cum 용어의 정의를 가장 자세하게 이해할 수 있는 방법은 코드로 된 예제를 확인해보는 것이다. [예제 9-4]의 코드는 앞서 [예제 9-2] 내용 중 main() 함수의 일부분을 발췌한 것이다.

예제 9-4 　예제 9-2에서 Flat과 Cumulative 값을 설명하기 위한 코드 일부분

```
func main() {                                                    ❶
    // ...

    f, _ := fd.Open("/dev/null") // TODO: Check error.           ❷
    a.files = append(a.files, f)                                 ❸
```

```
        a.OpenSingleFile("/dev/null")
        a.OpenTenFiles("/dev/null")                                          ❹

        // ...
    }
```

---

❶ 프로파일링은 특정 샘플의 호출 시퀀스를 표현하는 스택트레이스에만 강하게 결합되어 있다. 이 예제 에서는 파일을 여는 동작이 샘플링 대상이 될 것이다. 하지만 조금 더 자세한 내용을 확인하기 위하여 main() 함수에서 발생하는 모든 행위에 대한 샘플을 집계할 수도 있다. 이 경우 main() 함수에서 파일을 여는 동작에 대한 Flat 값은 1이 되는 것이고, Cum 값은 총 12가 된다. 왜냐하면 코드상에서 직접적으로 파일 열기와 관련된 부분은 오직 한 곳뿐이며(fd.Open)[33], 나머지는 (파생된) 함수들의 연결된 동작으로써 사용된 것이다.[34]

❷ fd.pprof 프로파일 결과에서 이 코드 부분은 Flat 값이 1이고, Cum 값도 1로 나타난다. 즉, 파일 하나를 여는 동작에 직접적으로 관여가 되지만, 더 이상 파일 디스크립터를 간접적으로도 사용하지 않기 때문이다.

❸ append는 샘플 결과에 어떠한 기여도 하지 않는다. 따라서 이 코드 라인에 대해서는 어떠한 샘플 결과에도 포함되지 않는다.

❹ a.OpenSingleFile 메서드가 실행되는 코드 라인은 Flat 값이 0, Cum 값이 1이 된다. 마찬가지로, a.OpenTenFiles 메서드는 Flat 값이 0이고 Cum 값이 10이 된다. 두 메서드 모두 CPU가 이 프로그램 라인을 건드리는 순간에는 (아직) 직접적으로 어떤 파일도 생성하지 않은 상태다.

필자는 Flat과 Cum이라는 용어가 오히려 혼동을 유발한다고 느낀다. 그래서 향후 이 책에서는 표현할 때 직접적[direct]인지 혹은 누적된[cumulative] 것인지로 나타내도록 하겠다. 두 숫자 모두 시스템 자원 사용량(또는 점유 시간)에 영향을 미치는 코드 부분을 비교할 때 유용하다. 누적 수치는 어떤 과정이 더 비용이 많이 드는지 파악하는 데 도움이 되는 반면, 직접적인 수치는 잠재적인 병목 현상의 원인을 찾아준다.

이제 [예제 9-2]에서 얻은 fd.pprof 파일을 분석하기 위해 다양한 뷰 기능을 사용하는 실습을 해보자.

---

33 프로파일링 관점에서, 직접적인(Flat) 기여는 계측 방법이 어떻게 구현됐는지에 따라 다르게 결정될 수 있다. [예제 9-1]의 경우 fd.Open 함수는 파일 디스크립터를 개방하는 순간을 기준으로 확인하고 있다. 만약 다른 프로파일링 구현에서는 다른 사용 순간을 기준으로 삼을 수도 있다(⑩ 메모리 할당, CPU 점유 시간, 동기화 해제를 위한 대기 시간 등).

34 옮긴이 주_파생된 함수들의 연결된 동작으로써 사용된 횟수는 OpenSingleFile 1개 + OpenTenFiles 10개를 합한 11개다.

Top 뷰

VIEW 목록 중 가장 첫 번째 항목으로 위치한 것은 Top이다. Top은 각 함수의 그룹별 코드 위치를 하나의 통계 정보로 하여 표 형식으로 보여준다. [그림 9-3]은 fd.pprof 파일에 대한 Top 뷰를 나타낸다.

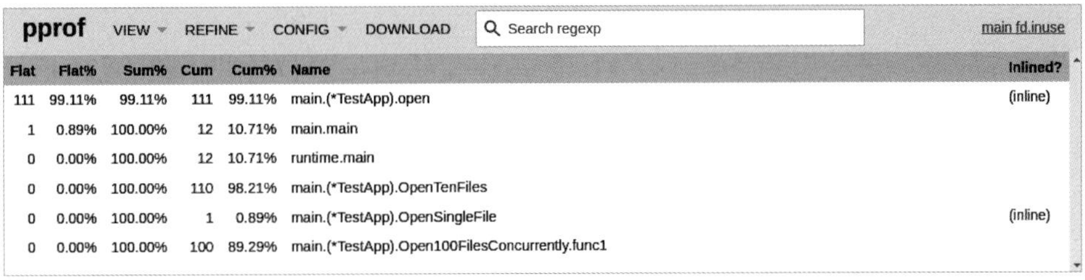

Flat	Flat%	Sum%	Cum	Cum%	Name	Inlined?
111	99.11%	99.11%	111	99.11%	main.(*TestApp).open	(inline)
1	0.89%	100.00%	12	10.71%	main.main	
0	0.00%	100.00%	12	10.71%	runtime.main	
0	0.00%	100.00%	110	98.21%	main.(*TestApp).OpenTenFiles	
0	0.00%	100.00%	1	0.89%	main.(*TestApp).OpenSingleFile	(inline)
0	0.00%	100.00%	100	89.29%	main.(*TestApp).Open100FilesConcurrently.func1	

그림 9-3 직접 사용된 횟수 기준으로 정렬된 Top 뷰 화면

각 행은 개별 함수들이 파일 열기 동작을 사용할 때 성능에 영향을 미치는 직접적인 횟수와 누적된 횟수를 나타내며, 이는 앞서 [예제 9-4]에서 배운 것처럼 해당 함수 내에서 하나 혹은 그 이상의 코드가 사용한 자원량을 집계한 것이다. 여기에서는 '함수^{function}'를 세분화 단위^{granularity}로 지정한 것인데, URL에서 설정하거나 CLI 옵션으로도 지정할 수 있다.

세분화 단위 설정하기

Top, Graph 및 Flame Graph와 같은 특정 뷰를 선택하는 경우 분석하려는 코드 위치를 구분할 때 파일 단위 혹은 함수 단위 등으로 묶어서 확인하거나, 아무런 그룹 지정 없이(코드 라인 기준 또는 주소 기준) 설정할 수도 있다. 이는 곧 테이블의 행이라든지 그래프에서의 노드가 하나의 단일 함수 또는 파일 내 모든 코드 라인에서 미친 영향을 분류해서 볼 수 있음을 뜻한다.

세분화 단위를 설정하려면 **go tool pprof** 명령어에서 다음과 같이 옵션을 지정하면 된다. 함수의 경우 **-functions**(기본 설정), 파일 단위로는 **-files**, 라인 단위로는 **-lines**, 주소 단위로는 **-address**다. 이와 유사하게, 만약 URL 주소에서 설정하고 싶다면 매개변수에 **?g=<granularity>**와 같은 형식으로 지정하면 된다.

일반적으로 단위를 함수로 설정하게 되면 분석이 난해해질 수 있으며, 특히 샘플링 비율이 낮은 경우 더욱 어려워진다(**예** CPU 프로파일링 시). 하지만 단위를 코드 라인으로 설정하는 경우 상당히 효과적으로 분석할 수 있으며 어떤 코드 라인이 시스템 자원을 많이 점유하는지 수월하게 찾을 수 있다. 이를 통해 프로파일링을 진행하면서 계속 찾아갈 수 있다. 만약 대상 함수가 직접적으로 기여하는 횟수가 0만 아니라면, 함수 내에서 정확히 어떤 부분이 병목 현상의 원인인지를 더욱 찾아내고 싶어질 것이다.

[그림 9-3]에서 열을 나타내는 항목을 계속해서 살펴보자. 앞서 Flat과 Cum이 뜻하는 바에 대해서는 이미 정의를 소개한 바 있다. 나머지 행들을 포함하여 어떤 의미인지 살펴보겠다.

Flat%

프로그램의 전체 사용량 대비 해당 행의 사용량을 백분율로 나타낸 것이다. 이 경우 개방된 파일 디스크립터의 99.11%가 open 메서드에 의해 직접 생성되었다(112개 중 111개).

Sum%

세 번째 열은 최상위부터 현재까지 직접 사용된 횟수의 합을 백분율로 나타낸다. 예를 들어 가장 상위 두 개의 행이 전체 112개 파일 디스크립터를 직접 사용한 것이다. 이 통계 수치를 참고하면 병목 현상 분석에서 가장 영향을 미치는 함수 부분을 찾아가는 포위망을 점차 좁힐 수 있다.

Cum%

총사용량에 대한 해당 행의 누적 사용량을 백분율로 나타낸 것이다.

> **CAUTION   고루틴이 포함된 경우 주의할 것**
>
> 누적된 횟수를 계산한 값은 간혹 고루틴으로 인해 혼동을 일으킬 수 있다. 예를 들어 [그림 9-3]은 `runtime.main`이 총 12개 파일^{Cum}을 개방한 것으로 보고하고 있다. 하지만 실제로는 [예제 9-2]의 코드를 보면 마지막에 `Open100FilesConcurrently` 메서드도 실행을 하며, 내부적으로 `Open100FilesConcurrently.func1`(익명 함수)이라는 새로운 고루틴을 실행하고 있다. 만약 이 정보를 Graph 뷰에서 확인한다면 `runtime.main`과 `Open100FilesConcurrently.func1`이 서로 연결되어 있으며, `runtime.main`의 누적된 값은 112로 계산될 것으로 예상된다.
>
> 이처럼 차이가 발생하는 문제는 Go 언어에서는 항상 각 고루틴이 스택 추적 상황에서 별도로 분리되어 처리되기 때문이다. 그러므로 고루틴들 사이에서는 하나의 고루틴이 다른 고루틴을 생성하는 경우에도 서로 아무런 관련이 없는 것으로 간주한다. 고루틴 프로파일링에 대한 더 자세한 설명은 9.4.2절에서 다룰 것이며, 이를 통해 더욱 명확히 이해하길 바란다. 우선 여기에서는 병목 현상 분석에 있어서 고루틴의 특성을 숙지하고 넘어가자.

Name and Inlined

해당 코드 위치가 포함된 함수의 이름 및 컴파일 과정에서 인라인으로 설정되었는지 여부를 나타낸다. [예제 9-2]에서 open 및 OpenSingleFile 함수들은 충분히 단순하기 때문에 컴파일러가 각 부모 함수들에 인라인으로 배치하기 적절했다. 이 상황을 자세히 들여다보고 싶다면 (인라인 적용된) 바이너리를 대상으로 pprof 명령어에서 -noinlines 옵션을 지정하거나, URL 매개변수를 ?noinlines=t로 설정하면 확인할 수 있다. 소스 코드에서 발생하는 일을 더 쉽게 확인하고 싶다면 인라인이 적용되기 전에 상황을 확인하는 것을 더욱 권장한다.

Top 뷰에서 표의 행은 직접 값을 기준으로 정렬되어 있지만, 이를 -cum 옵션을 통해 누적값을 기준으로 정렬을 바꿀 수도 있다. 또한 표의 상단의 헤더 부분을 마우스로 클릭함으로써 각 뷰별로 다른 정렬 방식으로 바꿀 수 있다.

Top 뷰는 시스템 자원이나 점유 시간에 직접적으로 혹은 누적 영향을 미치는 함수(또는 세분화 단위에 따라 파일이나 코드 라인 등)를 프로파일링을 통해서 가장 쉽고 빠르게 찾을 수 있는 방법일 것이다. 하지만 Top 뷰의 단점은 표의 각 행들 사이의 연결 관계를 정확히 보여주지 않는다는 점이다. 이 관계를 안다면 각 자원 사용이 코드 흐름 사이에서 어떻게 발생했는지를 (전체 스택 추적을 통해) 알 수 있다. 그렇다면 이러한 목적을 쉽게 해주는 Graph 형식의 뷰를 계속해서 살펴보자.

Graph 뷰

pprof 도구의 웹 인터페이스 화면을 사용할 때 가장 먼저 Graph 뷰를 확인하게 될 것이다. 여기에는 실제로 합리적인 이유가 있다. 인간은 텍스트로 된 리포트를 읽고 머릿속에서 해석하는 것보다 그림으로 시각화된 사물을 볼 때 더욱 쉽게 이해할 수 있다고 한다.[35] 특히 익숙하지 않은 코드를 토대로 프로파일링을 하는 분석가의 입장에서는 가장 편리한 형식이다.

Graph 뷰를 렌더링하기 위하여, pprof 도구는 주어진 프로파일 결과를 기반으로 유향 비순환 그래프DAG, directed acyclic graph의 그림을 생성[36]하며, 이때 DOT 문법을 사용[37]한다. 이때 사용하는 명령어는 go tool pprof에서 -dot 옵션을 지정하는 방식이며, 다른 렌더링 도구를 사용하거

---

35 「인간은 시각적 데이터를 (다른 데이터보다) 더 잘 처리한다」, *https://oreil.ly/VElUH*

36 「위키피디아, Directed acyclic graph」, *https://oreil.ly/hzglQ*

37 「위키피디아, DOT(graph description language)」, *https://oreil.ly/HiRV9*

나 다른 출력 형식으로 지정하고 싶을 때는 -svg, -png, -jpg, -gif, -pdf와 같이 설정하면 된다. 뿐만 아니라, .svg 형식으로 임시 그래픽 파일을 생성한 후 웹 브라우저로 조회할 수 있도록 하는 -http 옵션도 있다. 웹 브라우저를 사용하여 .svg 파일을 시각화해서 볼 수 있고, 특히 Graph 뷰에서처럼 상호 조작이 가능한 REFINE 옵션을 사용할 수 있다. 앞서 설명한 확대zoom in, 축소zoom out, 이동(그래프 내 특정 부분 확인) 등이 가능하다. [그림 9-4]는 fd.pprof 파일에 대한 Graph 뷰 결과를 나타낸다.

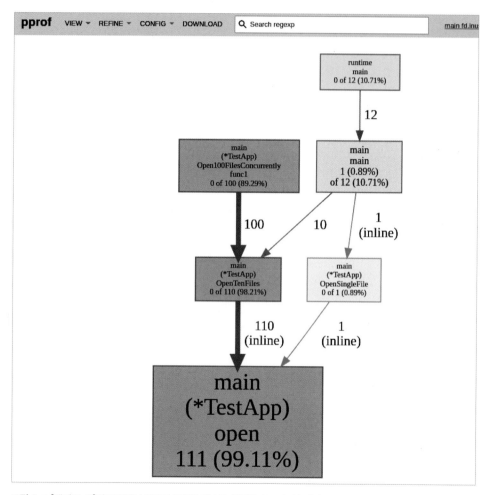

그림 9-4 [예제 9-2]의 코드에서 세분화 단위를 함수로 설정한 Graph 뷰 예시

필자가 Graph 뷰를 가장 선호하는 이유는 주어진 프로그램에서 시스템 자원 또는 시간 점유

율에 대하여 각각의 (계층 구조) 관계를 명확하게 보여주기 때문이다. 아쉽게도 각 노드를 움직여보는 동작은 제공되지 않는다. 단지 REFINE 옵션을 사용하여 노드들을 숨김^{hide} 또는 표시^{show}할 수 있다. 특정 노드 위에 마우스를 올리면 전체 패키지 이름 또는 해당 코드 라인을 표시해 준다.

무엇보다 좋은 점은, 그래프 내 모든 요소가 모두 나름의 의미를 내포[38]하고 있다는 것이다. 이를 통해 가장 성능에 영향을 많이 미치는 부분을 찾는 데 도움이 된다. 그렇다면 Graph 뷰가 가지는 속성 항목들^{attributes}을 살펴보자.

노드

각 노드^{node}는 현재 열려 있는 파일에 대한 해당 함수의 사용량 측정치를 나타낸다. 측정 단위를 함수로 설정했기 때문에 각 노드 안에 처음 기재된 글자가 Go 패키지 및 함수(또는 메서드) 이름인 것이다. 만약 다른 단위로써 코드 라인 또는 파일로 설정한다면 그에 알맞은 표기가 되어 있을 것이다. 노드에 두 번째로 적혀 있는 내용은 직접 또는 간접 사용 횟수다. 만약 해당 값이 0이 아니라면, 전체 사용 횟수 대비 백분율을 함께 볼 수 있다. 예를 들어 [그림 9-4]에서 main.main() 노드(우측)에 표시된 숫자는 앞서 [예제 9-4]에서 확인한 것과 일치한다. pprof를 사용했을 때 직접 사용이 1회, 누적 사용이 12회였다는 사실을 다시금 생각해보자. Graph에 표시된 색깔과 크기는 아래와 같은 의미를 담고 있다.

- 노드의 크기는 직접 사용된 빈도를 뜻한다. 만약 노드가 크게 표현되어 있다면, 시스템 자원이나 사용 시간이 직접적으로 많이 유발된 것이다.
- 노드의 테두리 및 채워진 색상은 사용된 누적 빈도를 뜻한다. 일반적으로 사용되는 색깔은 금색^{gold}이다. 하지만 누적 숫자가 커질수록 노드는 점점 빨갛게^{red} 표현된다. 만약 누적값이 0에 가깝다면, 해당 노드는 회색^{gray} 색상을 띤다.

엣지

각 엣지^{edge}는 함수(또는 파일이나 코드 라인) 사이의 호출 경로를 나타낸다. 이때 호출이 반드시 직접적인 호출일 필요는 없다. 예를 들어 REFINE 옵션을 사용하면 둘 사이에서 호출된 여러 중간 노드를 숨길 수 있고, 이를 통해 간접 링크를 엣지로 표시하도록 할 수 있다. 엣지에

---

[38] 「깃허브, google/pprof 중 Interpreting the Callgraph」, *https://oreil.ly/GQbNn*

표기된 값은 해당 코드 경로의 누적 빈도를 나타낸다. 숫자 옆에 표기된 inline이라는 단어는 엣지가 가리키는 호출이 인라인 방식으로 호출되었음을 뜻한다. 그밖에 다른 중요한 특성은 다음과 같다.

- 엣지의 가중치^{weight}는 해당 경로에서 합산된 사용 빈도를 뜻한다. 숫자가 클수록 더욱 두껍게 표현되며, 이는 더 많은 시스템 자원을 사용한다는 의미다.

- 색상에 대한 표현은 위에서 설명한 노드와 동일하다. 일반적으로는 금색으로 표현된다. 양의 정수로 값이 커질수록 점점 빨간색으로 변한다. 만약 0에 가까운 경우라면 회색으로 표현된다.

- 점선^{dashed edge}으로 표현된 경우라면, 연결된 일부 경로가 삭제되었음을 뜻한다. 예를 들면 노드 제한 등에서 발생한다.[39]

> **CAUTION 일부 노드는 숨겨져 있을 수 있다!**
>
> Graph 뷰에서 프로파일링을 수행한 결과 시스템 자원에 대한 모든 사용량이 표시되지 않는 것 같다고 해서 당황할 필요는 없다. 앞에서 언급했듯이 대부분의 프로파일링 작업에서는 샘플링이 적용된다. 이때 통계적으로 빈도가 낮은 요소들은 프로파일링 결과에서 제외되어 보이지 않는 것일 수도 있다.
>
> 또 다른 이유는 pprof 뷰어에서 출력할 수 있는 노드의 숫자가 제한되어 있기 때문이다. 다시 말해 가독성을 위하여 기본적으로 80개 이상의 노드는 보여주지 않는다.[40] 이 제한을 변경하기 위해서는 -nodecount 옵션을 사용하면 된다.
>
> 마지막으로, -edgefraction와 -nodefraction 옵션을 사용하면 각각 노드와 엣지에 대하여 전체 사용 대비 직접적인 사용 빈도가 지정한 값보다 낮은 경우 이들을 숨김 처리한다. 기본적으로 노드의 경우 0.005(0.5%)로, 엣지의 경우 0.001(0.1%)로 설정되어 있다.[41]

그럼 이제 이론적인 것을 넘어서, pprof의 Graph 뷰를 통해 실질적으로 얻을 수 있는 정보는 무엇인지 알아보자. Graph 뷰는 효율성^{efficiency} 있는 병목 현상 분석을 배울 수 있는 완벽한 방법이며, 현상의 원인을 찾아내기에도 적합하다. [그림 9-4]를 보면 가장 큰 누적 사용량이 Open100FilesConcurrently에서 발생했다는 것을 즉시 알 수 있다. 그리고 이는 runtime/main 함수에서 발생하지 않았기 때문에, 새로운 고루틴으로 볼 수 있다. 따라서 먼저 해당 경로 부

---

39 REFINE 옵션을 통해 숨김(hidden) 처리한다면, 엣지는 굵은(solid) 선으로 표시된다.
40 「깃허브, google/pprof 중 관련 내용」, *https://oreil.ly/Wcwsu*
41 「깃허브, google/pprof 중 관련 내용」, *https://oreil.ly/oVfrt*

분을 먼저 최적화하는 것이 좋아 보인다. 가장 많은 파일을 개방한 것은 OpenTenFiles 함수와 open 함수다. 이를 통해 결국 해당 부분이 시스템 자원의 효율성에 영향을 미치는 결정적인 곳 임을 알 수 있다. open 함수가 호출될 때마다 추가로 파일을 생성하는 기능을 포함하게 되는 경 우, Go 프로그램이 파일 디스크립터를 사용하는 횟수가 급격하게 증가하기 때문이다.

이처럼 Graph 뷰는 응용 프로그램의 다양한 기능들이 프로그램의 리소스 사용에 어떤 영향을 미치는지 이해할 수 있는 훌륭한 방법이다. 본인이 소속된 개발 조직에서 직접 만든 것이 아닌, 종속성이 큰 복잡한 프로그램의 경우 특히 해당 분석이 중요하다. 의존성 문제를 내포한 라이 브러리의 올바른 사용 방법을 잘못 이해하기 쉽기 때문이다. 불행하게도 정확히 파악하지 못했 거나 이해하지 못한 수많은 함수 및 코드 라인이 포함되어 있을 가능성이 있다는 뜻이기도 하 다. 이를 최적화하는 방법과 결과에 관해서는 [그림 9-5]를 보자. 참고로 이는 10.4절에서 살 펴볼 내용과 같다.

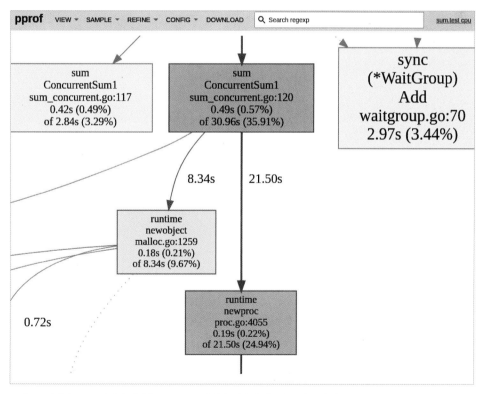

그림 9-5 [예제 10-10]에서 가져온 CPU 프로파일링 결과의 세분화 단위를 라인으로 설정하여 Graph 뷰로 표현한 예시 일부분

또한 이 결과는 분석의 단위를 무엇으로 설정할지 바꿔보면서 확인하는 것이 중요하다는 것을 보여주기도 한다. URL에서 ?g=lines 매개변수 부분을 변경하는 방식으로 쉽게 적용할 수 있다. 이는 매번 go tool pprof에서 -lines 옵션을 지정하는 것보다 더 수월한 방식일 것이다.

> **미지의 상황을 두려워하지 말자!**
>
> Go 프로그램의 프로파일 결과를 그래프로 확인하는 과정을 처음 접한다면, 조금은 불안하고 두려울 것이다. 예를 들어 동작하는 다양한 함수가 생소하게 느껴질 수도 있다. 하지만 그들이 정확히 무슨 동작을 하는지를 반드시 알아야 할 필요는 없다. 만약 꼭 필요한 경우라면 언제든지 관련된 정보를 찾아보면 된다.
>
> 중요한 새로운 함수나 코드 라인을 발견할 수도 있다는 자신감을 가지면 좋다. [그림 9–5]에서 runtime. newproc 함수는 CPU 점유 시간의 가장 큰 병목 현상을 유발하는 요인 중 하나로 식별된다. 직관적으로 해당 부분에서 새로운 고루틴(일종의 새로운 프로세스)을 생성하는 어떤 동작이 수행되고 있다는 사실을 비교적 쉽게 확인하게 된다.
>
> - runtime.newproc에 대하여 구글 검색을 통해 깃허브에서 확인하거나 Peek, Source, Disassemble 뷰를 통해 확인한다면 newproc[42]가 정확히 어떤 행동을 하는지 알 수 있다. 더불어 주석이나 코드를 읽고 이 함수가 무엇을 담당하는지 파악할 수도 있다(다만 늘 쉽지만은 않다).
>
> - 분석 단위를 코드 라인으로 설정한 상태에서 Top 뷰 또는 Graph 뷰를 통해 확인한다면 정확히 성능에 영향을 미치는 부분을 파악할 수 있다. [그림 9–5]를 보면 120번째 코드 라인에서 고루틴이 생성[43]되고 있음을 알 수 있다.

지금까지 Graph 뷰를 살펴보았는데, 최신 pprof 도구에서는 Flame Graph 뷰가 추가되었으며 Go 언어 사용자 커뮤니티에서 많은 호평을 받고 있다. 이와 관련해서도 자세히 살펴보도록 하자.

Flame Graph 뷰

pprof의 Flame Graph(Icicle Graph라고도 함) 뷰는 CPU 프로파일링에 초점을 맞춘 브렌든 그레그의 개발 작업[44]에서 영감을 받았다.

---

42 「깃허브, golang/go 중 관련 내용」, *https://oreil.ly/3tgSz*
43 「깃허브, efficientgo/examples」, *https://oreil.ly/YlASl*
44 「깃허브, brendangregg/FlameGraph」, *https://oreil.ly/sKFbH*

Flame Graph는 일련의 스택 추적(일명 호출 스택) 내용들을 시각화해 주는 것으로, 인접된 다이어그램을 마치 고드름[icicle]이 거꾸로 달려 있는 것처럼 묘사하는 방식이다. Flame Graph는 보통 CPU 사용량을 프로파일링할 때 사용하며, 샘플링을 통해 수집된 스택 추적 내용들을 이용하여 결과를 확인할 수 있다.

- 브렌든 그레그, 「The Flame Graphs」[45]

[그림 9-6]은 예제의 fd.pprof를 Flame Graph를 사용하여 분석한 결과 리포트다.

> NOTE_ 일반적으로 Flame Graph에서 각 요소의 색상이나 순서는 크게 중요하지 않다.
> Flame Graph를 렌더링하는 도구에 따라 다를 수 있지만, 특히 pprof 도구의 경우, 색상과 순서가 모두 별다른 의미를 갖지 않는다. 일반적으로 코드 위치의 명칭 또는 레이블값을 기준으로 단순히 정렬됐을 뿐이다.

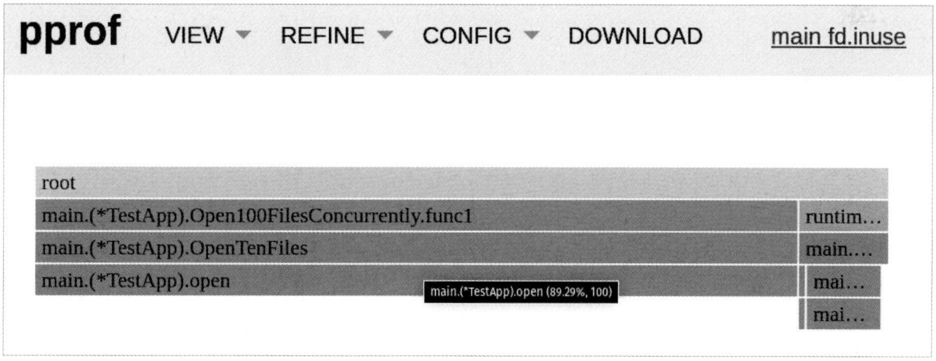

그림 9-6 [예제 9-2]의 코드의 분석 결과 세분화 단위를 함수로 설정하여 Flame Graph로 표현한 예

pprof는 각각의 중요한 코드 흐름이 별도의 고드름 막대를 형성하는 방식으로 기존 Flame Graph를 거꾸로 표현해 준다. 여기서 중요한 주요 속성은 Graph 뷰의 노드를 나타내는 것으로, 직사각형 요소의 길이에 해당하며, 이 예제의 경우 함수라고 볼 수 있다. 사각형의 길이가 길수록 담당하는 성능에 영향을 많이 미친다는 것이다. 개별 요소들 위에 마우스를 대면 절댓값 및 누적 사용 값의 백분율을 볼 수 있다. 각 요소를 클릭하면 해당 코드 경로에 대한 뷰를 확대하여 보여준다.

---

45 「The Flame Graphs」, *https://oreil.ly/RAsrK*

Graph 뷰의 엣지 역할은, 현재 요소 위에 있는 항목을 살펴봄으로써 호출 계층 구조 확인이 가능하다는 것이다. 그래프의 높이에는 크게 집중할 필요가 없다. 호출 스택이 얼마나 복잡한지(깊은지) 보여줄 뿐이기 때문이다. 다만 여기서 중요한 것은 길이다.

Flame Graph는 더 함축적이기 때문에 고급 엔지니어들이 선호하는 경향이 있다. 시스템의 가장 큰 병목 현상에 대한 실용적인 통찰력을 제공하기 때문이다. 특히 각 코드 경로가 영향을 미치는 모든 시스템 자원의 사용 백분율을 즉시 보여주기도 한다. [그림 9-6]에서 Open100FilesConcurrently.func1이 리소스의 약 90%를 사용하는 열린 파일의 주요 병목 지점임을 별다른 추가 작업 없이 한눈에 빠르게 알 수 있다. 또한 Flame Graph는 병목 현상을 유발하는 주요 원인을 찾아주는 데 탁월하다. 때로는 작은 영향을 미치는 것들이 모여서 결국 큰 문제를 일으킬 수 있다. 이러한 경우라도 Flame Graph는 즉시 상황을 파악할 수 있도록 도와준다. [그림 9-4]와 유사하게, 대부분의 노드를 삭제할 수도 있다. 이 경우 우측 상단에 표시된 바이너리의 이름 부분을 클릭하면 제거된 노드의 숫자를 확인할 수 있다.

지금까지 살펴본 세 가지 뷰^{Top, Graph, Flame Graph}의 목표는 결국 프로그램 효율성 측면에서 가장 큰 병목 지점을 찾는 일이다. 이때 샘플링, 더욱 자세한 분석을 위한 단위 설정, 가장 큰 병목 현상에 집중하여 시간을 투자해야 한다는 사실을 반드시 기억하기를 바란다. 마지막으로 나머지 Peek, Source 및 Disassemble 뷰에 관해 간단히 요약해보겠다.

Peek, Source 및 Disassemble 뷰

Peek, Source 및 Disassemble 뷰는 분석 단위 설정의 영향을 받지 않는다. 이 뷰들은 모두 분석 대상의 코드 라인 또는 메모리상의 주소 기반으로 결과를 나타낸다. 이 방식은 보통 개발자가 선호하는 IDE 내부에서 코드 최적화를 고려하여 소스 코드를 처리하고자 하는 경우에 유용하다.

먼저 Peek 뷰는 Top 뷰와 유사한 형태의 표 형식으로 보여준다. 유일한 차이점은 각 코드 라인에 대해 직접 호출 관계를 모두 표시하고, 호출 시 사용량의 분포를 계산하여 % 열로 나타내준다는 것이다. 의심되는 함수 호출이 매우 많은 경우 그중에서 가장 문제를 유발하는 코드를 찾기 위해 범위를 좁혀갈 때 Peek 뷰가 도움이 된다.

Source 뷰는 필자가 가장 선호하는 방식 중 하나다. 프로그램 전체 소스 코드 내용 중에서 정확한 코드 라인을 찾아주기 때문이다. 또한 전후 몇 줄을 참고할 수 있도록 함께 보여준다. 하지만 출력값에서 순서 관계를 찾아주지는 않는다. 따라서 앞서 배운 다른 뷰들을 토대로 원하는 각 함수 또는 코드 라인을 추가로 분석하고, 필요하다면 검색[search] 기능을 통해 집중적으로 찾아봐야 할 수도 있다. 예를 들어 Open100 FilesConcurrently 함수의 직접 사용 및 누적 사용량을 확인하고 싶은데, 이를 코드에서 각 코드 라인에 알맞게 연관 짓고 싶다면, [그림 9-7]과 같이 활용할 수 있다.

```
pprof    VIEW ▾   REFINE ▾   CONFIG ▾   DOWNLOAD      Q Open100.*                    main fd.inuse

main.(*TestApp).Open100FilesConcurrently.func1
/home/bwplotka/Repos/examples/pkg/profile/fd/example/main.go

   Total:           0           100 (flat, cum) 89.29%
       37           .             .                func (a *TestApp) Open100FilesConcurrently(name string) {
       38           .             .                    wg := sync.WaitGroup{}
       39           .             .                    wg.Add(10)
       40           .             .                    for i := 0; i < 10; i++ {
       41           .             .                        go func() {
       42           .           100                            a.OpenTenFiles(name)
       43           .             .                            wg.Done()
       44           .             .                        }()
       45           .             .                    }
       46           .             .                    wg.Wait()
       47           .             .                }
```

그림 9-7 [예제 9-2]의 코드에서 Open100FilesConcurrently 함수에 집중하여 Source 뷰로 조회한 사례

Source 뷰의 특장점은 소스 코드의 각 표현식에 직접적으로 개방된 파일 디스크립터, 할당 지점, CPU 사용 시간 등을 연관 지을 수 있다는 점이다. 그러면 [그림 9-4]에서 보다시피 단순히 코드 라인을 박스 형태로 보는 것보다 더욱 쉽게 이해하고 판단할 수 있다. 표준 라이브러리 코드 또는 바이너리 형태(이어서 Disassemble 뷰에서 언급할 것이다)로 제공되는 경우에는 함수를 클릭하여 어셈블리 코드를 표시할 수도 있다.

Source 뷰는 프로파일링하는 코드에 관해 7.1절에서 학습한 복잡도 분석을 수행하려고 시도할 때도 굉장히 유용하다. 시스템 자원을 사용하는 코드 부분과 그 이유를 완전히 파악할 수 없는 경우 Source 뷰를 적극 사용하는 것을 추천한다.

마지막으로 Disassemble 뷰는 고급 프로파일링 분석 작업에서 유용하다. 이는 Source 뷰와 유사하지만, 어셈블리 언어 수준에서 제공한다는 점이 다르다(4.2절 참고). 문제를 유발할 수 있는 코드와 관련하여 컴파일과 관련된 세부 사항을 확인할 수도 있다. 다만 Disassemble 뷰를 사용하려면 해당 프로파일을 수집한 프로그램 바이너리를 생성한 원래의 동일한 소스

코드가 필요하다. 예를 들어 본 예제에서 fd.inuse 파일을 사용하였는데, 그렇다면 정적으로 빌드된 바이너리 파일의 경로를 go tool pprof -http :8080 pkg/profile/fd/example/main fd.pprof와 같이 지정해주어야만 한다.[46]

> **CAUTION** 현재는 분석하는 프로파일에 대해 올바른 프로그램 바이너리가 제공된 것이 맞는지를 검증하는 메커니즘이 존재하지 않는다. 따라서 우연히 맞는 결과가 나올 수도 있고, 어쩌면 완전히 틀린 내용을 보여줄 수도 있다. 이때 에러가 난 결과물을 가지고 결정하는 것은 바람직하지 않기 때문에 반드시 올바른 바이너리를 제공했는지 반드시 직접 확인하자.

pprof 도구는 애플리케이션의 효율성과 잠재적인 문제 원인에 대한 초기 추측을 하기 위해 데이터 기반 방식으로 확인할 수 있는 좋은 방법이다. 또한 9장에서 습득한 기술인 pprof 프로파일링의 텍스트 분석 결과 및 시각화 내용이 단지 기본 pprof 도구에서만 사용되는 것이 아니라는 점도 놀랍다. 폴라 시그널스^{Polar Signals}[47], 그라파나 플레어^{Grafana Phlare}[48], 구글 프로파일러 ^{Google Profiler}[49], 데이터독^{Datadog}의 지속적인 프로파일러^{Continuous Profiler}[50], 파이로스코프^{Pyroscope}[51] 프로젝트 등과 같은 다른 많은 프로파일링 도구 및 상용 서비스에서도 비슷한 뷰와 기술이 사용되고 있다.

또한 Go IDE[52]가 기본적으로 pprof 프로파일 결과의 추출 및 렌더링을 지원할 가능성이 높다. IDE를 사용하면 소스 코드에 직접 통합할 수 있고 각 코드 위치를 원활하게 탐색할 수 있으므로 유용할 것이다. 그러나 필자는 Parca 프로젝트[53]와 같은 go tool pprof, pprof 도구 기반 클라우드 프로젝트도 선호한다. 때로 거시적인 수준에서 프로파일링을 해야 하는 경우가 생기기 때문이다(8.3절 참고).

---

46 참고로, 현재 pprof의 Disassemble 뷰에는 몇 가지 버그가 존재한다. 만약 바이너리 파일이 제공되지 않는 경우, UI 화면상에서 정규 표현식(regexp:)을 이용한 검색 내용(matches)이 표시되지 않으며, 검색 기능도 정상 동작하지 않는다. 하지만 인터넷 브라우저에 내장된 기본 검색 기능(⌘ Ctrl + F)을 사용하여 검색하면 된다.

47 「Polar Signals 페이지」, *https://oreil.ly/HowVb*

48 「깃허브, grafana/phlare」, *https://oreil.ly/Ru0Hu*

49 「구글 클라우드 문서, Go 앱 최적화」, *https://oreil.ly/mJu6V*

50 「Continuous Profiler 페이지」, *https://oreil.ly/WF9fG*

51 「Pyroscope 페이지」, *https://oreil.ly/eKyK7*

52 예를 들어 VS Code(*https://oreil.ly/eaooe*) 또는 GoLand(*https://oreil.ly/YT9cs*)의 플러그인

53 「Parca 페이지」, *https://oreil.ly/2PKkx*

이제 형식 및 시각화에 관한 설명을 마쳤다. 다음으로 Go 프로그램에서 프로파일을 추출하는 방법을 자세히 살펴보자.

9.3 프로파일링 시그널 추출

최근 Go 커뮤니티에서는 프로파일링을 네 번째 관찰 가능성 시그널Signal로 취급[54]하기 시작했다. 이는 앞서 6장에서 논의한 메트릭, 로깅, 트레이싱 시그널들과 여러 면에서 프로파일도 매우 유사하다고 판단되기 때문이다. 예를 들어 다른 시그널과 마찬가지로 의미 있는 데이터를 얻으려면 계측instrumentation과 신뢰할 수 있는 실험experiment이 필요하다.

앞서 9.2.1절에서 계측 방법을 사용자 지정으로 설정하는 방법을 다뤘다. 이제 Go 런타임 환경에서 사용 가능한 일반적인 프로파일링 방법을 살펴볼 것이다. 그러나 프로그램에서 다양한 시스템 자원 사용량에 대한 프로파일을 가져오는 것만으로는 충분하지 않을 수 있다. 또한 원하는 병목 현상에 대한 정보를 효율성 있게 제공하도록 상황을 의도적으로 구성하는 방법도 알아야 한다.

다행히 앞서 7.3절과 7.4절을 통해 신뢰할 수 있는 실험을 구성하는 방법을 배웠다. 그래서 프로파일링 예제를 벤치마킹 프로세스와 자연스럽게 통합되도록 설계하였다. 이를 통해 TFBO 절차(3.6절 참고)에 잘 맞는 실용적인 최적화 워크플로를 가능케 할 수 있다.

1. 프로그램의 효율성을 보장하기 위해 원하는 수준(마이크로, 매크로 또는 프로덕션)에서 벤치마크를 수행한다.
2. 결과가 만족스럽지 않다면, 동일한 벤치마크를 다시 실행하면서 실험 중 또는 실험 종료 시점에 프로파일을 다시 수집하여 효율성에 영향을 미치는 병목 현상 원인을 찾아보자.

TIP **항상 프로파일링하기**

프로파일링 결과 추출을 위하여 벤치마크를 다시 수행할 필요가 없도록 설계 방식을 설정할 수도 있다. 앞서 8.1절에서는 Go 벤치마크 과정에서 대부분의 경우 프로파일링 추출을 항상 동작하도록 만들기를 추천했다.

---

54 「깃허브, cncf/tag-observability 중 Observability Signals」, *https://oreil.ly/zlAis*

이제 9.5.2절에서는 프로파일링을 거시 수준 혹은 제품 수준에서 연속적으로 수행할 수 있는 방법을 함께 살펴볼 것이다.

계측 및 올바른 실험(벤치마크 재사용)을 수행하는 것만으로도 훌륭하다. 하지만 9.2.2절에서 배운 도구를 통해 계측 결과를 선택하고 프로파일 분석을 수행하며 전송하는 방법도 배워야 한다.

원하는 용도로 사용하기 위해서는 해당 프로파일러의 API를 알아야 한다. 6장에서 배운 것처럼, 다른 시그널들과 마찬가지로 일반적으로 계측에는 자동과 수동이라는 두 가지 주요 방식이 있다. 사실 이전 모델과 관련해서 코드를 단 한 줄도 추가하지 않고도 Go 프로그램에 대한 프로파일을 얻을 수 있는 방법이 많다. eBPF[55]와 같은 기술을 사용하면 Go 프로그램의 거의 모든 리소스 사용에 대한 계측을 사용할 수 있다. 많은 오픈 소스 프로젝트, 스타트업, 심지어 대기업에서도 이 영역의 진입 장벽을 낮추고, 더욱 사용하기 편리하게 만들어 나가고 있다.

그러나 얻는 것이 있다면 잃는 것도 있는 법이다. eBPF는 아직 초기 단계의 기술이기 때문에 리눅스 환경에서만 작동한다. 때문에 리눅스 커널 버전에 대한 이식성 문제가 존재하며, 적지 않은 유지 관리 비용을 야기한다. 또한 여타 다른 일반적인 솔루션과 비슷하게 아직은 프로그램의 의미론적 흐름이나 애플리케이션 수준의 프로파일에 대한 안정성을 결코 제공할 수 없다는 한계가 있다. 그래서 아직은 수동으로, 프로세스 내부에서 직접 프로파일링하는 것이 나을 수 있다. 이 책에서는 Go 프로그래밍 언어를 다루므로, 기본 프로세스 내에서 프로파일러를 생성하고 데이터를 추출하여 사용하는 방법 등을 위주로 설명하도록 하겠다.

계측을 진행하기 위한 API는 그 구현이 어떻게 되어 있느냐에 따라 결정된다. 예를 들면 어떤 프로파일러 도구는 매분 디스크에 프로파일을 저장하도록 작동할 수도 있고, 계측을 진행하기 위한 API는 그 구현이 어떻게 되어 있느냐에 따라 결정된다. 예를 들면 어떤 프로파일러 도구는 매분마다 디스크에 프로파일을 저장하도록 작동할 수 있고, 어떤 경우는 특정 이벤트가 발생했을 때(리눅스 시스템의 특정 시그널 호출이 포착되는 시점에)[56] 기록할 수도 있다. 여기에서는 일반적인 Go 언어 커뮤니티의 관점에서, 프로파일링 작업을 시작하고 저장하는 데 주로 사용되는 패턴을 크게 세 가지로 선정해서 간단히 설명하도록 하겠다.

---

55 「연속 프로파일러 구축 2부: 간단한 eBPF 기반 프로파일러」, *https://oreil.ly/8mqs6*
56 「깃허브, tam7t/sigprof」, *https://oreil.ly/xCW7u*

프로그래밍적으로 시작하는 방식

Go 언어를 통해 접하고 사용하게 될 대부분의 프로파일러는 개발자가 원하는 시점에 프로파일을 저장할 수 있도록 코드에 수동으로 삽입하는 방식을 지원한다. 이는 앞서 9.2.2절에서 [예제 9-2]의 코드를 통해 프로파일을 추출한 fd.pprof 파일에서 확인한 바 있다. 일반적으로 나타나는 특징으로 프로그램 시작 시점에 프로파일링 추출 작업을 병행하면서 WriteTo(w io.Writer) error와 관련한 메시지(예제 9-1 참고)가 표시되는 것을 볼 수 있다. 이는 pprof 형식의 프로파일이 선택된 대상(대부분 파일)에 기록되고 있음을 뜻한다.

일부 프로파일러들은 프로파일 샘플링 추출 작업을 시작할 때 명시적인 위치를 지정한다. 예를 들면 CPU 프로파일러(9.4.3절 참고)의 경우 StartCPUProfile(w io.Writer) error와 같은 메시지가 주기^{cycle} 시작 부분에 나오게 만들고, 종료 시점에는 StopCPUProfile()이 표시되도록 설정한다.

프로파일링 관점에서 이러한 패턴들을 기억하면 개발 환경이나 마이크로벤치마크 코드(8.1절 참고)에서 신속한 테스트를 할 수 있어 유용하다. 그러나 일반적으로 개발자가 이를 직접 사용하지는 않는다. 대신 Go 벤치마크 통합과 HTTP 핸들러라는 다른 두 가지 패턴을 주요 방법으로 사용하게 되는데 이어서 계속 살펴보자.

Go 벤치마크 과정에 통합된 방식

앞서 [예제 8-4]에서 일반적으로 Go 벤치마크에서 사용하는 명령어 예시를 보면, go test 도구에서 옵션을 지정함으로써 마이크로벤치마크로부터 모든 표준 프로파일을 추출할 수 있다. 9.4절에서 설명할 거의 대부분의 프로파일은 -memprofile, -cpuprofile, -blockprofile, -mutexprofile 옵션을 지정함으로써 활성화할 수 있다. 특정 순간에 프로파일 추출을 시작하려는 것이 아니라면 군이 벤치마크에 사용자 지정 코드를 추가할 필요가 없다. 그 시점을 위한 사용자 지정 프로파일은 지원되지 않는다.

HTTP 핸들러 방식

마지막으로, HTTP 서버를 사용하여 거시 및 제품 수준에서 프로그램의 프로파일을 추출하는 방법이 사실 가장 일반적이다. 이는 HTTP 연결을 기본으로 사용하는 백엔드 Go 애플리케이션에서 특히 유용하다. 그러면 프로파일링 및 기타 모니터링 기능(예 Prometheus /metrics

엔드포인트)을 위한 특수 HTTP 핸들러를 추가하기가 매우 쉽다. 이 방식은 바로 뒤에 조금 더 자세히 살펴보도록 하겠다.

표준 Go 라이브러리는 HTTP 서버 핸들러 기능을 제공하며, 이를 통해 프로파일링 도구에서 `pprof.Profile` 구조체를 사용할 수 있다. [예제 9–1]에서 사용한 프로파일러나 9.4절에서 설명할 다른 모든 표준 프로파일링 도구도 그렇다. [예제 9–5]에 나와 있는 것처럼 Go 프로그램에서 몇 줄의 코드만 추가하면 `http.Server`에 핸들러를 추가할 수 있다.

예제 9–5 자체 제작 또는 표준 프로파일링 도구에 디버그 핸들러를 포함하여 HTTP 서버 생성하기

```
import (
    "net/http"
    "net/http/pprof"

    "github.com/felixge/fgprof"
)

// ...

m := http.NewServeMux()                                           ❶
m.HandleFunc("/debug/pprof/", pprof.Index)                        ❷
m.HandleFunc("/debug/pprof/profile", pprof.Profile)               ❸
m.HandleFunc("/debug/fgprof/profile", fgprof.Handler().ServeHTTP) ❹

srv := http.Server{Handler: m}

// Start server...
```

❶ Mux 구조체는 HTTP 서버 핸들러를 특정 HTTP 경로에 대한 등록을 해 준다. 이를 위해서는 "net/http/pprof"를 첨부해야 하며, 기본적으로는 기본 전역 mux[57]에 표준 프로파일링을 등록하도록 되어 있다. 하지만 필자는 등록하는 경로를 명시적으로 지정하기 위해 전역 Mux 객체를 사용하는 대신 항상 새로운 빈 Mux 객체를 생성할 것을 추천한다. 그래서 이 예제에서는 수동으로 등록하도록 하였다.

---

57 *http.DefaultServeMux*

❷ pprof.Index 핸들러는 pprof.NewProfile을 사용하여 등록된 프로파일러에 대한 빠른 통계 및 링크를 보여주는 HTML 형식의 최상위 인덱스 페이지를 제공한다. [그림 9-8]이 그 예시다. 또한 이 핸들러는 각 이름에 대하여 프로파일을 참조할 수 있도록 연결해 준다. 예를 들면 /debug/pprof/heap은 힙 프로파일러에 대한 연결을 제공한다(자세한 내용은 9.4.1절 참고). 마지막으로 이 핸들러는 추가 디버깅 기능을 제공하는 cmdline 및 trace 핸들러와 아래에 등록된 profile 행에 대한 링크도 제공한다.

❸ 표준 Go CPU는 pprof.Profile을 사용하지 않으므로 해당 HTTP 경로를 명시적으로 등록해야만 한다.

❹ 동일한 프로파일 추출 방법을 다른 프로파일러(⑨ 9.4.4절에서 다룰 fgprof라는 프로파일러)에 사용할 수도 있다.

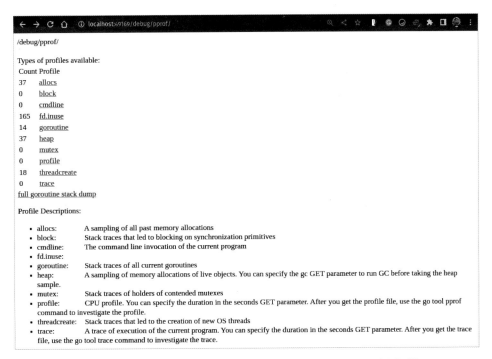

그림 9-8 [예제 9-5]에서 생성한 서버의 debug/pprof/ 경로에서 확인할 수 있는 HTML 페이지 내용

인덱스 페이지는 프로파일러가 사용하는 이름을 모르거나, Go 프로그램에서 사용할 수 있는 프로파일러 목록을 확인하고 싶은 경우에 유용하다. 앞서 실습용으로 제작한 [예제 9-1]의 프로파일러는 pprof.NewProfile을 사용하여 생성되었기 때문에 이 목록에 표시되고 있다(165개

파일이 있는 fd.inuse[58]). [예제 9-1]에 제시된 코드가 있는 fd 패키지를 이용하지 않는 프로그램이라면, 본 인덱스 페이지에 fd.inuse 관련 내용이 표시되지 않는다.

멋진 디버깅 페이지도 좋지만, 이는 HTTP 핸들러의 주요 목적은 아니다. 대신, 운영하는 사람 또는 자동화 시스템이 외부에서 프로파일을 동적으로 추출하여 매크로 테스트, 침해 사고 또는 정상적인 제품 실행 과정 중 가장 관련성이 높은 시점에 실시할 수 있다는 점이 근본적인 목적이다. 필자의 경험상 HTTP 프로토콜을 통해 프로파일러를 사용하는 네 가지 사례가 있었다.

- [그림 9-8]에 표시된 HTML 페이지에서 원하는 프로파일러(**CPU** heap)에 대한 링크를 클릭할 수 있다. 이렇게 하면 해당 시점의 스택 추적당 샘플 수를 출력해 주는 *http://<address>/debug/pprof/heap?debug=1*의 URL(텍스트 형식의 단순화된 메모리 프로파일) 화면이 열린다.

- 만약 debug 매개 변수를 제거하면, 해당 프로파일을 pprof 형식으로 다운로드할 수 있다. *http://debug/pprof/heap* URL을 브라우저에 입력하면 9.4.1절에서 다룰 힙 관련 메모리 프로파일을 다운로드하여 컴퓨터에 저장할 수 있다. 그런 뒤에 go tool pprof 명령어를 사용해 해당 파일을 열 수 있으며, 이후 9.2.2절에서 설명한 것처럼 분석하면 된다.

- 파일을 다운로드하는 수작업 과정을 생략하기 위해 프로파일러에서 직접 URL을 지정하여 pprof 도구에 전달할 수도 있다. 예를 들어 웹 프로파일러 화면을 띄워놓고 메모리상의 프로파일을 바로 확인하는 것이다. 이를 위해서는 터미널에 go tool pprof -http :8080 http://debug/pprof/heap 명령어를 입력하면 된다.

- 마지막으로 별도 서버를 사용하여 해당 프로파일을 전용 데이터베이스에 주기적으로 수집할 수도 있다. 대표적으로 grafana phlare[59]나 Parca[60] 등의 프로젝트가 있으며, 이와 관련한 자세한 내용은 9.5.2 절에서 다룰 것이다.

요약하면 개발자가 분석 중인 프로그램에 더 편리하다고 생각하는 방법을 사용하면 된다. 프로파일링은 마이크로서비스 아키텍처에서 복잡한 프로덕션 애플리케이션의 효율성을 이해하는 데 유용하므로, 일반적으로 프로파일 추출을 위한 HTTP API 패턴을 사용하게 된다. 한편 Go 벤치마크 프로파일링은 미시적 관점에서 가장 유용할 것이다. 언급된 접근 방식들은 Go 커뮤니티에서 일반적으로 사용하는 것들이다. 하지만 필요한 경우 직접 혁신적인 방법을 제안할 수

----

58 우스꽝스럽게도 165라는 숫자는 다소 과하다. 이 스크린 숏을 첨부하면서 해당 labeler 코드 부분에 버그가 있다는 것을 알게 되었다. 임시 파일을 닫지 않았기 때문에 발생한 것 같다.

59 「깃허브, grafana/phlare」, *https://oreil.ly/Ru0Hu*

60 「Parca 페이지」, *https://oreil.ly/2PKkx*

있고, 개발자의 코드 환경에 더 적합한 프로파일링 방법을 개발할 수도 있다.

9.2.2절에 나타난 뷰 형식들을 설명하고, pprof 형식과 기타 자체 제작 프로파일링 도구를 설명하기 위해 가장 단순한 파일 디스크립터 프로파일링 계측 시나리오를 [예제 9-1]로 설명했다. 다행히 기본적인 컴퓨터 자원에 대한 프로파일링을 수행할 때는 굳이 별도로 계측 코드를 개발할 필요가 없다. Go의 경우 전 세계 커뮤니티와 사용자가 관리하고 사용하는 표준 프로파일러들이 제공되기 때문이다. 이뿐만 아니라 9.4절에서는 오픈 소스 커뮤니티에서 관리하는 추가적인 유용한 프로파일러 역시 알아보겠다.

9.4 공통 계측 프로파일링

앞서 4장과 5장에서는 최적화해야 하는 두 가지 주요 리소스인 CPU 점유 시간과 메모리 사용량에 대해 설명했다. 또한 이것이 레이턴시에 어떤 영향을 미칠 수 있는지에 대해서도 설명했다. 7.3절에 제시된 복잡성과 우려 사항을 고려할 때 처음에는 모든 것이 전부 위협으로 보일수 있다. 이것이 바로 Go의 공통적인 프로파일링 기능 구현과 이를 사용하는 방법을 이해하는 것이 중요한 이유다. 힙 프로파일링부터 시작해보자.

9.4.1 힙 프로파일링

힙 프로파일링은 운영체제의 힙 영역에 할당되는 메모리(5.5절 참고)에 대하여 중대한 사용량을 유발하는 요소를 찾아낼 수 있는 신뢰할 만한 방법을 제공한다. 하지만 6.3.3절에서 언급한 go_memstats_heap 측정 지표와 유사하게, 스택이나 다른 mmap 호출이 아닌 오직 힙 영역에 할당된 메모리 공간에 대해서만 분석할 수 있다. 그럼에도 Go 프로그램은 일반적으로 메모리의 힙 영역에서 여러 문제를 빈번하게 유발하므로 힙 프로파일링이 유용하다.

힙 프로파일링을 사용하기 위해서는 io.Writer를 pprof.Lookup("heap").WriteTo(w, 0)[61]과 같은 방식으로, Go 벤치마크에서 -memprofile 옵션을 사용하면 된다. 또는 [예제 9-5]처럼 URL

---

61 「Go pprof 문서 중 func WriteHeapProfile」, *https://oreil.ly/kMjqJ*

핸들러를 사용하여 /debug/pprof/heap 주소로 호출하면 된다.[62]

메모리 프로파일링 도구는 실용적인 목적 달성을 위해 충분히 효율적인 구조로 동작해야만 한다. 그렇기 때문에 힙 프로파일링 도구는 샘플링을 잘 수행하며, Go 런타임 할당자의 동작 구조와 긴밀하게 통합[63]되어 있고, 이를 통해 값 할당, 포인터, 메모리 블록 등을 처리하는 역할을 잘 수행한다(5.5.1절 참고). 샘플링 과정은 runtime.MemProfileRate 설정값에 의해 통제[64]된다(또는 환경변수 GODEBUG=memprofilerate=X 방식으로도 가능함). 해당 값은 프로파일링을 할 때 샘플링을 지정하여 추출하기 위해 필요한 평균 바이트 수를 뜻한다. Go에서는 기본적으로 힙에 할당된 메모리 512KB를 기준으로 샘플링을 수행한다.

> **TIP** 메모리 프로파일링 비율을 어느 정도로 설정하는 것이 좋을까?
>
> 기본값으로 지정되어 있는 512KB에서 굳이 변경하지 않는 것을 추천한다. 이 정도면 대부분 Go 응용 프로그램에서 충분히 실용적으로 병목 현상을 분석할 수 있을 정도의 크기다. 비용 측면에서 볼 때도 항상 적용할 수 있을 만큼 적당한 수준이다.
>
> 만약 자세한 프로파일링이 필요하거나 중요한 순간에 대한 더 세밀한 할당 작업을 확인하기 위해 최적화가 필요하다면, 경우에 따라 1바이트로 설정해도 좋다. 그러나 이런 경우 애플리케이션의 레이턴시 및 CPU 사용 시간에 악영향을 미칠 수 있다. 그러나 메모리만을 중점적으로 벤치마크하려는 상황이라면 이를 감안하고 수행해 볼 가치는 있다.

만약 하나의 단일 함수에서 여러 가지의 할당 동작이 발생하는 상황이면, lines 단위로 설정해서 힙 프로파일링 수행하면 분석에 유용할 것이다(웹 뷰어에서는 &g=lines URL 매개변수로 추가). [그림 9-9]는 e2e 프레임워크에서 labeler에 대한 힙 프로파일링 수행 예시다(8.3.2절 참고).

---

62 동일한 프로파일을 /debug/pprof/alloc에서도 볼 수 있다. 이 두 결과의 유일한 차이점은 alloc 프로파일은 alloc_space를 기본값 형식으로 사용한다는 점이다.

63 「malloc.go」, *https://oreil.ly/NF1ni*

64 「Go 런타임, Variables」, *https://oreil.ly/iJaAU*

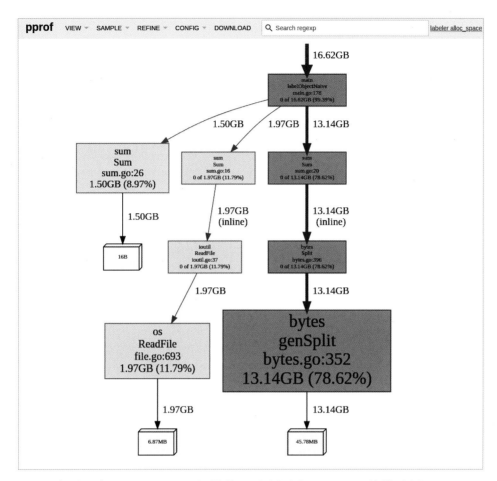

그림 9-9 [예제 4-1]의 `labeler Sum` 코드에 대한 힙 프로파일링 결과를 Graph 뷰로 확대한 예시다. `alloc_space`
및 `lines` 단위로 분석했다.

힙 프로파일링만이 제공하는 특별한 요소가 있다면, 상단의 SAMPLE 메뉴에서 선택할 수 있
는 네 가지의 값이다. 특정 타입을 선택하면 우측 상단 모서리 부분에 해당 값이 표기된다. 각
각의 값은 서로 다른 용도에서 유용하게 사용될 수 있다.

alloc_space

이 모드를 선택하면, 프로그램이 시작된 후 각 힙의 위치별로 할당된 총 바이트 수가 샘플값이
된다. 이 모드에서는 이미 가비지 컬렉터에 의해 해제된 메모리라 하더라도 모든 과거 기록까
지 볼 수 있다.

이곳에서 어마어마하게 큰 숫자를 만나더라도 당황하지 말자! 예를 들면 대상 프로그램이 매우 오랜 시간 동안 작동하면서 하나의 함수가 100KB의 메모리를 분마다 할당하는 경우라면, 이 추세대로라면 30일 후에는 약 411GB를 사용하게 될 것이다. 이는 경악할 만한 수치일 것이다. 하지만 동일한 응용 프로그램이 실제로는 30일 동안 최대 약 10MB 정도의 물리 메모리만을 사용하는 것일 수도 있다.

이처럼 전체 메모리 기록을 볼 수 있다면, 전체 코드에서 가장 메모리를 많이 사용한 코드를 찾을 수 있어서 좋다. 이러한 코드들은 결국 프로그램에서 최대 메모리 사용으로 인한 문제를 유발하기 쉽다. 심지어 특정 위치에서 발생한 메모리 할당 작업이 그 크기는 작더라도 빈번하게 발생하는 경우라면, 가비지 컬렉션의 영향을 받은 것일 수도 있다(5.5.3절 참고). 또한 alloc_space는 과거에 큰 공간을 할당한 시점을 발견하는 데도 상당히 유용하다.

예를 들어 [그림 9-9]에서 bytes.Split 함수가 누적 메모리의 78.6%를 사용한 것을 확인할 수 있다. 이는 10.3절에서 메모리 사용량을 최적화하는 예제에서 매우 유용할 것이다. 8.1.1절에서 보았듯이 할당된 횟수가 데이터 세트보다 훨씬 많으므로, 문자열을 각 줄로 분리하는 데에 메모리를 낭비하지 않고 적게 사용할 수 있는 방법을 반드시 찾아야 한다.

> **TIP 누적 할당 재설정**
>
> 힙 프로파일링 도구를 프로그래밍적으로 재설정할 수는 없다. 예를 들어 특정 시점에 할당 내역을 기록하는 것을 시작하게끔 만드는 것이 불가능하다.
>
> 뒤이어 9.5.3절의 프로파일 비교 및 집계에서 다루겠지만, pprof 수행 결괏값에서 일부 내용을 제외시키는 연산을 수행할 수는 있다. 예를 들어 특정 A라는 시점에 힙 프로파일링을 수행하고, 30초 후에 B라는 시점에서 힙 프로파일의 변화량을 측정할 수 있다. 그렇게 하면 30초 동안의 할당의 변화를 관찰할 수 있다.
>
> 또한 Go pprof HTTP 핸들러의 숨겨진 기능을 사용할 수도 있다. heap 프로파일을 추출할 때, 초^{seconds} 매개 변수를 추가할 수 있다. 예를 들어 [예제 9-5]에서 웹 페이지상에서 *http://debug/pprof/heap?seconds=30s*로 호출하면, 힙 프로파일링의 변화를 자동으로 추출할 수 있다.

alloc_object

alloc_space와 유사하지만, 이 모드는 실제 메모리 공간 사용이 아닌 할당된 메모리 블록의 수를 보여준다. 이 모드는 지나치게 잦은 할당으로 인해 발생한 레이턴시 병목 현상을 찾을 때 유용하다.

inuse_space

이 모드는 현재 힙에 할당된 메모리 바이트 수를 보여준다. 구체적으로 말하면 각 위치에서 할당된 메모리 중 반환된 메모리를 제외한 값이 된다. 이 모드는 프로그램의 특정 순간에 메모리 사용량 병목 현상을 찾아낼 때 유용하게 사용된다.[65] 또한 메모리 누수를 찾을 때도 쓸 만하다.

나아가 해당 모드는 메모리가 할당은 되었는데 절대로 해제되지 않는 상황들의 경우 프로파일링을 통해 식별해 낼 수도 있다.

> **TIP 메모리 누수의 원인 찾기**
>
> heap 프로파일은 메모리 블록을 할당한 코드 부분을 찾아주는 것이지, 현재 해당 메모리 블록을 참조하고 있는 코드(예 변수들)를 찾아주는 것은 아니다. 이러한 정보까지 알고 싶다면, `view core` 유틸리티[66]를 사용하여 현시점의 힙 구조를 분석해야 한다. 하지만 이것은 쉬운 일이 아니다.
>
> 대신 코드를 정적으로 분석하여 경로를 찾고, 생성된 구조체들이 참조되는 시점을 확인하는 것이 시도해볼 만하다. 하지만 이를 수행하기 이전에 뒤이어 설명할 고루틴 프로파일링을 먼저 수행하길 권한다. 또한 메모리 누수와 관련해서는 11.3절에서 더 자세히 살펴보겠다.

inuse_objects

이 모드는 힙상에 현재 할당된 메모리 블록(객체)의 숫자를 보여준다. 이는 힙에서 활성화 상태의 객체 수를 파악하는 데 도움이 된다. 이는 결국 가비지 컬렉션의 작업량을 의미한다 (5.5.3절 참고). 가비지 컬렉션의 CPU 관련 수행 작업은 대부분 힙 내부의 객체들을 순회하며 확인하는 데 중점적으로 소모된다. 따라서 해당 작업이 많이 발생할수록 할당량 낭비를 초래할 수 있다.

힙 프로파일링 사용법은 자신의 프로그램이 효율적이기를 고대하는 모든 Go 개발자에게 필수적으로 권장하는 기술이다. 그랬을 때 우선 메모리 공간을 가장 크게 차지하는 원인 코드를 찾

---

65 안타깝게도, 필자의 경우 부하 테스트를 수행하고 나서 스냅샷을 추출해 보았는데, 대상 코드가 영향을 미친 힙 메모리 영역의 크기가 최소로 나타났으며, 과거에 발생한 흥미로운 이벤트의 내용은 확인할 수 없었다. 9.5.2절에서 추후 이 값이 더 유용하게 활용되는 사례를 볼 수 있다.

66 *https://oreil.ly/c4rGl*

는 데 집중하기 바란다. 다른 측정 도구에서 사용하는 메모리와 관련 없는 절대적인 숫자 값들은 크게 걱정할 필요가 없다(6.3.3절 참고). 메모리 프로파일 비율을 높게 설정할수록 정적 statically 으로 중요한 할당의 일부 상황만 볼 수 있다.

9.4.2 고루틴

고루틴 프로파일링 도구는 얼마나 많은 고루틴이 동작 중이며 이를 실행한 코드가 무엇인지를 보여준다. 분석 대상으로는 I/O, 락, 채널 등 모든 고루틴 대기 동작이 포함된다. 이 종류의 프로파일링 작업에는 샘플링이 수행되지 않는다. 시스템 고루틴을 제외한 모든 종류의 고루틴[67]은 매번 기록된다.[68]

이때 힙프로파일링 도구 전환과 유사하게, `io.Writer` 부분을 `pprof.Lookup("goroutine").WriteTo(w, 0)`으로 설정해서 Go 벤치마크에서 `-goroutineprofile` 옵션을 지정하면 고루틴 프로파일링으로 전환된다. 또는 [예제 9-5]에서 했던 것처럼 URL을 사용해 `/debug/pprof/goroutine`을 호출하여 처리하는 방법도 있다. 고루틴 프로파일을 추출할 때 발생하는 부하는 고루틴 수가 많은 Go 프로그램의 경우 증가할 수 있으며, 대상 프로그램을 10밀리초의 짧은 주기로 계속 수행하는 경우에도 레이턴시를 일으킬 수 있다.

고루틴 프로파일링의 중요한 가치는 대부분의 고루틴 동작 코드가 수행하는 일을 파악하도록 돕는 것이다. 경우에 따라 대상 프로그램이 일부 기능을 수행하기 위해 얼마나 많은 고루틴을 사용하는지 다소 충격적으로 느껴질 수도 있다. 상당히 많은 (심지어 계속해서 증가하는) 고루틴의 수가 확인된다면 메모리 누수도 의심해볼 수 있다.

[그림 9-3]에서 언급했듯이 Go 개발자가 기억해야 할 점은, 설계상의 이유로 새로운 고루틴과 그 고루틴을 생성한 함수 사이에 연결 관계를 볼 수 없다는 것이다.[69] 이러한 이유로 고루틴 프로파일링 결과에서 가장 최상위 위치는 항상 고루틴이 호출된 최초의 선언문 또는 가장 처음의 함수가 된다.

---

67 「깃허브, golang/go 중 관련 내용」, *https://oreil.ly/bg2fB*

68 고루틴 프로파일러에 대한 훌륭한 요약 설명을 참고하라(*https://oreil.ly/U8tCN*).

69 엄밀하게 기술적 측면에서 말하자면, Go 스케줄러의 내부에서 해당 정보가 기록되고 있다(*https://oreil.ly/g3tl2*). 이를 정확히 찾고 싶다면 스택 내부에서 값을 찾아야 하며, GODEBUG=tracebackancestors=X 와 같이 지정하면 된다.

[그림 9-10]은 labeler 프로그램에 대한 Graph 뷰 예시를 보여준다. labeler 프로그램은 기본적으로 아주 많은 작업을 수행하는 것 같지는 않다. 화면을 축소하여 확인해 보면 고루틴이 딱 13개만 존재한다. 그리고 응용프로그램 로직에 대한 위치는 존재하지 않는다. 오직 고루틴 프로파일러, 시그널 고루틴 및 바이트 연결을 대기하는 일부 HTTP 서버 동작만 확인될 뿐이다. 이는 아마도 요청이 들어오는 TCP 연결을 대기하는 서버의 동작으로 추정된다.

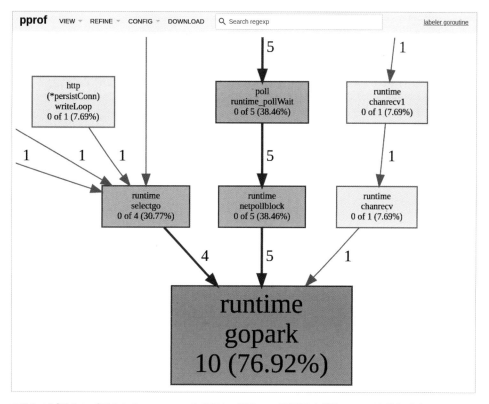

그림 9-10 [예제 4-1]의 labeler Sum 코드에 대하여 고루틴 프로파일링을 수행한 Graph 뷰 확대 화면

[그림 9-10]을 통해 고루틴 프로파일링 뷰에서 일반적으로 확인할 수 있는 함수들을 몇 가지 살펴보자.

runtime.gopark

gopark[70]는 내부 함수로서, 외부에서 콜백이 발생하여 작업을 재개하기 전까지 고루틴이 대기를 유지하도록 해준다. 동작 중인 스케줄러가 고루틴의 대기 시간이 다소 길어지는 경우, 이를 일시 정지하도록 통제해야 하므로 필수적인 기능이다. 예를 들어 채널 통신이나 네트워크 입출력 또는 뮤텍스 락과 관련해서 사용된다.

runtime.chanrecv와 runtime.chansend

이름에서 유추할 수 있듯이 chanrecv는 채널을 통해 메시지를 수신하거나, 이를 위해 대기해야 하는 상황에서 사용되는 고루틴이다. 마찬가지로 chansend는 채널을 통해 메시지를 송신하거나 대기하는 상황에서 임시 공간이 필요할 때 사용된다.

runtime.selectgo

이는 고루틴이 select 구문에서 잠시 대기하거나 각 조건 분기를 확인할 때 사용된다.[71]

runtime.netpollblock

netpoll 함수[72]는 네트워크 연결을 통해 유입되는 I/O 바이트 데이터들이 도착할 때까지 고루틴이 대기하도록 해준다.

살펴본 것처럼, 프로파일링 과정에서 처음 마주하게 되는 함수라 하더라도 해당 함수의 내용을 상당히 쉽게 추적할 수 있다.

9.4.3 CPU 점유 시간

CPU 프로파일링을 수행하면 프로그램 코드 중 CPU 점유 시간이 가장 긴 부분을 찾을 수 있다. 이 점유 시간을 줄인다는 것은 결국 프로그램이 동작하는 데 드는 비용을 줄인다는 의미이

---

70 「깃허브, golang/go 중 관련 내용」, *https://oreil.ly/Zqf2K*
71 「A Tour of Go 중 Select」, *https://oreil.ly/T52Kg*
72 「깃허브, golang/go 중 관련 내용」, *https://oreil.ly/5Iw71*

며, 시스템의 확장성 scalability 도 쉽게 확보하도록 만들어 준다. CPU 연산과 밀접한 관련이 있는 프로그램들은 CPU 사용량을 줄임으로써 레이턴시를 줄일 수도 있다.

CPU의 사용량을 프로파일링하는 것은 일반적으로 매우 어렵다고 증명되어 있다. 우선 CPU 는 한순간에도 방대한 작업을 처리하기 때문에 그렇다. CPU 클럭은 1초에 수백만 건의 작업 을 수행한다. 모든 CPU 주기 사이에서 벌어지는 프로그램 코드의 행동을 낱낱이 이해하는 것 은 어려운 일이며, 동작 속도를 급격히 낮춰야만 겨우 관찰할 수 있다. 심지어 다중 CPU 코어 방식으로 동작하는 프로그램이라면 이러한 문제는 더욱 어려워진다.

이 책을 집필한 2022년 시점에서 최신 버전인 Go 1.19에는 Go 런타임 내부에 CPU 프로파 일링 기능이 통합되어 제공된다. 모든 종류의 CPU 프로파일링 도구는 약간의 부하를 발생시 키므로, 백그라운드에서 동작시킬 수는 없다. 때문에 전체 프로세스에 대하여 명시적으로 시작 과 종료를 지정해야만 한다. 다른 프로파일링 도구의 방식과 유사하게, 프로그래밍적인 방법을 사용하여 pprof.StartCPUProfile(w) 및 pprof.StopCPUProfile() 함수를 사용하면 설정할 수 있다. Go 벤치마크에서는 -cpuprofile 옵션을 지정하면 되고, URL을 통해서 확인할 때는 [예 제 9-5]처럼 /debug/pprof/profile?seconds=<integer>와 같이 하면 된다.

> **CAUTION** **CPU 프로파일에는 시작과 끝이 있다.**
> 프로파일을 처리하는 HTTP 핸들러가 다른 프로파일링의 경우와 다르게 결과물을 즉시 보여주지 않더라도
> 당황할 필요는 없다! HTTP 핸들러는 CPU 프로파일러를 시작한 후 몇 초 간격으로 진행할지에 따른 시간
> (아무런 지정도 하지 않으면 보통 30초) 동안 실행하여 대기한 후에 해당 HTTP 요청의 결과를 반환한다.

현재의 구현은 샘플링을 굉장히 많이 수행하도록 되어 있다. 프로파일러가 수행을 시작하면 운 영체제별로 특화된 타이머에 의해 스케줄링을 하고, 지정된 비율로 프로그램의 실행에 인터럽 트를 발생시킨다. 리눅스 환경의 경우 각 운영체제 스레드를 위하여 settimer[73] 또는 timer_ create[74] 를 사용해서 타이머 설정을 한다. Go 런타임 상황에서는 SIGPROF[75] 시그널이 발생할 때까지 대기한다. 이 시그널은 Go 런타임에 대하여 인터럽트를 발생시키며, 해당 운영체제 스

---

73 「setitimer(2) – 리눅스 man page」, *https://oreil.ly/tQNJK*
74 「Go 1.18 버전의 프로파일링 개선점」, *https://oreil.ly/WdjVW*
75 「POSIX signals」, *https://oreil.ly/dcQTf*

레드에서 실행되고 있는 고루틴에 대하여 현시점의 스택 추적 정보를 확보하게 된다. 이렇게 수집된 샘플 데이터는 사전에 할당된 링 버퍼 공간에 전달된다. 그리고 pprof writer에 의해 수집되는 간격은 100밀리초다.[76]

CPU 프로파일링의 비율은 현재 100Hz로 하드 코딩되어 있다.[77] 그러므로 이론적으로는 각 운영체제 스레드가 CPU 시간을 기준으로(현실 시간 기준이 아님) 10밀리초마다 하나의 샘플을 생성한다. 향후에는 이러한 설정값을 변경하는 업데이트[78]가 있을 예정이다.

CPU 프로파일링이 효율성을 향상시키기 위한 방법 중 가장 널리 사용됨에도, 여전히 남겨진 숙제가 많다. 일반적인 상황에서 적당히 사용할 만한 정도는 되지만 완벽하다고 말하기는 힘들다. 예를 들어 BSD[79] 등 일부 운영체제 환경에서는 특정 상황에서 다양한 부정확도이 보고[80] 되기도 했다. 향후에는 이에 관한 개선이 이루어질 것으로 예상하며, 실제로 좋은 제안들[81]이 있어 현재 논의가 진행 중이다. 해당 제안은 하드웨어 기반의 성능 측정기[PMUs][82]를 도입하자는 취지다.

[그림 9-11]은 labeler 프로그램에 대하여 각 함수가 사용하는 CPU 점유 시간의 분포를 보여 주는 CPU 프로파일링 결과 예시다. 낮은 샘플링 비율로 인해 결과가 다소 부족할 수 있지만, 그나마 함수 단위로 뷰를 설정하면 더 나은 결론을 얻는 데 도움이 될 것이다.

CPU 프로파일링에는 다음 두 가지 타입이 있다.

샘플

샘플 값은 해당 위치에서 관찰된 샘플 수를 나타낸다.

---

76 자세한 설명은 잠재적인 CPU 프로파일러의 다음 업그레이드에 대한 제안(*https://oreil.ly/8vy83*)을 참고하자.

77 기술적 관점에서 설명하면, 서로 다른 CPU 프로파일링에서 개별적으로 비율을 조절하는 특수한 방법이 있다. runtime.SetCPU ProfileRate()(*https://oreil.ly/M8HwB*)를 호출하면 되며 이때 pprof.StartCPUProfile(w)를 통해 원하는 값을 지정하는 것이 원칙적으로는 맞다. 그러나 pprof.StartCPUProfile(w)는 기존의 비율 값을 갱신하려고 할 때 버그가 발생하여 실패할 수도 있다(*https://oreil.ly/8JBxX*). 따라서 세부 사항을 정확히 이해하고 있는 경우에만 해당 방식으로 속도를 변경하기를 권한다. 일반적으로 100Hz를 기본값이라고 보면 된다. 250~500Hz보다 높은 값을 설정하는 것은 대부분의 운영체제의 타이머에서 지원되지 않는다.

78 「깃허브, golang/go 중 runtime/pprof: NewCPUProfile + cpuProfile.Start to allow profile configuration」, *https://oreil.ly/VXEP0*

79 운영체제별로 지금까지 알려진 특수한 문제점들에 관해 정리된 이슈 목록(*https://oreil.ly/E0W5v*)을 참고하자.

80 「CPU 프로파일링을 위한 하드웨어 성능 카운터 제안」 중 '부정확도와 그 이유', *https://oreil.ly/Ar8Up*

81 「CPU 프로파일링을 위한 하드웨어 성능 카운터 제안」, *https://oreil.ly/zDSEq*

82 「Perf를 통한 하드웨어 기반 성능 모니터링」, *https://oreil.ly/75AHf*

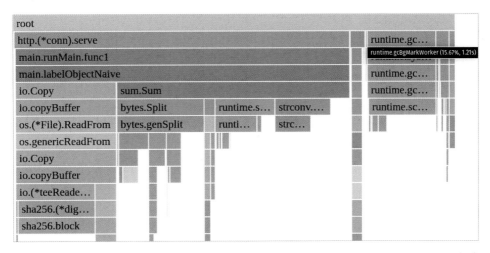

그림 9-11 [예제 4-1]의 `labeler Sum` 코드를 함수 단위로 프로파일링 설정하여 30초 간격으로 CPU 점유 시간을 Flame Graph로 표현한 예시

CPU

각 샘플 값은 CPU 점유 시간을 나타낸다.

[그림 9-11]에서 `labeler` Go 프로그램의 작업량으로 인해 발생하는 CPU 점유 시간 또는 대기 시간을 최적화하려면 무엇에 집중해야 하는지 확인할 수 있다. Flame Graph 뷰에서 주요 부분 다섯 가지를 요약할 수 있다.

io.Copy

로컬 객체 스토리지에서 파일 복사를 담당하는 코드에서 사용된 이 함수는 CPU 점유 시간의 22.6%를 차지한다. 아마도 CPU 점유 시간을 절약하기 위해 로컬 캐싱을 사용하도록 최적화할 수 있을 것이다.

bytes.Split

문자열을 자르는 [예제 4-1]의 함수는 19.69%를 차지하고 있다. 그러므로 문자열 자르기 동작에 조금이나마 작업량을 줄일 방법은 없는지 더 고민해야 한다.

gcBgMarkWorker

이 함수는 15.6%를 차지하는데, 이는 여전히 힙에 많은 수의 객체가 할당되어 있음을 나타낸다. 현재 가비지 컬렉터는 가비지 컬렉션 작업을 위해 CPU 점유 시간을 일부 차지하고 있다.

runtime.slicebytetostring

바이트를 문자열로 변환하는 과정에서 상당한 CPU 점유 시간(13.4%)이 소모되고 있음을 확인할 수 있다. 소스 보기로 구체적으로 살펴보면 num, err := strconv.ParseInt(string(line), 10, 64) 구문이 문제의 주된 원인이다. 이는 바이트를 잘라내는 과정에서 직접 정수를 구문 분석하도록 하는 함수를 구성하는 것이 좋은 최적화 시도라고 할 수 있다.

strconv.ParseInt

이 함수는 CPU 시간의 12.4%를 사용한다. 구문 분석 기능을 작성하여 제거할 수 있는 불필요한 작업이나 확인 기능이 포함되어 있는지 검사하고 싶을 수 있다(해당 기능이 있다).

이처럼 CPU 점유 시간 프로파일링은 비록 완벽히 정확한 결과를 내지 않지만, 충분히 시도할 가치가 있는 방법이다. 이와 관련해서 최적화를 더 자세히 알아보려면 10.2절을 참고하자.

9.4.4 CPU 휴지 시간

고루틴이 CPU에서 실행되는 시간보다 작업을 대기하는 시간이 더 많을 수 있다는 사실을 종종 잊어버리고 만다. 그래서 프로그램의 작동 시간을 최적화하고 싶을 때 단순히 CPU 점유 시간만을 보아서는 안 된다.[83] 모든 프로그램, 그중에서도 특히 I/O 작업을 수반하는 경우에는 대부분의 시간을 대기wait 혹은 휴면sleep 상태로 사용한다. 특히 전체 프로그램 수행 과정에서 크게 네 가지로 타입을 구분할 수 있는데, [그림 9-12]를 확인해보자.

[그림 9-12]에서 가장 먼저 보이는 것은, 전체 실행 시간이 실제 프로그램이 실행되며 경과한 현실 세계 시간보다 더 길다는 점이다. 이건 마치 컴퓨터가 시간 개념을 흔들어 놓은 것처럼 보이지만 그렇지 않다.

---

[83] 4.4절에서 설명한 것처럼, CPU 점유 시간은 메모리를 가져오는(fetch) 과정에서 소요된 시간을 포함해서 계산된다. 이것 역시 CPU 프로파일링 시 함께 고려해야 한다.

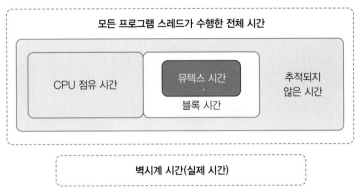

그림 9-12 프로세스 실행 시간 구성[84]

모든 Go 프로그램은 멀티 스레드 방식으로 동작하므로(심지어 Go의 멀티 고루틴도 있다), 결국 측정된 전체 실행 시간은 항상 현실 세계의 실제 시간보다 더 길 수밖에 없다. 그렇다면 실행 시간과 관련 항목을 4개로 구분하여 살펴보자.

CPU 점유 시간

9.4.3절에서 설명했듯이, 대상 프로그램이 실제로 활성 상태로 CPU를 점유하여 사용한 시간을 뜻한다.

블록 시간

뮤텍스 시간과 Go 채널 통신을 기다리는 데 소요된 프로세스 시간(4.5.2절 참고)을 언급한 바 있는데, 여기서 설명했듯이 `<-ctx.Done()`을 합하면 모든 동기화 원시 요소가 된다. 이 블록 시간Block time은 블록 프로파일링을 통해 계산할 수 있다. 기본적으로는 적용되어 있지 않지만, `runtime.SetBlockProfileRate(int)`[85] 값을 0이 아닌 값으로 설정함으로써 작동시킬 수 있다. 이 설정을 하면 나노초 단위로 하나의 블록 이벤트가 얼마나 시간을 수행했는지를 볼 수 있다. 해당 작업을 수행하려면 Go 벤치마크상에서 `-blockprofile` 옵션을 지정한 후 `pprof.Lookup` 를 통해 확인할 수 있고, HTTP 핸들러에서는 `/debug/pprof/block`을 사용하여 `contention` 및 `delay` 변수 형식을 확인할 수 있다.

---

84 해당 도표는 펠릭스(Felix)의 훌륭한 가이드에서 깊은 영감을 받아 작성됐다(*https://oreil.ly/nwVwF*).
85 「Go 런타임 중 'func SetBlockProfileRate'」, *https://oreil.ly/GwjwY*

뮤텍스 시간

뮤텍스 시간Mutex time은 뮤텍스의 락을 처리하는 데 사용한 시간을 뜻한다(ⓒ sync.RWMutex. Lock을 처리하는데 소요된 시간[86]). 블록 프로파일과 유사하게, 기본적으로는 비활성화되어 있지만, runtime.SetMutexProfileFraction(int) 값을 조정함으로써[87], 설정 가능하다. 이때 프랙션Fraction 이란 1/⟨fraction⟩을 뜻하며, 추적해야 할 락 내용에 관해 명세하는 것이다. 유사하게, Go 벤치마크상에서 -mutexprofile 옵션을 지정한 후 pprof.Lookup을 사용하면 된다. 또는 HTTP 핸들러에서 /debug/pprof/mutex를 통해 mutex 및 delay 변수 형식을 확인할 수 있다.

추적되지 않은 시간Untracked off-CPU time

휴면 상태 또는 CPU 점유를 대기하는 시간, I/O(디스크, 네트워크 또는 기타 외부 장치)로 인해 대기하는 시간이나 시스템 콜 호출 등의 요소를 포함한 고루틴들은 표준 프로파일링 도구만으로는 확인할 방법이 없다. 이러한 상황으로 인해 발생하는 지연 현상을 파악하기 위해서는 뒤이어 설명할 다른 여러 도구를 활용해야 한다.

> **NOTE_ CPU 휴지 시간에 발생한 병목 현상을 찾거나 분석해야 할까?**
>
> 프로그램의 스레드는 CPU를 점유하고 휴면하는 시간이 많다. 다시 말해 프로그램이 느리게 동작하는 주된 이유가 CPU 점유 시간 때문이 아닐 수 있다는 것이다. 예를 들어 프로그램을 실행하는 데 20초가 걸리지만, 그중 19초는 데이터베이스의 응답을 대기하는 데 사용한 것일 수도 있다. 이 경우 CPU 점유 시간을 최적화하려고 애쓰는 것보다는 데이터베이스 내부의 병목 현상을 확인(또는 코드 내부에서 데이터베이스 연동 부분을 최적화)하는 것이 더 나은 선택일 수 있다.

일반적으로 트레이싱으로 코드 부분의 벽(레이턴시)의 병목 현상을 추적하기를 권한다. 특히 분산된 방식의 트레이싱을 통해 여러 가지 함수의 흐름 요청 사이에서 가장 많은 시간을 소요한 부분에 집중하여 최적화 부분을 좁혀갈 수 있다. Go에는 계측을 트레이싱할 수 있는 도구[88]가 내장돼 있지만, 이는 오직 Go 런타임에 대해서만 계측이 가능하며, 여러분의 애플리케이션

---

86 「Go sync 문서 중 func (*RWMutex) Lock」, *https://oreil.ly/chnpS*
87 *https://oreil.ly/oIg45*
88 「Go 트레이스 문서」, *https://oreil.ly/pKeI1*

코드에 대해서는 분석이 되지 않는다. 그러나 애플리케이션 수준 추적을 달성하기 위해 오픈텔레메트리^{OpenTelemetry}[89]와 같은 클라우드 컴퓨팅 표준과 호환되는 기본 트레이싱 도구를 살펴볼 수 있을 것이다.

CPU 점유 시간과 휴지 시간 모두를 추적하는 데 집중할 수 있는 Full Go Profiler(fgprof)[90]라는 놀라운 프로파일링 도구도 존재한다. 비록 아직 공식으로 추천되지는 않았고[91] 일부 알려진 한계점[92]도 있다. 그러나 필자는 이 도구가 분석하려는 Go 대상 프로그램의 종류에 따라 상당히 유용할 수도 있음을 실감했다. fgprof 프로파일링은 [예제 9-5]에서 언급한 HTTP 핸들러를 사용하여 확인할 수 있다. labeler 서비스에 대해 fgprof 프로파일을 적용한 예시가 [그림 9-13]에 나와 있다.

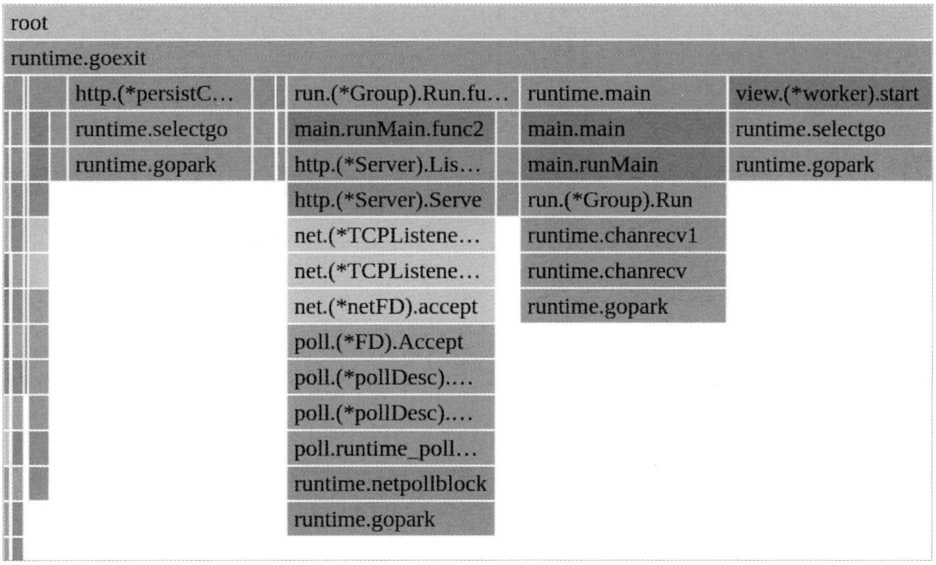

그림 9-13 [예제 4-1]의 labeler Sum 코드를 함수 단위로 분석하여 30초 간격의 fgprof 프로파일을 수행한 Flame Graph 뷰 화면

89 「오픈텔레메트리 페이지」, *https://oreil.ly/sPiw9*

90 「깃허브, felixge/fgprof」, *https://oreil.ly/4WWHN*

91 「깃허브, golang/go 중 proposal: net/http/pprof: provide a mechanism to render on /debug/pprof profiles than those that invoke pprof.NewProfile」, *https://oreil.ly/ri1Kb*

92 「깃허브, felixge/fgprof 중 '알려진 이슈들(Known Issues)'」, *https://oreil.ly/8Lk9t*

프로파일 결과를 보면, 가장 많은 휴지 시간을 야기하는 문제 부분은 labeler 서비스에서 시그널 인터럽트를 기다리거나 HTTP 요청을 대기하기 때문이라는 것을 빠르게 파악할 수 있다. 만약 labeler 프로그램이 서비스할 수 있는 요청의 유입 최대치를 더 증가시키려면, 그것은 labeler 프로그램 자체의 문제라기보다는 클라이언트가 요청을 충분히 빠르게 보내고 있는 것이 맞는지를 테스트하는 것이 더 합리적일 것이다.[93]

이번 절에서 배운 내용을 요약하면, 먼저 Go 언어 사용자 커뮤니티에서 일반적으로 가장 많이 사용되는 프로파일러의 구현체에 대해 살펴보았다.[94] 또한 오픈 소스는 아니지만 리눅스의 perf 프로파일러나 eBPF 기반 프로파일러들도 많다. 다만 해당 내용은 이 책의 범위를 벗어나므로 논외로 하였다. 대신 이 책에서 언급한 무료(오픈 소스) 도구들을 권한다. 명시적이고 사용하기 쉬우며 이해하기도 수월하다.

이제 Go 프로그램을 프로파일링할 때 유용하지만 잘 알려지지는 않은 도구들을 살펴보고 실습 사례도 확인해보자.

9.5 조언과 요령

프로파일링에 매우 유용한 고급 팁 세 가지를 더 설명하고자 한다. 이를 통해 소프트웨어의 병목 현상을 더욱 효과적으로 분석할 수 있을 것이다. 이제부터 한번 살펴보자.

9.5.1 프로파일 공유

일반적으로 개발자들은 특정 소프트웨어 프로젝트 하나만을 수행하지는 않는다. 보다 큰 조직에 소속되어 서로 다른 사람의 코드를 리뷰하는 등 서로 책임감을 분담한다. 때문에 업무를 공유할 때는 세심한 배려가 필요하다. 8.2.4절에서 언급한 대로, 자신의 팀과 기타 관련 구성원들에게 병목 현상의 발견과 그 원인을 분석한 결과를 보여주는 것은 중요하다.

---

93 이는 [예제 8-19]의 코드를 보면 확인할 수 있다. 여기에서 k6s 스크립트는 HTTP 호출을 통해 500밀리초를 대기하는 한 명의 사용자가 있음을 알 수 있다.

94 Go의 pprof 패키지에 포함된 threadcreate 프로파일링 기법에 대해서는 2013년 이후 손상된 사실이 발견되었기 때문에 이 책에서는 다루지 않았다(*https://oreil.ly/b8MpS*). 이는 향후에도 개선에 있어서 우선순위가 낮을 것으로 보인다.

우선 일반적인 업무 흐름에서 다수의 pprof 결과를 다운로드하고 점검한다. 이론적으로는 각각의 결과물들에 이름과 설명을 붙여서 혼동을 방지하고, 구글 드라이브나 슬랙 등을 통한 파일 공유 기능으로 다른 사람에게 전달한다. 하지만 이러한 방식은 사실 조금 번거롭다. 왜냐하면 수신자 입장에서는 pprof 파일을 다운로드하고, 다시 이를 go tool pprof 방식으로 직접 일일이 분석해야 하기 때문이다.

또 다른 대안은 프로파일의 스크린 숏을 공유하는 것이다. 하지만 이렇게 하려면 뷰의 일부분만을 선별해서 전달하게 되는데, 그러면 수신자 입장에서는 다소 의아할 수 있다. 사람마다 분석 시 선택하는 뷰와 값 형식이 서로 다르기 때문이다. 특히 샘플링 비율을 찾고 싶거나 일부 코드 부분에서 프로파일을 세밀하게 하고 싶은 경우도 있는데, 스크린 숏만 제공되면 여기 필요한 기능들에 관한 정보가 소실된다.

다행히 일부 웹 사이트에서는 pprof 파일을 저장하도록 하여 다른 사람 혹은 미래의 자기 자신이 분석할 때 굳이 해당 프로파일을 다시 다운로드할 필요가 없도록 해준다. 예를 들어 폴라 시그널스[95]는 무료 사이트인 pprof.me[96]를 운영 중이며, 여기에서 해당 기능을 사용할 수 있다. 프로파일을 업로드해 두면(참고로 전체 공개 방식으로만 지원한다), 해당 링크 파일을 구성원에게 전달하면 된다. 그러면 동료들은 이를 분석할 때 go tools pprof만 사용해서 결과 보고를 뷰 화면으로 볼 수 있다(9.2.2절 참고). 필자는 소속된 개발 부서에서 항상 이 방식을 사용한다.

9.5.2 지속적인 프로파일링

오픈 소스 생태계에서 지속적인 프로파일링은 2022년의 가장 유망한 주제가 아니었을까 싶다. 이는 Go 기반 프로그램에서 유용한 프로파일들을 수집할 때 일일이 수작업으로 하는 것이 아니라, 설정된 간격을 기반으로 매시간 자동으로 추출하는 것을 뜻한다.

대다수의 경우 효율성 문제는 프로그램이 동작하고 있는 원격지의 서버 환경에서 발생할 때가 많다. 특수한 형태의 과거 발생 이벤트여서 현시점에 재현해 보는 것이 어려운 경우가 많다. 이러한 상황에서 지속적인 프로파일링을 통해 항상 동작 중인 상태로, 과거 시점으로 거슬러 올라가 프로파일링 분석을 수행해보도록 해준다.

95 「Polar Signals 페이지」, *https://oreil.ly/HowVb*
96 *https://pprof.me*

예를 들어 CPU 사용량과 같은 시스템 자원 사용량이 증가한 상황을 가정해보자. 그렇다면 더 많은 자원을 사용하는 항목을 파악하기 위해 일회성 one-time 프로파일링을 수행하게 될 것이다. 이러한 작업을 항상 수행하는 것이 바로 지속적인 프로파일링이다. (중략) 시간 경과에 따라 이 모든 데이터를 수집한다면, 해당 버전의 프로세스 전체 수명을 새로 출시된 버전과 비교할 수 있다. 뿐만 아니라 서로 다른 두 시점을 비교할 수도 있다. CPU 또는 메모리 부분에 급격한 변동이 발생하는 지점이 있다고 가정해보자. 그 상황에서 프로세스의 코드 라인별로 무엇이 다른지 실제로 확인할 수 있을 것이다. 이처럼 굉장히 강력하면서도 기존에 존재하는 다른 관찰 가능성 도구들에 확장 플러그인 형태로 추가할 수 있는 방법이기 때문에 실행 중인 프로그램을 분석하는 데 있어 새로운 지평을 열어 줄 것이다.

- 프레더릭 브란치크 Frederic Branczyk,

「그라파나의 대규모 텐트: 프레더릭 브란치크와의 지속적인 프로파일링」[97]

지속적인 프로파일링은 최근 클라우드 기반의 오픈 소스 커뮤니티에서는 관찰 가능성 시그널의 네 번째 요소로 부각되는 상황인데, 아주 새로운 개념은 아니다. 2010년 구글의 강 런 Gang Ren을 포함한 연구진들이 논문「구글 전체 프로파일링: 데이터 센터를 위한 지속적인 프로파일링 인프라」[98]에서 제안했다. 이 논문에서는 프로파일링을 통해 소프트웨어 제품의 동작을 연속적으로 분석하되 심한 부하를 발생시키지 않고 효율성 최적화를 할 수 있도록 하는 구글의 기술들을 설명했다.

최근의 실정을 보면 해당 기술이 오픈 소스 기반 프로젝트들에서 매우 폭넓게 적용되고 있는 것으로 보인다. 필자는 지난 몇 년간 지속적인 프로파일링을 수행하는 도구들을 적용하여 다양한 Go 기반 서비스에 프로파일 분석을 수행했으며 이 작업을 좋아한다.

지속적인 프로파일링을 신속하게 구축하고자 한다면, 오픈 소스 프로젝트인 Parca[99]를 사용하면 된다. 대다수의 기능은 프로메테우스[100] 프로젝트와 유사하다. Parca는 Go로 작성된 단일 바이너리 실행 파일이다. 이 프로그램을 사용하여 일정 기간 간격으로 프로파일을 추출한 후 HTTP 핸들러를 사용하여 처리하고 내부 데이터베이스에 저장할 수 있다. 자세한 사용 방식은

---

97 「지속적인 프로파일링을 통해 리소스 사용량 추적, 레이턴시 단축 등을 지원하는 방법」, *https://oreil.ly/Jp9gQ*

98 「구글 전체 프로파일링: 데이터 센터를 위한 지속적인 프로파일링 인프라구글 전체 프로파일링: 데이터 센터를 위한 지속적인 프로파일링 인프라(Google-Wide Profiling: A Continuous Profiling Infrastructure For Data Centers)」, *https://oreil.ly/FbHY8*

99 「깃허브, parca-dev/parca」, *https://oreil.ly/X8003*

100 「프로메테우스 페이지」, *https://oreil.ly/2Sa3P*

9.3절에서 이미 설명했다. 그런 다음 프로파일 내부에서 필요한 정보를 검색할 수 있고, 특정 항목을 다운로드할 수도 있다. 또한 go tool pprof와 유사한 뷰어 도구가 내장돼 있어 이를 사용하여 직접 분석할 수도 있다.

지속적인 프로파일링은 어디서나 활용할 수 있다. 특정 제품이나 원격 환경, 또는 거시적 벤치마킹 환경에서도 클라우드 기반으로 작동하도록 할 수 있으며, 심지어 일반 노트북에서도 지속적인 프로파일링을 수행하도록 설정할 수 있다. 다만 8.1절에서 설명한 마이크로벤치마킹의 경우, 가능한 한 아주 작은 단위에서 전체 수행 기간 동안 프로파일링을 하는 것이므로, 해당 상황에서는 적절하지 않을 수 있다.

Parca를 사용하면 불과 몇 줄의 코드를 추가해서 [예제 8-19]의 labeler 매크로벤치마킹에 지속적인 프로파일링을 할 수 있다. 쉬운 YAML 형식의 환경 설정 파일을 만들기만 하면 된다. [예제 9-6]에서 관련 내용을 더 자세히 확인해보자.

예제 9-6 ┃ [예제 8-19]의 labeler 생성 및 k6 스크립트 실행 사이에서 지속적인 프로파일링 컨테이너를 실행하는 방법

```
labeler := ...

parca := e2e.NewInstrumentedRunnable(e, "parca").
    WithPorts(map[string]int{"http": 7070}, "http").
    Init(e2e.StartOptions{
        Image: "ghcr.io/parca-dev/parca:main-4e20a666",          ❶
        Command: e2e.NewCommand("/bin/sh", "-c",
            `cat << EOF > /shared/data/config.yml && \
    /parca --config-path=/shared/data/config.yml
object_storage:                                                  ❷
    bucket:
        type: "FILESYSTEM"
        config:
            directory: "./data"
scrape_configs:                                                  ❸
- job_name: "%s"
  scrape_interval: "15s"
  static_configs:
    - targets: [ '`+labeler.InternalEndpoint("http")+`' ]
  profiling_config:
    pprof_config:                                                ❹
      fgprof:
        enabled: true
```

```
        path: /debug/fgprof/profile
        delta: true
EOF
`),
        User: strconv.Itoa(os.Getuid()),
        Readiness: e2e.NewTCPReadinessProbe("http"),
    })
testutil.Ok(t, e2e.StartAndWaitReady(parca))
testutil.Ok(t, e2einteractive.OpenInBrowser("http://"+parca.Endpoint("http")))❺

k6 := ...
```

---

❶ e2e 프레임워크[101]는 컨테이너를 사용하여 모든 워크로드를 작동시킨다. 여기에서는 Parca 서버에 대해 수행할 것이다. 컨테이너의 이미지는 공식적인 프로젝트 페이지에서 제공하는 빌드 버전[102]을 사용했다.

❷ Parca 서버의 기본적인 환경 설정 내용은 크게 두 가지 부분으로 나뉜다. 첫 번째는 목적 저장소object storage 환경 설정이다. 이는 Parca의 데이터베이스를 내부적으로 저장할 파일 위치를 뜻한다. Parca 는 FrostDB columnar 저장 방식[103]을 사용한다. 이를 통해 디버깅 정보와 프로파일링 내용을 보관한다. 처리를 간단하게 하려면 로컬 파일 시스템을 예제의 기본 목적 저장소로 사용하도록 하면 된다.

❸ 두 번째로 중요한 설정 부분은 가져오기 설정이다. 이 부분은 특정 엔드포인트 부분을 프로파일링 추출 대상으로 지정하는 역할을 한다. 이 예제에서는 labeler의 로컬 네트워크상의 엔드포인트를 지정했다. 또한 15초 간격으로 프로파일링을 추출하도록 설정했다. 만약 제품이 사용되는 시점에 항상 처리하도록 하려면 이보다 넉넉한 간격(예 1분)으로 설정하기를 추천한다.

❹ 공통적인 프로파일링(힙, CPU, 고루틴 블록, 뮤텍스 등)의 경우 기본적으로 설정하도록 되어 있다.[104] 그러나 그밖의 다른 프로파일링 방법으로써 9.4.4절에서 다룬 fgprof 등의 경우 직접 설정을 해주어야 프로파일링이 적용된다.

❺ Parca가 시작되면 e2einteractive 패키지를 사용하여 Parca의 UI 화면을 조회할 수 있다. 프로파일링이 진행되는 동안 또는 k6 스크립트가 종료된 이후에 화면에 뷰어 형태로 조회가 가능하다.

---

101 「깃허브, efficientgo/e2e」, *https://oreil.ly/f0IJo*
102 「깃허브, parca-dev/parca」, *https://oreil.ly/ETsNV*
103 「깃허브, polarsignals/frostdb」, *https://oreil.ly/A9y23*
104 「깃허브, parca-dev/parca 중 관련 내용」, *https://oreil.ly/pcZmg*

이런 경우 지속적인 프로파일링 덕분에, 군이 벤치마크(k6 부하 테스트)가 완전히 종료될 때까지 기다릴 필요가 없다. UI 화면으로 바로 접속해서 15초 간격으로 모든 프로파일링 내용을 조회할 수 있다. 거의 실시간이다. 지속적인 프로파일링의 또 다른 특장점은 시간이 지남에 따라 각 프로파일에서 가져온 모든 샘플 값의 합계에서 메트릭을 추출할 수 있다는 것이다. 예를 들어 Parca는 주기적으로 heap inuse_alloc 프로파일(그림 9-9 참고)에서 가져온 labeler 컨테이너의 힙 메모리 사용량 그래프를 시간에 따라 제공한다. [그림 9-14]에 표시된 결과는 6.3.3절에서 언급한 go_memstats_heap_total 메트릭 값과 거의 유사한 결과를 냈어야 한다.

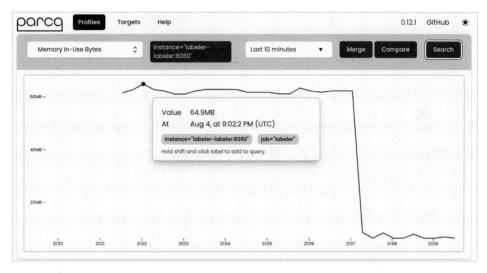

그림 9-14 [그림 9-9]의 labeler 프로그램 중 inuse_alloc 프로파일을 시간대별로 수행한 결과를 Parca UI로 조회한 화면

이제 그래프에서 해당 샘플을 선택할 수가 있고, 해당 프로파일의 스냅샷이 발생한 시점이 선별된다. 특히 지속적인 수집을 한 덕분에 여러 선택지 중 가장 흥미로운 시간대를 고를 수 있다. 메모리 사용량이 가장 큰 순간을 찾으면 될 것이다. 해당 지점을 클릭하면 Flame Graph 형태로 대상 프로파일링 결과물을 조회할 수 있다. [그림 9-15]가 그 예다.

그림 9-15 [그림 9-4]에서 특정 프로파일을 선택한 경우 보이는 Parca UI의 Flame Graph 예시(참고로 Parca에서는 이를 Icicle Graph라고 지칭한다)

앞서 go tool pprof 도구의 Flame Graph에 대해서 다루었다. 하지만 Parca 프로젝트의 운영진들은 Flame Graph와는 사뭇 다른 형태의 스타일을 사용하기로 결정한 듯하다. 하지만 프로파일링 관련 분야의 다양한 도구와 마찬가지로 거의 동일한 의미를 내포하고 있다. 그렇기 때문에 Parca의 UI와 같은 다른 양식을 보더라도 go tool pprof에서 사용한 것과 같은 분석 방법을 적용하면 무리가 없을 것이다.

프로파일 보기 메뉴에서 특정 항목을 선택한 후 pprof 파일로 다운로드할 수 있다. 9.5.1절에서 설명한 것처럼 해당 파일을 공유할 수도 있다. 또한 뷰에서 필터를 적용하거나 다른 방식의 뷰를 선택할 수도 있다. 특정 시점에 힙 내부의 활성 상태 객체에 영향을 미친 함수에 대하여 Flame Graph 방식으로 확인할 수도 있다. 그러나 이와 같은 작업은 수작업으로는 일일이 추출하기가 결코 쉽지 않을 것이다. 한편 [그림 8-5]에서는 흥미로운 이벤트가 발생한 직후에 이를 직접 추출하는 방법으로 실습을 했다. 그래서 alloc_space를 사용하여 프로그램이 실행된 후 전체 할당 작업의 총량을 계산했다. 하지만 만약 프로세스가 동작하는 시간이 너무 길어질 경우, 이러한 작업 방식은 관찰하고 싶지 않은 부분까지 전부 조회해야 하기 때문에 번거롭다. 설상가상으로 프로세스가 패닉 또는 OOM 등의 특정 상황으로 인해 재시작되는 상황이라면, 재시작 이후의 힙 프로파일링 정보는 아무런 쓸모가 없게 된다. 이러한 문제점들은 현시점 혹은 특정 시점에 대한 프로파일링 정보만을 보여주는 모든 방식이 공통으로 갖는 한계다. 고루틴이나 CPU, 기타 자체 제작 파일 디스크립터 프로파일링에서도 마찬가지일 것이다.

바로 이럴 때 지속적인 프로파일링이 절실해진다. 그러면 관심 있는 이벤트가 발생하는 시점을 언제든지 확인할 수 있고, UI 화면으로 신속하게 접근 가능하며, 효율적으로 병목 현상을 분석할 수 있을 것이기 때문이다. 예를 들어 [그림 9-15]에서 bytes.Split이 현시점에 힙 영역의 메모리를 가장 크게 소모하는 함수라는 것을 확인할 수 있다.

> **CAUTION** **지속적인 프로파일링을 수행할 때 발생하는 과부하**
>
> 필요한 상황마다on-demand 프로파일을 수행하기 위해서는 Go 프로그램 구동 시 부하를 발생시킬 수밖에 없다. 따라서 주기적으로 다수의 프로파일을 추출하는 경우 애플리케이션 동작에 지속적인 부하를 주게 되므로, 예측 가능한 수준 이하로 효율이 떨어지지 않도록 주의하는 것이 좋다.
>
> 그러려면 해당 프로그램에서 프로파일링 수행에 수반되는 부하가 어느 정도인지를 파악하는 것이 좋다. 표준 Go 프로파일링 도구는 기본적으로 단일 프로세스에 대하여 5% 이상의 CPU 부하를 유발하지 않도록 설계돼 있다. 다만 이는 지속적인 프로파일링 설정 간격을 조절하거나 샘플링 수치를 변경함으로써 바뀔 수 있다. 대규모 개발 환경의 경우 수집에 필요한 비용을 분할하여 계산하기 위해 여러 가지 동일한 복제본 중 하나만 선택하여 프로파일을 수행하는 방법[105]도 유용하게 사용된다.
>
> 레드햇Red Hat[106]의 인프라에서는 1분 간격으로 항상 지속적인 프로파일링을 실행하고, 며칠 분량의 프로파일만 유지하도록 하고 있다.

요약하면 지속적인 프로파일링을 수행하여 운영 중인 Go 프로그램이 향후에도 지속적으로 효율성 향상에 도움이 되는 단서를 찾을 수 있도록 하는 것이 좋다. Parca는 오픈 소스 프로젝트 중 하나의 예시고, 그밖에 다른 오픈 소스나 상용 프로그램[107]도 존재하며, 이들은 거의 유사한 작업을 수행할 수 있다. 어쨌든 프로파일링의 매력에 중독되면 헤어 나올 수 없으므로 주의하는 것이 좋다.

---

105 「Go 프로그램의 지속적인 프로파일링」, *https://oreil.ly/yAACa*

106 「깃허브, rhobs/configuration」, *https://oreil.ly/6CSV7*

107 상용 프로그램을 몇 가지 소개하자면, 플레어(*https://oreil.ly/Ru0Hu*), 파이로스코프(*https://oreil.ly/eKyK7*), 구글 클라우드 프로파일러(*https://oreil.ly/0GoVR*), AWS 코드구루 프로파일러(CodeGuru Profiler, *https://oreil.ly/urVE0*), 데이터독의 지속적인 프로파일러(*https://oreil.ly/El7zq*) 등이 있다.

9.5.3 프로파일 비교 및 집계

pprof 형식에는 굉장히 흥미로운 특징이 한 가지 더 있다. 다수의 프로파일에 대하여 내용을 집계하거나 상호 비교할 수 있도록 설계되어 있다는 것이다.

프로파일 차이 비교하기

하나의 프로파일에서 다른 프로파일에 뺄셈 연산을 수행할 수 있다. 이 기능을 사용하면 불필요한 정보를 제거하고 관심을 두고자 하는 특정 이벤트 혹은 컴포넌트 부분에 집중하여 분석을 진행할 수 있다. 예를 들어 A라는 이벤트와 B라는 이벤트가 있었고, 이때 부하 테스트를 동시에 수행하여 해당 Go 프로그램에 대한 힙 프로파일링 결과를 확보했다고 가정하자. 이후 해당 힙 프로파일링에서 두 번째 프로파일만큼을 제거한다면, 동일한 Go 프로그램이 B 이벤트 상황에서 발생했던 부하들이 제거되는 것이므로, 순전히 A 이벤트로 인해 발생한 내용만 파악할 수 있게 된다. go tool pprof 도구는 이렇게 차이를 드러내게 만드는 기능을 제공하는 데 -base 옵션을 이용하면 된다. 예를 들어 go tool pprof -base=ff.pprof fd.pprof와 같이 입력하면 된다.

여러 프로파일 서로 비교하기

비교[108]란 앞서 설명한 뺄셈 연산과 유사하다. 다만 일치하는 값들을 제거하는 것이 아니라, 각 프로파일 사이에서 서로 제외되거나 추가된 부분의 차이^{delta} 값을 보여주는 것이다. 이 기능은 최적화 작업을 수행하기 전과 후에 특정 함수가 영향을 미치는 정도의 차이를 확인하고자 할 때 유용하다. go tool pprof 명령어를 통해 비교하려면 -diff_base 옵션을 사용하면 된다.

여러 프로파일 병합하기

커뮤니티에 많이 알려져 있지는 않지만, 다수의 프로파일 결과물을 하나로 병합하는 작업도 가능하다. 병합 기능을 통해 현재 상황을 나타내는 프로파일들을 결합할 수 있기 때문이다. 예를 들어 수십 개의 짧은 CPU 사용 시간 프로파일을 하나의 프로파일로 병합해서, CPU가 장시간 수행한 작업을 확인할 수 있다. 또는 다양한 시점에서 힙 객체의 프로파일링 정보를 통합해서 프로파일링 결과를 집계할 수도 있다.

---

108 「깃허브, google/pprof 중 여러 프로파일 서로 비교하기(Comparing profiles)」, _https://oreil.ly/NHfZP_

go tool pprof 명령어에서는 이 기능을 직접 지원하지는 않는다. 하지만 여러분이 직접 Go 프로그램을 작성하여 이러한 기능을 만들 수 있다. google/pprof/profile.Merge 함수[109]를 한번 사용해보기를 권한다.

필자는 과거 이러한 기능들을 거의 사용하지 않았다. 왜냐하면 go tool pprof 도구를 사용하여 다수의 pprof 파일을 직접 처리하는 것이 혼동을 주었기 때문이다. 하지만 Parca와 같은 더 진보된 프로파일링 도구를 사용하게 되면서 이러한 생각이 바뀌었다. [그림 9-14]에서 본 것처럼, 비교^{Compare} 버튼이 존재하며 이를 통해 손쉽게 두 개의 특정 프로파일을 비교할 수 있다. 또한 병합^{Merge} 버튼을 사용하면 지정한 시간 범위 내의 모든 프로파일을 통합하여 하나의 프로파일로 만들어준다. UI 화면을 사용함으로써 훨씬 더 쉽게 프로파일을 선택하고 필요한 비교 및 집계 작업을 굉장히 쉽게 수행할 수 있다.

9.6 마치며

Go에 대한 프로파일링은 범위를 어떻게 설정하느냐에 따라 미묘한 차이가 있을 수 있지만, 기본 사항만 잘 숙지한다면 활용하기가 그리 어렵지 않을 것이다. 이번 9장에서는 일반적인 프로파일링 도구를 사용하여 자료를 추출하고 패턴을 파악하는 과정과 함께 pprof 형식을 통해 표준 시각화 기술에 이르는 모든 프로파일링 과정을 살펴봤다. 마지막으로 지속적인 프로파일링과 같은 고급 기술에 대해서도 다루었다. 하지만 무엇보다 직접 실습해보는 것이 가장 중요하다.

> **TIP** 의문을 가지기 전에, 프로파일링부터 하자.
> 매일 최적화를 수행하며, 가능하면 항상 어떤 형태로든지 프로파일링하기를 권한다. 일단 프로그램에 관한 프로파일 데이터를 먼저 추출한 후, 과연 어느 코드가 속도 저하를 일으키거나 메모리를 낭비하는지에 관한 궁금증은 그다음에 탐구하면 된다.

---

109 「깃허브, google/pprof 중 관련 내용」 *https://oreil.ly/bvoSL*

프로파일링 영역의 혁신이 찻잔 속 태풍은 아닐 것이라고 믿는다. pprof와 같은 효율적인 프로파일링 형식 덕분에 다양한 도구 간의 호환성을 담보할 수 있으며, 더욱 다양한 프로파일링 도구와 UI 화면, 유용한 시각화 자료들이 큰 도움이 될 것이다. 6장에서 설명한 다양한 관찰 가능성 시그널 사이의 상관관계도 분석할 수 있다.

또한 오픈 소스 생태계에서 더 많은 eBPF 프로파일링 방법이 등장하고 있기 때문에 어떤 프로그래밍 언어든 상관 없이, 더 쉽고 균일한 방법으로 프로파일링을 수행할 수 있게 됐다. 그러므로 다른 기술을 접할 때 마음을 열고 다양한 도구 사용을 시도해 보기를 권한다. 특히 독자 개인과 각자가 속한 조직에 가장 적합한 도구가 무엇인지 찾아보기를 바란다.

CHAPTER **10**

최적화 예제

이제 이전 장들에서 배웠던 모든 도구, 기술, 지식을 모아서 최적화를 수행해보자. 10장에서는 몇 가지 예제를 통해 실용적인 최적화 흐름을 더 제대로 알아볼 것이다.

먼저 [예제 4-1]에서 단순하게 구현된 Sum을 최적화할 것이다. 이를 통해 TFBO(3.6절 참고)가 효율성에 대한 필요조건 세 가지를 어떻게 적용하는지 살펴본다.

> 최적화인지 아닌지는 전적으로 코드에 달려 있기 때문에 일반화하기 어렵다. 그래서 이에 관해서는 각 시간을 측정할 수 있을 뿐이고 절대적인 판단을 해선 안 된다.
>
> – 바르토슈 아담체프스키(Bartosz Adamczewski)의 트위터(2022)[1]

여기서 언급할 최적화 사례들은 11장에 요약된 몇 가지 최적화 패턴의 기초가 될 것이다. 기존의 수천 가지 최적화 사례는 각각 고유하고 서로 다르기 때문에 그것들을 그대로 학습하는 것은 유용하지 않다. 컴파일러와 언어는 지속적으로 변화하며 수천 가지의 최적화를 하나하나 시도하는 무차별 대입[brutal-force]은 효과적인 방법이 아니다.[2] 대신 지식, 도구, 실습을 전달하는 데 초점을 맞춰서 더 효율적인 문제 해결책을 찾도록 할 것이다.

> **TIP** 특정한 최적화에 초점을 두지 말자(**예** 특정 알고리즘이나 코드의 변화 시도). 대신 해당 변화를 시도한 방법과 먼저 최적화할 특정 코드를 찾는 방법, 해당 변화에 관한 평가 등을 기억하고 다음에도 적용할 수 있도록 하자.

우선 3개의 문제를 바탕으로 'Sum 예제'를 소개하며 10장을 시작한다. 그리고 나서 10.2절에선 Sum을 통해 레이턴시 최적화, 10.3절에서는 메모리 사용 최적화, 10.4절에서는 동시성을 활용한 레이턴시 최적화를 수행할 것이다. 마지막으로 10.5절에서 목표를 달성할 수 있는 다른 방식들을 언급할 예정이다.

---

1 「바르토슈 아담체프스키(Bartosz Adamczewski)의 트위터」, *https://oreil.ly/oW3ND*
2 예를 들어 Go 1.20에서 strconv.ParseInt 최적화가 제공된다는 사실을 이미 인지하고 있으며, 이를 통해 [예제 4-1] 코드의 메모리 효율을, 필자 입장에서는 거의 최적화하지 않고 바꿀 것이다.

10.1 Sum 예제

[예제 4-1] 파일에 제공된 많은 양의 정수를 합산하는 간단한 Sum 구현체를 소개한 바 있다.[3] 지금까지 이 책에서 설명했던 모든 내용을 학습하여 [예제 4-1]을 최적화하는 데 이용해본다. 3.3.2절에서 살펴본 것처럼 단순히 최적화만 해서는 안 된다. 마음속에 몇 가지 목표를 염두에 두고 진행해야 한다. 이를 바탕으로 10.1절에서는 효율성 최적화 흐름을 3번 반복할 것이며, 그때마다 다음과 같이 서로 다른 3개의 필요조건을 적용할 것이다.

- 최대 1개의 CPU를 사용해서 달성하는 더 낮은 레이턴시
- 메모리의 최소량
- 작업 진행 시 사용하는 4개 CPU 코어에서 달성하는 더 낮은 레이턴시

'더 낮은' 혹은 '최소한'이라는 용어는 전문적이지 않다. 이상적으로 RAER와 같이 작성된 형식에서는 구체적인 특정 숫자를 목표로 잡는다. 신속한 빅오$^{Big\,O}$ 분석은 Sum 런타임 복잡도가 최소 $O(N)$이라는 사실을 알려준다. 그런데 총합을 계산하기 위해서는 최소 한번은 모든 코드 라인을 다시 들여다봐야 한다. 따라서 문제가 생기는 부분은 입력에 의존한다는 말이므로 'Sum은 100밀리초보다 빨라야 한다'와 같은 절대적인 레이턴시 목표는 실용적이지 않을 것이다. 항상 레이턴시 목표를 방해할 만한, 충분히 큰 입력을 찾을 수 있기 때문이다.

이 문제를 해결하기 위한 첫 번째 방식은 몇 가지 가정과 레이턴시 목표를 설정하고 가능한 가장 큰 입력을 명시하는 것이다. 두 번째 방식은 필요한 런타임 복잡도를 입력에 따라 달라지는 함수(즉 처리량)로 정의하는 것이다. 후자로 진행할 때는 Sum에 대한 분할 상환 레이턴시 함수[4]를 명시하자. 메모리로도 같은 작업을 할 수 있다. 이를 통해 더 구체적으로 목표를 설정할 수도 있다. 시스템 설계 이해 당사자가 특정 하드웨어에 맞게, [예제 4-1]에서 Sum에 대한 다음과 같은 목표를 제시했다고 가정해보자.

- 최대 1개의 CPU를 사용해서 코드 한 줄당 10나노초(10 * N 나노초)의 최대 레이턴시
- 어떠한 입력에서 힙에 할당되는 최대 10KB의 메모리 혹은 그 이상의 레이턴시
- 최대 4개의 CPU를 사용해 코드 한 라인당 2.5나노초(2.5 * N 나노초)의 최대 레이턴시

---

3 필자의 입력 파일을 참고하고 싶다면 입력(input)을 생성하기 위해 사용했던 코드의 링크(https://oreil.ly/0SMxA)를 살펴보자.
4 옮긴이 주_연산을 수행할 때 연산의 평균적인 수행 시간을 측정하는 레이턴시 함수

TFBO 절차 이후의 최적화를 진행하기 전 기준점을 정해야 한다. 다행히 이미 8.1.1절에서 Sum 코드에 대한 벤치마크 디자인을 논의했다. 그래서 최적화 진행 단계에서 벤치마크에 [예제 8-13]을 사용할 것이다. 1개의 CPU로 제한하고 200만 개의 정수 입력 파일에 5개의 10초짜리 벤치마크들을 수행하기 위해 [예제 10-1]에 만들어진 코드를 사용했다.

예제 10-1 벤치마크에 적용하는 명령어

```
export ver=v1 && go test -run '^$' -bench '^BenchmarkSum$' \
    -benchtime 10s -count 5 -cpu 1 -benchmem \
    -cpuprofile=${ver}.cpu.pprof -memprofile=${ver}.mem.pprof | tee ${ver}.txt
```

[예제 4-1]에서 앞선 벤치마크는 101밀리초, 60.8MB의 할당 공간, 실행당 160만 개의 할당량의 결과를 낸다. 그러므로 이제 이를 베이스라인으로 사용할 예정이다.

10.2 레이턴시 최적화하기

목표는 명확하다. [예제 4-1]에 있는 Sum을 빠르게 만들어 최소 10 * N 나노초에서 처리량을 달성해야 한다. 베이스라인 결과는 50 * N 나노초가 나온다. 이제 빠른 최적화가 가능한지 알아보겠다.

병목 분석을 하는 가장 좋은 방법은 9장에서 설명한 프로파일들을 사용하는 것이다. [예제 8-4]의 모든 벤치마크에서 CPU 프로파일을 가져왔다. [그림 10-1]에 나타난 것처럼 CPU 시간에 대한 Flame Graph를 빠르게 불러올 수 있었다.

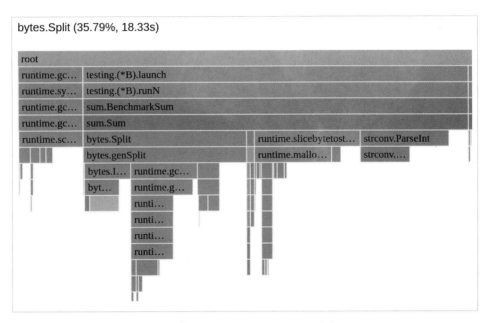

그림 10-1 함수 단위로 나타낸, [예제 4-1] CPU 시간의 Flame Graph 뷰 화면

프로파일링은 상황에 대한 훌륭한 개요를 보여준다. 프로파일링으로 CPU 사용에 있어 명확하면서 중요한 네 가지 항목들을 확인한다.

- bytes.Split
- strconv.ParseInt
- runtime.malloc으로 끝나는 runtime.slicebytetostr 런타임 함수(메모리 할당에 많은 CPU 시간을 사용한다는 의미)

- runtime.gcBgMarkWorker 런타임 함수, 즉 가비지 컬렉터가 실행되는 것을 의미한다.

CPU 프로파일은 CPU 사용량을 줄일 수 있는 기능 목록을 제공한다. 그러나 9.4.4절에서 설명했듯이 CPU 시간은 여기에서 병목이 아닐지도 모른다. 그러므로 CPU에서 병목이 발생하는지, 입출력에서 병목이 발생했는지 혹은 두 개가 합쳐져 병목 현상이 생겼는지 먼저 확인해야 한다.

이를 확인하는 첫 번째 방법은 수동으로 소스 코드를 읽는 것이다. [예제 4-1]에서 유일한 외부 매체는 바이트를 읽을 때 사용하는 파일이다. 나머지 코드는 메모리와 CPU를 사용하여 계산만 수행해야 한다.

해당 방식은 CPU와 입출력을 모두 최적화해야 하는 작업이다. 그렇다면 파일 입출력 최적화를 먼저 해야 할까, 아니면 CPU 시간을 먼저 최적화해야 할까?

이 문제의 해답은 데이터 기반에 있다. 9.4.4절에서 다뤘던 고루틴 프로파일(fgprof)로 CPU 레이턴시와 CPU 외 시간$^{\text{Off-CPU Time}}$ 레이턴시를 모두 확인하자. Go 벤치마크를 통해 얻으려면 [예제 10-2]처럼 fgprof 프로파일로 [예제 8-3]에 있는 벤치마크를 빠르게 래핑^{wrapping}하면 된다.

예제 10-2 fgprof 프로파일링으로 된 Go 벤치마크

```
// BenchmarkSum_fgprof recommended run options:
// $ export ver=v1fg && go test -run '^$' -bench '^BenchmarkSum_fgprof' \
//    -benchtime 60s  -cpu 1 | tee ${ver}.txt                          ❶
func BenchmarkSum_fgprof(b *testing.B) {
    f, err := os.Create("fgprof.pprof")
    testutil.Ok(b, err)

    defer func() { testutil.Ok(b, f.Close()) }()

    closeFn := fgprof.Start(f, fgprof.FormatPprof)
    BenchmarkSum(b)                                                    ❷
    testutil.Ok(b, closeFn())
}
```

---

❶ 더 믿을 만한 결과를 얻기 위해서는 5초 이상의 더 긴 방법으로 측정해야 한다. 확실하게 하려면 60초 동안 측정하는 것이 가장 좋다.

❷ 코드를 재사용하고 가독성을 높이기 위해서는 [예제 8-13]에서와 동일하나 fgprof 프로파일로 래 핑된 벤치마크를 수행하면 된다.

[그림 10-2]는 60초 후 fgprof.pprof 프로파일한 결과를 보여준다.

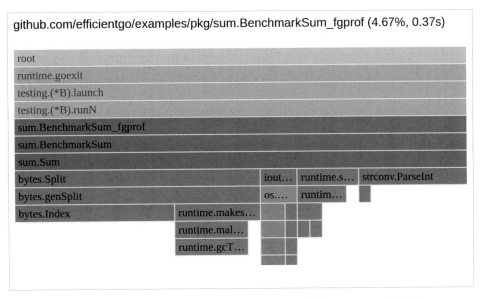

그림 10-2 [예제 4-1]에서의 CPU 시간과 CPU 외 시간을 함수 단위로 나타낸 Flame Graph 뷰 화면

전체 고루틴 프로파일을 보면 작업량이 I/O 시간(5%[5])과 CPU 시간(대부분)의 혼합임을 알 수 있다. 그래서 어떠한 부분에서 파일 I/O에 의한 레이턴시에 대한 우려를 놓지 않으면, 우 선 CPU 시간을 최적화할 수 있다. 우선 가장 큰 병목에 집중하고 최적화 작업을 해보자. [그림 10-1]에서 확인할 수 있듯 Sum CPU 시간의 36%는 bytes.Split 함수가 차지하고 있다.

> **TIP** **한 번에 한 가지를 최적화하자.**
> [그림 10-1]에서 네 가지의 주요 병목 지점을 찾을 수 있었다. 그러나 [예제 10-3]의 첫 번째 최적화에서 가 장 큰 병목에 집중하는 방향을 택했다.

---

5 [그림 10-2]에는 전체 샘플의 0.38%에 해당하는 ioutil.ReadFile 지연 시간을 보여주는 작은 세그먼트가 있다. ReadFile을 펼치 면 sum.BenchmarkSum_fgprof가 월 단위 전체 시간의 4.67%(나머지는 벤치마킹과 CPU 프로파일링이 차지)를 차지한다는 점을 감 안할 때 syscall.Read(I/O 레이턴시로 가정할 수 있음)는 0.25%가 걸린다. 한편 (0.25 * 100%)/4.67은 5.4%와 같다.

한 번에 하나의 최적화를 반복하는 것은 중요하다. 가능한 모든 병목을 한 번에 최적화하는 것보다 느리다고 느낄 수 있지만, 실전에서는 하나씩 하는 것이 더 효과적이다. 각 최적화는 다른 최적화에 영향을 줄 수도 있으며, 미지의 최적화를 더 끌고 올 수도 있다. 여러 프로파일 사이에서 기여 비율을 비교하는 것과 같은 방식으로 더 믿을 수 있는 결론을 도출할 수 있다. 게다가 만일 첫 번째 병목을 최적화하는 것으로 요구 사항을 충족한다면, 굳이 4개의 병목을 없애야 할 필요는 없다.

10.2.1 bytes.Split 최적화하기

bytes.Split에서 CPU 실행 시간이 사용됐는지 확인하기 위해서는 해당 함수가 무엇을 하고, 어떻게 작동하는지 이해하려고 노력해야 한다. bytes.Split의 정의[6]는 잠재적인 다중 문자 구분자^{seperator} sep로 큰 바이트 슬라이스를 더 작은 슬라이스로 나눈다. [그림 10-1] 프로파일을 살펴보고 Refine 옵션을 사용해 byte.Split을 집중적으로 파헤치자. 그러면 bytes.Index[7]를 볼 수 있으며 makeslice와 runtime.gcWriteBarrierDX와 같은 함수와 관련된 할당과 가비지 컬렉션에 영향을 줄 수 있다. 추가로 bytes.Split에 사용된 genSplit[8]에 Go 소스 코드를 조사해 어떻게 그것이 구현됐는지 확인할 수 있다. 다만 이런 작업은 bytes.Split이 수행하긴 하지만 지금 다루는 사례에는 필요 없는 사항이 포함된 경우도 있다.

- genSplit은 먼저 슬라이스를 살피고 얼마나 많은 슬라이스를 가질지 계산[9]한다.
- genSplit은 결과를 입력하기 위해 2차원의 바이트 슬라이스[10]를 할당한다. 이런 방식은 2만 개의 라인을 갖고 있는 거대한 7.2MB 바이트 슬라이스에서, 이에 대해 하나의 슬라이스를 할당하기 때문에 실로 어마어마한 규모라고 볼 수 있다. 많은 메모리가 하나의 코드 라인에 할당되어 있는 상태를 메모리 프로파일로 확인할 수 있다.[11]
- genSplit은 프로파일에서 보았던 것처럼 bytes.Index를 이용해 200만 번 반복하게 될 것이다. 여기서 200만 번은 다음 구분자 때까지 코드를 실행하고 바이트를 모으는 횟수다.

---

6 「깃허브, go/src/bytes/bytes.go 중 관련 내용」, *https://oreil.ly/UqAg8*
7 「깃허브, go/src/bytes/bytes.go 중 관련 내용」, *https://oreil.ly/DQrCS*
8 「깃허브, go/src/bytes/bytes.go 중 관련 내용」, *https://oreil.ly/pCMH1*
9 「깃허브, go/src/bytes/bytes.go 중 관련 내용」, *https://oreil.ly/Wq6F4*
10 「깃허브, go/src/bytes/bytes.go 중 관련 내용」, *https://oreil.ly/YzXdr*
11 더 나아가 9.4.1절에 나온 프로파일의 Heap을 사용하면 테스트에서 실행당 전체 6.8MB 할당량의 78.6%가 bytes.Split에 의해 생기는 것을 알 수 있다.

- Bytes.Split에서 구분자는 다중 문자이며 다중 문자는 더 복잡한 알고리즘을 요구한다. 그러나 한 개의 코드 라인으로 이루어진, 간단한 개행문자 구분자가 새롭게 필요하다.

하지만 이 정도로 성숙한, 표준 라이브러리 함수를 분석하는 작업은 Go에 입문한지 얼마 되지 않은 개발자들에게 어렵게 느껴질 수 있다. CPU 실행 시간 또는 메모리 사용량의 어떤 부분이 과한지, 과하지 않은지 어떻게 알 수 있을까?

해당 질문의 답을 찾기 위해서는 알고리즘 설계 단계로 돌아가서 Sum 문제에 맞게 조정된 선 분할 알고리즘을 설계해야 한다. 간단하고 효율적인 알고리즘이 어떻게 생겼는지 알아보는 데 흥미를 느낀다면 기존 구현들에도 도전할 수 있다. 실제로 [예제 4-1]에 적용될 수 있는 매우 간단한 흐름이 있다. [예제 10-3]에서 확인해보자.

예제 10-3 Sum2는 bytes.Split의 CPU 병목을 최적화한 [예제 4-1]

```go
func Sum2(fileName string) (ret int64, _ error) {
    b, err := os.ReadFile(fileName)
    if err != nil {
        return 0, err
    }

    var last int                                              ❶
    for i := 0; i < len(b); i++ {
        if b[i] != '\n' {                                     ❷
            continue
        }
        num, err := strconv.ParseInt(string(b[last:i]), 10, 64)
        if err != nil {
            return 0, err
        }

        ret += num
        last = i + 1
    }
    return ret, nil
}
```

---

❶ 마지막으로 보이는 개행문자의 인덱스를 기록하고 1을 더한다. 이러한 방식은 개행문자가 어디서 시작되는지 보여준다.

❷ bytes.Split과 비교하면 새로운 구분자는 개행문자로 하드 코딩할 수 있다. 한번의 루프 반복에서 b 바이트 슬라이스를 재사용하면서 전체 라인을 확인할 수 있고 정수를 파싱하고 합을 수행한다. 이 알고리즘은 종종 '올바른 곳에^{in place}' 있다고 불린다.

어떠한 결론에 이르기 전에 새로운 알고리즘이 기능적으로 작동하는지 확인할 필요가 있다. 유닛 테스트를 이용해 이를 성공적으로 증명한 이후에 [예제 8-13]에서 Sum 대신 Sum2 함수를 실행해 효율성을 측정했다. 결과는 50밀리초가 걸렸고 12.8MB 정도의 할당량이 부여되며 긍정적으로 나타났다. Sum2는 bytes.Split과 비교하면 78% 더 적은 메모리를 사용해 50% 감소된 작업을 수행했다. bytes.Split이 CPU 실행 시간의 최대 36% 그리고 메모리 할당량의 78.6%를 차지했다는 것을 감안하면 이번 개선은 코드로부터 병목을 완벽하게 없앴다고 말할 수 있다.

> **NOTE_ 표준 라이브러리는 모든 경우에서 완벽하지 않을 수 있다.**
>
> 앞서 진행했던 최적화 예시에서는 bytes.Split 함수가 해당 작업에서 맞지 않은 함수라고 설명했다. 그렇다면 왜 bytes.Split 자체를 최적화할 수는 없을까?
>
> bytes.Split과 인터넷에서 가져왔을지 모르는 다른 표준 혹은 사용자 정의 함수들은 요구 사항에 맞게 조정된 알고리즘만큼 효율적일 수 없다는 것이 답이다. 자주 사용되는 이러한 함수들은 무엇보다도 사용자가 가지고 있지 않을 수 있는 다중 문자 구분자 등의 다양한 엣지케이스에서도 믿을 수 있어야 한다. 이러한 함수들은 여기서 다루는 예제보다 더 복잡한 경우에 맞도록 최적화된 경우가 많다.
>
> 물론 지금 불러온 모든 함수를 새로 작성해야 한다는 이야기는 아니다. 임계 경로를 위해 조정된 구현을 제공함으로써 효율성을 쉬이 높일 가능성이 있다는 사실을 인식해야 한다. 그럼에도 표준 라이브러리처럼 잘 알려져 있고 실전에서 많이 사용된 코드를 사용해야 한다. 대부분 그것으로 충분하다.

[예제 10-3] 최적화는 아직 최종 결과물이 아니다. 처리량을 개선하는 동안 25 * N 나노초가 걸렸는데, 목표와는 거리가 먼 수치다.

10.2.2 runtime.slicebytetostring 최적화하기

[그림 10-3]에서 확인할 수 있듯이 [예제 10-3] 벤치마크에서의 CPU 프로파일은 다음 병목 현상에 관한 약간의 개요를 보여준다.

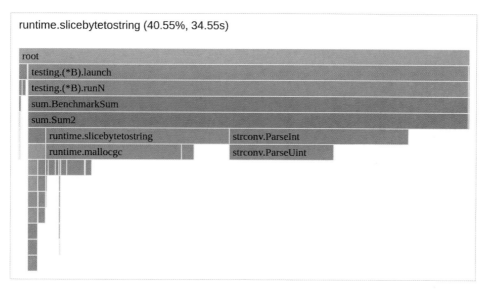

그림 10-3 함수 단위로 [예제 10-3] CPU 실행 시간의 Flame Graph 개요

다음 병목으로 대부분의 CPU 실행 시간을 메모리를 할당하는 데 사용하는 이상한 runtime. slicebytetostring 함수를 살펴보자. Source 뷰 혹은 Peek 뷰에서 이 함수를 찾아보면, num, err := strconv.ParseInt(string(b[last:i]), 10, 64)라는 코드가 눈에 띈다. 유일하게 동적으로 처리되는 것은 b 바이트 슬라이스 서브슬라이싱과 문자열로의 변환이다. 그리고 조금 더 들어가 보면 문자열 변환은 여기에서 비용이 많이 든다고 할 수 있다.[12]

흥미로운 점은 string[13]이 Cap 필드(string의 용량은 항상 길이와 같다)가 없는 본질적으로 특수한 바이트 슬라이스[14]라는 것이다. 결과적으로 처음에는 Go 컴파일러가 여기에 많은 시간과 메모리를 쓴다는 사실에 놀랄 수도 있다. 그 이유는 string(<byte slice>)가 같은 개수의 요소로 새 바이트 슬라이스를 생성하고 이 모든 바이트를 새 바이트에 복사한 다음 이를 통해 문자열을 반환하는 것과 같기 때문이다. 복사를 하는 주된 이유는 string 타입이 설계상 불변[15]이기 때문에, 잠재적인 경합 걱정 없이 모든 함수가 사용할 수 있기 때문이다. 그러나 이보다 []byte를 string으로 변환하는 비교적 안전한 방법이 있다. [예제 10-4]를 참고하자.

---

12 해당 내용을 프로파일에서 'runtime.slicebytetostring' 함수 이름으로부터 추론할 수 있다. 또한 해당 라인을 세 개의 라인(첫 번째 라인은 문자열 변환, 두 번째 라인은 서브슬라이싱, 세 번째 라인은 파싱 함수를 적용하는 것)로 나눌 수 있다.

13 「Go 문서, reflect 중 type StringHeader」, *https://oreil.ly/7dv5w*

14 「Go 문서, reflect 중 type SliceHeader」, *https://oreil.ly/fYwwq*

15 「Go 프로그래밍 언어 스펙 문서, String types」, *https://oreil.ly/I4fER*

```go
// import "unsafe"

func zeroCopyToString(b []byte) string {
    return *((*string)(unsafe.Pointer(&b)))                    ❶
}

func Sum3(fileName string) (ret int64, _ error) {
    b, err := os.ReadFile(fileName)
    if err != nil {
        return 0, err
    }

    var last int
    for i := 0; i < len(b); i++ {
        if b[i] != '\n' {
            continue
        }
        num, err := strconv.ParseInt(zeroCopyToString(b[last:i]), 10, 64)
        if err != nil {
            return 0, err
        }

        ret += num
        last = i + 1
    }
    return ret, nil
}
```

❶ b에서 나온 타입 정보를 지우고 unsafe.Pointer 형식으로 만드는 unsafe 패키지를 사용한다. 그렇게 되면 해당 코드는 b를 string과 같은 다른 타입으로 동적으로 캐스팅할 수 있다. 이는 안전한 방식은 아니다. 왜냐하면 이 구조가 동일한 레이아웃을 공유하지 않는다면 메모리 안전성 문제를 일으키거나 혹은 비결정적인Nondeterministic 값[16]들을 만들어낼지 모르기 때문이다. 그러나 레이아웃은 []byte와 string 사이에서 공유되기 때문에 해당 코드에서는 안전하다. 이러한 방식은 많은 프로젝트에서 나온 제품들에 이용되며 yoloString[17]으로 알려진 프로메테우스에서도 해당 방식이 사용된다.

---

16 옮긴이 주_함수를 실행할 때마다 달라지는 값
17 「깃허브, prometheus/scrape/scrape.go 중 관련 내용」, *https://oreil.ly/QmqCn*

zeroCopyTostring은 부하가 거의 없이 파일 바이트들을 ParseInt에 필요한 문자열로 변환할 수 있다. 기능 테스트 이후 Sum3 함수를 사용하는 동일한 벤치마크를 다시 사용해서 확인할 수 있다. 이렇게 바꾸었을 때의 이익은 명확하다. Sum3은 200만 개의 정수를 25.5밀리초에 처리했고 7.2MB 정도의 공간을 할당했다. 즉 CPU가 실행됐을 때 [예제 10-3]보다 49.2% 빨랐다. 또한 메모리 사용도 더 좋아졌는데 해당 프로그램은 더도 아니고 덜도 아니고 딱 입력 파일의 크기 정도만 메모리를 할당했다.

> **CAUTION** **트레이드오프를 신중하게 생각하자.**
>
> 사실 안전하지 않고 복사하지 않은 바이트들을 문자열로 전환할 때는 신중하게 최적화해야 한다. 이 책에서는 잠재적으로 안전하지 않은 코드를 소개했고, 코드에 더 사소하지 않은 복잡성을 더했다. 물론 이 함수를 zeroCopyToString으로 명확하게 명명했지만, 꼭 필요할 때만 이러한 최적화를 사용해야 한다. 이번 경우 해당 방식은 효율적인 목표에 도달할 수 있도록 만들어주기 때문에 부작용은 감내했다.

물론 코드는 아직 충분히 빨라지지 않았지만, 그래도 12.7 ∗ N 나노초 만큼의 처리량에 거의 도달했다. 이제 최적화할 만한 부분이 더 있을지 알아보도록 하겠다.

10.2.3 strconv.Parse 최적화하기

다시 한번 [예제 10-4] 벤치마크의 최신 CPU 프로파일을 살펴본 뒤 [그림 10-4]와 같이 가장 최근의 병목 현상을 확인해보자.

strconv.Parse가 72.6%를 사용하기 때문에 CPU 실행 시간을 개선하면 많은 것을 얻을 수 있다. bytes.Split과 비슷하게 이것에 대한 프로파일과 구현[18]을 체크해야 한다. 관련하여 두 가지 요소에 대한 개요를 다음과 같이 즉각적으로 나타낼 수 있다.

- ParseInt[19]에서 1번, ParseUint[20]에서 1번, 비어 있는 문자열을 총 2번 사용했다는 사실을 확인했다. 2개 모두 프로파일에 사용되지 않은 CPU 시간으로 표시된다.

---

18 「깃허브, go/src/strconv/atoi.go 중 관련 내용」, *https://oreil.ly/owR53*

19 「깃허브, go/src/strconv/atoi.go 중 관련 내용」, *https://oreil.ly/gqJpb*

20 「깃허브, go/src/strconv/atoi.go 중 관련 내용」, *https://oreil.ly/BB9Ie*

- ParseInt는 다양한 정수 타입을 파싱할 수 있다. Sum3 코드를 확인하기 위해 이러한 일반 기능이나 추가 입력이 필요한 것은 아니다. 십진수 64비트 정수만 신경 쓰면 된다.

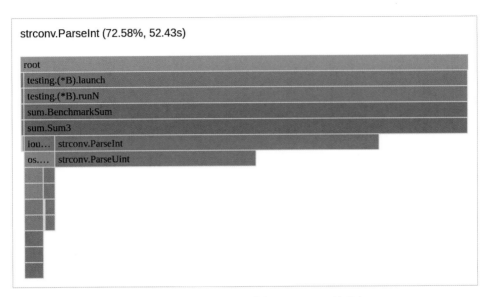

그림 10-4 [예제 10-4]에서의 CPU 시간을 함수 단위로 나타낸 Flame Graph 뷰 화면

첫 번째 해답은 bytes.Split과 유사하다. 효율성에 중심을 둔 ParseInt 함수를 찾거나 실행해야 하며 다른 건 필요 없다. 표준 라이브러리는 strconv.Atoi 함수[21]를 제공하며, 이는 썩 괜찮아 보인다. 그러나 아직 입력으로서 문자열이 필요하고 이는 안전하지 않은 패키지 코드를 사용하도록 강제한다. 대신 자신만의 빠른 구현을 만들어보자. 새로운 ParseInt 함수에 대해 반복되는 몇 번의 테스트와 마이크로벤치마크를 진행하고 난 후, [예제 10-5]에서 소개된 합계 기능의 4번째 반복을 생각해낼 수 있다.

> 예제 10-5 Sum4는 문자열 변환의 CPU 병목을 최적화한 [예제 10-4]와 동일

```
func ParseInt(input []byte) (n int64, _ error) {
    factor := int64(1)
    k := 0
```

---

21 「깃허브, go/src/strconv/atoi.go 중 관련 내용」, *https://oreil.ly/CpZeF*

```
    if input[0] == '-' {
        factor *= -1
        k++
    }

    for i := len(input) - 1; i >= k; i-- {
        if input[i] < '0' || input[i] > '9' {
            return 0, errors.Newf("not a valid integer: %v", input)
        }

        n += factor * int64(input[i]-'0')
        factor *= 10
    }
    return n, nil
}

func Sum4(fileName string) (ret int64, err error) {
    b, err := os.ReadFile(fileName)
    if err != nil {
        return 0, err
    }

    var last int
    for i := 0; i < len(b); i++ {
        if b[i] != '\n' {
            continue
        }
        num, err := ParseInt(b[last:i])
        if err != nil {
            return 0, err
        }

        ret += num
        last = i + 1
    }
    return ret, nil
}
```

새로운 정수 파싱 최적화를 하면 ParseInt를 고쳐서 문자열이 아닌 바이트 슬라이스로부터 파싱하게 만든다는 부작용이 나타난다. 결국 코드를 단순화할 수 있고 안전하지 않은 zeroCopyToString 변환을 피할 수 있다. 그래서 테스트와 벤치마크 진행 후, Sum4는 동일한 메모리 할당량으로 13.6밀리초를 달성한다. 이는 [예제 10-4]의 결과보다 시간이 46.66% 덜 걸린다.

합계 함수들은 많이 사용되는 benchstat 도구를 사용해서 [예제 10-6]과 같이 전체 비교할 수 있다.

예제 10-6 · 200만 개의 라인으로 이루어진 파일로 4번 반복한 결과물에 benchstat 도구 사용하기

```
$ benchstat v1.txt v2.txt v3.txt v4.txt
name \ (time/op)  v1.txt       v2.txt       v3.txt       v4.txt
Sum               101ms ± 0%    50ms ± 2%    25ms ± 0%    14ms ± 0%        ❶

name \ (alloc/op) v1.txt       v2.txt       v3.txt       v4.txt
Sum               60.8MB ± 0%  12.8MB ± 0%   7.2MB ± 0%   7.2MB ± 0%

name \ (allocs/op) v1.txt      v2.txt       v3.txt       v4.txt
Sum               1.60M ± 0%   1.60M ± 0%   0.00M ± 0%   0.00M ± 0%
```

---

❶ benchstat은 v1.txt의 큰 숫자와 쉽게 비교할 수 있도록 일부 숫자를 반올림할 수 있다. v4.txt의 결과는 14밀리초가 아니라 13.6밀리초이며, 이는 처리량 계산 시 차이를 만들 수 있다.

고된 작업이 보상받은 것처럼 보인다. 현재 결과들로 6.9 * N 나노초의 처리량을 만들었으므로 첫 번째 목표를 훌륭하게 달성했다. 그러나 오직 200만 개의 정수 처리만 확인했다는 사실을 기억하자. 다시 말해 더 크거나 더 작은 규모의 경우 처리량이 동일한지 장담할 수 없다. 빅 오$^{Big\ O}$ 런타임 복잡도 O(N)을 생각하면 그럴 수도 있지만, 우선 천만 개의 정수로 동일한 벤치마크를 돌려 보았다. 이때 67.8밀리초라는 결과가 나왔고 이는 6.78 * N 나노초의 처리량과 같다. 이는 앞서 확인한 처리량 수와 거의 비슷하다.

[예제 10-5]의 코드는 가능한 한 가장 빠르거나 혹은 가장 메모리 효율적인 해답은 아니다. 해당 코드를 더 개선하는 코드나 알고리즘으로 더 최적화할 수 있을지도 모른다. 예를 들어 [예제 10-5]를 프로파일링한다면 전체 CPU 시간의 14%를 사용하는 상대적으로 새로운 세그먼트를 볼 수 있다. 그 지점은 os.ReadFile이고 이전 프로파일, 다른 병목과 최적화에서 다루지 않았던 부분에서 그렇게 두드러지지 않은 코드다. 이에 대한 최적화는 11.4절에서 더 자세히 설명할 것이다. 더불어 해당 코드로 동시성을 시도해볼 수 있다(10.4절 참고). 그러나 CPU가

하나이므로 여기서 많은 이득을 기대할 수는 없다.

어쨌든 이미 목표를 달성했기 때문에 이번 반복에서 모든 것을 개선할 필요는 없다는 점이 중요하다. 이제 작업을 멈추고 "성공!"을 외쳐도 좋다. 최적화 플로에는 마술이나 위험한 기술을 더할 필요가 없다. 그저 읽기 쉽게, 신중하게 최적화를 하면 된다.

10.3 메모리 사용량 최적화하기

두 번째 시나리오에서는 같은 처리량을 유지하면서 메모리 사용량에 초점을 두었다. 새로운 고객이 Sum 기능이 들어간 소프트웨어가 아주 작은 RAM이 들어 있는 IoT 장치에서 실행돼야 한다는 요청을 했다고 가정하자. 결국 스트리밍 알고리즘을 만들어 달라는 요청 사항이다. **스트리밍 알고리즘**이란 입력 사이즈에 상관 없이 한 번에 10KB의 힙 메모리만 사용하는 알고리즘을 의미한다.

[예제 4-1]의 코드의 공간 복잡도가 꽤 높기 때문에 해당 요청 사항은 너무 가혹해 보인다. [예제 4-1]에서 천만 라인, 36MB 파일에 304MB의 힙 메모리가 필요한 경우, 동일한 파일(또는 그 이상)이 최대 10KB의 메모리를 차지하도록 하려면 어떻게 해야 할까? 걱정하기 전에 지금 상황에서 할 수 있는 것으로 분석해보자.

다행히 기존의 최적화 덕분에 메모리 할당량이 꽤 개선됐다. 레이턴시 목표 달성은 여전히 진행 중이므로 [예제 10-5]에 있는 Sum4를 사용해서 최적화를 하자. Sum4의 공간 복잡도는 약 $O(N)$으로 보인다. 해당 복잡도는 입력 규모의 영향을 받고 목표인 10KB에도 미치지 못한다.

10.3.1 스트리밍 알고리즘으로 바꾸기

[그림 10-5]에서 Sum4 벤치마크로부터 힙 프로파일을 뽑고 개선점을 찾아보자.

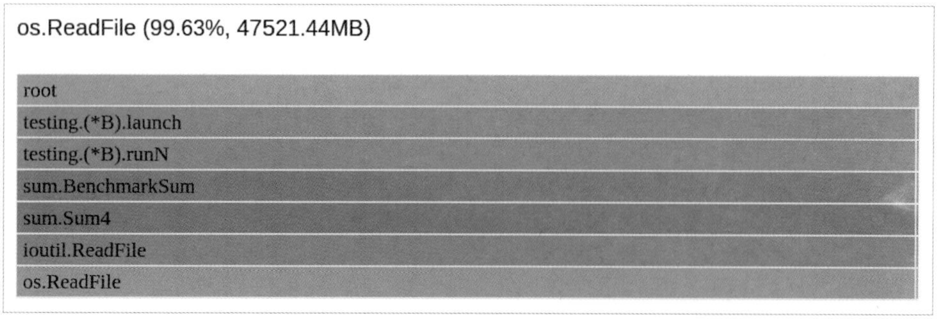

os.ReadFile (99.63%, 47521.44MB)

root
testing.(*B).launch
testing.(*B).runN
sum.BenchmarkSum
sum.Sum4
ioutil.ReadFile
os.ReadFile

그림 10-5 [예제 10-5] 힙 할당량의 함수 단위를 나타낸 Flame Graph(`alloc_space`) 뷰 화면

메모리 프로파일링은 지루하다. 첫 번째 라인이 [예제 10-5]의 메모리의 99.6%를 차지한다. 해당 프로그램은 반드시 메모리 안에 있는 전체 파일을 읽어야 한다. 기본적으로 전체 파일을 메모리로 읽어 들여 메모리의 바이트에 대해 반복 작업을 수행해야 하기 때문이다. 어디선가 할당량을 낭비하더라도 `os.ReadFile`에서의 과도한 할당량 때문에, 반복에서 생기는 문제점을 확인할 수 없다. 이 문제를 해결할 수는 없을까?

현재 알고리즘으로는 결국 모든 바이트를 읽어야 한다. 그러나 파일들을 동시에, 전부 메모리로 읽을 필요는 없다. 기술적으로 하나의 정수가 파싱되기 위해 모든 숫자를 커버할 정도로 큰, 단 하나의 바이트 슬라이스가 필요하다. 다시 말해 현재 사용하고 있는 알고리즘을 외부 메모리 알고리즘[22]으로 설계해서 청크 단위에서 바이트들을 스트림하도록 짤 것이다. 이번 최적화는 표준 라이브러리에 있는 바이트 스캐너인 `bufio.Scanner`[23]를 사용해보려고 한다. 예를 들어 [예제 10-7]에 있는 Sum5 구현체는 해당 바이트 스캐너를 사용해 라인을 읽고 파싱하는 데 충분한 메모리를 스캔한다.

예제 10-7　Sum5는 `bufio.Scanner`를 적용한 [예제 10-5]

```go
func Sum5(fileName string) (ret int64, err error) {
    f, err := os.Open(fileName)                                    ❶
    if err != nil {
        return 0, err
    }
```

---

22 「위키피디아, 외부 메모리 알고리즘」, *https://oreil.ly/Dr3MB*
23 「Go 문서, bufio 중 func NewScanner」, *https://oreil.ly/CqiG7*

488　Go 성능 최적화 가이드

```
    defer errcapture.Do(&err, f.Close, "close file")                  ❷

    scanner := bufio.NewScanner(f)
    for scanner.Scan() {                                              ❸
        num, err := ParseInt(scanner.Bytes())
        if err != nil {
            return 0, err
        }

        ret += num
    }
    return ret, scanner.Err()                                         ❹
}
```

❶ 전체 파일을 메모리로 읽는 대신 여기에 파일 디스크립터를 연다.

❷ 리소스가 누수되는 상황을 막기 위해 실행이 끝난 후 파일이 닫혀 있는지 확인해야 한다. 해당 코드는 errcapture를 사용해 연기된 파일 Close에 있는 잠재적 에러를 알린다.

❸ 스캐너 메서드인 .Scan( )은 파일의 끝에 도달했는지 알려준다. 만일 분할을 야기하는 바이트를 갖고 있다면 해당 메서드는 true를 출력한다. 분할은 .Split 메서드 내에 있는 제공된 함수를 기반으로 한다. 이때 ScanLines[24]는 기본이다.

❹ 스캐너 에러를 반드시 확인하자. 이러한 반복 인터페이스에서 스캐너 에러를 체크하기는 매우 쉽다.

효율성을 평가하기 위해서 (현재는 메모리에 초점을 맞추고 있음) Sum5로 같은 [예제 8–13]을 사용할 수 있다. 그러나 과거에 진행했던 최적화를 고려하면, 1백만 라인의 입력 파일에 대해 도구의 정확도와 오버헤드에 큰 문제 없이 측정할 수 있는 한계치에 과하게 가까이 다가갔다고 볼 수 있다. 만일 마이크로초 레이턴시까지 도달했다면, 기기 장치의 정확도와 벤치마크를 측정하는 도구 오버헤드의 한계를 고려했을 때 결과가 왜곡됐을지도 모른다. 그래서 천만 개의 라인으로 파일을 증가시켜보자. 이 경우 [예제 10–5]에서 벤치마크로 사용한 Sum4는 67.8밀리초 정도 걸렸고, 실행마다 36MB의 메모리가 할당됐다. 스캐너를 사용한 Sum5는 약 157.1밀리초 소요됐으며, 실행마다 약 4.33KB의 메모리를 사용했다.

메모리 사용량의 관점에서 Sum5는 훌륭하다. 이를 사용하면 스캐너는 초반 4KB[25]를 할당하고

24 「깃허브, go/src/bufio/scan.go 중 관련 내용」, *https://oreil.ly/YUpLU*
25 「깃허브, go/src/bufio/scan.go 중 관련 내용」, *https://oreil.ly/jbpJc*

이를 라인을 읽는 데 사용할 것이다. 스캐너는 라인이 더 길어질 때, 필요한 경우 메모리를 늘리지만 입력 파일은 10개가 넘어가는 숫자를 갖고 있지 않아서 4KB를 유지할 것이다. 하지만 스캐너는 레이턴시 필요조건을 충족할 만큼 빠르지 않다. Sum5는 15.6 * N 나노초가 걸리며 해당 속도는 Sum4의 131% 정도로 매우 느리다. 이때 10KB 메모리 목표를 만족하는 조건하에서 여전히 추가 할당할 수 있는 6KB가 있다는 사실을 고려하면서 레이턴시를 최적화해야 한다.

10.3.2 bufio.Scanner 최적화하기

그렇다면 무엇을 개선할 수 있을까? 우선 평소처럼 [그림 10-6]에 있는 [예제 10-7]의 소스 코드와 프로파일을 확인하자.

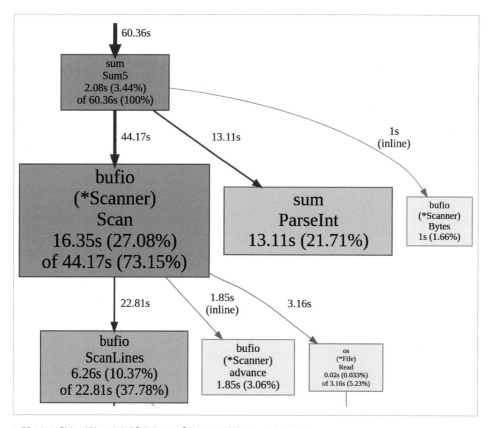

그림 10-6 함수 단위로 나타낸 [예제 10-7]의 CPU 시간 Graph 뷰 화면

표준 라이브러리에 있는 Scanner 구조의 코멘트는 힌트가 된다. 해당 코멘트는 "Scanner는 안전하고 간단한 작업을 위함이다"라고 알려준다.[26] ScanLines는 여기에서 가장 중요한 병목이며, 이를 더 효율적으로 바꿀 수 있다. 예를 들어 원래 함수는 캐리지 리턴[CR, carriage return] 제어 문자를 없앤다. 그런데 이 경우 입력에 해당 문자가 없기 때문에 주기가 낭비된다. 왜냐하면 실험에 사용하는 입력은 제어 문자를 가지고 있지 않기 때문이다. 이렇게 최적화된 ScanLines를 제공한다고 할 때, 레이턴시를 20.5%로 줄여 125밀리초로 개선할 수 있다. 그러나 이는 여전히 느린 속도다.

이런 경우 기존의 최적화와 비슷하게 bufio.Scanner를 대신해서 사용자 지정된 스트리밍 스캐닝을 작성하는 것이 더 나을지도 모른다. [예제 10-8]에서 Sum6은 잠재적인 해결책을 보여준다.

예제 10-8 Sum6은 읽은 내용을 버퍼에 저장하는 방식의 [예제 10-5]와 동일

```go
func Sum6(fileName string) (ret int64, err error) {
    f, err := os.Open(fileName)
    if err != nil {
        return 0, err
    }
    defer errcapture.Do(&err, f.Close, "close file")

    buf := make([]byte, 8*1024)                              ❶
    return Sum6Reader(f, buf)
}

func Sum6Reader(r io.Reader, buf []byte) (ret int64, err error) {   ❷
    var offset, n int
    for err != io.EOF {
        n, err = r.Read(buf[offset:])                        ❸
        if err != nil && err != io.EOF {                     ❹
            return 0, err
        }
        n += offset                                          ❺

        var last int
        for i := range buf[:n] {                             ❻
```

---

26 「깃허브, go/src/bufio/scan.go 중 관련 내용」, *https://oreil.ly/6eXZE*

10장 최적화 예제 **491**

```
            if buf[i] != '\n' {
                continue
            }
            num, err := ParseInt(buf[last:i])
            if err != nil {
                return 0, err
            }

            ret += num
            last = i + 1
        }

        offset = n - last
        if offset > 0 {
            _ = copy(buf, buf[last:n])                                    ❼
        }
    }
    return ret, nil
}
```

❶ 읽을 때 사용할 하나의 8KB 버퍼를 만들었다. 10KB가 아닌 8KB로 만든 이유는 10KB 제한을 생각했을 때 약간의 여유 공간은 유지하려고 하기 때문이다. 8KB 또한 주어진 운영체제 페이지가 4KB임을 생각하면 큰 숫자로 느껴진다. 그래서 오직 2개의 운영체제 페이지만 필요할 것이다.

이 버퍼는 8천 개 이상의 숫자로 이루어진 정수가 없을 때를 가정한다. 해당 버퍼를 더 작게, 심지어 10 이하로 만들 수 있다. 왜냐하면 입력 파일이 9자리 숫자보다 더 큰 숫자를 가지고 있지 않기 때문이다(새로운 라인도 마찬가지다). 더 작게 만드는 것은 그다음 과정에서 설명할 몇 가지 낭비가 있기 때문에 알고리즘을 더 느리게 만든다. 추가로 읽는 데 낭비가 없음에도, 오버헤드로 인해 8KB는 8바이트를 1,024번 읽는 것보다 빠르다.

❷ 이번에는 편리한 io.Reader 인터페이스 뒤에 있는 기능을 분리시켜보자. 해당 분리 작업은 나중에 Sum6Reader를 재사용하게 한다.[27]

❸ 반복할 때마다 해당 알고리즘은 그다음 8KB를 읽고 파일에서 offset 바이트를 뺀다. 해당 코드는 아직 파싱하지 않았던 숫자에 대한 잠재적인 여유를 남기기 위해 offset 바이트 이후 더 많은 파일 바이트를 읽기 시작한다. 이런 현상은 쪼개진 몇몇 숫자를 나누는 바이트들을 읽을 때 발생한다

---

27 해당 작업에 관해 알아 두어야 할 사실은 새로운 함수 호출과 인터페이스만 추가하면 컴퓨터에서 연산당 7%씩 속도가 떨어진다는 것이다. 이는 해당 알고리즘의 효율성 수준이 이미 매우 높다는 것을 증명한다. 그러나 재사용성을 고려하면, 속도가 조금 느린 점은 감수할 수 있다.

(예 \n12와 34\n을 2개의 다른 청크로 읽는 경우).

❹ 에러 핸들링에서 io.EOF 파수꾼 에러sentinel error를 제외했다. io.EOF는 파일 끝에 도달했을 때 발생하는 에러다. 이는 남는 바이트들을 계속 실행하길 원하므로 현재 상황에서는 에러라 볼 수 없다.

❺ 버퍼로부터 실행해야 하는 바이트의 수는 정확하게 n + offset이며, 여기서 n은 파일로부터 읽는 바이트의 개수다. 파일의 끝인 n은 요청(buf의 길이)보다 작을 수 있다.

❻ 해당 알고리즘은 buf 버퍼 안에서 n 바이트 반복한다.[28] 그러나 모든 슬라이스에 대해 반복하는 것은 아니라는 사실을 꼭 알아두자. 왜냐하면 err == io.EOF 상황에서는 10KB 미만으로 읽을 가능성이 있는데, 해당 상황에서는 그중 n만 실행해야 한다. 해당 코드는 각 루프 반복에서 10KB 버퍼에서 발견하는 모든 라인을 실행한다.

❼ 해당 알고리즘은 offset을 계산하고 필요한 경우 남은 바이트를 앞으로 이동시킨다. 그러면 CPU에서 약간의 낭비가 발생하지만, 추가 할당은 하지 않는다. 벤치마크를 통해 이것이 적당한지 아닌지 확인할 수 있다.

Sum6 코드는 조금씩 커지고 더 복잡해졌다. 따라서 이러한 복잡도를 정당화하기에 좋은 효율성 결과가 도출되기를 바란다. 실제 벤치마크 결과, 벤치마크로 69밀리초와 8.34KB가 소요됐음을 확인했다. 만일의 경우를 위해 [예제 10-8]에 훨씬 큰 파일(1억 개의 라인)을 계산하는 추가 실험을 진행해보자. 더 큰 입력값을 사용할 때 Sum6은 693밀리초가 걸렸고 약 8KB 메모리를 할당했다. 해당 결과로 6.9 * N 나노초 레이턴시(런타임 복잡도)가 발생하고, 8KB 이하의 메모리(힙) 복잡도를 얻었다. 이는 목표를 만족시키는 결과다.

어떤 독자들은 혹시나 놓친 것은 없는지 조심스럽게 접근할 것이다. 공간 복잡도가 8 + x KB가 아닌 8KB인 이유는 무엇일까? 천만 개 라인 파일에는 일부 추가 바이트가 할당되고, 더 큰 파일에는 더 많은 바이트가 할당됐다. 그렇다면 100배 더 큰 파일에서 메모리 할당이 어느 시점에서 10KB를 초과하지 않을지 알 방법이 있을까?

만일 10KB 할당 메모리 목표량을 매우 엄격하게 잡는다면 이를 파악할 수 있을 것이다. 가장 중요한 점은 파일 사이즈에 따라 할당량이 늘어나는 것이 없는지 입증하는 것이다. 이번에는 메모리 프로파일 또한 매우 유용하지만, 상황을 완벽하게 이해하기 위해서 BenchmarkSum 벤치마크에서 runtime.MemProfileRate = 1을 추가해 모든 할당량을 기록했다. 결과로 나온 프로파일은 [그림 10-7]에서 확인할 수 있다.

---

28 흥미롭게도 이 라인을 for i := 0; i < n; i++ {로 바꾼다면 코드가 5% 느려진다. 절대적인 규칙은 없고(늘 측정해야 하며) 실제 작업량에 따라 달라지지만, 여기에서는 (두 번째 인수 없이) 범위 루프가 더 효율적이다.

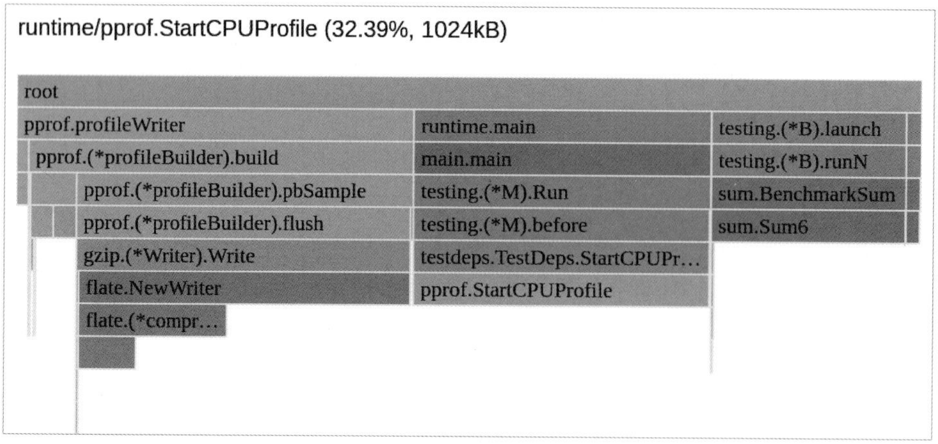

그림 10-7 함수 단위로 나타낸 [예제 10-8] 메모리의 Flame Graph 뷰 화면

기존 함수보다 pprof 패키지로부터 나오는 메모리 할당이 더 많다는 사실을 확인할 수 있다. 이는 자신에 대한 프로파일을 진행하면서 상대적으로 오버헤드가 크게 할당됐다는 사실을 의미한다. 하지만 이것이 곧 Sum이 만든 8KB 버퍼 이외에 다른 것을 할당했다는 것을 증명하지는 않는다. 다만 [그림 10-8]에서 볼 수 있듯이 Source 뷰가 도움이 되는 것으로 판명됐다.

```
github.com/efficientgo/examples/pkg/sum.Sum6
/home/bwplotka/Repos/examples/pkg/sum/sum.go

   Total:     7.82MB       7.82MB (flat, cum) 98.17%
     240          .            .                  return 0, nil, nil
     241          .            .              }
     242          .            .
     243          .            .              // Sum6 is like Sum4, but trying to us
     244          .            .              // Assuming no integer is larger than
     245          .            .              func Sum6(fileName string) (ret int64,
     246          .            .                  f, err := os.Open(fileName)
     247          .            .                  if err != nil {
     248          .            .                      return 0, err
     249          .            .                  }
     250          .            .                  defer errcapture.Do(&err, f.Clos
     251          .            .
     252     7.82MB       7.82MB                  buf := make([]byte, 8*1024)
     253          .            .                  return Sum6Reader(f, buf)
     254          .            .              }
```

그림 10-8 1,000회의 반복과 10MB 입력 파일을 넣은 벤치마크 이후 프로파일 비율 1로 이루어진 [예제 10-8]의 메모리 Source

[그림 10-8]은 Sum6이 오직 한 개의 힙 할당 포인트를 가지고 있음을 보여준다. CPU 프로파일링 없이 벤치마크를 돌릴 수 있으며 해당 결과는 어떠한 입력 크기에도 안정적인 8,328 힙 할당 바이트를 가져온다.

성공이다. 이제 목표를 달성했고, 마지막 작업으로 넘어갈 수 있다. 각각을 반복하면서 얻은 결과들은 [예제 10-9]에서 확인할 수 있다.

예제 10-9 1억 개의 라인으로 이루어진 파일로 총 3번 반복해서 얻은 benchstat 실행 결과

```
$ benchstat v1.txt v2.txt v3.txt v4.txt
name \ (time/op)    v4-10M.txt   v5-10M.txt    v6-10M.txt
Sum                 67.8ms ± 3%  157.1ms ± 2%  69.4ms ± 1%


name \ (alloc/op)  v4-10M.txt   v5-10M.txt    v6-10M.txt
Sum                 36.0MB ± 0%   0.0MB ± 3%   0.0MB ± 0%


name \ (allocs/op)  v4-10M.txt   v5-10M.txt    v6-10M.txt
Sum                 5.00 ± 0%    4.00 ± 0%    4.00 ± 0%
```

10.4 동시성을 이용한 레이턴시 최적화

드디어 라인 단위당 2.5나노초 정도의 레이턴시로 줄이는 마지막 도전 과제만 남았다. 이번에는 사용 가능한 CPU 코어가 4개이기 때문에 목표를 달성하기 위해 몇 가지 동시성 패턴을 도입할 것이다.

4.6절에서 코드에서 비동기 프로그래밍이나 이벤트 처리를 사용하려면 동시성이 꼭 필요하다고 언급했다. 또한 다수의 I/O 작업을 수행할 때 Go 프로그램이 비교적 쉽다는 이점이 있다는 사실도 이야기했다. 하지만 이제 두 가지 전형적인 함정이 있는 동시성을 사용한 [예제 4-1] 코드에서의 Sum 스피드를 개선하는 방법을 설명하고자 한다. 레이턴시 요구 사항이 엄격하기 때문에 이미 최적화된 Sum 버전을 사용하자. 어떠한 메모리 요구 사항도 없다고 가정하고 [예제 10-5]의 Sum4가 Sum6보다 조금 더 느리지만 라인이 더 적다고 가정하고 시작하겠다.

10.4.1 단순한 동시성

지금까지 해온 것처럼 [예제 10-5] CPU 프로파일을 가져와서 [그림 10-9]로 나타내 보겠다.

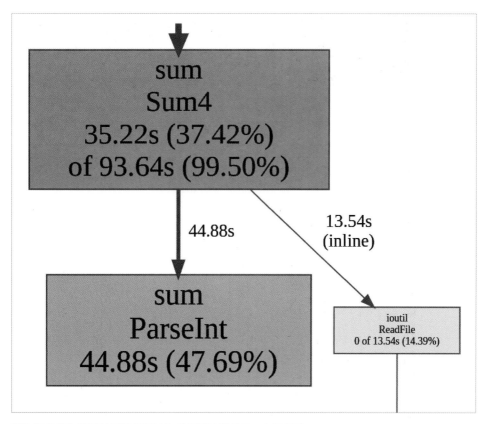

그림 10-9 함수 단위로 나타낸 [예제 10-5] CPU 시간의 Graph 뷰 화면

알다시피 [예제 10-5] CPU 사용 시간 대부분은 ParseInt (47.69%)에서 소모된다. 프로그램 초기에 파일 전체를 읽는 방식으로 돌아왔기 때문에 프로그램의 나머지 부분은 전적으로 CPU 에 의존한다. 그래서 결과적으로 1개의 CPU로 동시성[29]을 이용해 더 좋은 레이턴시를 예측할 수 없었다. 하지만 이번 작업에는 4개의 CPU 코어를 사용할 수 있으므로, 고루틴 간의 조정 을 최소화[30]하면서 파일 내용을 구문 분석하는 작업을 가능한 한 균등하게 분할하는 방법을 찾

---

29 「동시성은 병렬 처리가 아닙니다」, *https://oreil.ly/rsLff*
30 4.5.2 "Go 런타임 스케줄러"에서 동시성 기초요소에 대해 다뤘다.

아볼 것이다. 다시 말해 동시성으로 [예제 10-5]를 최적화하는 3개의 예제에 접근하는 방식을 설명한다.

첫 번째 해야 할 일은 동시에 독립적으로 하는 계산(서로에게 영향을 주지 않는 계산)을 찾는 것이다. 더하기는 교환법칙이 성립하므로 어떤 순서로 더하든지 결과는 같다. 가장 단순한 동시성을 구현한 것은 문자열에서 정수를 파싱하고 결과를 공유 변수에 하나씩 추가하는 것이다. [예제 10-10]에서 이 간단한 해법을 알아보자.

예제 10-10 계산을 위해 각 라인에 새로운 고루틴을 돌리는, [예제 10-5]에 대한 단순한 동시성 최적화

```go
func ConcurrentSum1(fileName string) (ret int64, _ error) {
    b, err := os.ReadFile(fileName)
    if err != nil {
        return 0, err
    }

    var wg sync.WaitGroup
    var last int
    for i := 0; i < len(b); i++ {
        if b[i] != '\n' {
            continue
        }

        wg.Add(1)
        go func(line []byte) {
            defer wg.Done()
            num, err := ParseInt(line)
            if err != nil {
                // TODO(bwplotka): Return err using other channel.
                return
            }
            atomic.AddInt64(&ret, num)
        }(b[last:i])
        last = i + 1
    }
    wg.Wait()
    return ret, nil
```

이렇게 기능 테스트를 성공적으로 마친 뒤 이제 벤치마크를 진행할 차례다. 이전 단계와 비슷

하게 [예제 8-13]을 다시 사용하되 Sum을 ConcurrentSum1로 간단하게 바꿔서 진행했다. 또한 4개의 CPU 코어를 사용하기 위해 -cpu 플래그를 4로 바꾸었다. 하지만 결과가 만족스럽지 않았다. 2만 개의 라인을 입력하는 데 540밀리초가 걸렸고, 작업당 151MB 할당 메모리가 필요했다. 즉 하나의 코어로 간단하게 진행한 [예제 10-5]보다 시간이 약 40배 더 걸렸다.

10.4.2 분배에 대한 워커 접근 방식

[그림 10-10]에서 CPU 사용량 프로파일을 확인하고 그러한 결과가 나온 이유를 파악해보자.

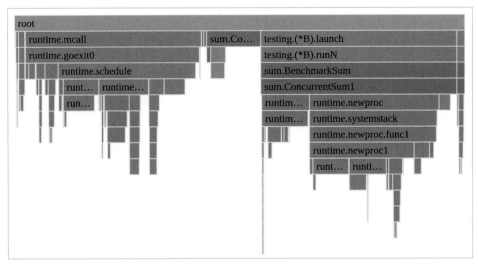

그림 10-10 함수 단위로 나타낸 [예제 10-10] CPU 시간의 Flame Graph 뷰 화면

Flame Graph는 확실하게 runtime.schedule과 runtime.newproc라는 블록으로 고루틴 생성과 스케줄링 오버헤드를 보여준다. [예제 10-10]이 너무 단순한 이유 그리고 이 경우에 추천되지 않는 이유로는 다음 세 가지가 있다.

- 동시성 작업(파싱과 더하기)은 너무 빨라서 (메모리와 CPU 사용 모두에서) 고루틴 오버헤드를 정당화시킬 수 없다.
- 더 큰 데이터셋에서, 잠재적으로 수백만 개의 고루틴을 생성할 수 있다. 고루틴이 비교적 저렴하고 그들 중 몇백 개를 가질 수 있다 해도 수행할 수 있는 코어 수가 4개라는 걸 감안하면 항상 한계점이 있다. 그래서 4개의 코어로 공정하게 수백만 개의 고루틴을 만드는 데 노력하는 스케줄러의 지연을 예상할 수 있다.

- 해당 프로그램은 파일에서의 라인의 숫자에 따라 비결정적인 성능을 갖게 된다. 따라서 잠재적으로 무한한 동시성의 문제를 갖게 된다. 왜냐하면 외부 파일(해당 프로그램에서 조절할 수 없는 어떠한 것)이 가지고 있는 라인 개수 만큼, 쓸모없이 많은 고루틴을 생성하기 때문이다.

이를 최소화하기 위해 동시성 구현체를 개선해보자. 지금 상황에서 개선 방법은 다양하지만, 알고 있는 3개 문제 위주로 다뤄보겠다. 첫 번째 문제의 경우 각 고루틴에 작업량을 더 많이 할당해서 해결할 수 있다. 이것이 가능한 이유는 더하기에는 결합법칙과 교환법칙을 적용하면 되기 때문이다. 다시 말해 해당 알고리즘에서 작업량을 몇 개의 라인으로 그룹화하고 각 고루틴에서 숫자를 파싱하고 더한 뒤 부분적인 결과를 더해서 전체 합을 구하는 방식을 구사할 수 있다. 이 방식을 자동화하면 두 번째 문제를 해결할 수 있다. 작업량을 묶는다는 의미는 소수의 고루틴으로 스케줄링한다는 의미다. 그렇다면 그룹에 몇 개의 라인이 들어가면 가장 좋을까?

답은 해당 프로세스에서 원하는 고루틴의 숫자와 사용 가능한 CPU의 개수에 따라 달라진다. 또한 3번 문제인 무한한 동시성과도 연결된다. 해당 문제에서 일반적인 해법은 고루틴 풀링이라고도 불리는 워커 패턴을 사용하는 것이다. 이 패턴에서 앞서 고루틴 개수에 대해 미리 합의하고 나서 한 번에 스케줄링한다. 그리고 나서 균등하게 작업을 나누는 또 다른 고루틴을 만들수 있다. 그럼 이제 [예제 10-11]에서 이 알고리즘의 구현 예제를 살펴보자. 과연 이 구현체가 더 빠를까?

예제 10-11 하나의 라인 그룹을 계산하는 유한한 세트의 고루틴을 유지하는 [예제 10-5]의 동시성 최적화

```go
func ConcurrentSum2(fileName string, workers int) (ret int64, _ error) {
    b, err := os.ReadFile(fileName)
    if err != nil {
        return 0, err
    }

    var (
        wg      = sync.WaitGroup{}
        workCh  = make(chan []byte, 10)
    )

    wg.Add(workers + 1)
    go func() {
        var last int
        for i := 0; i < len(b); i++ {
```

```
            if b[i] != '\n' {
                continue
            }
            workCh <- b[last:i]
            last = i + 1
        }
        close(workCh)                                                    ❶
        wg.Done()
    }()

    for i := 0; i < workers; i++ {
        go func() {
            var sum int64
            for line := range workCh {                                   ❷
                num, err := ParseInt(line)
                if err != nil {
                    // TODO(bwplotka): Return err using other channel.
                    continue
                }
                sum += num
            }
            atomic.AddInt64(&ret, sum)
            wg.Done()
        }()
    }
    wg.Wait()
    return ret, nil
}
```

❶ 보통 송신자가 책임을 지고 채널을 닫는다. 이때, 플로에 의존하지 않더라도 사용 후에는 항상 채널을 닫아두는 것이 좋다.

❷ 주로 저지르는 실수가 있다. for _, line := range <- workCh의 경우 가끔 컴파일이 잘될 때가 있고 논리적으로 보이기도 하지만 잘못됐다. 해당 반복문은 workCh 채널로부터 첫 번째 메시지를 받는 동안 기다리고, 받은 바이트 슬라이스로부터 1개의 바이트를 더 반복한다. 대신 우리가 목표하는 알고리즘은 메시지들로만 반복하기를 원한다.

테스트를 통과했으니 벤치마킹을 진행해보겠다. 평균적으로 4개의 고루틴을 사용한 구현체는 한 번 실행할 때 207밀리초가 걸렸고 7MB 정도의 메모리 할당량이 발생했다. 아직도 해당 알고리즘은 1개의 코어를 사용한 [예제 10-5]보다 약 15배 정도 느리다.

10.4.3 조정 없는 워커 접근 방식, 샤딩

이번 작업에서 집중해야 할 부분을 알아보자. 우선 [그림 10-11]에 있는 CPU 프로파일을 살펴보겠다.

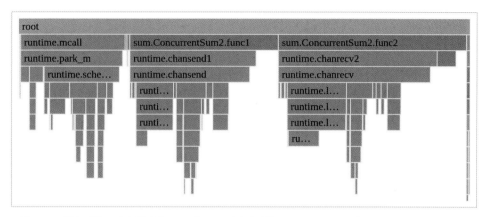

그림 10-11 함수 단위로 나타낸 [예제 10-11] CPU 시간에 대한 Flame Graph 뷰 화면

만일 이러한 프로파일을 본다면 동시성 오버헤드가 또다시 너무 커졌다는 의미다. 현재 상태에서 정수를 파싱하는 것과 같은 실제 작업은 보이지 않는다. 왜냐하면 이번 작업은 오버헤드를 수적으로 넘어섰기 때문이다. 이번 오버헤드는 다음 세 가지 요소 때문에 발생했다.

runtime.schedule

고루틴 스케줄링에 책임이 있는 런타임 코드

runtime.chansend

함수가 단일 채널에 값을 보내고, 채널이 닫히기를 기다리는 것

runtime.chanrecv

chansend와 같지만 수신 채널로부터 읽기를 기다리는 것

결과적으로 파싱과 더하기는 채널 간 소통 오버헤드보다 더 빠르다. 필수적으로 작업의 조화와 분배는 그 작업 자체보다 CPU 자원을 더 사용한다.

이를 개선하는 방식에는 다양한 옵션이 있다. 해당 케이스의 경우 작업을 분산하는 방식을 제거하는 방법이 있다. 그렇게 되면 해당 알고리즘은 모든 고루틴에 균등하게 작업량을 나누는 조정 없는 알고리즘이 된다. 이 알고리즘에 조정이 없는 이유는 어떤 부분이 각 고루틴에 할당되는지에 대한 커뮤니케이션이 없기 때문이다. 이는 파일 사이즈를 이미 알고 있기 때문인데, 이때 파일의 일부를 각 고루틴 워커에 할당하는 데 사용할 수 있는 일종의 휴리스틱을 사용할 수 있다. [예제 10-12]에서 이것이 어떻게 구현되었는지 확인해보자.

예제 10-12 라인의 그룹들을 계산하는 유한한 세트의 고루틴을 유지하는 [예제 10-5]의 동시성 최적화로, 라인들은 조정 없이 샤딩되었다[31]

```go
func ConcurrentSum3(fileName string, workers int) (ret int64, _ error) {
    b, err := os.ReadFile(fileName)
    if err != nil {
        return 0, err
    }

    var (
        bytesPerWorker = len(b) / workers
        resultCh       = make(chan int64)
    )

    for i := 0; i < workers; i++ {
        go func(i int) {
            // Coordination-free algorithm, which shards
            // buffered file deterministically.
            begin, end := shardedRange(i, bytesPerWorker, b)         ❶

            var sum int64
            for last := begin; begin < end; begin++ {
                if b[begin] != '\n' {
                    continue
                }
                num, err := ParseInt(b[last:begin])
                if err != nil {
                    // TODO(bwplotka): Return err using other channel.
                    continue
                }
```

---

31 옮긴이 주_대규모 데이터를 처리하기 위해 데이터를 여러 조각으로 나누어 저장하는 기술

```
                sum += num
                last = begin + 1
            }
            resultCh <- sum
        }(i)
    }

    for i := 0; i < workers; i++ {
        ret += <-resultCh
    }
    close(resultCh)
    return ret, nil
}
```

---

❶ shardedRange는 명확성을 위해 제공되지 않았다. 이 함수는 출력 파일 사이즈를 갖고 bytesPerWorker 샤드(이 경우 4개)로 쪼갠다. 그리고 나서 각 워커에 i 번째 샤드를 준다. 관련 깃 허브 페이지[32]에 전체 코드가 기록돼 있다.

해당 테스트도 성공적으로 마치며 [예제 10-12]가 기능적으로 올바른지 확인했다. 이제 더 빨라졌음을 확인할 수 있다. 벤치마크는 실행당 7밀리초가 걸렸고 7MB의 메모리가 할당됐다. 이는 순차적으로 진행한 [예제 10-5]보다 거의 2배 빠르다. 그렇지만 $3.4 * N$ 나노초 처리량을 보이면서, 목표치인 $2.5 * N$ 나노초에는 도달하지 못했다.

10.4.4 스트리밍, 샤딩 완료 후 워커 접근 방식

[그림 10-12]에서 한 번 더 프로파일을 진행하여 더 쉽게 개선할 부분이 있는지 확인해보자.

CPU 프로파일을 보면 고루틴이 수행하는 작업에 가장 많은 CPU 시간이 소요된다는 사실을 알 수 있다. 그러나 이때 CPU 시간의 약 10%는 전체 바이트를 읽는 데 소요되며, 이 작업도 동시에 시도할 수 있다. 물론 이런 노력이 좋은 결과를 낼지는 장담하기는 어렵다. 그러나 CPU 시간의 10%를 모두 제거해서 처리량이 10% 개선되더라도, 목표치에 미치지 못하는 $3.1 * N$ 나노초가 되기 때문에 이 정도로는 충분하지 않다.

---

32 「깃허브, examples/pkg/sum/sum_concurrent.go」, *https://oreil.ly/By9w0*

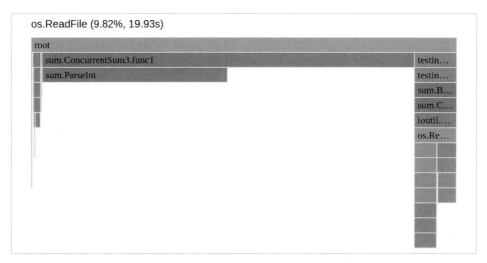

그림 10-12 함수 단위에 따라 [예제 10-12]의 CPU 사용 시간에 대한 Flame Graph 개요

아직 방심은 금물이다. 이미 예상했겠지만 파일을 읽는 작업은 CPU에 의존하는 작업이 아니다. 어찌 보면 실제 CPU 사용 시간의 10%를 사용하는 실제 시간은 os.ReadFile을 더 큰 병목으로 만든다. 그렇기에 해당 내용은 최적화를 진행해야 하는 좋은 옵션이다. 10.2절에서 fgprof 프로파일로 래핑한 벤치마크를 수행한 결과로 도출된 전체 고루틴 프로파일은 [그림 10-13]에서 확인할 수 있다.

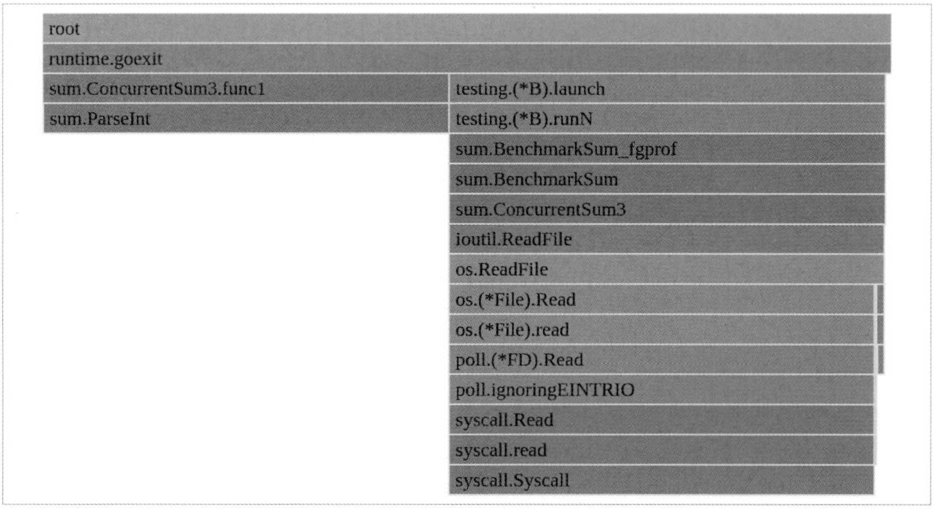

그림 10-13 함수 단위에 따라 [예제 10-12] 전체 고루틴 프로파일에 대한 Flame Graph 뷰 화면

`fgprof` 프로파일은 파일을 동시에 읽어들이게 한다면 레이턴시에서 많은 이득을 얻을 수 있음을 보여준다. 파일을 읽는 행위는 실제 시간의 50% 가까이 차지하기 때문이다. 이 방식이 더 좋아 보이니, 워커 고루틴으로 옮겨서 파일을 읽어보자. 예제 구현체는 [예제 10-13]에 있다.

예제 10-13 분리된 버퍼를 사용해 파일을 동시에 읽는 [예제 10-12]의 동시성 최적화

```go
func ConcurrentSum4(fileName string, workers int) (ret int64, _ error) {
    f, err := os.Open(fileName)
    if err != nil {
        return 0, err
    }
    defer errcapture.Do(&err, f.Close, "close file")

    s, err := f.Stat()
    if err != nil {
        return 0, err
    }

    var (
        size           = int(s.Size())
        bytesPerWorker = size / workers
        resultCh       = make(chan int64)
    )

    if bytesPerWorker < 10 {
        return 0, errors.New("can't have less bytes per goroutine than 10")
    }

    for i := 0; i < workers; i++ {
        go func(i int) {
            begin, end := shardedRangeFromReaderAt(i, bytesPerWorker, size, f)
            r := io.NewSectionReader(f, int64(begin), int64(end-begin))      ❶

            b := make([]byte, 8*1024)
            sum, err := Sum6Reader(r, b)                                     ❷
            if err != nil {
                // TODO(bwplotka): Return err using other channel.
            }
            resultCh <- sum
        }(i)
    }
```

```
    for i := 0; i < workers; i++ {
        ret += <-resultCh
    }
    close(resultCh)
    return ret, nil
}
```

❶ 입력 파일의 바이트를 메모리에서 분할하는 대신, 각 고루틴에게 읽을 수 있는 바이트를 알려준다. 이
  는 Section Reader[33] 덕분에 가능하다. Section Reader는 특정 세션으로부터 읽을 수 있는 리더
  reader를 출력한다. 모든 라인을 읽기 위해 사용하는 shardedRangeFromReaderAt에는 약간의 복잡
  성이 있지만 (파일에서 개행문자가 어디 있는지 모르기 때문에) 여기에 제시된 비교적 간단한 알고
  리즘으로 해결 가능하다.

❷ 이 작업을 위해서는 [예제 10-8]을 재사용할 수 있다. 왜냐하면 [예제 10-8]은 모든 io.Reader 구현
  체를 사용하는 방법을 알기 때문이다. 그래서 해당 예제에서는 *os.File과 *io.SectionReader 모두
  를 사용한다.

해당 코드에 대한 효율성을 측정해보자. 결국 이 작업 이후 [예제 10-13]은 200만 개 라인에
서 실행당 4.5밀리초가 걸렸고, 1억 개 라인에서 23밀리초가 걸리는 놀라운 결과가 나왔다. 해
당 속도는 2.3 * N 나노초로서 목표치를 충족한다. 반복에 대한 레이턴시와 메모리 할당을 성
공적으로 했을 때의 전체 비교는 [예제 10-14]에서 볼 수 있다.

예제 10-14 200만 개의 라인을 가진 파일로 4번 반복한 결과에 대한 benchstat 실행 결과

```
name \ (time/op)    v4-4core.txt  vc3.txt     vc4.txt
Sum-4               13.3ms ± 1%   6.9ms ± 6%  4.5ms ± 3%

name \ (alloc/op)   v4-4core.txt  vc3.txt     vc4.txt
Sum-4               7.20MB ± 0%   7.20MB ± 0%  0.03MB ± 0%
```

요약하면 10장에서는 다양한 목표에 초점을 맞춘 최적화 흐름을 보여주는 3개의 문제를 풀었
다. 또한 멀티코어 컴퓨터에서 활용할 수 있는 몇 가지 동시성 패턴에 대해서도 설명했다. 이번

---

33 「깃허브, go/src/io/io.go」, https://oreil.ly/j4cQd

장에서는 벤치마크와 프로파일링이 매우 중요한 역할을 했다. 이 작업을 수행하면 종종 놀라운 결과를 얻을 수 있으며, 아이디어를 확인하고 검증하는 데 도움이 된다.

그러나 특정 사용 사례에는 앞의 3개 절에서 수행했던 엄청난 최적화 노력을 피할 수 있는 혁신적인 방법이 있다. 이에 대해 살펴보도록 하자.

10.5 추가 사항: 고정관념 벗어나기

10장에서는 지금까지 도전적인 목표를 세우고 [예제 4-1]에 있는 단순한 Sum 구현체를 최적화하며 이를 설명하는 데 많은 부분을 할애했다. 이를 통해 몇 가지의 최적화 아이디어와 연습 그리고 최적화를 하며 사용하는 멘털 모델을 소개했다. 그러나 이렇게 힘든 최적화가 늘 정답은 아니다. 목표에 도달하는 데에는 수많은 방식이 있다.

예를 들어 런타임 복잡성을 수 나노초로 줄이고 할당량을 0으로 만들 수 있는 방법이 있다고 하면 어떨까? [예제 10-15]를 살펴보겠다.

예제 10-15 [예제 4-1]에 가장 간단한 캐싱 추가

```
var sumByFile = map[string]int64{}                          ❶

func Sum7(fileName string) (int64, error) {
    if s, ok := sumByFile[fileName]; ok {
        return s, nil
    }

    ret, err := Sum(fileName)
    if err != nil {
        return 0, err
    }

    sumByFile[fileName] = ret
    return ret, nil
}
```

❶ sumByFile은 캐싱을 하기 위한 가장 간단한 저장소를 나타낸다. 알고리즘에서 읽기–캐싱하는 구현은 해당 방법 말고 할 수 있는 방법이 다양하다. 고루틴을 안전하게 만들기 위해서 만일 더 복잡한 축출 정책[34]이 필요하면, HashiCorp의 golang-lru[35]와 더 최적화가 되어 있는 Dgraph's ristretto[36]를 추천한다. 분산 시스템에서 Memcached[37], Redis[38] 혹은 groupcache[39]와 같은 P2P 캐싱 솔루션과 같은 분산 캐싱 서비스를 사용할 만하다.

기능 테스트를 통과하고 벤치마크는 놀라운 결과를 보여준다. 1억 개의 라인을 가진 파일에서 228나노초가 걸렸고 0바이트 메모리 할당량에 도달했다. 물론 이번 예제는 매우 사소한 것이다. 최적화 여정이 항상 이렇게 쉽지만은 않다. 간단한 캐싱은 제한적인 데다가, 파일 입력이 지속적으로 변한다면 이를 사용할 수 없다. 그러나 혹시 사용할 수 있는 방법이 있다면 어떨까?

어렵게 생각하지 말고 현명하게 생각하자. 같은 입력 파일이 지속적으로 변하기 때문에 [예제 4-1]을 최적화할 필요가 없는 경우가 발생할지도 모른다. 각 파일의 개별 합계 값을 캐싱하는 것은 비용이 적게 든다. 심지어 이러한 파일이 백만 개가 있다 하더라도 몇 MB 정도면 전부 캐싱할 수 있다. 이런 경우가 아니라면 아마도 파일 내용은 지속적으로 반복하지만 파일 이름은 하나뿐인 경우일 것이다. 그러면 파일의 체크섬을 계산한 뒤 이를 기반으로 캐싱하면 된다. 해당 방식은 전체 라인을 정수로 파싱하는 것보다 빠르다.

목표에 집중하면서 현명하고 혁신적으로 생각하자. 예를 들어 일주일 이상 걸리는 힘들고 심화된 최적화를 할 때, 이를 피할 수 있는 솔루션이 있다면 해당 작업은 가치가 없다.

10.6 마치며

지금까지 3.6절에서 언급한 TFBO 절차를 거쳐 [예제 4-1]의 단순한 초기 구현체를 최적화했다. 이에 따라 요구 사항에 맞춰 Sum 코드를 크게 개선할 수 있었다.

---

34 옮긴이 주_축출 정책이란 리소스가 부족한 상황에서 사전에 종료시키는 정책을 의미한다.
35 「깃허브, hashicorp/golang-lru」, *https://oreil.ly/nnYoM*
36 「깃허브, dgraph-io/ristretto」, *https://oreil.ly/QNshi*
37 「Memcached 페이지」, *https://oreil.ly/fudbQ*
38 「Redis 페이지」, *https://oreil.ly/1ovP1*
39 「깃허브, golang/groupcache」, *https://oreil.ly/vJONo*

- 런타임 복잡도를 약 50.5 * N 나노초(여기서 N은 라인의 개수)에서 2.25 * N 나노초로 개선했다. 이는 간단한 알고리즘과 가장 최적화된 알고리즘 두 가지 모두 선형^{linear}임에도 불구하고, 레이턴시가 약 22배 빨라졌다는 것을 나타낸다(O(N) 상수를 최적화했다).

- 30.4 * N 바이트에서 8KB로 공간 복잡도를 개선했다. 여기에서 개선하려는 코드가 O(N) 점근 복잡도$^{asymptotic\ complexity}$를 가졌지만, 일정한 공간 복잡도를 갖고 있다는 뜻이다. 이는 새로운 Sum 코드가 사용자 입장에서 훨씬 더 예측 가능하고 가비지 컬렉터 친화적이라는 것을 의미한다.

요약하면 효율성 문제는 Sum에서 진행했던 것과 같이, 장기적이고 꼼꼼한 최적화 프로세스를 거쳐야 한다. 반면에 때로는 목표를 빠르게 달성할 수 있는 빠르고 실용적인 최적화 아이디어를 찾을 수 있다. 그럼에도 이번 장의 연습을 통해 많은 것을 배웠다.

이제 이 책의 마지막 장인 11장으로 넘어가자. 11장에서는 10장에서 연습했던 몇 가지 학습 내용과 패턴 그리고 커뮤니티에서 공유하는 정보들을 요약해서 소개한다.

CHAPTER **11**

최적화 패턴

10장까지 배운 내용을 바탕으로, 이제 Go에서 효율적인 코드를 작성하면서 발견한 다양한 패턴과 일반적인 함정 pitfall을 살펴볼 차례다. 10장에서 언급했듯이 최적화 제안은 일반화하기가 쉽지 않다. 하지만 이쯤 되면 독자들이 코드 변경을 효율적으로 평가하는 방법을 알고 있을 것이므로, 특정한 경우에 효율성을 향상시키는 일반적인 패턴을 설명해도 큰 무리는 없을 것이다.

> **TIP 마음챙김하는 Go 개발자 되기**
>
> 여기서 소개되는 대부분의 최적화 아이디어는 주의 깊게 다루어야 한다. 왜냐하면 개발자가 제대로 이해하고 향후 유지보수하는 데 시간을 많이 소요하기 때문에, 최적화 아이디어를 추가해야 할 충분한 이유가 있어야 한다. 그래서 일반적인 최적화 방안을 몇 가지 배우더라도 이것이 특정 업무량을 효율적으로 개선하는지 꼭 확인하고 적용하자.
>
> 다시 말해 11장을 엄격한 매뉴얼로 사용하는 대신 미처 생각지 못했던 잠재적인 옵션의 하나로 사용하기를 권한다. 그럼에도 특정 최적화 작업이 실용적이고, YAGNI[1] 원칙을 따르는지 그리고 반드시 필요한지 확인하기 위해 앞서 언급한 관찰 가능성, 벤치마킹, 프로파일링 도구들을 항상 사용하자.

11.1절에서는 10장에서 다룬 최적화 예제를 토대로, 높은 수준의 최적화 패턴을 설명한다. 이어서 11.2절에서 Go 커뮤니티의 훌륭한 메모리 최적화 프레임워크인 '세 가지 R 최적화 방법'을 소개한다.

마지막으로 11.3절, 11.4절, 11.5절, 11.6절을 통해서 Go 코드를 보다 효율적으로 만들기 위해 필요한 구체적인 최적화, 팁, 노하우 모음집을 살펴본다. 가장 일반적이지만 알아둘 가치가 있는 내용들을 적었다.

그럼 이제 일반적인 최적화 패턴부터 시작해보자. 이미 소개한 몇 가지 패턴도 포함했다.

11.1 일반 패턴

최적화하는 방법을 어떻게 찾을까? 벤치마킹, 프로파일링, 코드 스터디를 진행한 이후, 더 나은 알고리즘과 자료 구조, 더 효율적인 코드를 찾아야 한다. 하지만 말처럼 쉽지는 않다.

---

1 「위키피디아, 그 기능이 필요할 때 만들어라」, *https://oreil.ly/G9OLQ*

물론 개발자의 연습과 경험이 도움이 되겠지만, 일단 최적화에서 반복되는 몇 가지 패턴을 대략 설명할 수 있다. 프로그래밍 커뮤니티와 문헌에서 흔히 볼 수 있는 '일 덜 하기', '기능성과 효율성의 교환', '공간을 시간과 교환', '시간을 공간과 교환'의 네 가지 패턴을 살펴보자.

11.1.1 일 덜하기

가장 먼저 살펴볼 패턴은 필요 없는 작업을 하지 않는 것이다. 특히 10.2절에서 불필요한 코드를 상당량 제거하여 CPU 시간을 크게 개선했다. 이는 단순해 보이지만 개발자들이 잊기 쉬운, 강력한 패턴이다. 코드 일부가 무척 중요하고 최적화를 꼭 해야 한다고 하면, 병목 지점(9.2.2절의 Source 뷰에서 본 기여도가 큰 코드)을 검토하고 다음의 절차를 수행할 수 있는지 확인한다.

필요 없는 논리 생략

이 라인을 제거할 수 있을까? 예를 들어 10.2절에서 strconv.ParseInt는 예제 구현에서 필요 없는 여러 테스트를 수행했다. 이미 가지고 있는 가정과 요구 사항을 잘 이용하면 꼭 필요하지 않은 기능을 줄일 수 있다. 여기에는 조기에 정리할 수 있는 잠재적인 리소스나 리소스 누수가 포함된다(11.3절 참고).

> **CAUTION** **일반적인 구현**
>
> 일반적인 솔루션으로 프로그래밍 문제에 접근하고 싶은 마음이 들 것이다. 일반적으로 개발자들은 패턴을 보는 것에 훈련되어 있으며, 프로그래밍 언어는 더 많은 코드를 재사용할 수 있도록 다양한 추상화와 객체 지향 패러다임을 제공한다.
>
> 10.2절을 보면 bytes.Split과 strconv.ParseInt 함수는 잘 설계되었고 사용하기 안전하며 기능도 풍부하지만, 임계 경로에 항상 부합하지는 않을 수 있다. '일반적 generic'이라는 것은 많은 단점을 가지고 있는데, 보통 효율성이 제일 먼저 희생된다.

한 번만 수행

어떤 일을 이미 수행한 적이 있는지 생각해봐야 한다. 어딘가에서 동일한 배열을 이미 루프로 돌리고 있을 수 있으므로, [예제 10-3]에서 보았듯이 '올바른 곳에서 in place' 더 많은 것을 할 수 있다.

이전에 이미 검증했어도 불변성을 일부 재검증해야 할 수도 있다. 또는 '만일에 대비해' 정렬 작업을 다시 하는데, 코드를 다시 확인해보니 정렬 작업이 전에 이미 수행됐을 수도 있다. 예를 들어 타노스 프로젝트에서는 각 스트림이 사전순으로 메트릭을 제공하는 불변성으로 인해 서로 다른 메트릭 스트림을 병합할 때 단순한 병합 naive merge 대신 k-way 병합[2]을 수행하고 정렬을 다시 할 수 있다.

다른 일반적인 예는 메모리를 재사용하는 것이다. [예제 10-8]처럼 매번 새 버퍼를 생성하는 대신 작은 버퍼를 한번 생성한 후 재사용할 수 있다. 또 캐싱이나 11.6절에서 소개한 메모리 재사용 혹은 풀링 pooling 기법도 사용할 수 있다.

수학을 활용한 업무량 감소

수학을 사용하면 업무를 현저히 줄일 수 있다. 예를 들어 프로메테우스 API를 통해 얻은 샘플 개수를 계산할 때, 청크를 디코드하고 모든 샘플을 반복하여 세지 않는다. 대신 청크의 크기를 평균 샘플 크기로 나누어 샘플의 수를 추정한다.

알고 있는 지식 및 미리 계산된 정보 사용

많은 API와 함수는 설령 더 많은 작업을 수행하게 되더라도, 특정 작업을 현명하게 자동화할 수 있도록 설계된다. 그 예로 11.4절에서 설명할 '사전 할당 가능성'이 있다.

다른 더 복잡한 예로, objstore에서 사용[3]하는 객체 저장 클라이언트 minio-go[4]는 임의의 io.Reader 구현을 업로드할 수 있다. 하지만 이 구현은 업로드 전에 체크섬을 계산해야 한다. 따라서 리더 reader에서 사용 가능한 바이트 개수를 알려주지 않는다면, minio-go는 추가적인 CPU 주기와 메모리를 사용해서 잠재적으로 GB 사이즈가 될지도 모를 객체 전체를 버퍼링할 것이다. 이 모든 것은 종종 먼저 수행되어야 하는 체크섬 계산을 위한 것이다. 반면 이를 인지하고, 나중에 관리하기 편하도록 전체 크기를 적절하게 가지고 있으면, API를 통해 이 정보를 제공해서 업로드를 효과적으로 향상시킬 수 있다.

---

2 「위키피디아, k-way 병합 알고리즘」, *https://oreil.ly/LxjZq*

3 옮긴이 주_타노스 오픈 소스 프로젝트에서 외부 object storage 제공자(Google Cloud Storage, AWS/S3 등)와의 인터페이스를 위해 개발한 모듈의 이름. 「깃허브, thanos-io/objstore」, *https://oreil.ly/l8xHu*

4 「깃허브, minio/minio-go」, *https://oreil.ly/YqDZ6*

이 요소들은 CPU 시간과 레이턴시에 초점을 맞추고 있는 것처럼 보이나, 같은 방식을 메모리나 다른 리소스 사용에 사용할 수 있다. 예를 들어 메모리를 덜 사용하기 위해 '덜 일하기'를 나타내는 [예제 11-1]의 작은 예제를 살펴보자.

예제 11-1 슬라이스에 빈 구조체로 최적화된 중복 요소가 있는지 찾는 함수로서 2.2.5절에서 소개한 제네릭을 사용한 예제

```go
func HasDuplicates[T comparable](slice ...T) bool {
    dup := make(map[T]any, len(slice))
    for _, s := range slice {
        if _, ok := dup[s]; ok {
            return true
        }
        dup[s] = "whatever, I don't use this value"
    }
    return false
}

func HasDuplicates2[T comparable](slice ...T) bool {
    dup := make(map[T]struct{}, len(slice))
    for _, s := range slice {
        if _, ok := dup[s]; ok {
            return true
        }
        dup[s] = struct{}{}                                    ❶
    }
    return false
}
```

---

❶ map 값을 사용하지 않으므로 메모리를 소모하지 않는 struct{}문을 사용할 수 있다. 따라서 다행히 테스트 PC에서 HasDuplicates2는 22% 더 빠르게 동작하고, 100만 개의 요소로 이루어진 float64 슬라이스에서 1/5 정도의 메모리를 할당한다. 값을 생각하지 않아도 되는 경우에도 이와 동일한 패턴을 사용할 수 있다. 예를 들어 고루틴을 동기화하기 위해 사용하는 채널에서 make(chan struct{})를 사용해서 불필요한 공간을 피할 수 있다.

대부분의 프로그램에는 노력을 줄일 수 있는 여지가 항상 존재한다. 프로파일링을 사용하면 비용이 많이 드는 모든 부분 그리고 해당 부분과 문제 사이의 연관성을 확인할 수 있다는 장점이 있다.

때로는 지금 작업을 덜 하는 것으로 인해 나중에 더 많은 작업이나 리소스를 사용해야 할 수도 있다. 이에 대해 전략적으로 행동하고 로컬 벤치마크가 중요한 트레이드오프를 어딘가에서 놓치고 있지 않은지 확인해야 한다. 이러한 문제는 11.6절에서 더 자세히 다룰 것이다. 여기서는 매크로벤치마크는 마이크로벤치마크에 반대되는 결론을 도출한다.

11.1.2 기능성과 효율성의 트레이드오프

때로는 효율성을 개선하기 위해 특정 기능을 제한하거나 제거해야 한다. 10.2절에서는 파일에서 음수 정수를 지원하지 않도록 만들어서 CPU 시간을 향상시킬 수 있었다. 이러한 요구 사항이 없었다면 [예제 10-5]의 `ParseInt` 함수에서 음수 기호 확인을 제거할 수 있다. 이 기능은 잘 사용되지 않을 수 있으므로 '더 빠른 실행'과 교환될 수 있다.

이는 프로젝트를 수행할 때 가능한 모든 기능을 수용하면 지속 가능성을 떨어뜨리는 결과를 초래하는 이유가 되기도 한다. 대부분 추가적인 API, 매개 변수, 기능성이 임계 경로$^{Critical\ Path}$에 큰 효율성 저하를 초래할 수 있기 때문이다. 이는 기능성을 최소로 제한하면 피할 수 있다.[5]

11.1.3 공간과 시간의 트레이드오프

프로그램에서 불필요한 로직, 기능, 리소스 누수를 줄여서 프로그램의 동작을 최소화한다면, 다른 작업을 더 많이 할 수 있을까? 일반적으로 더 적은 시간을 사용하는 시스템, 알고리즘, 코드로 전환할 수는 있지만, 이러한 경우 메모리, 디스크 등의 저장 공간을 더 많이 차지할 수 있다. 이와 같이 변경 가능한 일부 사항을 살펴보자.[6]

미리 계산한 결과

동일한 작업을 수행하지만 비용이 많이 드는 함수를 계산하는 대신, 미리 계산한 결과를 테이블이나 변수에 저장했다가 사용할 수 있다.

5　깃허브 글로벌 메인테이너스 서밋(Global Maintainers Summit)에서 이 문제에 관해 발표했다(`https://oreil.ly/z6YHe`).
6　이 목록은 존 루이스 벤틀리의 저서 『Writing Efficient Programs』 중 4장의 내용에 영감을 받아 작성했다.
　　옮긴이 주_『Writing Efficient Programs』 4장의 제목은 '자료 구조 수정하기(Modifying data structures)'다.

최신 컴파일러는 이러한 최적화를 매우 흔하게 적용한다. 컴파일러는 컴파일러 레이턴시와 프로그램 코드 공간을 더 빠른 실행과 맞바꾼다. 예를 들어 `10*1024*1024` 혹은 `20 * time.Seconds`와 같은 명령문은 컴파일러가 미리 계산할 수 있으므로, 런타임에 계산할 필요가 없다.

하지만 컴파일러가 미리 계산할 수 없는 더 복잡한 함수 명령문이 있는 경우도 있다. 예를 들어 임계 경로상의 일부 조건에서 `regexp.Must Compile("… ").MatchString(`을 사용할 수 있다. 이런 복잡한 상황에서는 아마도 변수 `pattern := regexp.Must Compile("…")`을 생성하고 `pattern.MatchString(`을 많이 사용되는 코드 부분에 사용하는 것이 더 효율적일 것이다. 또한 일부 암호화 알고리즘에서는 사전 계산 메서드[7]가 제공되어 실행 속도를 향상시킨다.

캐싱

계산된 결과가 입력에 상당 부분 의존하는 경우, 가끔 사용되는 한 번의 입력을 사전 계산하는 것은 크게 도움이 되지 않는다. 대신 [예제 4-1]에서 했던 것처럼 캐싱을 적용할 수 있다. 캐싱 솔루션을 작성하는 것은 많은 노력이 들기 때문에 신중하게 고려해야 한다.[8] 캐시 대체 정책 cache replacement policy[9]은 다양한데 이 중에서 경험적으로 LRU Least Recently Used를 가장 많이 사용한다. 10.5절에서 오픈 소스 도구 중 그대로 사용할 수 있는 솔루션을 몇 가지 언급했다.

자료 구조 증강

특정 정보에 더 쉽게 접근하기 위해, 자료 구조를 바꾸거나 더 많은 정보를 자료 구조에 추가할 수 있다. 예를 들어 파일 디스크립터 바로 다음에 파일 크기 값을 저장해두면 매번 파일 크기 정보를 요청할 필요가 없다.

여기에 추가로 자료 구조상에 이미 존재하는 슬라이스의 바로 다음에 요소 맵Element Map을 유지하면, 요소를 더 쉽게 중복 제거하거나 찾을 수 있다(예제 11-1에서 수행했던 중복 제거 맵과 유사).

---

7 「Go Box 페이지 중 func Precompute」, *https://oreil.ly/2VBL4*
8 캐시를 '아직 발견 안 된 메모리 누수'로 일컫는 까닭이 있다(*https://oreil.ly/KNQP3*).
옮긴이 주_링크는 「잘못된 정책이 있는 캐시는 메모리 누수의 다른 이름이다」라는 제목의 마이크로소프트 블로그 내용으로 연결된다.
9 「위키피디아, 캐시 대체 정책」, *https://oreil.ly/UAhqT*

압축 해제

압축 알고리즘은 디스크나 메모리 공간을 절약하는 데 좋다. 하지만 모든 압축, 예를 들어 문자열 공유[interning], gzip, zstd[10] 등은 어느 정도의 CPU 오버헤드를 보이므로, 실행 속도가 중요한 경우 압축 해제를 원할 수도 있다. 그러나 압축을 사용하면 프로그램 레이턴스가 늘어날 수 있기 때문에 주의해야 한다. 느린 네트워크를 타고 전달되는 메시지에 사용될 경우를 생각해볼 수 있다. 이 경우 더 많은 CPU 시간을 들여서 메시지 사이즈를 줄이면 더 적은 수의 네트워크 패킷으로 더 많은 양의 데이터를 보낼 수 있고 따라서 잠재적으로 성능을 개선할 수도 있다.

이상적으로는 이러한 결정을 내리려면 다방면으로 세심하게 고려해야 한다. 예를 들어 RAER에 기반하여 프로그램이 메모리를 더 사용할 수도 있지만, 이렇게 되면 레이턴시 목표는 달성하지 못한다. 이때 프로그램에서 수행 시간을 줄일 수 있도록 무엇을 추가하거나, 캐싱하거나, 저장하면 되는지 확인하는 것이 좋다.

11.1.4 시간과 공간의 트레이드오프

레이턴시나 추가 CPU 시간은 확보할 수 있지만 실행 중 메모리가 부족하다면, 이전의 규칙인 공간을 시간으로 교환하는 것과 반대의 규칙을 시도해볼 수 있다. 이 방법들은 11.1.3절에서 소개한 내용과 정확히 반대다. 예를 들어 더 많은 압축과 인코딩, 구조에서 추가 필드 제거, 결과의 재계산, 캐시 제거 등이 있을 수 있다.

> **TIP** 공간을 시간과 교환하거나 시간을 공간과 교환하는 최적화는 항상 직관적이지는 않다.
>
> 때로는 메모리 리소스 사용을 절약하기 위해 초기에 더 많은 메모리를 할당하거나 명시적으로 메모리를 복사하는 것이 필요할 수 있다. 예를 들어 11.5절과 11.6절에서는 더 많은 일을 해야 하지만, 더 나은 상황을 위해 메모리를 더 할당하거나 명시적으로 복사하는 것을 언급하였다. 이렇게 함으로써 장기적으로 더 많은 메모리 공간을 절약할 수 있다.

---

10 「깃허브, facebook/zstd」, *https://oreil.ly/0Ex9B*

요약하면 앞서 소개한 네 가지 일반 규칙은 다른 최적화들의 상위 수준 패턴으로 생각하면 된다. 이제 효율성을 개발하는 작업들에서 최적화를 이끌어가는 데 큰 도움이 되었던 '세 가지 R' 최적화 방법을 소개하겠다.

11.2 '세 가지 R' 최적화 방법

'세 가지 R Reduce, Reuse, Recycle' 최적화 방법은 가비지를 줄이는 훌륭한 기법이다. 이는 모든 컴퓨터 리소스에 일반적으로 적용되지만, 주로 문자 그대로 쓰레기를 줄이기 위한 생태학ecology의 목적으로도 종종 사용[11]된다. '축소, 재사용, 재활용 Reduce, Reuse, Recycle'이라는 세 가지 요소를 통해, 인간이 지구에 끼치는 악영향을 줄이고 지속 가능한 생활을 보장받을 수 있다.

FOSDEM[12] 2018에서 브라이언 보어햄의 발표[13]를 인상 깊게 보았다. 여기서 브라이언은 메모리 이슈를 해결하는 '세 가지 R' 방법론의 사용 과정을 설명했다. 그에 따르면 '세 가지의 R' 방법은 특히 메모리 할당에 효과적이다. 메모리 할당은 메모리 효율성과 GC 오버헤드 문제의 주요 원인이다. 따라서 각 'R'의 구성 요소들이 어떤 도움을 주는지 살펴보자.

11.2.1 할당 축소

> 가비지 컬렉션 속도에 직접적으로 영향을 주기 위한 시도(GOGC 또는 GOMEMLIMIT)는 가비지 컬렉터를 안타깝게 여기는 것(동정심을 느끼는 것)과는 별개의 이야기다. 이러한 시도는 가비지 컬렉션 사이 혹은 가비지 컬렉션 중에 더 많은 일을 수행하려는 것이다. 힙 메모리에 할당하는 양을 줄이거나, 할당 작업의 빈도를 낮춤으로써 가비지 컬렉션을 조정할 수 있다.
>
>   - 윌리엄 케네디, 「Garbage Collection in Go : Part 1 – Sementics」[14]

메모리 할당을 줄이기 위한 여유는 거의 항상 존재하기 때문에, 가비지를 찾는 것이 중요하다.

---

11 「줄이기, 재사용하기, 재활용하기」, *https://oreil.ly/p6elc*

12 *https://fosdem.org*

13 「유튜브, Go 더 빠르게 만들기! 메모리 할당을 줄여 성능 최적화하기」, *https://oreil.ly/BLIiT*

14 「Go에서 가비지 컬렉션하기: 파트 1 – 시맨틱스」, *https://oreil.ly/DVdNm*

코드가 힙에 올리는 객체의 개수를 줄이는 몇 가지 방법은 분명하다(예제 1-4에서 설명했던 슬라이스 사전 할당과 같은 합리적인 최적화).

하지만 다른 최적화는 일반적으로 더 많은 CPU 시간을 필요로 하거나 가독성이 떨어지는 코드 등의 특정한 트레이드오프를 요구한다. 다음과 같은 예시를 참고하자.

- 문자열 공유[15]는 딕셔너리dictionary를 제공하고, 문자열의 ID를 나타내는 훨씬 적은 포인터 프리 정수 사전을 사용함으로써, string 타입에 대한 동작을 피한다.
- 메모리 복사 없이 []byte에서 string(반대도 마찬가지)으로 안전하지 않은unsafe 변환을 수행하여[16] 잠재적으로 할당을 절약할 수 있지만, 이를 잘못 수행하는 경우 힙에 더 많은 메모리를 확보할 가능성이 생긴다(예제 11-15 참고).
- 변수가 힙으로 빠져나가지 않도록 만드는 작업 또한 할당을 줄이는 노력이 될 수 있다.

할당을 줄일 수 있는 방법은 무수히 많다. 앞서 이미 언급한 방법들도 있다. 예를 들어 일반적으로 작업량을 줄이면 할당도 줄일 수 있다. 또 다른 방법으로는 코드뿐만 아니라 모든 최적화 설계 수준(3.5절 참고)에서 할당을 줄이는 방법을 찾는 것이다. 이때 대부분 알고리즘을 가장 먼저 바꿔야 한다. 그러면 코드 수준으로 이동하기 전에 공간 복잡성을 크게 개선할 수 있다.

11.2.2 메모리 재사용

재사용 또한 효과적인 방법이다. 5.5.3절에서 설명했듯이 Go 런타임은 이미 메모리를 어떻게 든 재사용한다. 반복되는 작업에서 변수, 슬라이스, 맵과 같은 객체를 모든 루프에서 재생성하지 않고 명시적으로 재사용하는 방법들이 있다. 11.6절에서 일부 기법을 다룰 것이다.

다시 강조하자면 모든 최적화 설계 수준에서 이 방법을 활용하기를 권한다(3.5절 참고). 예를 들어 시스템 또는 알고리즘 설계를 할 때 메모리를 재사용하는 방향을 선택할 수 있다. 또 TCP 프로토콜 역시 시스템 수준에서의 메모리 재사용Reuse Memory 최적화의 예시가 될 수 있다. TCP 프로토콜은 재사용을 위해 연결을 유지하는데, 이는 새로운 연결을 생성하는 데 필요한 네트워크 레이턴시를 줄이는 데 도움이 되기 때문이다.

---

15 「위키피디아, 문자열 공유」, *https://oreil.ly/qJu7u*
16 「깃허브, thanos/pkg/store/labelpb/label.go 중 관련 내용」, *https://oreil.ly/Y10YT*

재사용 방법론을 실행할 때 주의할 점

여기서 전달하는 팁을 말 그대로 받아들이고 싶을 수 있다. 많은 사람이 변수를 포함한 모든 작은 사항을 최대한 재사용하려고 노력한다. 5.5.1절에서 보았듯이, 변수는 메모리를 요구하는 상자이지만 보통은 스택에 있기 때문에 필요할 때 여러 개를 더 만들어도 된다. 그러나 한편으로는 변수를 과도하게 사용하면 변수[17]를 숨길 때 버그를 찾기 어렵게 된다.

복잡한 구조체의 재사용 역시 다음 두 가지 이유로 매우 위험할 수 있다.[18]

- 복잡한 구조체를 재사용(빈 구조체를 새로 할당하는 대신)하기 전에 복잡한 구조체의 상태를 재설정하는 것이 쉽지 않은 경우가 많다.
- 복잡한 구조체들은 동시에concurrently 사용할 수 없으며, 이로 인해 추가적인 최적화가 제한되거나 데이터 레이스Data Race[19]가 발생할 수 있다.

11.2.3 재활용

메모리를 사용한다면 프로그램에 대한 최소한의 요구 사항은 재활용Recycle이다. 다행히 사용되지 않는 메모리를 재활용해서 운영체제에 돌려주는 것은 빌트인 가비지 컬렉터의 책임이므로, Go 코드에 이를 위한 추가 작업이 필요없다. 다만 5.4.2절에서 언급한 mmap 시스템 호출과 같은 고급 유틸리티나 다른 오프-힙off-heap 메모리 기법을 사용하는 경우는 예외다.

하지만 메모리를 줄이거나 재사용할 수 없는 경우, 코드나 가비지 컬렉션 설정을 최적화하여 좀 더 효율적으로 재활용하도록 만들 수 있다. 다음은 재활용을 향상시키는 몇 가지 방법이다.

할당된 객체 구조체 최적화

할당의 수를 줄일 수 없다면, 객체에서 포인터의 수를 줄이는 것은 가능할 것이다. 그러나 포인터를 늘 피할 수는 없다. 예를 들어 time[20], string[21], 슬라이스[22]와 같이 인기 있는 구조체는

---

17 「숨겨진 변수들」, *https://oreil.ly/9Dfvb*

18 이에 관해 잘 설명한 블로그 글(*https://oreil.ly/KrVnG*)을 참고하라.
옮긴이 주_이 링크는 Medium 블로그 서비스의 'Reused Variables in Go'라는 제목의 글로 연결된다.

19 옮긴이 주_여러 개의 스레드가 동시에 같은 메모리 영역에 쓰기를 포함해서 접근하는 경우 데이터가 깨질 수 있는 상황

20 「Go 문서, src/time/time.go 중 관련 내용」, *https://oreil.ly/3ZmWi*

21 「Go reflect 문서, type StringHeader」, *https://oreil.ly/CIoPc*

22 「Go reflect 문서, type SliceHeader」, *https://oreil.ly/0w484*

포인터를 가진다. 특히 string은 포인터같이 보이지 않지만, 실제로는 특별한 []byte이고, 이는 바이트 배열을 가리키는 포인터를 의미한다. 특정한 조건에서는 []string을 offsets []int와 bytes []byte로 바꿔서 포인터가 없는 구조체로 만드는 작업이 가치 있을 수도 있다.

일반적으로 포인터를 많이 사용하는 예제로는 JSON, YAML, protobuf[23]와 같은 서로 다른 바이트 포맷으로 마샬링^{marshalling}/언마샬링^{unmarshalling}[24]되는 데이터 구조체를 구현하는 것이다. 중첩된 구조체에 포인터를 사용해서 필드에 선택성(optionality, 필드가 설정되었는지 아닌지를 판별하는 기능)을 허용하고 싶을 수 있다. Go protobuf 생성기[25]와 같은 일부 코드 생성 엔진은 기본적으로 모든 필드를 포인터로 설정한다. 소규모 Go 프로그램에서는 이렇게 해도 무방하나, 객체를 많이 이용하는 경우라면(특히 네트워크 메시지에 객체를 사용하는 사례) 이러한 데이터 구조체에서 포인터 제거를 고려할 수 있다(실제로 수많은 생성기와 마샬러^{marshaller}가 그러한 옵션을 제공한다).

> **TIP** 구조체에서 포인터의 개수를 줄이면 가비지 컬렉션에 더 좋은 영향을 주고 자료 구조를 더 L-캐시 친화적으로 만들어 프로그램 레이턴시를 줄일 수 있다. 또 컴파일러가 해당 자료 구조를 힙이 아니라 스택에 올릴 확률도 높여 준다.
>
> 하지만 주요 단점은 해당 구조체를 값(by value)으로(5.5.1절에서 언급된 복사 오버헤드) 전달할 때 오버헤드가 더 크다는 점이다.

가비지 컬렉션 튜닝

앞서 5.5.3절에서는 GOGC와 GOMEMLIMIT이라는 Go 가비지 컬렉션의 두 가지 옵션을 언급했다.

GOGC 옵션을 기본값 100%에서부터 조정해보면 가끔 프로그램에 효율적으로 좋은 영향을 미칠 수도 있다. 다음 가비지 컬렉션을 (필요에 따라) 더 빠르게 혹은 더 늦게 이동하는 방법도 괜찮을 수 있다. 그러나 올바른 숫자를 찾으려면 벤치마킹을 많이 해야 한다. 또한 이 튜닝이 애플리케이션의 모든 가능한 상태에서 제대로 동작한다고 보장하지 못한다. 더구나 코드에서 임

---

23 「프로토콜 버퍼」, *https://oreil.ly/yZVuB*

24 옮긴이 주_마샬링은 데이터의 표현 방식을 저장, 전송, 타 프로그램으로 이동 등의 경우에 적합하도록 다른 데이터 형식으로 변환하는 과정이며, 언마샬링은 마샬링의 반대 개념이다.

25 「깃허브, protocolbuffers/protobuf」, *https://oreil.ly/SeNub*

계 경로를 많이 변경하는 경우 이 기법은 지속 가능성이 떨어진다. 모든 변경에는 다른 튜닝 세션이 필요하기 때문이다. 구글이나 우버[26] 등 큰 회사들이 GOGC를 런타임에 자동으로 조정하는 자동화 도구에 투자하는 이유다.

GOMEMLIMIT은 GOGC에 추가로 수정할 수 있는 또 다른 옵션이다. 이는 상대적으로 새로운 옵션이며, 힙이 소프트 메모리 한계soft memory limit에 가깝거나 이를 넘은 경우 가비지 컬렉션을 더 자주 실행하게 된다.

> **쿠버네티스를 사용하는 중인가? GOMEMLIMIT을 Pod 메모리 제한과 함께 사용하자.**
>
> 쿠버네티스와 같은 일부 오케스트레이션 시스템에서는 작업에 대해 엄격한 리소스 제한 설정[27]을 할 수 있다. 메모리처럼 압축할 수 없는 리소스에 대해서는, 작업이 제한을 넘도록 메모리를 요구할 때, 일반적으로 시스템이 프로세스에 대해 OOM Out-Of-Memory을 수행할 것이다.
>
> GOMEMLIMIT 옵션은 가비지 컬렉션 메모리 오버헤드가 OOM을 발생시키는 경우에 도움을 주도록 설계되었다. 공식 가이드[28]에서는 Go 런타임이 인지하지 못하는 메모리 소스를 염두에 두는 추가적인 5~10%의 오버헤드를 남겨둘 것을 제안한다. GOMEMLIMIT 옵션 설정을 작업 메모리 한계의 90~95%로 하면 꽤 효과적일 수 있다.
>
> 머신[29]에서 메모리를 실제보다 많이 할당하는 것을 원치 않을 경우, GOGC=off로 설정해서 메모리 한계 수준에 가까울 때만 가비지 컬렉션을 실행하도록 만들 수 있다. 이는 CPU 시간을 어느 정도 절약해준다.

상호 작용적인 시각화 형태의 가비지 컬렉션 튜닝에 관한 더 상세한 가이드를 참고하자.

가비지 컬렉션 트리거링과 운영체제 메모리 수동 해제

극단적인 경우, runtime.GC()를 이용해서 수동으로 트리거된 가비지 컬렉션으로 실험을 진행하기를 원할 수도 있다. 예를 들어 많은 양의 메모리를 할당한 후 이를 더 이상 참조하지 않게 된 연산 이후에 가비지 컬렉션을 수동으로 트리거하고자 할 수 있다. 참고로 수동 가비지 컬렉

---

26 「우버 블로그, 30개의 미션 크리티컬 서비스에서 7만 개의 코어를 절약한 방법」, *https://oreil.ly/8YMRi*

27 「쿠버네티스 블로그, Pod 및 컨테이너를 위한 리소스 관리」, *https://oreil.ly/4zpkg*

28 「Go 가비지 컬렉터 가이드라인」, *https://oreil.ly/zq6bb*

29 「쿠버네티스 컨테이너 보증(및 초과 구독)」, *https://oreil.ly/GYTB9*

션 트리거는 항상 강력한 안티 패턴anti-pattern이며, 특히 전역적인 영향을 가지는 라이브러리에서 더 그렇다.[30]

오프 힙에 객체 할당

앞서 객체를 힙에 할당하는 대신 먼저 스택상에 할당하는 방법을 언급하였다. 그러나 스택과 힙이 유일한 옵션인 것은 아니다. 메모리를 오프 힙off-heap에 할당하는 방법들이 있으며, 이는 Go 런타임의 관리에서 벗어난 부분이다.

5.4.2절에서 보았던 명시적인 mmap 시스템 호출[31]을 이용해서 이를 수행할 수 있다. 심지어 CGO[32]를 통해 jemalloc과 같은 C 함수를 호출하려고 시도하는 경우도 있다.

가능하긴 하겠지만, 이러한 작업을 한다는 것은 마치 Go Allocator를 처음부터 구현하는 것과 비슷할 것이고, 이 경우 수동 할당과 메모리 안전성safety 부족 이슈까지도 처리해야 한다. 즉 궁극적인 고성능 Go 구현을 위해 시도할 수 있는 마지막 방법이 될 것이다.

하지만 긍정적으로 보면 이 분야는 지속적으로 개선되고 있다. 이 책을 작성할 때 Go 팀은 GOEXPERIMENT=arena 환경 변수에 가려졌던 굉장히 흥미로운 제안을 승인하고 구현했다.[33] 이는 가비지 컬렉터가 관리하는 힙 영역의 밖에 위치한 메모리의 연속된 메모리 영역인 arena로부터 객체 집합을 할당할 수 있도록 한다. 그 결과, 가비지 컬렉션 사이클을 기다리지 않고 필요할 때(🔘 HTTP 요청이 처리될 때) 명시적으로 메모리를 격리하고, 추적하고, 신속히 해제할 수 있게 된다. arena가 특별한 이유는 특정한 수준의 메모리 안전성을 보장하기 전에 미사용된 메모리를 실수로 사용할 때 프로그램을 패닉시키기 때문이다. 안전하고 사용하기 쉬운 오프 힙 최적화를 가능하게 하는 arena가 출시되면 빨리 사용해보고 싶다(번역 시점에 arena 패키지 출시됨).

앞서 언급한 최적화의 모든 효과를 벤치마킹하고 측정하는 것은 상용화 코드에 재활용 향상을 도모하기 전에 반드시 진행해야 한다. 이들 중 일부는 유지보수가 어렵고 충분한 테스트 없이 사용되면 안전하지 않을 수 있기 때문이다.

---

30 예를 들어 프로메테우스 프로젝트에서는 코드 상태가 조금 변경되었을 때 수동 가비지 컬렉션 트리거를 제거했다(*https://oreil.ly/WFbrk*). 이 결정은 7장에서 논의된 마이크로벤치마크와 매크로벤치마크에 기반했다.

31 「메모리를 숨기자」, *https://oreil.ly/yko2o*

32 「jemalloc을 사용한 Go 수동 메모리 관리」, *https://oreil.ly/6se5i*

33 「깃허브, golang/go 중 proposal: arena: new package providing memory arenas」, *https://oreil.ly/jXgHY*

'세 가지 R^{Reduce, Reuse, Recycle}' 방법을 꼭 기억하자. '축소, 재사용, 재활용'의 순서로 외우면 더욱 좋다. 이제 몇 가지 일반적인 Go 최적화를 더 자세히 알아볼 차례다. 일부 내용은 매우 인상 깊을 것이다.

11.3 리소스 누수 방지

리소스 누수는 Go 프로그램의 효율성을 떨어뜨리는 일반적인 문제다. 어떤 리소스나 백그라운드 고루틴을 생성하고 사용한 후, 이를 해제하거나 중지하길 원하지만 실수로 남아 있게 되는 경우에 리소스 누수가 발생한다. 작은 규모라면 알아차리지 못할 수도 있지만, 나중에 풀기 어려운 커다란 디버깅 이슈가 될 수도 있다. 다음 사이클에서 프로그램을 종료할 것이라고 해도 일단 생성한 결과를 항상 정리하기를 권장한다.[34]

> **TIP** **이 프로그램에는 메모리 누수가 있다!**
>
> 메모리를 더 많이 사용하는 모든 행위를 항상 메모리 누수로 간주할 수는 없다. 예를 들어 어떤 작업을 위해 더 많은 메모리를 일반적으로 낭비해서 힙 사용이 급격하게 올라가는 결과를 초래할 수는 있지만, 어떤 지점에서는 제거된다.
>
> 기술적으로 메모리 누수는 동일한 양의 작업부하가 프로그램에 있을 때(**예** 오랫동안 돌고 있는 서비스에 대한 동일한 양의 HTTP 트래픽) 양이 제한되지 않는 리소스(**예** 디스크 공간, 메모리, 데이터베이스의 행)를 사용해서 결국 다 써버리고 마는 경우에만 발생한다.
>
> 누수와 쓰레기의 경계에 있는 예상치 않았던 비결정적인 메모리 사용이 있다. 이들은 종종 가짜 메모리 누수라고 부르며, 이들 일부에 대해서는 11.5절에서 다룰 것이다.

아마 메모리는 이러한 규칙에서 예외여야 한다고 생각할 수도 있다. 스택 메모리는 자동적으로 제거되며 Go 가비지 컬렉션은 동적으로 힙에 할당된 메모리를 제거한다.[35] 메모리 블록 정리를 트리거하는 방법은 해당 블록 참조를 중단하고 전체 가비지 컬렉션 사이클을 기다리는 것이

---

34 더 오래 동작하는 시나리오에서 동일한 코드를 재사용할 수 있는데, 이때 메모리 누수는 훨씬 큰 결과를 초래할 수도 있기 때문이다.
35 GOGC=off 환경 변수를 사용해서 이 기능을 비활성화하지 않는 한 해당 작업을 수행한다.

다. 하지만 마지막 부분에 가비지 컬렉션이 있음에도 불구하고 Go 개발자가 메모리 누수를 만드는 코드를 작성하는 경우도 많다.

프로그램에서 메모리 누수가 일어나는 몇 가지 이유는 다음과 같다.

- 프로그램이 커스텀 mmap 시스템 호출을 만들고 이들을 영원히 닫지 않는(혹은 생성하는 것보다 느린 속도로 닫는) 경우가 있다. 이는 보통 프로세스 또는 머신 OOM으로 종결된다.
- 프로그램이 무한대나 대규모의 재귀recursion 형태로 너무 많은 중첩 함수를 호출한다. 이 경우 프로세스는 스택 오버플로stack verflow 에러와 함께 종료될 것이다.
- 11.5절에서 설명하겠지만 매우 작은 길이의 슬라이스를 참조하다가 그 용량이 매우 크다는 것을 잊어버리는 경우가 있다.
- 프로그램이 힙에서 지속적으로 메모리 블록을 생성하는데, 이것이 실행 범위의 어떤 변수에 의해 항상 참조되면 메모리 누수가 일어난다. 이는 보통 메모리 누수가 있는 고루틴이나 무한대로 증가하는 슬라이스 맵이 있다는 것을 의미한다.

메모리 누수가 어디에 있는지 알면 수정하기 쉽지만 막상 이들을 찾아내기가 쉽지 않다. 종종 애플리케이션에 이미 충돌crash이 발생하고 나서야 메모리 누수가 있다는 것을 알게 된다. 9.5.2절에서 언급한 고급 도구들이 없으면 로컬 테스트에서 해당 문제를 재현하면 되지만 해당 작업이 늘 가능한 것은 아니다.

과거의 힙 프로파일이 있다고 해도 메모리 누수가 발생하는 동안에는 현재 메모리 누수를 참조하는 코드가 아니라 메모리 블록을 할당한 코드의 메모리만 볼 수 있다.[36] 일부 메모리 누수, 특히 누수된 고루틴으로 인한 메모리 누수는 고루틴 덕분에 범위를 좁힐 수 있지만 항상 그렇지는 않다.

다행히 11.3절에서 제안할 몇 가지 모범 사례는 압축되지 않는 리소스에서 발생하는 누수를 적극적으로 막아주고, 고된 작업인 메모리 누수 분석을 피하도록 도와준다. 해당 방법들을 항상 고려해보고, 적절한 최적화 방안으로 사용해보기를 바란다.

---

[36] 덤프 코어를 분석하는 도구(https://oreil.ly/iTXhz)를 사용할 수도 있지만, 현재로서는 접근성이 그다지 좋은 편이 아니라서 권하지는 않는다.
옮긴이 주_여기서 언급한 링크는 go.dev 사이트의 viewcore라는 도구 페이지로 연결된다.

11.3.1 고루틴 수명 주기 제어

> 고루틴을 실행하기 위해 프로그램에서 Go 키워드를 사용하는 순간마다 고루틴이 어떻게, 언제 종료될 것인지를 알고 있어야 한다. 이 답을 알지 못한채 고루틴을 시작하면 잠재적인 메모리 누수의 가능성이 생긴다.
>
> – 데이브 체니Dave Cheney, 「Never Start a goroutine Without Knowing How It Will Stop」[37]

고루틴은 동시성 프로그래밍을 위한 우아하고 깔끔한 프레임워크이지만 몇 가지 단점이 있다. 그중 하나는 (명시적인 동기화 패러다임을 사용하지 않는 한) 각 고루틴이 다른 고루틴과 완전히 격리돼 있다는 것이다. 예를 들어 Go 런타임에는 현재 고루틴이 생성한 고루틴을 닫기 위해(혹은 심지어 어떤 것을 생성했는지 확인하기 위해) 이를 호출하고, 요청할 수 있는 중앙 디스패치central dispatch[38]가 없다. 이는 프레임워크가 성숙하지 않아서 그런 것이 아니라 고루틴을 매우 효율적으로 만들기 위한 설계 측면에서의 선택이다. 이에 대한 트레이드오프로, 작업이 끝났을 때 이를 중지하는 잠재적인 코드 혹은 더 구체적으로는 고루틴 내부에서 고루틴 자체를 중지하는 코드를 구현해야 한다(이것이 유일한 방법이다).

해결책은 고루틴을 생성하고 나서 엄격한 컨트롤 없이 홀로 두지 않는 것이다. 심지어 계산이 빠르다고 해도 말이다. 그래서 고루틴을 스케줄링할 때는 다음 두 가지를 생각하자.

언제 중지할 것인가

언제 고루틴이 종료될 것인지 스스로에게 물어야 한다. 스스로 종료되도록 만들 것인지 혹은 (다음에 오는 예제에서처럼) 컨텍스트나 채널 등의 방법을 이용하여 종료를 트리거해야 하는지를 결정해야 한다. 일례로 요청이 취소되었을 때 고루틴의 긴 실행을 중단할 수 있어야 하는지도 확인해야 한다.

함수는 고루틴이 종료될 때까지 기다려야 하는가

고루틴이 종료되는 것을 기다리지 않고 코드가 계속되기를 원하는가? 이에 대한 답은 보통 '아

---

37 「어떻게 멈출지 모르는 상태에서 고루틴을 시작하지 말자」, *https://oreil.ly/eZKzr*
38 옮긴이 주_여러 개의 고루틴을 운영하는 시스템

니오'다. sync.WaitGroup[39](예제 10-10 참고), errgroup[40], run.Group[41] 등 추상화를 이용해서 고루틴이 중지되기를 기다려야 한다.

고루틴이 결국 종료되도록 내버려두는 것이 안전하게 느껴지는 경우가 많지만, 실제로 종료를 기다리지 않으면 위험한 결과가 생길 수 있다. [예제 11-2]에서 비동기적으로 어떤 숫자를 계산하는 HTTP 서버 핸들러를 생각해보자.

예제 11-2 동시성 함수에서 일반적인 메모리 누수를 보여주는 예제

```go
func ComplexComputation() int {                              ❶
    // Some computation...

    // Some cleanup...
    return 4
}

func Handle_VeryWrong(w http.ResponseWriter, r *http.Request) {
    respCh := make(chan int)

    go func() {                                              ❷
        defer close(respCh)                                  ❸
        respCh <- ComplexComputation()
    }()

    select {                                                 ❹
    case <-r.Context().Done():
        return                                               ❺
    case resp := <-respCh:
        _, _ = w.Write([]byte(strconv.Itoa(resp)))
        return
    }
}
```

---

39 「Go sync 페이지 중 type WaitGroup」, *https://oreil.ly/PQHom*

40 「Go 문서, golang.org/x/sync/errgroup」, *https://oreil.ly/G1Aqx*

41 「깃허브, oklog/run」, *https://oreil.ly/B1ABL*

❶ 긴 계산을 시뮬레이션하는 작은 함수다. 이 계산이 모두 수행되는 데 2초가 걸린다고 가정하자.

❷ 비동기 계산을 스케줄링하는 핸들러를 가정하자.

❸ 코드가 채널을 닫는 누군가에게 의존하지 않고, 좋은 습관에 따라 송신인이 채널을 닫는다.

❹ 취소가 발생하면 바로 리턴한다. 그렇지 않으면 결과를 기다린다. 대충 보면 위의 코드는 아주 나쁘지는 않아 보인다. 스케줄링된 고루틴의 수명 주기를 제어하는 것같이 느껴진다.

❺ 아쉽게도 더 많은 정보에 아주 자세한 내용이 숨겨져 있다. 수명 주기는 정상 상황(취소가 발생하지 않을 때)에서만 제어된다. 코드의 실행이 이 라인에 도달하면, 여기에서 뭔가 잘못된 일이 일어나고 있는 것이다. 고루틴 수명 주기를 생각하지 않고 리턴한다. 정지하지도 기다리지도 않는다. 더 나쁜 소식은 이것이 영구적인 메모리 누수가 된다는 사실이다. 즉, 아무도 respCh 채널에서 데이터를 읽어 가지 않기 때문에 ComplexCalculation을 포함하는 고루틴은 블로킹되어 기아 상태에 빠진다[starve].

고루틴이 제어되는 것처럼 보여도, 모든 경우에 제어가 잘 되지는 않는다. 이렇게 누수가 되는 코드가 Go 코드베이스에서 자주 보이는데, 제대로 하려면 모든 작은 경계 케이스를 염두에 두는, 아주 섬세한 노력이 필요하기 때문이다. 이렇게 실수로 메모리 누수를 만들기가 쉽기 때문에 Go에서는 고루틴의 사용 시점을 뒤로 미루기가 쉽다.

그리고 누군가가 이러한 메모리 누수의 부작용을 발견하기 전까지 Go 프로그램이 살아 있을 수도 있기 때문에 메모리 누수 문제는 더 심각하다. 예를 들어 Handle_Very_Wrong을 주기적으로 실행하고 취소하는 작업은 결국 Go 프로그램에 OOM을 발생시킨다. 하지만 아주 가끔씩만 애플리케이션을 취소하고 재시작하면, 꼼꼼하게 감시하지 않는 경우 영원히 이를 발견하지 못할 수도 있다.

다행히도 이러한 메모리 누수를 단위 테스트 수준에서 찾아낼 수 있는 놀라운 도구가 있다. 따라서 동시성 코드를 사용하는 모든 단위(혹은 테스트 파일)에서 메모리 누수 테스트를 실행할 것을 제안한다. 이러한 도구 중 하나는 우버에서 만든 goleak[42]이다. 기본적인 사용 방법은 [예제 11-3]에서 확인하자.

---

42 「깃허브, uber-go/goleak」, *https://oreil.ly/4N4bb*

```go
func TestHandleCancel(t *testing.T) {                              ❶
    defer goleak.VerifyNone(t)                                     ❷

    w := httptest.NewRecorder()
    r := httptest.NewRequest("", "https://efficientgo.com", nil)

    wg := sync.WaitGroup{}
    wg.Add(1)

    ctx, cancel := context.WithCancel(context.Background())
    go func() {
        Handle_VeryWrong(w, r.WithContext(ctx))
        wg.Done()
    }()
    cancel()

    wg.Wait()
}
```

❶ 취소 동작을 검증하는 테스트를 만들자. 이 부분이 메모리 누수가 트리거되는 곳으로 추정되는 곳이다.

❷ 고루틴 메모리 누수를 검증하려면, 테스트 맨 처음에 `goleak.VerifyNone`[43]을 지연 실행(defer)하면 된다. 이것은 테스트가 끝난 후에 동작하며, 예상치 못한 고루틴이 여전히 실행되고 있다면 실패한다. 또한 `goleak.VerifyTestMain` 메서드[44]를 사용하여 전체 패키지 테스트를 검증할 수 있다.

이러한 테스트를 수행하면 [예제 11-4]의 출력을 표시하며 테스트가 실패한다.

예제 11-4 [예제 11-3]의 두 가지 수행 출력 실패

```
=== RUN    TestHandleCancel
    leaks.go:78: found unexpected goroutines:
        [Goroutine 8 in state sleep, with time.Sleep on top of the stack:
        goroutine 8 [sleep]:                                       ❶
        time.Sleep(0x3b9aca00)
            /go1.18.3/src/runtime/time.go:194 +0x12e
```

---

43 「Go 문서 중 go.uber.org/goleak」, *https://oreil.ly/bgcwF*

44 *https://oreil.ly/zyPjr*

```
        github.com/efficientgo/examples/pkg/leak.ComplexComputation()
            /examples/pkg/leak/leak_test.go:107 +0x1e
        github.com/efficientgo/examples/pkg/leak.Handle_VeryWrong.func1()
            /examples/pkg/leak/leak_test.go:117 +0x5d
        created by github.com/efficientgo/examples/pkg/leak.Handle_VeryWrong
            /examples/pkg/leak/leak_test.go:115 +0x7d
        ]
--- FAIL: TestHandleCancel (0.44s)
=== RUN    TestHandleCancel
    leaks.go:78: found unexpected goroutines:
        [Goroutine 21 in state chan send, with Handle_VeryWrong.func1 (...):
        goroutine 21 [chan send]:                                              ❷
        github.com/efficientgo/examples/pkg/leak.Handle_VeryWrong.func1()
            /examples/pkg/leak/leak_test.go:117 +0x71
        created by github.com/efficientgo/examples/pkg/leak.Handle_VeryWrong
            /examples/pkg/leak/leak_test.go:115 +0x7d
        ]
--- FAIL: TestHandleCancel (3.44s)
```

❶ 고루틴들이 테스트의 마지막에서도 여전히 실행 중임을 그리고 고루틴들이 무엇을 실행했는지를 볼
수 있다.

❷ 취소 후에 몇 초 기다렸다면, 고루틴이 여전히 실행 중임을 볼 수 있었을 것이다. 그러나 이번에는
respCh에서 읽기를 기다리고 있었고, 해당 동작은 절대 수행되지 않을 것이다.

이러한 엣지 케이스의 메모리 누수를 해결하기 위한 솔루션은 [예제 11-2] 코드를 수정하는
것이다. 따라서 [예제 11-5]의 잠재적인 해결책 두 가지를 살펴보자. 이들은 문제를 해결한 듯
하지만 일부 메모리 누수가 여전히 남아 있는 것으로 보인다.

예제 11-5 (여전히) 메모리 누수가 남아 있는 핸들러. 이번에는 남겨진 고루틴들이 결국 멈춘다.

```
func Handle_Wrong(w http.ResponseWriter, r *http.Request) {
    respCh := make(chan int, 1)                                              ❶

    go func() {
        defer close(respCh)
        respCh <- ComplexComputation()
    }()
```

```go
    select {
    case <-r.Context().Done():
        return
    case resp := <-respCh:
        _, _ = w.Write([]byte(strconv.Itoa(resp)))
        return
    }
}

func Handle_AlsoWrong(w http.ResponseWriter, r *http.Request) {
    respCh := make(chan int, 1)

    go func() {
        defer close(respCh)
        respCh <- ComplexComputationWithCtx(r.Context())           ❷
    }()

    select {
    case <-r.Context().Done():
        return
    case resp := <-respCh:
        _, _ = w.Write([]byte(strconv.Itoa(resp)))
        return
    }
}

func ComplexComputationWithCtx(ctx context.Context) (ret int) {
    var done bool
    for !done && ctx.Err == nil {
        // Some partial computation...
    }

    // Some cleanup...                                             ❸
    return ret
}
```

---

❶ 이 코드와 [예제 11-2]의 HandleVeryWrong 코드의 유일한 차이점은 메시지를 위한 버퍼로 채널을 생성한다는 것이다. 이는 계산 고루틴이 누군가가 이것을 읽는 것을 기다리지 않고도 메시지를 이 채널로 푸시하도록 한다. 그래서 취소하고 일정 시간을 기다린다면 남겨진 고루틴은 결국 종료될 것이다.

❷ 좀 더 효율적으로 만들기 위해, 계산을 취소하고 더이상 필요가 없어진 컨텍스트를 받아들이는 `ComplexComputationWithCtx`를 구현할 수도 있다.

❸ 컨텍스트 취소된^context-cancelled 많은 함수는 컨텍스트가 취소되었을 때 즉시 종료되지는 않는다. 아마도 컨텍스트가 주기적으로 확인되거나 취소된 변경을 되살리기 위한 임의의 청소가 필요할 수도 있다. 이 경우에는 sleep을 이용하여 청소 대기 시간을 시뮬레이션한다.

[예제 11-5]는 어느 정도의 진전을 보여주지만, 여전히 기술적으로 메모리 누수를 보이고 있다. 어떻게 보면 해당 메모리 누수는 단지 일시적이다. 그러나 이는 다음과 같은 이유로 여전히 문제를 일으킬 수 있다.

고려되지 않은 자원의 사용

만일 `Handle_AlsoWrong` 함수를 '요청 A'에 대해 사용한다면 A는 취소될 것이다. 결과적으로 `ComplexComputation`은 `Handle_AlsoWrong`이 종료된 뒤에 많은 메모리를 실수로 할당할 것이다. 이는 혼란스러운 상황을 초래할 수 있다. 더구나 모든 감시 도구는 요청 A가 종료된 이후에 발생하는 메모리 스파이크^memory spike를 나타낼 것이므로, 요청 A가 메모리 문제와 연관이 없다는 착각을 일으킬 수 있다.

문제를 고려하는 것은 미래의 프로그램 확장성에 매우 중요한 영향을 미칠 수 있다. 예를 들어 취소된 요청이 보통 종료될 때까지 200밀리초 정도 걸린다고 가정해보자. 하지만 이는 사실이 아니다. 모든 계산을 염두에 둔다면 200밀리초에 `ComplexComputation` 청소 레이턴시 1초가 추가될 것이다. 이러한 계산은 주어진 머신 리소스를 가지고 특정한 트래픽에 대한 리소스 사용을 예측할 때 매우 중요하다.

리소스는 더 빨리 소모될 수 있다

남겨진 고루틴은 어떻게, 어디서 사용될지 예측 불가하므로 여전히 OOM을 야기할 수 있다. 연속적인 실행과 취소는 여전히 서버가 다른 요청을 스케줄링할 준비가 되어 있다는 인식을 줄 수 있고, 메모리 누수가 발생하는 비동기 작업을 계속 추가할 수 있다. 이는 결국 프로그램의 리소스가 고갈되게 만들 수 있다. 이 상황은 메모리 누수의 정의에 맞아떨어진다.

고루틴이 완료됐다고 확신할 수 있을까?

게다가 남겨진 고루틴은 고루틴이 얼마나 오래 실행되는지, 모든 엣지 케이스에서 종료되는지에 관한 어떠한 정보도 나타내지 않는다. 아마도 고루틴을 어딘가에서 정지되도록 만드는 버그가 있을 수도 있다.

결과적으로 코드에 고루틴을 절대 남겨 두지 말라고 강력히 조언하고 싶다. 다행히도 [예제 11-3]에서는 3개의 함수(Handle_VeryWrong, Handle_Wrong, Handle_AlsoWrong)를 모두 메모리 누수가 있는 것으로 마킹한다. 메모리 누수를 완벽히 수정하기 위해 이 경우에는 [예제 11-6]에서 보여주듯이 항상 결과 채널을 기다린다.

예제 11-6 [예제 11-2]의 메모리 누수가 없는 버전

```go
func Handle_Better(w http.ResponseWriter, r *http.Request) {
    respCh := make(chan int)

    go func() {
        defer close(respCh)
        respCh <- ComplexComputationWithCtx(r.Context())
    }()

    resp := <-respCh                                            ❶
    if r.Context().Err() != nil {
        return
    }

    _, _ = w.Write([]byte(strconv.Itoa(resp)))
}
```

---

❶ 항상 채널에서 읽으면 고루틴 중지를 기다릴 수 있다. ComplexComputationWithCtx에 적절한 컨텍스트를 전파하여 취소에 대해 가능한 한 빨리 응답할 수도 있다.

마지막으로 동시성 코드를 벤치마크할 때 주의하자. '작업'으로 정의하기를 원할 때 항상 각각의 b.N 반복에서 기다려야 한다. 이 해결책을 사용한 벤치마킹 코드에서의 일반적인 메모리 누수는 [예제 11-7]에서 설명한다.

```go
func BenchmarkComplexComputation_Wrong(b *testing.B) {                    ❶
    for i := 0; i < b.N; i++ {
        go func() { ComplexComputation() }()
        go func() { ComplexComputation() }()
    }
}

func BenchmarkComplexComputation_Better(b *testing.B) {                   ❷
    defer goleak.VerifyNone(
        b,
        goleak.IgnoreTopFunction("testing.(*B).run1"),
        goleak.IgnoreTopFunction("testing.(*B).doBench"),
    )                                                                    ❸

    for i := 0; i < b.N; i++ {
        wg := sync.WaitGroup{}
        wg.Add(2)

        go func() {
            defer wg.Done()
            ComplexComputation()
        }()
        go func() {
            defer wg.Done()
            ComplexComputation()
        }()
        wg.Wait()
    }
}
```

❶ 동시성 ComplexComputation 벤치마크를 수행한다고 가정하자. 2개의 고루틴을 스케줄링하면 두 함수 간에 공유되는 리소스가 있는 경우 흥미로운 레이턴시가 발생할 수도 있다. 그러나 이러한 벤치마크 결과는 완벽히 잘못됐다. 테스트한 머신에서는 1860 ns/op를 보여주지만, 신중히 살펴보면 2개의 고루틴 중 어떤 것에 대해서도 종료를 기다리지 않는다는 사실을 보게 될 것이다. 결과적으로 작업마다 2개의 고루틴을 스케줄링할 때 필요한 레이턴시만을 측정한다.

❷ 2개의 동시성 계산의 레이턴시를 측정하려면, 아마도 sync.WaitGroup을 이용하여 이들의 종료를 기다려야 한다. 해당 벤치마크는 훨씬 더 현실적인 2000339135 ns/op (작업당 2초)의 결과를 보여준다.

❸ 메모리 누수를 검증하기 위해 벤치마크에 goleak을 사용할 수도 있다. 그러나 이 이슈[45] 때문에 벤치마크에 특정한 필터를 만들어야만 한다.

요약하면, 현재와 미래의 안정적인 효율성을 위해 고루틴의 수명 주기를 제어하고 적절한 최적화를 통해 고루틴의 수명 주기를 보장해야 한다.

11.3.2 안정적으로 닫기

당연한 이야기일 수 있지만 사용 후에 닫아야 하는 객체를 생성하는 경우, 닫는 작업을 잊거나 무시해서는 안 된다. 만일 어떤 struct의 인스턴스를 생성하거나, 함수를 사용하거나, 어떤 종류의 '클로저(closer)'를 보게 된다면 특별히 관심을 가져야 한다. 다음과 같은 예시들이 있다.

- cancel 혹은 close 클로저를 리턴할 때. 예를 들면 context.WithTimeout[46] 혹은 context.WithCancel[47, 48]
- 리턴된 객체가 닫기, 취소, 중지와 같은 의미를 가지는 메서드를 포함할 때. 예를 들어 io.ReaderCloser.Close()[49], time.Timer.Stop()[50], TearDown이 있다.
- 일부 함수가 클로저 메서드를 가지지는 않지만 전용의 닫기 혹은 삭제 패키지-레벨 함수를 가질 때. 예를 들어 os.Create[51]나 os.Mkdir[52] 전용의 릴리징(releasing) 함수는 os.Remove[53]이다.

이러한 상황이라면, 최악의 경우를 가정하자. 객체를 사용한 끝부분에 그 함수를 호출하지 않으면 나쁜 일이 일어날 것이다. 어떤 고루틴은 종료되지 않을 것이고 어떤 메모리는 참조된 채로 있을 것이며, 더 나쁜 경우 데이터가 저장되지 않을 것이다(예 os.File.Close()). 그래서 되도록 조심스럽게 진행해야 한다. 새로운 추상을 사용할 때는 이것이 클로저를 가지는지 반드시 확

---

45 「깃허브, uber-go/goleak 중 Using goleak on Go benchmarks」, *https://oreil.ly/VTE9t*
46 「Go context 중 func WithTimeout」, *https://oreil.ly/lmvQd*
47 「Go context 중 func WithCancel」, *https://oreil.ly/aVkMY*
48 반환된 context.CancelContext 함수를 호출하지 않는다면, 고루틴은 영원히 동작하거나(WithContext가 사용된 경우) 혹은 타임아웃이 될 때까지 동작한다(WithTimeout).
49 「Go io 중 type ReadCloser」, *https://oreil.ly/7Lyfs*
50 「Go time 중 func (*Timer) Stop」, *https://oreil.ly/V7ba8*
51 「Go 문서, os」, *https://oreil.ly/a2nt4*
52 「Go os 중 func Mkdir」, *https://oreil.ly/klgKo*
53 「Go os 중 func Remove」, *https://oreil.ly/DPNIA*

인해야 한다. 그리고 아쉽게도 클로저를 호출하지 않았다는 것을 알려주는 린터^{linter}는 없다. [54]

불행히도 이것이 다가 아니다. Close 호출을 간단히 지연 실행(defer)시킬 수는 없다. 일반적으로 Close 함수는 에러를 리턴할 수도 있다. 즉 닫는 동작이 일어나지 않을 수 있음에도 불구하고 이 상황 자체는 처리가 되어야 한다. 예를 들어 os.Remove가 권한 이슈로 실패해서, 파일이 제거되지 않았다고 하자. 애플리케이션을 종료하거나, 다시 시도하거나, 에러를 처리하는 등의 작업을 할 수 없다고 하면, 적어도 이러한 잠재적인 메모리 누수 가능성을 인식하고는 있어야 한다.

그렇다면 defer 명령문이 덜 유용하므로 모든 클로저에 대해 if err != nil 보일러플레이트^{boilerplate}를 가지고 있어야 하는가? 꼭 그렇지는 않다. 이때는 errcapture[55]와 logerrcapture[56] 패키지를 사용할 것을 제안한다. [예제 11-8]을 참고하자.

예제 11-8 defer를 이용해서 파일 닫기

```
// import "github.com/efficientgo/core/logerrcapture"
// import "github.com/efficientgo/core/errcapture"

func doWithFile_Wrong(fileName string) error {
    f, err := os.Open(fileName)
    if err != nil {
        return err
    }
    defer f.Close() // Wrong!                                    ❶

    // Use file...

    return nil
}

func doWithFile_CaptureCloseErr(fileName string) (err error) {  ❷
    f, err := os.Open(fileName)
    if err != nil {
```

----

54 특정 코드가 요청 본문(request body)을 닫았는지를 검사하는 린터(*https://oreil.ly/DpSLY*)나 SQL문을 닫았는지를 검사하는 린터(*https://oreil.ly/EVB8M*) 정도만 있다. 그래서 아직 더 많이 기여할 수 있는 여지가 있다. 예를 들어 semgrep-go 프로젝트(*https://oreil.ly/WfmyC*)가 있다.

55 「Go 문서, github.com/efficientgo/core/errcapture」, *https://oreil.ly/ucTUB*

56 「Go 문서, github.com/efficientgo/core/logerrcapture」, *https://oreil.ly/vb2vn*

```
        return err
    }
    defer errcapture.Do(&err, f.Close, "close file")                    ❷

    // Use file...

    return nil
}

func doWithFile_LogCloseErr(logger log.Logger, fileName string) {
    f, err := os.Open(fileName)
    if err != nil {
        level.Error(logger).Log("err", err)
        return
    }
    defer logerrcapture.Do(logger, f.Close, "close file")               ❸

    // Use file...
}
```

❶ 에러를 무시하지 말 것. 특히 파일을 닫을 때는 종종 Close에서만 데이터 일부를 디스크로 플러싱하므로 에러가 발생하면 데이터를 잃는다.

❷ 다행히도 Go defer를 포기할 필요는 없다. errcapture를 이용하면, f.Close가 에러를 리턴하는 경우 에러를 리턴할 수 있다. doWithFile_CaptureCloseErr이 에러를 리턴하고, Close를 수행하는 경우, 닫을 때 발생할 수 있는 에러가 리턴된 에러에 추가된다. 이 함수의 리턴 인수(err error) 덕분에 가능한 일이다. 이 패턴은 해당 기능이 없으면 동작하지 않는다.

❸ 혹시 에러의 핸들링이 불가능하다면, 해당 닫기 에러를 기록^{logging} 할 수도 있다.

필자가 경험했던 프로젝트에서는 에러를 리턴하는 모든 함수에서 errcapture를 사용했고, 이 함수들에 대해 지연 실행을 사용할 수 있다. 이는 일부 메모리 누수를 피할 수 있게 하는, 깔끔하고 안정적인 방법이다.

닫는 것을 잊을 때의 또 다른 일반적인 예제는 에러 케이스들이다. 이후에 사용하기 위해 파일 집합을 오픈해야 한다고 하자. 이 파일들을 확실히 닫는 것은 [예제 11-9]에서와 같이 항상 쉽지만은 않다.

```
// import "github.com/efficientgo/core/merrors"

func openMultiple_Wrong(fileNames ...string) ([]io.ReadCloser, error) {
    files := make([]io.ReadCloser, 0, len(fileNames))
    for _, fn := range fileNames {
        f, err := os.Open(fn)
        if err != nil {
            return nil, err // Leaked files!                          ❶
        }
        files = append(files, f)
    }
    return files, nil
}

func openMultiple_Correct(fileNames ...string) ([]io.ReadCloser, error) {
    files := make([]io.ReadCloser, 0, len(fileNames))
    for _, fn := range fileNames {
        f, err := os.Open(fn)
        if err != nil {
            return nil, merrors.New(err, closeAll(files)).Err()      ❷
        }
        files = append(files, f)
    }
    return files, nil
}


func closeAll(closers []io.ReadCloser) error {
    errs := merrors.New()
    for _, c := range closers {
        errs.Add(c.Close())
    }
    return errs.Err()
}
```

❶ 이는 종종 알아차리기가 어렵다. 그러나 닫아야 할 더 많은 리소스를 생성할 때나 이들을 다른 함수에서 닫고자 한다면, defer가 사용될 수 없다. 일반적으로는 그래도 괜찮지만, 3개의 파일을 생성하는 중 두 번째 파일을 열었을 때 에러가 발생한다면, 첫 번째 닫지 않은 파일의 리소스에 대해 리소스 누수가 생긴다. openMultiple_Wrong에서 지금까지 오픈한 파일들과 에러를 간단히 리턴할 수는 없

다. 일관적인 흐름은 에러가 있었다면 무엇이 리턴되었든 무시하는 것이기 때문이다. 기본적으로 리소스 누수와 혼선을 피하기 위해 이미 열린 파일들을 닫아야 한다.

❷ 해결책은 보통 추가된 클로저들을 반복하고 닫는 작은 헬퍼를 생성하는 것이다. 예를 들어 편리한 에러 추가를 위해 merrors[57] 패키지를 사용한다. 어떤 Close 호출에서라도 새로운 에러가 발생하면 이를 알고 싶기 때문이다.

요약하면 닫는 것은 매우 중요하고 훌륭한 최적화라고 볼 수 있다. 물론 하나의 패턴이나 린터가 모든 실수를 막아 줄 수는 없는 노릇이다. 하지만 이러한 리스크를 줄이기 위해 많은 것을 할 수 있다. 결국 최선의 결정을 내리고 코드에 책임을 지는 것은 개발자 자신의 몫이다.

11.3.3 소진

더 복잡하게 만들기 위해, 특정 구현은 모든 리소스를 완전히 릴리스하는 데 더 많은 작업을 필요로 한다. 예를 들어 io.Reader[58]구현은 Close 메서드를 가지지 않으면서도 모든 바이트를 완전히 다 읽는 상황을 가정할 수도 있다. 반면에 어떤 구현은 Close를 가질 수도 있지만 효율적인 사용을 위해 리더reader를 소진Exhaust Things하기를 기대한다.

이러한 동작을 가지는 가장 인기 있는 구현 중 하나는 표준 라이브러리의 http.Request[59]와 http.Response[60]의 body 필드인 io.ReadCloser이다. 문제는 [예제 11-10]에서 볼 수 있다.

예제 11-10 잘못 처리된 HTTP 응답에 의해 야기된 http/net 클라이언트의 비효율성을 보여주는 예제

```
func handleResp_Wrong(resp *http.Response) error {                        ❶
    if resp.StatusCode != http.StatusOK {
        return errors.Newf("got non-200 response; code: %v", resp.StatusCode)
    }
    return nil
}

func handleResp_StillWrong(resp *http.Response) error {
```

57 「Go 문서, github.com/efficientgo/core/merrors」, *https://oreil.ly/icRMt*
58 「Go io 중 type Reader」, *https://oreil.ly/HR89x*
59 「Go net/http 중 type Request」, *https://oreil.ly/3Gq9j*
60 「Go net/http 중 type Response」, *https://oreil.ly/3L02L*

```go
    defer func() {
        _ = resp.Body.Close()                                              ❷
    }()

    if resp.StatusCode != http.StatusOK {
        return errors.Newf("got non-200 response; code: %v", resp.StatusCode)
    }
    return nil
}

func handleResp_Better(resp *http.Response) (err error) {
    defer errcapture.ExhaustClose(&err, resp.Body, "close")                ❸

    if resp.StatusCode != http.StatusOK {
        return errors.Newf("got non-200 response; code: %v", resp.StatusCode)
    }
    return nil
}

func BenchmarkClient(b *testing.B) {
    defer goleak.VerifyNone(
        b,
        goleak.IgnoreTopFunction("testing.(*B).run1"),
        goleak.IgnoreTopFunction("testing.(*B).doBench"),
    )

    c := &http.Client{}
    defer c.CloseIdleConnections()                                         ❹

    b.ResetTimer()
    for i := 0; i < b.N; i++ {
        resp, err := c.Get("http://google.com")
        testutil.Ok(b, err)
        testutil.Ok(b, handleResp_Wrong(resp))
    }
}
```

❶ http.Client.Get[61] 요청에 대한 HTTP 응답을 처리하는 함수를 설계한다고 가정하자. Get은 '읽기가 끝나면 호출자가 resp.Body를 닫아야 한다'는 사실을 명확하게 언급하고 있다. 해당 HandleResp_Wrong은 다음 두 가지의 고루틴에서 메모리 누수를 발생시키므로 잘못되었다.

61 「Go net/http 중 func (*Client) Get」, *https://oreil.ly/uB0Vd*

- net/http(*persistConn).writeLoop를 수행하는 고루틴
- net/http(*persistConn).readLoop를 수행하는 고루틴. goleak 도구를 이용하여 Benchmark Client를 실행할 때 보일 수 있다.

❷ 메인 누수를 중지했기 때문에 handleResp_StillWrong은 더 나아졌다. 그러나 여전히 아직 본문 body에서 바이트를 읽지는 않는다. 필요 없을 수도 있긴 하나, net/http 구현은 본문을 모두 소진하지 않는다면 TCP 연결을 차단할 수 있다. 하지만 이는 널리 알려진 정보가 아니다. 이는 http.Client.Do[62] 메서드 설명에 "만약 바디가 EOF까지 읽고 나서 닫는 것까지 모두 수행하지 않는다면, 클라이언트의 기반이 되는 RoundTripper(일반적으로 Transport)는 다음 'keep-alive' 요청을 위해 서버로 가는 지속적인 TCP 연결을 재사용하지 못할 수 있다"라고 간단히 언급됐다.

❸ 이상적으로는 EOF end of file까지 읽는다. EOF는 읽는 것이 무엇이든 그 끝을 나타낸다. 이러한 이유로 이를 정확히 행하는 errcapture[63]나 logerrcapture[64]로부터 ExhaustClose와 같은 편리한 헬퍼를 생성했다.

❹ 클라이언트는 계속 유지하고 재사용할 각 TCP 연결에 대해 일부 고루틴을 수행한다. 코드가 가질 수 있는 누수를 탐지하기 위해 CloseIdleConnection을 이용해서 TCP 연결을 닫을 수 있다.

http.Response.Body 같은 구조가 좀 더 사용하기 쉬우면 좋겠다. 본문에 대한 닫기와 소진 요구사항은 중요하고 합리적인 최적화로 사용되어야 한다. handleResp_Wrong은 메모리 누수 에러로 BenchmarkClient를 실패로 만든다. handleResp_StillWrong은 어떤 고루틴에도 누수를 만들지 않기 때문에 누수 테스트를 통과한다. 이때 누수는 다른 수준인 TCP 수준에서 발생하며, 이 경우 TCP 연결 재사용이 불가능하므로 추가적인 레이턴시와 불충분한 파일 디스크립터가 발생할 수 있다.

[예제 11-10]의 BenchmarkClient 벤치마크의 결과를 통해 어떤 영향을 끼쳤는지 볼 수 있다. 필자의 머신에서 handleResp_StillWrong으로 구글 웹페이지[65]를 호출할 때 265밀리초가 소요된다. handleResp_Better에서 모든 리소스를 청소하는 버전일 때 같은 작업은 오직 188밀리초의 시간만 소모하며, 29% 더 빠르다.[66]

---

62 「Go net/http 중 func (*Client) Do」, *https://oreil.ly/RegPv*

63 「Go 문서, errcapture」, *https://oreil.ly/4LhOs*

64 「Go 문서, logerrcapture」, *https://oreil.ly/XRxyA*

65 *https://google.com*

66 코드에서 더 많은 작업을 수행한다는 것을 생각하면 상당히 흥미로운 결과다. 구글이 반환한 HTML의 모든 바이트를 읽는다. 하지만 더 적은 수의 TCP 연결을 생성하기에 더 빠르다.

소진의 필요성도 `http.HandlerFunc` 코드에서 볼 수 있다. 서버 구현이 `http.Request` 바디를 소진하고 닫는지 항상 확인해야 한다. 그렇지 않으면 [예제 11-10]에서와 같은 문제가 발생할 것이다. 이는 모든 종류의 반복자에 적용된다. 예를 들어 프로메테우스의 저장소는 `ChunkSeriesSet` 반복자[67]를 가질 수 있다. `Next()`가 false일 때까지 모든 아이템을 통해 반복하는 것을 잊는 경우 일부 구현에서는 리소스 누수나 리소스의 과도한 사용을 야기할 수 있다.

요약하면, 이들 중요한 경계 케이스들을 위한 구현을 항상 확인하라. 이상적으로는 설계 시 해당 구현이 명백히 효율성을 보장하도록 해야 한다.

이제 앞의 장에서 언급한 사전 할당 기법을 알아보자.

11.4 사전 할당의 중요성

1.2.1절에서 합리적인 최적화로 사전 할당을 언급했다. [예제 1-4]에서 make를 이용하여 슬라이스를 사전 할당하는 것이 얼마나 용이한지를 append에 대한 최적화로 보여주었다. 결국 코드에서 새로운 항목의 사이즈를 변경하거나 새로운 항목을 할당하는 작업을 해야 한다면, 보통 이를 위해 코드가 수행해야 할 작업량을 줄이고 싶을 것이다.

앞에서 언급한 append 예제는 중요하다. 그러나 더 많은 예제가 있다. 효율성을 고려하는 거의 모든 컨테이너 구현에는 더 쉬운 사전 할당 방법이 있다. [예제 11-11]에서 설명과 함께 이들을 살펴보자.

예제 11-11 어떤 공통 타입을 사전 할당하는 예제

```
const size = 1e6                                    ❶

slice := make([]string, 0, size)                    ❷
for i := 0; i < size; i++ {
    slice = append(slice, "something")
}

slice2 := make([]string, size)                      ❸
```

---

67 「Go storage 중 github.com/prometheus/prometheus/storage」, *https://oreil.ly/voRFc*

```
    for i := 0; i < size; i++ {
        slice2[i] = "something"
    }

    m := make(map[int]string, size)                                        ❹
    for i := 0; i < size; i++ {
        m[i] = "something"
    }

    buf := bytes.Buffer{}                                                  ❺
    buf.Grow(size)
    for i := 0; i < size; i++ {
        _ = buf.WriteByte('a')
    }

    builder := strings.Builder{}
    builder.Grow(size)
    for i := 0; i < size; i++ {
        builder.WriteByte('a')
    }
```

❶ 증가시키려는 컨테이너의 크기를 미리 알고 있다고 가정하자.

❷ 슬라이스와 함께 make를 사용하면 배열의 용량을 주어진 크기로 증가시킬 수 있다. make로 미리 증 가시킨 배열 덕분에 append와 함께 루프를 사용하면 CPU 시간과 메모리 할당 면에서 크게 절약된 다. 이는 배열이 너무 작을 때는 append로 배열의 크기를 변경할 필요가 없기 때문이다.

크기 조정은 아주 간단하다. 단순하고 새로운 더 큰 배열을 생성하며, 모든 요소를 복사한다. 새로운 슬라이스가 얼마나 많이 증가하는지 예측하는 특정 휴리스틱도 있다. 이 휴리스틱은 최근 변경[68]되었 으나, 백만 개의 요소로 확장될 때까지 여전히 할당과 복사를 수행한다. 이때 동일한 로직은 사전 할 당으로 8배 빨라지고, 88MB 메모리 대신 16MB 메모리를 할당한다.

❸ 슬라이스의 용량과 길이를 사전 할당할 수도 있다. slice와 slice2는 동일한 요소들을 가질 것이다. 두 가지 방법은 거의 동일한 효율을 보이므로, 필요로 하는 것과 기능적으로 좀 더 잘 맞는 것을 사용 하면 된다. 그러나 slice2의 경우 모든 배열 요소를 사용하며, slice에서는 더 크게 확장시킬 수 있 지만 필요한 것보다 더 작은 숫자가 될 수 있다.[69]

---

68 「Go 1.18의 추가 기능 변경 사항」, *https://oreil.ly/6uIHH*
69 이 방법은 크기만 알고 있는 최악의 경우에 자주 사용된다. 결국 더 작게 사용할지라도, 최악의 경우까지 확장시킬 가치가 있다. 11.5절 을 참고하자.

❹ 맵map은 용량을 나타내는 선택적인 숫자를 가지고 make를 이용하여 생성될 수 있다. 크기를 미리 안다면, Go로 하여금 미리 알고 있는 크기로 필요한 내부 자료 구조를 생성하도록 하는 것이 더 효율적이다. 효율성을 확보하면 다음과 같은 차이가 생긴다. 필자의 머신에서 사전 할당을 이용하면 맵 초기화에 87밀리초가 걸리며, 사전 할당을 이용하지 않으면 179밀리초가 소요된다. 전체 할당 영역은 사전 할당을 할 경우 57MB이고, 사전 할당 없이는 123MB다. 하지만 맵 삽입은 여전히 사전 할당보다 훨씬 적은 양의 메모리를 할당할 수도 있다.

❺ 다양한 버퍼와 빌더는 Grow 함수를 제공하고 이 함수는 사전 할당이 가능하다.

앞서 소개된 예제는 필자의 거의 모든 코딩 세션에서 자주 사용되는 것들이다. 사전 할당은 보통 추가적인 코드 라인이 필요하지만, 아주 훌륭하고 가독성이 좋은 패턴이다. 만일 슬라이스의 크기를 알 수 있는 상황이 많지 않다는 사실을 여전히 확신하지 못한다면 io.ReadAll에 관해 이야기해보자. Go 커뮤니티에서는 io.ReadAll[70](기존 ioutil.ReadAll[71] 함수)을 많이 사용한다. 더불어 크기를 미리 알고 있다면 내부 바이트 슬라이스를 사전 할당하여 이 함수를 크게 최적화할 수도 있다. 아쉽게도 io.ReadAll에는 size나 capacity 인수가 없지만 [예제 11-12]에서 설명하는 간단한 방법으로 이를 최적화할 수 있다.

예제 11-12 ReadAll 최적화와 벤치마크 예제

```go
func ReadAll1(r io.Reader, size int) ([]byte, error) {
    buf := bytes.Buffer{}
    buf.Grow(size)
    n, err := io.Copy(&buf, r)                              ❶
    return buf.Bytes()[:n], err
}

func ReadAll2(r io.Reader, size int) ([]byte, error) {
    buf := make([]byte, size)
    n, err := io.ReadFull(r, buf)                           ❷
    if err == io.EOF {
        err = nil
    }
    return buf[:n], err
}
```

---

70 「Go io 중 func ReadAll」, *https://oreil.ly/TN7bt*
71 「Go io/ioutil 중 funcReadAll」, *https://oreil.ly/nt1oT*

```go
func BenchmarkReadAlls(b *testing.B) {
    const size = int(1e6)
    inner := make([]byte, size)

    b.Run("io.ReadAll", func(b *testing.B) {
        b.ReportAllocs()
        for i := 0; i < b.N; i++ {
            buf, err := io.ReadAll(bytes.NewReader(inner))
            testutil.Ok(b, err)
            testutil.Equals(b, size, len(buf))
        }
    })

    b.Run("ReadAll1", func(b *testing.B) {
        b.ReportAllocs()
        for i := 0; i < b.N; i++ {
            buf, err := ReadAll1(bytes.NewReader(inner), size)
            testutil.Ok(b, err)
            testutil.Equals(b, size, len(buf))
        }
    })

    b.Run("ReadAll2", func(b *testing.B) {
        b.ReportAllocs()
        for i := 0; i < b.N; i++ {
            buf, err := ReadAll2(bytes.NewReader(inner), size)
            testutil.Ok(b, err)
            testutil.Equals(b, size, len(buf))
        }
    })
}
```

❶ ReadAll을 시뮬레이션하는 방법 중 하나는 사전 할당된 버퍼를 생성하고 io.Copy로 전체 바이트를 복사하는 것이다.

❷ 더 효율적인 방법은 바이트 슬라이스를 사전 할당하고 ReadFull을 사용하는 것으로, 비슷한 방법이다. ReadAll은 모든 읽기가 끝났을 때 io.EOF 에러 표시를 사용하지 않으므로, 특별한 처리가 필요하다.

[예제 11-13]에서 나타난 결과는 설명을 보지 않고도 이해할 수 있다. 백만 바이트 슬라이스에 대해 io.ReadFull을 사용한 ReadAll2는 기존 대비 8배 더 빠르고 메모리 사용량을 1/5로 줄인다.

```
BenchmarkReadAlls
BenchmarkReadAlls/io.ReadAll
BenchmarkReadAlls/io.ReadAll-12  1210  872388 ns/op  5241169 B/op  29 allocs/op
BenchmarkReadAlls/ReadAll1
BenchmarkReadAlls/ReadAll1-12    8486  165519 ns/op  1007723 B/op   4 allocs/op
BenchmarkReadAlls/ReadAll2
BenchmarkReadAlls/ReadAll2-12   10000 102414 ns/op  1007676 B/op   3 allocs/op
PASS
```

Go 코드에서 io.ReadAll 최적화를 자주 할 수 있다. 특히 HTTP 코드를 다룰 때, 요청 헤더나 응답 헤더는 종종 사전 할당이 가능한 ContentLength 헤더를 제공한다.[72] 이전의 예제들은 사전 할당이 가능한 타입과 추상의 작은 하부 집합만 보여주지만, 더 나은 효율성을 위해 할당을 평준화할 수 있다면 사용하고자 하는 타입의 문서와 코드를 확인하자.

그런데 여기서 조금 더 나아가 훌륭한 사전 할당 패턴 한 가지를 더 소개하고자 한다. 간단한 단일 연결 리스트를 생각해보자. 이를 포인터로 구현하고 이 리스트에 새로운 요소 백만 개를 삽입할 것을 알고 있다면, 효율성을 위해 사전 할당을 이용할 방법이 있을까? [예제 11-14]에서 그 가능성을 보여준다.

예제 11-14 연결 리스트 요소의 기본 사전 할당

```
type Node struct {
    next *Node
    value int
}

type SinglyLinkedList struct {
    head *Node

    pool      []Node                                          ❶
    poolIndex int
}
```

---

72 얼마 전 타노스 프로젝트(*https://oreil.ly/8nWCH*)에서 해당 작업을 했다.

```go
func (l *SinglyLinkedList) Grow(len int) {                                    ❷
    l.pool = make([]Node, len)
    l.poolIndex = 0
}

func (l *SinglyLinkedList) Insert(value int) {
    var newNode *Node
    if len(l.pool) > l.poolIndex {                                            ❸
        newNode = &l.pool[l.poolIndex]
        l.poolIndex++
    } else {
        newNode = &Node{}
    }

    newNode.next = l.head
    newNode.value = value
    l.head = newNode
}
```

❶ 이 라인은 연결 리스트를 특별하게 만들며 단일 슬라이스의 형태로 객체 풀을 유지한다.

❷ 객체 풀 덕분에 Grow 메서드를 구현할 수 있고, 이는 한 번의 할당 내에서 많은 Node 객체 풀을 할당 하도록 한다. 일반적으로 하나의 큰 [ ]Node 할당이 수백만 개의 *Node 할당보다 훨씬 빠르다.

❸ 삽입 중에는 객체 풀에 여유가 있는지 확인해서 개별 Node를 할당하는 대신 객체 풀에서 하나의 요소 를 가져올 수 있다. 이 구현은 용량 제한에 부딪히면 이후 증가 등을 위해 더 강력하게 확장될 수 있다.

이전에 설명한 연결 리스트를 이용하는 백만 개의 요소 삽입을 벤치마킹한다고 하면, 이 삽입 이 하나의 큰 할당보다 4배 적은 시간을 사용하고, 백만 번 할당하는 대신 한 번의 할당으로 동 일한 공간을 가지는 모습을 보게 될 것이다.

[예제 11-11]에서 사용된 슬라이스와 맵을 사용하는 간단한 사전 할당은 거의 단점이 없다. 따라서 이는 합리적인 최적화로 간주할 수 있다. 반면에 [예제 11-14]에서 소개된 사전 할당 은 조심스럽게 다뤄져야 하고, 트레이드오프가 없는 것이 아니기 때문에 벤치마크를 통해서 결 정되어야 한다.

첫째, 잠재적인 삭제 로직이나 Grow를 여러 번 호출하는 작업을 호출하는 것의 구현이 간단하 지 않다. 둘째, 단일 Node 요소가 현재 매우 큰 단일 메모리 블록에 연결되어 있다는 것이다. 11.5절에서 이 부분을 좀 더 살펴보자.

11.5 배열로 인한 문제: 메모리 남용

알고 있겠지만, 슬라이스는 Go에서 매우 강력한 기능을 제공한다. 슬라이스는 Go 커뮤니티에서 매일 사용되는 배열[73]을 유연하게 다룰 수 있는 강력한 도구다. 하지만 강력한 힘과 유연성에는 책임이 따르는 법이다. 결국 메모리를 과용하기 쉬워지고, 이는 메모리 누수로 이어질 수 있다. 핵심은 이러한 상황이 8.1.1절에서는 절대 발생하지 않는다는 것인데, 이것이 가비지 컬렉션과 연관이 있고 릴리스 가능해 보이는 메모리를 릴리스하지 않을 것이기 때문이다. 이 문제를 [예제 11-15]에서 탐구해보자. [예제 11-15]에서는 [예제 11-14]에서 소개된 SinglyLinkedList의 잠재적인 삭제 가능성을 테스트한다.

예제 11-15 [예제 11-14]에서 사전 할당을 사용한 연결 리스트에서의 메모리 남용 재현

```go
func (l *SinglyLinkedList) Delete(n *Node) { /* ... */ }                  ❶

func TestSinglyLinkedList_Delete(t *testing.T) {                         ❷
    l := &SinglyLinkedList{}
    l.Grow(size)
    for k := 0; k < size; k++ {
        l.Insert(k)
    }
    l.pool = nil // Dispose pool.                                        ❸
    _printHeapUsage()                                                    ❹

    // Remove all but last.
    for curr := l.head; curr.next != nil; curr = curr.next {            ❺
        l.Delete(curr)
    }
    _printHeapUsage()                                                    ❻

    l.Delete(l.head)
    _printHeapUsage()                                                    ❼
}

func _printHeapUsage() {
    m := runtime.MemStats{}

    runtime.GC()
```

73 「깃허브, golang/go 중 SliceTricks」, https://oreil.ly/YhOdH

```
    runtime.ReadMemStats(&m)
    fmt.Println(float64(m.HeapAlloc)/1024.0, "KB")
}
```

❶ 연결 리스트에 삭제 로직을 추가해서 주어진 요소를 삭제한다.

❷ Delete의 효율을 평가하기 위해 마이크로벤치마크를 사용하면, Grow를 사용할 때 삭제 속도가 약간 더 빠른 것을 볼 수 있다. 그러나 메모리 남용 문제를 보여주기 위해서는 매크로벤치마크 테스트가 필요하다(8.3절 참고). 다른 방법으로는 불안정한 상호 작용 테스트를 작성할 수 있다.[74]

❸ GC가 삭제된 노드를 제거하는 작업을 최선을 다해 보여주고 있다. 그러나 pool 변수를 nil로 설정하고, 이에 따라 연결 리스트의 노드를 생성하는 데 사용했던 슬라이스는 어디에서도 참조되지 않는다.

❹ GC에 대한 수동 트리거를 사용하고 힙을 출력한다. 이는 백그라운드 런타임 작업에서의 할당을 포함하고 있기 때문에 일반적으로 매우 안정적이지는 않지만, 여기서 해당 문제를 보여주는 데에는 충분하다. 사전 할당된 리스트는 수행 시 15,818.5KB를 보였고, Grow 없이 수행 시에는 15,813KB를 보였다. 두 값 사이의 차이점을 보지 말고, 사전 할당된 것에 대해 이 값이 어떻게 변경되었는지를 보자.

❺ 하나의 요소만 남겨두고 다 지우자.

❻ 이상적으로는 하나의 Node에 하나의 메모리만 가질 것으로 기대한다. 이것은 사전 할당되지 않은 리스트의 경우이고 힙에서 189.85KB다. 반면에 사전 할당된 리스트의 경우, 특정 문제를 발견할 수 있다. 바로 힙이 여전히 크고 15,831.2KB라는 문제다.

❼ 모든 요소를 제거한 후에만 두 경우 모두에서 작은 힙 크기(약 190KB)를 볼 수 있다.

이 문제들은 반드시 이해해야 한다. 배열을 가진 구조를 가지고 작업할 때마다 만나게 되기 때문이다. [그림 11-1]에서는 하나의 요소만 남겨두고 다 제거했을 때 두 가지 경우에서 어떤 일이 일어나는지 보여준다.

---

74 이는 빠르게 보여주는 목적으로 쓸 만한 방법이지만 신뢰를 중시하는 효율성 평가에는 그다지 적합하지 않다.

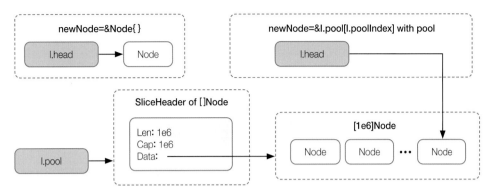

그림 11-1 리스트에 존재하는 하나의 노드 참조와 힙의 상태. 왼쪽은 풀 없이 생성된 것이고, 오른쪽은 풀이 있는 경우에 생성된 것이다.

개별적인 객체를 할당할 때, 이 객체가 독립적으로 관리될 수 있는 자신의 메모리 블록을 받는 것을 볼 수 있다. 풀링을 하거나 더 큰 슬라이스에서 서브슬라이싱(**CD** buf[1:2])을 하는 경우, 가비지 컬렉터는 배열이 사용하는 연속된 메모리에 대한 큰 메모리 블록이 참조되는 것을 볼 것이다. 그것의 1%만이 사용되고 잘릴^{clipped} 수도 있음을 보는 것은 썩 기분 좋은 일이 아니다.

해결책은 풀링을 피하거나 더 개선된 풀(심지어 자동으로 커지거나 줄어드는)을 만들어내는 것이다. 예를 들어 객체들의 반이 제거된다면, 연결 리스트 노드의 배열을 잘라낼^{clip} 수 있다. 다른 방법으로는 [예제 11-16]에서처럼 필요할 때 가져다 쓸 수 있는 `ClipMemory` 메서드를 추가할 수도 있다.

예제 11-16 **너무 큰 메모리 블록을 잘라내는 구현 예제**

```go
func (l *SinglyLinkedList) ClipMemory() {
    var objs int
    for curr := l.head; curr != nil; curr = curr.next {
        objs++
    }

    l.pool = make([]Node, objs)                                    ❶
    l.poolIndex = 0
    for curr := l.head; curr != nil; curr = curr.next {
        oldCurr := curr
        curr = &l.pool[l.poolIndex]
        l.poolIndex++
```

```
        curr.next = oldCurr.next                                    ❷
        curr.value = oldCurr.value

        if oldCurr == l.head {
            l.head = curr                                           ❸
        }
    }
}
```

❶ 이 순간에는 오래된 [ ]Node 슬라이스의 참조를 제거하고 더 작은 슬라이스를 만든다.

❷ [그림 11-1]에서 보았듯이, 리스트의 각 요소에 더 큰 메모리 블록으로의 다른 참조들이 여전히 존재한다. 따라서 GC가 오래된 더 큰 풀을 제거하도록 하기 위해 새로운 객체 풀을 이용하여 복사를 수행할 필요가 있다.

❸ 마지막 포인터인 l.head를 잊지 말자. 그렇지 않으면 l.head는 여전히 오래된 메모리 블록을 가리키고 있을 것이다.

기반이 되는 메모리 블록의 크기를 변경하기 위해 일부 항목을 삭제하는 경우 이제 ClipMemory를 사용할 수 있다.

[예제 11-15]처럼 메모리의 과용은 생각보다 더 일반적인 일이다. 그러나 이처럼 특별한 풀링이 없이도 메모리 과용을 겪을 수 있다. 서브슬라이싱을 수행하고 [예제 10-4](zeroCopyToString)과 같은 현명한 제로 복사 함수들을 사용한다면 메모리 남용 문제가 쉽게 발생할 수 있다.[75]

> **TIP** 이 섹션의 목적은 사전 할당, 서브슬라이싱, 바이트 슬라이스 재사용 실험 등을 하지 못하게 하려는 것이 아니다. 오히려 슬라이스와 배열에 대해 더 고급 동작을 수행하려고 할 때 Go가 메모리를 관리하는 방식 (5.5절 참고)을 항상 염두에 두어야 한다는 점을 상기시키기 위한 것이다.

---

75 프로메테우스 프로젝트 생태계에서 이러한 문제가 여러 번 있었다. 예를 들어 청크 풀링으로 인해 필요한 양보다 더 큰 배열을 유지해야 했기 때문에, Compact 메서드(*https://oreil.ly/ORx1C*)를 도입했었다. 타노스 프로젝트에서는 (아마도 너무) 현명한 ZLabel 구조(https://oreil.ly/Z3Q8n)를 도입하여 메트릭 라벨 문자열을 위한 값비싼 복사를 방지했다. 이것은 라벨 문자열을 더 오래 보관하지 않았던 경우에 유용한 것으로 밝혀졌다. 예를 들어 레이지(lazy) 복사를 하는 경우 수행 결과가 더 좋았다(*https://oreil.ly/5o6sH*).

> Go 벤치마크는 8.2.6절에서 언급된 것처럼, 메모리 사용 특성을 다루지 않는다는 것을 기억하자. 이 문제에 영향을 받는다고 의심한다면 8.3절로 이동해서 모든 효율성 측면을 검증하자.

풀링을 언급했으니 이제 마지막 11.6절을 살펴보자. Go에서 메모리를 재사용하고 풀링하는 다른 방식에는 무엇이 있을까? 가끔은 아무것도 풀링하지 않는 것이 더 좋을 수도 있다.

11.6 메모리 재사용과 풀링

메모리 재사용은 이후의 작업에서 동일한 메모리 블록을 사용하도록 허용한다. 수행되는 작업이 더 큰 struct나 slice를 필요로 하고 많은 수의 struct나 slice를 연속적으로 빠르게 수행한다면, 매번 새로운 메모리 블록을 할당하는 것은 낭비다. 이유는 다음과 같다.

- 메모리 할당 시 메모리 블록이 0으로 채워지는 것을 보장한다면 CPU 시간이 소요된다.
- GC에 더 많은 작업을 의뢰한다면 더 많은 CPU 사이클이 사용된다.
- GC는 마지막에 수행되므로 최대 힙 크기는 제어 불능 상태에서 커질 수도 있다.

[예제 10-8]에서 이미 메모리 재사용 기법을 하나 소개한 바 있는데, 청크 단위로 파일을 처리하는 작은 버퍼를 사용하는 예다. 그런 다음 [예제 11-14]에서는 하나의 더 큰 메모리 블록을 한번 생성해서 이것을 객체 풀로 사용하는 방법을 소개했다.

객체, 그중에서도 특히 바이트 슬라이스를 사용하는 로직은 io.CopyBuffer나 io.ReadFull과 같은 인기 있는 구현에서 자주 나타난다. 심지어 [예제 10-8]의 Sum6Reader(r io.Reader, buf []byte)에서도 버퍼 재사용을 허용한다. 그러나 메모리 재사용은 항상 쉽지만은 않다. 바이트 슬라이스를 재사용하는 다음 [예제 11-17]을 살펴보자.

예제 11-17 단순한 버퍼링 혹은 바이트 슬라이스

```
func processUsingBuffer(buf []byte) {
    buf = buf[:0]                                        ❶

    for i := 0; i < 1e6; i++ {
```

```
            buf = append(buf, 'a')
        }

        // Use buffer...
    }

func BenchmarkProcess(b *testing.B) {
    b.Run("alloc", func(b *testing.B) {
        for i := 0; i < b.N; i++ {
            processUsingBuffer(nil)                                    ❷
        }
    })

    b.Run("buffer", func(b *testing.B) {
        buf := make([]byte, 1e6)
        b.ResetTimer()
        for i := 0; i < b.N; i++ {
            processUsingBuffer(buf)                                    ❸
        }
    })
}
```

---

❶ 이 로직이 append를 사용하므로, 효율성을 위해 동일한 기반 배열을 유지하는 동안 슬라이스의 길이를 0으로 설정할 필요가 있다.

❷ 간단히 nil을 넘겨줌으로써, 버퍼가 없음을 시뮬레이션할 수 있다. 다행스럽게도, Go는 buf[:0]이나 append([]byte(nil), 'a')와 같은 작업에서 nil 슬라이스를 처리한다.

❸ 이 경우에는 버퍼 재사용이 더 좋다. 필자의 머신에서 진행한 벤치마크에서는 각 작업이 재사용된 버퍼를 사용할 때 거의 두 배 빠르고 바이트 할당이 전혀 없음을 보여준다.

방금의 예제는 훌륭해 보인다. 그러나 실제 코드에서는 엣지 케이스가 발생하고 복잡해진다. [예제 11-17]에서와 같이, 이러한 단순 메모리 재사용 기법을 구현할 때 종종 두 가지 주요 문제가 방해가 된다.

- 버퍼 크기가 대부분 작업에서 비슷할 것을 알지만, 정확한 숫자는 알지 못한다. 이 문제는 처음의 작업에서 빈 버퍼를 전달하고 크기가 커진 기반 배열을 재사용함으로써 쉽게 해결 가능하다.

- 어떤 지점에서 processUsingBuffer에 동시성을 부여하여 실행할 수도 있을 것이다. 어떤 때는 4개의 워커로, 어떤 때는 천 개의 워커로, 어떤 때는 하나의 워커로 말이다. 이 경우에는 고정된 개수의 버퍼를

사용함으로써 이를 구현할 수 있다. 이 개수는 동시성을 가지고 실행하려는 최대 고루틴의 수일 수 있고 혹은 일부 락킹(locking)을 가지는 더 적은 수의 고루틴일 수 있다. 고루틴의 개수가 동적으로 변경되고 가끔 0이 되기도 한다면, 이것은 분명히 많은 양의 쓰레기를 만들어낼 수 있다.

이러한 이유로, Go 팀은 특별한 형태의 메모리 풀링을 수행하는 sync.Pool 구조체[76]를 고안했다. 메모리 풀링이 전형적인 캐싱과는 같지 않다는 것을 이해하는 것은 중요하다.

> 브래드 피츠패트릭(Brad Fitzpatrick)이 요청한 타입 [sync.Pool]은 실제로 풀이고, 어떤 구체적인 값을 얻는지와 상관 없이 교환 가능한 값의 집합이다. 사실 이들은 모두 동일하기 때문이다. 심지어 언제인지 모르는채로, 풀에서 새로운 값을 얻는 대신에 새롭게 생성된 값을 얻게 된다. 반면에 캐시는 키를 구체적인 값으로 매핑한다.
>
> - 도미니크 호네프(Dominik Honnef), 「What's happening in Go tip (2014-01-10)」[77]

표준 라이브러리에 포함된 [sync.Pool]은 매우 짧은 순간에 존재하는 임시 캐시로 동일한 타입의 프리(free) 메모리 블록을 위해 구현되었다. 이 메모리 블록들은 대체로 다음 GC 호출까지 유지된다. sync.Pool은 효율적인 접근을 위해 매우 스마트한 로직을 사용해서 스레드를 세이프하면서도 최대한 락(lock)을 피한다. sync.Pool의 기본적인 아이디어는 GC가 아직 릴리스하지 않은 메모리를 재사용하는 것이다. 이 메모리 블록들이 종국에 GC가 수행될 때까지 유지되므로, 이들을 사용 가능하도록 만들면 어떨까? [예제 11-17]에 sync.Pool을 적용한 예는 [예제 11-18]을 참고하면 된다.

예제 11-18 sync.Pool을 사용하는 간단한 버퍼링

```go
func processUsingPool(p *sync.Pool) {
    buf := p.Get().([]byte)                              ❶
    buf = buf[:0]

    for i := 0; i < 1e6; i++ {
        buf = append(buf, 'a')
    }
    defer p.Put(buf)                                     ❷
```

---

76 「Go sync 중 type Pool」, *https://oreil.ly/BAQwU*
77 「Go TIP에서 일어나는 일들」, *https://oreil.ly/z6AUf*

```
        // Use buffer...
    }

    func BenchmarkProcess(b *testing.B) {
        b.ReportAllocs()

        p := sync.Pool{
            New: func() any { return []byte{} },                  ❸
        }
        b.ResetTimer()
        for i := 0; i < b.N; i++ {
            processUsingPool(&p)                                  ❹
        }
    }
```

❶ sync.Pool은 주어진 타입의 객체를 풀링하므로, 풀에 집어넣거나 생성할 타입으로 캐스팅해야 한다. Get이 포함되면, 신규 객체를 할당하거나 혹은 풀링된 객체 중 하나를 사용한다.

❷ 풀을 효율적으로 사용하려면, 재사용을 위해 객체를 다시 집어넣어야 한다. 아직 사용 중인 객체를 다시 집어넣는 것은 절대 안 된다. 레이스 컨디션의 가능성이 있기 때문이다.

❸ New 클로저를 객체가 생성되는 방식으로 지정한다.

❹ 이 예제에서 sync.Pool로 만든 구현은 매우 효율적이다. 이 구현은 재사용 없이 만든 것보다 두 배 이상 빠르고, 버퍼 재사용이 없는 코드에서 작업당 5MB가 할당되는 것에 비해 평균적으로 2KB 공간을 할당한다.

결과가 매우 좋게 보이긴 하나, sync.Pool을 사용하는 풀링은 잘못 사용하면 최적화보다 더 많은 효율성 병목 현상을 초래할 수 있는 고급 최적화 기법이다. 첫 번째 문제는 슬라이스를 사용하는 다른 복잡한 구조체와 마찬가지로, 에러에 취약하다는 점이다. [예제 11-19]의 코드와 벤치마크를 참고하자.

예제 11-19 sync.Pool과 defer를 사용하는 동안 발생하는 일반적이고 발견하기 어려운 버그

```
    func processUsingPool_Wrong(p *sync.Pool) {
        buf := p.Get().([]byte)
        buf = buf[:0]

        defer p.Put(buf)                                         ❶
```

```
    for i := 0; i < 1e6; i++ {
        buf = append(buf, 'a')
    }

    // Use buffer...
}

func BenchmarkProcess(b *testing.B) {
    p := sync.Pool{
        New: func() any { return []byte{} },
    }
    b.ResetTimer()
    for i := 0; i < b.N; i++ {
        processUsingPool_Wrong(&p)                                    ❷
    }
}
```

❶ 이 함수에는 sync.Pool의 사용 목적과는 달리 버그가 존재한다. Get은 이 경우에 항상 객체를 할당한다. 이를 쉽게 찾기는 어려울 것이다.

문제는 Put이 올바른 시간까지 지연 실행(defer)될 수 있지만 Put의 인수는 defer 스케줄링 순간에 평가된다는 것이다. 그 결과로, 집어 넣으려는 buf 변수는 append가 이를 증가시킨다면 다른 슬라이스를 가리키게 될 수도 있다.

❷ 결국 벤치마크는 이 processUsingPool_Wrong 작업이 [예제 11-17]에서 항상 할당하는 alloc 경우와 비교할 때 두 배 정도 느리다는 것을 보여준다. sync.Pool에서 Get만 수행하고 Put을 수행하지 않으면 직접적인 할당(예제의 make([]byte)에서보다 느리다.

그러나 실제 어려움은 특정한 sync.Pool 특성에서 나타난다. sync.Pool은 짧은 시간 동안에만 객체를 풀링하며, 이것은 [예제 11-18]과 같은 전형적인 마이크로벤치마크에 반영되지 않는다. [예제 11-20]에서 보여주는 것과 같이 GC를 수동으로 벤치마크에서 트리거하면 그 차이를 볼 수 있다.

예제 11-20 sync.Pool과 defer를 사용하는 동안 발생하는 일반적이고 발견하기 어려운 버그(CG를 수동으로 트리거하는 경우)

```
func BenchmarkProcess(b *testing.B) {
    b.Run("buffer-GC", func(b *testing.B) {
```

```
            buf := make([]byte, 1e6)
            b.ResetTimer()
        for i := 0; i < b.N; i++ {
                processUsingBuffer(buf)                                    ❶
                runtime.GC()
                runtime.GC()
            }
        })

        b.Run("pool-GC", func(b *testing.B) {
            p := sync.Pool{
                New: func() any { return []byte{} },
            }
            b.ResetTimer()
            for i := 0; i < b.N; i++ {
                processUsingPool(&p)                                        ❷
                runtime.GC()
                runtime.GC()
            }
        })
    }
```

❶ 두 번째로 놀라운 점은 이 책의 초기 벤치마크에서 process* 작업들이 빠르고 순차적으로 수행된다는 것이다. 하지만 매크로 레벨에서는 그렇지 않을 수 있다. 이는 processUsingBuffer에 대해서는 괜찮다. 간단한 버퍼링 해결책을 위해 중간에 GC가 1회나 2회 실행된다면, 할당과 (GC 레이턴시로 보이는) 레이턴시는 동일한 값을 유지할 것이다. 이는 메모리 참조가 buf 변수에 유지되기 때문이다. 다음의 processUsingBuffer는 항상 그랬듯이 빠르게 수행된다.

❷ 이것은 표준 풀에서는 경우가 다르다. 2번의 GC 실행 후, sync.Pool은 설계에 따라 모든 객체로부터 완전히 청소되며[78] 그 결과로 [예제 11-17]의 alloc보다 성능이 떨어지게 된다.

sync.Pool을 사용하면 실수하기가 아주 쉽다는 것을 알 수 있을 것이다. GC 후에 풀을 유지하지 않는다는 사실은 풀링된 객체들을 그보다 더 오래 보관할 필요가 없다면 유용할 수 있다. 하지만 필자의 경험으로는, 복잡한 sync.Pool 구현과 심지어 더 복잡한 GC 스케줄의 조합이 초래하는 비결정적인 동작에 따라 매우 어려운 작업이 된다.

---

78 구체적인 구현에 관심이 있다면 훌륭한 블로그 글인 「Go: Sync.Pool의 비하인드 아이디어」(*https://oreil.ly/oMh6I*)를 참고하자.

sync.Pool이 잘못된 작업에 적용되는 경우 발생할 수 있는 피해를 보여주기 위해, 8.3.2절의 labeler 서비스의 메모리 사용을 [예제 10-8]의 최적화된 버퍼링 코드와 네 가지의 서로 다른 버퍼링 기법을 사용하여 최적화해보자.

no-buffering

버퍼링 없는 Sum6Reader로 항상 새로운 버퍼를 할당한다.

sync-pool

sync.Pool을 사용한다.

gobwas-pool

gobwas/pool[79]을 사용하는 것이며, 여러 개의 sync.Pool 버킷을 유지한다. 이론적으로는 서로 다른 버퍼 크기를 사용하는 바이트 슬라이스에 잘 맞을 것이다.

static-buffers

최대 4개의 고루틴을 위한 버퍼를 제공하는 4개의 정적 버퍼를 사용한다.

주요 문제는 [예제 10-8] 작업이 잘못된 것으로 바로 보이지 않을 수 있다는 점이다. 작업마다 make([]byte, 8*1024)의 적은 할당만이 계산 중에 수행되므로, 전체 메모리 사용을 절약하기 위한 풀링은 유효한 선택처럼 느껴질 수 있다. 마이크로벤치마크도 놀랄 만한 결과를 보여준다. 마이크로벤치마크는 두 가지 파일(50%의 시간에 천만 개 숫자를 가진 파일을 사용했고, 나머지 50%의 시간에는 1억 개 숫자를 가진 파일을 사용했다)에 대해 연속적인 Sum6 작업을 수행한다. 그 결과는 [예제 11-21]에서 확인할 수 있다.

---

79 「깃허브, gobwas/pool」, *https://oreil.ly/VZjYW*

```
name                      time/op
Labeler/no-buffering     430ms ± 0%
Labeler/sync-pool        435ms ± 0%
Labeler/gobwas-pool      438ms ± 0%
Labeler/static-buffers  434ms ± 0%


name                      alloc/op
Labeler/no-buffering     3.10MB ± 0%
Labeler/sync-pool        62.0kB ± 0%
Labeler/gobwas-pool      94.5kB ± 0%      ❶
Labeler/static-buffers  62.0kB ± 0%


name                      allocs/op
Labeler/no-buffering     3.00 ± 0%
Labeler/sync-pool        3.00 ± 0%
Labeler/gobwas-pool      3.00 ± 0%
Labeler/static-buffers  2.00 ± 0%
```

❶ 버킷 풀은 메모리를 조금 더 사용하지만, 2개의 분리된 풀이 유지되므로 이는 예상 가능하다. 그러나 이상적으로는 더 큰 규모의 분할에서 더 큰 이득을 볼 수 있으리라고 기대한다.

메모리 할당 측면에서 sync.Pool 버전과 정적 버퍼가 더 유리하다는 것을 알 수 있다. [예제 10-8]에서 대부분의 코드가 버퍼 할당이 아니라 정수 파싱에 사용되므로 레이턴시는 비슷하다.

매크로 수준에서 천만 줄과 1억 줄 파일의 내용을 차례로 합산하는 가상 사용자 2명의 k6s 버전마다 5분씩 테스트를 진행해보면, 아쉽게도 [예제 11-21]에서 본 것과는 사뭇 다른 결과를 볼 수 있다. 좋은 점은 [그림 11-2]에서 볼 수 있듯이 버퍼링이 없는 labeler가 다른 버전(평균 500MB)보다 훨씬 많은 메모리 용량(총 3.3GB)을 할당한다는 것이다.

하지만 이러한 할당이 가비지 컬렉션에 아주 큰 문제가 되지는 않는다. 가장 간단한 no-buffering 솔루션 labelObject1은 다른 솔루션(역시 동일한 CPU 사용량)과 비슷한 평균 레이턴시를 가지지만, 가장 적은 최대 힙 사용량을 가진다. 이러한 정보는 [그림 11-3]에서 볼 수 있다.

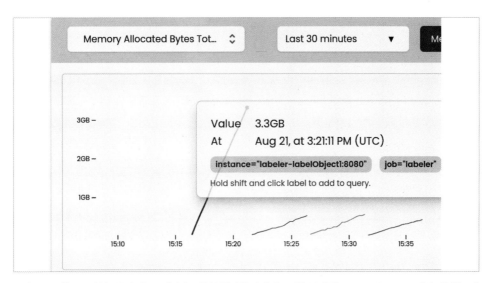

그림 11-2 힙 프로파일로부터 매크로벤치마크 동안 할당된 전체 메모리를 보여주는 Parca Graph. 4개의 라인은 4개의 서로 다른 버전인 no-buffering, sync-pool, gobwas-pool, static-buffers을 순서대로 가리킨다.

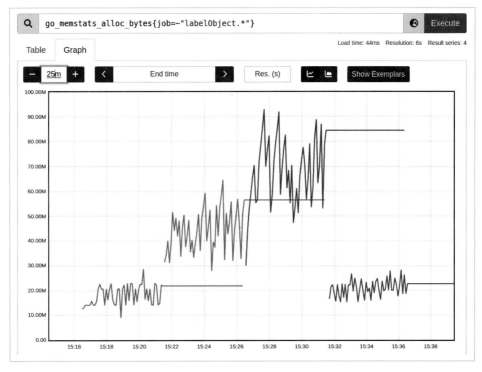

그림 11-3 매크로벤치마크 중 힙 크기에 대한 프로메테우스 그래프. 4개의 라인은 4개의 서로 다른 버전인 no-buffering, sync-pool, gobwas-pool, static-buffer를 순서대로 나타낸다.

예제 리포지토리[80]의 e2e 프레임워크 코드 덕분에 전체 실험을 재현할 수 있다. 결과는 만족스럽지 않았으나 해당 실험은 다음과 같이 많은 교훈을 준다.

- 할당을 줄이는 것은 레이턴시와 메모리 효율성을 향상시키는 가장 쉬운 방법일 수 있으나, 꼭 그렇지만은 않다. 이 경우에는 확실히 더 높은 할당이 풀링보다 더 좋았다. 그 이유 중 하나는 [예제 10-8]의 Sum6이 이미 최적화됐기 때문이다. [예제 10-8]의 Sum6 CPU 프로파일은 명백히 할당이 레이턴시의 병목이 아님을 보여준다. 두 번째로, 할당 속도가 느리면 GC가 덜 자주 동작하여 일반적으로 더 높은 최대 메모리 사용량을 허용한다. 여기에 추가로 GOGC 튜닝이 있었으면 도움이 되었을 것이다.

- 마이크로벤치마크가 항상 전체 그림을 보여주는 것은 아니다. 따라서 확실히 하기 위해 다양한 단계에서 효율성을 평가해야 한다.

- sync.Pool은 최대 메모리 사용량이 아니라 할당 레이턴시 측면에서 가장 많은 도움이 된다.

> **TIP** **최적화 여정은 롤러코스터가 될 수 있다.**
>
> 최적화 여정에서 가끔은 개선을 이룰 수 있고 때로는 병합할 수 없는 변화로 며칠을 소비하기도 한다. 매일 배우고, 시도하고, 때로는 실패한다. 무엇보다 조기에 실패해서 덜 효율적인 버전이 사용자들에게 실수로 배포되지 않게 하는 일이 가장 중요하다.

이 실험에서 주요 문제는 sync.Pool이 labeler가 나타내는 작업 형태를 위해 설계되지 않았다는 점이다. sync.Pool은 특정한 용도로 사용되므로, 다음과 같은 경우에 사용한다.

- 대규모 혹은 극도로 많은 양의 객체를 재사용해서 이들 할당의 레이턴시를 감소시키려는 경우
- 객체 콘텐츠가 중요하지 않고 메모리 블록만 중요한 경우
- 다중 고루틴에서 다양한 수의 객체를 재사용하려는 경우
- 자주 발생하는 신속한 계산 사이에서 객체를 재사용하려는 경우(최대 하나의 GC 사이클을 소모한다)

예를 들어 sync.Pool은 극단적으로 빠른 의사 난수 생성기[81]를 위해 객체를 풀링하려는 경우 훌륭하게 동작한다. HTTP 서버는 다양한 바이트 풀[82]을 사용해서 네트워크에서 읽을 때 바이트를 재사용한다.

---

80 「깃허브, examples/pkg/sum/labeler/labeler_e2e_cmp_test.go」, *https://oreil.ly/9vDNZ*

81 「깃허브, fastrand/fastrand.go 중 관련 내용」, *https://oreil.ly/9mvAE*

82 「깃허브, go/src/net/http/server.go 중 관련 내용」, *https://oreil.ly/TpzMN*

아쉽지만 sync.Pool은 남용되는 것 같다. 보통 sync.Pool이 표준 라이브러리에 있으므로 쓰기 좋을 것 같다고 인식하는데, 늘 그런 것은 아니다. sync.Pool은 매우 제한된 경우에만 사용 가능하고, 이는 우리가 당초 원하는 바가 아닐 가능성이 크다.

> **왜 표준 라이브러리에 항상 좋은 것만 가질 수는 없는가**
>
> 커뮤니티와 Go 팀은 보통 무언가가 기본 라이브러리로 병합될 때까지 오랫동안 토의한다. 그러나 대부분의 경우 토의에서 언급된 기능이 거절된다.
>
> 그 이유가 있게 마련인데 sync.Pool이 좋은 예시다. 무언가가 Go 저장소[83]에 병합될 때마다 이는 공식 표준이 된다. 그러나 sync.Pool의 경우에는 이것이 더 많으면 유용하다는 잘못된 인식을 만든 것 같기도 하다. 아마 [예제 11-17]에서처럼, 간단한 정적 버퍼보다 더 자주 사용될 수 있는 정도다. 그렇지 않으면 sync.Reusable이나 sync.Cache와 같은 공식 구조를 가지게 될 것이다.[84]
>
> 이는 오해를 일으킬 수 있다. 정적 재사용 버퍼를 위해 사용할 수 있는 무언가는 존재하지 않는다. 이것이 덜 효율적인 패턴이라서 그런 것이 아니라, 직접 작성하기가 쉽기 때문이다.

정리하면, 간단한 최적화를 먼저 진행할 것을 제안한다. 최적화가 스마트할수록 더 조심해야 하고 벤치마크에 더 큰 노력을 기울여야 한다. sync.Pool 구조체는 가장 복잡한 솔루션 중 하나다. 더 쉬운 솔루션을 먼저 살펴보기를 권한다. [예제 11-17]에서 소개되었던 간단한 정적 재사용 가능 메모리 버퍼를 먼저 볼 수도 있다. 작업의 방향이 이전에 설명했던 사용 사례와 잘 맞는다고 확신할 때까지 sync.Pool을 사용하지 않는 것이 좋다. 대부분 작업과 할당을 줄인 이후에 sync.Pool을 추가하는 일은 코드를 덜 효율적으로, 다루기 힘들게 하며, 효율성 평가를 어렵게 만들 뿐이다.

11.7 마치며

이제 이 책의 마지막에 다다랐다. 그간의 여정이 독자들에게 가치가 있었기를 바란다. 적어도 필자에게는 그러했다.

---

83 「깃허브, golang/go」, *https://oreil.ly/f2q36*
84 흥미롭게도 sync.Pool은 초기에 캐시 의미(semantics)를 가지도록 sync.Cache로 이름 붙이자는 제안이 있었다.

아마 지금까지 잘따라 왔다면, 이 책을 읽기 시작하기 전보다 실용적이고 효율적인 소프트웨어의 세계에 접근하기 쉬워졌을 것이다. 아니면 코드를 작성하고 알고리즘을 설계하는 방식의 상세 내용이 어떻게 소프트웨어 효율성에 영향을 미치는지 보았을 것이다. 이는 장기적인 관점에서 실제적인 비용으로 변환될 수 있다.

어떤 측면에서 이것은 매우 흥미로운 일이다. 의도적인 변화와 함께 이를 평가하기 위한 적절한 관찰 가능성 도구observablity tool를 사용하면, 때로는 고용주를 위해 수백만 달러를 절약할 수도 있고, 이전에는 가능하지 않았던 사용 사례나 고객을 발굴하게 될 수도 있다. 그러나 한편으로 몇 가지 고루틴 메모리 누수나 임계 경로상에서 사전 할당하지 않는 슬라이스와 같은 어이없는 실수로 인해 큰 비용을 손해 보는 것이 얼마나 쉽게 발생할 수 있는지를 생각하면 두렵기까지 하다.

필자의 첫 번째 조언은 혹시 두려움만 남았다면 조금 마음을 놓으라는 것이다. 세상에는 완벽한 것이 없고 코드도 완벽할 수 없음을 기억하라. 완벽함을 위해 어느 방향으로 틀어야 하는지를 아는 것은 중요하지만, '완벽은 최선의 적이다'[85]라는 격언처럼 소프트웨어가 '충분히 좋은' 순간이 반드시 있다. 바로 이것이 이 책에서 소개한 전문적이고 실용적인 매일의 효율성 관련 실습들과 도널드 커누스가 말한 "섣부른 최적화는 모든 악의 근원이다."라는 세계관 사이의 핵심적인 차이점이라고 생각한다. 이는 또한 필자의 책이 '엄청난 성능의 Go'나 '아주 빠른 Go'가 아니라 'Go 성능 최적화 가이드Effiicient Go'라고 불리는 이유다.

실용적인 자동차 정비사와 실용적인 효율 중심 소프트웨어 개발자를 비교하는 것이 좋은 예가될 수 있다. F1 자동차(세계에서 가장 빠른 레이싱 자동차 중 하나)를 만든 엄청난 경험을 가진 열정적이고 숙련된 기계공학 엔지니어를 상상해보자. 이들이 자동차 정비소에서 일하고 있는데, 고객이 오일이 새는 일반 자동차를 가지고 정비소에 방문한다고 가정해보자. 자동차를 극단적으로 빠르게 만드는 데 가장 많은 지식을 가지고 있더라도 실용적인 정비사는 오일 누수를 고치고, 시간이 있다면 자동차 전체에 혹시 다른 문제가 없는지 재차 확인할 것이다. 이것이 전부다. 하지만 그 정비사가 더 빠른 가속, 더 나은 공기 효율, 브레이킹 성능을 위해 고객의 차를 튜닝하기 시작한다면 고객은 만족하지 않을 것이다. 더 나은 자동차 성능은 아마도 고객을 즐겁게 하겠지만 여기에는 항상 작업 시간, 비싼 부품, 수리에 드는 시간 등으로 산정된 엄청난 영수증이 따라오게 된다.

---

85 「위키피디아, '완벽은 최선의 적이다'」, https://oreil.ly/OogZF

고객이 정비사에게 기대하는 것과 같은 규칙을 따라야 한다. 기능적인 목표와 효율성 목표를 만족하기 위해 필요한 것을 하자. 이는 게으름이 아니라 실용적이고 전문적인 일이다. 즉 요구 사항의 범위 내에서 수행한다면 섣부른 최적화란 존재하지 않게 된다.

두 번째 조언은 항상 몇 가지 목표를 설정하라는 것이다. 10장에서 Sum 최적화가 적합했는지 혹은 그렇지 않았는지를 평가하는 것이 얼마나 용이했는지 보자. 필자가 소프트웨어 프로젝트에서 저지른 대부분의 실수는 프로젝트의 기대 효율성을 위해 명확하고 이상적으로 작성된, 데이터 분석을 기반으로 한 목표 설정을 무시하거나 연기하는 것이었다. 무엇이든 분명하지 않더라도 '이 기능을 1분 내에 완료할 것'이라고 생각하자. 지금 당장이 아니더라도 더 좋은 요구 사항을 나중에 반복해서 해낼 수 있다. 명확한 목표가 없다면 모든 최적화는 잠재적으로 섣부르다.

마지막 세 번째 조언은 양질의 관찰 가능성 도구에 투자하라는 것이다. 필자는 지난 몇 년간의 실무에서 행운이 따랐다. 필자가 일하던 팀에서 관찰 가능성 소프트웨어를 내놓았기 때문이다. 더불어 이를 오픈 소스로 무료 공개됐고, 이 책의 모든 독자가 그 도구들을 지금 바로 설치할 수 있다. 지금은 6장에서 언급된 도구들이 없는 세상을 상상하기 어려울 정도다.

한편 CNCF 관심 그룹 관찰 가능성[86]의 기술 리더로서 그리고 기술 콘퍼런스의 발표자이자 참가자로서, 많은 개발자와 조직이 관찰 가능성 도구를 사용하지 않는 것을 보게 된다. 그들은 자신의 소프트웨어를 관찰하지 않거나 그들의 도구를 제대로 사용하지 않는다. 이것이 그들에게 있어 프로그램의 효율성을 실용적으로 향상시키는 것이 매우 어려운 이유다.

과장된 솔루션과 비싼 가격으로 번지르르한 관찰 가능성 솔루션을 제공하겠다는 벤더들에게 현혹되지 말자.[87] 대신 오픈 소스 모니터링과 관찰 가능성 솔루션으로 작게 시작할 것을 권장한다. 예를 들어 프로메테우스[88], Loki[89], OpenSearch[90], Tempo[91], Jaeger[92]가 있다.

---

86 「깃허브, cncf-tag-observability」, *https://oreil.ly/yJKg4*
87 그리고 누군가 저렴한 가격에 훌륭한 관찰 가능성(observability)을 제공한다고 하면 경계해야 한다. 이러한 시스템들을 항상 통과해야 하는 데이터의 양을 생각해보면 그다지 저렴하지 않은 경우가 많다.
88 「프로메테우스 페이지」, *https://oreil.ly/2Sa3P*
89 「Grafana Loki 페이지」, *https://oreil.ly/Fw9I3*
90 「OpenSearch 페이지」, *https://oreil.ly/RohpZ*
91 「깃허브, grafana/tempo」, *https://oreil.ly/eZ2Gy*
92 「깃허브, jaegertracing/jaeger」, *https://oreil.ly/q508u*

11.8 다음 나아갈 단계는?

이 책을 통해 Go의 효율적인 개발을 위해 필요한 모든 요소를 다뤘다. 요약하면 다음과 같다.

- 1장에서 효율적인 프로그램을 향한 동기를 설명하고 소개했다.

- 2장에서 Go의 기본적인 측면들을 살펴보았다.

- 3장에서 도전, 최적화, RAER, TFBO를 논의하였다.

- 4장과 5장에서 각각 최적화의 대상이 되는 가장 중요한 두 가지 리소스인 CPU와 메모리를 설명하고 레이턴시도 언급했다.

- 6장에서 관찰 가능성과 일반적인 계측을 논의했다.

- 7장에서 데이터 분석을 기반으로 한 효율성 분석, 복잡도, 실험의 신뢰성을 살펴보았다.

- 8장에서 벤치마킹을 설명했다.

- 9장에서 프로파일링 주제를 소개했다. 프로파일링은 9장의 병목 현상 분석을 돕는다.

- 마지막으로 10장에서 다양한 코드 예제를 최적화했고, 11장에서 일반적인 최적화 패턴을 요약했다.

그러나 모든 것이 그렇듯 관심만 있다면 항상 더 배울 것이 있다.

첫 번째, 이 책에서는 효율성 주제와 관련성이 크지 않은 Go 언어의 일부 측면을 건너뛰었다. 이에 대해 더 자세히 알고 싶다면, 막시밀리앙 안딜레^{Maximilien Andile}의 『Practical Go Lessons』[93]를 읽어볼 것을 권장한다. 그리고 Go 프로그램 작성을 연습하자. 업무를 위한 현실적인 목표를 위해서든 재미있는 사이드 프로젝트로든 무엇이든 좋다.[94]

두 번째, 최적화하고자 하는 리소스의 기반이 되는 메커니즘을 이해할 수 있도록 가이드했다. 소프트웨어 효율성 측면에서 더 능숙해지기 위한 다음 단계 중 하나는 일반적으로 최적화하는 다른 리소스에 대해 더 알아보는 것이다. 예를 들면 다음과 같다.

디스크

매일 Go 프로그램에서 디스크 저장소를 사용한다. 운영체제가 디스크에 대해 읽거나 쓰는 방식도 5.4절에서 봤던 것과 비슷하게 복잡할 수 있다. 디스크 저장소를 더 잘 이해하는 것(**예** SSD 특

---

93 『실용적인 Go 학습하기』, *https://oreil.ly/VnFms*

94 따라 하기 전용의 튜토리얼은 피하는 것이 좋다(*https://oreil.ly/5YDe6*). 익숙한 영역에서 벗어나 자신의 것을 고민해야 제대로 배울 수 있다.

성[95])은 더 나은 개발자가 되는 데 도움이 된다. 디스크 접근에 대한 다른 방식의 최적화에 관심이 있다면 새로운 리눅스 커널에 포함된 io_uring 인터페이스에 대해 읽어보는 것을 추천한다.[96] 이것은 디스크 접근을 많이 사용하는 Go 프로그램을 위해 더 나은 동시성을 구축할 수 있도록 한다.

네트워크

레이턴시, 대역폭, 다양한 프로토콜 등의 네트워크 제약 조건에 대해 더 많이 공부하면 네트워크 제한으로 제약을 받는 Go 코드를 최적화하는 방법을 더 잘 알 수 있다.

GPU and FPGA

일부 계산을 GPU[97]나 FPGA field-programmable gate array[98] 등의 외부 장치로 오프로딩하는, 더 자세한 내용에 대해서는, cu[99]를 추천한다. cu는 NVIDIA GPU를 위한 유명한 CUDA API[100]를 사용하거나, Apple M1 GPU에서 Go를 실행하는 가이드[101]를 사용한다.

세 번째, 이 책 이후에도 더 많은 최적화 예제를 추가할 수도 있지만, 앞으로도 예제들은 끊임없이 생겨날 것이다. 일부 개발자가 프로그램의 특정 부분에 대해 여러 가지 다소 극단적인 최적화를 하기를 원할 수 있기 때문이다. 예를 들면 다음과 같다.

- 이 책에 담을 수 없었던 내용으로 에러 경로 및 계측Instrumentation 효율성의 중요성[102]을 강조하고 싶다. 메트릭, 로깅, 추적, 프로파일링 계측을 위해 효율적인 인터페이스를 선택하는 것은 중요하다.
- structslop[103]와 같은 도구를 사용한 메모리 정렬 및 구조 채우기 최적화[104]

---

95 「SSD 코딩 – 1부: 소개 및 목차」, *https://oreil.ly/3mjc6*

96 「Go를 사용하여 io_uring 체험하기」, *https://oreil.ly/Sxagc*

97 「위키피디아, GPU」, *https://oreil.ly/yEi43*

98 「위키피디아, FPGA」, *https://oreil.ly/1dPX0*

99 「깃허브, gorgonia/cu」, *https://oreil.ly/T8q9A*

100 「CUDA 툴킷 문서」, *https://oreil.ly/PXZhH*

101 「Go로 M1 Mac GPU 사용하기」, *https://oreil.ly/v3dty*

102 「Halvar Flake의 관련 트윗」, *https://oreil.ly/2IoAP*

103 「깃허브, orijtech/structslop」, *https://oreil.ly/IuWGN*

104 「Golang의 구조 크기 최적화(정렬/패딩)와 보다 효과적인 메모리 레이아웃(린터)」, *https://oreil.ly/r1aJn*

- 더 효율적인 문자열 인코딩[105]

- protobuf[106]와 같은 일반적인 포맷의 인코딩 및 디코딩

- 바운드 검사[BCE] 제거(**예** 배열[107]에서의 제거)

- CPU 분기 예측을 최적화하는 분기 없는[branchless] Go 코딩[108]

- 구조체의 배열과 배열의 구조체 비교, 루프 융합[loop fusion]과 루프 분리[loop fission][109]

- 마지막으로, Go에서 일부 성능 중심의 로직을 오프로드하기 위해 다른 언어를 실행해보자. 예를 들어 Go에서 러스트[Rust][110]를 실행하거나, 향후에는 Go에서 Carbon[111]을 실행해 볼 수 있다. 이때 훨씬 더 일반적인 방법을 잊지 않도록 하자(**예** 효율성을 위해 Go에서 어셈블리를 실행하는 작업[112]).

마지막으로, 이 책의 모든 예제는 오픈 소스 저장소[113]에서 확인할 수 있다. 여기서 피드백을 주고받고, 서로 기여하며, 다른 이들과 함께 학습하기를 바란다.

사람마다 학습하는 방법이 다르기 때문에 자신에게 맞는 학습법을 찾는 것이 중요하다. 하지만 이 책에서 배운 실습 등을 통해 자신의 소프트웨어를 연습할 것을 강력히 권장한다. 합리적인 효율성 목표를 설정하고 이를 최적화하기 위해 노력해야 한다.[114]

필자가 오픈 소스에서 다루고 있는 다른 Go 도구를 사용하고 기여하는 것도 환영한다. *https://github.com/efficientgo/core*, *https://github.com/efficientgo/e2e*, *https://github.com/prometheus/prometheus* 등![115]

'Go 성능 최적화 가이드[Efficient Go]' 디스코드 커뮤니티[116]에 가입해서 이 책에 대한 피드백을 자유롭게 남기고, 추가 질문을 하거나, 새로운 친구를 찾아봐도 좋다.

---

105 「문자열 인코딩」, *https://oreil.ly/ALPOm*
106 「사전 직렬화를 사용한 빠른 인코딩」, *https://oreil.ly/gzswU*
107 「Go 1.17: 슬라이스를 배열 포인터로 변환하기」, *https://oreil.ly/uOHmo*
108 「Go 프로파일링의 도래: 1-1일차: 브랜치리스 Go」, *https://oreil.ly/v9eNk*
109 「Daniel Holden의 관련 트윗」, *https://oreil.ly/SxPUA*
110 「러스트고: 제로에 가까운 오버헤드로 Go에서 러스트 호출하기」, *https://oreil.ly/vp5V3*
111 「깃허브, carbon-language/carbon-lang」, *https://oreil.ly/ZO3Zn*
112 「Michael McLoughlin의 관련 트윗」, *https://oreil.ly/eLZKW*
113 *https://github.com/efficientgo/examples*
114 관심이 있다면 매년 크리스마스 즈음에 개최하는 '효율성 코딩 강림(*https://oreil.ly/OPPXh*)'에 초대하고 싶다. 코딩 과제를 효율적인 접근 방식으로 해결해 보는 자리다(*https://oreil.ly/10gGv*).
115 관리 중이거나 예전에 관리했던 모든 프로젝트는 필자의 웹사이트에서 확인할 수 있다(*https://oreil.ly/0af14*).
116 *https://oreil.ly/cNnt2*

이 책을 만드는 데 직간접적으로 도움을 준 모든 분에게 큰 감사를 표한다. 여기까지 인도해 준 멘토들에게도 감사하다.

이 책을 구매하고 읽어준 독자들에게도 감사의 말을 전한다. 오픈 소스에서 만나기를 고대하겠다.

레이턴시 냅킨 수학 계산

다른 수준의 최적화를 설계하거나 평가할 때, 컴퓨터를 다루며 마주치는 기본적인 작업에 대한 대략적인 레이턴시 수치를 추산하는 것은 유용하다.

몇몇 수치는 아예 외워 둘 수도 있지만, 필자는 [표 A-1]과 같이 추산, 반올림, 평균 레이턴시를 정리해 두는 걸 좋아한다. 이 표는 사이먼 에스킬드센Simon Eskildsen 의 냅킨 수학[1] 리포지터리 napkin-math repository[2]에 영감을 받아 조금 수정한 것이다.

리포지터리는 CPU 기반 동작에 기초해 2021년에 만들어졌으며, 이는 제온 계열 x86 CPU 서버에 기반한 수치다. 이 수치는 매년 개선되고 있으나 대부분의 수치는 2005년 이후 그대로 유지되고 있다. 이는 1.2.3절 '더 빨라지고 저렴해지는 하드웨어'에서 설명한 한계 때문이다. CPU 관련 레이턴시는 다양한 CPU 아키텍처(예 ARM)에 따라 다를 수 있다.

표 A-1 CPU 관련 레이턴시

작업	레이턴시	처리량
3Ghz CPU 클럭 주기	0.3ns	N/A
CPU 레지스터 접근	0.3ns (1 주기)	N/A
CPU L1 캐시 접근	0.9ns (3 주기)	N/A

---

1 옮긴이 주_냅킨 수학이란 음식점의 냅킨에 끄적여 계산하는 수준의 수학이라는 의미다.

2 「깃허브, sirupsen/napkin-math」, *https://oreil.ly/yXLnn*

CPU L2 캐시 접근	3ns	N/A
순차 메모리 읽기/쓰기 (64bytes)	5ns	10GBps
CPU L3 캐시 접근	20ns	N/A
암호화에 안전하지 않은 해싱 (64bytes)	25ns	2GBps
랜덤 메모리 읽기/쓰기 (64bytes)	50ns	1GBps
뮤텍스 잠금/해제	17ns	N/A
시스템 호출	500ns	N/A
암호화에 안전한 해싱 (64bytes)	500ns	200MBps
순차 SSD 읽기 (8KB)	1μs	4GBps
컨텍스트 스위치	10μs	N/A
순차 SSD 쓰기, −fsync (8KB)	10μs	1GBps
TCP 에코 서버 (32KiB)	10μs	4GBps
순차 SSD 쓰기, +fsync (8KB)	1ms	10MBps
정렬 (64bit 정수)	N/A	200MBps
랜덤 SSD 탐색 (8KiB)	100μs	70MBps
압축	N/A	100MBps
압축 해제	N/A	200MBps
프록시: Envoy/ProxySQL/NGINX/HAProxy	50μs	?
동일 지역 네트워크	250μs	100MBps
MySQL, memcached, Redis 질의	500μs	?
랜덤 HDD 탐색 (8KB)	10ms	0.7MBps
네트워크 NA East ↔ West	60ms	25MBps
네트워크 EU West ↔ NA East	80ms	25MBps
네트워크 NA West ↔ Singapore	180ms	25MBps
네트워크 EU West ↔ Singapore	160ms	25MBps

INDEX

INDEX

INDEX

INDEX

INDEX

INDEX

INDEX

INDEX